LECCIONES DE DERECHO PENAL

PARTE ESPECIAL

MIGUEL POLAINO NAVARRETE
(Director)
JUAN ANTONIO MARTOS NÚÑEZ
MYRIAM HERRERA MORENO
ANTONIA MONGE FERNÁNDEZ
CARMEN REQUEJO CONDE
MIGUEL POLAINO-ORTS
EDGAR IVÁN COLINA RAMÍREZ

LECCIONES DE DERECHO PENAL

PARTE ESPECIAL

TOMO I

ADAPTADAS A LAS LEYES ORGÁNICAS 1/2019 Y 2/2019

tecnos

Diseño de cubierta:
J. M. Domínguez y J. Sánchez Cuenca

1.ª edición, 2010
2.ª edición, 2019

Juan Ignacio Luca de Tena, 15 - 28027 Madrid
ISBN: 978-84-309-7204-3
Depósito Legal: M-35.621-2019

Printed in Spain

ÍNDICE

ABREVIATURAS .... *Pág.* 19
DISTRIBUCIÓN DE LECCIONES POR AUTORES 21
DISTRIBUCIÓN POR LECCIONES 23
PRESENTACIÓN 25

LECCIÓN 1.ª INTRODUCCIÓN A LA PARTE ESPECIAL DEL DERECHO PENAL 27
I. NOCIONES PRELIMINARES 27
II. OBJETO 29
III. SISTEMA 31
IV. CLASIFICACIÓN DE LA PARTE ESPECIAL 32

LECCIÓN 2.ª HOMICIDIO Y ASESINATO 35
I. SISTEMÁTICA LEGAL: PANORÁMICA GENERAL Y CRÍTICA 35
II. BIEN JURÍDICO PROTEGIDO 38
1. *¿La vida como bien jurídico?* 38
2. *Derecho a la vida: tutela penal y límites a su disponibilidad* 39
3. *Límites temporales del derecho a la vida* 40
III. HOMICIDIO 44
1. *Concepto y regulación legal: la relación entre homicidio y asesinato* 44
2. *Conducta típica: matar a otro* 44
3. *Imputación objetiva de la muerte* 47
A) Principio del riesgo permitido (familiarización con el riesgo) 47
B) Principio de autorresponsabilidad, autopuesta en peligro, actuación a riesgo propio o imputación a la víctima 48
C) Principio de confianza 49
D) Prohibición de regreso 49
E) ¿Se imputan los conocimientos especiales? 51
4. *Títulos de imputación (dolo e imprudencia)* 52
A) Homicidio doloso 52
B) Homicidio imprudente 53
C) Preterintencionalidad y error 58
5. *Títulos de intervención delictiva* 61
IV. ASESINATO 63
1. *Origen histórico y regulación legal* 63
2. *Fundamentación del injusto de asesinato* 64
3. *Examen crítico de los elementos típicos definitorios de asesinato* 66
A) Alevosía 66
B) Precio, recompensa o promesa 67
C) Ensañamiento 68
D) Facilitar un delito ulterior o evitar su descubrimiento 69
4. *Modalidad conductual y títulos de imputación* 70
5. *Tipos agravados de asesinato* 70
V. PROVOCACIÓN, CONSPIRACIÓN Y PROPOSICIÓN PARA COMETER DELITOS DE HOMICIDIO O DE ASESINATO 72

LECCIÓN 3.ª INDUCCIÓN Y COOPERACIÓN AL SUICIDIO AJENO, HOMICIDIO A PETICIÓN Y EUTANASIA ... 73
I. SISTEMÁTICA LEGAL ... 73
II. CUESTIONES FUNDAMENTALES ... 74
1. *Concepto jurídico de suicidio* ... 74
2. *La problemática del bien jurídico protegido: limitación de la gestión del derecho a la vida* ... 76
III. INDUCCIÓN A SUICIDIO AJENO ... 78
1. *Regulación legal* ... 78
2. *Estructura típica* ... 79
3. *Formas de participación: casos problemáticos* ... 80
IV. COOPERACIÓN NECESARIA A SUICIDIO AJENO ... 82
1. *Regulación legal* ... 82
2. *Títulos de intervención punible* ... 82
3. *Responsabilidad penal omisiva por no evitación de un suicidio: en especial, los casos de huelga de hambre y de testigos de Jehová* ... 83
V. HOMICIDIO A PETICIÓN ... 86
1. *Perfiles de la incriminación legal* ... 86
2. *El homicidio a petición como homicidio atenuado* ... 87
3. *Particularidades del homicidio a petición* ... 88
VI. EUTANASIA ... 89
1. *Concepto* ... 89
2. *Clases* ... 90
3. *Derechos y garantías del paciente: especial, del moribundo* ... 91
4. *Regulación española (y referencias de Derecho comparado)* ... 93
5. *Límites de la regulación legal* ... 95

LECCIÓN 4.ª ABORTO ... 97
I. INTRODUCCIÓN ... 97
II. CONCEPTO DE ABORTO ... 98
III. BIEN JURÍDICO PROTEGIDO ... 98
IV. SUJETOS ... 99
V. OBJETO MATERIAL ... 99
VI. ELEMENTOS COMUNES ... 100
VII. TIPOLOGÍAS ... 100
1. *Aborto no consentido (art. 144 CP)* ... 101
2. *Aborto consentido (art. 145 CP)* ... 101
3. *Aborto practicado con la ausencia de algún requisito exigido por la ley (art. 145 bis)* ... 103
4. *Aborto imprudente (art. 146 CP)* ... 103

LECCIÓN 5.ª LESIONES, VIOLENCIA DE GÉNERO Y TRÁFICO DE ÓRGANOS ... 105
I. CONSIDERACIONES GENERALES ... 105
II. LESIONES ... 105
1. *Tipo básico de lesiones dolosas (art. 147.1 CP)* ... 105
2. *Delitos leves de lesiones y maltrato de obra (art. 147.2 y 3 CP)* ... 111
3. *Subtipos agravados en atención al modo comisivo o a la vulnerabilidad victimal (art. 148 CP)* ... 112
A) Medios o procedimientos concretamente peligrosos ... 112
B) Ensañamiento o alevosía ... 113
C) Minoría de doce años o discapacidad especialmente protegible ... 113
D) Víctima esposa, exesposa o mujer ligada al autor por una análoga relación de afectividad, aun sin convivencia ... 114
E) Víctima conviviente de especial vulnerabilidad (art. 148.5 CP) ... 115
4. *Lesiones graves en atención al resultado típico (arts. 149 y 150 CP)* ... 115
A) Lesiones graves de especial impacto ... 116

B) Lesiones graves de impacto menor ... 118
5. *Lesiones imprudentes* ... 119
A) Lesiones por imprudencia grave ... 119
B) Lesiones por imprudencia menos grave ... 121
III. VIOLENCIA DE GÉNERO Y DOMÉSTICA ... 122
1. *Modalidades* ... 122
A) Maltrato singular de género (art 153.1 CP) ... 123
2. *Maltrato singular doméstico (art. 153.1 y 152 CP)* ... 127
3. *Subtipos agravados de maltrato singular de género o doméstico (art. 153.3 CP)* ... 128
4. *Subtipo atenuado de maltrato singular (art. 153.4 CP)* ... 129
IV. PARTICIPACIÓN EN RIÑA TUMULTUARIA (ART. 154 CP) ... 130
V. CONSENTIMIENTO EN LAS LESIONES (ARTS. 155 Y 156 CP) ... 131
VI. DELITOS RELATIVOS AL TRÁFICO DE ÓRGANOS (ART. 156 BIS CP) ... 132

LECCIÓN 6.ª LESIONES AL FETO ... 141
I. CONSIDERACIONES PRELIMINARES ... 141
II. REGULACIÓN ... 141
III. SISTEMÁTICA LEGAL ... 141
IV. BIEN JURÍDICO TUTELADO ... 142
V. SUJETOS ... 142
1. *Sujeto activo* ... 142
2. *Sujeto pasivo* ... 142
VI. OBJETO MATERIAL ... 142
VII. LESIONES FETALES DOLOSAS ... 144
1. *Tipo legal* ... 144
2. *Comentario* ... 144
VIII. LESIONES FETALES IMPRUDENTES ... 145
1. *Tipo legal* ... 145
2. *Contenido de injusto* ... 146

LECCIÓN 7.ª DELITOS RELATIVOS A LA MANIPULACIÓN GENÉTICA ... 149
I. CONSIDERACIONES GENERALES ... 149
II. DELITOS DE MANIPULACIÓN GENÉTICA EN SENTIDO ESTRICTO ... 150
1. *Manipulación dolosa de genes humanos (art. 159.1 CP)* ... 150
2. *Manipulación culposa de genes humanos (art. 159.2 CP)* ... 153
III. DELITOS DE ILÍCITA FERTILIZACIÓN HUMANA ... 154
1. *Fecundación de óvulos humanos con fines no reproductivos (art. 160.2 CP)* ... 154
2. *Creación de seres humanos idénticos por clonación; creación de seres humanos por otros procedimientos racialmente selectivos (art. 160.3 CP)* ... 155
A) El delito de creación de seres humanos idénticos por clonación ... 156
B) Creación de seres humanos por otros procedimientos racialmente selectivos ... 159
IV. DELITO CONTRA LA LIBERTAD PROCREATIVA: REPRODUCCIÓN ASISTIDA NO CONSENTIDA POR LA MUJER (ART. 161.1 Y 2 CP) ... 159
V. DELITO CONTRA LA SUPERVIVENCIA DE LA ESPECIE HUMANA: UTILIZACIÓN DE INGENIERÍA GENÉTICA PARA PRODUCIR ARMAS BIOLÓGICAS O EXTERMINADORAS DE LA ESPECIE HUMANA (ART. 160.1 CP) ... 160
VI. CONSECUENCIAS ACCESORIAS (ART. 162 CP) ... 163

LECCIÓN 8.ª DETENCIÓN ILEGAL Y SECUESTRO ... 165
I. SISTEMÁTICA LEGAL ... 165
II. DETENCIÓN ILEGAL ... 166
1. *Tipo básico de detención ilegal (art. 163.1 CP)* ... 166
A) Acción típica ... 166

B) Elementos alternativos de la acción típica: el encierro o la detención 167
C) Elemento común o constante de la acción típica: la privación de libertad 168
D) Relación típica de vinculación entre los elementos de acción 168
E) Sujetos activo y pasivo de la acción típica 168
F) *Status* de tipicidad y carácter instantáneo o permanente del delito 169
G) Bien jurídico protegido y contenido material de injusto 171
H) El dolo: exclusivo título de imputación subjetiva en la detención ilegal 173
I) Penalidad 174
J) *Iter criminis* 174
K) Autoría y participación 175
L) Clasificación delictiva: tipo básico y tipos privilegiados y cualificados 175

2. *Tipo privilegiado por ser la detención inferior a tres días (art. 163.2 CP)* 176
3. *Tipo cualificado por ser la detención superior a quince días (art. 163.3 CP)* ... 178
4. *Tipo* sui generis *de detención por el fin de colaborar con la justicia (art. 163.4 CP)* 180

III. SECUESTRO (ART. 164 CP) 181

IV. FIGURAS AGRAVADAS DE DETENCIÓN ILEGAL Y DE SECUESTRO POR ESPECÍFICAS CUALIDADES DEL AUTOR O DE LA VÍCTIMA 183
1. *Simulación de cualidad pública por parte del autor (art. 165, inciso 1)* 183
2. *Especial vulnerabilidad de la víctima por ser menor de edad (art. 165, inciso segundo)* 184
3. *Especial vulnerabilidad de la víctima por ser persona con discapacidad (art. 165, inciso tercero)* 185
4. *Cualidad de la víctima de funcionario público en ejercicio de sus funciones (art. 165, inciso cuarto)* 186

V. DELITO HIPERAGRAVADO *SUI GENERIS* DE DETENCIÓN O DE SECUESTRO, POR NO DAR EL AUTOR RAZÓN DEL PARADERO DE LA PERSONA DETENIDA (ART. 166 CP) 186
1. *Tipo básico de desaparición forzada (art. 166.1 CP)* 187
2. *Tipos cualificados de desaparición forzada (art. 166.2 CP)* 189

VI. DETENCIÓN ILEGAL Y SECUESTRO COMETIDOS POR FUNCIONARIO 190
1. *Tipo cualificado de segundo grado por la condición funcionarial del autor (art. 167.1 CP)* 190
2. *Tipo extensivo de conductas alternativas del funcionario [art. 167.2.*a*) CP]* 195
3. *Tipo de asimilación del particular al funcionario [art. 167.2.*b*) CP]* 196
4. *Penalidad cualificada por la condición funcionarial (art. 167 CP)* 196

LECCIÓN 9.ª AMENAZAS Y COACCIONES 199

I. REGULACIÓN 199
II. BIEN JURÍDICO PROTEGIDO 199
III. SUJETOS 199
IV. AMENAZAS 200
1. *Planteamiento crítico* 200
2. *Definición de amenaza* 200
3. *Amenazas de un mal constitutivo de delito* 201
4. *Amenazas de un mal constitutivo de delito contra un colectivo o grupo* 202
5. *Provocación para cometer delitos de terrorismo* 203
6. *Amenazas de un mal no constitutivo de delito* 203
7. *Chantaje* 204
8. *Amenazas leves de género* 205
9. *Amenazas leves a tercero* 210

V. Coacciones 211
1. *Tipo básico de coacciones* 211
2. *Coacciones leves de género y coacción leve a tercero* 213
3. *El delito de matrimonio y destierro forzados* 214
4. *El delito de hostigamiento* 216

Lección 10.ª DELITOS CONTRA LA INTEGRIDAD MORAL: TORTURA, TRATO DEGRADANTE, ACOSO LABORAL, MALTRATO FAMILIAR. TRATA DE SERES HUMANOS 221
I. Sistemática legislativa 221
II. Bien jurídico protegido 222
III. Trato degradante 223
1. *Tipo común* 223
2. *Acoso laboral* 224
3. *Acoso de morada o asedio inmobiliario* 226
IV. Maltrato familiar habitual 227
V. Injuria o vejación injusta familiar leve 231
VI. Delito de tortura 232
1. *Tipología delictiva* 232
2. *Tipo básico de tortura policial y penitenciaria* 232
3. *Tipo atenuado de atentado funcionarial contra la integridad moral* 236
4. *Tipo omisivo* 237
VII. Cláusula concursal 237
VIII. Trata de seres humanos 238
1. *Regulación legal* 238
2. *Conveniencia político-criminal* 239
3. *Tipos penales de trata: contenido de injusto* 240

Lección 11.ª DELITOS SEXUALES 245
I. Agresiones sexuales 245
1. *Evolución histórica y bien jurídico protegido* 245
2. *Tipo básico (art. 178 CP)* 249
3. *Tipos agravados* 256
A) El delito de violación (art. 179 CP) 256
B) Cualificaciones del artículo 180 CP 258
II. Abusos sexuales 261
1. *Bien jurídico protegido* 261
2. *Tipo básico* 261
3. *Tipos cualificados* 264
A) Abuso sexual de prevalimiento (art. 181.3 CP) 264
B) Artículo 181.4 CP 264
C) Artículo 181.5 CP 265
4. *Abuso sexual fraudulento* 265
A) Tipo básico 265
B) Tipos cualificados 266
III. Abusos sexuales y agresiones sexuales a menores de dieciséis años (art. 183 CP) 266
1. *Tipo básico* 266
2. *Tipos cualificados* 266
3. *Corrupción de menores (art. 183 bis CP)* 267
4. *El «ciber-acoso» (art. 183 ter CP)* 268
A) Tipo básico 268
B) Tipo agravado 269
IV. Acoso sexual 269
1. *Tipo básico* 269
2. *Tipos cualificados* 270
3. *Causa de exención de responsabilidad (art. 183 quáter CP)* 271

V. EXHIBICIONISMO Y PROVOCACIÓN SEXUAL 271
1. *Exhibicionismo sexual* 271
2. *Provocación sexual* 272
VI. DELITOS RELATIVOS A LA PROSTITUCIÓN Y A LA EXPLOTACIÓN SEXUAL Y CORRUPCIÓN DE MENORES 272
1. *Determinación a la prostitución mediante violencia, intimidación, engaño o abuso de situación de necesidad, superioridad o vulnerabilidad (art. 187 CP)* 273
A) Tipos básicos (art. 187.1 CP) 273
B) Tipos cualificados (art. 187.2 CP) 274
2. *Participación en la prostitución de un menor de edad o persona con discapacidad necesitada de especial protección* 275
A) Tipos básicos (art. 188.1 CP) 275
B) Tipos cualificados (art. 188.2 y 3 CP) 275
C) Regla concursal 276
3. *Captación o utilización de menores o personas discapacitadas necesitadas de especial protección en espectáculos exhibicionistas o pornográficos y elaboración de material pornográfico en el que hayan intervenido los mismos (art. 189 CP)* 276
A) *Tipo básico* 276
B) *Tipos agravados* 277
4. *Asistencia a espectáculos exhibicionistas o pornográficos en los que participen menores de edad o personas con discapacidad necesitadas de especial protección (art. 189.4 CP)* 278
5. *Adquisición o posesión de material pornográfico infantil o de persona discapacitada necesitada de especial protección para uso propio (art. 189.5 CP)* 278
6. *Incumplimiento de deberes de custodia* 278
7. *Penalidad para las personas jurídicas* 279
8. *Otras disposiciones* 279
VII. DISPOSICIONES COMUNES 279
1. *Perseguibilidad* 279
2. *Perdón del ofendido* 280
3. *La medida de libertad vigilada* 280
4. *El tipo agravado del artículo 191 CP* 280
5. *Responsabilidad civil* 281
6. *Prescripción* 281
7. *Régimen de la suspensión de la condena y tercer grado* 281
8. *Principio de justicia universal* 281
9. *Consecuencias accesorias* 282

LECCIÓN 12.ª EL DELITO DE OMISIÓN DEL DEBER DE SOCORRO 283
I. TIPO GENERAL DE OMISIÓN DEL DEBER DE SOCORRO (ART. 195) 283
1. *Concepto. Modalidades típicas* 283
2. *Bien jurídico: el concepto de solidaridad humana* 284
3. *La situación de peligro manifiesto y grave con desamparo de la víctima* 285
4. *Tipo subjetivo* 292
5. *Grado de perfeccionamiento* 294
6. *Participación* 296
7. *Antijuridicidad y culpabilidad* 296
8. *Concursos* 298
II. TIPO ESPECIAL DE OMISIÓN DEL DEBER DE SOCORRO DEL PROFESIONAL SANITARIO (ART. 196) 301

LECCIÓN 13.ª DESCUBRIMIENTO, INTERCEPTACIÓN Y REVELACIÓN DE SECRETOS, COMUNICACIONES O IMÁGENES PERSONALES 303
I. DESCUBRIMIENTO DE SECRETOS 303
1. *Apoderamiento de documentos personales* para descubrir *secretos* o vulnerar *la intimidad de otro (art. 197.1.1)* 303

2. *Apoderamiento de datos reservados* en perjuicio *de su titular o de un tercero (art. 197.2)* ... 305
II. INTERCEPTACIÓN DE COMUNICACIOMES, SONIDO O IMAGEN ... 308
1. *Interceptación de telecomunicaciones personales* para descubrir *los secretos* o vulnerar *la intimidad de otro (art. 197.1.2)* ... 308
2. *Interceptación del sonido* para descubrir *los secretos* o vulnerar *la intimidad (art. 197.1.3)* ... 310
3. *Interceptación de la imagen* para descubrir *los secretos* o vulnerar *la intimidad (art. 197.1.4)* ... 312
4. *Interceptación de cualquier otra señal de comunicación* para descubrir *los secretos* o vulnerar *la intimidad (art. 197.1.5)* ... 313
III. TIPOS CUALIFICADOS DE DESCUBRIMIENTO DE SECRETOS Y DE INTERCEPTACIONES ILEGALES ... 314
1. *Cualificación por la condición de encargado o responsable [art. 197.4.1.*a*)]*... 314
2. *Cualificación por la utilización de datos de la víctima [art. 197.4.1.*b*)]*... 315
3. *Tipo hipercualificado por la difusión, cesión o revelación a terceros (art. 197.4.2)* ... 316
IV. DIFUSIÓN, REVELACIÓN O CESIÓN A TERCERO DE LOS DATOS DESCUBIERTOS O IMÁGENES CAPTADAS (ART. 197.3) ... 317
1. *Tipo complejo de descubrimiento o interceptación y ulterior revelación de los secretos aprehendidos o las imágenes captadas (art. 197.3.1)* ... 317
2. *Tipo de revelación de secretos descubiertos o imágenes captadas por otro (art. 197.3.2)* ... 319
V. TIPOS CUALIFICADOS DE LAS PRECEDENTES FIGURAS DE DECUBRIMIENTO, INTERCEPTACIÓN O DIFUSIÓN DE DATOS O IMÁGENES ... 320
1. *Cualificación por el carácter ideológico, racial o íntimo de la víctima, o por la minoría de edad o discapacidad de la misma (art. 197.5)* ... 320
2. *Cualificación por los fines lucrativos del autor (art. 197.6)* ... 321
VI. DIFUSIÓN DE IMÁGENES O GRABACIONES OBTENIDAS CON ANUENCIA DE LA VÍCTIMA (ART. 197.7) ... 322
1. *Tipo básico (art. 197.7.1)* ... 322
2. *Tipo cualificado (art. 197.7.2)* ... 323
VII. ACCESO A PROGRAMA INFORMÁTICO, INTERCEPTACIÓN DE DATOS INFORMÁTICOS, Y PRODUCCIÓN O TRÁFICO DE PROGRAMA INFORMÁTICO PARA DESCUBRIR SECRETOS O INTERCEPTAR COMUNICACIONES, SONIDOS O IMÁGENES DE OTRO ... 324
1. *Acceso o mantenimiento en un sistema informático sin autorización (art. 197 bis.1)* ... 325
2. Interceptación *de transmisiones* no públicas *de datos informáticos (art. 197 bis.2)* ... 326
3. *Producción o tráfico de programa informático con intención delictiva (art. 197 ter)* ... 326
VIII. TIPOS DE REVELACIÓN SIN PREVIO DESCUBRIMIENTO EN EL ÁMBITO DEL SIGILO LABORAL O PROFESIONAL (ART. 199) ... 327
1. *Revelación de secretos conocidos por razón de oficio o relaciones laborales (art. 199.1)* ... 327
2. *Divulgación de secreto profesional (art. 199.2)* ... 328
IX. DELITOS DE DESCUBRIMIENTO Y REVELACIÓN DE SECRETO COMETIDOS POR FUNCIONARIO PÚBLICO (ART. 198) ... 330
X. DESCUBRIMIENTO DE SECRETOS, INTERCEPTACIÓN Y REVELACIÓN DE DATOS PERSONALES COMETIDO POR PERSONA JURÍDICA (ART. 197 QUINQUIES) ... 332
XI. TIPOS HIPERCUALIFICADOS POR LA COMISIÓN DELICTIVA EN EL SENO DE ORGANIZACIÓN O GRUPO CRIMINALES (ART. 197 QUÁTER) ... 334
XII. CLÁUSULAS GENERALES DE PERSECUCIÓN Y RELEVANCIA DEL PERDÓN ... 335

LECCIÓN 14.ª ALLANAMIENTO DE MORADA, DOMICILIO O ESTABLECIMIENTO ... 337
I. ALLANAMIENTO DE MORADA (ART. 202) ... 337

1. *Tipo básico* ... 337
2. *Tipo cualificado por violencia o intimidación* ... 342
II. ALLANAMIENTO DE DOMICILIO O ESTABLECIMIENTO (ART. 203) ... 344
1. *Tipo básico de acceso* ... 344
2. *Tipo básico de mantenimiento* ... 346
3. *Tipo cualificado de acceso o mantenimiento por violencia o intimidación* ... 347
III. ALLANAMIENTO COMETIDO POR AUTORIDAD O FUNCIONARIO PÚBLICO ... 348

LECCIÓN 15.ª INJURIA Y CALUMNIA ... 351
I. CONCEPTO PENAL DE HONOR ... 351
II. INJURIA ... 353
1. *Incriminación delictiva de la injuria grave* ... 353
2. *Supuesto excepcional de delito de injuria leve en el ámbito familiar* ... 357
3. *La validez de la* exceptio veritatis *en la injuria contra funcionario* ... 359
III. CALUMNIA ... 361
IV. DISPOSICIONES GENERALES ... 363
1. *Agravación de la injuria y calumnia por precio* ... 364
2. *La publicidad en la injuria y calumnia* ... 364
3. *Responsabilidad civil en la injuria y calumnia con publicidad* ... 365
4. *Publicación de la sentencia y reparación del daño* ... 366
5. *La retractación en la injuria y calumnia* ... 367
6. *Condiciones objetivas de perseguibilidad* ... 368
7. *La doble naturaleza del perdón del ofendido en la Reforma penal de 2010* ... 369

LECCIÓN 16.ª DELITOS CONTRA LA FAMILIA ... 373
I. SISTEMÁTICA LEGAL ... 373
II. DELITO DE MATRIMONIOS ILEGALES ... 373
1. *Matrimonio a sabiendas de que subsiste uno anterior (art. 217)* ... 373
2. *Matrimonio inválido para perjudicar al otro contrayente (art. 218)* ... 374
3. *Autorizar celebración de matrimonio nulo (art. 219)* ... 375
III. SUPOSICIÓN DE PARTO Y ALTERACIÓN DE LA PATERNIDAD, ESTADO O CONDICIÓN DEL MENOR ... 376
1. *Suposición de parto* ... 376
2. *Ocultamiento o entrega de hijo* ... 376
3. *Sustitución de un niño por otro* ... 377
4. *Entrega de un menor por recompensa* ... 378
5. *Tipos cualificados por razón de la función* ... 379
IV. DELITO DE NO PRESENTACIÓN DE UN MENOR O PERSONA CON DISCAPACIDAD A SUS PADRES O GUARDADORES POR EL TITULAR DE LA CUSTODIA ... 379
1. *Tipo básico* ... 379
2. *Tipo privilegiado* ... 381
V. DELITO DE INDUCCIÓN A UN MENOR O PERSONA CON DISCAPACIDAD NECESITADA DE ESPECIAL PROTECCIÓN AL ABANDONO DE SU DOMICILIO FAMILIAR .. 382
1. *Tipo básico* ... 382
2. *Tipo privilegiado* ... 383
VI. SUSTRACCIÓN DE MENORES ... 384
1. *Tipo básico* ... 384
2. *Tipo cualificado* ... 386
3. *Tipo privilegiado* ... 386
4. *Excusa absolutoria* ... 387
VII. ABANDONO DE FAMILIA ... 388
1. *Concepto penal de familia* ... 388
2. *Incumplimiento de los deberes de asistencia familiar* ... 388
3. *Incumplimiento de la asistencia necesaria para el sustento* ... 390
VIII. IMPAGO DE PRESTACIÓN ECONÓMICA FAMILIAR ... 392
1. *Impago de prestación económica establecida judicialmente* ... 392
2. *Impago de otra prestación económica* ... 393

IX. Abandono de un menor o de una persona con discapacidad necesitada de especial protección ... 394
1. *Tipo básico de abandono por el encargado de la guarda* ... 395
2. *Tipo cualificado de abandono por los padres, tutores o guardadores* ... 396
3. *Tipo agravado pluriofensivo por la puesta en peligro de bienes personales* ... 397
4. *Tipo privilegiado de abandono temporal* ... 397
X. Entrega de un menor o persona con discapacidad necesitada de especial protección por su encargado a un tercero ... 398
1. *Tipo básico* ... 399
2. *Tipo agravado por el peligro a otros bienes personales* ... 399
XI. Abuso de un menor o persona con discapacidad la práctica de mendicidad ... 400
1. *Tipo básico* ... 400
2. *Tipo cualificado* ... 401
3. *Tipos agravados* ... 402
XII. Medidas adicionales ... 402

Lección 17.ª DELITOS CONTRA LA ORDENACIÓN DEL TERRITORIO Y CONTRA EL PATRIMONIO HISTÓRICO-ARTÍSTICO ... 405
I. Bien jurídico protegido ... 405
II. Tipo básico de delito contra la ordenación del territorio y el urbanismo (art. 319.2 CP) ... 405
III. Tipo cualificado (art. 319.1 CP) ... 407
IV. La demolición de la obra (art. 319.3 CP) ... 408
V. Concursos ... 409
VI. Prevaricación de autoridades o funcionarios públicos (art. 320 CP) 409
VII. La protección penal del Patrimonio histórico-artístico ... 410
VIII. Derribo o alteración grave de edificios singularmente protegidos (art. 321) ... 411
IX. Responsabilidad penal de autoridades y funcionarios públicos (art. 322) ... 412
X. Otros atentados al patrimonio histórico (art. 323 CP) ... 412
XI. Daños por imprudencia grave ... 413
XII. Concurso de leyes y delitos ... 414

Lección 18.ª DELITOS MEDIOAMBIENTALES ... 415
I. Bien jurídico protegido ... 415
II. Tipo básico y tipo agravado de delito ecológico (art. 325 CP) ... 415
III. Otras modalidades de delito ecológico (art. 326) ... 417
IV. Tipos agravados (art. 327 CP) ... 418
1. *Industria o actividad clandestina* ... 418
2. *Desobediencia a órdenes expresas de la Administración* ... 419
3. *Falseamiento u ocultación de información sobre los aspectos ambientales de la industria o actividad* ... 419
4. *Obstaculización de la actividad inspectora de la Administración* ... 419
5. *Riesgo de deterioro irreversible o catastrófico* ... 419
6. *Extracción ilegal de aguas en período de restricciones* ... 420
V. Medidas comunes previstas en el artículo 328 CP ... 420
VI. Prevaricación de autoridades o funcionarios públicos (art. 329 CP) 421
VII. La protección penal de los espacios naturales (art. 330 CP) ... 422
VIII. Protección penal de la biodiversidad ... 423
1. *Daños, tráfico ilegal o destrucción del hábitat de especies de flora amenazada (art. 332 CP)* ... 423
2. *Introducir o liberar especies de flora o fauna no autóctona* ... 425
3. *Delitos contra las especies amenazadas (art. 334 CP)* ... 425
4. *Caza o pesca prohibida* ... 426

5. *Caza y pesca con veneno, explosivos u otros medios ilegales* ... 427
6. *Tráfico ilegal de flora y fauna y delito de contrabando* ... 428
7. *Malos tratos a animales domésticos* ... 428
IX. Disposiciones comunes al Título XVI ... 429

Lección 19.ª DELITOS DE RIESGO CATASTRÓFICO ... 431
I. Planteamiento ... 431
II. El delito relativo a la energía nuclear ... 431
1. *Características* ... 431
2. *Modalidades* ... 433
A) Delito de liberación dolosa de energía nuclear (art. 341) ... 433
B) Delito de perturbación o alteración dolosas del funcionamiento de una central nuclear (art. 342) ... 434
C) Delito de exposición dolosa de una o varias personas a dosis radiactivas no permitidas (art. 343) ... 435
D) Delito de apoderamiento o transporte no autorizado de material nuclear (art. 345) ... 437
3. *Deficiencias del delito relativo a la energía nuclear* ... 439
4. *Concursos* ... 440
III. Delito de estragos (arts. 346 y 347) ... 441
1. *Delito doloso de estragos (art. 346)* ... 441
2. *Delito de estragos por imprudencia (art. 347)* ... 443
IV. Otros delitos de riesgo ... 444
1. *Delitos de riesgo provocados por explosivos, sustancias inflamables o corrosivas, tóxicas o cualesquiera otras que puedan causar estragos (art. 348)* ... 444
2. *Delitos de riesgo provocados por organismos (art. 349)* ... 447
3. *Delitos de riesgo por infracción de normas de seguridad en el trabajo con motivo de la realización de obras públicas (art. 350)* ... 448

Lección 20.ª INCENDIOS ... 451
I. Sistemática legal ... 451
II. Presupuestos criminológicos ... 451
III. Conceptos penales básicos ... 452
1. *Delimitación conceptual de la acción de incendio* ... 452
2. *Formulación del concepto normativo de incendio* ... 454
3. *Dinámica de acción incendiaria* ... 454
4. *Medios de ejecución* ... 454
5. *Formas de acción típica* ... 455
6. *Momento de consumación* ... 456
IV. Incendio de peligro personal a la vida o salud de las personas ... 457
1. *Tipo básico* ... 457
2. *Tipo privilegiado* ... 459
V. Incendios forestales ... 460
1. *Tipo básico* ... 460
2. *Tipo privilegiado* ... 461
3. *Tipo pluriofensivo* ... 463
4. *Tipos cualificados* ... 463
VI. Incendio de zonas de vegetación no forestales ... 467
VII. Incendio en bienes propios ... 468
VIII. Incendios culposos ... 470
IX. Disposiciones comunes ... 472
1. *Cualificación de la pena en caso de afectación de espacio natural protegido* ... 472
2. *Medida de restauración del equilibrio ecológico perturbado y otras medidas cautelares de protección* ... 473
3. *Atenuación de la pena en caso de reparación del daño causado* ... 474

LECCIÓN 21.ª DELITOS CONTRA LA SALUD PÚBLICA 477
I. CONSIDERACIONES GENERALES Y BIEN JURÍDICO PROTEGIDO 477
II. DELITOS RELATIVOS A SUSTANCIAS NOCIVAS PARA LA SALUD O PRODUCTOS QUÍMICOS QUE PUEDAN CAUSAR ESTRAGOS (ARTS. 359 Y 360 CP) 478
1. *Elaboración, despacho, suministro o comercio no autorizado (art. 359 CP)* 478
2. *Incumplimiento de las formalidades para su despacho o suministro (art. 360)* 479
III. DELITOS RELATIVOS A MEDICAMENTOS (ARTS. 361, 362, 362 BIS, 362 TER, 362 QUÁTER CP) 479
1. *Planteamiento. Concepto de medicamento* 480
2. *Tipo básico. Producción y distribución de medicamentos deteriorados o caducados, sustitución de unos por otros, e incumplimiento de exigencias técnicas específicas (art. 361 CP)* 480
A) Producción y distribución 481
B) Artículo 361 bis 481
C) Alteración de la dosis, caducidad o composición genuina de un medicamento (art. 362.1 CP) 481
D) Imitación o simulación de medicamentos o sustancias beneficiosas para la salud 481
E) Tráfico de medicamentos fraudulentos (art. 362 bis CP) 482
3. *Tipos cualificados (art. 362 quáter CP)* 483
IV. EL DELITO DE DOPAJE (ART. 362 QUINQUIES CP) 483
V. DELITOS RELATIVOS A PRODUCTOS ALIMENTARIOS (ARTS. 363-366 CP) 486
1. *Delitos realizados por productores, distribuidores o comerciantes (art. 363 CP)* 486
2. *Delitos de adulteracion (art. 364.1 CP)* 488
3. *Alteración de alimentos de animales destinados al consumo humano (art. 364.2 CP)* 488
4. *Envenenamiento (art. 365 CP)* 489
5. *Realización por imprudencia grave de estas conductas (art. 367 CP)* 489
6. *Responsabilidad penal de las personas jurídicas (art. 366 CP)* 490
7. *Penas complementarias (art. 372 CP)* 490
VI. DELITOS RELATIVOS AL TRÁFICO DE DROGAS (ARTS. 368-378 CP) 490
1. *Tipo básico (art. 368 CP)* 491
A) Favorecimiento del consumo ilegal de drogas 491
B) Posesión de drogas 492
2. *Tipo privilegiado* 495
3. *Tipos agravados* 495
A) Cualificaciones de primer grado (art. 369 CP) 495
B) Cualificaciones de segundo grado (art. 370 CP) 497
4. *Tráfico de precursores (art. 371 CP)* 498
5. *Provocación, conspiración y proposición para cometer estos delitos (art. 373 CP)* 498
VII. CUESTIONES COMUNES 498
1. *Comiso (art. 374 CP)* 498
2. *Reincidencia internacional (art. 375 CP)* 499
3. *Tipo especial privilegiado común (art. 376 CP)* 499
VIII. REGLAS PARA LA DETERMINACIÓN DE LAS MULTAS Y EL ORDEN DE PRELACIÓN DE PAGOS (ARTS. 377 Y 378 CP) 500

LECCIÓN 22.ª DELITOS CONTRA LA SEGURIDAD VIAL 501
I. LA NUEVA FAZ DEL DERECHO PENAL DE LA SEGURIDAD VIAL 501
II. ELEMENTOS COMUNES A LOS TIPOS DELICTIVOS 502
1. *Bien jurídico* 502
2. *Caracterización* ratione personae: *sujeto activo conductor* 503
3. *Objeto del delito: vehículo a motor o ciclomotor* 504
4. *Ámbito espacial y cinemático del delito viario: la vía pública* 505

III. Delito de conducción a velocidad excesiva (art. 379.1) 506
1. *Regulación legal* 506
2. *Contenido de injusto: defectos técnicos y motivos de ilegitimidad* 506
3. *Penalidad* 509
IV. Delito de conducción habiendo consumido drogas tóxicas, estupefacientes, sustancias psicotrópicas o bebidas alcohólicas (art. 379.2) 509
1. *Regulación legal* 509
2. *Perfiles del contenido de injusto* 510
V. Delitos de conducción con temeridad manifiesta (arts. 380 y 381) ... 512
1. *Tipo básico (art. 380.1)* 512
2. *Tipo agravado (art. 381.1)* 514
3. *Tipo atenuado (art. 381.2)* 516
VI. Problemas concursales 516
1. *Las difíciles relaciones concursales entre los artículos 379, 380 y 381 CP* 516
2. *Regla concursal y de penalidad (art. 382)* 517
VII. El nuevo delito de abandono del lugar del accidente (art. 382 bis)... 519
1. *(Re)introducción de la figura en la legislación española* 519
2. Ratio essendi *de la figura, antecedentes y Derecho comparado* 520
3. *Bien jurídico: ¿un ataque a la seguridad vial?* 521
4. *Análisis dogmático: inconvenientes* 522
5. *Pertinencia político-criminal* 523
VIII. Delito de negativa a someterse al control de alcoholemia o drogadicción (art. 383) 524
1. *Previsión legal* 524
2. *Concreción del injusto típico y legitimidad punitiva* 524
IX. Delito de conducción sin carnet de conducir vigente (art. 384) 525
1. *Regulación de la figura delictiva* 525
2. *Modalidades típicas y dificultades de legitimación* 526
X. Delito de creación de grave riesgo para la seguridad vial (art. 385) ... 528
1. *Previsión legal* 528
2. *Modalidades típicas y contenido de injusto* 528
XI. Disposiciones comunes (art. 385 bis y ter) 530
XII. El moderno Derecho penal de la seguridad vial: valoración político-criminal de conjunto 530
1. *Un nuevo capítulo de Derecho penal del enemigo: el conductor como enemigo y el vehículo como arma* 530
2. *Crítica: un Derecho penal del enemigo indiscriminado y mal aplicado* 532

ABREVIATURAS

Art.	artículo (cuando no se señala otra cosa, se entiende que se refiere al CP español vigente)
Cc	Código Civil
CP	Código Penal
DRAE	Diccionario de Real Academia Española
FJ	Fundamento Jurídico
RD	Real Decreto
SAP	Sentencia de la Audiencia Provincial
StGB	*Strafgesetzbuch* (Código penal alemán)
STC	Sentencia del Tribunal Constitucional
STS	Sentencia del Tribunal Supremo
TC	Tribunal Constitucional
TS	Tribunal Supremo

DISTRIBUCIÓN DE LECCIONES POR AUTORES

Prof. Dr. *Dr. h. c. mult.* MIGUEL POLAINO NAVARRETE
Catedrático Emérito de Derecho Penal en la Universidad de Sevilla
Lecciones 1, 8, 13, 14, 15, 16 y 20

Prof. Dr. JUAN ANTONIO MARTOS NÚÑEZ
Profesor Titular de Derecho Penal en la Universidad de Sevilla
Lecciones 17 y 18

Prof.ª Dr.ª MYRIAM HERRERA MORENO
Profesora Titular de Derecho Penal en la Universidad de Sevilla
Lecciones 5 y 7

Prof.ª Dr.ª ANTONIA MONGE FERNÁNDEZ
Profesora Titular de Derecho Penal en la Universidad de Sevilla
Lecciones 11 y 21

Prof.ª Dr.ª CARMEN REQUEJO CONDE
Profesora Titular de Derecho Penal en la Universidad de Sevilla
Lecciones 9, 12 y 19

Prof. Dr. MIGUEL POLAINO-ORTS
Profesor Titular de Derecho Penal en la Universidad de Sevilla
Lecciones 2, 3, 10 y 22

Prof. Dr. EDGAR IVÁN COLINA RAMÍREZ
Profesor Ayudante Doctor de Derecho Penal en la Universidad de Sevilla
Lecciones 4 y 6

DISTRIBUCIÓN POR LECCIONES

Lección 1.ª: Prof. Dr. Miguel Polaino Navarrete
Lección 2.ª: Prof. Dr. Miguel Polaino-Orts
Lección 3.ª: Prof. Dr. Miguel Polaino-Orts
Lección 4.ª: Prof. Dr. Edgar Iván Colina Ramírez
Lección 5.ª: Prof.ª Dr.ª Myriam Herrera Moreno
Lección 6.ª: Prof. Dr. Edgar Iván Colina Ramírez
Lección 7.ª: Prof.ª Dr.ª Myriam Herrera Moreno
Lección 8.ª: Prof. Dr. Miguel Polaino Navarrete
Lección 9.ª: Prof. Dr.ª Carmen Requejo Conde
Lección 10.ª: Prof. Dr. Miguel Polaino-Orts
Lección 11.ª: Prof.ª Dr.ª Antonia Monge Fernández
Lección 12.ª: Prof.ª Dr.ª Carmen Requejo Conde
Lección 13.ª: Prof. Dr. Miguel Polaino Navarrete
Lección 14.ª: Prof. Dr. Miguel Polaino Navarrete
Lección 15.ª: Prof. Dr. Miguel Polaino Navarrete
Lección 16.ª: Prof. Dr. Miguel Polaino Navarrete
Lección 17.ª: Prof. Dr. Juan Antonio Martos Núñez
Lección 18.ª: Prof. Dr. Juan Antonio Martos Núñez
Lección 19.ª: Prof.ª Dr.ª Carmen Requejo Conde
Lección 20.ª: Prof. Dr. Miguel Polaino Navarrete
Lección 21.ª: Prof.ª Dr.ª Antonia Monge Fernández
Lección 22.ª: Prof. Dr. Miguel Polaino-Orts

PRESENTACIÓN

La presente obra, *Lecciones de Derecho Penal, Parte Especial I*, es fruto de un trabajo conjunto de diferentes Profesores de la Universidad de Sevilla, los compañeros del Departamento de Derecho Penal y Ciencias Criminales de esta Universidad Dr. Juan Antonio MARTOS NÚÑEZ, Dr.ª Myriam HERRERA MORENO, Dr.ª Antonia MONGE FERNÁNDEZ, Dr.ª Carmen REQUEJO CONDE, Dr. Miguel POLAINO-ORTS y Dr. Edgar Iván COLINA RAMÍREZ, quienes han respondido positiva y generosamente a mi convocatoria y se han sumado activamente, como coautores, a la redacción de esta obra.

En ella hemos querido exponer, sistemáticamente, la materia correspondiente a la asignatura «Derecho Penal II» según la distribución académica de los nuevos planes de estudio, adoptados en nuestra Universidad en el curso 2009/2010, en los que se implanta el Grado en Derecho (así como titulaciones de Doble Grado), conforme al conocido Plan de Bolonia.

No es hora de valorar las virtudes de la reforma universitaria, sino de adecuar los materiales de estudio a las nuevas exigencias del proceso educativo del presente. La reducción de las materias a semestres nos ha obligado a realizar un esfuerzo de síntesis para poder ofrecer, de este modo, un texto ágil y actualizado, y de indudable valor pedagógico, que nos sirva de complemento a las explicaciones de clase.

La elaboración de estas *Lecciones* se ha visto sustancialmente influida por las sucesivas reformas que ha sufrido el Código penal en los últimos tiempos, en las que cabe destacar la LO 1/2015, de 30 de marzo (vigente desde el 1 de julio de 2015), la LO 1/2019, de 20 de febrero (vigente desde el 13 de marzo de 2019) y la LO 2/2019, de 1 de marzo (en vigor desde el 3 de marzo de 2019). Como cabe suponer, en las *Lecciones* que siguen se han tenido en cuenta de manera específica las modificaciones introducidas por estas leyes de reforma del Código penal, que en no escasa medida afectan a las materias de que trata la presenta obra.

Quiero felicitar a los autores de este libro por el trabajo realizado, que queda plasmado en las *Lecciones* siguientes, cuyas aportaciones no sólo serán de utilidad para los estudiantes de Grado, sino también para el estudioso y para el profesional que quiera tener una imagen veraz, didáctica y completa de una materia tan amplia y tan compleja como la que aquí se expone.

A este volumen seguirá, no tardando, un segundo tomo que complete la explicación de la Parte especial del Derecho penal español, con lo que se podrá disponer de una exposición completa de esta «abigarrada multitud» (que diría el gran Ramón GÓMEZ DE LA SERNA) en que se está convirtiendo la Parte especial de nuestro Código penal.

Prof. Dr. *Dr. h. c. mult.* MIGUEL POLAINO NAVARRETE
Universidad de Sevilla, septiembre de 2019

LECCIÓN 1.ª

INTRODUCCIÓN A LA PARTE ESPECIAL DEL DERECHO PENAL

MIGUEL POLAINO NAVARRETE

I. NOCIONES PRELIMINARES

La disciplina **Derecho penal** se divide tradicionalmente en una **Parte general** y una **Parte especial**. Esta distinción no es únicamente académica, pues también los Códigos penales se hacen eco de ella: todos los textos penales contienen una parte dedicada a la regulación de las cuestiones genéricas relativas a la ley, al delito *in genere* y a las consecuencias penales (la llamada Parte general) y otra parte dedicada a la incriminación *in specie* de todos los tipos de delito en particular (la llamada Parte especial).

La sistemática de la distribución de toda la materia que es objeto de regulación punitiva en una Parte general y una Parte especial ha sido asumida y mantenida en la legislación española, a lo largo del proceso de la codificación penal desde el inicio de la misma hasta nuestros días.

El CP español data de 1995, y desde entonces hasta ahora ha experimentado más de una treintena de reformas, que por lo general se muestran altamente distorsionadoras del contenido y alcance del mismo, al conferir una inquietante expansión al poder punitivo estatal, como si se tratara de un mero ordenamiento sancionador, en descrédito de los principios informadores del Derecho penal, legitimadores de su función y limitadores de su ejercicio.

La reforma del CP introducida por la LO 1/2015 afecta a la tradicional sistemática del Código, al suprimir el Libro III del CP («Faltas y sus penas») que contenía la incriminación de las infracciones penales no constitutivas de delito sino de falta. Tras esta supresión se altera una sistemática legislativa que se remonta a principios del siglo XIX y el **vigente CP** español pasa a estar exclusivamente constituido por un Título Preliminar y dos Libros (Libro I y Libro II):

— **Título Preliminar**: su regulación tiene un alcance normativo un tanto simplista y deficitario, está dedicado a la regulación «De las **garantías** penales y de la **aplicación** de la ley penal».

— **Libro I**: contiene las «Disposiciones **generales** sobre los **delitos**, las **personas** responsables, las **penas**, las **medidas** de seguridad y demás **consecuencias** de la infracción penal».

— **Libro II**: se ocupa de la configuración de todos los **tipos legales de delito** que son objeto de incriminación penal, bajo la rúbrica general de los «**Delitos** y sus penas».

Sin embargo, y aunque en ocasiones se haya llegado a creer lo contrario, en los sistemas penales **la Parte especial ha precedido** a la elaboración de la Parte general, no sólo en la regulación positiva, sino también en la doctrina penal y la jurisprudencia criminal. La casuística de la vida real ha antecedido a las disposiciones incriminadoras de las infracciones penales y a los procesos de criminalización de determinadas conductas en sociedad. Las exigencias de la realidad social efectiva, tal como se manifiesta en la convivencia humana en sociedad, se han erigido en factores generadores de la creación de los sistemas jurídicos, en cuanto fuerza social de la que emana la norma.

El delito existe por realizarse en la sociedad una acción que por su extrema gravedad exige que una norma la valore, configure y conmine con una sanción penal, pero no por que la ley considere *a priori* en abstracto que determinadas conductas hayan de ser delictivas y las califique como tales desde arriba en un mero proceso deductivo de imposición de preceptos jurídicos de prohibición o mandato de actitudes subjetivas.

> Precisamente porque se produjo la primera causación de la muerte de una persona a manos de otra persona en la Historia de la Humanidad, se hizo preciso establecer una ley penal que configurara el delito de homicidio y lo sancionara con una pena.
>
> La ley penal es un instrumento de la Sociedad al servicio de la Justicia, ante los conflictos sociales que no tienen una adecuada solución jurídica por otra vía que no sea la punitiva, esto es, ante la ausencia de otros medios jurídicos menos drásticos de protección de los valores fundamentales de la sociedad frente a los ataques más graves de la lesión o puesta en peligro de los mismos.
>
> Los principios de acto, de tipicidad, de ofensividad, de imputación subjetiva y de punibilidad, entre otros, fundamentan la labor normativa configuradora de la incriminación de las conductas descritas en un tipo de delito en el sistema punitivo del Estado de Derecho.

Antes de que un principio jurídico regulara una realidad, existía una realidad que era necesitada de regulación jurídica. El precepto jurídico no surge de un proceso la especulación mental, sino que proviene de la necesidad social de articular una respuesta coherente a un concreto conflicto. Las **normas jurídicas** no son normas preexistentes a la realidad social y derivadas de principios puramente abstractos y antepuestos a la realidad, sino que constituyen instrumentos de la sociedad para prevenir y sancionar determinadas formas de conducta socialmente intolerables por su intrínseca lesividad.

> A propósito de su acendrada defensa de la costumbre como fuerza social creadora del Derecho, afirmaba Pedro García Dorado Montero: «**el Derecho viene de abajo a arriba**, es creación de la sociedad misma en vez de recibirlo ya elaborado y concluido. Es inútil pretender cristalizarlo en fórmulas legales y tratar de impedir que se manifieste variamente, por todos los órganos de que la sociedad puede disponer... De donde resulta claro que es el **legislador quien debe hallarse subordinado a la sociedad** para quien legisla, no la sociedad al legislador... La ley, sin el apoyo moral del pueblo, no es ley, es tan sólo una arbitrariedad».

No obstante la exigencia de una precisa distinción metodológica entre **Parte general** y **Parte especial** del Derecho penal, lo cierto es que ambas secciones constitutivas de este sector del ordenamiento jurídico se **reclaman** entre sí y se **interrelacionan** mutuamente, hasta el punto de que **una no puede existir sin la otra**: la Parte general sin la Parte especial sería un conjunto de normas teóricas sin sentido y sin aplicabilidad práctica, mientras que la Parte especial sin la Parte general sería un conjunto muy rico desde el punto de vista de la casuística, pero carente del fundamento conceptual necesario para poder tener un sentido jurídico.

A la luz de la Parte especial adquieren verdadero sentido los **principios jurídicos** que informan el sistema del Derecho penal (principio de legalidad, principio de acto, principio de ofensividad, principio de protección de bienes jurídicos, principio de culpabilidad, principio de punibilidad, etc.) y también recién por esos principios puede cada supuesto delictivo de la Parte especial ser resuelto conforme a **criterios de Justicia**. Las disposiciones relativas al delito *in genere* han de confrontarse a las peculiaridades típicas de las figuras de delito ***in specie*** descritas en la Parte especial. Si los postulados generales son válidos o no es algo que sólo se podrá responder en la medida en que resultan aplicables a los singulares supuestos típicos de los delitos en particular.

II. OBJETO

El Derecho penal trata de conductas que contradicen de modo jurídicamente intolerable las mínimas condiciones de convivencia social. Cada delito en particular lesiona o pone en peligro un bien o valor protegido por el Derecho penal. Si ello no sucediera se estaría quebrantando el llamado **principio de ofensividad**, de manera que la incriminación de dicha conducta inocua sería jurídicamente insostenible y, por ello, ilegítima.

La incriminación de dichas conductas como delito se realiza en procura de una **protección jurídica** indispensable que repercute directamente al **titular** del bien jurídico protegido, que puede ser la **persona** individual (en caso de bienes de titularidad individual: la vida, la integridad física, la libertad, la libertad sexual, etc.) o la **sociedad** en su conjunto (en casos de bienes supraindividuales, colectivos o difusos: como el medio ambiente, la hacienda pública o la seguridad vial).

Para los titulares de esos derechos, la **incriminación** de las conductas que les afectan es una cuestión crucial, una cuestión de vida o muerte: si no existiera esa incriminación, el derecho perecería sin mayores consecuencias. Precisamente si la integridad jurídica del derecho lesionado se puede salvar es porque existe una conminación penal que lo blinda jurídicamente frente a su lesión arbitraria, previendo para tal comportamiento antisocial la más grave de las sanciones penales de que dispone el ordenamiento jurídico, como último recurso de garantía de las bases de la coexistencia, y ante la insuficiencia de otros medios menos drásticos de tutela jurídica: el sistema de penas y de medidas de seguridad.

Ante la variada casuística de supuestos de incidencia sobre las bases consustanciales de la convivencia social que la **realidad empírica** muestra, el legislador lleva a cabo una **delimitación valorativa**, esto es: una **selección jurídica** de los bienes y valores que socialmente se estiman más relevantes para la persona y la colectividad, por virtud de la cual los configura como bienes jurídicos necesitados y merecedores de protección penal, y seguidamente efectúa una descripción típica de aquellas conductas que más gravemente lesionan o ponen en peligro los mismos y las conmina con una sanción penal.

La realización de los comportamientos que esencialmente se caracterizan por su intolerable nivel de lesividad o de peligro a los bienes jurídicos protegidos motiva un proceso de incriminación de tales conductas, que, en el **sistema** de tipicidad que rige en nuestro ámbito de vigencia del principio de legalidad penal, se lleva a cabo por parte del legislador penal a través del instrumento técnico del **tipo legal**, por el que efectúa la descripción positiva de tales conductas y las conmina con penas o medidas. El tipo penal es, pues, el **vehículo normativo** que permite la incriminación de la conducta como delito.

Toda construcción dogmática del Derecho penal surge de la consideración de los delitos en particular, esto es, del objeto de la Parte especial, que constituye la génesis de la teoría general. La **Parte especial** atiende a **lo singular**, a lo concreto, a lo específico. La **Parte general** se ocupa de instaurar los **principios** jurídicos válidos para todos los supuestos penales, partiendo del conocimiento de los datos concretos de la realidad empírica y de la observancia de criterios valorativos aplicables a todas las hipótesis de la misma. No puede alcanzarse una configuración de la Parte general sin conocerse las exigencias concretas de la Parte especial.

Por ello, como queda dicho, en el sistema penal no puede establecerse una disociación entre la Parte general y la Parte especial, como si de segmentos separados e inconexos entre sí se tratara del Derecho penal; antes al contrario, la **una no puede existir sin la otra**. Operar una absoluta escisión entre ambas significaría mutilar un elemento esencial de cada una y sería algo así como pretender configurar la teoría y la práctica referidas a un mismo objeto como dos mundos sin conexión alguna entre sí, que recíprocamente se desconocen, ignorando o destruyendo la unidad del sistema.

La Parte general y la Parte especial **representan las dos caras de una misma moneda**, que es integrada por el concepto unitario del Derecho penal, entendido como sistema jurídico constitutivo de un subsistema social. La una no puede existir sin la otra, si bien ambas son diferenciables entre sí por cuanto contemplan un común objeto desde perspectivas distintas y con una proyección dinámica propia: la formulación del principio general y la aplicación del mismo al caso concreto.

La Parte general se forma a costa de la Parte especial, pero al propio tiempo revierte a ésta aportando un caudal de esquemas conceptuales y principios normativos que carecerían de valor social si no fueran aplicables a la realidad empírica de cada comportamiento criminal concreto. La Parte general no agota el total objeto de la disciplina del Derecho penal, sino que, en rigor, constituye algo así como **preámbulo** o **premisa** de la Parte especial, la cual a su vez integra —en palabras de Francesco ANTOLISEI— «el terreno en el que los principios y las normas de aquélla encuentran aplicación».

No ha de verse, pues, en la Parte especial algo substancialmente contrapuesto a la Parte general, sino una **continuación** y una **aplicación** coherente de los postulados esenciales de la misma. En esa proyección dinámica se advierte la importancia real y el significado dogmático de la Parte especial, que —en expresión de Filippo GRISPIGNI— representa el propio y verdadero Derecho penal, ya que «da por sí sola vida y contenido a las normas de la Parte general».

Las teorías y los principios esenciales de la Parte general carecerían de efectiva virtualidad, tanto a nivel dogmático como en el terreno práctico, sin una consecuente aplicación válida de los mismos a la **singular estructura** de cada uno de los tipos en particular. La Parte especial es origen pero también es destino de la configuración y de la aplicación de los principios científicos del Derecho penal, porque los principios son válidos sólo si son aplicables a la realidad y útiles para resolver los reales problemas de la misma.

III. SISTEMA

El **sistema** implica el establecimiento de un conjunto de **principios**, que en el ámbito penal han de tener una implicación normativa, de los que pueden obtenerse una serie de consecuencias o aplicaciones concretas que no muestran lagunas ni fisura alguna entre ambas, por cuanto aquéllos se hallan perfectamente coordinados de manera consecuente entre sí.

El sistema penal se caracteriza por la aplicación de una pluralidad metódica, en la que destaca la diversidad de las dimensiones y perspectivas apreciables en el mismo. Al comienzo de toda Ciencia se encuentra el método, a través del cual el conocimiento se erige en auténtica Ciencia: **el método** es el aliento vital de la Ciencia, elemento vital de la misma sin el que ésta no podría existir ni realizarse. Toda construcción científica requiere un plan metódico, un conocimiento sistemático y una evaluación orgánica. Sin embargo, el punto central debe residir —con palabras de Wilhelm SAUER— «no en el pensamiento metódico ni en el conocimiento sistemático, sino en el ser, en el llegar a ser, en la realidad» orientada conforme a los criterios del deber ser que constituyen la esencia del ordenamiento jurídico.

El **proceso metodológico** de la construcción del Sistema penal ha discurrido por la línea de consideración de las características esenciales de la Parte general y de la Parte especial del Derecho penal, sin cuya conjunción el mismo no podría existir a nivel científico. El comportamiento real es susceptible de valor por la norma en virtud de un proceso complejo que requiere la aplicación de una metódica que —en expresión de Arthur KAUFMANN— proceda tanto empírica como normativamente, inductiva como deductivamente, y no en una aplicación de tales dimensiones una detrás de otra, sino de todas ellas en su consunto.

Este **transitar intrasistemático de los principios** de la Parte general y las exigencias de la Parte especial ha llevado a reconocer en el sistema penal no de un proceso metódico que consta de actos separados, sino de un proceso dialéctico unitario, que Karl ENGISCH describe como «una incesante acción recíproca, una ida y una vuelta continuas entre norma y contenido vital objetivo».

El sistema penal exige un **perfecto acoplamiento** de la Parte general y de la Parte especial, dimanante de la armónica aplicación de un pluralismo metódico, comprensivo de una **diversidad de vectores** metódicos entre los que cabe señalar: método empírico y método valorativo, método naturalista y método positivo, método abstracto y método concreto, método inductivo y método deductivo, método sintético y método analítico, método de la lógica jurídica en la configuración de la norma y en la aplicación práctica de la misma, los sistemas metódicos seriales, cibernéticos, dialécticos, neodialécticos, sistémicos sociales y funcionales normativos... que resultan imprescindibles en la construcción de la dogmática penal.

La diversidad de dimensiones metódicas aplicables al sistema penal pone de relieve que a través de ellas es posible alcanzar, no sólo una formulación de la Teoría jurídica del delito y una configuración de la Dogmática que comprenda las perspectivas formales y materiales que la integran, sino un encuadramiento ordenado y una explicación coherente de la Parte especial, a la que aportan el **conjunto de los criterios** clasificatorios más relevantes de los tipos de delito incriminados en el Código penal.

Si —como postula Eduard DREHER— «el Derecho penal tiene sus propios métodos», éstos encuentran su banco de prueba definitivo, para ver si se han desarrollado en su integridad las consecuencias dogmáticas de la aplicación de los principios de la Parte general, precisamente en el ámbito singular de cada uno de los tipos delictivos de la Parte especial, a cuya configuración atiende de una manera tan deficiente en el orden metodológico las frecuentemente **precipitadas reformas** del Código penal, más propias del oportunismo irreflexivo que de la sosegada ponderación de las exigencias científicas de la Política criminal.

IV. CLASIFICACIÓN DE LA PARTE ESPECIAL

El Código penal de 1995, que ha sufrido numerosísimas reformas penales desde su entrada en vigor (en abril de 1996) hasta el momento presente, regula toda la Parte especial en su **Libro II** («Delitos y sus penas»), que comprende un conjunto de artículos incriminadores de los delitos en particular, que van desde el artículo **138** hasta el artículo **616** quáter del Código penal. Tales artículos se hallan distribuidos en **veinticuatro Títulos** correlativamente numerados en el contenido global del Libro II del CP (Títulos I a Título XXIV), y además en otros **cuatro Títulos** bis que han ido siendo incorporados en el cuerpo punitivo como fruto de sucesivas reformas legislativas (Título VII bis, Título XIII bis, Título XV bis y Título XVI bis).

Este conjunto de artículos contiene la tipificación legal de la totalidad de los comportamientos que incriminados como delito en el Código penal.

La reforma del CP por **LO 1/2015** (en vigor desde 1 de julio de 2105) alteró drásticamente la tradicional sistemática de la clasificación legislativa que ha sido propia de la Codificación penal española en relación al reconocimiento de distintas categorías de infracciones penales, al suprimir las faltas de la legislación penal.

Dicha reforma **prescinde** de las clasificaciones tradicionales de las infracciones penales: la originaria distinción **tripartita** de las infracciones penales (crímenes, delitos y faltas), y la ulterior clasificación **bipartita** —vigente hasta la mencionada reforma del CP— que diferenciaba entre delitos y faltas, como categorías de infracciones penales que eran respectivamente reguladas en el Libro II (arts. 138 a 616) y el Libro III del Código, describiendo el tipo legal de cada particular figura de delito y de falta, siendo ahora sustituida por la sistemática de una **única** categoría de incriminación penal, la de delitos, contenida en el Libro II del CP.

Entre el delito y la falta, aparte del nombre, no existía una **diferencia cualitativa** sino **cuantitativa**. Desde el punto de vista **cualitativo**, delito y falta son la **misma cosa** (esto es: una acción, típica, antijurídica, culpable y punible), como son la misma cosa, pongamos por caso, una mesa grande y una pequeña: ambos constituyen **especies** del género **infracción penal**. Delito y falta se diferenciaban, pues, en el aspecto **cuantitativo**: el delito es la infracción penal **más grave** y **contundente**, mientras que la falta era el delito *en pequeñito*: el **delito venial** (como la llamaba Joaquín Francisco PACHECO, inspirador y comentarista que fue del CP español de 1848) o **delito de bagatela** (en expresión de Hans-Heinrich JESCHECK).

Pues bien, conforme a los nuevos planes de estudios de las Universidades españolas en general y de la Universidad de Sevilla en particular, en concordancia con la implantación y andadura del Plan de Bolonia, en este volumen se exponen sistemáticamente el análisis y el estudio de los primeros capítulos de la **Parte especial**, que tratan primordialmente de los delitos contra **derechos personalísimos** (no patrimoniales), a los que se añade los capítulos dedicados a los delitos contra los bienes colectivos **medio ambiente** y **seguridad colectiva**, dentro del cual se incorpora la **seguridad vial**.

En concreto, en las presentes **Lecciones de la Parte especial del Derecho penal** serán objeto de análisis y exposición las siguientes materias:

1. Delitos contra la **vida** (que abarca los Títulos I y II del Libro II del CP, arts. 138-143: homicidio, asesinato, inducción y cooperación al suicidio, eutanasia) y los tipos de aborto (arts. 144 a 146).
2. Delitos contra la **salud** (Títulos III y IV del Libro II del CP, arts. 147-156: lesiones, y arts. 157-158: lesiones al feto), en el que se incriminan los tipos de lesiones, violencia de género y tráfico de órganos, así como las lesiones al feto, que afectan a la integridad corporal o a la salud física o mental y social.
3. Delitos relativos a la **manipulación genética** (Título V del Libro II del CP, arts. 159-162).
4. Delitos contra la **libertad** (Título VI del Libro II del CP, arts. 163-172), que abarcan los tipos de detención ilegal y secuestro, así como las coacciones y las amenazas.
5. Delitos contra la **integridad moral o dignidad humana** (Título VII del Libro II del CP, arts. 173-177 bis), donde se incorporan los tipos de tortura y trata de seres humanos.
6. Delitos contra la **libertad e indemnidad sexuales** (Título VIII del Libro II del CP, arts. 178-194).
7. Delitos de **omisión del deber de socorro** (Título IX del Libro II del CP, arts. 195-196).
8. Delitos contra la **intimidad** (Título X del Libro II del CP, arts. 197-204), que abarcan los delitos de descubrimiento, revelación de secretos e interceptaciones ilegales, así como el allanamiento de morada, domicilio o establecimiento, que afectan a la intimidad personal, al derecho a la propia imagen o a la inviolabilidad del domicilio.
9. Delitos contra el **honor** (Título XI del Libro II del CP, arts. 205-216), donde se incluyen los tipos de injuria y calumnias.
10. Delitos contra los **derechos y deberes familiares** (Título XII del Libro II del CP, arts. 217-233), en que se estudian los tipos de matrimonios ilegales, suposición de parto y alteración de la paternidad, abandono de familia, etc.
11. Delitos contra el **medio ambiente** (Título XVI del Libro II del CP, arts. 319-340), entre los que se incorporan los tipos contra la ordenación del territorio y contra el patrimonio histórico-artístico y los delitos medioambientales, que afectan a los bienes ecológicos, al valor del urbanismo, al patrimonio histórico, o a los recursos naturales.

12. Delitos contra la **seguridad colectiva** (Título XVII del Libro II del CP, arts. 341-385 ter), que engloba los delitos de riesgo catastrófico, incendios, delitos contra la salud pública y delitos contra la seguridad vial.

La exposición y el análisis de cada uno de los indicados tipos legales de delito seguirá en la presente obra el mismo **orden sistemático** por las razones anteriormente aludidas.

LECCIÓN 2.ª

HOMICIDIO Y ASESINATO

MIGUEL POLAINO-ORTS

I. SISTEMÁTICA LEGAL: PANORÁMICA GENERAL Y CRÍTICA

El CP de 1995 principia su Libro Segundo, dedicado al estudio de los delitos en particular, con un Título I que lleva por rúbrica «**Del homicidio y sus formas**». Con ello se invierte el orden sistemático que imperó en los Códigos anteriores, en los que el catálogo de tipos penales comenzaba por los delitos contra el Estado (como sigue haciéndolo, por ejemplo, el StGB alemán), esto es, por delitos contra bien jurídicos de titularidad colectiva, a diferencia de los delitos contra la vida que son de titularidad individual.

La rúbrica española tradicional rezaba «Delitos **contra las personas**». La actual es, como queda dicho, «Del homicidio y sus formas». Ambas intitulaciones legales **son incorrectas**: la primera porque confundía el **bien jurídico** (la vida humana dependiente e independiente, según la doctrina al uso) con el **objeto material** del delito (persona que recibe o sufre la acción lesiva, en este caso: la acción de matar), además de la extralimitación terminológica de denominar persona a quien aun no ha nacido (el *nasciturus*, todo lo más: proyecto de persona o persona en potencia). La rúbrica actual no supera en aciertos a la anterior, sino que es igualmente criticable por varios motivos:

— Por un lado, porque omite cualquier mención normativa al **bien jurídico protegido** (a diferencia, por ejemplo, de la rúbrica de los títulos VI: «Delitos contra la libertad»; VIII: «Delitos contra la libertad e indemnidad sexuales» u XI: «Delitos contra el honor»).

— Por otro lado, porque presupone algo que hay que demostrar (y que, en todo caso, cuestiona la doctrina), a saber: que el homicidio sea el **tipo básico** y que el resto de figuras incriminadas (asesinato, inducción a suicidio ajeno, cooperación a suicidio ajeno, eutanasia) sean meras «**formas**» **fenomenológicas** derivadas del homicidio, lo cual es **ciertamente cuestionable**.

Ejemplo: Quien entrega a otro un arma para que se quite la vida responderá por el delito de cooperación necesaria al suicidio pero no comete con ello forma alguna de homicidio: en éste, se priva a alguien de la vida contra su voluntad (heterolesión) y en el primer caso quien muere no es privado de su derecho a la vida, sino que es él quien decide poner fin a la misma (autolesión). La autolesión nunca puede ser una forma de homicidio, pues éste es necesariamente heterolesión.

Pero dejemos la desafortunada rúbrica legal de lado y vayamos al **contenido** del título en cuestión. En él se incriminan **tres figuras delictivas básicas**:

1. **Homicidio** (art. 138).
2. **Asesinato** (art. 139), e
3. **Intervención** en un suicidio ajeno o en una muerte querida por el sujeto pasivo (art. 143 CP).

Un estudio más detenido, que realizaremos en esta misma lección, nos mostrará que son varios los **tipos delictivos** que el legislador incrimina como delito en el seno de cada una de las figuras delictivas señaladas. Así, y sin perjuicio de su estudio posterior, se prevé la **incriminación** de los siguientes tipos penales:

1) **Delito doloso de homicidio**, con varias modalidades: tipo básico (art. 138.1) y tipos agravados (art. 138.2).

2) **Delito doloso de asesinato** (art. 139), que materialmente se configura, según la doctrina mayoritaria, como un **homicidio agravado** en el que concurre alternativamente una de las cuatro agravantes siguientes: *a*) alevosía; *b*) precio, recompensa o promesa; *c*) ensañamiento; y *d*) que la muerte sea para facilitar la comisión de otro delito o para evitar que se descubra.

3) **Tipos agravados** de **asesinato** (art. 140): *a*) víctima menor de dieciséis años de edad o persona especialmente vulnerable por razón de su edad, enfermedad o discapacidad; *b*) que la muerte sea subsiguiente a un delito contra la libertad sexual; *c*) que el autor pertenezca a un grupo u organización criminal (art. 140.1), y *d*) que el autor fuera condenado por la muerte de más de dos personas (art. 140.2).

4) **Provocación, conspiración** y **proposición** (art. 141) de cometer alguno de los delitos anteriores (homicidio, asesinato, asesinato agravado).

5) **Delito de homicidio imprudente** (art. 142), que a su vez engloba dos modalidades delictivas: con imprudencia grave (art. 142.1) y con imprudencia menos grave (art. 142.2), con diversas submodalidades cada uno de ellos: tipo básico y tipos agravados (con vehículo a motor o ciclomotor, con arma de fuego o por imprudencia profesional), en el primer caso; y tipo básico y otros agravados (con vehículo a motor o ciclomotor y con arma de fuego), en caso de la imprudencia menos grave.

6) **Intervención delictiva en suicidio voluntario ajeno** (art. 143), que a su vez engloba:

a) La **inducción** a suicidio ajeno (art. 143.1).

b) La **cooperación necesaria** a suicidio ajeno (art. 143.2).

c) El **homicidio a petición**, configurado en la ley como **cooperación necesaria** agravada por la **ejecución personal material** del suicidio ajeno (art. 143.3) y

d) La **cooperación necesaria** a suicidio ajeno, con o sin ejecución material del mismo, mediando **petición expresa** del solicitante que se halla impedido para llevarlo a cabo de propia mano (la llamada **eutanasia**: art. 143.4).

La **sistemática legal** del título I, tanto en su rúbrica como en su contenido, debe ser sometido a **algunas críticas**:

1) Por una parte, el contenido del título dedicado al «homicidio y sus formas» **no agota la mención de todos los delitos** en los que se priva a otro de forma ilegítima de su vida, sino que hay otras conductas homicidas reguladas en diferentes partes del Código que no se recogen en el título I.

> **Ejemplos**: Así, puede mencionarse el delito de magnicidio-regicidio (art. 485.1: matar al Rey, a la Reina, al Príncipe, o a cualquiera de sus ascendientes o descendientes, etc.), el delito contra el Derecho de gentes (dentro de los delitos contra la comunidad internacional) consistente en matar a un Jefe de un Estado extranjero, o a otra persona internacionalmente protegida por un Tratado que se halle en España (art. 605), el delito de genocidio, consistente en matar a alguno de los miembros de un grupo nacional, étnico, racial o religioso con el propósito de destruirlo total o parcialmente (art. 607) o el delito de lesa humanidad consistente en matar a alguna persona como ataque generalizado o sistemático contra la población civil o contra una parte de ella por motivos políticos, raciales, nacionales, étnicos, culturales, religiosos o de género, etc. (art. 607 bis).

2) Además, sorprende que un legislador tan escrupuloso y proclive a ofrecer una **regulación autónoma**, **específica** y **más agravada** del maltrato, las amenazas y las coacciones «**de género**» no haya previsto también, y —desde esa óptica— **con mayor razón**, figuras autónomas de homicidio y asesinato «**de género**» (feminicidio), a diferencia de lo que han hecho recientemente diversos países hispanoamericanos como Perú, Argentina o México. El legislador español sólo introdujo, en 2015, en sede de Parte general una agravante genérica (aplicable a cualquier delito) consistente en cometerlo por «**razones de género**» (art. 22.4.ª CP).

Esta suerte de discriminaciones (sean «positivas» o «negativas») ha existido en los Códigos penales desde antiguo, y aunque ahora la expresión «**de género**» se equipare con la opresión a la mujer en el seno de la violencia machista («violencia que se dirige sobre las mujeres por el hecho mismo de serlo» como define la violencia de género la E. de M. de la LO 1/2004) lo cierto es que semánticamente no tienen por qué equipararse (ni de hecho se han equiparado siempre) a la violencia machista contra la mujer.

> **Ejemplos** de regulaciones de género constituían, en la legislación española tradicional, la incriminación de los delitos de **parricidio** (matar al padre o a la madre), **infanticidio** (matar al hijo de corta edad) o **uxoricidio** (matar a la esposa), así como —paradigmáticamente— la discriminatoria incriminación de los delitos de **adulterio** («mujer casada que yace con varón que no es su marido, y el que yace con ella sabiendo que es casada») y **amancebamiento** («marido que tuviera manceba dentro de la casa conyugal o notoriamente fuera de ella»), vigente en España hasta el año 1978.

No es de extrañar que todos estos tipos «de género» (que, en verdad, escondían incriminaciones «de tipos de autor») **hayan desaparecido** del texto de nuestro código. Si las circunstancias personales o de género son bastante para modelar la responsabilidad se puede aplicar, en todo caso, la **circunstancia mixta de parentesco** (art. 23), **sin necesidad** de crear modalidades específicas «de género» en **todas** las figuras de delito. En este sentido, es **acertado** que no se incrimine una figura autónoma de homicidio (ni de asesinato) contra la mujer. Pero, en todo caso, este proceder resulta **incoherente** y **absurdo** en relación con el resto del articulado del código español, porque no puede entenderse que, castigándose en un tipo específico y más agravado el maltrato contra la mujer (delito al que, incluso el TC, reconoce un mayor desvalor de injusto: STC 59/2008, de 14 de mayo, Ponente: SALA SÁNCHEZ; críticamente al respecto: POLAINO-ORTS), no se aplique esa filosofía, ***a fortiori***, al homicidio y al asesinato, pues en definitiva, si **es agravable lo menos** (el maltrato, las amenazas) **también debería serlo lo más** (homicidio, asesinato).

En definitiva, tanto la rúbrica como el contenido material del título I son criticables, porque la primera no se corresponde con el segundo y, además, porque dentro del segundo **ni están todos los que son ni son todos los que están**.

II. BIEN JURÍDICO PROTEGIDO

1. ¿LA VIDA COMO BIEN JURÍDICO?

La **doctrina mayoritaria** tanto en España (por todos: ÁLVAREZ GARCÍA y BLANCO LOZANO) como en países de nuestro entorno jurídico (por ejemplo, en Alemania: ARTZ, RENGIER, KINDHÄUSER, FISCHER; o en Italia: MANTOVANI) considera que el **bien jurídico protegido** en estos delitos es la **vida**, o —más concretamente— la **vida humana independiente** (concepto correlativo pero diferente al de **vida humana dependiente**, que alude al feto aún enclaustrado en el seno materno relevante a efectos normativos en la figura de **aborto**). Esa conceptuación es **incorrecta**. El Derecho penal no tutela la vida en sí, como bien jurídico protegido, sino en todo caso el **derecho a la vida**. La distinción no es baladí: el primer concepto es meramente **biológico**, mientras que el segundo es **netamente normativo**. El bien jurídico —ningún bien jurídico, y menos en este ámbito de los delitos consistentes en privar a alguien de su **vida**— no puede definirse de manera ontológica, naturalística o biológica, sino de manera **exclusivamente normativa**.

Ejemplo: Si el Derecho penal protegiera la **vida** como bien biológico supremo del ser vivo entonces **toda privación violenta** de la vida de otro (¡o incluso de la vida propia!) sería castigable siempre como delito de homicidio o de asesinato, de manera que no podría ampararse nunca dicha acción en una causa de justificación (v. gr., legítima defensa). Pero si el mismo ordenamiento jurídico permite, como sin duda lo hace (por ejemplo: en la legítima defensa) **matar legítimamente** a alguien, es porque la **vida** en sentido biológico, como mantenimiento de un estado de actividad o de mantenimiento saludable o funcional de los seres orgánicos, **no es *per se*** un bien jurídico tutelado por el Derecho penal.

Bien jurídico protegido no es, pues, la **vida humana,** sino el **derecho a la vida**. Sin entrar en la discusión filosófica, que —en la Filosofía moderna— alcanzó su grado de esplendor con la aportación del filósofo alemán Immanuel KANT, sobre si existen **derechos innatos** —esto es: derechos que adquiere el hombre por el hecho biológico de nacer— o, por el contrario, si se trata de **derechos adquiridos** (esto es: derecho atribuidos en el seno de una convención social), lo cierto es que la CE confiere un **reconocimiento general** al **derecho a la vida**: **«todos tienen derecho a la vida»** (art. 15 CE), pero también es cierto que dicho derecho puede serle **privado lícitamente** a un sujeto en concretas circunstancias: no ciertamente mediante una pena oficial (la pena de muerte, proscrita en buena hora de nuestro ordenamiento jurídico) pero sí en el seno de una situación urgente de necesidad amparada por el Derecho: por ejemplo, en la legítima defensa.

2. DERECHO A LA VIDA: TUTELA PENAL Y LÍMITES A SU DISPONIBILIDAD

El **derecho a la vida** de que disponen todos los ciudadanos se relaciona directamente con la **libre autodeterminación** del individuo en la gestión de ese derecho. El Derecho penal no tutela la vida en sí (que, en tanto concepto ontológico o natural, no interesa, al ordenamiento jurídico), sino la **relación de disponibilidad** de la vida por parte del ciudadano, esto es: la **facultad** que asiste al titular de hacer o exigir todo aquello que la ley o la autoridad establece en su favor. Precisamente por eso, la vida es disponible por regla general por el propio titular de ella, y no ciertamente para que otro pueda lesionarla, pero sí para que él, si lo desea, pueda disponer de la misma como quiera. La disponibilidad de la propia vida es, en este sentido, personal e intransferible.

> **Ejemplo**: Todo el mundo puede, si así lo desea, suicidarse poniéndose en la vía del tren o tirándose puente abajo. Si marra en el intento de quitarse la vida, no recibe una pena adicional (KANT consideraba que el sujeto que intentaba suicidarse ya atentaba contra un deber de autoprotección, con lo que ya si fracasaba en su propósito habría de acarrear con la *poena naturalis* que suponía el vivir sin quererlo), lo que significa que el suicidio (¡no obstante suponer la destrucción de una vida!) no es, en sí, un delito (sí lo es, como veremos en el capítulo próximo, la inducción o la cooperación a un suicidio ajeno). En cambio, no puede cederse lícitamente a otro el derecho a que disponga de mi vida a discreción: así, por ejemplo, la mujer maltratada que, creyendo que su marido «tiene el derecho» de hacer con ella lo que quiera, acepta que acabe con su vida, como así sucede, no está consintiendo válidamente una heterolesión, de manera que el varón es responsable en todo caso de un delito de homicidio o de asesinato.

El ordenamiento jurídico antepone la **libre disposición del bien** al **bien mismo**, esto es: prefiere proteger la **libre decisión** de un sujeto sobre su propia vida que el **mantenimiento físico** de la misma, como corresponde a un Derecho respetuoso con la libertad del ciudadano. De acuerdo con esto, el bien jurídico protegido no puede ser la **vida** en sí, sino el **derecho a la vida**. En dos palabras: el Derecho penal no reacciona frente a un hecho **porque destruye una vida**, sino frente a un hecho en tanto **quebrantamiento de una norma** (JAKOBS), y en la base de ese quebrantamiento se halla el atentado normativo contra la **libre disposición** del **bien vida**.

> **Ejemplo**: Un homicida, un asesino y un sujeto que mata a otro en legítima defensa tienen en común una cosa: los tres han acabado materialmente con una vida ajena, pero dos de ellos han actuado de manera **contraria a la norma** (debiendo ser responsabilizados penalmente por ello) mientras que otro no sólo **no infringe norma** alguna, sino que actúa en **ejercicio de un derecho**: el de defensa legítima.

Los actos de homicidio y de asesinato constituyen un delito no porque destruyan una vida, sino porque se arrogan **arbitraria** y **antinormativamente** la **disponibilidad** sobre un bien sobre el que no les corresponde a ellos decidir, sino que al titular del mismo. La **arrogación** de la libre disponibilidad de un bien ajeno constituye, pues, la ***ratio legis*** de la **tutela normativa** en los tipos penales de homicidio y asesinato. Esta explicación jurídica basada en la idea de **libertad del ciudadano** debería también valer para la **eutanasia**, que —no obstante— constituye una **excepción** a la **disponibilidad de la propia vida** por parte del titular, como expondremos en la lección siguiente.

El **derecho a la vida** supone, pues, una **garantía para el ciudadano**, en tanto que se fundamenta en su propia **libertad**. Al margen del problema específico de la eutanasia, que —como veremos— está transido de una regulación **moralizante**, todo ciudadano dispone de libertad de gestión de su propia vida, y esa capacidad de disponibilidad del bien es **personal, libre e intransferible**. El homicidio y el asesinato son delictivos en cuanto suponen una invasión ilegítima en un ámbito de organización ajeno: el homicida y el asesino **heteroadministran un derecho** que **en ningún caso** les corresponde **administrar**. Los **menores de edad** e **incapaces** carecen de capacidad de obrar para ceder sus derechos, de manera que **con mayor razón** disponen de un **derecho a la vida** que bajo ningún concepto es disponible por otros.

3. Límites temporales del derecho a la vida

El derecho a la vida, como todos los derechos, tiene unos **límites temporales** de **comienzo** y de **cesación**. La determinación exacta de esos límites, sobre ser en ocasiones compleja, adquiera gran **relevancia normativa**, a afectos de determinar —por ejemplo— si nos encontramos ante un homicidio o un aborto, o ante un delito de homicidio por privar de la vida a alguien o ante una conducta impune porque el sujeto a quien se disparó ya estaba muerto.

1) El **comienzo** de la vida se determina no de manera biológica sino **normativa**. La doctrina considera que, a efectos penales (y a diferencia de lo que sucede en Derecho civil a afectos de adquisición de la capacidad jurídica), la protección penal de la vida humana abarca, no sólo la vida de la persona con existencia autónoma o independiente, sino también la **vida embrionaria o intrauterina** del feto en el seno del claustro materno cuando aún no se ha constatado la separación orgánica entre la vida de la madre y la del fruto de su concepción. En este sentido, tanto la **persona humana** como la **expectativa de**

persona (***nasciturus***) son posibles sujetos **pasivos** de delitos **contra la vida**, distinguiéndose a este respecto entre vida humana **dependiente** y vida humana **independiente**. Determinar con precisión si la vida ha alcanzado el estadio de **autonomía propia**, o por el contrario, sólo es imaginable con ineludible dependencia de la madre ofrece especial relevancia jurídico-penal toda vez que el legislador parece tener en cuenta el distinto **grado de desarrollo biológico** del ser humano en el momento de **incriminar** las conductas que atentan contra la vida del mismo, al sancionar de manera mucho más grave un **homicidio** que, pongamos por caso, un **aborto**. Al respecto, es preciso formular algunas **consideraciones críticas**.

a) Desde ese punto de vista, pareciera que, para el legislador penal, la **vida autónoma** de la persona tiene —por así decir— **mayor valor** que la del ***nasciturus***. Ello explicaría que las conductas encaminadas a acabar con la vida del feto lleven aparejada una pena **sensiblemente inferior** a la del homicidio y a la del asesinato.

> **Ejemplo**: La madre que, fuera de los casos permitidos por la ley, se produjere a sí misma un aborto o que consintiere que otra persona se lo cause será castigada con la pena de multa de 6 a 24 meses, esto es: ¡ni siquiera pena de prisión! (art. 145.2, tras la nueva redacción ofrecida por la LO 2/2010, de 3 de marzo). La pena mínima prevista para un homicidio es de 10 años de privación de libertad.

Sin embargo, la conclusión de que el legislador penal concede **mayor valor** a una vida «adulta» que a una vida «en formación» **no es correcta**. La vida de un ser vivo, en tanto ser vivo (esto es: desde el punto de vista biológico, naturalístico u ontológico), vale igual la de uno que la de otro. Pero ello no ocurre igual desde el punto de vista normativo, que es el que interesa al Derecho, y —por tanto— el que nos interesa a efectos de determinar el bien *jurídico* protegido. Precisamente porque el bien jurídico no es la vida humana natural es por lo que la pena del homicidio y del aborto son diferentes: porque lo que se protege es un **derecho de disponibilidad** en relación a un bien (en este caso, la vida del feto).

b) Por lo demás, y aunque pueda discutirse —como, en efecto, hace la doctrina— sobre los límites de protección penal del **derecho a la vida del feto**, parece paladinamente claro que el *nasciturus* no puede ser titular, por sí mismo, de derecho alguno: ¡el derecho es comunicación interpersonal y el concebido no nacido no es persona (como viene a señalar la STC de 11 de abril de 1985, conforme a la cual sólo la persona tiene un derecho fundamental a la vida)! Ello no obsta, claro está, a que —del mismo modo que se protege, pongamos por caso, la memoria de los fallecidos, que un día fueron persona, pero que ahora ya no lo son— se proteja en determinadas circunstancias la continuidad de la vida del concebido no nacido, lo cual no convierte automática y anticipadamente al *nasciturus* en persona, como tampoco se convierte al muerto en persona rediviva por el hecho de proteger su memoria. En conclusión: el *nasciturus* no es titular del bien jurídico protegido —como no lo es el fallecido—, sino que es la propia Sociedad, que, sobre la base de una política criminal cuestionable si se quiere, heteroadministra la gestión de la vida del feto, estableciendo límites en cuanto a su protección. Esos límites son, como se verá al estudiar el aborto, en efecto, muy flexibles, y —en ese sentido— criticables por su excesiva imprecisión jurídica.

> SILVA SÁNCHEZ ha aplicado la categoría de **Derecho penal del enemigo**, acuñada por JAKOBS, al ámbito del aborto. A su juicio, los fetos, los concebidos no deseados son las «verdaderas no-personas del Derecho penal moderno», «los absolutamente excluidos»: los indeseados como enemigos, que resultan íntegramente despersonalizados por el ordenamiento jurídico.

Esta aplicación es, sin embargo, incorrecta:

— El Derecho penal del enemigo presupone el previo disfrute de una **personalidad plena** por parte de un delincuente peligroso (terrorista, maltratador familiar, etc.) que, con su comportamiento malogra y echa a perder su **personalidad** (o, por mejor decir: normalmente **un ámbito** de su personalidad), que resulta heteroadministrada por el ordenamiento jurídico. No puede hablarse, empero, de una «**despersonalización** del concebido no nacido» porque **no existe** previo disfrute de personalidad jurídica alguna: quien **no ha estado incluido nunca puede ser excluido**.

— Además, la **exclusión** del Derecho penal del enemigo es **siempre una autoexclusión** por parte del mismo delincuente peligroso que opta por ese camino de oposición frontal a la norma. Ello no ocurre en el aborto, en el que la exclusión del feto no deriva del «**comportamiento**» del feto, sino de su «**mera existencia**» (ORCE), de la que se deriva una **heteroadministración** por parte del Derecho.

— Por lo demás, de un hecho puramente **naturalístico**, como la concepción del feto, no puede derivarse **automáticamente** una relevancia **normativa**: por ello, la concepción no puede alterar *per se* la seguridad cognitiva de los padres (ni de nadie) en la vigencia de la norma.

En resumen: el aborto constituye, frente a los supuestos de Derecho penal del enemigo, una **heteroadministración total**, no basada en la enemistad del feto hacia los padres, sino de una heteroadministración que cabe explicar de manera más sencilla: como una **opción político-criminal** en la que se permite un **mayor ámbito de organización** (libertad) a los padres y en la que se decide que el comienzo de la personalidad del concebido no nacido no coincida con el hecho biológico de la concepción, ni aun del nacimiento, como lo ponía de manifiesto la descripción que sobre la persona hacía la redacción original del Código civil español.

> El artículo 30 Cc, en su redacción vigente hasta 2011, sostenía que «para los efectos civiles, **sólo se reputará nacido** el feto que tuviere figura humana y **viviere veinticuatro horas** enteramente desprendido del seno materno», de manera que realmente disociaba el nacimiento biológico de la personalidad del nacimiento jurídico de la misma.

c) La doctrina discute no sólo sobre el momento de **comienzo de protección** del **derecho a la vida**, sino también sobre el momento en que **cesa** la vida humana **dependiente** y para adentrarnos en la vida humana **independiente**. En Alemania se considera mayoritariamente (desde la Sentencia del BGH 31, 194) que el comienzo ocurre en el momento exacto de las **contracciones que dan lugar al parto**. El mismo criterio sigue la **jurisprudencia española**: «el **comienzo del parto** pone fin al estadio fetal y ese comienzo surge con el llamado período de dilatación y continúa con el período de expulsión, en ambos tiempos el nacimiento ya ha comenzado» (STS de 22 de enero de 1999 y ya antes: STS de 23 de octubre de 1996; al respecto, MIRÓ LLINARES). Ese momento es excesivamente **prematuro**, al margen de que el parto puede demorarse un **dilatado espacio** de tiempo. En España, algunos autores cifran ese momento en el momento en que el bebé ha **abandonado íntegramente** el claustro materno (criterio de nacimiento **objetivo** o ***de visu***), mientras que otros lo sitúan en el momento de corte del **cordón umbilical**, comenzando con ello el neonato una respiración y una actividad nutricia propia. Ambos momentos pecan por ser **demasiado tardíos**:

> **Ejemplo**: Si alguien mata a un bebé que recién nacido tiene medio cuerpo fuera de la cavidad materna o que recién ha nacido pero que aún se halla unido a la madre por el cordón umbilical no se comete un aborto sino lógicamente un homicidio, lo cual indica que el derecho a la vida del bebé comenzó antes del abandono íntegro del claustro materno y lógicamente antes del corte del cordón umbilical.

El momento **decisivo** de comienzo del **derecho a la vida** independiente del **neonato** no puede hacerse depender de criterios **biológicos** u **ontológicos** (como las contracciones, el parto, el abandono del claustro materno, el corte del cordón umbilical o la respiración autónoma) sino de criterios **normativos**: para el menor comenzará, pues, su protección jurídica cuando **normativamente** sea necesario proteger la vida del menor como un **interés jurídico diverso** a la vida de la madre. Ello normalmente se determinará cuando sea **posible lesionar jurídicamente** ese objeto de manera autónoma **sin afectar** a la vida de la madre. A partir de ese momento, no sólo los progenitores (como garantes), sino señaladamente el Estado **han de proteger** cabalmente la **gestión de ese derecho a la vida**, procurando que nadie se arrogue tal derecho acabando con la misma (homicidio).

2) La **cesación** o **término de la vida** determina el límite máximo de ejercicio del derecho sobre esa vida. Mientras la persona mantenga constantes vitales, aunque fueran reducidas, se entiende que subsiste su vida y, con ella, el derecho que sobre la misma posee el titular. Los criterios para la determinación de la muerte son **médicos**, aunque **jurídicamente** valorados en su conjunto. De modo especial, pueden señalarse la **paralización** del **corazón**, el **cese** de la **respiración pulmonar** y la **paralización** de la **actividad cerebral**.

III. HOMICIDIO

1. Concepto y regulación legal: la relación entre homicidio y asesinato

El homicidio es uno de los delitos más clásicos a lo largo de la historia de la criminología. El vocablo procede etimológicamente del latín *homicidium*, y éste a su vez del griego *ὁμός, ή, όν* (*homós*: similar o semejante) y del latín *caedere* (matar), de manera que su significado literal es **matar a un semejante**. En la legislación española se incrimina esta figura en el artículo 138, que (después de la LO 1/2015, de 30 de marzo, con vigencia desde el 1 de julio de 2015) prescribe lo siguiente:

> «1. El que matare a otro será castigado, como reo de homicidio, con la pena de prisión de diez a quince años.
> 2. Los hechos serán castigados con la pena superior en grado en los siguientes casos:
> *a*) cuando concurra en su comisión alguna de las circunstancias del apartado 1 del artículo 140, o
> *b*) cuando los hechos sean además constitutivos de un delito de atentado del artículo 550».

Algunos autores y algunas legislaciones han definido el homicidio de manera negativa, por exclusión (***ex negativo***) en relación al resto de delitos de sangre, singularmente el **asesinato**. Es el caso de la legislación **alemana**, que configura el delito de la siguiente manera: «Quien mata a un ser humano sin ser asesino será condenado como homicida con pena privativa de la libertad no inferior a cinco años» (§ 212.1 StGB). En España, incluso la definición oficial que del vocablo **homicidio** ofrece el DRAE se configura ***ex negativo*** por la ausencia de las características propias del **asesinato**: «Delito consistente en matar a alguien **sin que concurran** las circunstancias de alevosía, precio o ensañamiento».

Sobre esta base, muchos autores consideran que el delito de homicidio **figura a la cabeza** de los delitos contra la vida (así, ya, Quintano), siendo el homicidio el **tipo básico y rector** de los delitos de sangre, y el **asesinato** un tipo **derivado** y **agravado** por la presencia de las circunstancias del artículo 139. Ésta parece ser la opinión del legislador español de 1995, que —frente a la tradicional rúbrica de «Delitos **contra las personas**»— se decantó por la rúbrica vigente que habla «**Del homicidio y sus formas**». Parece cuanto menos **llamativo** que dos delitos de la trascendencia jurídica del homicidio y del asesinato se hagan depender uno de otro sin poder ofrecer una **justificación propia**. Pareciera mejor configurar un **criterio de diferenciación** de ambos injustos sobre la base de **esferas de competencia**, como propuso en la doctrina alemana Müssig.

2. Conducta típica: matar a otro

El núcleo básico del tipo de homicidio consiste en **matar a otro**. Este verbo típico no debe entenderse en el sentido fáctico u ontológico de **suprimir a otro su vida**, sino en el sentido aquí expuesto, de **arrogarse su decisión** sobre la **dirigibilidad** del **derecho** a la **vida ajena**. El elemento típico «otro» indica que el objeto directo y material del delito, que en este caso coincide con el sujeto pasivo del mismo, ha de ser, necesariamente, otro ser humano. El verbo matar, pues, **no es siempre típico**, sino que exige que quien sea privado de la vida sea un **ser vivo racional**.

> **Ejemplo**: «Matar a otro» significa, pues, matar a una **persona** (con independencia de si es menor de edad o adulto, imputable o inimptable, etc.); en cambio, no se mata a otro, esto es, no se comete homicidio, si se mata a un animal (ser vivo irracional: un perro o a una mosca): en ese caso, el verbo matar **no es típico**.

La conducta de matar a otro puede ser realizada, indiferentemente, tanto por **acción** como por **omisión**.

> **Ejemplo**: Lo mismo mata a otro quien apuñala con tres puñaladas a un contrincante o quien dispara a otro con un tiro al corazón que el progenitor que deja morir al bebé de frío o de inanición.

La equiparación jurídica de la omisión a la acción, no obstante la diferencia fáctica (ontológica) de acción, viene amparada por el artículo 11, que consagra la llamada **omisión impura** o **comisión por omisión**, que constituye una omisión de **garante** (y no, simplemente, la omisión de un deber de **solidaridad mínima**, como podría ser la omisión del deber de socorro, incriminada en el art. 195 ss.: vid. *infra* Lección 12). Conforme a la regulación legal de la comisión por omisión (art. 11), en los delitos que consistan en la producción de un resultado (recte: **resultado material**, como es la **muerte de otro**) cuando existe un especial deber jurídico de actuar (**deber de garante**) se equiparará la **no evitación** de ese resultado (la muerte) a su **causación activa**, de manera que el sujeto será responsable de la muerte (por omisión) **exactamente igual** que lo hubiera causado de **manera activa**. Se trata, pues, de una equiparación normativa, al margen de lo ontológico. Las fuentes de la **posición de garante**, según el artículo 11, son tres: *a*) **obligación legal**; *b*) **obligación contractual**; y *c*) el **actuar precedente peligroso** (conocido técnicamente como **injerencia**). Además de esas fuentes legales de garante, la doctrina discute sobre si pueden aceptarse otras fuentes extralegales, como el **dominio de la cosa** (TRAEGER), la **asunción de hecho de la garantía** y la **estrecha relación vital (comunidad de intereses y de peligro)**.

> **Ejemplos**:
>
> 1) **Obligación legal** (v. gr.: relación paterno filial): A padre —o madre— de B omite alimentarlo durante un mes, al cabo del cual fallece por inanición: A responde por el homicidio de B de la misma manera que si lo hubiera causado activamente.
>
> 2) **Obligación contractual**: los padres de un menor contratan a una niñera para que cuiden al menor mientras acuden al teatro; la niñera se ausenta a la media hora, incumpliendo su contrato, y el menor se cae accidentalmente por la ventana: la niñera responde por el homicidio del menor como si lo hubiera lanzado ella con sus propias manos.
>
> 3) **Injerencia**: un paseante agarra jugando a un bebé y lo lanza al aire; a continuación, se da la vuelta y lo deja caer sobre el suelo: el viandante **responde de la muerte** del menor como si lo hubiera matado clavándole un cuchillo.

4) **Dominio de la cosa**: vigilante de un museo echa el cerrojo a la hora de cierre, y no permite la salida del visitante que quedó en el interior del museo, que cierra un mes por vacaciones: ¿responde el vigilante por homicidio incluso si cerró la puerta a la hora debida, cumpliendo de ese modo con su rol?

5) **Asunción de hecho de la garantía**: los padres contratan a la niñera mientras van al teatro (de 10 a 12 de la noche); a las doce y un minuto la niñera se ausenta, cuando los padres aún no han llegado; el menor muere, al caer accidentalmente por la ventana, cinco minutos después: ¿se imputa a la niñera delito de homicidio, no obstante marcharse tras haber concluido su horario de trabajo?

6) **Estrecha relación vital**: dos montañistas se hallan en la cima del Everest. Uno abandona al otro, malherido, para proseguir su camino, a sabiendas de que morirá, en tales circunstancias, si no avisa a los servicios de rescate: ¿responde por el homicidio?

Los **medios comisivos** son todos los imaginables, a excepción de los reservados para el tipo de asesinato (art. 139), a saber: alevosía; precio, recompensa o promesa; ensañamiento; y que la muerte se haga para facilitar la comisión de otro delito o para evitar que se descubra. Cabe expresamente el uso tanto de **medios físicos** como de **medios psíquicos**.

Ejemplos:

1) **Medios físicos**: matar a otro mediante el uso de un arma de fuego, empleo de un arma blanca, aplicación de fuerza física o muscular, utilización de gas asfixiante, descarga eléctrica, etc.

2) **Medios psíquicos**: provocar en la víctima una tremenda impresión a sabiendas de su aprensión, infligir un atemorizamiento atroz a un enfermo de corazón, torturar moralmente a un individuo hasta la muerte, etc.

No se requiere, en cambio, la aplicación **directa** o **inmediata** de tales medios, sino que se admiten como idóneos tanto los medios **directos** como los **indirectos**.

Ejemplos: Azuzar a un animal salvaje contra una persona, exponer a ésta a una bajísima temperatura que le produzca congelación, conminarla a trabajar en un lugar infectado o contaminante, etc. son medios (indirectos) idóneamente productores de muerte imputable como homicidio.

El **sujeto activo** de homicidio es indiferenciado, esto es: se trata de un delito común: cualquier pueda serlo. El **sujeto pasivo** es, en principio, también indiferenciado: únicamente se excluye del círculo de sujetos pasivos del delito de homicidio aquellas personas cuya privación de vida dé lugar a otro delito diferente.

Ejemplos: Rey, consorte, ascendientes, descendientes, etc. (en cuyo caso se aplicará el delito de magnicidio-regicidio: art. 485.1), Jefe de un Estado extranjero o persona internacionalmente protegida por un Tratado que se halle en España (delito de gentes: art. 605), miembro de un grupo nacional, étnico, racial o religioso con el propósito de destruirlo total o parcialmente (delito de genocidio: art. 607) o persona a quien se mate como ataque generalizado o sistemático contra la población civil o contra una parte de ella por motivos políticos, raciales, nacionales, étnicos, culturales, religiosos o de género, etc. (delito de lesa humanidad: art. 607 bis).

3. Imputación objetiva de la muerte

Presupuesto del tipo de homicidio es que la persona a quien se vaya a matar **esté viva**: no se puede matar a un **cadáver**. Sobre esa base, las teorías tradicionales trataban de hallar un vínculo entre el movimiento corporal (acción de matar) y el resultado típico (la muerte): el nexo causal que determinara qué conducta adquiría relevancia penal como productora de un resultado jurídicamente prohibido. Desde el siglo XIX se formularon, especialmente en Alemania, diversas teorías causales a efectos de determinar la relevancia penal de una acción delictiva, como la teoría de la equivalencia de las condiciones, la teoría de la adecuación y la teoría de la relevancia. Estas teorías causales **han sido superadas** en la Dogmática moderna. En la actualidad, y fuera de los casos de justificación (legítima defensa, estado de necesidad, cumplimiento de un deber, ejercicio de profesión o derecho) u otra causa de exclusión de responsabilidad, la atribución de la muerte a una esfera de competencia ha de realizarse según los principios o criterios de imputación objetiva (ante todo, JAKOBS; otras formulaciones: ROXIN, FRISCH; exposición propia: POLAINO NAVARRETE y POLAINO-ORTS), a saber: 1) **Principio del riesgo permitido**; 2) **Principio de autopuesta en peligro, actuación a riesgo propio o imputación a la víctima**; 3) **Principio de confianza**; y 4) **Principio de prohibición de regreso**. Por último, en la doctrina moderna se discute intensamente si se imputan los **conocimientos especiales** (excedentes del rol), así como la imputación de los **resultados producidos a largo plazo**. Veamos brevemente la relevancia de cada uno de los principios mencionados en el ámbito del homicidio (y, por extensión, también, del asesinato).

A) *Principio del riesgo permitido (familiarización con el riesgo)*

Conforme a este principio, únicamente cabe imputar la **creación**, el **incremento** o la **no neutralización** de un **riesgo no permitido**, esto es: de un riesgo que **excede** las cotas de lo social y jurídicamente **tolerado**. *Sensu contrario* no será imputable la creación (el incremento o la no neutralización) de un **riesgo permitido**, que se mantenga dentro del umbral de lo socialmente permisible. No existe una frontera matemática que divida de modo universal y temporalmente válido qué conducta sea permisible y cuál no lo sea: depende de la **expectativa social**, que cambia a lo largo del **espacio** (el grado de tolerancia no es igual en España, en México o en Japón) y a lo largo del **tiempo** (el grado de tolerancia no es el mismo en la España de hace un siglo que en el momento actual). En todo caso, la creación imputable de un **riesgo no permitido** presupone, siempre, el **quebrantamiento del rol personal** por parte del sujeto activo, **presupuesto mínimo habilitante** de toda imputación penal.

Ejemplos:

1) A hace viajar frecuentemente a su tío multimillonario en avión con la esperanza de que algún día sufra un accidente y pueda heredar su cuantioso patrimonio. Un día se produce el accidente y sus deseos se ven realizados: no existe creación de un riesgo jurídicamente intole-

rable, y —por tanto— el sobrino no responde por delito de homicidio (aunque activamente propiciara la producción del resultado y aunque internamente se alegra del mismo).

2) Un conductor conduce con prudencia por la calzada y atropella a un niño que súbitamente se le cruza a recoger un balón: aunque la conducción es una actividad de riesgo, en su gestión existe un ámbito de riesgo permitido, de manera que no se imputa delito de homicidio, aunque fácticamente haya atropellado al menor y causado su muerte, porque no existe infracción del rol personal.

B) *Principio de autorresponsabilidad, autopuesta en peligro, actuación a riesgo propio o imputación a la víctima*

De acuerdo con este segundo principio, el ordenamiento jurídico reconoce a la persona un **ámbito de libertad** donde puede organizar su vida como quiera: este principio se basa, pues, en el sinalagma **libertad de actuación/responsabilidad por las consecuencias** («quien juega con fuego, asume expresa o tácitamente que puede quemarse»). En ese ámbito, quien gestiona un peligro, asumiéndolo o creándolo personalmente, ha de acarrear él mismo con las consecuencias de su decisión, aunque en esa misma gestión hayan intervenido de manera fáctica también otros sujetos ajenos a ese ámbito de organización. El resultado (la muerte) se imputa a la misma víctima, conforme a este criterio de autopuesta en peligro (y no mera heteropuesta en peligro) y de actuación a riesgo propio (CANCIO MELIÁ).

Ejemplos:

1) **Caso del soldado (1866)**: un soldado se apuesta con el cantinero en el cuartel que es capaz de ingerir grandes cantidades de alcohol. El tendero le sirve un vaso de aguardiente, que el soldado consume hasta que termina la botella. Al día siguiente, el soldado falleció por intoxicación etílica. ¿Se imputa la muerte al cantinero?

2) **Caso del pez globo**: un actor de teatro y *gourmet* japonés encarga en un restaurante un plato de pez globo (**fugu**). Sólo algunos *chefs* tienen licencia para servir este tipo de pescado, que es preciso cortar muy bien pues contiene —en el hígado y en otras zonas de su organismo— determinadas partículas altamente tóxicas pero también muy sabrosas. El actor solicitó al *chef*, amigo suyo, que para desguatar su sabor añadiera una mínima cantidad de la zona tóxica, que lógicamente nunca debe servirse. Luego de ingerir voluntariamente el plato, murió por asfixia. ¿Puede condenarse al cocinero homicidio imprudente?

3) **Caso del salto del camión (1991)**: un conductor de camión hace proposiciones de índole sexual a una joven que hacía autostop y a la que transporta en su vehículo. La chica se negó rotundamente a ellas, y ante la insistencia del conductor, le conminó a que detuviera el camión y la dejara marchar, o de lo contrario se lanzaría en marcha. Al no detener el camión, efectivamente se lanzó en marcha, sufriendo graves lesiones al ser arrollada por las ruedas traseras del camión. ¿Se imputa ese delito (y la hipotética muerte, si se produjera), al conductor?

4) **Caso de la reacción de pánico (1984)**: como consecuencia de su conducción imprudente, un sujeto invade la acera, dirigiendo su vehículo hacia tres viandantes: dos de ellos lograron esquivar el coche, falleciendo un tercero por el impacto del vehículo. Ante tal situación, una señora, presa de pánico, salió huyendo hacia la calzada, resultando a su vez mortalmente atropellada por un vehículo que conducía prudentemente. ¿Se imputa la muerte al conductor?

C) *Principio de confianza*

Este principio tiene directa aplicación en las situaciones de **división del trabajo**, en las que varios sujetos co-organizan un mismo ámbito o actividad (por ejemplo, una operación quirúrgica en la que intervienen varios médicos y enfermeras), correspondiendo a cada uno la gestión de una parcela o segmento del total. El principio de confianza excluye de responsabilidad a quien, **cumpliendo personalmente su rol**, actúa fácticamente en el seno de ese entramado conjunto del cual se deriva un **resultado jurídicamente desaprobado** (en este caso: muerte) siempre y cuando confíe, razonablemente, en que los demás intervinientes también cumplirán, al igual que él, su propio rol (MARAVER GÓMEZ).

> **Ejemplo**: Un médico anestesista, un médico cirujano y una enfermera participan en una operación rutinaria de rodilla. En el curso de la operación el médico anestesista, luego de aplicar la anestesia, se ausenta de la sala. Instantes después el paciente fallece por dificultades respiratorias derivadas de la falta de control de la anestesia. ¿A quien se imputa la muerte?

El cirujano y la enfermera, aunque hayan participado objetivamente en la configuración del hecho, quedan exentos de responsabilidad conforme al principio de confianza: cumplieron su rol y confiaban en que el anestesista también lo haría. El principio de confianza tiene algunos **límites** o **excepciones**. La confianza es una conducta convergente que no depende de una **única** persona sino, al menos, de **dos partes**: esto es, **la confianza nunca es unilateral sino bilateral**. Se **confía**, pues, en quien **ofrece confianza**. **Ergo** si alguien, por su conducta manifiestamente antijurídica o incorrecta, niega la posibilidad de que se confíe en su comportamiento entonces no puede alegarse en favor de uno que se ha confiado en él para verse, de esa forma, excluido de la participación propia.

> **Ejemplo**: El médico anestesista y la enfermera esperan en la sala de operaciones al médico cirujano, que llega, con retraso, tambaleándose y en manifiesto estado de embriaguez, confundiendo el bisturí con un cepillo y la gasa con el líquido desinfectante. Si comienza la operación y el cirujano olvida la gasa en el interior del cuerpo del paciente, el anestesista y la enfermera ya no pueden alegar en su favor, con el fin de quedar exentos de responsablidad, el principio de confianza (esto es: que ellos cumplieron su rol y que confiaban que el cirujano también lo hiciera) porque en este caso ya no existe posibilidad alguna de confiar en la conducta del cirujano debido a su comportamiento manifiestamente antijurídico.

D) *Prohibición de regreso*

El **ejercicio del rol es una garantía para el titular del mismo** que blinda su figura al cumplir con las expectativas sociales. La imputación penal es precisamente lo contrario que el cumplimiento del rol: es la desviación del rol, la infracción del mismo. Pues bien, lo que el principio de **prohibición de regreso** plantea en la moderna teoría de la imputación objetiva es lo siguiente: ¿puede imputarse a alguien **participación en un delito no obstante estar ejerciendo su propio rol social**? Estos supuestos de prohibición de regreso (en alemán: *Regreßverbot*) presentan, pues, la siguiente estructura: un sujeto realiza una conducta en ejercicio de su rol y en ese sentido se dice que su conducta es **neutral** o **estereotipada**; pero sucede que otro sujeto emplea esa conducta en su beneficio concediéndole un **sentido delictivo**. La pregunta que se plantea es, pues: ¿mantiene la conducta de quien ejerce el rol su originario **sentido neutral** (adecuado al rol, **socialmente inocuo**) o pierde ese sentido pasando a ser un **comportamiento teñido de sentido delictivo**?

> **Ejemplo**: Un sujeto entra en una ferretería y solicita un afilado cuchillo de cocina. El comprador utiliza el objeto para matar a su suegra. ¿Responsabilidad del ferretero por el homicidio realizado por el comprador?

Desde luego, desde el punto de vista **causal**, la conducta del ferretero sería causal respecto del resultado delictivo. Es más: su aporte **es imprescindible** para la co-configuración del hecho y para que el delito se configure en la forma en que finalmente se ejecutó. Pero ¿realmente ha de resolverse en este caso imputando al portador del rol, que actúa precisamente en ejercicio de su rol cuando aportaron alguna prestación que configuró (o se empleó para configurar) objetivamente un delito? Podría pensarse que la respuesta a esta pregunta pasaría por analizar el aspecto **subjetivo**, esto es: lo que el sujeto **conocía**.

> **Ejemplo**: El cliente solicita al ferretero un cuchillo de cocina, el más afilado que tenga, y especifica que lo quiere para matar a su suegra. Compra el cuchillo y en efecto esa tarde mata a la suegra. ¿Responde el ferretero por el homicidio?

Hacer depender la solución del **mero conocimiento** es **erróneo**: el **conocimiento no es suficiente** para la imputación del delito de resultado material (garante), sino que se requiere la **infracción de un deber** inherente al rol.

> **Ejemplo**: Unos magistrados que dirigen un proceso en el que se juzga a los miembros de un grupo terrorista tienen conocimiento de la amenaza de asesinar a un político si siguen adelante con el proceso. Lo hacen y un político resulta asesinado. ¿Responsabilidad de los magistrados como homicidio por omisión?

En este caso, se ve claramente que el conocimiento no puede, sin más, fundar la imputación del resultado muerte. La existencia o no de un delito depende de una **infracción objetiva** de un **deber inherente** a un rol, pero **no** de un **aspecto subjetivo** como es el **conocimiento**. El rol es, siempre, una **garantía** para quien lo **realiza**, pero es algo más: es un **modo de posibilitar los contactos sociales**. Por ello, si al ciudadano que ejerce su rol puede desposeérsele de la protección que el mismo acarrea por el hecho de que **sabía** algo o por la circunstancia de que su prestación es aprovechada por otros para cometer un delito, entonces se está situando en una **posición de gran debilidad a la persona**, y se le está **desprotegiendo arbitrariamente** por el hecho de adecuar su comportamiento a la norma jurídica. Y además: con ello, se está **imposibilitando** que los contactos sociales se **mantengan** dentro de un mínimo nivel de estabilidad y de seguridad.

Existen otros casos dudosos que JAKOBS denomina **contextos caóticos**, pero personalmente prefiero denominar **situaciones de inminencia de riesgo**. En ellos, el sujeto que, en principio realiza el rol, tiene en su poder **la llave para impedir** una **lesión inminente** de un bien jurídico, de manera que se convertiría en **garante** de la situación. Esta circunstancia determinaría que el rol inicial **sucumbe** ante la inminencia del riesgo, dando paso a **otro rol diferente** (el de garante), de tal manera que si el sujeto realizara una conducta favorecedora de la situación delictiva se haría partícipe de tal delito.

Ejemplo: Variante de caso anterior: igual que el anterior, pero el sujeto que solicita el cuchillo, visiblemente alterado, agarra con fuerza por el cuello a un sujeto. ¿Responsabilidad del ferretero si vende el cuchillo en tales circunstancias? Y en caso afirmativo: ¿Responsabilidad como partícipe en la lesión o como omisión del deber de socorro (deber mínimo de solidaridad)?

En este supuesto se discute si la conducta del ferretero **sigue siendo neutral** (adecuada al rol de vendedor de cuchillos) o si ha pasado a tener un **sentido eminentemente delictivo** (consistente en entregar al asesino el arma con el que se comete el delito). La **inminencia del riesgo** y la **capacidad de control** que adquiere el vendedor sobre el hecho inminentemente lesivo pueden hacer decantar la balanza, convirtiéndole en **garante** de la nueva situación. En ese caso, según JAKOBS, la conducta del vendedor **ya no sería neutral**, con lo cual decaería la prohibición de regreso. Por el contrario, CARO JOHN y yo mismo argumentamos que la conducta de quien ejerce el rol **mantiene siempre su neutralidad**, de manera que al vendedor de cuchillos únicamente se le puede sancionar como autor de un delito de omisión del deber de socorro o de omisión del deber de denunciar la comisión de delitos, esto es: por un delito de **solidaridad mínima** —del que respondería **cualquier persona**, por ejemplo: un cliente de la ferretería que se hallara en esa situación— y para el que **sería indiferente** que el vendedor hubiera entregado el arma, conducta que seguiría **siendo neutral**. Según esta opinión, **el ejercicio del rol siempre excluiría la responsabilidad por garante**, sin excepción alguna.

E) *¿Se imputan los conocimientos especiales?*

Otros supuestos problemáticos son los de **conocimientos especiales excedentes del rol**, que son aquellos conocimientos que el sujeto adquiere, no por el ejercicio estereotipado del rol, sino por una fuente especial de conocimiento **ajena** al mismo. La doctrina mayoritaria considera que son **imputables**. Pero esa solución **no es correcta**. Si únicamente pueden ser objeto de una imputación penal la infracción de aquellos deberes pertenecientes, adquiridos o inherentes a un rol, entonces, consecuentemente, han de quedar fuera de la imputación esos **conocimientos especiales**. La explicación es muy clara: sobre ellos «no existe deber alguno de adquirirlos o de mantenerlos, es mera subjetividad y nada más» (JAKOBS).

Ejemplos:

1) Un **deudor** satisface su deuda, aunque sabe de buen tinta —al ser detective privado— que el acreedor empleará el dinero para comprar un arma y matar a alguien. ¿Responde el deudor por un delito de homicidio?

2) Un estudiante de Biología trabaja en sus horas libres como **camarero** en un restaurante. Al servir un pedido, observa que contiene un tipo de setas venenosas. Aun así sirve el plato y el comensal muere. Dicho conocimiento lo tiene en tanto estudiante de Biología (**conocimiento especial**), pues a cualquier camarero le hubiera pasado inadvertido tal dato, ¿responde por la muerte del cliente?

A pesar de que tenía **conocimiento** directísimo no se le imputa deber de **garante** (homicidio), sino en todo caso infracción de un **deber de mínima solidaridad**, omisión del deber de socorro u omisión del deber de denunciar la comisión de un delito, para lo que es **absolutamente indiferente** tanto el conocimiento como el acto previo (¡adecuado a un rol!) de entregar el dinero con el que se compra el arma homicida o de servir las setas. De nuevo: el requisito mínimo de la imputación es la **infracción de un deber**, y aquí el acto de la entrega del dinero (como en el caso de los magistrados: el hecho de dictar sentencia condenatoria) no sólo **no es delictiva** sino una **acción estereotipada** o **neutral**, es decir: adecuada a rol y, por ello, perfectamente **adecuada a Derecho**.

4. Títulos de imputación (dolo e imprudencia)

A) *Homicidio doloso*

El Código penal prevé **dos títulos de imputación** en el delito de homicidio: el **dolo** y la **imprudencia**, y dentro de cada uno, a su vez, varios tipos punibles. El delito doloso de homicidio se incrimina en el artículo 138 que desde la reforma introducida por la LO 1/2015, de 30 de marzo (en vigor desde el 1 de julio de 2015) se estructura en dos apartados: el primero se consagra al tipo básico y el segundo a los tipos agravados de homicidio doloso.

— El **tipo básico** de homicidio doloso (art. 138.1) lleva aparejada una pena de 10 a 15 años de prisión.

— Los **tipos agravados** de homicidio doloso, introducidos en el Código penal por la LO 1/2015, se recogen en el artículo 138.2, que castiga con la pena superior en grado a la prevista para el tipo básico el homicidio doloso en dos supuestos cualificados:

a) La **primera modalidad** de homicidio doloso se configura «cuando concurra en su comisión alguna de las circunstancias del apartado 1 del artículo 140», esto es:

— Que la víctima sea **menor de dieciséis años de edad**, o se trate de una **persona especialmente vulnerable** por razón de su edad, enfermedad o discapacidad.

— Que el hecho fuera **subsiguiente a un delito contra la libertad sexual** que el autor hubiera cometido sobre la víctima.

— Que el delito se hubiera cometido por quien perteneciere a un **grupo u organización criminal**.

b) La **segunda modalidad agravada** concurre «cuando los hechos sean además constitutivos de un **delito de atentado** del artículo 550». La referencia a ese precepto, un tipo penal contra el orden público, resuelve en esta sede, creando un tipo complejo especial, un problema concursal, lo cual resulta insatisfactorio y censurable: primero, porque las reglas concursales existen precisamente para resolver casos como éste, pero carecen de sentido si el legislador incrimina de manera autónoma, como ha hecho en este caso, un delito complejo, doble y pluriofensivo; y, además, porque el delito de atentado (del art. 550) incrimina conductas (en concreto: agredir con violencia o intimidación grave, oponer resistencia grave o acometer a las autoridades, agentes o funcionarios públicos) que funcionalmente se hallan en **momentos previos** al propio homicidio y que, responden, por ello, a una lógica preconsumativa que ya son subsumidas de manera lógica por el homicidio. Ello indica que el motivo de agravación tendría que haber sido no la realización de la propia conducta de atentado en sí, sino la particular cualificación de la persona a la que se dirigen (autoridad, agente o funcionario público).

El delito doloso de homicidio admite todas las modalidades posibles de dolo: dolo directo de primer grado, dolo directo de segundo y dolo eventual (MAPELLI y ÁLVAREZ GARCÍA). La jurisprudencia se ha mostrado tradicionalmente reticente a la aplicación del dolo eventual en el delito de homicidio, de manera que ha preferido subsumir muchos de los hechos punibles catalogables dogmáticamente como doloso-eventuales en los tipos de delito de **homicidio imprudente** (art. 142) y, antiguamente, incluso en la falta de homicidio imprudente (del art. 621.2, vigente hasta 2015), que llevan aparejadas penas drásticamente inferiores, lo cual resultaba criticable (MIRÓ LLINARES).

B) *Homicidio imprudente*

El CP prevé, también, la incriminación del **delito imprudente** de homicidio (arts. 142 y 142 bis), que —tras las reformas introducidas por la LO 1/2015 y por la LO 2/2019, de 1 de marzo (vigente desde el 3 de marzo)— contempla diversas modalidades típicas:

> **Artículo 142**: «1. El que por imprudencia grave causare la muerte de otro, será castigado, como reo de homicidio imprudente, con la pena de prisión de uno a cuatro años.
>
> Si el homicidio imprudente se hubiera cometido utilizando un vehículo a motor o un ciclomotor, se impondrá asimismo la pena de privación del derecho a conducir vehículos a motor y ciclomotores de uno a seis años. A los efectos de este apartado, se reputará en todo caso como imprudencia grave la conducción en la que la concurrencia de alguna de las circunstancias previstas en el artículo 379 determinara la producción del hecho.

Si el homicidio imprudente se hubiera cometido utilizando un arma de fuego, se impondrá también la pena de privación del derecho al porte o tenencia de armas por tiempo de uno a seis años.

Si el homicidio se hubiera cometido por imprudencia profesional, se impondrá además la pena de inhabilitación especial para el ejercicio de la profesión, oficio o cargo por un período de tres a seis años.

2. El que por imprudencia menos grave causare la muerte de otro, será castigado con la pena de multa de tres meses a dieciocho meses.

Si el homicidio se hubiera cometido utilizando un vehículo a motor o un ciclomotor, se podrá imponer también la pena de privación del derecho a conducir vehículos a motor y ciclomotores de tres a dieciocho meses. Se reputará imprudencia menos grave, cuando no sea calificada de grave, siempre que el hecho sea consecuencia de una infracción grave de las normas sobre tráfico, circulación de vehículos a motor y seguridad vial, apreciada la entidad de ésta por el Juez o el Tribunal.

Si el homicidio se hubiera cometido utilizando un arma de fuego, se podrá imponer también la pena de privación del derecho al porte o tenencia de armas por tiempo de tres a dieciocho meses.

El delito previsto en este apartado sólo será perseguible mediante denuncia de la persona agraviada o de su representante legal».

Artículo 142 bis: «En los casos previstos en el número 1 del artículo anterior, el Juez o Tribunal podrá imponer motivadamente la pena superior en un grado, en la extensión que estime conveniente, si el hecho revistiere notoria gravedad, en atención a la singular entidad y relevancia del riesgo creado y del deber normativo de cuidado infringido, y hubiere provocado la muerte de dos o más personas o la muerte de una y lesiones constitutivas de delito del artículo 152.1.2.º o 3.º en las demás, y en dos grados si el número de fallecidos fuere muy elevado».

Contenido de injusto del homicidio imprudente: los diversos tipos de homicidio imprudente (grave y menos grave), tienen en común la conducta típica («matar a otro»), así como la presencia del **título de imputación**: la **imprudencia**, que genera una responsabilidad **menor que la del dolo**, y que —según la doctrina mayoritaria— viene definida por la infracción del **deber objetivo de cuidado**, de manera que, no persiguiéndose dolosamente el resultado de muerte, éste sea objetivamente imputable por la inobservancia del mínimo deber de diligencia debida en la gestión de un ámbito propio de organización. La imprudencia es, básicamente, un supuesto de **error de tipo** (antiguamente: VON LISZT; ahora: JAKOBS). Según esta doctrina moderna, lo que caracteriza al autor de un delito imprudente no es que infrinja un deber de cuidado (¡también en el delito doloso se infringe un deber!), sino que el autor yerra sobre un elemento del tipo (el resultado típico) siendo así que ese resultado debió haberse evitado. Para ello, el riesgo ha de ser previsible, pues lo que no es previsible no es imputable. Por ello, la imprudencia consiste en un error sobre el riesgo de producción del resultado típico siendo éste cognoscible y evitable, de manera que no se trate únicamente de un supuesto de caso fortuito (imprevisible y, por ello, no imputable).

En este sentido, JAKOBS afirma que en Derecho penal «sólo es relevante la previsibilidad de un riesgo que está fuera del riesgo permitido y que además es objetivamente imputable». Esta concepción conlleva una simplificación del concepto de culpa (BACIGALUPO): la culpa penalmente relevante se define como una «forma de evitabilidad en la que el autor carece de un conocimiento actual de lo que se debe evitar», de manera que el resultado típico se produce debiendo haberse evitado. Con ello, se supera la distinción entre culpa consciente y culpa inconsciente, al no existir más culpa que la inconsciente. La explicación es la siguiente: si el autor se representa como probable el resultado, entonces ya estaríamos ante un supuesto de dolo eventual.

Puede incurrirse en imprudencia tanto mediante una **conducta activa** (v. gr., atropellar a un ciclista durante un adelantamiento sin respetar la distancia mínima de seguridad) como por una **omisiva** (v. gr., dejar al bebé en el interior de un vehículo, falleciendo el menor por un golpe de calor).

Tipos de homicidio imprudente: el legislador prevé un tipo básico de homicidio con **imprudencia grave** (incriminado en el art. 142.1) y un tipo atenuado de homicidio con **imprudencia menos grave** (art. 142.2), con diversas submodalidades cada uno de ellos, y además dos tipos agravados del tipo de homicidio con imprudencia grave (que son tipificados en el art. 142 bis).

1. **Tipo básico**: el delito de homicidio con **imprudencia grave** (art. 142.1) es castigado con pena de prisión de 1 a 4 años. La configuración típica de esta primera figura concreta, además, **tres modalidades específicas diferentes**, a saber:

a) Homicidio con imprudencia grave cometido con un **vehículo a motor o ciclomotor**, castigado con la pena genérica de 1 a 4 años de prisión y, además, la pena adicional y específica de **privación del carnet** de conducir vehículos o ciclomotores por un lapso de tiempo de 1 a 6 años.

La LO 2/2019, de 1 de marzo (*BOE* de 2 de marzo, y en vigor desde el 3 de marzo de 2019), que ha modificado el CP en materia de imprudencia en la conducción de vehículos a motor o ciclomotor y sanción del abandono del lugar del accidente, ha introducido en la modalidad de homicidio con imprudencia grave cometido con un vehículo a motor o ciclomotor, la **presunción *iuris et de iure*** de que «se reputará en todo caso como imprudencia grave la conducción en la que la concurrencia de alguna de las circunstancias previstas en el artículo 379 determinara la producción del hecho». Ese precepto incrimina realmente dos delitos distintos: la conducción a velocidad excesiva y la conducción tras el consumo de drogas tóxicas y estupefacientes, cada uno de los cuales presenta exigencias propias y características particulares. Como la cláusula de presunción *iuris et de iure* no especifica ningún delito en concreto habrá de suponerse que se remite a los dos. Las circunstancias, entonces, que presumen que existe imprudencia grave en la conducción son las siguientes: *a*) superar en 60 km/hora la conducción en vía urbana; *b*) superar en 80 km/hora en vía interurbana; *c*) conducir un vehículo de motor o ciclomotor bajo la influencia de drogas tóxicas, estupefacientes, substancias psicotrópicas o de bebidas alcohólicas; *d*) acreditarse durante la conducción una tasa de alcohol de 0,60 miligramos por litro en aire espirado; *e*) acreditar una tasa de alcohol de 1,2 gramos por litro en sangre. Pero esta presunción constituye un **error legislativo** al no explicar un **escollo insalvable**: ¿cómo esas circunstancias conforman, si concurren, un delito doloso del artículo 379 y, sin embargo, en el artículo 142 constituyen un delito imprudente? Esto es: si conducir concurriendo alguna de esas circunstancias es ya un **delito *doloso*** de conducción excesiva o bajo el influjo de bebidas prohibidas, ¿cómo no va a serlo también si además provocan la muerte de alguien?

b) Homicidio con imprudencia grave producido por un **arma de fuego**, castigado con la pena genérica de 1 a 4 años de prisión y, además, con la pena de **privación de la licencia** de tenencia y uso de armas por un lapso de tiempo de 1 a 6 años. El motivo del tratamiento diferenciado proviene, en este caso, del empleo de un *instrumentum sceleris* particularmente eficaz, lesivo y letal: el arma de fuego en que el disparo del proyectil tiene lugar por explosión de pólvora u otra substancia explosiva, uno de los modos más idóneos y expeditos para la producción de la muerte.

c) Homicidio con **imprudencia profesional grave**, castigado también con la pena genérica de 1 a 4 años de prisión y la específica de inhabilitación especial para el ejercicio de la profesión, oficio o cargo por un período de 3 a 6 años. La **imprudencia profesional** constituye un delito especial cuyo sujeto activo es un profesional, esto es: quien ejerce cotidianamente una profesión y tiene aptitud, capacidad y preparación para ello (policía, médico, abogado, etc.). Pero no siempre que interviene un profesional nos hallamos ante un caso de imprudencia profesional. Se requiere, para ello, que exista una **dejación masiva, contundente o grave** de los deberes profesionales en cuestión, bien por una ejecución negligente o descuidada de su actividad o bien porque carezca de la preparación o de los conocimientos exigidos para el desempeño de su profesión. El incumplimiento o la inobservancia negligentes no graves no darían lugar a esta figura, sino a la imprudencia común, aunque el autor ejerciera una actividad profesional.

La doctrina y la jurisprudencia admiten la imprudencia profesional tanto por **acción** (incluso por inobservancias previas, que deben ser delimitadas de los supuestos de caso fortuito) como por **omisión** (v. gr., en supuestos de comisión por omisión).

Ejemplo: El Tribunal Supremo condenó por imprudencia profesional a un guardia civil a quien se le disparó el arma al forcejear con un detenido, alcanzándole el proyectil (STS de 23 de febrero de 2009) y también a un médico que no prestó asistencia médica urgente a una joven gravemente herida durante una avalancha en un local de fiesta (STS de 11 de diciembre de 2017).

2. **Tipo atenuado**: el delito de homicidio con **imprudencia menos grave** (art. 142.2), castigado con pena de multa de 3 a 18 meses, es heredero de la antigua falta de homicidio imprudente, derogada en 2015, que castigaba a «los que por imprudencia leve causaren la muerte de otra persona […] con la pena de multa de uno a dos meses» (del antiguo art. 621.2; la pretensión del legislador de erradicar las faltas del ordenamiento penal se hizo, en parte, con el curioso expediente de pasar la mayor parte de las faltas a delitos e incrementarles la pena, tal como sucede con este homicidio imprudente en versión «*light*»). En lo que respecta al delito de homicidio imprudente menos grave el Código prevé, a su vez, **dos modalidades específicas**:

a) Homicidio con imprudencia menos grave cometido con un **vehículo a motor o ciclomotor**, sancionado con la pena genérica de multa de 3 a 18 meses y pena adicional y específica de **privación del carnet** de conducir vehículos o ciclomotores por un lapso de tiempo de 3 a 18 meses.

También aquí la LO 2/2019 ha introducido en el artículo 142.2 una **presunción *iuris et de iure*** según la cual «(s)e reputará imprudencia menos grave, cuando no sea calificada de grave, siempre que el hecho sea consecuencia de una infracción grave de las normas sobre tráfico, circulación de vehículos a motor y seguridad vial, apreciada la entidad de ésta por el Juez o el Tribunal». Esta presunción resulta igualmente confundidora. Con la expresión «cuando no sea calificada de grave» el legislador reconoce que puede ser una cosa u otra, lo cual indica la ausencia de una correcta delimitación normativa. Por lo demás, que la «**infracción grave**» de normas viales causando la muerte de alguien conforme una «**imprudencia menos grave**» carece ciertamente de fundamentación normativa y de lógica legal.

b) Homicidio con imprudencia menos grave cometido usando un **arma de fuego**, que lleva aparejada la misma pena de multa de 3 a 18 meses más la de **privación del derecho** de porte o tenencia de armas por el mismo período (3 a 18 meses).

No se prevé, en cambio, homicidio imprudente menos grave en el ámbito profesional, de suerte que la muerte producida en ese ámbito será, al menos, calificada como imprudencia grave. En cambio, repite el legislador el error contenido antes en el antiguo artículo 621.6 respecto de la falta de homicidio por imprudencia leve, ahora en el artículo 142.2, *in fine*, según el cual «(e)l delito previsto en este apartado sólo será perseguible mediante denuncia de la **persona agraviada** o de su **representante legal**», lo que constituye una exigencia absurda y lamentable del legislador, que espera que el muerto «resucite» para interponer la denuncia por su propia muerte.

3. **Tipos agravados**: además de los dos tipos anteriores, el artículo 142 bis incrimina las **modalidades agravadas** respecto de la modalidad básica del artículo 142.1, que se dan «si el hecho revistiere notoria gravedad, en atención a la singular entidad y relevancia del riesgo creado y del deber normativo de cuidado infringido» y, además, se «hubiere provocado la muerte de dos o más personas o la muerte de una y lesiones constitutivas de delito del artículo 152.1.2.º o 3.º en las demás» (primera agravación, castigada con pena superior en un grado, en la extensión que el tribunal estime conveniente); y «si el número de fallecidos fuere muy elevado» (segunda agravación), se impondrá una pena superior en dos grados.

La diferencia entre el homicidio imprudente grave y el menos grave (como antes entre el delito y la falta de homicidio imprudente) **no es cualitativa sino cuantitativa**, de manera que reside en la **intensidad** del **título de reproche**: el primero exige **imprudencia grave** mientras que el segundo únicamente **imprudencia menos grave**, esto es: la diferencia estriba en el notorio y evidente «**grado de discrepancia** entre la conducta del sujeto y el cuidado objetivamente debido» (PEÑARANDA), aunque la jurisprudencia considera que la determinación de la gravedad no sólo viene determinada por la conducta del autor, sino también por la **entidad del bien jurídico lesionado** y por la **posibilidad concreta** de **producción del resultado lesivo** (SSTS de 30 de noviembre de 2001 y 22 de enero de 2005). Esta opinión es **cuestionable**: el bien jurídico lesionado en ambos supuestos es el mismo y sin embargo ambas infracciones son **cuantitativamente diferentes**.

C) *Preterintencionalidad y error*

La legislación histórica regulaba expresamente la llamada **preterintencionalidad**, que abarca aquellas situaciones en las que el resultado producido **va más allá** del dolo abarcado por el autor (***praeter-intentionem***), de manera que concurren al tiempo **dos situaciones** de **incremento de riesgo**: una abarcada por el **dolo** (que no se consuma) y otra **no abarcada** por el **dolo** (que se consuma, y que es imputable a título de **imprudencia**).

> **Ejemplo**: A golpea a B con ánimo de lesionarlo, produciéndole en cambio la muerte al alcanzarle una zona vital.

En la actualidad el CP no regula el **homicidio preterintencional**. El **principio de culpabilidad** («no hay pena sin dolo o imprudencia», *ex* art. 5) proscribe la **responsabilidad objetiva por el resultado** (que posibilitaba la imputación de un resultado sobrevenido incluso no abarcado por el dolo ni por la culpa: se trataba de la vieja figura, de origen medieval, del ***versari in re illicita***). Por ello, los supuestos en que se realiza una conducta **dolosa** (lesiones) pero deviene un **resultado imprudente** (muerte) se resolverán como un **concurso ideal** de delitos entre **tentativa de lesiones dolosas** y **homicidio imprudente** consumado, siempre que pueda probarse que, respecto del resultado sobrevenido, concurrió en efecto **imprudencia**.

Cuestión adyacente y relacionada con la anterior es la del llamado ***dolus generalis***. Esta modalidad de dolo, defendida antiguamente por la doctrina y por la jurisprudencia, partía de que si en el curso de la ejecución de un hecho el autor actuaba en algún momento con **dolo**, éste se **extendía** a toda la **situación lesiva**, de modo que se consideraba que abarcaba el resultado aunque en esa situación concreta no hubiera sido abarcado expresamente por el dolo, desconociendo el autor que estaba consumando el hecho lesivo.

> **Ejemplo**: En Alemania se discutió la problemática del ***dolus generalis*** en el llamado caso del **pozo de estiércol** (BGHSt 14, 193): A quería matar a B estrangulándolo. Lleva a cabo el estrangulamiento y B pierde el conocimiento. A lo da por muerto, aunque B únicamente se había desvanecido. A arroja el (supuesto) cadáver de B a un pozo lleno de estiércol, donde se produce realmente la muerte por asfixia. En España se han dado casos parecidos: A golpea a B y lo cree muerto. Para ocultar el cadáver, procede a quemarlo, motivo por el cual acaece la muerte; o bien, A quiere matar a B, lo asfixia, cree que ha fallecido y arroja el cuerpo por un acantilado, produciéndose la muerte por despeñamiento.

En estos supuestos, las situaciones de incremento de riesgo no son simultáneas (como en la preterintencionalidad), sino sucesivas. La vieja doctrina del ***dolus generalis*** consideraba imputable la muerte por dolo, pues si bien éste no había concurrido efectivamente en el momento en que acaece la muerte, la acción anterior, idónea para producirla, sí estaba abarcada por el dolo, de manera que se entiende que un dolo general domina toda la producción de la muerte (así resuelve en España, por ejemplo, aun la reciente STS de 18 de noviembre de 2008). La figura del ***dolus generalis*** consistía, pues, en una extensión o perpetuación del dolo a todo el curso de riesgo lesivo. Sin embargo, esta solución no deja de ser una ficción jurídica, que crea (y sanciona por) un único delito doloso, cuando en realidad concurren dos hechos punibles diferentes y sucesivos: tentativa de delito doloso y homicidio imprudente consumado. La solución moderna pasaría, pues, por desechar el *dolus generalis*, y apreciar en cambio concurso real de delitos entre los dos hechos sucesivos.

Los supuestos de **error** también generan una discusión interesante en esta sede. Pueden distinguirse los supuestos de ***aberratio ictus*** **(error en el golpe)** y de ***error in personam*** **(error en la persona)**:

1) ***Aberratio ictus***: engloba los supuestos que en el autor yerra en el golpe o en la ejecución del hecho, de manera que, queriendo afectar un objeto de ataque, alcanza a otro semejante.

> **Ejemplo**: A quiere matar a B. A tal efecto, le dispara pero —por un fallo de puntería— alcanza y mata a C.

La doctrina suele entender que, por regla general, el error en la persona es **irrelevante**, de manera que resulta indiferente la confusión y, al fin y al cabo, el autor mata a alguien (esto es: comete homicidio o asesinato) que es lo que quería. Más problemáticos son, empero, los supuestos en los que la víctima proyectada o real tiene una especial cualificación por su profesión o posición, entrando en juego otro delito de pena diferente a la del homicidio y a la del asesinato (por ejemplo: magnicidio-regicidio: art. 485.1: matar al Rey, a la Reina, al Príncipe, etc.).

> **Ejemplo**: A quiere matar al Rey. A tal efecto, le dispara con un arma, pero —por un fallo de puntería— mata a un tercero C (v. gr., un guardaespaldas); o el caso inverso: A quiere matar al guardaespaldas, su antiguo enemigo, pero en ese momento se interpone el Rey, siendo alcanzado éste por el disparo mortal.

En el primer caso, un sector doctrinal considera que debe sancionarse al autor por un concurso de delitos entre tentativa y homicidio doloso o, incluso, entre tentativa y homicidio imprudente, mientras que otro sector considera que no puede fundamentarse, en este caso, la tentativa porque falta la creación de peligro para el bien jurídico protegido de la persona con especial cualificación. En el segundo supuesto, la doctrina considera al autor responsable de un delito consumado de homicidio, y no del magnicidio-regicidio al desconocer el autor el elemento cualificante de la persona de la víctima.

2) ***Error in persona***: esta categoría engloba los supuestos en los que el autor, al elegir el blanco al que dispara, confunde a una persona por otra. A diferencia

de la ***aberratio ictus*** en la que el error recae sobre la ejecución o sobre el golpe, en el supuesto de **error en la persona** el error versa sobre la **identidad de la persona de la víctima**.

Ejemplo: Un caso famoso de la jurisprudencia alemana es el llamado **caso Rose-Rosahl** (1858): ROSAHL, comerciante de maderas, ofrece a su trabajador ROSE una amplia suma de dinero si acaba con la vida del carpintero SCHLIEBE. ROSE prepara la emboscada y espera a SCHLIEBE, a quien conocía bien, a la vera de un camino. Al atardecer observa a alguien aproximarse por el camino y —tomándolo por el carpintero— lo abate de un disparo certero. Sin embargo, una vez producida la muerte, se percata que la víctima no era SCHLIEBE, sino HARNISCH, un joven de 17 años, hijo del *chantre* del coro catedralicio.

En este caso se discute cómo se valora el error del autor inmediato (ROSE) a propósito de la persona de su víctima (*error in persona*). En concreto, la doctrina discute si responde por la muerte dolosa de HARNISCH (en este caso: asesinato doloso, al existir precio, recompensa o promesa) o, en cambio, si responde por el homicidio imprudente de HARNISCH y asesinato en grado de tentativa de SCHLIEBE. Además, el supuesto plantea una cuestión adicional, a saber: cómo repercute el error del autor (ROSE) en la persona del inductor (ROSAHL), pues desde esta perspectiva concurre un error sobre el medio empleado (*aberratio ictus*). El Tribunal prusiano que resolvió este caso en 1858 consideró irrelevante el *error in persona* y condenó a ROSE por el asesinato de HARNISCH (con el argumento de que dicho error no excluye el dolo) y a ROSAHL por inducción al asesinato. Aunque no faltan autores que aplauden esta solución, lo cierto que la misma es sometida a crítica en la doctrina y la jurisprudencia actuales:

En la doctrina, algunos autores consideran que el error no puede afectar al inductor (ROSAHL), en tanto que se produce una desviación del curso de riesgo en relación a lo que él se representó: él nunca pretendía que se matara al joven, de manera que faltaría el dolo y no se le podrá imputar inducción al asesinato de HARNISCH. Por su parte, otros autores (entre los que se encuentra JAKOBS) defiende la llamada teoría de esencialidad del error, conforme a la cual el error únicamente es considerable cuando existe una desviación substancial del dolo del autor.

También la jurisprudencia ha debatido sobre la vieja solución del Tribunal Prusiano en el llamado caso del heredero (*Hoferben-Fall*, BGHST 37, 214): el acusado (un campesino) quería matar a Karl-Friedrich (KF), hijo de su primer matrimonio. Para ello, encarga a S (también acusado) que ejecute la muerte a cambio de una suma de dinero, pues él, como padre, se veía incapaz de hacerlo personalmente. El día de la fecha elegida (25 de noviembre de 1985), S debía esperar y matar a KF en la cuadra, lugar por el que solía atravesar al regresar a casa. El lugar se hallaba oscuro, con algunos reflejos de claridad provenientes de la nieve amontonada. A las 19 horas se abre la puerta del establo y entra una persona de la misma estatura que KF. S se aproxima y le dispara a corto espacio. La víctima resultó ser el vecino BS. En primera instancia, la Audiencia Provincial de Bielefeld condenó al padre únicamente por inducción a asesinato en grado de tentativa. El Tribunal Supremo alemán (BGH), en cambio, volvió a la vieja argumentación del Tribunal prusiano y resolvió, en su Sentencia de 25 de octubre de 1990, que el error del autor sobre la persona de la víctima es irrelevante para el inductor, en tanto que la confusión de víctima se halla dentro del ámbito de lo previsible según reglas usuales de la vida.

5. TÍTULOS DE INTERVENCIÓN DELICTIVA

En el homicidio caben todas las modalidades posibles de **intervención delictiva**:

1. Autoría directa y coautoría, que consiste en matar a alguien **por sí solo** o varios sujetos **conjuntamente** (*ex* art. 28).

> **Ejemplo**: A mata a B; A y B matan a C.

2. Autoría mediata, consistente en matar alguien por medio de otro que actúa como instrumento. La autoría mediata puede presentar dos clases de **estructura**: una **trilateral** y otra **dual**. La primera responde al esquema básico de autoría mediata, donde participan tres sujetos: *a*) hombre de detrás: que es el autor mediato, el que «maneja los hilos» de la situación; *b*) un hombre de delante: que es el ejecutor material que actúa como instrumento no responsable; y *c*) el sujeto pasivo: tercero a quien se mata.

> **Ejemplo**: Un padre le dice a su hijo menor que vierta un sobrecito en el café de un señor. El sobre contiene cianuro. El menor lo vierte y el señor muere.

En la autoría mediata que podríamos llamar **dual** el esquema tradicional de la autoría mediata se simplifica y aquí sólo participan dos sujetos: el hombre de detrás y el hombre de delante (instrumento no responsable, que actúa por error o engaño) y que coincide con la propia víctima, de manera que es él quien se quita a sí mismo la vida, movido por esa situación de error o engaño.

> **Ejemplo**: Un médico (M) le dice a su paciente (P), a quien ha reconocido como antiguo enemigo, que sufre de un cáncer del cual morirá en los próximos meses luego de sufrir graves dolores y quebrantos, siendo el diagnóstico totalmente falso. M conoce a P y por su psicología y miedo al dolor físico sabe que ante un diagnóstico de ese tipo se quitará la vida, lo cual hace, pero no lo hubiera hecho en otra circunstancia. Autoría mediata donde el instrumento no responsable es la propia víctima.

3. Inducción, que consiste en propiciar o mover a alguien **directamente** a que mate a otro [art. 28.*a*)].

> **Ejemplo**: A le dice a B que mate a C y lo mata.

No cabe, en cambio, la **inducción dual** como **homicidio**, sino que se sancionará como **inducción al suicidio** (art. 143.1) siempre que el suicidio sea de alguna manera querido por el suicida. Si no, estamos ante un **homicidio en autoría mediata** (según la mencionada estructura **dual**). En cambio, sí es posible la que podríamos llamar **inducción mediata** o **en cadena**:

> **Ejemplo**: Un sujeto A induce a otro —B— a que busque a un tercero —C— y le induzca a matar a alguien —D—, como así se produce.

Aunque esta figura parece vedada por el CP (al exigir que la inducción sea «**directa**»), los Tribunales han comenzado a admitirla, interpretando el término «directa» en el sentido de «**eficaz**» o «**efectiva**». Según el TS, «no es impedimento para afirmar la inducción el que hubiera **mediado intermediario**, ya que puede existir una forma de inducción que se valga de una persona para crear en otro la resolución criminal, **sin que** a ello **obste** el que el artículo 28.*a*) exija que la inducción sea **directa**, ya que con ello lo que quiere el legislador es que se concrete en una determinada persona (autor) y en determinado delito, **sin que** se **impida** una posible **inducción en cadena**» (STS de 27 de abril de 2007; ya antes: STS de 22 de febrero de 2007; en la doctrina, ÁLVAREZ GARCÍA).

4. Cooperación necesaria y **complicidad**: cooperador necesario será aquel que contribuye a una muerte con un acto sin el cual no se habría producido [art. 28.*b*)], mientras que cómplice es aquel que, sin ser cooperador necesario, coopera al homicidio con actos anteriores o simultáneos. Es discutible el caso planteado en la Filosofía por KANT a propósito del **deber de decir la verdad**:

> **Ejemplo**: A se esconde en la casa de su amigo B. El asesino C viene en su búsqueda. B no miente y le dice que se halla en la primera planta. C lo encuentra y lo mata. ¿Responde B como cooperador necesario del homicidio?

Según KANT, B no infringiría deber alguno, antes al contrario: cumpliría con el **deber** de hombre racional que dice la **verdad**: para KANT, **no mentir** es un deber moral inviolable que conforma una **ley universal**, sobre la cual se fundamenta la **confianza** entre las personas, base de las relaciones humanas. En la concepción de KANT, no es posible excepcionar el **deber de verdad** con argumentos de **ponderación de intereses** (del estilo: ha de negarse que A se halla en la vivienda, pues con dicha mentira el mal realizado es de **menor entidad** que el mal **pretendidamente evitado**: la probable muerte de A), pues si se admite la mentira en una situación hay que admitirla **universalmente** en situaciones análogas:

> **Ejemplo**: A presta dinero a B con la condición de que se lo devuelva en un plazo determinado. Transcurrido el cual, A reclama a B el dinero. B, que quiere guardar el dinero para alimentar a su familia, miente a A diciéndole que no tiene nada. B desconoce que la familia de A también sufría necesidades, hasta el extremo de que el hijo famélico de A fallece por falta de alimento y el mismo A se expone a esa situación. ¿La mentira de B ampara la previsibilidad de la muerte producida (hijo de A) o de las muertes por producir (de A)?

La concepción *kantiana* del deber de decir verdad pone de manifiesto que no puede ampararse en la mentira toda situación de **necesidad evidente**, entre otras cosas porque no depende de la mentira el hecho de existan otras situaciones igualmente de **urgente necesidad** (como, por ejemplo, que A tenga a su vez hijos famélicos a su cargo). Por eso, si la mentira fuera aceptable en una situación, tendría que serlo en todas las circunstancias en las cuales el mal cometido al mentir fuera de **menor entidad** que el mal que ocurriría si no se mintiese, y —en última instancia— se estaría **privilegiando al mentiroso** por dos razones: 1) porque un derecho a mentir le ampararía en los beneficios que esa mentira le ocasiona; y 2) porque, al final, se delega al mentiroso la **competencia para valorar** si puede o no mentir, esto es: la competencia para evaluar la situación de **necesidad** en las que su mentira podría prevalecer sobre el mal que hipotéticamente se causa con la mentira (¿quién es B para valorar que sus hijos atraviesan mayor necesidad que los de A?).

Por todo ello, KANT niega la existencia de un **derecho** a mentir por filantropía. Frente a KANT, CONSTANT argumenta que «decir la verdad es un **deber**, pero solamente para con aquellos que tienen **derecho a la verdad**» y «ningún hombre [...] tiene derecho a la verdad que **perjudica** a otros». Pero esta argumentación no soluciona el problema de quién dispone de un **derecho a la verdad** y quién decide (¿el propio mentiroso?) cuando nos hallamos ante un perjuicio ajeno.

La concepción de KANT acierta en algunos aspectos y yerra en otros:

a) Por un lado, confunde el **deber moral** con el **deber jurídico**: el deber de decir la verdad es un deber moral, no jurídico, por lo que podría pensarse que el deber de decir la verdad debería subyugarse ante la complicidad o cooperación necesaria al homicidio.

b) Pero por otra parte, acierta al considerar que el acto moral tiene **valor en sí mismo**, no en sus **consecuencias**, lo cual significa que el acto moral es exclusivamente personal y no se genera una **responsabilidad jurídica** por infringir un deber moral. Por ejemplo: si un médico cura a un paciente y éste comete después un atentado terrorista, no responde el médico por el atentado, aunque fáctica y casualmente haya propiciado el hecho.

c) En estos casos rige la **prohibición de regreso**: conforme a la cual el ejercicio del rol excluye de responsabilidad aunque otro sujeto aproveche una conducta propia con un sentido delictivo. Por ello, en el ejemplo de KANT, el sujeto que dice la verdad e informa al asesino sobre el paradero de la víctima **no se convierte** en cooperador necesario del homicidio (o asesinato), sino que —en todo caso— responde por **omisión del deber de socorro** (lo cual equivale a decir que decir la verdad no aporta nada, en tanto deber **moral**, a la calificación **jurídica** del hecho y que cada cual responde de la gestión de su concreto **ámbito de organización**).

IV. ASESINATO

1. ORIGEN HISTÓRICO Y REGULACIÓN LEGAL

El delito más grave de todo el título I es el tipo de **asesinato**, que se configura legalmente como un homicidio agravado por la presencia de una circunstancia agravante específica. Este delito tiene una amplia tradición en la legislación española y comparada.

> El **origen etimológico** del término se vincula con un episodio histórico: entre los siglos VIII a XIV existía en Persia y en Siria un grupo fanático religioso, que se oponía, mediante el terror, al califa Abbasid. Este grupo estaba conformado por los nizaríes, y alcanzaron su punto álgido durante el siglo XI, en el que —bajo mando del «Viejo de la Montaña»— se especializaron en asesinatos selectivos de mandatarios y regentes políticos. Para llevar a cabo sus fechorías, los nizaríes se estimulaban con el consumo de una droga extraída del cáñamo indio (hachís; en árabe: *ḥaššāšīn*), de donde se derivó el vocablo «asesino», que originariamente designaba al consumidor de esa droga, y posteriormente se identificó con el delincuente fanático que, en tales circunstancias, mataba gente con especial crueldad. El concepto se incorpora a España, Francia e Italia a partir del siglo XIV, con diferentes variantes en la grafía, y a partir del siglo XVII queda incorporado, como hoy lo conocemos, a la lengua castellana.

El CP español tipifica **dos modalidades de asesinato**, uno **básico** y otros **agravados**:

1. El **tipo básico** (art. 139) castiga con pena de prisión de quince a veinticinco años al «que matare a otro concurriendo alguna de las circunstancias siguientes: 1.ª Con alevosía. 2.ª Por precio, recompensa o promesa. 3.ª Con ensañamiento, aumentando deliberada e inhumanamente el dolor del ofendido. 4.ª Para facilitar la comisión de otro delito o para evitar que se descubra» (art. 139.1), del cual existe un primer tipo agravado cuando concurra dos o más de esas cuatro circunstancias (art. 139.2).
2. Los **tipos agravados** (art. 140), introducidos en 2015 y castigados con prisión permanente revisable (novedad en esta materia), concurren cuando «la víctima sea menor de dieciséis años de edad, o se trate de una persona especialmente vulnerable por razón de su edad, enfermedad o discapacidad», cuando «el hecho fuera subsiguiente a un delito contra la libertad sexual que el autor hubiera cometido sobre la víctima» o «el delito se hubiera cometido por quien perteneciere a un grupo u organización criminal» (art. 140.1) y también cuando el «reo de asesinato [...] hubiera sido condenado por la muerte de más de dos personas», en cuyo caso será de aplicación lo dispuesto en la letra *b*) del apartado 1 del artículo 78 bis y en la letra *b*) del apartado 2 del mismo artículo.

2. Fundamentación del injusto de asesinato

El **asesinato** se configura típicamente como un **homicidio agravado** por determinadas **circunstancias agravatorias** (a saber: **alevosía**; **precio, recompensa o promesa** y **ensañamiento**), que ya son descritas como **agravantes genéricas** en la Parte general del CP y que aquí se configuran como elementos **específicos** del tipo de asesinato. Éste constituye un **tipo alternativo**, que exige la presencia de **al menos una circunstancia alternativamente**.

Las circunstancias alternativas **específicas** se corresponden, en parte, con las agravantes **genéricas** reguladas en el artículo 22. El legislador **no define** específicamente dichas circunstancias en sede de asesinato, de manera que —según la doctrina mayoritaria— su definición ha de **remitirse** a la descripción genérica del artículo 22. Sin embargo, cabe cuestionarse críticamente: si ya se prevén como circunstancias agravantes **genéricas** ¿qué razón tiene regularlas **de nuevo**, como circunstancias **específicas**, en la Parte especial? ¿Son las **mismas circunstancias** o tienen otro contenido **particular**? Y además: ¿Por qué razón se recogen como circunstancias específicas de asesinato **sólo algunas** y **no todas** las circunstancias genéricas del artículo 22? En efecto, el artículo 22 recoge en el catálogo general, junto a las tres mencionadas, otras circunstancias agravantes genéricas más:

1. Ejecutar el hecho mediante disfraz, con abuso de superioridad o aprovechando las circunstancias de lugar, tiempo o auxilio de otras personas que debiliten la defensa del ofendido o faciliten la impunidad del delincuente (art. 22.2).
2. Cometer el delito por motivos racistas, antisemitas u otra clase de discriminación referente a la ideología, religión o creencias de la víctima, la etnia, raza o nación a la que pertenezca, su sexo, orientación o identidad sexual, razones de género, la enfermedad que padezca o su discapacidad (art. 22.4).
3. Obrar con abuso de confianza (art. 22.6).
4. Prevalimiento del carácter público por parte del autor (art. 22.7).
5. Reincidencia (art. 22.7).

Ninguna de estas otras agravantes genéricas ha corrido la misma suerte que las tres anteriores, lo cual resulta —en la lógica del tipo de asesinato— **inexplicable**. De hecho, en el CP anterior tenían el efecto cualificante de asesinato, además de las tres actuales, algunas circunstancias más: cometer el hecho por inundación, incendio, veneno o explosivo y actuar con premeditación conocida.

Por lo demás, la remisión al catálogo general de agravantes es **cuestionable** también en otro sentido: si las circunstancias de la Parte general **agravan la responsabilidad** (del sujeto) pero no **varían el delito**, no puede entenderse por qué razón las circunstancias específicas del asesinato cualifican el **hecho típico** y no sólo la responsabilidad del autor. Según la doctrina, el asesinato vendría agravado por el empleo de medios que **aseguran sin riesgo la ejecución (alevosía)**, por empleo de medios encaminados a causar un **mayor dolor (enseñamiento)** y por la concurrencia de **móviles abyectos (precio, recompensa o promesa)**: los dos primeros determinarían —según la doctrina— una **mayor antjuricidad**, mientras que los últimos generan una **mayor culpabilidad** (RODRÍGUEZ DEVESA y SERRANO GÓMEZ).

En resumen, la incriminación específica del asesinato como homicidio agravado por la concurrencia de algunas (no todas) agravantes genéricas es **insostenible** desde el punto de vista **dogmático**: si los elementos específicos tienen el mismo contenido que los genéricos entonces carece de sentido su incriminación autónoma, máxime cuando —además— únicamente cualifican algunas agravantes pero no todas. La **única justificación** de la incriminación autónoma del asesinato en relación al homicidio sería hallar una diferencia realmente substantiva entre ambas figuras, no determinada por la presencia de agravantes genéricas que se hacen pasar por específicas, sino en relación a la configuración del tipo de injusto basado: 1) en parámetros de **incremento de riesgo**; y 2) en **esferas de competencia** (MÜSSIG). Si no se configura el homicidio y el asesinato, carece de sentido mantener ambas figuras tal como están reguladas (a saber: el asesinato como un homicidio con agravantes; o el homicidio como un asesinato sin ellas), pues lo mismo valdría desincriminar el asesinato como figura autónoma y hacer valer en el homicidio las agravantes genéricas del artículo 22.

3. EXAMEN CRÍTICO DE LOS ELEMENTOS TÍPICOS DEFINITORIOS DE ASESINATO

A) *Alevosía*

El primer **medio comisivo** alternativo del tipo de asesinato es la **alevosía**. Según doctrina unánime, el concepto específico de alevosía coincide con el genérico del artículo 22.1.ª, según el cual «(h)ay alevosía cuando el culpable comete cualquiera de los delitos contra las personas empleando en la ejecución **medios**, **modos** o **formas** que tiendan **directa** o **especialmente** a asegurarla, sin el **riesgo** que para su persona pudiera proceder de la **defensa** por parte del ofendido». Realizar una **muerte alevosa** significa **blindar** la ejecución de la muerte, lo cual se consigue de dos formas: *a*) elevando el grado de probabilidad, rayano en la seguridad, de que se produzca el resultado; y/o *b*) **reduciendo** la posibilidad de repulsión del ataque (que viene a ser una forma omisiva de aseguramiento del resultado). La alevosía consiste, pues, en matar a alguien **a traición y sobre seguro**.

Doctrina y jurisprudencia discuten sobre la **naturaleza** y **fundamento jurídico** (***ratio***) de esa figura. Anteriormente se consideraba que residía la **mayor perversidad** del sujeto activo, esto es: en un elemento de corte **subjetivo** (JIMÉNEZ ASENJO y DEL ROSAL), o en otros eminentemente **objetivos** como la **mayor insidia** o **clandestinidad** en la ejecución (ALONSO ÁLAMO), el aseguramiento de la ejecución **sin riesgo** procedente de las víctimas (CEREZO, ROMEO, GRACIA/VIZUETA FERNÁNDEZ) o en la **mayor debilidad** del bien jurídico en atención a los medios comisivos, lo que implica un **mayor desvalor de la acción** (ÁLVAREZ GARCÍA). La Jurisprudencia, por su parte, resalta el fundamento de **anulación** de las **posibilidades de defensa** (SSTS de 1 de junio de 2006, 22 de marzo de 2005, 14 de marzo de 2002) o el aprovechamiento de una **situación de indefensión** (STS de 24 de febrero de 2005).

Ninguno de los criterios anteriores es, desde mi perspectiva, **decisivo**, **único** ni **determinante**: más bien hay que hallarlo en la **creación o incremento objetivo** (esto es: no dependiente de la voluntad del autor) de un **riesgo de muerte jurídicamente no permitido** o en la **no neutralización objetiva** de una **fuente normativa de peligro de muerte** hallándose el sujeto activo en posición de garante.

La mayor concreción de un peligro de muerte, o su no neutralización objetiva, se vincula en ocasiones con la presencia de **objetos contundentes**, **altamente intimidatorios** o **dotados de manifiesta capacidad occisiva**, como armas de fuego, sierras, barras de hierro, bates de béisbol, etc.

Así, el TS suele estimar que la utilización de un **arma de fuego** por parte del agresor frente a una víctima inerme debe calificarse ordinariamente como **ataque alevoso** (STS de 15 de junio de 2006, 31 de octubre de 2007, 29 de octubre de 2007 y 22 de febrero de 2012).

Por otra parte, la alevosía **no significa excluir o anular** absolutamente la capacidad de **defensa** por parte del agredido. Antes bien, puede apreciarse alevosía en situaciones en las que la víctima lleva a cabo labores de autoprotección ante la inminencia del ataque. Por ello, la alevosía **no es incompatible** con que el agredido presente **heridas de defensa**. Al contrario, son frecuentes los supuestos en los cuales la víctima intenta, como mecanismo de **autoprotección** ante el ataque sufrido, repeler el ataque, cubrirse con las manos o brazos para eludir los golpes, etc. La clave de la alevosía se halla en **asegurar el resultado de muerte**, **maximizando** la seguridad para el atacante y **minimizando** la defensa por parte de la víctima.

Así, el TS considera que «es posible la aplicación de la alevosía» en los supuestos en los que la «acción defensiva no supone ningún obstáculo para que la acción del agresor se lleve a cabo sin riesgo para él» (SSTS de 22 de febrero de 2012 y 26 de abril de 2002), de manera que pueden concurrir alevosía en el autor y defensa autoprotectora en la víctima.

B) *Precio, recompensa o promesa*

El **segundo móvil** comisivo del asesinato es matar «***por*** **precio**, **recompensa** o **promesa**» (art. 139.2). Este elemento se **corresponde**, según la doctrina casi unánime, con la circunstancia del artículo 22.3: «ejecutar el hecho ***mediante*** **precio**, **recompensa** o **promesa**». Sin embargo, la primera expresión (matar «***por*** **precio**, etc.») es, desde el punto de vista terminológico, **más restringida** que la segunda (hacerlo «***mediante*** **precio**, etc.»). Ello ha llevado a algún autor (como ÁLVAREZ GARCÍA) a distinguir ambas regulaciones: según esta postura, únicamente respondería de asesinato cualificado por este elemento el **autor material**, **receptor** del precio, recompensa o promesa en cuestión (pues sólo él mataría ***por*** ese motivo), pero no así otros intervinientes (por ejemplo: quien **ofrece** la dádiva para que se realice el delito), pues ellos no actuarían guiados ***por*** tal condicionante. En cambio, **todos** podrían ser responder por un delito cualificado de homicidio ***mediante*** precio, recompensa o promesa, porque todos participan en la realización del delito **mediando** esa condición.

Ejemplo: A quiere deshacerse de B, su marido, por lo que propone a C, su amante, matar a B, y a cambio le promete matrimonio inmediato. Según esta postura, sólo C cometería el asesinato, pues sólo él mataría ***por*** precio, recompensa o promesa. En cambio, A respondería por un delito de homicidio agravado por la circunstancia del artículo 22.3: realizar el hecho ***mediante*** precio, recompensa o promesa.

Esta interpretación, aun basada en el tenor literal de la regulación, es **insostenible**, pues los conceptos empleados no son categorías **ontológicas**, sino conceptos **normativos**, que no pueden limitarse a la **literalidad prejurídica** de su dicción, sino que han de configurarse según el sentido delictivo (esto es: normativo) de los mismos. De la misma forma que «matar» no consiste sólo en «matar activamente», sino que también mata quien, debiendo hacer, no hace nada (p. ej.: madre que omite alimentar al menor, muriendo éste por inanición: ¡no importa el aspecto ontológico —el «no hacer nada»— sino el aspecto normativo el «deber infringido»!), también la expresión matar «*por* precio, recompensa o promesa» faculta que responda por ello quien co-configura el sentido delictivo de matar porque existe un precio, recompensa o promesa como móvil abyecto que determina la acción: también ese sujeto infringe el deber de no matar a alguien existiendo dicha condición espuria.

La doctrina mayoritaria atribuye a la expresión «**precio**, **recompensa** o **promesa**» un significado **económico** o **pecuniario**, o —al menos— **económicamente valuable**. Esta limitación es incorrecta, porque exige implícitamente un elemento no exigido en el tipo, a saber: que quien mata persigue un ánimo de lucro económico con su acción. En cambio, la expresión «precio, recompensa o promesa» ha de entenderse en un sentido normativo más amplio, que no sólo incluya la contraprestación dineraria, sino cualquier retribución, remuneración o condición, económica o no, con que se premia o se acuerda la realización del servicio de matar a otro. Desde este punto de vista, el asesinato consistiría, en esta modalidad, no en matar a otro por negocio, sino en matar a otro anteponiendo un interés espurio al derecho a la vida de quien se mata.

> **Ejemplo**: Así, mata por precio, recompensa o promesa (y responde por asesinato) quien mata a otro cobrando 5.000 euros por ello, quien lo hace para obtener los papeles de residencia en España que le ofrecen o quien mata al marido de su amante para casarse con ella, de acuerdo con la promesa de ésta. Y, lógicamente, responden por asesinato tanto quien recibe precio, recompensa o promesa como quien lo ofrece, pues ambos incrementan el riesgo jurídicamente desaprobado y co-configuran el sentido delictivo de matar a otro existiendo esta condición espuria.

C) *Ensañamiento*

El **tercer móvil** de realización del asesinato consiste en llevarlo a cabo «con **ensañamiento**, aumentando **deliberada** e **inhumanamente** el dolor del ofendido» (art. 139.3). Esta circunstancia también se regula en la Parte general: «amentar deliberada e inhumanamente el sufrimiento de la víctima, causando a ésta **padecimientos innecesarios** para la ejecución del delito» (art. 22.5). Es discutible si el concepto de ofendido o víctima coinciden con el **propio asesinado** o si el dolor o sufrimiento se podría infligir a otra persona cercana al asesinado, por ejemplo: su esposa o sus hijos (que criminológicamente también son víctimas). La configuración legal parece dar a entender que debe tratarse del propio **sujeto pasivo**. La cuestión no es baladí, porque —en ese caso— es necesario que el **dolor** o **sufrimiento** causado se inflijan **antes del momento de la muerte**.

Ejemplo: Si el sujeto pasivo muere al primer golpe **no hay enseñamiento posible**, porque **no** se **incrementa desproporcionadamente** el dolor ni el sufrimiento del ofendido, así se den, pongamos por caso, veinte puñaladas sobre quien ya es **cadáver**.

La configuración normativa del ensañamiento, con el empleo de vocablos como «deliberado», «inhumano» o «padecimientos innecesarios», es muy deficiente, pues se trata de una terminología impropia y ajurídica:

1) «**Deliberado**» significa «voluntario, intencionado, hecho a propósito», lo cual es —referido al asesinato— una **obviedad** pues **toda acción dolosa lo es**.
2) «**Inhumano**» indica lo que es contrario a la idea de humanidad (¡todo delito lo es!), con lo que ha de entenderse más en el sentido de **crueldad** o **barbarie**.
3) «**Padecimientos innecesarios**»: esta expresión no es más acertada, porque presupone erróneamente que algún padecimiento o delito pueda ser necesario.

Ensañamiento se ha de entender, pues, **normativamente** como la producción o la no neutralización de **males adicionales** al propio acto de morir, que hacen del asesinato un acto especialmente transido de sufrimiento, de manera que materialmente se unen a la conducta de **matar** otras como las de **humillar**, **herir** o **lesionar**, **torturar físicamente** o **encarnizar** el dolor.

D) *Facilitar un delito ulterior o evitar su descubrimiento*

En la reforma de 2015 se introdujo en la configuración normativa del delito de asesinato un cuarto motivo configurador del asesinato. En puridad, dos son los elementos que el legislador menciona en el nuevo inciso (4.º) del artículo 139.1:

1. De un lado, el hecho de que la muerte de la víctima se haga «**(p)ara facilitar la comisión de otro delito**».
2. De otro, que se haga «**para evitar que se descubra**» ese otro delito.

En ambos casos, se cualifica el acto de matar a alguien, que ya no será homicidio sino asesinato, por un **evento exógeno y *post-factum***, esto es: por algo que en puridad se origina fuera del propio acto y además en un momento posterior a la comisión del delito en cuestión. Esto diferencia este cuarto motivo de los tres anteriores: mientras el enseñamiento, el precio, recompensa o promesa y la alevosía son caracteres que se refieren al mismo acto de matar a alguien (que deviene, por ello, más grave por la **mayor peligrosidad** del mismo o por los **daños adicionales** que se ocasionan a la víctima), las agravaciones del cuarto motivo se desvinculan, en puridad, del propio acto de matar y se predican de algo que tiene lugar en otro momento temporalmente diferenciable, a saber: facilitar u ocultar la comisión de delitos, existiendo entre ambos delitos un relación compleja de **medio-fin**.

Con todo, existe también una **fundamentación victimológica** en este nuevo motivo característico del asesinato:

— De un lado, se produce un *plus* de gravedad del hecho «dado el **grado de instrumentalización** de la vida del sujeto pasivo que implica», lo cual «podría considerarse como un **ataque cualificado** a la **dignidad humana de la víctima**» (FELIP I SABORIT).

— De otro lado, esta modalidad de asesinato consiste en la causación dolosa de una **muerte instrumentalmente orientada** bien a facilitar la perpetración de otro delito, bien a la evitación de que otro delito se descubra (FELIP I SABORIT), lo que a su vez consiste, desde esta perspectiva, en un desprecio contra la dignidad de las víctimas y en un atentado contra la acción de la Justicia.

4. MODALIDAD CONDUCTUAL Y TÍTULOS DE IMPUTACIÓN

El delito de asesinato puede cometerse tanto por **acción** (creación o incremento activo de un riesgo efectivo que acarrea la muerte) como por **omisión** (no neutralización de un peligro de muerte en estas circunstancias, hallándose el sujeto activo en posición de garante).

El delito de asesinato es exclusivamente **doloso**. No cabe, pues, la comisión **culposa** o **imprudente**, pues el dolo ha de abarcar las circunstancias (alevosía; precio, recompensa o promesa; ensañamiento y que se mate para facilitar o evitar que se descubra un delito posterior) que definen el asesinato. En cambio, sí puede apreciarse la modalidad **doloso-eventual** respecto del resultado **muerte** y dolo directo respecto a la circunstancia (MAPELLI, PEÑARANDA, SÁNCHEZ TOMÁS, SUÁREZ MIRA), como ha venido a reconocer la **jurisprudencia** (v. gr., SSTS de 13 de febrero de 2004, 25 de marzo de 2004 y 16 de mayo de 2007).

5. TIPOS AGRAVADOS DE ASESINATO

El artículo 140 incrimina los **tipos agravados** de asesinato, castigados con prisión permanente revisable, que —según la reforma de 2015— son cuatro:

1. Cuando la víctima menor de dieciséis años de edad o persona especialmente vulnerable por razón de su edad, enfermedad o discapacidad (art. 140.1.1.ª).
2. Que el asesinato esté antecedido de un delito sexual previo del autor sobre la víctima (art. 140.1.2.ª).
3. Pertenencia del autor a un grupo u organización criminal (art. 140.1.3.ª).
4. Que el reo de asesinato hubiera sido condenado por la muerte de más de dos personas (art. 140.2).

Esos cuatro motivos agravatorios son de diversa naturaleza jurídica y entidad:

— El primero de ellos es un **motivo victimal, intrínseco y endógeno** referido a la menor edad de la víctima o a su especial vulnerabilidad, de suerte que se protege de manera especialmente asegurativa a las víctimas que presenten, frente a un acto de vital riesgo para ellos, un déficit estructural defensivo.

— El segundo, en cambio, es un **motivo exógeno y prefáctico** en la medida en que no depende de elementos propios del autor ni de la víctima, sino de una circunstancia previa y ajena al hecho homicida concretamente enjuiciado: que el homicidio sea subsiguiente a un delito sexual. Este fundamento, incorporado al Código después del caso Marta del Castillo (una joven sevillana, cuyo cuerpo no llegó a aparecer, que fue asesinada por un antiguo novio y se sospechó que también violada, extremo éste que no pudo constatarse). Sucede aquí, entonces, que el legislador resuelve de manera extraña lo que en otros casos se resolvería mediante un concurso de delitos. Y lo hace, además, sin delimitar correctamente las figuras de homicidio y de asesinato porque si la muerte violenta de la víctima sucede a un acto de violación difícilmente esta muerte no pondrá ser calificada como alevosa o, en todo caso, difícilmente tendrá una motivación diversa a evitar que se descubra el delito anterior, lo cual integraría automáticamente un delito de asesinato (como establece el nuevo art. 139.1.4.ª).

— El tercer motivo, la pertenencia del asesino a un grupo u organización criminal (art. 570 bis y ter CP), tiene un fundamento propio del **Derecho penal del enemigo**: el elemento asociativo —esto es: la integración del autor al grupo u organización criminal— incrementa superlativamente el potencial lesivo de la conducta homicida y hace que el hecho se diferencie de la mera causación de la muerte cometida en coautoría por dos o más autores. El homicida que actúa, pues, en el seno de la criminalidad organizada presenta un poder de desestabilización normativa y social incomparablemente mayor que el autor individual o incluso que el coautor: la cobertura grupal confiere al hecho una profesionalidad, un potencial de atemorizamiento y una capacidad de conmoción de las bases de la convivencia democrática que agravan el contenido del injusto de asesinato.

— Finalmente, el cuarto, la condena por una pluralidad de víctimas (tres o más) pone en el énfasis en el particular **desvalor de resultado**, al valorar la producción colectiva de al menos tres víctimas. Este motivo, asemejado con la reincidencia delictiva, puede apreciarse con independencia de que las condenas hayan recaído en uno o en varios procedimientos y mediante una o varias acciones letales (GÓMEZ RIVERO). En este supuesto, a efectos de penalidad, será de aplicación el artículo 78 bis.1.*b*) y 78 bis.2.*b*), según los cuales habrá que verificarse un doble «**período de seguridad**»: no podrá accederse al tercer grado penitenciario sino hasta haber cumplido al menos veinte años de prisión y no podrá suspenderse la ejecución del resto de la pena sino hasta el cumplimiento de al menos treinta años de privación de libertad.

Además de la pena de prisión permanente revisable, introducida en estas figuras por el legislador de 2015, el artículo 140 bis prevé también que pueda imponerse la medida de libertad vigilada, lo cual vale para todos los delitos del título I (también el homicidio, aun el imprudente), pero lógicamente tendrá mayor justificación en el asesinato, especialmente en sus tipos agravados.

V. PROVOCACIÓN, CONSPIRACIÓN Y PROPOSICIÓN PARA COMETER DELITOS DE HOMICIDIO O DE ASESINATO

El artículo 141 incrimina expresamente las conductas de **provocar**, **conspirar** y **proponer la muerte de otro**, que constituyen una incriminación autónoma de estos **actos preparatorios**, regulados con carácter general en los artículos 17 y 18. Esta regulación específica vale para los delitos de homicidio (art. 138), asesinato (art. 140) y asesinato agravado (art. 141) y para ellos se prevé la pena inferior en **uno** o **dos grados** a la señalada en su caso en los artículos anteriores.

Cuestionario de repaso:

1. ¿Qué figuras delictivas se incluyen en los delitos de los artículos 138 a 141?
2. ¿Qué tienen en común todas ellas?
3. ¿Cuál es el bien jurídico protegido en esos delitos?
4. ¿Qué naturaleza jurídica tiene ese bien jurídico?
5. ¿Es la vida un bien disponible? ¿Por quién? ¿Bajo qué límites?
6. ¿Cuándo comienza y cuándo concluye la protección penal del delito a la vida?
7. ¿Qué relación guardan el homicidio y el asesinato?
8. ¿Qué elementos comunes presentan esas figuras?
9. ¿Cuáles son las formas de realización de la acción típica?
10. ¿Cuáles son los criterios para la imputación objetiva de la muerte y qué se entiende por cada uno de ellos?
11. ¿Qué títulos subjetivos de imputación se prevén en el CP?
12. ¿Se regula la preterintencionalidad en el CP? ¿Cómo se resuelven esa y otras figuras conexas?
13. ¿Qué títulos de participación punible son factibles en el homicidio y en el asesinato?
14. ¿Cómo se fundamenta normativamente la diferente incriminación del homicidio y del asesinato?
15. ¿Cuál es contenido de cada uno de los elementos específicos de asesinato?

LECCIÓN 3.ª

INDUCCIÓN Y COOPERACIÓN AL SUICIDIO AJENO, HOMICIDIO A PETICIÓN Y EUTANASIA

MIGUEL POLAINO-ORTS

I. SISTEMÁTICA LEGAL

El CP español incorpora, en su artículo 143, dentro del título intitulado «**Del homicidio y sus formas**», la incriminación autónoma de **cuatro figuras delictivas**, a saber:

1. **Inducción** a un suicidio ajeno (art. 143.1).
2. **Cooperación necesaria** a un suicidio ajeno (art. 143.2).
3. **Homicidio a petición** (art. 143.3) y, finalmente,
4. **Cooperación necesaria** a suicidio ajeno, con o sin ejecución material del mismo, mediando **petición expresa** del solicitante que se halla impedido para llevarlo a cabo de propia mano: esta última figura se conoce con la denominación de **eutanasia** («**muerte digna**», «**muerte dulce**» o «**buena muerte**»: art. 143.4).

Frente al homicidio y al asesinato, las figuras delictivas del artículo 143 tienen en común la idea de que la **muerte** es, en cierto modo, **aceptada** por el sujeto pasivo. De hecho, en los dos primeros supuestos es la propia víctima quien ejecuta materialmente su propio suicidio, lo que indica que existe cierta predisposición voluntaria a procurar la propia muerte. Esta voluntariedad de la muerte resulta también evidente en la última modalidad (**eutanasia**), aunque en última instancia sea un tercero el sujeto activo que cause o, al menos, colabore activamente en producir la muerte de quien, en todo caso, solicita morir. Ello quiere decir que el concepto de suicidio se halla muy presente en la configuración típica de estos delitos. La nota «discordante» en estas figuras la da, en cambio, la modalidad recogida en el artículo 143.3 (al que, siguiendo la terminología germana, podríamos denominar **homicidio a petición**): el legislador define esta figura como una modalidad agravada de cooperación necesaria a un suicidio ajeno, cifrando el motivo de la agravación en el hecho de que el supuesto cooperador es quien finalmente ejecuta materialmente la muerte del sujeto pasivo, lo cual en principio excluiría que se trate de una autolesión (suicidio) para convertirse en una heterolesión (homicidio). En esta lección analizaremos, detenidamente, los elementos típicos (y los errores regulativos) de cada una de las figuras delictivas mencionadas. Y llegaremos a la conclusión siguiente: el suicidio propio no sólo no es delito, sino que es una facultad personalísima de cada uno; por ello, la participación ajena en el suicidio propio no debe ser delito; en cambio, será delictiva la participación de un tercero en un suicidio ajeno cuando la solución de quitarse a vida no la haya tomado, de manera libre y responsable, el propio sujeto, sino que en dicha toma de decisión haya participado un **tercero invadiendo** —de ese modo— un **ámbito de organización** que no le compete.

> Esta **cuádruple incriminación** de la intervención en una muerte ajena contrasta con la **más exigua tipificación** contenida en otras legislaciones penales de nuestro entorno jurídico. En Alemania, por ejemplo, sólo se regula en esta sede un único delito: el llamado **homicidio a petición**, lo que —como salta a la vista— evita los **problemas interpretativos** que plantea la legislación española, y —además— resulta más acorde a **exigencias político-criminales.**

II. CUESTIONES FUNDAMENTALES

Cuestiones básicas de la regulación española son la noción normativa de **suicidio**, así como la problemática del **bien jurídico protegido**, que hemos de estudiar por separado.

1. Concepto jurídico de suicidio

El vocablo **suicidio** proviene etimológicamente del latín *sui caedere*, que significa «**matarse a sí mismo**» o «**matar a uno mismo**». Como tal, no es un delito (al suicida que marra en su intento no se le sanciona por ello: su tentativa malograda constituye ya su ***poena naturalis***), aunque —según la legislación española— sí lo es la participación en un suicidio ajeno. Esta opción del legislador español —que reputamos errónea— se basa en un incorrecto entendimiento de la esencia del suicidio: como tal, es un **hecho personalísimo**, que sólo le compete decidir a cada uno de manera libre y responsable, y si así fuera, no es un hecho prohibido, sino un hecho amparado por la libertad de cada uno. El CP español presupone que la participación en un suicidio ajeno convierte al suicidio en un hecho socialmente relevante, perdiendo su carácter personalísimo, y por ello le asocia la imposición de una pena. Pero ello es erróneo: la ayuda al suicidio, como toda ayuda al ejercicio de un hecho no prohibido por la ley, debe ser impune (como lo es, pongamos por caso, la ayuda a comprarse una casa o la ayuda a reservar un viaje por internet). Sólo cuando se violenta la libre toma de decisión por parte del suicida se convierte el hecho del suicidio en algo con relevancia social, perdiendo —ahora sí, con razón— su carácter personalísimo y fundando un injusto penal.

> El **aspecto social** del suicidio fue resaltado, especialmente, por el sociólogo francés del siglo XIX, Émile DURKHEIM, en su obra *El suicidio* (1897). Este autor lo concibe como un fenómeno individual íntimamente vinculado con causas sociales o colectivas, con lo que a la postre el suicidio se configura como un hecho social.

La mayoría de las religiones (entre ellas, la Católica) tienen al suicidio por un **pecado** al autoinfringir el 5.º mandamiento: «**No matarás**», entendido también en el sentido de «**No te matarás tampoco a ti mismo**» (que, además, quebranta el principio divino según el cual la muerte es de segura producción pero en incierto momento: *certus an incertus quando*). En ese sentido, el Catecismo de la Iglesia Católica (de 1992) concibe el suicidio como «gravemente contrario al justo amor de sí mismo» (2281), y —debiendo el ser humano la vida a Dios— «Él sigue siendo su soberano Dueño» y los hombres están «obligados a recibirla con gratitud y a conservarla para su honor y para la salvación de nuestras almas», sin disponer de ella porque en última instancia «somos administradores y no propietarios de la vida que Dios nos ha confiado» (2280), aunque reconoce que «(t)rastornos psíquicos graves, la angustia, o el temor grave de la prueba, del sufrimiento o de la tortura, pueden disminuir la responsabilidad del suicida» (2282, 2.º párrafo).

Por su parte, Immanuel KANT, el filósofo alemán de la libertad, ve en el suicidio un atentado contra el **imperativo categórico** y lo concibe como un acto de egoísmo que supone «la infracción de un deber para consigo mismo», lo cual es rechazable porque cosifica al sujeto degradando la idea de ser humano como ser racional convirtiéndolo en medio y no en un fin en sí mismo: «Si para huir de una situación penosa se destruye a sí mismo, se sirve de una persona simplemente como medio para mantener una situación tolerable hasta el final de la vida. Pero el hombre no es una cosa y, por lo tanto, no es algo que pueda ser utilizado simplemente como un medio, sino que siempre ha de ser considerado en todas sus acciones como un fin en sí. Así pues, yo no puedo disponer del hombre en mi persona para mutilarle, estropearle o matarle». En definitiva, para KANT el suicidio infringe un deber de autoprotección y atenta, en el propio cuerpo, contra la idea de hombre.

El concepto de **suicidio** que interesa al Derecho penal no puede ser una noción moral ni naturalista ni ética sino un **concepto normativo** o **jurídico**. Desde esta perspectiva el «**suicidio es la muerte querida por una persona imputable**» (TORÍO LÓPEZ), o —quizá mejor— la muerte querida por una persona con **capacidad jurídica para decidir su propio suicidio**. La disponibilidad en la gestión del derecho a la propia vida es el presupuesto mínimo habilitante del suicidio. Si es una decisión tomada por un persona con capacidad jurídica en ejercicio de dicha disponibilidad ha de entenderse como un acto de libertad que pertenece al ámbito privado de organización de cada sujeto y sobre él ningún otro ciudadano —ni, por supuesto, el Estado— debe tener nada que decir. Por ello, todo acto de intervención en un suicidio de menores, incapaces o —en general— inimputables es siempre punible: no cabe licitud de la participación en el suicidio de un inimputable, aunque aparentemente sea consentido por el propio suicida: dicho consentimiento aprobatorio goza *iuris et de iure* de plena invalidez.

Ejemplo: A entrega a B, afectado por una psicosis maníaco depresiva con episodios de suicidio, o a C, niño de corta edad que ha manifestado su propósito de probar el arma contra sí mismo, un arma con la que poder atentar contra su vida. Desde el punto de vista natural o incluso psiquiátrico, se podría explicar el hecho como suicidio. Desde el punto de vista jurídico, no puede existir suicidio (ni, por tanto, participación punible en el suicidio ajeno: cooperación necesaria al suicidio *ex* art. 143.2), porque la víctima no tenía capacidad para decidir libremente el propio suicidio, de manera que quien entrega el arma se arroga esa decisión: a él se le imputa, pues, delito de homicidio (al respecto, Ángel TORÍO y también, en esta misma Lección, más adelante).

En resumen, el concepto **normativo** de suicidio se relaciona íntimamente con los **criterios normativos** de **imputación objetiva** y, de ese modo, **suicidio es la autopuesta en peligro** por parte de quien dispone de capacidad para gestionar privadamente un riesgo dentro de su ámbito de organización.

Junto al concepto de suicidio, se suele emplear otra noción compuesta: la de **suicidio asistido**. Este término engloba el conjunto de medios, procedimientos o instrumentos que se **facilitan** deliberada e intencionalmente a un suicida para que pueda llevar a cabo el acto de suicidio. Dichos medios no son sólo los materiales, sino también el asesoramiento sobre dosis letales de medicamentos, la prescripción de dichos medicamentos letales o su suministro, o incluso medios psicológicos (TORÍO LÓPEZ). En el suicidio asistido, el extraño es quien asiste, pero la toma de decisión y la ejecución se reservan para el propio suicida, que actúa conforme a la información o ayuda brindada. El suicidio asistido constituye, en España, un delito (cooperación necesaria a un suicidio ajeno: art. 143.2); en otros países (como Alemania o Suiza) es impune, al igual que en algunos estados de EEUU como Oregón o Washington, que permiten el suicidio asistido por parte de un médico (regulado en *Oregon Death with Dignity Act* y en *Washington Death with Dignity Act*).

2. LA PROBLEMÁTICA DEL BIEN JURÍDICO PROTEGIDO: LIMITACIÓN DE LA GESTIÓN DEL DERECHO A LA VIDA

En lo referente al **bien jurídico** se ha de distinguir: 1) por un lado, las conductas de **inducción** y **cooperación** al suicidio ajeno (arts. 143.1 a 143.3), y 2) de otro, la figura de la **eutanasia** (art. 143.4).

a) En las primeras figuras (arts. 143.1 a 143.3) el **bien jurídico** protegido no es la **vida ajena** (entendida en sentido **biológico** o **natural**: vid. Lección anterior), sino la **libre disponibilidad** del **derecho a la vida ajena**. Esas figuras únicamente pueden entenderse, pues, como una **arrogación** o, al menos, una limitación de la dirigibilidad sobre dicho derecho. El legislador presupone que dicha arrogación o limitación cercena de algún modo la decisión sobre la vida ajena, de manera que el suicida no actúa plenamente en ejercicio de su propia libertad, sino inducido o ayudado por otro, que de algún modo acelera, propicia o se subroga la dramática toma de decisión: poner fin a su vida. El suicidio, aunque responda a una situación psicológicamente anormal (TORÍO LÓPEZ habla aquí de «situación psíquica irregular»), es un acto libre pero también personalísimo, cuya decisión es tomada por una persona madura y responsable. Los actos de inducción y cooperación al suicidio ajeno presuponen, aunque el legislador no lo diga expresamente, sino que lo presuma *iuris et de iure*, una invasión ilegítima en la esfera de decisión ajena: en estas situaciones, quien se suicida ya no toma, por sí solo, la decisión de manera cabal y libremente, sino —cuanto menos— compartida por la participación de una persuasiva voluntad superior: la del sujeto que influye, persuade o acelera la toma de decisión por parte de otra persona. Se trata, en ese sentido, de una especie de «engaño» o propulsión fraudulenta que invade una toma de decisión personalísima e intransferible.

Sólo de ese modo puede justificarse la existencia de estas figuras delictivas. Sin embargo, en la titubeante descripción legislativa no queda claro si el suicida quiere o no quiere morir, esto es: si él toma la resolución inequívoca de quitarse la vida. Más bien, obvia el legislador esta cuestión crucial, con lo que al final está equiparando los supuestos en que alguien colabora a que otro, que se quiere inequívocamente suicidar, lleve a cabo su propósito suicida con aquellos otros supuestos, que debieran ser totalmente diferenciados jurídicamente, en que uno convence a otro, que no se quiere suicidar, a que se suicide. El error de la regulación positiva radica, pues, en que la presunción de limitación o arrogación de la dirigibilidad sobre la vida ajena no admite prueba en contrario (se trata, pues, es una presunción *iuris et de iure*, y no *iuris tantum*). Esa presunción podría tener mayor sentido en el supuesto de la **inducción al suicidio** (donde el componente de la **persuasión** es más que evidente), pero no debería darse por supuesta en la **cooperación al suicidio**, pues es perfectamente concebible cooperar con un suicida para que lleve a cabo su propósito después de que éste haya tomado su inequívoca decisión de quitarse la vida. En el primer caso existe una arrogación ilegítima de la decisión sobre el suicidio (y, por eso, es correcto que sea delictiva); en el segundo, no existe esa arrogación (quien se suicida lo hace porque quiere, aunque le ayuden otros), y —por eso— **debería ser impune**.

Suicidarse significa «quitarse **voluntariamente** la vida» (DRAE) y, en ese sentido, constituye —contra lo que considera el TC— un derecho o, al menos, una facultad lícita de toda persona conforme a su voluntad. *Ergo* es un contrasentido incriminar como delito conductas tendentes a facilitar el ejercicio voluntario de un derecho o de una facultad. Por ello, las figuras de los artículos 143.1 a 143.3 deben interpretarse restrictivamente: sólo deben considerarse delictivas aquellas en las que conste fehacientemente que el inductor o el cooperador han limitado o se han arrogado la decisión del suicida sobre su propia vida. Esa arrogación no puede presumirse (como hace el legislador español), sino que ha de probarse expresamente. En el resto de casos, la cooperación al suicidio conscientemente querido y decidido por el suicida debería quedar impune porque no se pueden imputar: no existe infracción del rol persona y por el principio de prohibición de regreso. Por ello, en resumen, el criterio rector de estos delitos debería ser el siguiente: si el suicidio es fruto de la libre y responsable decisión de cada uno, la participación de un tercero en el mismo debe ser impune; si el suicidio no es decidido libre y responsablemente por el propio sujeto (bien porque lo haga inducido, bien bajo error u otra circunstancia) entonces debe ser sancionado como delito, aunque sea la propia víctima quien materialmente ejecuta su propio suicidio: propiamente, ya no nos hallamos ante supuestos paradigmáticos de suicidio, sino antes casos mixtos de **suicidio-homicidio**.

b) La **eutanasia** (art. 143.4) constituye una **excepción** a la tutela penal del bien jurídico protegido en los delitos contra la vida independiente: la **capacidad de dirigibilidad** del derecho a la vida. En esta figura, no obstante constar fehacientemente la voluntad de la persona de acabar con su propia vida y solicitar ayuda en ese sentido, se considera delictiva la acción de cooperar activamente a que el titular del bien vida pueda disponer libremente, como es su deseo, de su vida y autoproducirse la muerte deseada. Desde el punto de vista expuesto, esta incriminación atenta contra la libre decisión de la persona, y ello tanto desde un planteamiento kantiano como desde un punto de vista funcionalista: para la filosofía kantiana, el Derecho es sinónimo de libertad y el delito es un impedimento de esa libertad, mientras que para el funcionalismo, la norma es la condensación de las expectativas sociales, y dentro de ellas ocupa un lugar preferente la libertad del ciudadano.

Pues bien, al incriminar como delito la eutanasia se da la paradoja de que no sólo se impide al titular del bien ejercitar su libertad para disponer de su propia vida, sino que además el favorecimiento por parte de otro para que ello pueda materializarse se incrimina como delito. Al margen del agravio comparativo que significa criminalizar tal conducta («si puedes ejercer tu libertad por tus propios medios, perfecto; pero si estás impedido para ello, estás condenado a vivir, y si alguien te ayuda, pagará por ello») lo cierto es que al ciudadano físicamente imposibilitado para ello se le impide normativamente ejercer su libre voluntad de gestionar su bien vida como le venga en gana: al impedimento físico se le añade el impedimento normativo con castigo añadido para quien «ose» cooperar con él en que gestione su libertad de acuerdo a su deseo. Por ello, la solución funcionalista es mucho más acorde al respeto normativo a la libertad del ciudadano: materialmente el hecho de solicitar a otro cooperación necesaria para acabar con la propia vida no es más que un acto de **«suicidio en autoría mediata»** (JAKOBS) y, siendo lícito el suicidio propio (esto es: el cometido sobre uno mismo y de propia mano), debería serlo el que se ejecuta sobre sí mismo, aunque utilizando, como mano ejecutora ajena, a un sujeto (¡no responsable!) al que emplea como instrumento.

> **Ejemplo**: En el archiconocido —y cinematográfico— caso de Ramón SAMPEDRO, un marino gallego que había quedado tetrapléjico al lanzarse de cabeza al agua desde una roca y que reclamaba ayuda externa para poder llevar a caso su voluntad de acabar con su vida (y que los cooperadores necesarios quedasen exentos de delito), es evidente que constaba el sentido de la libre disposición de su vida. El hecho de aproximarle un vaso con cianuro potásico que él bebería libremente es delictivo según el artículo 143.4, pero en un Derecho respetuoso con la libertad del titular del bien **habría de quedar impune** porque la conducta se realizaría mecánicamente por un instrumento no responsable (**hombre de delante**) pero intelectualmente sería organizado por el propio titular (**hombre de detrás**, que resulta ser víctima: el propio SAMPEDRO), a quien incumbiría toda la competencia en la gestión de su propio ámbito de organización.

III. INDUCCIÓN A SUICIDIO AJENO

1. REGULACIÓN LEGAL

El artículo 143.1 incrimina autónomamente la **inducción al suicidio**, al disponer:

> «El que induzca al suicidio de otro será castigado con la pena de prisión de cuatro a ocho años».

Inducir al suicidio significa **impulsar determinativamente** a alguien a ejecutar la decisión de quitarse la vida, creando en él la **resolución *ex novo*** de llevar a cabo el suicidio, que —si bien es alguna forma interiorizado por el suicida— nunca se le hubiera ocurrido a él ejecutarlo de no haber sido por la conducta inductora.

Ejemplo: A le dice a B «tírate por el balcón» y se tira.

Para ello, son idóneos tanto los **medios físicos** (malos tratos, castigos corporales, violencias físicas...) como **psíquicos** o **morales** (intransigencia extrema, amenazas, sometimiento en un clima espiritualmente intolerable...).

2. Estructura típica

El artículo 143.1 sanciona la **inducción** a **suicidio ajeno**. Pero el suicidio no es un acto ilícito para el propio suicida. Conforme al principio de accesoriedad en la participación, entonces, no debería ser delito el participar en un hecho lícito. El legislador cree salvar la cuestión incriminando como delito autónomo y consumado la inducción a suicidio, elevando de ese modo a delito la participación en un hecho no prohibido por la ley. Si no existiera esta tipificación expresa de la inducción a realizar un acto en principio atípico, no podría aplicarse el régimen contenido en la Parte general del Código, en concreto el artículo 28.*a*) que regula la figura de la inducción.

Aun así, la doctrina ha pretendido traspolar al ámbito del artículo 143.1 (**inducción específica**) las características de la **inducción en general**. Así, se dice que la inducción al suicidio ha de ser, como la inducción en general, **directa** y **efectiva**. No deja de ser cuestionable, empero, que la regulación específica haya de seguir las mismas reglas que la regulación general, especialmente cuando se incrimina una inducción específica como único modo de sancionar una conducta que, conforme a la regulación general, sería adecuada a Derecho, por tratarse de una inducción a un acto no expresamente prohibido por la ley. El suicidio es, *per se*, un acto lícito, siempre que lo tome cada uno en ejercicio responsable de su libertad. Se trata de un decisión personalísima e intransferible: nadie más, aparte del suicida, puede tomarla. Por ello, la inducción a un hecho lícito únicamente puede devenir delictiva si consiste en la arrogación parcial, por parte del inductor, de esa decisión privativa e indelegable. En consecuencia, el verbo típico inducir ha de ser interpretado restrictivamente: sólo se puede entender en el sentido de hacer que alguien adopte la resolución de darse muerte, de modo que, sin la conducta de inducción, la persona del suicida no habría resuelto darse muerte. La inducción aparece, pues, como una propuesta efectiva que crea en el suicida la idea de suicidarse y aunque es finalmente el suicida quien la ejecuta la decisión es, atribuible compartidamente de algún modo al inductor, como fuente de la que mana la propuesta persuasiva.

Según un sector doctrinal (TORÍO, DEL ROSAL/COBO DEL ROSAL/RODRÍGUEZ MOURULLO/RODRÍGUEZ DEVESA; en contra, QUINTANO, OLESA), la **muerte del suicida** es una **condición objetiva** de **punibilidad**, esto es: un elemento habilitante cuya presencia determina que pueda darse el delito. Conforme a ello, si no se produce realmente esa muerte, no hay delito en ningún caso: para que lo haya, se exige que el inductor se salga con la suya y consiga que el inducido se quite la vida. Estos autores vienen, pues, a aplicar a la inducción específica las reglas de la inducción general, al afirmar que la inducción al suicidio ha de ser —como la inducción en general— directa y efectiva. De este planteamiento extraen dos consecuencias: 1) No cabe **inducción en cadena**, sino que se exige una relación de **tracto sucesivo** entre inductor e inducido, que es el propio suicida (inducción directa); y 2) Sólo cabe la **consumación delictiva**, no pudiéndose apreciar la tentativa de inducción al suicidio (inducción efectiva).

Esta opinión es **incorrecta**. En mi opinión: 1) Es **perfectamente posible** apreciar la **inducción en cadena**, como veremos a continuación, en el apartado siguiente; y 2) No sólo cabe la **consumación** delictiva, sino que es técnicamente posible la **tentativa** del delito de inducción al suicidio, aunque en la práctica puedan presentarse problemas probatorios al respecto.

> **Ejemplo**: A le dice a B «tírate por el balcón» y cuando está a punto de saltar, acude C y lo evita. A sería sancionado como autor de un delito de inducción al suicidio en grado de **tentativa** (*ex* art. 16).

3. FORMAS DE PARTICIPACIÓN: CASOS PROBLEMÁTICOS

El delito de inducción al suicidio presenta una **estructura peculiar**: de un lado, se supone la incriminación autónoma y como delito consumado de una forma de participación (inducción) que en sí no tendría que ser delito, por ser el hecho inducido lícito para quien lo ejecuta (el propio suicida); de otro, el inductor, al inducir a otro a que se suicide, se arroga de algún modo una decisión que no le corresponde, y ese es, precisamente, el contenido material de injusto: inmiscuirse en un ámbito de decisión que a él no le compete. En ese sentido, el delito de inducción al suicidio no es un delito contra la vida, sino preferentemente contra la libertad o, por mejor decir: contra el derecho de decidir, en libertad, sobre la propia vida.

Sobre la base de esta peculiar estructura se plante **ciertos problemas** en cuanto a las formas de participación delictiva y, en concreto, a la determinación del ámbito del tipo de inducción al suicidio y del tipo de homicidio en autoría mediata cuando el instrumento coincide con la propia víctima (**autoría mediata dual**).

> **Ejemplos**:
> 1) Un periodista A amenaza a un político B con destapar un grave caso de soborno, que le costaría fulminantemente su carrera política. B no tiene otro remedio que suicidarse.

2) El médico A, sabedor de que su paciente B es psicológicamente inestable, sufre pánico ante el sufrimiento y presenta propensión al suicidio, propicia el suicidio de B al comunicarle conscientemente el falso diagnóstico de que le queda muy poco tiempo de vida.

En ambos casos cabe preguntarse: ¿Responde A de **inducción** al **suicidio** de B (*ex* art. 143.1) o, por el contrario, se le imputa delito de **homicidio** en **autoría mediata dual** (vid. Lección anterior), donde el instrumento coincide con la propia víctima?

La diferencia entre inducción al suicidio y homicidio (y asesinato) en autoría mediata dual reside en el grado de **aceptación** o **tolerancia** frente a la propia muerte: en el primer caso quien se mata, acepta también el hecho de la muerte como propio y, por ello, busca de algún modo su propia muerte, aunque esa decisión no la haya tomado solo, sino en comandita o alentado por el inductor: en todo caso, mantiene capacidad para decidir quitarse su vida; en cambio, en el homicidio en autoría mediata dual quien se mata no actúa en ejercicio libre dentro de su capacidad de decidir sobre su propia vida, sino que esa capacidad se ha visto plenamente anulada por una voluntad superior.

En consecuencia, habrá **inducción al suicidio** cuando la muerte del sujeto pasivo sea predominantemente autorresponsable (y no debería sancionarse al inductor porque la **autorresponsabilidad** impide la responsabilidad ajena). En cambio, habrá homicidio en autoría mediata dual cuando el autor ocasione la muerte del sujeto pasivo mediante la provocación o aprovechamiento del **déficit de autorresponsabilidad** del sujeto pasivo (KINDHÄUSER).

A diferencia de lo que considera la doctrina (al aplicar a la inducción al suicidio las características de **efectiva** y **directa**) creemos que es perfectamente factible la inducción mediata, en cadena o inducción con intermediario, que —en este caso— constituye una **inducción de la inducción al suicidio**.

Ejemplo: Un sujeto A induce a otro —B— a que induzca a C a suicidarse, como así hace.

No entra en el ámbito de la inducción al suicidio, sino del **homicidio** en autoría mediata dual, el empleo de **engaño** para determinar la muerte de una persona. Ejemplo de ello lo constituyen los llamados **pactos suicidas por amor**, en los que se induce, bajo engaño, a otra persona a suicidarse, siendo así que el «inductor» luego desiste de llevar a cabo su propósito, suicidándose únicamente la persona inducida: en esos supuestos, responde no como inductor al suicidio, sino por un delito de homicidio (o, en su caso, asesinato).

Ejemplos: Ante la realidad de un amor imposible, el enamorado convence a la timorata novia para suicidarse juntos bebiendo un vaso con dosis letal, que el joven ha vertido únicamente en el vaso de ella, quedando él indemne y heredando el cuantioso patrimonio de la desgraciada chica. A este respecto, puede citarse un caso famoso de la **jurisprudencia alemana**, el llamado «**caso del planeta Sirius**» (1980): durante varios años de constante persuasión, un sujeto A se gana la confianza ciega de la joven B, a la que hace creer él no es habitante genuino de la Tierra, sino que proviene del planeta Sirius, un lugar de posición superior a la de los humanos, y que su misión en la Tierra es rescatar a personas valiosas y reclutarlas para que habiten, en otro cuerpo, en ese ámbito de existencia superior. A convence a B para que le entregue una suma elevada de dinero, lo cual hace, y le persuade de que subscriba un seguro de vida a nombre de A por el monto de medio millón de marcos alemanes (aprox. 250 mil euros) que éste le entregaría al entrar en la constelación de Sirius. En un momento dado, y tras varios intentos derivados aparentemente de la complejidad de la trasportación vital, A indica a B que ya se halla un nuevo cuerpo en un determinado lugar (cercano a un lago en Ginebra) que ella habitaría una vez que consiguiera deshacerse de su viejo cuerpo. Para ello, le indica que ha de introducirse en una bañera y dejar caer en el agua un secador de pelo enchufado a la corriente eléctrica. A pesar de cumplir ciegamente estas instrucciones no llega a producirse la muerte de B, que sobrevive a la descarga. En este supuesto, ampliamente discutido en Alemania, la cuestión estribaba en decidir si existía inducción o cooperación necesaria al suicidio intentado (que en la legislación de aquel país son impunes) o tentativa de asesinato en autoría mediata en el que el instrumento es la propia víctima, solución ésta que acogió el BGH alemán.

O, en general, todos aquellos supuestos en los que se **propicia fraudulentamente** la muerte de una persona, de manera que concurre delito de homicidio y no inducción al suicidio:

Ejemplos: Incitar a alguien a beber una bebida venenosa como si fuera inocua, convencer a otro para que pruebe a disparar sobre sí un arma de fuego cargada y montada haciéndole creer que no lo está, ceder el paso a una persona en una habitación en cuyo suelo se ha preparado una trampa que se abre sobre un patio de profundo desnivel, ofrecer a un amigo el manejo de un vehículo de motor sobre una autopista careciendo de frenos siendo esta circunstancia determinante de un accidente mortal, ofrecer el manejo de una maquinaria eléctrica conectada a un cable de alta tensión, etc.

IV. COOPERACIÓN NECESARIA A SUICIDIO AJENO

1. Regulación legal

El artículo 143.2 incrimina una segunda figura dentro de estos delitos: la llamada **cooperación necesaria** a un **suicidio ajeno**:

«Se impondrá la pena de prisión de dos a cinco años al que coopere con actos necesarios al suicidio de una persona».

2. Títulos de intervención punible

El verbo típico **cooperar** exige la semántica social de la **cooperación punible**, o sea: una **coorganización delictiva**. Por exclusión del ámbito del delito incriminado en el apartado siguiente (art. 143.3), la cooperación necesaria punible en el artículo 143.2 ha de ser siempre una **cooperación no ejecutiva**. Autor es quien participa en la conducta suicida ajena con actos anteriores o simultáneos a la ejecución que resultan necesarios para ésta, aunque la ejecución corra a cargo del propio suicida que resulta ser víctima. No es punible, en cambio, la prestación al propio suicida de actos de cooperación no necesaria (esto es: es impune la complicidad directa en el suicidio). Pero sí cabe la participación ajena en el delito de cooperación necesaria a suicidio ajeno, por lo que son de aplicación las reglas generales de autoría y participación. De este modo, caben los diferentes títulos de participación en la cooperación necesaria al suicidio (autoría, coautoría, autoría mediata, inducción, cooperación necesaria, complicidad).

Ejemplos: A entrega a B un arma con la que se quita la vida (autoría directa); A y B entregan a C un arma con la que se quita la vida (coautoría); A solicita a B, al que usa como instrumento, que entregue a C un paquete que contiene un arma con la que D se quita la vida (autoría mediata); A induce a B a que entregue un arma a C, con la que se quita la vida (inducción); A entrega a B un arma que éste entrega a C, con la que se quita la vida (cooperación necesaria de la cooperación necesaria al suicidio o complicidad, en función de que sea un acto necesario).

Sólo cabe la comisión **dolosa**. Pero cabe discutir si, existiendo inequívocamente suicidio ajeno, puede responderse como **cooperador necesario** al realizar conductas (no imprudentes, pero al menos doloso-eventuales) que resultan **necesarias** para ejecutar un suicidio.

Ejemplos (de KINDHÄUSER): El jefe de superior de policía P y su mujer M realizan un viaje en coche juntos; P abandona el vehículo unos instantes, dejando como era su costumbre una pistola cargada en el salpicadero del coche. M, que hace tiempo quería quitarse la vida, aprovecha la situación para pegarse un tiro.
Variante: Igual que el anterior, pero además: P, al escuchar el disparo, se aproxima apresuradamente al vehículo y oye cómo su esposa, que aún vive, le dice al oído «socorro». P no reacciona, a pesar de que hubiera podido aún salvar la vida de su esposa (de lo que, por imprudencia, no se da cuenta). En ambos casos se pregunta: ¿Puede considerarse a P cooperador necesario de suicidio ajeno o, incluso, se le puede imputar delito de homicidio (imprudente) por omisión?

3. RESPONSABILIDAD PENAL OMISIVA POR NO EVITACIÓN DE UN SUICIDIO: EN ESPECIAL, LOS CASOS DE HUELGA DE HAMBRE Y DE TESTIGOS DE JEHOVÁ

Es cuestionable la **responsabilidad ajena** por **no evitación** de un suicidio de una **persona autorresponsable**. Algún autor considera que el tercero que no socorre a un suicida que se halle en peligro manifiesto y grave respondería por omisión del deber de socorro (que es un deber de solidaridad mínima) o —en su caso— por cooperación necesaria omisiva a un suicidio ajeno, mientras que si el tercero fuera garante se le imputaría delito de homicidio (ÁLVAREZ GARCÍA).

Ejemplos: Un vecino de un inmueble se suicida; sus vecinos no evitan el acto. Un preso se suicida una madrugada estando en prisión; los funcionarios de instituciones penitenciarias no logran evitar el hecho. ¿Responden los vecinos por omisión del deber de socorro y los funcionarios por homicidio? Los ejemplos pueden, aun, complicarse más: piénsese en los casos **de huelga de hambre** llevadas a cabo por presos de un grupo terrorista durante su estancia en prisión: ¿tiene el Estado —mediante los funcionarios de prisiones— la obligación de alimentar forzosamente a los presos, por si no lo hacen y aquéllos mueren se les imputa delito de homicidio? De este mismo caso (huelga de hambre de miembros del Grapo) versa la STC 120/1990, de 27 de junio, que determina la licitud de la alimentación forzosa, e —implícitamente— abre la puerta a la incriminación por homicidio (en comisión por omisión) a quien, siendo garante, no evita la muerte de los presos en huelga de hambre, por ejemplo, omitiendo alimentar forzosamente a los huelguistas.

Otro problema aparte, y más complejo, sería el de la evitación de **suicidios** (o autopuestas en peligro con resultado de muerte) de menores de edad u otros inimputables, aunque en principio sean aceptados por ellos mismos.

Ejemplo: Piénsese en el no infrecuente caso de un **testigo de Jehová** menor de edad (10 años) que, con la anuencia de sus progenitores, se niega a recibir transfusiones de sangre por su creencia religiosa, a consecuencia de lo cual el menor muere. ¿Están los médicos obligados a realizarles transfusiones de sangre que pudieran salvarle la vida? Si no lo hacen ¿se les imputa delito de homicidio, no obstante ser evidente la autopuesta en peligro que desemboca en una muerte querida o, al menos, aceptada por el sujeto?

La solución de imputar cualquier tipo de responsabilidad a quien **no evita** la muerte del suicida o del huelguista de hambre (¡que es también un suicida que acepta, llegado el caso, su propia muerte!) es, sin embargo, rechazable: ello supondría imponer a los ciudadanos deberes excedentes de su rol y convertirlos en controladores de ámbitos de organización ajenos, debiendo incluso doblegar la libertad de cada ciudadano (¿con qué legitimidad?) y «enmendarles la plana» mediante la suspensión de su derecho fundamental a la libertad. Si se vincula, como es preciso hacer, suicidio y libertad de organización entonces se excluye por principio toda posibilidad de heteroadministración por parte de un tercero, que no podría inmiscuirse en un ámbito ajeno, ni mucho menos obligarle a que lo haga (por ejemplo: alimentando forzosamente al huelguista, esto es, impidiendo al suicida que se suicide), de manera que si no heteroadministrara «a su manera» el ámbito ajeno incluso se le haría responder, si es garante, por el homicidio del propio suicida.

No puede olvidarse que nos hallamos ante casos de **suicidios queridos y aceptados** que son decididos por las únicas personas que pueden hacerlo: el propio titular del derecho a la vida (el propio suicida), que son —por lo demás— personas autorresponsables. El TC español ha negado formalmente la existencia de un derecho al suicidio, reconocido como tal en las leyes, aunque «ello no impide, sin embargo, reconocer que, siendo la vida un bien de la persona que se integra en el círculo de su libertad, pueda aquélla fácticamente disponer sobre su propia muerte, pero esa disposición constituye una manifestación del *agere licere*, en cuanto que la privación de la vida propia o la aceptación de la propia muerte es un acto que la ley no prohíbe» (STC 120/1990, de 27 de junio, FJ 7.º). Conforme a ello, quien mediante fuerza impidiera a otro su propio suicidio podría pensarse que incurre en delito de coacciones (art. 172), que sanciona al que «sin estar legítimamente autorizado, impidiere a otro con violencia hacer lo que la ley no prohíbe».

Sin embargo, la STC 120/1990, concluye que el suicidio no es «un derecho subjetivo de carácter fundamental» ni «es posible admitir que la Constitución garantice en su artículo 15 el derecho a la propia muerte», por lo que «carece de apoyo constitucional la pretensión de que la asistencia médica coactiva es contraria a ese **derecho constitucionalmente inexistente**» (FJ 7.º). Por ello, la sentencia mencionada concluye que el hecho de alimentar forzosamente a unos terroristas en huelga de hambre, que consciente e implícitamente aceptan su propia muerte, es perfectamente aceptable y «no vulnera ninguno de los derechos fundamentales [...], constituyendo tan sólo una limitación del derecho a la integridad física y moral garantizada por el artículo 15 de la Constitución, y unida ineludiblemente a ella una restricción a la libertad física, que vienen justificadas en la necesidad de preservar el bien de la vida humana, constitucionalmente protegido» (FJ 7.º).

La solución del TC es más que **cuestionable**, porque hace primar la obligación de vivir imponiendo una integridad física y moral mediante la alimentación forzosa de quien, mediante la huelga, acepta morir sobre el derecho de libertad del propio sujeto. Por ello, el argumento de la «relación especial de sujeción en que se encuentran los reclusos», que obligaría a la Administración penitenciaria a custodiarlos y a velar por su vida y su salud no puede llevarse al extremo de alimentar forzosamente a quien no quiere comer, ni de obligar a vivir a la fuerza a quien acepta morir, porque ello supondría una extralimitación intolerable del deber de garante y una intromisión ilegítima por parte del Estado en una esfera de organización ajena (la de los propios huelguistas-suicidas).

Por ello, con razón afirmó el Voto Particular (a la STC 120/1990) del Magistrado LEGUINA VILLA que «(n)o estando en juego derechos fundamentales de terceras personas, ni bienes o valores constitucionales que sea necesario preservar a toda costa, ninguna relación de supremacía especial —tampoco la penitenciaria— puede justificar una coacción como la que ahora se denuncia que, aun cuando dirigida a cuidar la salud o a salvar la vida de quienes la soportan, afecta al núcleo esencial de la libertad personal y de la autonomía de la voluntad del individuo, consistente en tomar por sí solo las decisiones que mejor convengan a uno mismo, sin daño o menoscabo de los demás. [...] Pero ello no significa que no se tenga derecho —sea cual sea la circunstancia en la que uno se encuentre y estando en el pleno uso de las facultades mentales— a que nadie que no sea uno mismo decida e imponga coactivamente lo que haya de hacerse para conservar la salud, seguir viviendo o escapar al peligro de muerte; ni excluye el derecho a rechazar la ayuda o la asistencia sanitaria que ni se desea ni se ha solicitado». En definitiva, prosigue el Magistrado disidente, «(l)os reclusos que con grave riesgo para su salud y su vida, pero sin riesgo alguno para la salud de los demás, se niegan a recibir alimentos y asistencia sanitaria no son personas incapaces cuyas limitaciones hayan de ser subvenidas por los poderes públicos. Son personas enfermas que conservan la plenitud de sus derechos para consentir o para rechazar los tratamientos médicos que se les propongan».

V. HOMICIDIO A PETICIÓN

1. Perfiles de la incriminación legal

El artículo 143.3 incrimina el **delito más enigmático** de todo el título I, al disponer:

> «Será castigado con la pena de prisión de seis a diez años si la cooperación llegara hasta el punto de ejecutar la muerte».

El motivo del enigma es el error terminológico y sistemático en que incurre el legislador. Éste configura el delito como un tipo agravado de cooperación al suicidio, en concreto como una cooperación necesaria al suicidio ajeno agravada por la ejecución personal por parte del cooperador. Con ello, el legislador comete **dos errores** de bulto: de un lado, un error terminológico, al ignorar el significado del término cooperar; de otro, un error sistemático, al incluir este delito entre las formas de intervención en un suicidio ajeno, cuando debió incluirlo entre los delitos de homicidio. Veamos por qué:

Cooperar, significa, «**obrar juntamente** con otro u otros para un mismo fin» (DRAE), pero en ningún caso ejecutar el hecho materialmente uno solo. Sin embargo, el legislador español emplea el verbo cooperar en el sentido de ejecución personal-material de la muerte, lo cual es conceptualmente imposible. Porque una de dos: o es cooperador necesario (¡de un suicidio!) o es autor material (¡de un homicidio!), pero los dos al tiempo es imposible. La existencia de un suicidio excluye conceptualmente la existencia de un homicidio, o lo que es igual: el suicidio es incompatible con el homicidio, pues el primero es decidido y querido por el suicida en ejercicio de su libertad (y, por tanto, es una conducta autorresponsable de autopuesta en peligro), mientras que en el segundo la muerte es siempre antijurídica, y se opone necesariamente a la voluntad de quien muere, que no quiere morir ni —menos— ser matado. Por ello, dicho sea de paso, si falta el hecho antijurídico principal, carece de sentido castigar la intervención en un hecho impune (como hace el legislador español al incriminar la cooperación a suicidio ajeno o la eutanasia).

En todo caso: el sujeto activo del delito del artículo 143.3 o **coopera** a un suicidio ajeno o **ejecuta** un homicidio, pero no puede cooperar al suicidio matando él mismo al supuesto suicida, porque entonces **no hay suicidio**, sino **homicidio**. Por eso, siguiendo la terminología alemana («*Tötung auf Verlangen*»), se debe llamar a esta figura **homicidio a petición** y no, como la configura erróneamente el legislador español, cooperación necesaria y ejecutiva a suicidio ajeno. En definitiva: nos encontramos ante una figura de homicidio y no de (participación en un) suicidio, lo cual viene además corroborado por la elevada pena (6 a 10 años de prisión) prevista para ella, que la aleja de las figuras de suicidio y la vincula con los tipos de homicidio.

2. El homicidio a petición como homicidio atenuado

El tipo de artículo 143.3 constituye, pues, un tipo de homicidio **atenuado** o **privilegiado** (o, incluso, de asesinato atenuado, si se estima —como hacía Quintano— que el tipo entraña ya la alevosía, elemento típico propio del asesinato). ¿Dónde reside el motivo de la atenuación? O lo que es lo mismo: ¿Cuál es el ámbito de aplicación del tipo?

1. Por exclusión del ámbito propio del tipo de eutanasia (art. 143.4), el homicidio a petición **no** puede tener un **motivo pietista** basado: *a*) ni en la **enfermedad mortal** de la víctima; ni *b*) en los **graves padecimientos** permanentes y difíciles de soportar. Si concurren esos elementos, no será de aplicación el artículo 143.3, sino el tipo de eutanasia (art. 143.4), para el que se prevé la pena inferior en uno o dos grados que la que se prevé en este apartado (es decir: en vez de pena de prisión de 6 a 10 años, se impondría prisión de 3 a 5 años, o prisión de 1,5 a 2,5 años). El sujeto pasivo del delito es, pues, una persona sana, o —al menos— alguien no impedido, por su enfermedad u otro motivo, para llevar a cabo su propia muerte de propia mano, sólo que no la ejecuta personalmente él, sino que pide a otro que lo mate.

2. La clave del tipo de injusto se halla, pues, en que la víctima da su aprobación sobre su propia muerte o —más exactamente— consiente que otro lo mate. El efecto de la aprobación aquí **no es plenamente liberatorio**, pero sí se valora para **rebajar** la pena. El TS ha señalado que el bien «vida» es un bien **indisponible** por su titular (así, STS de 17 de julio de 1990), lo cual no es exactamente cierto: es indisponible a afectos de ofrecer su destrucción a otro sujeto pero es disponible para el propio titular, que puede acabar personalmente con su propia vida (suicidio) aunque no ceder su vida para que otro la destruya. En el tipo del artículo 143.3 la disponibilidad del bien produce una reducción de la responsabilidad sobre la base de esta cesión o acuerdo de que otro acabe con ella, lo cual no elimina nunca el carácter antijurídico de la acción homicida: por eso, no es correcta la expresión usual en la doctrina española, que habla de homicidio consentido, siendo preferible la expresión alemana de homicidio a petición.

3. Por lo demás, hubiera sido razonable que se exigiera que la petición de ser matado revistiera ciertas garantías o formalidades, a efectos de evitar manipulaciones de la voluntad del finado: la ley alemana habla, por ejemplo, de «**petición expresa y seria**» (§ 216 StGB). El artículo 143.3 no dice nada al respecto, a diferencia de lo que se prescribe para la eutanasia (art. 143.4), donde se habla de «**petición expresa, seria e inequívoca**». Por ello, y conforme al principio de legalidad, el homicidio a petición puede llevarse a cabo sin una petición expresa ni formal de quien solicita ser matado: únicamente basta que conste la voluntad

de que quería morir, con lo que se acentúan los problemas de prueba si la petición no fue expresa, ni por escrito ni formal, sino meramente circunstancial o informal.

En resumen, el tipo consiste es que se mata a alguien que quiere morir y que solicita ser matado, y ello constituye un homicidio, pero **menos grave**. Esta configuración atenuada del tipo de homicidio a petición genera, por lo demás, no escasos problemas concursales con los tipos de homicidio (art. 138) e, incluso, de asesinato (art. 139).

Ejemplo: A quiere acabar con su vida, a pesar de que es persona sana y exitosa, por la simple curiosidad de experimentar si existe el más allá. Decide poner fin a su vida terrenal con una sobredosis de somníferos, pero pide a su amigo B, enfermero de profesión, que le inyecte la dosis de insulina que deja preparada sobre la mesita de noche si a la media hora de ingerir los somníferos sigue con vida. Imaginemos, además, que por este acto A entrega a B la gratificación de 1.000 euros. Al cabo de la media hora, B inyecta la dosis, que produce la muerte de A. ¿Comete B el delito de homicidio a petición (art. 143.3), se le imputa delito básico de homicidio (art. 138) o, incluso, por concurrir la circunstancia de precio, delito de asesinato (art. 139)? Repárese que la pena prevista para ellos es sensiblemente diferente: 6 a 10 años de prisión para el homicidio a petición, 10 a 15 para el homicidio, 15 a 20 para el asesinato.

Tal y como está configurado el tipo, pareciera que fuera de aplicación el tipo de **homicidio a petición**, que es ***lex specialis*** en relación a los tipos de homicidio y asesinato (***lex generalis***). Sin embargo, no deja de ser curioso que quien, con consentimiento de la víctima, golpea a otro causándole lesiones, cometa delito de lesiones (esto es: que el consentimiento no tenga efecto liberatorio de responsabilidad alguna) y, sin embargo, dicho efecto reductor de la pena sí tenga lugar en un delito más grave como es el homicidio. Ello lleva a la conclusión de que la incriminación autónoma del homicidio a petición, a caballo entre el homicidio y el suicidio, y al margen de la eutanasia, es un despropósito legislativo. El modelo alemán de unificar toda esta multiplicidad de figuras en un único tipo de homicidio a petición, cuando ésta sea expresa y seria, es más recomendable y menos perturbador, de manera que se aplicaría como figura única en casos de eutanasia (enfermedad, graves padecimientos) o de «cansancio de vivir».

3. Particularidades del homicidio a petición

Desde el punto de vista del autor, existe un **homicidio doloso** (no cabe la comisión imprudente). Desde el punto de vista de quien consiente la muerte, existe un **suicidio en autoría mediata**, aunque —según la legislación española— el ejecutor no es instrumento irresponsable sino autor de un homicidio a petición. Se habla, por ello, en este sentido, de **homicidio-suicidio** (impropiamente, porque desde el punto de vista conceptual el homicidio es incompatible con el suicidio). El dolo del autor ha de abarcar la voluntad de morir del suicida.

Especialmente discutido es si cabe la **comisión por omisión**. Algunos autores, interpretando el tenor literal del precepto («si la cooperación llegara hasta el punto de ejecutar la muerte») consideran que el tipo requiere la comisión activa de propia mano por parte del autor, con lo que se excluye la forma omisiva y se restringe las formas de participación delictiva. Por el contrario, considero que nada obsta a que pueda existir la comisión omisiva en posición de garante así como las diferentes formas de intervención delictiva en el homicidio a petición.

Ejemplo: A manifiesta a su amigo B, piloto de una avioneta (y, como tal, responsable de la seguridad de los pasajeros durante el vuelo), que su deseo es experimentar la emoción de morir en un accidente de avión y le pide ayuda al respecto. Inician el vuelo, y en un momento dado B activa el piloto automático, se aproxima a la compuerta y salta en marcha con el equipo de paracaídas, dejando que A se estrelle con el avión en marcha. B, en tanto garante de la situación, debería haber evitado el accidente; en cambio, propicia materialmente el mismo al saltar en marcha y ocasionar el accidente. B comete, pues, homicidio a petición en comisión por omisión.

VI. EUTANASIA

1. CONCEPTO

El concepto **eutanasia** proviene del griego (ευθανασία, *euthanasía*) y significa literalmente «**buena muerte**», pero también: «**muerte dulce**» o «**muerte digna**». El concepto designaba originariamente la procuración, por parte de un profesional de la medicina, de una **muerte digna** y **expedita** para enfermos incurables a efectos de **ahorrarles sufrimientos** o **padecimientos** en la hora del morir.

El pensador inglés Francis BACON (1623) definió la eutanasia como «la actividad médica encaminada a **aliviar** a los moribundos la lucha contra la muerte», al tiempo que distinguía una «eutanasia externa» (poner término a la vida con actos exteriores) y una «eutanasia interna» (predisposición espiritual y psicológica para aceptar el acto de la muerte).

El origen de este alivio médico hay que cifrarlo mucho tiempo atrás: en los Tratados Hipocráticos (*Corpus hippocraticum*: cuerpo de escritos médicos atribuidos a HIPÓCRATES, Padre de la Medicina moderna, y que datan del siglo V a.C.) ya se vislumbraba la posibilidad de exonerar al facultativo, bajo determinadas circunstancias, de su obligación de mantener con vida al paciente, así como se abre la puerta a lo que —en terminología moderna— se llamaría medicina paliativa.

El concepto **eutanasia** ha adquirido una difusión inusitada, y en la actualidad se utilizan mayoritariamente otras expresiones que tuvieron en otras épocas mayor apogeo (como «**auxilio al suicidio**» o «**ayuda a morir**», que —sin embargo— siguen empleándose en Alemania —«**Sterbehilfe**»— por las connotaciones semánticas que tuvo el término eutanasia durante el nacionalsocialismo). Junto al término eutanasia, se emplean también otros dos vocablos relacionados: **or-**

totanasia y **distanasia**, que fijan dos polos en el tratamiento médico de los pacientes.

La **ortotanasia** consiste en dejar morir al enfermo terminal sin emplear medios desproporcionados *in extremis*, en aras de procurar una **muerte digna**, acorde a la **dignidad** del sujeto.

La **distanasia** alude, por el contrario, al tratamiento terapéutico que prolonga la agonía del enfermo, provocando un «**encarnizamiento**» o «**ensañamiento**» que pospone artificialmente el hecho de la muerte de enfermos desahuciados.

2. Clases

La eutanasia puede ser de dos clases: **directa** e **indirecta**, y dentro de la primera se distingue, además, un modo **activo** y un modo **pasivo**:

1. La **eutanasia directa** consiste en la elección de un tratamiento terapéutico directamente encaminado a **acelerar** el momento de la muerte de enfermos terminales.

a) La **eutanasia directa activa** es la provocación dirigida de la muerte sobre la base de un **consentimiento real** o **presunto** de la persona afectada. Por lo general, tiene lugar mediante la aplicación de un tratamiento consistente en el **suministro** de determinadas substancias que provocan una **muerte inmediata** e **indolora** del moribundo.

> **Ejemplo**: Suministrar una dosis bastante de morfina, cianuro, relajantes musculares, insulina, médicos narcóticos o inyecciones, etc. al enfermo en caso de enfermedades terminales o incurables como el cáncer o el sida.

b) Por contra, la **eutanasia directa pasiva** es la producción querida de la muerte mediante el rechazo a un tratamiento dilatador de la vida o mediante la interrupción de ese tratamiento. Se trata, pues, de no iniciar (abstención terapéutica) o no proseguir (suspensión terapéutica) un tratamiento médico ante complicaciones sobrevenidas o ante la irreversibilidad de la situación, esto es: una vez que no hay solución médica que frene el curso de la enfermedad. Algunos autores, especialmente en Alemania, prefieren el uso del término «dejar morir» en detrimento del concepto «eutanasia directa pasiva».

> **Ejemplos**: La **omisión** de tratar una neumonía o bronconeumonía a un enfermo de cáncer de pulmón; dejar de alimentar por vía parenteral (intravenosa, subcutánea, intramuscular) a un enfermo; retirar el respirador artificial a un moribundo terminal, etc.

2. La **eutanasia indirecta** consiste en la elección de un **tratamiento terapéutico lenitivo**, que persigue directamente aliviar el dolor del paciente y, como efecto no directo pero sí secundario o colateral, produce la muerte del paciente.

Ejemplo: Administrar una cantidad de analgésicos (morfina, etc.) para mitigar el dolor excesivo, y que —a la postre, y de manera adicional— sume al enfermo en una situación de disminución de la conciencia y abrevia el proceso vital.

¿Acogen los Códigos penales la distinción entre **eutanasia directa (activa y pasiva)** e **indirecta**? ¿Cómo trata el CP español esta cuestión?

— La **ayuda activa a morir** es **delito** en la mayoría de los países (entre ellos, España: art. 143.4 y Alemania: § 216 StGB), y únicamente se permite en algunos ordenamientos (Holanda, Bélgica, Luxemburgo).

— En cambio, la **eutanasia directa pasiva** y la **eutanasia indirecta** (p. ej., la terapia paliativa encaminada a aliviar el dolor del paciente) son **permitidas** en casi todos los países (p. ej., en España), a pesar de que, en rigor, consisten en un acortamiento de la vida que podría considerarse una conducta subsumible en el tipo de homicidio.

La doctrina mayoritaria defiende que la **eutanasia directa activa** sea incriminada como delito (pues con ello se evitan «excesos» por parte de los médicos que inobserven su deber jurídico y sobrepasen el riesgo permitido) y defiende también la impunidad de la eutanasia directa pasiva y la eutanasia indirecta, a pesar de que procuran una reducción de una vida ajena y también la muerte del sujeto, invocando varios principios jurídicos (dignidad humana, libre desarrollo de la personalidad, derecho a no soportar tratos inhumanos, etc.) que determinarían la existencia de una situación de necesidad (GIMBERNAT) o de una situación de colisión de deberes justificante y de estado de necesidad, que impiden la depuración de responsabilidad penal.

En mi opinión, el planteamiento expuesto es **cuestionable**, sobre la base de un argumento de raíz: la diferencia entre la eutanasia **directa** (causar inminente y directamente la muerte) e **indirecta** (aceptarla como probable resultado) puede tener una fundamentación médica pero resulta insostenible desde el punto de vista dogmático, porque la ayuda indirecta a bien morir supone necesariamente la aceptación tácita (indirecta) de la muerte, lo que técnicamente equivale al dolo eventual de procurar la muerte directa. Y, en ese caso, habría que sancionar también como delito la eutanasia directa pasiva y la eutanasia indirecta. A pesar de ello, el CP español se hace eco, incorrecta e incoherentemente, de esta distinción de la situación eutanásica y viene, a la postre, a castigar únicamente la eutanasia directa activa, generando un agravio comparativo indudablemente insostenible desde el punto de vista dogmático.

3. DERECHOS Y GARANTÍAS DEL PACIENTE: EN ESPECIAL, DEL MORIBUNDO

Una norma nacional, la **Ley 41/2002, de 14 de noviembre**, que lleva por título el de ley «básica reguladora de la autonomía del paciente y de derechos y obligaciones en materia de información y documentación clínica», regula los **derechos básicos** del paciente de un centro o servicio sanitario público o privado, sobre la base de su autonomía personal. Entre esos derechos, en especial del moribundo, destacan:

— El derecho a la **información asistencial** y a la **información epidemiológica** (arts. 1-3).
— El derecho a la **intimidad** (art. 4).
— Los relativos al **consentimiento informado** (arts. 8 ss.).
— Los derechos relacionados con el historial clínico (arts. 14 ss.).

Esta normativa se basa, además, en unos **principios básicos**, como son:

— La **dignidad de la persona**.
— El respeto a la **autonomía** de su voluntad y a su **intimidad** (art. 1).
— El **consentimiento del paciente** (art. 2).
— Derecho a **decidir libremente** sobre el tratamiento luego de ser cabalmente informado (art. 3).

La ley ampara, incluso, el **derecho a negarse** a un determinado tratamiento (art. 4), aunque el consentimiento informado tiene, entro otros límites, «el interés de la salud del propio paciente, de terceros, de la colectividad y por las exigencias terapéuticas del caso» (art. 9.1), de manera que «los facultativos podrán llevar a cabo las intervenciones clínicas indispensables en favor de la salud del paciente, sin necesidad de contar con su consentimiento» cuando «existe riesgo para la salud pública a causa de razones sanitarias establecidas por la Ley» y «cuando existe riesgo inmediato grave para la integridad física o psíquica del enfermo y no es posible conseguir su autorización, consultando, cuando las circunstancias lo permitan, a sus familiares o a las personas vinculadas de hecho a él» (art. 9.2).

Mención aparte merece el llamado **testamento vital**, regulado en el artículo 11 de la citada **Ley 41/2002**, bajo la eufemística denominación de instrucciones previas. Conforme a este documento, «una persona mayor de edad, capaz y libre, manifiesta anticipadamente su voluntad, con objeto de que ésta se cumpla en el momento en que llegue a situaciones en cuyas circunstancias no sea capaz de expresarlos personalmente, sobre los cuidados y el tratamiento de su salud o, una vez llegado el fallecimiento, sobre el destino de su cuerpo o de los órganos del mismo. El otorgante del documento puede designar, además, un representante para que, llegado el caso, sirva como interlocutor suyo con el médico o el equipo sanitario para procurar el cumplimiento de las instrucciones previas» (art. 11.1).

La normativa mencionada blinda, en todo caso, la profesionalidad del médico al establecer que «no serán aplicadas las instrucciones previas contrarias al ordenamiento jurídico, a la *lex artis*, ni las que no se correspondan con el supuesto de hecho que el interesado haya previsto en el momento de manifestarlas» (art. 11.3).

Por último, recientemente se ha aprobado una ley autonómica en la Comunidad Autónoma de Andalucía, la Ley 2/2010, de 8 de abril, de Derechos y Garantías de la Dignidad de la Persona en el Proceso de la Muerte. En esta ley se consagran como derechos de las personas ante el proceso de la muerte, entre otros, los siguientes: derecho a la información (art. 6), derecho a la toma de decisiones y al consentimiento informado (art. 7), derecho al rechazo y a la retirada de una intervención (art. 8), derecho a realizar una declaración de voluntad anticipada (art. 10), así como determinados derechos de los pacientes menores de edad (art. 11), derecho de los pacientes a recibir paliativos integrales y a elegir el domicilio donde se lleven a cabo (art. 12), derecho de los pacientes al tratamiento del dolor (art. 13), derecho a la administración de sedación paliativa (art. 15) y el derecho al acompañamiento (art. 16).

4. Regulación española (y referencias de Derecho comparado)

El CP español regula, en su artículo 143.4, el delito de **eutanasia**, que configura de la siguiente manera:

«El que causare o cooperare activamente con actos necesarios y directos a la muerte de otro, por la petición expresa, seria e inequívoca de éste, en el caso de que la víctima sufriera una enfermedad grave que conduciría necesariamente a su muerte, o que produjera graves padecimientos permanentes y difíciles de soportar, será castigado con la pena inferior en uno o dos grados a las señaladas en los números 2 y 3 de este artículo».

En este precepto se incrimina como delito la **eutanasia directa activa**, consistente en causar la muerte o cooperar activamente con actos necesarios y directos a la muerte de un paciente, una vez que éste lo hubiera solicitado expresamente, y siempre que sufra: *a*) enfermedad grave conducente a la muerte; o *b*) padecimientos permanentes y difíciles de soportar. El tipo se configura como un delito subsidiario de la cooperación necesaria al suicidio (art. 143.2) y del homicidio a petición (art. 143.3). En resumen, el tipo se configura como un delito atenuado por la nota especial pietística y moralizante de la grave enfermedad o padecimientos graves del sujeto pasivo.

La aplicación ha de ser, según la ley, **directa y externa**. Si la dosis no fuera administrada externamente (p. ej., una inyección letal), sino que exigiera la participación del propio sujeto pasivo no estaríamos ante un caso de eutanasia directa activa (art. 143.4), sino de cooperación al suicidio (art. 143.2) homicidio a petición art. (143.3)

Ejemplo: Se suministra una pastilla letal que ha de ingerir por propia mano el enfermo.

La regulación española de la situación eutanásica **no puede calificarse** ni siquiera como **mínimamente satisfactoria**. El conflicto principal estriba, precisamente, en la eutanasia directa **activa**, y además respecto de aquella persona que inequívocamente expresa su deseo de morir, pero que —por imposibilidad física o material— no puede llevar a cabo su propio suicidio. El CP español equipara la cooperación necesaria al suicidio eutanásico (p. ej., aproximar un recipiente con veneno a la mesita de noche del paciente) a la propia producción activa de la muerte (disparar un tiro en la sien), lo cual es dogmáticamente criticable, pero no porque —conforme a un loable, ¡pero no suficiente!, principio de proporcionalidad— prevea una pena diferente para cada uno de ellos (en función de que se trate del art. 143.2 o del 143.3), sino porque no resuelve el problema de raíz, a saber: porque no respeta, no obstante lo que diga la Ley 41/2002, la autonomía del paciente. Si el paciente (enfermo terminal o no, que en eso no debe entrar el Derecho) decide libremente morir por propia mano (suicidio propio) o por mano ajena (suicidio en autoría mediata o en división del trabajo, según la terminología de JAKOBS), entonces debe protegerse íntegramente esa libre decisión y si se incrimina la eutanasia activa no sólo no se respeta esa voluntad, sino que se criminaliza a quien la favorece. La única solución es, pues, desde el punto de vista de un Derecho penal de la libertad, desincriminar también la eutanasia directa activa, esto es: derogar el artículo 143.4, al estilo de otros países (Holanda, Bélgica, Luxemburgo).

Frente a las cuatro figuras incriminadas en el Derecho español, en Alemania únicamente se regula un delito en esta materia: precisamente la eutanasia activa, configurada bajo la forma de homicidio a petición («§ 216 StGB: *Tötung auf Verlangen*»), conforme al cual: «(1) Si, mediando una petición expresa y seria por parte de quien va a morir, se determina a otro a que lo mate, se impondrá a éste pena privativa de la libertad de seis meses a cinco años. (2) La tentativa es punible». (Prescripciones prácticamente coincidentes a esta alemana se contienen en los códigos austriaco —§ 77— y suizo: art. 114.)

La única regulación del homicidio a petición en el StGB alemán significa implícitamente que sólo es delito la eutanasia directa activa, siendo permitidos la **interrupción** de tratamientos médicos y la omisión de realizar medidas mantenedoras de la vida. Sin embargo, una amplia mayoría de juristas alemanes reclamó en 2006, en el marco de la 66.ª Jornada de Juristas alemanes (*66. Deutsche Juristentag*) y sobre la base de una anterior «Propuesta alternativa de ley sobre Ayuda a morir» («*Alternativentwurf eines Gesetzes über Sterbehilfe*» de 1986), que se reconociera legalmente el derecho de ayuda a morir así como la obligatoriedad de la decisión del paciente, de manera que se hiciera constar expresamente en el texto del StGB que no es punible la acción médica de interrumpir tratamiento ni mantener artificialmente la vida del paciente si así lo decide éste, aun cuando la enfermedad aun no fuera absolutamente irreversible.

Aunque no se ha llegado a introducir dicha mención en el texto del código alemán, una reciente Sentencia del Tribunal Supremo de ese país (BGH 2 StR 454/09, de 25 de junio de 2010) ha potenciado ampliamente el **derecho de determinación** del paciente, al declarar que el consentimiento o la solicitud del paciente justifica tanto la omisión de aplicación de medidas para el mantenimiento de la vida como la terminación activa o el impedimento de un tratamiento no deseado (o ya no deseado más) por el paciente. Este consentimiento liberador de la responsabilidad puede expresarse, por la persona con capacidad para ello, tanto por escrito en una declaración formal de voluntad como de forma oral. En resumen, el Alto Tribunal alemán ha venido a reconocer expresamente: 1) que la interrupción de tratamientos médicos sobre la base de la voluntad del paciente no es punible, aunque materialmente tenga el efecto directo de acabar con la vida del paciente; y 2) que el mantenimiento o la reanudación de esos tratamientos contra la voluntad del enfermo (p. ej., alimentación artificial) suponen un ataque antijurídico al derecho de determinación del paciente.

5. Límites de la regulación legal

El tenor literal del **tipo de eutanasia** del artículo 143.4 entraña algunas incorrecciones regulativas notorias al exigir que la víctima sufra «una **enfermedad grave**» que tenga como efecto alternativo o cumulativo: 1) que **conduzca necesariamente** a la **muerte** y/o 2) que produzca «**graves padecimientos** permanentes y difíciles de soportar». El presupuesto habilitante de este tipo privilegiado de eutanasia consiste, pues, en que concurra una enfermedad grave en el paciente que solicita morir. «Enfermedad» es un estado de ausencia de salud (el DRAE la define como «alteración más o menos grave de la salud»), que —en este caso— ha de ser grave, conducir necesariamente a la muerte (¡todo decurso de la vida conduce necesariamente a la muerte!) o producir grandes dolores o padecimientos permanentes y difíciles de soportar.

Pues bien, al exigir la presencia, como ***condicio sine qua non***, de la **enfermedad grave** del paciente se está excluyendo del ámbito del tipo eutanásico situaciones, como la tetraplejia (parálisis de las extremidades inferiores y superiores), que no son propiamente una enfermedad y que además no tienen por qué conducir inminentemente a la muerte (pueden mantener con vida al paciente durante largos años, como de hecho ocurre: p. ej., en el caso de Ramón Sampedro) y que además pueden no generar graves padecimientos ni grandes dolores, precisamente por tener el paciente insensibilizada esa parte del organismo. Por ello, un tetrapléjico puede ser perfectamente saludable (y vivir largo tiempo) y mentalmente lúcido, sin más limitaciones que la evidente cercenación física, que ni es enfermedad —porque no es falta de salud— ni es padecimiento —porque no es dolor— ni conduce inminentemente a la muerte, porque puede proseguir su curso vital normal y demorarse el acaecimiento del deceso largo tiempo.

En definitiva, la mención de los elementos típicos «enfermedad» y «graves padecimientos» en la regulación actual pivotan sobre la idea de un inaceptable carácter moralista de compasión, y no sobre el principio básico de la **libre autodeterminación** del paciente, de manera que se excluyen del trato privilegiado de la eutanasia (e incluyen en el tipo **más agravado** del **homicidio a petición**) los casos en los que el cansado de vivir quiere morir simplemente porque quiere poner fin a su vida pero no puede por imposibilidad física.

Si no se quiere dar el paso a la **desincriminación integral** del tipo de eutanasia activa (que sería deseable *de lege ferenda*), la única solución plausible desde el punto de vista del respeto a la voluntad del paciente sería, pues, no configurar el delito como un tipo pietístico basado en la idea de compasión sino como un tipo basado en la voluntad del paciente: de la misma forma que el suicidio, en tanto acto personalísimo, no es un acto prohibido por la ley, debería considerarse en este supuesto que el acto eutanásico es un suicidio mediato en división del trabajo, decidido por quien únicamente puede hacerlo (el propio paciente) y excepcionalmente llevado a cabo por mano ajena, ante la imposibilidad física del paciente para hacerlo de propia mano.

Algunos autores (como Ferri) exigieron la presencia, junto al elemento objetivo (causación de la muerte del suicida), de un elemento subjetivo del injusto de índole final: el fin de eludir un mal o padecimiento inmediato, o el propósito de sustraerse a la amargura de la vida, etc. Sin embargo, como señala TORÍO, el móvil de la acción suicida es inesencial: el móvil no aparece mencionado, ni puede exigirse ni expresa ni implícitamente del tenor del artículo 143.4. Por ello, sería indiferente que el paciente adolezca de enfermedad grave que conduzca inminentemente a la muerte o sufra graves e insoportables dolores: lo único exigible sería la imposibilidad fáctica para ejercer la práctica del suicidio de propia mano.

Conforme a esta perspectiva, únicamente sería delito:

1) La **arrogación normativa del derecho** a decidir sobre su propia vida, que implica la anulación, la limitación o el condicionamiento de dicha decisión y su sustitución por una voluntad, ajena, diferente, contraria o no propia de la voluntad del sujeto en cuestión (inducción al suicidio, y —por supuesto— los tipos de homicidio y asesinato).

2) El **homicidio a petición** del sujeto sano que, pudiendo hacerlo de propia mano, no lo hace y solicita a otro que lo mate (en este caso, el fundamento de la punición estribaría en la **arrogación normativa de un derecho** que no le compete ejercer al tercero, sino únicamente al titular del mismo que, salvo las situaciones de eutanasia, no lo puede delegar).

Cuestionario de repaso:

1. ¿Qué figuras delictivas se regulan en el artículo 143?
2. ¿Qué relación existe entre ellas?
3. ¿Cuál es el bien jurídico protegido en esos delitos?
4. ¿Qué papel desempeña el concepto normativo de suicidio en tales figuras?
5. ¿Qué debe entenderse por suicidio en sentido normativo?
6. ¿Cómo regula el legislador español la inducción al suicidio?
7. ¿Es delito cooperar con un suicida a su propio suicidio? ¿Cuándo, en qué términos?
8. ¿Se puede matar a la persona que quiere ser matada?
9. ¿Es delito en España la eutanasia?
10. ¿Reconoce nuestra legislación un derecho a buen morir y otros derechos en trance de muerte?

LECCIÓN 4.ª

ABORTO

EDGAR IVÁN COLINA RAMÍREZ

I. INTRODUCCIÓN

Los delitos contra la vida humana dependiente se encuentran recogidos en el Título II («Del aborto») del Libro II («Delitos y sus penas») del Código penal, específicamente en los artículos 144 a 146. Si bien resulta indiscutible y fuera de toda duda la inclusión de este tipo penal en la mayoría de las legislaciones penales del mundo, ello no se puede tomar sin mayor reparo, pues al margen de las discusiones de tipo ideológico o moral, que en muchas de las ocasiones vienen acompañadas tras su inclusión, debemos tener en cuenta que la norma (jurídico-penal), en palabras de POLAINO NAVARRETE, es neutra y, por tanto, se encuentra desprovista de ideologización de cualquier clase, pues el tipo penal se ve circunscrito a los hechos que, tras una valoración tanto a favor como en contra, se entienden significativos para el Derecho. Mas aún, la legitimidad del Derecho positivo se entiende que viene previamente dada en los propios valores constitucionales como acontece en el tipo penal del aborto (que como veremos más adelante protege la vida «prenatal»).

Si se atiende a que la Constitución proclama (art. 15) el derecho a la vida, se puede considerar en un primer momento que dicho postulado cubre también los supuestos del *futurus nacituru*s; sin embargo, tal afirmación debe ser tomada con ciertas restricciones, pues como señala ROMEO CASABONA dicha tutela no es uniforme, sino más bien, se establece con diversa intensidad en las diferentes fases o momentos de la gestación.

La Gran Sala del Tribunal Europeo de Derechos Humanos, en la sentencia de 8 de julio de 2004, manifestó que: En cuanto al «derecho a la vida», ... no podría ser interpretado como relativo al feto y se referiría únicamente a la vida de personas ya nacidas vivas, ya que ni sería coherente ni estaría justificado disociar este derecho del sujeto al que se refiere, en este caso a la persona. A diferencia del artículo 4.3 del Convenio Americano de Derechos Humanos de 1969, según el cual «Toda persona tienen derecho al respeto de su vida. Este derecho debe ser garantizado por la Ley y, en general, a partir de la concepción», los Estados signatarios del Convenio no habrían contemplado tal extensión del artículo 2 del Convenio porque, ya en 1950, la casi totalidad de las Partes Contratantes autorizaban el aborto en algunas circunstancias. Reconocer que el feto tiene derecho a la vida en el sentido del artículo 2, coloca en pie de igualdad la vida de la madre y la del feto. Además, favorecer la protección de la vida del segundo o sopesarla con el único riesgo a la vez grave, inmediato e invencible para la vida de la madre, constituiría una regresión histórica y social así como un cuestionamiento de las legislaciones en vigor en numerosos Estados Partes del Convenio.

II. CONCEPTO DE ABORTO

No existe un criterio unánime al definir el aborto, pues el CP no proporciona definición alguna al respecto, y si bien podemos encontrar diversas acepciones extraídas del ámbito médico, éste no resulta óptimo desde el punto de vista jurídico-penal; tampoco sirve de referencia la definición en su tiempo propuesta por la Ley de 24 de enero de 1941 de Protección de la natalidad (art. 1), pues como es sabido dicha legislación obedeció a otros intereses y no así a motivos político-criminales acordes a nuestro tiempo. Por lo que establecer un concepto unánime resulta casi imposible, sin embargo, CARBONELL MATEU y GONZÁLEZ CUSSAC, han elaborado una de las definiciones más completas, al considerar que el aborto es:

> Toda interrupción voluntaria del embarazo que ocasiona la muerte del fruto de la concepción con potencialidad para alcanzar el nacimiento; esto es, la destrucción de una vida prenatal, bien dentro del claustro materno, bien provocando su expulsión anticipada cuando es autónomamente inviable.

III. BIEN JURÍDICO PROTEGIDO

Entendemos que el bien jurídico tutelado en el delito de aborto es la **vida prenatal**, lo anterior no se puede confundir con el llano concepto de **vida**, pues al menos en el ámbito jurídico (no moral) el *nasciturus* no es titular del derecho fundamental a la vida establecido en el artículo 15 de la Constitución, pues como ha manifestado el TC la titularidad de tal derecho se adquiere sólo con el nacimiento. En efecto la STC 212/1996, de 19 de diciembre (FJ 3), señala que:

> «El artículo 15 CE, en efecto reconoce como derecho fundamental el derecho de todos a la vida, derecho fundamental del que, como tal y con arreglo a la STC 53/1985, **son titulares los nacidos, sin que quepa extender esta titularidad a los *nascituri***», de suerte que «los argumentos aducidos por los recurrentes no pueden estimarse para fundamentar la tesis de que al *nasciturus* le corresponda también la titularidad del derecho a la vida» (FJ 7).

Esta afirmación, proclamada ya en la STC 53/1985, nos lleva a una primera conclusión de particular alcance a los presentes efectos. En esta Ley, por su propio objeto y desarrollo no se encuentra implicado el derecho fundamental de todos, es decir, de los nacidos, a la vida, a diferencia de lo que puede ser el caso de otra Ley, frecuentemente utilizada como término de comparación, la ya citada Ley 30/1979, sobre extracción y trasplante de órganos.

Lo anterior no se ha de interpretar como un permiso ilimitado para realizar conductas abortivas de manera impune, sino más bien se debe de entender como un concepto de vida humana sometido por efectos del tiempo a cambios cualitativos de naturaleza somática y psíquica que tienen un reflejo en el estatus jurídico y privado del sujeto vital, tan es así que desde el inicio del embarazo esa realidad biológica es merecedora de protección, que puede ceder —según LLABRÉS FUSTER— en caso de entrar en conflicto en determinados supuestos con otros intereses dignos de protección preponderantes.

IV. SUJETOS

Sujeto activo puede serlo, genéricamente y en principio, cualquier persona, no obstante en la modalidad de aborto por imprudencia (profesional) establecido en el artículo 146 CP, se entiende que es sujeto activo el **personal sanitario**.

En cuanto al **sujeto pasivo**, es el propio titular del bien jurídico objeto de protección, es decir el *nasciturus.*

V. OBJETO MATERIAL

La protección jurídica de la vida humana, se extiende en principio a todo proceso de su existencia, es decir desde su gestación, no obstante cabe matizar a tenor de lo establecido por el TC, en la sentencia 53/1985, de 11 de abril (FJ 5), pues si bien se entiende que la vida humana comienza con la gestación, ello no significa que se pueda considerar al concebido (gestante) como titular de tal derecho; no obstante que el propio artículo 15 CE permite afirmar que el *nasciturus* no es titular del derecho fundamental a la vida, sí protege esta modalidad «prenatal».

Uno de los problemas, a los que nos enfrentamos en esta figura delictiva, es la interpretación del concepto de persona para así poder determinar la protección jurídico-penal de la vida humana, ya que únicamente la cualidad de **persona** permite al Derecho poner en actuación sus mecanismos protectores, pues sólo la persona puede ser titular de derechos; por otro lado también resulta controvertido fijar cuándo comienza la vida humana, para así determinar el ámbito de tutela del Derecho penal. Al respecto cabe decir que dicho concepto de persona resulta controvertido incluso en el propio ámbito del Derecho, así por un lado el Derecho civil en el artículo 29, establece que: «El nacimiento determina la personalidad; pero el concebido se tiene por nacido para todos los efectos que le sean favorables, siempre que nazca con las condiciones que expresa el artículo siguiente», a su vez el artículo 30 CC, señala que: «la personalidad se adquiere en el momento del nacimiento con vida, una vez producido el entero desprendimiento del seno materno». Sin embargo, el Código penal protege con distinta intensidad; lo que supone una valoración diversa en atención del ya nacido o del embrión o feto, protección que se dispensa a todos con independencia del entero desprendimiento del seno materno.

Ahora bien, como quedó anotado en el concepto de aborto que aquí se adopta, se entiende que el concebido y no nacido es digno de protección, con independencia de que llegue o no a alcanzar la cualidad de persona; sin embargo, la anterior afirmación no se encuentra exenta de problemas, pues no queda verdaderamente claro cuál es el parámetro a tomar para determinar el comienzo de la vida humana. ROMEO CASABONA, acertadamente, entiende que se debe estar a lo que determinen los estudios de las Ciencias biomédicas (que lo sitúan en la concepción). Tesis distinta es la que sostiene FELIP I SABORIT, pues para él el objeto de tutela penal existe a partir de la anidación (la implantación en el útero del óvulo fecundado, la cual se produce, aproximadamente, dos semanas después de la concepción). A nuestro juicio la teoría de la concepción resulta más correcta, pues a pesar del alto índice de óvulos fecundados que no logran la implantación y la poca individualización orgánica alcanzada hasta ese momento por el denominado preembrión, y que según los defensores de la teoría de la anidación es casi imposible determinar, en un proceso penal, si una acción ha tenido como efecto la destrucción de un óvulo realmente fecundado antes de la anidación, ello no obsta para señalar que el comienzo de la vida humana se establece precisamente en la concepción o fecundación; pues cosa distinta es la carga probatoria que se tenga que presentar ante un tribunal o las probabilidades de éxito de la fecundación y el inicio de la vida humana, pues bien entendemos que una cosa es lo que se pueda interpretar en cuanto al momento de protección y otro muy distinto cuando ésta comienza.

VI. ELEMENTOS COMUNES

El **resultado** en el delito de **aborto** constituye un **elemento común** a todas las figuras delictivas. Asimismo, conviene decir que la conducta no se encuentra limitada a ninguna forma o medio de ejecución. Ahora bien, en atención al tipo subjetivo se debe considerar la modalidad dolosa o imprudente en los casos previsto en el artículo 146 CP. De igual forma, puede apreciarse tanto la tentativa como la comisión por omisión, así como el concurso de delitos.

VII. TIPOLOGÍAS

Las figuras delictivas de aborto, desde la entrada en vigor de la Ley Orgánica 2/2010, de 3 de marzo, de salud sexual y reproductiva y de la interrupción voluntaria del embarazo, han experimentado una reducción y simplificación, en este sentido la regulación el CP las clasifica de la siguiente manera:

1. Aborto no consentido (art. 144 CP)

> «El que produzca el aborto de una mujer, sin su consentimiento, será castigado con la pena de prisión de cuatro a ocho años e inhabilitación especial para ejercer cualquier profesión sanitaria, o para prestar servicios de toda índole en clínicas, establecimientos o consultorios ginecológicos, públicos o privados, por tiempo de tres a diez años.
> Las mismas penas se impondrán al que practique el aborto habiendo obtenido la anuencia de la mujer mediante violencia, amenaza o engaño».

La modalidad tipificada en este artículo se puede considerar la más grave dentro de esta figura delictiva; ello tiene su justificación en razón de que no sólo se atenta contra el feto o embrión, sino que también contra el derecho al libre desarrollo de la personalidad, a la vida, a la integridad física y moral, a la intimidad de la mujer embarazada.

En cuanto al **tipo objetivo**, podemos decir que el **sujeto activo** es un tercero (autor), donde además pueden concurrir diversas formas de participación. La acción común (como quedó anotado con anterioridad) es la causación del aborto, no obstante se debe observar que para esta modalidad es necesario la **falta de consentimiento.**

Por lo que respecta al **tipo subjetivo**, es necesaria la existencia del **dolo**, debiendo abarcar también la ausencia de consentimiento de la mujer.

Ahora bien, cabe destacar que el párrafo segundo del citado artículo, establece la misma pena cuando el consentimiento esté viciado (violencia, amenaza o engaño), situación que a juicio del legislador dicha situación se equipara a obrar sin consentimiento de la embarazada, regulación que a nuestro juicio resulta innecesaria, pues en aquellos supuestos en los que el consentimiento se encuentra viciado, podemos decir que **no existe** y ello no afecta en nada al párrafo primero del artículo 144 CP, máxime que se impondrán las mismas penas que en el supuesto anterior.

Por otro lado, si atendemos a los supuestos del engaño, se puede decir que estamos ante la figura del aborto consentido (art. 145 CP), pues en los casos de que se obtenga el consentimiento porque a la mujer embarazada se le hizo creer que el aborto está permitido por la ley, excluye el error de tipo en la modalidad de aborto no consentido y en su lugar existiría un error de prohibición respecto al artículo 145 CP.

2. Aborto consentido (art. 145 CP)

> «1. El que produzca el aborto de una mujer, con su consentimiento, fuera de los casos permitidos por la ley será castigado con la pena de prisión de uno a tres años e inhabilitación especial para ejercer cualquier profesión sanitaria, o para prestar servicios de toda índole en clínicas, establecimientos o consultorios ginecológicos, públicos o privados, por tiempo de uno

a seis años. El juez podrá imponer la pena en su mitad superior cuando los actos descritos en este apartado se realicen fuera de un centro o establecimiento público o privado acreditado.

2. La mujer que produjere su aborto o consintiere que otra persona se lo cause, fuera de los casos permitidos por la ley, será castigada con la pena de multa de seis a veinticuatro meses.

3. En todo caso, el juez o tribunal impondrá las penas respectivamente previstas en este artículo en su mitad superior cuando la conducta se llevare a cabo a partir de la vigésimo segunda semana de gestación».

En las conductas descritas en el párrafo primero, nos encontramos ante un supuesto de cooperación necesaria o coautoría por parte de la mujer embarazada, en que se exige la participación de un tercero, quien será el sujeto activo; no obstante, como afirma ROMEO CASABONA, no sólo basta el mero consentimiento, sino que para la existencia de dicho supuesto es necesario que el aborto se haya consumado, pues como textualmente establece el tipo se debe producir el aborto. Cabe decir que en este supuesto la conducta se puede realizar tanto por acción como por omisión; por otro lado, respecto al tipo subjetivo, se presenta en la modalidad dolosa.

Ahora bien, el párrafo segundo castiga de manera expresa la intervención de la mujer embarazada en el aborto, no obstante, con una pena más atenuada que en los otros supuestos; por otro lado, en lo que se refiere al consentimiento de la mujer embarazada respecto a que un tercero le cause el aborto, se puede presentar la cooperación necesaria o, incluso, la coautoría de la embarazada.

La **causa de atipicidad** establecida en este apartado, se basa en los motivos tasados en la Ley Orgánica 2/2010, de 3 de marzo, de salud sexual y reproductiva y de la interrupción voluntaria del embarazo, concretamente en los artículos 13, 14 y 15.

Artículo 13. *Requisitos comunes.* Son requisitos necesarios de la interrupción voluntaria del embarazo:

Primero. Que se practique por un médico especialista o bajo su dirección.

Segundo. Que se lleve a cabo en centro sanitario público o privado acreditado.

Tercero. Que se realice con el consentimiento expreso y por escrito de la mujer embarazada o, en su caso, del representante legal, de conformidad con lo establecido en la Ley 41/2002, Básica Reguladora de la Autonomía del Paciente y de Derechos y Obligaciones en materia de información y documentación clínica. Podrá prescindirse del consentimiento expreso en el supuesto previsto en el artículo 9.2.*b*) de la referida Ley.

Artículo 14. *Interrupción del embarazo a petición de la mujer.* Podrá interrumpirse el embarazo dentro de las primeras catorce semanas de gestación a petición de la embarazada, siempre que concurran los requisitos siguientes:

a) Que se haya informado a la mujer embarazada sobre los derechos, prestaciones y ayudas públicas de apoyo a la maternidad, en los términos que se establecen en los apartados 2 y 4 del artículo 17 de esta Ley.

b) Que haya transcurrido un plazo de al menos tres días, desde la información mencionada en el párrafo anterior y la realización de la intervención.

Artículo 15. *Interrupción por causas médicas.* Excepcionalmente, podrá interrumpirse el embarazo por causas médicas cuando concurra alguna de las circunstancias siguientes:

a) Que no se superen las veintidós semanas de gestación y siempre que exista grave riesgo para la vida o la salud de la embarazada y así conste en un dictamen emitido con anterioridad a la intervención por un médico o médica especialista distinto del que la practique o dirija. En caso de urgencia por riesgo vital para la gestante podrá prescindirse del dictamen.

b) Que no se superen las veintidós semanas de gestación y siempre que exista riesgo de graves anomalías en el feto y así conste en un dictamen emitido con anterioridad a la intervención por dos médicos especialistas distintos del que la practique o dirija.

c) Cuando se detecten anomalías fetales incompatibles con la vida y así conste en un dictamen emitido con anterioridad por un médico o médica especialista, distinto del que practique la intervención, o cuando se detecte en el feto una enfermedad extremadamente grave e incurable en el momento del diagnóstico y así lo confirme un comité clínico.

Cabe precisar que dichas causas de atipicidad se encuentran establecidas en los artículos señalados anteriormente, si bien ello no significa que si éstos no se colman, no se pueda acudir a las causas genéricas del estado de necesidad.

3. Aborto practicado con la ausencia de algún requisito exigido por la ley (art. 145 bis)

«1. Será castigado con la pena de multa de seis a doce meses e inhabilitación especial para prestar servicios de toda índole en clínicas, establecimientos o consultorios ginecológicos, públicos o privados, por tiempo de seis meses a dos años, el que dentro de los casos contemplados en la ley, practique un aborto.

a) Sin haber comprobado que la mujer haya recibido la información previa relativa a los derechos, prestaciones y ayudas públicas de apoyo a la maternidad.

b) Sin haber transcurrido el período de espera contemplado en la legislación.

c) Sin contar con los dictámenes previos preceptivos.

d) Fuera de un centro o establecimiento público o privado acreditado. En este caso, el Juez podrá imponer la pena en su mitad superior.

2. En todo caso, el Juez o Tribunal impondrá las penas previstas en este artículo en su mitad superior cuando el aborto se haya practicado a partir de la vigésimo segunda semana de gestación.

3. La embarazada no será penada a tenor de este precepto».

El elemento común de los supuestos enumerados en el artículo 145 bis CP es la **ausencia** de los requisitos legalmente establecidos, consideramos que la falta de estos requisitos es más que una mera formalidad o procedimiento por parte de los profesionales médicos o su falta de constatación, pues no se puede obviar que la gravedad de la sanción (pena de multa e inhabilitación) supera con creces una ausencia meramente material de los requisitos establecidos por la ley, que en algún momento se puedan subsanar.

4. Aborto imprudente (art. 146 CP)

El artículo 146 CP establece:

«El que por imprudencia grave ocasionare un aborto será castigado con la pena de prisión de tres a cinco meses o multa de seis a diez meses.

Cuando el aborto fuere cometido por imprudencia profesional se impondrá asimismo la pena de inhabilitación especial para el ejercicio de la profesión, oficio o cargo por un período de uno a tres años.

La embarazada no será penada a tenor de este precepto».

En el denominado aborto imprudente, resulta punible únicamente el cometido por un tercero con imprudencia grave, por lo que resulta impune para la mujer embarazada, asimismo no es punible la simple imprudencia pues el mismo texto legal establece que se requiere que la imprudencia sea grave.

El párrafo segundo establece la imprudencia profesional, por lo que se requiere la calidad de profesional (se entiende de la salud) en el ejercicio de sus funciones.

Cuestionario de repaso:

1. ¿Qué bienes jurídicos se ven lesionados por el aborto?
2. ¿Cuáles son las tipologías de aborto?
3. ¿Qué norma contiene los supuestos de aborto impune?
4. ¿Cómo se sistematizan, en dicha norma, los supuestos de aborto impune?

LECCIÓN 5.ª

LESIONES, VIOLENCIA DE GÉNERO Y TRÁFICO DE ÓRGANOS

MYRIAM HERRERA MORENO

I. CONSIDERACIONES GENERALES

El presente Título III, del Libro II del Código penal aborda un conjunto de delitos (arts. 147-156 bis CP) que tutelan, en cuanto común **bien jurídico**, la integridad y salubridad física o psíquica de las personas. Se trata de un bien jurídico personalísimo, soporte de la calidad de vida del ser humano, su bienestar y el libre desarrollo de la personalidad.

No cabe entender, sin embargo, que tenga a la salud humana como bien jurídico exclusivo: el presente ámbito normativo abarca, como veremos, dimensiones bien heterogéneas caracterizadas por la pluriofensividad de los tipos en ellas reconocidos. Concretamente, habremos de apreciar la delimitación de tres parcelas siendo la más amplia la relativa a las **lesiones** (arts. 147-152 y 154 CP), que se asocian al menoscabo de la salud e integridad individual: a esta dimensión se añaden las del **maltrato de género y doméstico** (donde, junto a la salud, la dignidad, igualdad y paz convivencial se hacen relevantes) (arts. 148.4 y 5 y 153 CP), y, por último, el campo delimitado por el **delito de tráfico de órganos**, creado por LO 5/2010, de 22 de junio, que atenta, conjuntamente a la integridad corporal, la dignidad humana y la salud pública.

El título se ha visto reformulado en su sistemática y contenidos en virtud de la reforma operada por LO 1/2015, de 30 de marzo viéndose, en particular, afectado por la desaparición penal de las faltas y la ampliación aplicativa reservada a la libertad vigilada.

II. LESIONES

1. TIPO BÁSICO DE LESIONES DOLOSAS (ART. 147.1 CP)

> **Artículo 147.** «1. El que, por cualquier medio o procedimiento, causare a otro una lesión que menoscabe su integridad corporal o su salud física o mental, será castigado como reo del

delito de lesiones con la pena de prisión de tres meses a tres años, o multa de seis a doce meses, siempre que la lesión requiera objetivamente para su sanidad, además de una primera asistencia facultativa, tratamiento médico o quirúrgico. La simple vigilancia o seguimiento facultativo del curso de la lesión no se considerará tratamiento médico».

El antiguo criterio de diferenciación entre falta y lesión delictiva sigue siendo relevante, ahora para delimitar el umbral entre delitos de lesión básica y delitos leves de lesión y maltrato de obra, regulados en los números 2 y 3 del mismo artículo 141 CP. Dicho criterio atiende a la entidad y número de los procedimientos sanitarios requeridos para estar ante una lesión delictiva; tales requisitos son:

a) **Asistencia facultativa**. Para estar ante una lesión delictiva de la relevencia del artículo 147.1 CP, la curación requerirá, en primer lugar, acto médico, esto es, asistencia por profesional sanitario. Se comprende como personal facultativo al médico titulado, y también al facultativo sanitario no superior, ayudantes técnicos sanitarios y auxiliares enfermería. El acto asistencial deberá, pues, ser necesario, practicado por facultativo y podrá tener carácter único o múltiple. Tales asistencias, van dirigidas diagnosticar y realizar un pronóstico previsor de complicaciones posibles y a la atención de sintomatología asociada (analgésicos, ansiolíticos, inmovilización mediante vendajes compresivos, collarines cervicales blandos o semirrígidos, etc.), así como los actos dirigidos a la prevención de sus secuelas (vacunas, suturas, etc.).

b) **Tratamiento médico o quirúrgico**. Junto a ello, la inicial intervención asistencial deberá venir seguida de una necesaria intervención curativa, que tendrá carácter de tratamiento sanitario realizado preceptivamente por personal facultativo médico titulado en una especialidad médica o quirúrgica, y que será distinto de una mera vigilancia o supervisión del curso de la lesión; en todo caso, ambos aspectos, asistenciales y curativos, pueden substanciarse simultáneamente en una misma ocasión sanitaria.

El tratamiento será **médico** (practicado bien por un facultativo de especialidad no típicamente especificada), o bien **quirúrgico** (a cargo de un cirujano), siendo relevante, que la actuación tenga una orientación curativa o bien preventiva, cuando el empeoramiento de la lesión sea objetivamente probable. Entre los tratamientos se incluye la cirugía menor, como es el caso de la retirada de los puntos de sutura cuando éstos se hayan aplicado para cerrar una herida, el consumo de medicamentos no meramente analgésicos, el internamiento clínico o las curas de sueño.

Parece ya asentado en la Jurisprudencia que la aplicación de las llamadas *tiras de aproximación* o *puntos de papel* contituyen acto médico de modo inequívoco, pero la mayor levedad de las heridas que se suelen curar por tal procedimento debe ser tenida en cuenta en la fijación de una pena más leve (SSTS de 15 de junio de 2016, Ponente: Sánchez Melgar y 14 de julio de 2016, Ponente: Soriano Soriano).

Como mínimo, un médico realizará la prescripción del tratamiento, si bien, puede dejar su realización en manos de auxiliar sanitario o, en su caso, del propio lesionado. El tratamiento psicológico no se considera tratamiento médico facultativo, salvo que sea médicamente prescrito.

Fuera del espectro típico queda asimismo la llamada *medicina defensiva*, donde el tratamiento no es objetivamente necesario (no se pretende verdaderamente curar sino obtener una baza para adelantarse a posibles denuncias) o los *tratamientos de complacencia* o *placebos*, que objetivamente no incorporan factores curativos, siendo prescritos simplemente por contentar o sugestionar a pacientes hiper-sensibles o con algún prurito hipocondriaco. Asimismo, quedan fuera del concepto típico los tratamientos basados en medicina no convencional.

> Por lo demás, habrá de tratase de intervenciones cualitativamente significativas, y objetivamente necesarias, lo que excluye la exigencia de su prescripción efectiva por un facultativo o su seguimiento o no por la propia víctima, ya que, en otro caso, quedaría bajo el azar, o la voluntad de médico o víctima, la concreta entidad penal de la infracción (STS de 11 de marzo de 2010, Ponente: PRIEGO DE OLIVER TOLIVAR).

La **conducta típica** de este delito se define como causación de lesión por cualquier procedimiento. El **objeto de la acción** lesiva será necesariamente el cuerpo o la mente del sujeto pasivo. Al tratarse de un delito de lesión y resultado, es preciso que exista una relación de causalidad entre la acción y el menoscabo típico.

Por lo demás, el **resultado típico** se puede alcanzar mediante acción positiva, o bien en comisión por omisión, cuando el omitente tenga una posición de garantía *ex* artículo 11 CP.

> Así, la LO 2/1986 ordena a los miembros de los Cuerpos y Fuerzas de Seguridad velar por la vida e integridad de las personas detenidas y sometidas bajo custodia. En coherencia con esta obligación, la STS de 30 de noviembre de 2009 (Ponente: MARTÍNEZ ARRIETA) condena a unos policías como coautores de lesiones brutalmente causadas a un detenido, así por acciones positivas como omisivas, *en la medida en que no impidieron la causación de un resultado respecto a cuya indemnidad estaban comprometidos.*

Dicho resultado será, alternativamente:

1. **Menoscabo de la integridad corporal o salud física**. Ello implica daño somático, es decir, pérdida o alteración así de sustancia corporal como deterioro orgánico funcional.

Una especial problematicidad en el ámbito de la **imputación objetiva** del resultado de lesiones ha sido detectada y abordada por la doctrina (GIMBERNAT, CANCIO MELIÁ, GÓMEZ RIVERO) en el caso de transmisión de enfermedades contagiosas.

El caso más paradigmático ha sido el de transmisión por vía sexual de enfermedad —sida o hepatitis, característicamente— en el curso de relaciones consentidas por la víctima, generándose una especial casuística en la que debe considerarse, en ciertos casos, la existencia del consentimiento válido de la víctima que podría avalar la apreciación de una autopuesta en riesgo.

Por el contrario, cabrá lesión dolosa aun cuando se acepten relaciones no protegidas, cuando deliberada o eventualmente, un transmisor con intención lesiva omite revelar a su *partenaire* el riesgo específico de contagio y su condición seropositiva. En este caso, un consentimiento victimal, viciado por la omisión abusiva, no impediría la imputación, por cuanto se haya retenido dolosamente una información básica para una libre toma de decisión.

Quedan fuera de cabida, por su atipicidad, las características lesiones propias de deportes de contacto, incluso aquellas susceptibles de sanción administrativa. Sin embargo, la doctrina (por todos, RÍOS CORBACHO) advierte que, incluso en dicha esfera, como en cualquiera de riesgo permitido, el alcance de la adecuación social tiene límites. No ya la violencia en torno al deporte (conductas de violencia entre aficionados, aficionados y jugadores, etc.), sino la misma violencia en el tapiz, césped o cancha deportiva, debe ser considerada: allí donde se verifiquen los requisitos objetivos, junto a un auténtico *animus laedendi*, ciertas agresiones deberían deslindarse respecto de los incidentes o lances de juego, fortuitos o inspirados por el ardor competitivo.

2. **Menoscabo de la salud mental**. Se entiende convencionalmente que el tipo requiere literalmente que el daño mental derive de una previa lesión somática (así, un golpe a la cabeza). De este modo, se estará ante la característica expresión corporal de un conjunto de síntomas, que precisarán de asistencia y tratamiento, reveladores de la fuerte conmoción espiritual. Sin embargo, no es exigencia del tipo la necesidad de que la afectación mental proceda de una agresión de naturaleza física y de contacto —por ejemplo, podría producirse menoscabo psíquico alterando el entorno de la víctima para propiciar su desorientación y su locura, como en la célebre película clásica de G. Cukor, *Luz de gas* (1940).

Por menoscabo psíquico debe entenderse deterioro, trastorno o alteración psíquica en cualquiera de sus expresiones, sin que quepa exigir su índole patológica. La afectación a la salud psíquica constituye, así, un elemento normativo que cabe valorar de acuerdo con los instrumentos científicos de mayor predicamento, los manuales diagnósticos el DSM-V y CIE-10, que definen el alcance del desorden mental. Los mismos manejan hoy un concepto de trastorno objetivamente diferenciado:

Conforme al referencial DSM V, 2013 (Manual Diagnóstico y Estadístico de los Trastornos Mentales, de la Asociación Estadounidense de Psiquatría), un trastorno mental se define caracterizado por una alteración clínicamente significativa del estado cognitivo, la regulación emocional o el comportamiento de un individuo, que refleja una disfunción de los procesos psicológicos, biológicos o del desarrollo que subyacen en su función mental. Habitualmente los trastornos mentales van asociados a un estrés significativo o una discapacidad, ya sea social, laboral o de otras actividades importantes.

Ni la desviación cultural, religiosa o política, ni los conflictos individuo-sociedad o las reacciones consustanciales a ciertas adversidades pueden ser considerados trastornos mentales. Sin embargo, ciertas voces profesionales se han alzado para denunciar la progresiva multiplicación de los trastornos operada en esta edición, a la que se imputa estar patologizando reacciones normales frente a avatares de la vida cotidiana.

En la práctica, cuando el daño mental es trauma o secuela característicamente consubstancial a una vivencia, violentamente traumática (así, trastorno de *stress*-postraumático posterior a una violación, tentativa de asesinato o detención ilegal), el sufrimiento mental se suele valorar como angustia y daño moral, estimándose consecuencia civil merecedora de reparación.

Pese a ello, puede ser posible una estimación autónoma de la lesión mental, junto a la consideración del delito que la ha originado (así, en la STS de 7 de abril de 2006, Ponente: Ramos Gancedo).

Así, por ejemplo, en lo que atañe al delito de contaminación ambienal por ruidos y el de lesiones psíquicas se genera en nuestros días un debate donde se cohonestan los límites de la intervención penal con la eventual necesidad de protección de la estabilidad mental de ciudadanos (Martos Núñez).

Así, en la SAP de Gerona (Ponente: Marca Matute), de 16 de noviembre de 2013, se absuelve por delito ambiental y se desestiman lesiones psíquicas en el caso de unos vecinos que aducían sufrir trastornos de ansiedad, tratados con medicamentos ansiolíticos, a resultas del asiduo ejercicio musical de una vecina estudiante de piano. Por el contrario, la SAP de Granada de 16 de marzo de 2015 (Ponente: Cuenca Sánchez), junto a la perpetración medio-ambiental estimada, sí llega a estimar lesión psíquica delictiva —si bien privilegiada conforme al antiguo art. 147.2 CP— a las secuelas de stress-postraumático acarreadas por el ladrar constante y poderoso de los perros de unos vecinos, que hicieron necesaria la dispensa de un tratamiento psiquiátrico y toma de ansiolíticos.

Muy en especial, el padecimiento psíquico derivado de un injusto previo debe ser considerado con autonomía si el dolo del agente se proyecta sobre objetivos de desestabilización mental de la víctima; esto puede verificarse en las distintas figuras de acoso y hostigamiento ambiental (arts. 173.1, párrs. 2.º y 3.º, y 2, o art. 184 CP) así como en el delito de acecho (art. 172 ter CP), introducido por la reforma LO 1/2015, de 30 de marzo. Dicho objetivo se substanciará mediante «una acción que normalmente no se agota en un solo acto sino en una conducta metódica, constante, fría y calculada que coloque a la víctima en una situación de ansiedad que afecte a su estabilidad y salud mental» (STS de 27 de diciembre de 2005, Ponente: Martín Pallín).

En tales casos, además del correspondiente delito podrá, así, apreciarse lesión psíquica, en una relación de **concurso ideal** o **medial** (en tanto el resultado perseguido en la conducta delictiva originaria sea precisamente el menoscabo mental).

La Audiencia Provincial de Guipúzcoa (STS de 15 de julio de 2005, Ponente: Subijana Zunzunegui) condenó a un grupo de escolares por la perpetración de lesión psíquica generada a partir de un trágico supuesto de trato degradante (art. 173.1 CP) desplegado en el ámbito escolar. En el elevado riesgo creado por los actos delictivos de acoso, se concretó un resultado de profundo deterioro mental del escolar victimizado, quién, a raíz de los abusos, comenzó a alentar ideaciones suicidas, que puso finalmente en práctica.

En cuanto a los aspectos de **tipicidad subjetiva**, el dolo se configura por el conocimiento y voluntad de causar el resultado de lesión que reclama el tipo, siendo compatible la conducta de lesión con cualquiera de las formas de dolo, incluido el dolo eventual.

Las lesiones reclaman la concurrencia del *animus laedendi* o ánimo de lesionar, con exclusión de *animus necandi* o ánimo específico de producir la muerte. Ahora bien, desde un punto de vista fáctico objetivo, el delito de lesiones consumadas y el homicidio en grado de tentativa acabada son difícilmente discernibles. Tal diferenciación convencional, configurada por doctrina y jurisprudencia, es entendida como clave trascendente para la calificación de un delito de lesiones frente a un homicidio en grado de tentativa.

Así, la jurisprudencia, en una nutridísima casuística, infiere el ánimo de matar o bien de lesionar según las relaciones previas entre autor y víctima, los motivos para delinquir, las circunstancias situacionales concurrentes, la concurrencia de actos provocativos y precipitadores de la agresión, como insultos o amenazas, la expresión oral y lenguaje corporal del agresor, su temperamento o historial violento, la peligrosidad del arma o su modo de empleo, la zona corporal de alcance de la agresión y la gravedad del resultado (SSTS de 17 de enero de 2008, Ponente: GIMÉNEZ GARCÍA, de 7 de octubre de 2009, Ponente: GIMÉNEZ GARCÍA, y de 25 de febrero de 2010, Ponente: SORIANO SORIANO).

Emprendida una acción con ánimo homicida, el régimen del desistimiento en la tentativa (art. 16.2 CP) excluye de punición como homicida al desistente, pero éste habrá de responder de las lesiones cometidas hasta el momento del abandono ejecutivo.

La STS de 8 de noviembre de 2011, Ponente: GRANADOS PÉREZ, recoge el supuesto de quien después de apuñalar y de intentar asfixiar a la víctima, a quien había invitado a su domicilio para mantener una relación sexual, la envolvió en una manta y la trasladó a un servicio de urgencias, lo que evitó su fallecimiento. El autor se benefició de la exención de punibilidad prevista para el desistente, persistiendo, no obstante, su responsabilidad por la grave lesión.

En relación con los elementos negativos del delito, se asiste al juego normal de las **eximentes de responsabilidad**. En los contextos de precipitación ilícita de la violencia entra en frecuente consideración la virtualidad eximente de la **legítima defensa**, artículo 20.4 CP. Sin embargo, es doctrina penal bien asentada que, dado un escenario de doble victimización, en riña mutuamente aceptada, los contendientes se sitúan al margen de la legitimación penal, instalados en ámbitos respectivos de riesgo no permitido. Ello impide estimar legítima defensa, aun si el retado acepta el desafío de modo no inmediato, como se registra en la STS de 26 de septiembre de 2012 (Ponente: José Ramón SORIANO SORIANO).

La **punición** adscrita a este delito lo sitúa en la órbita de los delitos *menos graves*, desaparecidas por LO 1/2015, de 30 de marzo, las faltas de lesiones y maltrato de obra, se suprime la antigua cláusula de tolerancia-0 que se albergaba en este precepto (antiguo art. 147.1, *in fine* CP) conforme a la cual, la concentración en un año de cuatro faltas de lesiones, se equiparaba punitivamente al delito de lesiones básicas). Por fortuna, el reformador de 2015 ha orillado la tentación de reconducir la cuádruple acumulación de lesiones leves a una única perpetración delictiva de mayor entidad; tampoco, por cierto, la reiteración de delitos leves va a tenerse en cuenta a efectos de la agravante de reincidencia (art. 22.8.ª CP).

Conforme a la citada reforma, se opera una acertada suavización de la pena, ahora prisión de 3 meses a 3 años o multa de 6 a 12 meses, que coincide con la punición reservada al antiguo tipo privilegiado de lesiones.

Son punibles las **formas imperfectas de realización**, y los **actos preparatorios**, ya que a tenor del artículo 151 CP, se podrán castigar con pena inferior en uno o dos grados los actos de provocación, la conspiración y la proposición para cometer cualquiera de los delitos constitutivos de lesiones dolosas (arts. 147-150 CP).

2. DELITOS LEVES DE LESIONES Y MALTRATO DE OBRA (ART. 147.2 Y 3 CP)

Artículo 147.2 y 3: «El que por cualquier medio o procedimiento, causare a otro una lesión no incluida en el apartado anterior, será castigado con la pena de multa de uno a tres meses.

3. El que golpeare o maltratare de obra a otro sin causarle lesión, será castigado con la pena de multa de uno a dos meses».

A la delictividad *leve* en materia de lesiones, creada por la reforma de **LO 1/2015**, se llega por reducción, una vez la lesión no cumpla los criterios del artículo 147.1 CP, atendiéndose al medio de menor lesividad empleado o producción de resultado menos perjudicial. Es el caso que, frente a las faltas de la cuales proceden (reguladas en el antiguo art. 617.1 y 2 CP) las nuevas figuras registran una moderación general del marco punitivo.

Ahora bien, la idea de un ***delito leve*** encierra en sí misma un doloroso oxímoron, o contradicción interna, implícita en el hecho de que un *delito* (por definición, evocativo del máximo reproche jurídico impuesto a una conducta antisocial) se vincule a un ámbito de supuesta levedad infractora. En todo caso, la misma transformación de su *nomen* y rango normativo, de su antigua codición de falta, en favor de un más rotundo carácter *delictivo* supone, en sí misma, un endurecimiento, en términos formales y expresivos. Junto a ello, la nueva consideración delictiva de estas conductas permite castigar ahora los actos preparatorios de estas infracciones leves (art. 151 CP); además (a diferencia de las antiguas faltas), las nuevas lesiones leves generan antecedentes penales, que podrán cancelarse discurrido un período de seis meses sin delinquir [art. 136.1.*a*) CP].

Las infracciones de los números 2 y 3 del artículo 147 CP constituyen delitos leves semi-públicos cuya persecución (art. 147.4.º CP) requiere denuncia de la persona agraviada o de su representante legal. También se extiende a las lesiones leves el régimen extintivo de responsabilidad penal propio del perdón del agraviado (art. 130.5.º CP).

3. Subtipos agravados en atención al modo comisivo o a la vulnerabilidad victimal (art. 148 CP)

Artículo 148: «Las lesiones previstas en el apartado 1 del artículo anterior podrán ser castigadas con la pena de prisión de dos a cinco años, atendiendo al resultado causado o riesgo producido:

1. Si en la agresión se hubieren utilizado armas, instrumentos, objetos, medios, métodos o formas concretamente peligrosas para la vida o salud, física o psíquica, del lesionado.
2. Si hubiere mediado ensañamiento o alevosía.
3. Si la víctima fuere menor de doce años o persona con discapacidad necesitada de especial protección.
4. Si la víctima fuere o hubiere sido esposa, o mujer que estuviere o hubiere estado ligada al autor por una análoga relación de afectividad, aun sin convivencia.
5. Si la víctima fuera una persona especialmente vulnerable que conviva con el autor».

Este artículo incorpora un tipo mixto alternativo de conductas agravadas, que reclama la concurrencia de un dolo referido no sólo a la causación de lesión del artículo 147.1 CP, sino también a un específico factor agravante. El precepto fue en su día reformado por **LO 1/2004**, de 28 de diciembre, de **Medidas de Protección Integral contra la Violencia de Género**, ley que incorporó los factores de específica agravación contemplados en los números 4 y 5. La **LO 1/2015**, de 30 de marzo, sustituye la alusión al incapaz por la de *discapaz necesitado de especial protección.*

Se trata de subtipos agravatorios de aplicación potestativa, por lo que el juzgador habrá de seleccionar y motivar su decisión. Para su estimación, se tomarán en cuenta la especial gravedad de las resultas o la acentuada peligrosidad que auspician. Así, los números 1 y 2 atienden al especial desvalor peligroso del ***modus operandi*** del infractor, en tanto los números 3, 4 y 5 constituyen **agravantes victimológicas**, en consideración a la presencia de factores de vulnerabilidad victimal. Por cuanto la penalidad agravatoria asciende a prisión de dos a cinco años, seguimos ante modalidades delictivas *menos graves*, de acuerdo con el vigente artículo 33.3.*a*) CP.

A) *Medios o procedimientos concretamente peligrosos*

Por «objeto o medio peligroso» debe entenderse en términos generales aquel que aumenta o potencia la capacidad agresiva del agente y crea un elevado riesgo para la persona atacada con merma de sus posibilidades de defensa. En todo caso, el peligro inherente al medio deberá ser concreto, no bastando una difusa potencialidad gravemente lesiva según reclama el precepto.

En la casuística jurisprudencial, se han estimado peligrosos, a estos efectos, **armas**, **instrumentos**, **objetos** y **medios**, en especial los corrosivos (ácidos, vitriolos), incisivos (navajas, cuchillos, tijeras, objetos de vidrio y cristal) y contundentes (bates deportivos, barras de hiero o cadenas) o que aúnan ambas idoneidades (machetes, hachas), así como **métodos** o **formas** especialmente desvaliosas y reprochables, por su intensidad o dinámica, como dar una patada en la cabeza o arrojar al fuego o al vacío a la víctima.

Los objetos o dinámicas habrán de dirigirse a una grave causación lesiva, se obtenga ésta o no, lo que reclama que el sujeto, siquiera con dolo eventual, sea consciente de su potencial y asuma tal instrumentalización.

Así, es subsumible como empleo de *método* peligroso el que se ofrece en el supuesto de una madre que impregna en cocaína y heroína el chupete de su hijo provocándole una intoxicación aguda, SAP de Madrid de 13 de noviembre de 2009 (Ponente: MOLINO ROMERA). Técnica de especial peligrosidad ha sido, asimismo, considerada la destreza pugilística conocida como *kick-boxing*, en especial al ser practicada por experto (STS de 30 de junio de 2016, Ponente: VALERA CASTRO).

Dada la característica vinculación de la violencia al ocio urbano y al consumo de alcohol, una especial casuística se ha generado en torno al empleo de botella o vaso de vidrio como instrumento cortante o arma arrojadiza; en principio un vaso o botella puede ser medio peligroso, por sus posibilidades contundentes, susceptibles de causar traumatismos, así como por su apacidad de fragmentación —el empleo de un vidrio roto suele ser invariablemente considerado instrumento peligroso (así, entre otras, las SSTS de 31 de octubre de 2012, Ponente: SORIANO SORIANO, y de 12 de marzo de 2015, Ponente: ANDRÉS IBÁÑEZ)—. Sin embargo, la direccionalidad del lanzamiento es relevante, y así, por falta de instrumentalización del vaso, la STS de 8 de octubre de 2003 (Ponente: MARTÍN PALLÍN) desestimó la presente agravación.

B) *Ensañamiento o alevosía*

En ambos casos es considerable la mayor antijuridicidad y reprochabilidad implicada en el aumento deliberado e inhumano del dolor de la víctima, causándole padecimientos innecesarios para la ejecución del delito, o bien la especial indefensión en que la dinámica empleada acarrea a la víctima. Cabrán todas los procedimentos convencionalmente admitidos como alevosos, salvo la llamada *alevosía por desvalimento*, que comprende casos de mejor acomodo en el número siguiente.

C) *Minoría de doce años o discapacidad especialmente protegible*

Se contempla aquí una agravación victimológica, que reflejan el desvalor especial apreciable en el abuso de la escasa defendibilidad física o moral del sujeto pasivo, como asimismo el mayor impacto victimizador de la violencia sobre sujetos pasivos vulnerables por su inmadurez que se hacen, por ello, acreedores a una especial protección. A tal respecto, la vulnerabilidad del menor de doce años resulta asumida *ope legis*.

En virtud de la **LO 1/2015** la expresión «**discapaz necesitado de una protección especial**» substituye a la antigua mención al incapaz. Ahora, la eventual aplicación de esta cláusula agravatoria se desprenderá de la concreta entidad y nivel de desprotección apreciable en el sujeto pasivo discapacitado.

> Así, se puede ser *discapaz* en cuanto aquejado de una limitación o *discapaz necesitado de especial protección* (art 25, párrafos 1.º y 2.º CP). Así se atiende al principio de intervención penal necesaria, y se respeta la autonomia de los sujetos discapacitados. La nueva expresión se pone, además, en sintonía con la empleada por la Ley 4/2015, de 27 de abril, reguladora del Estatuto de la víctima del delito.

Existe una notable falta de simetría en la sensibilidad legal hacia las víctimas vulnerables a la violencia, a tenor de la nueva redacción operada por **LO 1/2015**, donde el asesinato se agrava en atención a que la víctima sea menor de dieciséis años, y, junto a la discapacidad desamparada, se incluyen otras formas de vulnerabilidad victimal (art. 140.1 CP). Muy en particular, la edad avanzada queda fuera del ámbito victimológico del artículo 148.3 CP, por cuanto ésta no constituye, en sí misma, una discapacidad, a despecho de los aspectos de general o puntual vulnerabilidad que pueden afectar al anciano.

D) *Víctima esposa, exesposa o mujer ligada al autor por una análoga relación de afectividad, aun sin convivencia*

Supuesto típico vinculado al ámbito de la lucha contra la *violencia de género*, cuya constitucionalidad fue avalada por la STC 45/2010, de 28 de julio. En tal estirpe de delitos, como es característico, se reclama un sujeto pasivo femenino y una autoría masculina, siendo la víctima pareja del infractor, bien sea actual o en el pasado. La noción de análoga relación de afectividad ha de abarcar formas no convencionales de relación de pareja (discontinua, abierta, etc.) en tanto revista una cierta estabilidad (STS de 12 de mayo de 2009, Ponente: Marchena Gómez).

> En la aplicación de este precepto, la STS de 27 de mayo de 2015 (Ponente: Soriano Soriano) rechaza la pertinencia de una legítima defensa incompleta en un conflicto de pareja donde la mujer había obrado las primeras lesiones. El TS analiza la génesis criminal, siendo relevante no la mera precedencia de una lesión, sino, de acuerdo con el artículo 20.4 CP, la necesidad de defensa frente a una agresión ilegítima previa. En el caso, tras una fuerte discusión, el varón había impedido tajante e ilícitamente el acceso de la mujer a la persona de su hijo, de quince días, reaccionando ella con un acometimiento doméstico leve (por el que se le hace responder). Él, por su parte, es condenado como autor de las lesiones *de género* comprendidas en el artículo 148.4 CP.

E) *Víctima conviviente de especial vulnerabilidad (art. 148.5 CP)*

Por **especial vulnerabilidad** se entiende básicamente una cualificada indefensión personal, que, al combinarse con los factores de desamparo, situacionales o relacionales propios de la violencia doméstica, hacen más desvalioso y reprobable el abuso del infractor. A los casos de violencia sobre víctima doméstica especialmente vulnerable, podrá aplicarse, en su caso, junto a este precepto, la agravación de obrar *por razones de género* introducida la LO 1/2015. En efecto, a diferencia del supuesto que recoge el número anterior, donde se estaría al juego impeditivo del *ne bis in idem*, y, ciertamente, del concurso de leyes, la adicional agravación *de género* del artículo 22.4 CP debería ser pertinente en casos pluriofensivos, donde el autor agrede a los hijos menores u otros allegados vulnerables que con ellos conviven, como forma de hacerse fuerte, vengarse o imponerse en su relación de pareja.

4. Lesiones graves en atención al resultado típico (arts. 149 y 150 CP)

Artículo 149.1: «El que causara a otro, por cualquier medio o procedimiento, la pérdida o la inutilidad de un órgano o miembro principal, o de un sentido, la impotencia, la esterilidad, una grave deformidad, o una grave enfermedad somática o psíquica, será castigado con la pena de prisión de seis a doce años.

2. El que causara a otro una mutilación genital en cualquiera de sus manifestaciones será castigado con la pena de prisión de seis a doce años. Si la víctima fuera menor o persona con discapacidad necesitada de especial protección, será aplicable la pena de inhabilitación especial para el ejercicio de la patria potestad, tutela, curatela, guarda o acogimiento por tiempo de cuatro a diez años, si el juez lo estima adecuado al interés del menor o persona con discapacidad necesitada de especial protección».

Artículo 150: «El que causare a otro la pérdida o la inutilidad de un órgano o miembro no principal, o la deformidad, será castigado con la pena de prisión de tres a seis años».

Estamos ante delitos graves, que integran lesiones cualificadas por el mayor desvalor del resultado victimizante, que acarrea un especial menoscabo al bien jurírido tutelado. Así, el fundamento de la mayor lesividad obedece a una especial cronificación, estabilización o durabilidad del menoscabo a la salud causado. Sin embargo, es de señalar que no nos hallamos ante delitos objetivamente cualificados por el mero resultado, ya que conforme a las exigencias del principio de culpabilidad, el dolo habrá de abarcar los resultados más graves pretendidos y alcanzados.

Se trata, en ambos preceptos, de conductas causantes de una lesión, ponderada según las exigencias del tipo básico, que incorporan un *plus* de desvalor en atención al especial impacto lesivo.

A) *Lesiones graves de especial impacto*

La **tipicidad** de las conductas más graves del artículo 149.1 CP comprende los resultados de **pérdida** o la **inutilidad** de un **órgano** o **miembro principal**, o de un sentido, la impotencia, la esterilidad, una grave deformidad, o una grave enfermedad somática o psíquica, casuismo legal que contrasta con la indefinición del modo agresivo (cualquier medio o procedimiento); asimismo, en el número 2, la LO 11/2003, de medidas concretas en materia de seguridad ciudadana, violencia doméstica e integración social de los extranjeros, introdujo la prohibición típica explícita de prácticas de mutilación genital.

De modo consolidado, la jurisprudencia entiende por **miembro principal** (art. 149 CP) aquél **dotado de autonomía funcional**, esto es, aquel que realiza por sí una prestación biológica, siendo **miembro no principal** (art. 150 CP) aquel cuya prestación es **accesoria**, **complementaria** o meramente **favorecedora** respecto a desempeños de mayor relevancia y autonomía biológica.

> En todo caso, estamos ante conceptos normativos altamente fluctuantes, que habrán de valorarse no sólo conforme a los criterios científicos vigentes tanto como socio-culturales. Así, la rotura de himen se estimaba en otros tiempos afectación de *miembro principal.* La casuística sobre el carácter de miembro principal es ingente y en buena medida fluctuante. Suelen entenderse principales las extremidades y los órganos esenciales internos. Así, el ojo, pie, tobillo, brazo, mano o bazo han sido considerados miembros principales, ya se hayan extirpado o cercenado del cuerpo o bien se hayan hecho disfuncionales. Puede ser suficiente una inutilidad parcial, si la misma es de suficiente intensidad neutralizadora.

Pérdida equivale, pues, a una integral desaparición orgánica, en tanto **inutilidad** supone abolición de la funcionalidad del miembro. La alusión al **sentido** resulta superflua, en tanto la lesión se refiere al órgano sensorial, necesariamente principal.

Impotencia y **esterilidad** son resultados equiparados en gravedad criminal por LO 3/1989, de 21 de julio, relativos a las capacidades procreativas tanto de varón como de mujer, siendo exigible su permanencia o durabilidad; existe una cierta controversia acerca de la aplicabilidad de esta agravación cuando el resultado lesivo es reversible, ante lo que la doctrina ha terminado reconociendo la atención a los particulares propios de cada caso (GARCÍA GARCÍA-CERVIGÓN, por todos).

Deformidad supone grave alteración de la regularidad morfológica y estética, que implique pérdida de simetría o desfiguración, siempre que sea visible, grave y estable, incluso si es susceptible de someterse a tratamiento reparador. La deformidad especialmente grave de este precepto abarca la causación de cicatrices profundas, especiales irregularidades cutáneas, desviaciones, protuberancias o pérdida considerable de sustancia corporal.

El legislador distingue entre **deformidad grave**, propia del artículo 159 CP, y la simple **deformidad** del artículo 150 CP. Sin embargo, no existen criterios de discriminación unívocos ya que influye la mayor o menor visibilidad de la deformación (las deformaciones faciales suelen entenderse graves), la extensión de la zona afectada o su carácter doloroso. Si la deformación fuera de escasa entidad, habría que reconducirla al tipo básico de lesiones.

Una torrencial casuística jurisprudencial concierne a la afectación de piezas dentarias, que casi nos remonta al detallismo de históricas prácticas compositivas. Las roturas, sin pérdida, se tratan como lesiones básicas; el *Pleno no jurisdiccional de la Sala Segunda del Tribunal Supremo* de 19 de abril de 2002 acordó que la pérdida total de piezas dentarias, por lo general, constituye una deformidad simple del artículo 150 CP, aun la falta si fuera susceptible de reparación, advirtiéndose, sin embargo, que este criterio admite modulaciones. Así, hay que estar al estado de las piezas antes de la agresión, al número de piezas afectadas y a que se trate o no de piezas molares, en cuyo caso podría estimarse anulada la funcionalidad del órgano masticador, y aplicarse el artículo 149 CP.

La alusión a **grave enfermedad somática o psíquica** afectará, en una interpretación sistemática, a enfermedades de sintomatología estable o periódicamente recurrente (así, se aplica a síndromes dolorosos, epilepsias, intensa depresión). Según criterio del FGE, en Circular 2/1990, grave enfermedad somática es la afección que crea un cierto **riesgo** vital en tanto la enfermedad psíquica grave determina riesgo de una psicosis profunda o notoria incapacidad.

El delito de **mutilación genital** previsto en el artículo 149.2 se crea por LO 11/2003, de 29 de septiembre, en el marco de la lucha contra inveteradas prácticas rituales de **ablación** genital de los órganos de niñas o adolescentes: **escisión** de clítoris y/o labios mayores, a lo que, en ocasiones, se sigue una igualmente atroz **infibulación** o cerramiento genital, para preservar la *pureza sexual* de la mujer.

La regulación de la coducta en tal escalón de gravedad es sensible en gran medida a la incidencia del arraigo consuetudinario de las prácticas, y como a su impacto victimológico y de género. Sin embargo, no se ha configurado como estricto **delito de género**. En efecto, la redacción típica no reclama un **sujeto pasivo** mujer, específicamente, siendo coherente con la necesidad de cubrir también casos de circuncisión ritual masculina, practicadas fuera del contexto sanitario, que pueden conducir a graves lesiones o incluso la muerte de la criatura. Junto a ello, tampoco el tipo, en ninguno de sus términos, se configura subjetivamente, con la exigencia de que autor haya de venir motivado por una cultura tradicional alternativa. En tal sentido, no se trata de un **delito de género** ni **multicultural**, siendo bien cierto que tales factores (TORRES FERNÁNDEZ y HERRERA MORENO), han sido determinantes en la inspiración legislativa.

De modo polémico, la SAP Barcelona de 14 de junio de 2013 desestima la aplicación del tipo de mutilación genital, condenando por causación de lesiones del artículo 150 CP, en supuesto donde el sujeto activo lesiona de un mordisco los órganos genitales de su compañera; la sentencia aduce que la conducta no se inspiraba por el arraigo de prácticas rituales intolerables, sin concurrir en el caso el ánimo multicultural típico. Pues bien, como bien se ha advertido (JERICÓ OJER), el dolo mutilatorio, sin especial exigencia subjetiva, debe incorporar la estricta consciencia del gravísimo resultado querido o previsible, debiendo el tipo aplicarse siempre se determinen unos resultados de gravedad comparable a los contemplados en el número primero del mismo precepto.

De otra parte, el hecho de venir el autor fuertemente culturado en exigencias multiculturales ajenas a los valores de nuestro sistema, jugará con frecuencia en favor de la exención total o parcial de la responsabilidad penal, en función de *error de prohibición* culturalmente condicionado. Así lo registra la STS de 16 de diciembre de 2013 (Ponente: SORIANO SORIANO).

La **penalidad** comprende de prisión de seis a doce años para las dos modalidades del artículo 149 CP y, en el tipo de mutilación genital, en los casos de mayor gravedad, la pena de inhabilitación especial para el ejercicio de la patria potestad, tutela, curatela, guarda o acogimiento por tiempo de cuatro a diez años, si las lesiones afectan a menor o incapaz.

La LO 6/1985, de 1 de julio, del Poder Judicial, tras la (enésima) reforma sobre el alcance de la Justicia Universal, obrada por LO 1/2014, de 13 de marzo permite perseguir extraterritorialmente la práctica de la mutilación genital femenina, por tratarse de un delito de los que se comprenden en el *Convenio del Consejo de Europa de 11 de mayo de 2011 sobre prevención y lucha contra la violencia contra las mujeres y la violencia doméstica* (llamado *Convenio de Estambul*) siempre que se den los estrictos requisitos del artículo 23.4.º1 LOPJ.

En los más extendidos casos de los traslados de las menores a países de origen, pues suelen ser terceras personas (abuelas, parientes por afinidad), quienes se implican directamente en las prácticas mutilatorias, siendo, así, los autores personas distintas de los residentes en España y no hallándose en territorio español (requisitos que exige el mencionado precepto). Así, para la persecución extra-territorial, se haría precisa la dificilísima prueba de una dolosa autoría omisiva por parte de los garantes de la víctima que la confían al tercero. Ante las dificultades, deciden en sentido desestimatorio las STS de 16 de diciembre de 2013 (Ponente: SORIANO SORIANO) y de la AN de 24 de febrero de 2014 (Ponente: GUEVARA MARCOS).

B) *Lesiones graves de impacto menor*

Las lesiones graves del artículo 149 CP son, como anticipamos, de mayor entidad lesiva que las del artículo 150 CP, colmándose este último precepto de significado típico conforme a criterios residuales, que toman como referencia los conceptos normativos integrados en el tipo anterior. Así, el **resultado típico** comprende un impacto de entidad, pero de menos significativo que el previsto en el artículo 149 CP. Así, se habla de *pérdida o inutilidad de miembro no principal* o bien *deformidad* no grave o simple, con **penalidad**, privilegiada respecto de las modalidades más graves, de tres a seis años.

Es criterio judicial asentado que las *cicatrices permanentes deben incluirse en el concepto de* ***deformidad****, siempre que* siendo visibles tengan relevancia y alteren la configuración del sujeto pasivo, en tanto la parte concreta del cuerpo que se vea afectada *será* relevante, en todo caso, para valorar su calificación como actuación de gran impacto (art. 149 CP) o de impacto menor (art. 150 CP), STS de 20 de febrero de 2008 (Ponente: MARTÍNEZ ARRIETA).

Así, una cicatriz de unos 15 cm, extendida a lo largo de la cara interior interior del antebrazo ha sido valorada como deformidad simple en STS de 21 de abril de 2015 (Ponente: GIMÉNEZ GARCÍA).

La reforma **LO 1/2015**, de 30 de marzo incorpora el nuevo régimen de la imprudencia penalmente punible en materia de lesiones, de acuerdo con el cual se castigarán aquellas cometidas con **imprudencia grave** o bien **menos grave**, quedando descriminalizadas las lesiones cometidas por imprudencia leve (reguladas en el art. 621 del antiguo Código penal), que ahora se remiten a la vía civil, donde podrán ser reconocidas y reparadas en aplicación del artículo 1.902 CC. Se atiende así, en tal descriminalización, al reducido desvalor de acción que integra la imprudencia leve, al margen del resultado así producido. La imprudencia, sea grave o menos grave, cuyo alcance consista en los resultados lesivos de las lesiones leves o maltratos del artículo 147.2 CP queda, asimismo, fuera del alcance típico.

5. Lesiones imprudentes

El artículo 153 CP, reformado por la LO 2/2019, regula las modalidades de **lesiones imprudentes** (grave y menos grave).

A) *Lesiones por imprudencia grave*

Artículo 152. «1. El que por imprudencia grave causare alguna de las lesiones previstas en los artículos anteriores será castigado, en atención al riesgo creado y el resultado producido:

1.º Con la pena de prisión de tres a seis meses o multa de seis a dieciocho meses, si se tratare de las lesiones del apartado 1 del artículo 147.

2.º Con la pena de prisión de uno a tres años, si se tratare de las lesiones del artículo 149.

3.º Con la pena de prisión de seis meses a dos años, si se tratare de las lesiones del artículo 150.

Si los hechos se hubieran cometido utilizando un vehículo a motor o un ciclomotor, se impondrá asimismo la pena de privación del derecho a conducir vehículos a motor y ciclomotores de uno a cuatro años. A los efectos de este apartado, se reputará en todo caso como imprudencia grave la conducción en la que la concurrencia de alguna de las circunstancias previstas en el artículo 379 determinara la producción del hecho.

Si las lesiones se hubieran causado utilizando un arma de fuego, se impondrá también la pena de privación del derecho al porte o tenencia de armas por tiempo de uno a cuatro años.

Si las lesiones hubieran sido cometidas por imprudencia profesional, se impondrá además la pena de inhabilitación especial para el ejercicio de la profesión, oficio o cargo por un período de seis meses a cuatro años».

La redacción alude a los parámetros del especial **resultado o riesgo** sobrevenido a partir de una conducta que de modo acentuado, infringe elementales exigencias de diligencia. El resultado típico de lesiones gravemente imprudentes es aludido por remisión al espectro de consecuencias propias de las lesiones menos graves del artículo 147.1 y las de especial entidad de los artículos 149 y 150 CP.

A veces, el ostensible umbral de peligrosidad implicado complica el deslinde entre lo imprudente y lo dolosamente eventual. Para auxiliarse, la jurisprudencia atiende a factores contextuales, relacionales y personales concurrentes en la dinámica.

Así se ofrece en el caso del funcionario de prisiones que practica boxeo con recluso en la modalidad de «contacto pleno», habiendo propinado aquél un rodillazo causante de explosión testicular en la víctima. Pese al elevado riesgo implicado en la maniobra, el TS aprecia imprudencia grave, descartando que el autor contara con las resultas eventuales, en razón de infrecuencia, como de la reacción inmediata de auxilio al lesionado y el buen trato subsistente víctima e infractor al momento del juicio. STS de 1 de abril de 2013 (Ponente: SAAVEDRA RUIZ). En esta línea, la STS de 12 de marzo de 2015 (: Perfecto ANDRÉS IBÁÑEZ) estima lesión gravemente imprudente el supuesto del peligroso lanzamiento de —otra vez— una botella que, sin embargo, carecía de dirección victimal específica, no siendo el autor diestro en el lanzamiento y mediando una considerable distancia entre éste y el final receptor del proyectil.

Tal como se aprecia en función de la **penalidad** implicada, se trata de delitos *menos grave*s, según las crípticas líneas del artículo 13.2 CP. Las sanciones a imponer se desglosan, escalonadamente, a tenor de la entidad de la lesión causada, bien sea ésta la básica del artículo 147.1 CP (siendo, en tal caso, novedad la incorporación, como alternativa, de una multa de 6-18 meses) o las especialmente cualificadas de los artículos 149 y 150 CP. Por cuanto agravan de suyo a las lesiones básicas, no cabe descartar la posibilidad de aplicar al tipo de imprudencia grave las circunstancias del artículo 148 CP. Es bien cierto que la alevosía o ensañamiento (art. 148.2 CP) son difícilmente cohonestables con el tipo de injusto imprudente; esta objeción, sin embargo, no afecta al resto de los números, referidos a una especial peligrosidad de los medios o un acentuado desvalor victimológico.

Junto al escalonamiento punitivo, se añade inhabilitación especial en caso de lesiones gravemente imprudentes delimitadas, bien por su específico modo de comisión (mediante vehículo a motor o ciclomotor, o con empleo de arma de fuego), o bien por el ámbito específico donde se despliegan (imprudencia profesional). Este último caso la **LO 1/2015** incorporó una reducción punitiva (ahora, la inhabilitación profesional será de seis meses a cuatro años, siendo anteriormente de uno a cuatro años). Por su parte, respecto de la modalidad de lesiones producidas mediante un vehículo a motor o un ciclomotor, la LO 2/2019 ha introducido la cláusula según la cual «se reputará en todo caso como imprudencia grave la conducción en la que la concurrencia de alguna de las circunstancias previstas en el artículo 379 determinara la producción del hecho», similar a la introducida en el artículo 142.1 CP respecto del homicidio imprudente grave.

Específicamente, la **imprudencia profesional** se delimita por la especialidad del sujeto activo y el contexto específicamente experto en el que se desatiende el deber de cuidado, que en todo caso ha de ser grave. Así, un ejercicio jurisprudencial consolidado permite diferenciar entre la *culpa del profesional* respecto de la *culpa profesional* en sentido estricto (STS de 23 de febrero de 2009, Ponente: PREGO DE OLIVER TOLIVAR); la primera concierne a una imprudencia común, aún desplegada en el ámbito del ejercicio profesional; la culpa profesional ha de ser, como sabemos, de naturaleza grave, *además* de tener lugar en dicho contexto especializado.

> En el ámbito sanitario, se alude a *comportamientos descuidados, de abandono y de omisión del cuidado exigible, atendidas las circunstancias de lugar, tiempo, personas, naturaleza de la lesión o enfermedad, que olvidando la* lex artis *conduzcan a resultados lesivos para las personas* (STS de 29 de febrero de 1996, Ponente: PUERTA LUIS). Así, particularmente grave fue la imprudencia del anestesista que contagió masivamente la hepatitis C, empleando, en su ejercicio profesional, material farmacológico infectado con restos hemáticos propios. STS de 27 de febrero de 2009 (Ponente: ANDRÉS IBÁÑEZ).
>
> Fuera del ámbito de la imprudencia profesional —por definición, grave— suelen dejarse supuestos de mera impericia o desacierto en el diagnóstico clínico, por cuanto constituyan errores de carácter atípico, aun cometidos por profesionales.

La LO 2/2019 ha prescrito, respecto de los delitos del artículo 152.1, que «el Juez o Tribunal podrá imponer motivadamente la pena superior en un grado, en la extensión que estime conveniente, si el hecho revistiere notoria gravedad, en atención a la singular entidad y relevancia del riesgo creado y del deber normativo de cuidado infringido, y hubiere provocado lesiones constitutivas de delito del artículo 152.1.2.º o 3.º a una pluralidad de personas, y en dos grados si el número de lesionados fuere muy elevado» (art. 152 bis CP).

B) *Lesiones por imprudencia menos grave*

> **Artículo 152.2**: «El que por imprudencia menos grave causare alguna de las lesiones a que se refieren los artículos 147.1, 149 y 150 será castigado con una pena de multa de tres meses a doce meses.
>
> Si los hechos se hubieran cometido utilizando un vehículo a motor o un ciclomotor, se podrá imponer también la pena de privación del derecho a conducir vehículos a motor y ciclomotores de tres meses a un año. Se reputará imprudencia menos grave, cuando no sea calificada de grave, siempre que el hecho sea consecuencia de una infracción grave de las normas sobre tráfico, circulación de vehículos a motor y seguridad vial, apreciada la entidad de ésta por el Juez o el Tribunal.
>
> Si las lesiones se hubieran causado utilizando un arma de fuego, se podrá imponer también la pena de privación del derecho al porte o tenencia de armas por tiempo de tres meses a un año.
>
> El delito previsto en este apartado sólo será proseguible mediante denuncia de la persona agraviada o de su representante legal».

Con mayor selectividad que la observada en el número anterior, el legislador sólo estima resultado típico el propio de las lesiones de los artículos 149 y 150 CP, con exclusión de las del artículo 147.1 CP. Se trata de un **delito leve**, y su persecución precisará denuncia del ofendido o representante legal. La LO 2/2019 ha introducido la prescripción según la cual «se reputará **imprudencia menos grave**, cuando no sea calificada de grave, siempre que el hecho sea consecuencia de una infracción grave de las normas sobre tráfico, circulación de vehículos a motor y seguridad vial, apreciada la entidad de ésta por el Juez o el Tribunal». No deja de ser un extraño malabarismo no sólo lingüístico que el hecho sea calificado como **imprudencia menos grave** cuando provenga de una **infracción grave** de las normas viales.

III. VIOLENCIA DE GÉNERO Y DOMÉSTICA

1. Modalidades

Cabe incluir en este amplio campo los **subtipos agravados de lesiones del artículo 148.4 y 5 CP**, ya abordados por razones sistemáticas, que participan plenamente de la específica inspiración victimológica que caracteriza a la tutela propia de los delitos de violencia de género o doméstica. Ciertamente, desde el punto de vista del desvalor que incorporan, ambos participan ampliamente de la pluriofensividad propia de marco que ahora analizamos, donde además de la afectación a la salud o integridad física o psíquica, se atiende a la dolosa explotación de un especial desequilibrio victimal, que afecta a la igualdad, la dignidad y libre desarrollo de la personalidad.

Así pues, a las citadas **lesiones agravadas** del artículo 148.4 y 5 CP, se suma, ahora, el delito de **maltrato singular de género o doméstico** (art. 153.1 y 2 CP). Como veremos, este delito constituye un auténtico buque-insignia en el ámbito de las vigentes políticas de Tolerancia-0 en la prevención de la violencia relacional. Como especificidades regulativas comunes a los campos de género y doméstico, cabe mencionar, en primer lugar, que por su especialidad victimal (víctima de género o doméstica) reciben tratamiento como *delito no grave* los episodios singulares descritos como lesiones leves o maltrato de obra, que regula el artículo 147.2 CP (que antes constituían faltas).

Se contempla en ambos números **delitos especiales** donde los sujetos activos y pasivos son seleccionados, en atención a la singularidad de la dinámica criminal y a la vulnerabilidad victimal concernida en ambas esferas de riesgo. En el caso del maltrato de género, concurre además la aplicación legislativa de una política de medidas llamadas de *discriminación positiva* en materia penal.

Por último, la tutela de la salud personal frente a dinámicas de violencia de género y doméstica se refuerza con la disposición del artículo 156.6 CP, incorporado por **LO 1/2015**, de 30 de marzo, de acuerdo con el cual se podrá aplicar una media de seguridad de **Libertad vigilada** en el caso de la comisión de cualquier delito del presente Capítulo, si se perpetra contra víctimas de género, domésticas o en custodia, de las mencionadas en el artículo 173.2 CP. Esta rigurosa previsión incorpora una medida asegurativa complementaria a la punición, ampliándose el elenco de supuestos acreedores a especial supervisión tras el cumplimento de condena. Por cuanto se trata de una alternativa judicial, deberá informarse criminológicamente la necesidad de dicho refuerzo, más allá de todo automatismo o uso simbólico de los instrumentos penales.

Artículo 153: «1. El que por cualquier medio o procedimiento causare a otro menoscabo psíquico o una lesión de menor gravedad de las previstas en el apartado 2 del artículo 147, o golpeare o maltratare de obra a otro sin causarle lesión, cuando la ofendida sea o haya sido esposa, o mujer que esté o haya estado ligada a él por una análoga relación de afectividad aun sin convivencia, o persona especialmente vulnerable que conviva con el autor, será castigado con la pena de prisión de seis meses a un año o de trabajos en beneficios de la comunidad de treinta y uno a ochenta días y, en todo caso, privación del derecho a la tenencia y porte de armas de un año y un día a tres años, así como, cuando el juez o tribunal lo estime adecuado al interés del menor o persona con discapacidad necesitada de especial protección, inhabilitación para el ejercicio de la patria potestad, tutela, curatela, guarda o acogimiento hasta cinco años».

A) *Maltrato singular de género (art. 153.1 CP)*

Configurado **por LO 1/2004**, de 28 de diciembre, de **Medidas de Protección Integral contra la Violencia de Género**, la **LO 1/2015**, de 30 de marzo, apenas modifica su redacción, al referirse a los nuevos *delitos leves* del artículo 147.2 y 3 CP, cambiando también la antigua mención al incapaz por la alusión a la **persona con discapacidad necesitada de especial protección.**

En cuanto delito incardinado en la órbita de la violencia de género, este maltrato comprende actuaciones que se perpetran por hombres contra mujeres en función de expectativas socio-culturales que definen un rol de dominio de aquéllos frente a éstas. No se trata, pues, de un concepto biológico (no equivale, pues, a «violencia de sexo») sino apela a la construcción social de roles discriminatorios de sentido patriarcal.

El de *género* es un elemento normativo ampliamente desarrollado desde el pensamiento feminista, donde resulta, de suyo, más amplio que la acepción delimitada por la **Ley Orgánica 1/2004**, de 28 de diciembre, de **Medidas de Protección Integral contra la Violencia de Género**, proyectado sobre el abuso sexista de poder en el marco de las realciones de pareja. Por lo demás, estamos ante un concepto indeterminado que el ordenamiento penal español consagra de forma heterogénea, así en su sentido estricto como amplio.

Sentido estricto: La **LO 17/2004** establece en su artículo 1 que su objeto es actuar contra la *violencia de género*, aquella que, *como manifestación de la discriminación, la situación de desigualdad y las relaciones de poder de los hombres sobre las mujeres, se ejerce sobre éstas por parte de quienes sean o hayan sido sus cónyuges o de quienes estén o hayan estado ligados a ellas por relaciones similares de afectividad, aun sin convivencia.*

Sentido amplio: El *Convenio del Consejo de Europa sobre Prevención y Lucha contra la Violencia contra la Mujer y la Violencia Doméstica*, Estambul, 11 de mayo de 2011, ratificado por España el 18 de marzo de 2014, define, ampliamente, por *género* aquellos *papeles, comportamientos, actividades y atribuciones socialmente construidos que una sociedad concreta considera propios de mujeres o de hombres.*

El legislador penal parece haber asumido la acepción lata de género al regular, por **LO 1/2015** la agravante de *motivación discriminatoria de género* (art. 22.5 CP). Sin embargo, el concepto restringido es el que preside los delitos de lesiones y maltrato de género, tipificados en torno al machismo violento en la pareja. La bifurcación conceptual que implica este giro aporta su propia dosis de equivocidad a una «receta normativa» ya, de suyo, suficientemente enrevesada.

Desde el punto de vista del **bien jurídico**, se está, pues, ante una conducta pluriofensiva donde, junto a la salud física o psíquica de la mujer, se afecta su seguridad, la libertad, dignidad e igualdad en el ámbito de las relaciones afectivo-sexuales. La idea de seguridad personal protegida ubica a este delito en la órbita de un Derecho penal de riesgos: a tenor de la relevante STC antes citada, se protege a la mujer frente a la disminución de **expectativas de indemnidad futura**. Por lo tanto, se protege frente a un relevante peligro de *crescendo* criminal incorporado por el maltrato del artículo 153.1 CP.

Así, frente a la extendida interpretación de las grandes violencias del hombre frente a su compañera como «pasionales», inopinadas, abruptas, se comprueba criminológicamente que constituyen el final de una escalada progresiva, desde niveles más leves de afectación.

Sin embargo, parece criticable que el legislador haya asumido *ope legis*, la inexorable producción de dicho riesgo a partir de la perpetración típica del artículo 153 CP. Pues ni mucho menos se verifica sistemáticamente que *en todas* las violencias de género del artículo 153.1 CP se determine un riesgo de inexorable crecimiento en espiral.

Por otra parte, y de cualquier modo, el diseño criminológico *in crescendo* no es en absoluto característico de los maltratos domésticos más frecuentes; éstos, por ejemplo, muy a menudo operan como abusivo ejercicio disciplinario, que, pese a su incuestionable desvalor y reprochabilidad, no suele escalar a formatos violentos de la máxima intensidad.

Estamos ante un **delito especial**, que asume políticas de *discriminación positiva*, como veremos, intensamente discutidas por la doctrina y jurisprudencia, en su alcance penal. En efecto, el sujeto activo será necesariamente varón, miembro de una relación de pareja, actual o pasada, con o sin convivencia, en tanto su víctima debe ser necesariamente mujer (esposa, novia, pareja de hecho con o sin convivencia o bien anterior esposa, novia o pareja). La relación típicamente reclamada, con independencia de la actualidad o no existencia de convivencia, es análoga a la del matrimonio, lo que descarta las relaciones no dotadas de un mínimo de estabilidad o continuidad. Esto hace muy compleja su aplicación a las relaciones de pareja adolescente.

La **conducta típica** abarca alternativamente de menoscabo psíquico o lesión de menor gravedad de las previstas en el apartado 2 del artículo 147, o golpeare o maltratare de obra a otro sin causarle lesión, en los términos del artículo 147.3 CP. Se requiere, pues, un dolo en el que concurra consciencia y voluntad de realización de dicha conducta violenta sobre el sujeto pasivo.

Desde un punto de vista de la **antijuridicidad**, la conducta representa el especial desvalor propio de una explotación de un contexto socio-cultural de género. El tipo no está subjetivamente configurado ni requiere un especial ánimo o tendencia. La **culpabilidad** apreciada en la conducta viene referida a la abusiva e intensa preordenación de una pauta cultural machista al dominio en las relaciones de pareja, pauta, sin duda, no personalmente creada, pero sí potenciada y explotada por el autor.

La **penalidad** es alternativamente de prisión (6 meses a un año) o trabajos en beneficio de la comunidad (treinta y uno a ochenta y un días), junto a la privación de la tenencia y uso de armas y la posibilidad de ser inhabilitado para el ejercicio de derechos civiles en materia de familia.

Los avatares aplicativos de este delito van ligados a la especial conflictividad de su singular técnica de incriminación, a la que se ha objetado erigirse en el regreso a formas de *responsabilidad objetiva por razón de estirpe* —esto es, por el hecho de ser varón (GIMBERNAT ORDEIG)—, su *paternalismo* frente a la mujer (MAQUEDA ABREU, LAURENZO COPELLO) o incluso su condición de descomedido instrumento de *Derecho penal del enemigo* (POLAINO-ORTS). En el mejor de los casos, no cabe valorar esta regulación en bloque, pues sus aciertos y desaciertos (como bien argumentan POLAINO NAVARRETE o ACALE SÁNCHEZ) vienen inexorablemente bañados en un abrupto claroscuro.

La **Sentencia del Tribunal Constitucional 59/2008**, de 14 de mayo (Ponente: SALA SÁNCHEZ), declaró la constitucionalidad del artículo 153.1 CP, sobre la idea del especial desvalor pluriofensivo y victimológico de la conducta, que añade una antijuridicidad y reprochabilidad diferenciales frente a la eventual situación inversa (mujer que agrede a su compañero). Dicha sentencia, sin embargo, no termina de clarificar inequívocamente el sentido de una regulación, por lo demás, colmada de oscuridad y oquedades interpretativas, en las que abunda la reforma de la **LO 1/2015**.

Estas ambigüedades han propiciado corrientes de interpretación bien heterogéneas, entre las que se ha hecho fuerte la que postula una restricción teleológica del tipo a la luz de una particular interpretación del objeto de tutela. Conforme a ella, la conducta típica debe acreditarse como verdadera expresión *de género*, debiendo concurrir un elemento anímico machista, necesitado de prueba.

Desde esta postura, se debe excluir la aplicación del artículo 153.1 CP, cuando exista un contexto de riña mutua, mediando una relación igualitaria entre los miembros de la pareja, y habiéndose substanciado el conflicto por motivos de convivencia no sexistas o relativos al poder en la convivencia de la pareja.

En efecto, la jurisprudencia del Tribunal Supremo y las Audiencias provinciales a menudo han sido receptivas a este criterio (JIMÉNEZ SEGADO, GUDÍN RODRÍGUEZ-MAGARIÑOS, MUÑOZ COMPANY). En esta línea, la STS de 25 de enero de 2008 (Ponente: SÁNCHEZ MELGAR), y las SSTS de 24 de noviembre de 2009 (Ponente: RAMOS GANCEDO) y 8 de junio de 2009 (Ponente: PUERTA LUIS). En contra de tal criterio la STS de 26 de diciembre de 2014 (Ponente: BERDUGO GÓMEZ DE LA TORRE), que advierte sobre la inexistencia de elemento subjetivo de ánimo machista en el presente delito.

La afanosa intentona de moderar la rigidez del tipo parte, así, de una interpretación a contra-sentido de la inspiración legal, por lo demás inequívoca en la citada **Ley Orgánica 1/2004**, de 28 de diciembre, de **Medidas de Protección Integral contra la Violencia de Género.** De un lado, la subjetivación del injusto brilla ciertamente por su ausencia en la redación típica. De otro, el trasfondo de la LOMPIVG de modo alguno concibe las pautas discriminatorias como asunciones eventuales, marginales, propias de una culturación alternativa, que haya que probar caso por caso (la STS de 24 de noviembre de 2009 habla incluso de género como *subcultura*, esto es, cultura larvada enfrentada a la convencional, cuando la LOMPIVG, muy al contrario, parte, precisamente, de un machismo que entiende prevalente).

En este último sentido, la concepción de género no describe una aislada y eventual **vulnerabilidad relacional**, sino unas premisas previas de **vulnerabilidad contextual**, cuyas bases el autor no ha creado, pero decide y quiere explotar. Así, la **violencia de género** en la pareja se ha aludido como extremo criminal de un **continuo estructural desigualitario**; y de acuerdo a ello, **toda** agresión del hombre a su actual o antigua compañera debería explicarse como manifestación de género.

De este modo, el campo de las lesiones en materia de género, estamos ante un haz de posibilidades legales que podrá antojarse en exceso inflexible, pero que, en todo caso, no cabe rectificar por vías interpretativas equívocas:

— Así, de un lado, en cualquier tipo de lesiones sexistas contra sujeto pasivo mujer, no perpetrada por parejas o ex-parejas afectivas, la intencionalidad de género debe ser probada, a efectos de la posible aplicación de la agravante de *motivación discriminatoria basada en expectativas de género*, que introduce la LO 1/2015 en el artículo 22.4.º CP.

— De otra parte, en el marco de una relación de pareja entre hombre y mujer, el legislador abre un margen potestativo, en las lesiones del artículo 148.4 CP, en virtud del cual cabría probar (o en su caso descartar) que concurra en el caso una explotación de género. En contraste, el blindado artículo 153 CP, no se abre a margen de ponderación alguno, de lo que parece seguirse una presunción indestructible a favor de la *naturaleza de género* de tales agresiones.

En todo caso, la noción de cultura machista prevalente no puede equivaler, así, a una monolítica homogeneidad cultural. Toda cultura, por firme que sea su arraigo, es, de suyo, porosa y evolutiva. Así, el criterio *de género* debería ser compatible con la posibilidad de fluctuación o excepción, so pena de caer en extremo determinismo sociológico.

Y en efecto, la Sentencia de Pleno del TC de 22 de julio de 2010 parece confirmar que la existencia de trasfondo de género en el conflicto podría, sin embargo, ser desvirtuada en el caso concreto. En los términos de la SAP Pontevedra, de 18 de junio de 2015 (Ponente: SÁNCHEZ HERRERO), si consta o hay evidencias de que el episodio, concreto o reiterado, de violencia es totalmente ajeno a esa concepción que ha estado socialmente arraigada, y que la agresión o lesión obedece a unas coordenadas radicalmente diferentes, no habría base para la diferenciación penológica y habrá que castigar la conducta a través de los tipos subsidiarios en que la condición de mujer del sujeto pasivo no representa un título de agravación penológica.

A modo de conclusión, el probable desacierto político-criminal, preventivo de abordar objetivos promocionales y de cambio social por preferentes instrumentos punitivos podría haber acarreado, por ende, daños imprevistos, de sentido victimológico y judicial, a pesar de su encomiable voluntad preventiva.

Efectos adicionales, en concreto, de pérdida de protagonismo victimal y de equívoco reajuste en la praxis aplicativa:

De un lado, la hipótesis del *hombre-víctima* (institucionalmente perseguido) parece haber desplazado lamentablemente de la atención científica, en extensión y pasión argumentativa, al discurso sobre la protección de la mujer frente al acuciante problema de la violencia de género.

De otro, como se viene pulsando, el percibido rigor de los tipos en juego acaso haya promovido una corriente judicial compensatoria o defensista. Según observa FUENTES OSORIO, ello explicaría la acentuadísima concentración aplicativa que atañe al artículo 153 CP (esfera normativa a donde se llevan la inmensa mayoría de las violencias de género dirimidas, en detrimento de otros delitos de género). En dicha clave, un larvado *uso atenuante* del tipo, estaría minimizando supuestos de mayor peligrosidad, como lesiones psicológicas subtanciales, tentativas de lesión grave o dinámicas de genuina habitualidad violenta.

2. MALTRATO SINGULAR DOMÉSTICO (ARTS. 153.1 Y 152 CP)

«2. Si la víctima del delito previsto en el apartado anterior fuere alguna de las personas a que se refiere el artículo 173.2, exceptuadas las personas contempladas en el apartado anterior de este artículo, el autor será castigado con la pena de prisión de tres meses a un año o de trabajos en beneficio de la comunidad de treinta y uno a ochenta días y, en todo caso, privación del derecho a la tenencia y porte de armas de un año y un día a tres años, así como, cuando el Juez o Tribunal lo estime adecuado al interés del menor o incapaz, inhabilitación para el ejercicio de la patria potestad, tutela, curatela, guarda o acogimiento de seis meses a tres años».

En estos supuestos, además de la integridad física, se tutela como **bien jurídico** característico, la dignidad personal en el ámbito de la convivencia doméstica, relevantísima garantía de incolumidad y sosiego personal imprescindible para el libre desarrollo de la personalidad. Se contempla, así, el desvalor de la especial exposición al riesgo que aporta la intimidad y cotidianeidad de la convivencia doméstica.

En primer lugar, se estará al artículo 153.1 CP que protege, en su mención final, a las **víctimas especialmente vulnerables** que **convivan** con el autor. Son requisitos del tipo, junto a la necesaria convivencia actual, la acentuada vulnerabilidad de la víctima, que habrá de probarse y que se apreciará por motivos de enfermedad, extrema inmadurez, escasa o avanzada edad, o situación de dependencia. Este tipo de víctimas domésticas reciben, por su acusado desamparo, la tutela reforzada que se dispensa a las víctimas de género.

En segundo lugar, apreciando un cierto descenso en el desvalor antijurídico apreciado frente al propio del maltrato de género, el artículo 153.2 CP contempla la misma conducta del número anterior cuando ésta se perpetre siendo **víctima cualquiera de las personas comprendidas en el artículo 173.2 CP**, con exclusión de aquella tutelada en el artículo 153.1 CP, la mujer como pareja. Tres campos de victimización quedan comprendidos en el torrencial repertorio:

De un lado, cualquier **violencia doméstica en la convivencia con pareja vulnerable**, de carácter no sexista. Así, la perpetrada por la mujer contra su pareja, o bien la desplegada por un varón en el ámbito de relaciones homosexuales; eventualmente, habría de incluirse aquí el caso singular en que pueda probarse que una afectación del varón a su mujer-pareja no se sustentó sobre bases de género.

Junto a ello, el artículo 153.2 CP, por la remisión al artículo 173.2 CP contempla la victimización doméstica de **ascendientes**, **descendientes** y **hermanos** por naturaleza, adopción no afinidad, **propios o del cónyuge o conviviente,** o bien, víctimas convivientes que sean **menores o personas con discapacidad protegible** (con menor desamparo que las figuras de especial vulnerabilidad del art. 153.1 CP), y, como cierre, cualesquiera otras personas integradas en el núcleo de la convivencia doméstica, por relaciones laborales, familiares o de cualquier otra índole.

En último término, tienen cabida los supuestos de **domesticidad asimilada** que afecta a violencia contra **víctimas vulnerables sometidas por su vulnerabilidad a instituciones de custodia o guarda** (así, residencias de ancianos o centros de educación o terapéuticos), sean públicas o privadas.

Para complicar el damero normativo, siempre que a la vulnerabilidad doméstica se añada una ofensividad sexista, o móvil *de género*, podría aplicarse la agravante de *actuación delictiva por razones de género* del artículo 22.4 CP, introducida por **LO 1/2015**. Así, violencia sexista contra una asistenta integrada en la convivencia domestica del agresor.

Desde el punto de vista de la **penalidad**, la diferencia entre el delito de género y doméstico se reduce a la de tres meses de privación de libertad en el límite inferior de la pena, un marco penal de seis meses a un año (art. 153.1 CP) frente al de tres meses a un año (art. 153.2 CP), alternativa a la pena de trabajos en beneficio de la comunidad, común a ambos tipos. Junto a ello, se impondrá, en su caso, las privaciones del derecho a la tenencia y uso de armas, así como las inhabilitaciones en los derechos familiares.

3. Subtipos agravados de maltrato singular de género o doméstico (art. 153.3 CP)

> **Artículo 153.3**: «Las penas previstas en los apartados 1 y 2 se impondrán en su mitad superior cuando el delito se perpetre en presencia de menores, o utilizando armas, o tenga lugar en el domicilio común o en el domicilio de la víctima, o se realice quebrantando una pena de las contempladas en el artículo 48 de este Código o una medida cautelar o de seguridad de la misma naturaleza».

El precepto contempla subtipos mixtos alternativos en atención a los siguientes factores:

Presencia de menores: el legislador ha tenido en cuenta mayor desvalor de la conducta de quien involucra a menor en su conducta violenta, y del resultado de crear para él una esfera de riesgo físico y psicológico, exponiéndolo al impacto emocional de dicha vivencia. Se trata, pues, de una victimización indirecta con efecto agravatorio. Ahora bien, si el impacto traumático de estar implicado como testigo en la violencia determina una traumática lesión psíquica en el menor, ésta deberá apreciarse asimismo, en relación de **concurso ideal** con el subtipo agravado.

Utilización de armas: para cuya apreciación habrá que estar al concepto agravatorio de arma esgrimido en el caso de las lesiones del artículo 148.1 CP.

Actuación en el domicilio común o de la víctima: el legislador versiona aquí la tradicional agravante de morada, entendido el término *domicilio* como concepto normativo, no administrativo, con la limitación de que la titularidad haya de ser común.

Se trata de un criterio eminentemente aplicable a la **violencia de género** en caso de parejas convivientes. En el caso de la **violencia doméstica**, la agravación será frecuentísima, ya que es el escenario regular de las actuaciones.

Quebrantamiento de las penas o medidas cautelares o de seguridad del artículo 48 CP. Supuesto que remite al quebrantamiento de las privaciones de residencia o asistencia a determinados lugares, o prohibición de aproximación o comunicación con la víctima, impuestas bien cautelarmente o bien como pena o medida de seguridad. La agravación concurrirá con el correspondiente delito de quebrantamiento de condena, del artículo 468 CP.

> Según la STS de 2 de junio de 2009 (Ponente: MONTERDE FERRER), cuando se den varias de las circunstancias disyuntivas de este número, una de ellas integrará el subtipo, y la otra podrá penarse separadamente si constituye un delito independiente (quebrantamiento de condena, allanamiento de morada o tenencia ilícita de armas), estimándose vinculadas las dos infracciones en la relación de **concurso medial** del artículo 77 CP. Así, en el supuesto de referencia, agresión con armas quebrantando una medida cautelar.

4. SUBTIPO ATENUADO DE MALTRATO SINGULAR (ART. 153.4 CP)

> **Artículo 153.4**: «No obstante lo previsto en los apartados anteriores, el Juez o Tribunal, razonándolo en sentencia, en atención a las circunstancias personales del autor y las concurrentes en la realización del hecho, podrá imponer la pena inferior en grado».

Esta modalidad, introducida por **LO 1/2004**, incorpora una atenuación facultativa en virtud de circunstancias del autor y del caso que apuntaran a una menor antijuridicidad y reprochabilidad de la conducta, y constituye una vía que atempera en gran medida la cuestionada inflexibilidad regulativa imputada a esta figura.

IV. PARTICIPACIÓN EN RIÑA TUMULTUARIA (ART. 154 CP)

Artículo 154: «Quienes riñeren entre sí, acometiéndose tumultuariamente, y utilizando medios o instrumentos que pongan en peligro la vida o integridad de las personas, serán castigados por su participación en la riña con la pena de prisión de tres meses a un año o multa de seis a 24 meses».

El propio legislador alude a la tutela de la vida o integridad de las personas como **bienes jurídicos** protegidos en un delito **de peligro concreto**, como el presente.

Se trata de un delito de **mera actividad**, ya que no se reclama resultado lesivo alguno, con sujeto activo y pasivo indiferenciado, donde se está ante una imputación recíproca o plural. Se trata de un convencional *delito de muchedumbre*, de carácter tumultuario, y, aunque puedan apreciarse divisiones o grupos criminológicos (pandilleros, seguidores deportivos, etc.), y no habrá un sector que adopte rol agresor frente a un grupo victimizado, en cuyo caso, se estaría ante una co-autoría.

A menudo se aplica en situaciones en las que se producen lesiones y muertes en el curso de una riña plural y confusa sin que puedan determinarse autores. No obstante, como advierte la STS de 18 de noviembre de 2009 (Ponente: MARCHENA GÓMEZ), se trata de un delito que presenta una **naturaleza autónoma** que no debe ser aplicada con carácter subsidiario en aquellos casos en los que no pueda probarse la autoría de las lesiones o el homicidio, sino sólo en aquellos otros en los que pueda acreditarse la participación en la riña, con generación de peligro concreto.

La **conducta típica** reclama la concurrencia de dos requisitos típicos, la participación en el enfrentamiento tumultuario junto con el uso de medios o instrumentos peligrosos, resultando controvertido si cabe ser aplicado este precepto a quienes sólo se involucraron en un contexto de agresión tumultuaria en el que fueron otros los que hicieron uso de tales medios.

La doctrina jurisprudencial (así, STS de 3 de julio de 2006, Ponente: BERDUGO Y GÓMEZ DE LA TORRE) viene aplicando el delito a todos los miembros de un bando en el que sólo algunos hicieron uso de armas o medios peligrosos, si el otro bando no los empleó, y si en el bando armado se conocían la circunstancia de dicho empleo.

Es criterio jurisprudencial inveterado que se excluya la legítima defensa en supuestos de riña tumultuaria mutuamente aceptada, con que ello exima al juzgador de analizar si la riña comenzó precisamente a partir de una agresión ilegítima o bien si en un momento determinado de su desarrollo, se emplearon de medios agresivos desproporcionados valorables como un inesperado cambio cualitativo, virándose a una situación donde algunos agreden y otros se defienden.

V. CONSENTIMIENTO EN LAS LESIONES (ARTS. 155 Y 156 CP)

Artículo 155. En los delitos de lesiones, si ha mediado el consentimiento válida, libre, espontánea y expresamente emitido del ofendido, se impondrá la pena inferior en uno o dos grados.

No será válido el consentimiento otorgado por un menor de edad o una persona con discapacidad necesitada de especial protección.

Artículo 156. No obstante lo dispuesto en el artículo anterior, el consentimiento válida, libre, consciente y expresamente emitido exime de responsabilidad penal en los supuestos de trasplante de órganos efectuado con arreglo a lo dispuesto en la ley, esterilizaciones y cirugía transexual realizadas por facultativo, salvo que el consentimiento se haya obtenido viciadamente, o mediante precio o recompensa, o el otorgante sea menor de edad o carezca absolutamente de aptitud para prestarlo, en cuyo caso no será válido el prestado por éstos ni por sus representantes legales.

No será punible la esterilización acordada por órgano judicial en el caso de personas que de forma permanente no puedan prestar en modo alguno el consentimiento al que se refiere el párrafo anterior, siempre que se trate de supuestos excepcionales en los que se produzca grave conflicto de bienes jurídicos protegidos, a fin de salvaguardar el mayor interés del afectado, todo ello con arreglo a lo establecido en la legislación civil.

Conforme a lo dispuesto en el artículo 155 CP, en el ámbito de las lesiones el **consentimiento** del lesionado atenúa en uno o dos grados la responsabilidad del autor cuando se otorga en las condiciones típicas de **validez**, **libertad**, **espontaneidad** y **explicitud**, de las que carece el menor o (conforme a la redacción de la **LO 1/2015**) la persona con discapacidad tutelable.

Pese a la intensa controversia de fondo, el carácter indisponible del bien jurídico **salud personal** resulta inequívoco a tenor de esta decisión legislativa; de este modo:

— Sólo se apreciará autopuesta en peligro atípica en los casos de autolesión (alcanzando la atipicidad a los partícipes).

— En cambio, habrá responsabilidad criminal en el caso de hetero-lesiones consentidas, si bien se verá atenuada la responsabilidad del autor y eventuales partícipes.

La atipicidad de las lesiones consentidas vendrá sólo por su especial incardinación en ámbitos de riesgo permitido, conforme a parámetros de adecuación normativa, en atención a sus aceptables objetivos —deportivos, como ocurre en el caso del boxeo y otros deportes de confrontación, o de mejora de la imagen personal, en el caso de tratamientos estéticos, etc.—.

La dimensión sexual como contexto de adecuación social no fue desestimada por la STS de 5 de junio de 2002 (Ponente: SÁNCHEZ MELGAR), que condenó como lesiones consentidas, la causación de quemaduras, erosiones por sujeciones manuales y esposamientos y otras varias lesiones en el curso de prácticas sexuales sadomasoquistas. Acaso nuevos criterios culturales revelen cierto viraje tolerante, a tal respecto, al arropo —o a la *sombra*— de una singular estirpe de productos de ficción que auspicia tan fragorosas prácticas.

En efecto, el artículo 156 CP se establece un régimen de permisión para supuestos específicos donde se admite efectos al consentimiento **válida, libre, consciente y expresamente emitido**, con exclusión de la validez del consentimiento cuando la aceptación sea otorgada por menor o persona con absoluta inaptitud para otorgarlo (podrá consentir quien posea una inaptitud relativa), concurran vicios de la voluntad o el consentimiento se recabe mediante precio o recompensa. En estos casos, puede decirse que se está en el ámbito del riesgo permitido, y la conducta debería entenderse atípica (sobre ello, POLAINO NAVARRETE y POLAINO ORTS). Los supuestos legales comprendidos son los de transplante de órganos —regulado por **Ley 30/1979**, de 27 de octubre—, esterilizaciones y cirugía transexual realizadas por facultativo.

El último párrafo del precepto, reformulado por **LO 1/2015**, de 30 de marzo, establece condiciones de esterilización legalmente autorizada para quienes de modo permanente no puedan prestar consentimiento. El Tribunal Constitucional (STC de 14 de julio de 1994) tiene advertido que debe tratarse de una alteración mental muy grave, que no permita al afectado acceder al significado de aspectos básicos sobre sexualidad, apreciándose su interés en el caso concreto, y sin que la puntual legitimación pueda implicar apertura alguna a políticas eugenésicas estatales. La reforma de 2015 abunda en el carácter excepcionalísimo de la autorización, planteando el dilema jurídico como situación de necesidad donde se optará, en cada caso, por otorgar preponderancia al mayor interés del afectado.

VI. DELITOS RELATIVOS AL TRÁFICO DE ÓRGANOS (ART. 156 BIS CP)

La LO 5/2010, de 22 de junio, modificadora del Código penal, incorporó un nuevo delito de tráfico de órganos, regulado en el artículo 156 bis CP. Hasta el momento de la pionera incorporación, las conductas relativas al tráfico de órganos eran ilegales conforme al **Real Decreto 2070/1999**, regulador de las actividades de obtención y utilización clínica de órganos humanos, que establecía la ilegalidad de la cesión o recepción por precio de órganos, así como la publicidad de este tipo de comercio. La **LO 1/2019** ha reformado este precepto, dándole una nueva redacción, mucho más exhaustiva que la anterior.

> **Artículo 156 bis**: «1. Los que de cualquier modo promovieren, favorecieren, facilitaren, publicitaren o ejecutaren el tráfico de órganos humanos serán castigados con la pena de prisión de seis a doce años tratándose del órgano de una persona viva y de prisión de tres a seis años tratándose del órgano de una persona fallecida.
>
> A estos efectos, se entenderá por tráfico de órganos humanos:
>
> *a*) La extracción u obtención ilícita de órganos humanos ajenos. Dicha extracción u obtención será ilícita si se produce concurriendo cualquiera de las circunstancias siguientes:
>
> 1.ª que se haya realizado sin el consentimiento libre, informado y expreso del donante vivo en la forma y con los requisitos previstos legalmente;
>
> 2.ª que se haya realizado sin la necesaria autorización exigida por la ley en el caso del donante fallecido;

3.ª que, a cambio de la extracción u obtención, en provecho propio o ajeno, se solicitare o recibiere por el donante o un tercero, por sí o por persona interpuesta, dádiva o retribución de cualquier clase o se aceptare ofrecimiento o promesa. No se entenderá por dádiva o retribución el resarcimiento de los gastos o pérdida de ingresos derivados de la donación.

b) La preparación, preservación, almacenamiento, transporte, traslado, recepción, importación o exportación de órganos ilícitamente extraídos.

c) El uso de órganos ilícitamente extraídos con la finalidad de su trasplante o para otros fines.

2. Del mismo modo se castigará a los que, en provecho propio o ajeno:

a) solicitaren o recibieren, por sí o por persona interpuesta, dádiva o retribución de cualquier clase, o aceptaren ofrecimiento o promesa por proponer o captar a un donante o a un receptor de órganos;

b) ofrecieren o entregaren, por sí o por persona interpuesta, dádiva o retribución de cualquier clase a personal facultativo, funcionario público o particular con ocasión del ejercicio de su profesión o cargo en clínicas, establecimientos o consultorios, públicos o privados, con el fin de que se lleve a cabo o se facilite la extracción u obtención ilícitas o la implantación de órganos ilícitamente extraídos.

3. Si el receptor del órgano consintiere la realización del trasplante conociendo su origen ilícito será castigado con las mismas penas previstas en el apartado 1, que podrán ser rebajadas en uno o dos grados atendiendo a las circunstancias del hecho y del culpable.

4. Se impondrán las penas superiores en grado a las previstas en el apartado 1 cuando:

a) se hubiera puesto en grave peligro la vida o la integridad física o psíquica de la víctima del delito;

b) la víctima sea menor de edad o especialmente vulnerable por razón de su edad, discapacidad, enfermedad o situación.

Si concurrieren ambas circunstancias, se impondrá la pena en su mitad superior.

5. El facultativo, funcionario público o particular que, con ocasión del ejercicio de su profesión o cargo, realizare en centros públicos o privados las conductas descritas en los apartados 1 y 2, o solicitare o recibiere la dádiva o retribución a que se refiere la letra *b*) de este último apartado, o aceptare el ofrecimiento o promesa de recibirla, incurrirá en la pena en ellos señalada superior en grado y, además, en la de inhabilitación especial para empleo o cargo público, profesión u oficio, para ejercer cualquier profesión sanitaria o para prestar servicios de toda índole en clínicas, establecimientos o consultorios, públicos o privados, por el tiempo de la condena. Si concurriere, además, alguna de las circunstancias previstas en el apartado 4, se impondrán las penas en su mitad superior.

A los efectos de este artículo, el término facultativo comprende los médicos, personal de enfermería y cualquier otra persona que realice una actividad sanitaria o socio-sanitaria.

6. Se impondrá la pena superior en grado a la prevista en el apartado 1 de inhabilitación especial para profesión, oficio, industria o comercio por el tiempo de la condena, cuando el culpable perteneciere a una organización o grupo criminal dedicado a la realización de tales actividades. Si concurriere alguna de las circunstancias previstas en el apartado 4, se impondrán las penas en la mitad superior. Si concurriere la circunstancia prevista en el apartado 5, se impondrán las penas señaladas en éste en su mitad superior.

Cuando se tratare de los jefes, administradores o encargados de dichas organizaciones o grupos, se les aplicará la pena en su mitad superior, que podrá elevarse a la inmediatamente superior en grado. En todo caso se elevará la pena a la inmediatamente superior en grado si concurriera alguna de las circunstancias previstas en el apartado 4 o la circunstancia prevista en el apartado 5.

7. Cuando de acuerdo con lo establecido en el artículo 31 bis una persona jurídica sea responsable de los delitos comprendidos en este artículo, se le impondrá la pena de multa del triple al quíntuple del beneficio obtenido.

Atendidas las reglas establecidas en el artículo 66 bis, los jueces y tribunales podrán asimismo imponer las penas recogidas en las letras *b*) a *g*) del apartado 7 del artículo 33.

8. La provocación, la conspiración y la proposición para cometer los delitos previstos en este artículo se castigarán con la pena inferior en uno a dos grados a la que corresponde, respectivamente, a los hechos previstos en los apartados anteriores.

9. En todo caso, las penas previstas en este artículo se impondrán sin perjuicio de las que correspondan, en su caso, por el delito del artículo 177 bis de este Código y demás delitos efectivamente cometidos.

10. Las condenas de jueces o tribunales extranjeros por delitos de la misma naturaleza que los previstos en este artículo producirán los efectos de reincidencia, salvo que el antecedente penal haya sido cancelado o pueda serlo con arreglo al Derecho español».

La LO 1/2019, de 20 de febrero (en vigor desde el 13 de marzo de 2019), ha vuelto a prestar especial atención a una materia de candente actualidad dogmática y político-criminal. La credibilidad de esta praxis comercial victimizante venía empañada por un aura reputacional equívoca, afectada por rumores o «leyendas urbanas» sobre dudosas redes de secuestro y sustracción violenta. Clarificados los términos criminológicos de esta dinámica, cabe apuntar que se trata de una conducta de abuso y explotación de necesidad, de grave impacto victimológico, frecuentemente perpetrado mediante tramas organizadas mundiales. Alguna doctrina sostiene que se dispensa en este delito una tutela penal paternalista y excesiva, toda vez que, al cabo, media una autopuesta consentida por parte de quien hace disposición del órgano. Sin embargo, el escenario desigualitario donde se desarrolla el tráfico compromete la validez de tal «autopuesta», donde, a menudo, se aprovecha la crisis y el vacío legal en los países más pobres de África, Asia y América Latina, siendo los afectados compelidos a la disposición por razones de estricta supervivencia.

De la realidad del tráfico y del frecuente vacío legal alertó el **Informe de OMS** de 25 de marzo de 2010 sobre **trasplante de órganos y tejidos humanos**; dicho documento remite, como la propia Exposición de Motivos de la reformadora LO 5/2010, a la **Declaración de Estambul** (2008) sobre **tráfico de órganos y turismo de trasplantes**, organizadas por la Sociedad de Trasplantes y Sociedad Internacional de Nefrología, primeras en tomar seria conciencia sobre la situación y las modalidades de ataque.

Líder mundial en el terreno de la donación de órganos, y particularmente sensible a esta problemática, España ha sido anfitriona del **Convenio del Consejo de Europa (núm. 216) sobre la lucha contra el tráfico de órganos humanos**, firmado en Santiago de Compostela el 25 de marzo de 2015, a la luz del cual cabe interpretar la regulación penal.

Las modalidades penales incriminadas tienen como cometido la tutela de una pluralidad de bienes jurídicos. La ubicación de este delito en el campo de las lesiones orienta a entender como **bien jurídico** la salud e integridad física objeto de explotación; junto a ello, su singularidad permite en el mismo observar un componente de desvalor macro-social, que atañe a la salud pública.

Ambas perspectivas, relativas a la salud personal y a los niveles de salud poblacional, son perfectamente compatibles desde una concepción pluriofensiva del abuso incriminado. En sentido contrario (ampliamente, MOYA GUILLÉN), se defiende que la tutela del bien individual no siempre sería viable, al incluirse en el tipo de acciones perpetradas más allá de la extracción, donde dicho bien personal ya se habría dañado; frente a ello, cabría aducir que el objeto de tutela no es, en sentido naturalista, la salud e integridad de una *víctima concreta* sino, en términos normativos, el interés social en la salud individual.

Por último, hay una innegable afectación de la dignidad humana en semejante instrumentalización del cuerpo humano. Tal afectación, de hecho, colma la *ratio* de la incriminación que, de otro modo, acaso sólo constituiría un ilícito administrativo. Por razones de deslinde normativo, se sugiere, sin embargo, que debería deferirse estrictamente la tutela de la dignidad al delito de trata de seres humanos con destino al tráfico de órganos, artículo 177 bis.1.*d*) CP, donde este valor cobra protagonismo representativo (así, MOYA GUILLÉN).

La **conducta típica** comprendida ahora en el artículo 156 bis.1 CP abarca las actuaciones de dolosa explotación de **órgano humano ajeno**, el cual constituye el **objeto material del delito**. El citado *Convenio de Santiago* (art. 2) que entiende como órgano humano la *parte diferenciada del cuerpo humano, formada por diferentes tejidos, que mantiene su estructura, vascularización y capacidad de desarrollar funciones fisiológicas con un significativo nivel de autonomía.* No se comprenden como objeto del delito simples células o tejidos, si bien, el convenio en ese mismo artículo acuña un concepto de *órgano humano asimilado*, donde hay referencia a *parte orgánica*, siempre que sea susceptible de ser aplicada a la función que desarrolla un órgano en su integridad.

La reforma de 2019 ha configurado el **delito de tráfico de órganos humanos** diferenciando no entre órganos (principal o no) sino de si proceden de personas vivas o de personas fallecidas, de modo que se introduce dentro del ámbito típico los órganos procedentes de fallecidos, que antes no tenían cobertura legal, lo cual obliga a la reformulación del concepto de bien jurídico.

La **ajenidad** del órgano descarta como sujeto activo a quien realiza cualquiera de las conductas típicas de tráfico referidas a la cesión lucrativa de **su propio órgano**, generalmente ofrecido por desesperadas razones de apremio económico.

Las víctimas antes de la reforma debían ser sujetos vivos, no constituyendo **objeto del delito** el cadáver o los órganos de fallecidos. Pero ahora el legislador de 2019 ha reformado esa concepción, incluyendo también a los fallecidos en el seno del tipo, siguiendo para ello el *Convenio de Santiago.*

Se trata de un delito de **mera actividad**, que se consuma por la realización de actuaciones de trata o explotación de órganos, sin que sea precisa para su consumación la obtención de resultado material alguno. Por lo tanto, cabe advertir que es aquí relevante el desvalor de acción relativo a la explotación de la salud personal, sin comprenderse el eventual resultado de menoscabo del donante o receptor, que habrían de valorarse, en su caso, como lesión autónoma.

El tipo penal castiga a aquellos sujetos que, de cualquier modo, **promovieren, favorecieren, facilitaren, publicitaren o ejecutaren el tráfico de órganos humanos**, serán castigados con la pena de **prisión de seis a doce años tratándose del órgano de una persona viva** y de **prisión de tres a seis años tratándose del órgano de una persona fallecida**.

El delito presenta una tipicidad mixta alternativa que abarca una atropellada y heterogénea variedad de actuaciones de **promoción**, **favorecimiento**, **facilitación** o **publicitación** (consagrándose el carácter delictivo de las *páginas web* donde suele desplegarse el mercado, más no la auto-publicidad por el disponente del órgano) o **ejecución**. Como señala GÓMEZ RIVERO, el tratamiento unívoco de conductas de tan distinto calado puede explicarse, sin embargo, por cuenta del coincidente y central desvalor de la acción explotadora. Ahora bien tales conductas, según afecten a órgano principal o no principal, se equiparan en términos penológicos, a las lesiones agravadas de los artículos 149 y 150 CP, que sí integran un necesario resultado de efectivo menoscabo. De ahí que esta asimilación haya sido considerada en extremo desproporcionada (GARCÍA ALBERO). Las citadas conductas habrán de incidir sobre los ámbitos, también alternativos, referidos típicamente, a saber:

— **Obtención ilegal de órganos humanos**. Son actuaciones, relativas a hacer ilícito acopio o extracción de los órganos ajenos. Cabe pensar que esta mención, en cuanto alternativa típica, cubre los supuestos, que directamente menciona el *Convenio de Santiago*, referidos a acciones de obtención de órganos con fines experimentales, no para su comercialización o trasplante.

— **Tráfico ilegal**, entre las que se comprenderían las actuaciones comerciales relativas a la coordinación, puesta en contacto, depósito, mantenimiento, transporte, etc.

El elemento normativo de ilicitud de la obtención o tráfico enfatiza la exigencia de un dolo que abarque la ilegitimidad del procedimiento observado en las actuaciones.

— **Trasplante**, es decir, relativos a captar, crear y satisfacer la demanda de órganos ajenos. No se incluye una mención legal a la ilicitud del trasplante, o el especial conocimiento del origen ilegal del órgano, como sí se hace en el caso del delito del receptor. En todo caso, las exigencias de responsabilidad subjetiva reclaman un dolo consciente de que la actuación se sigue al margen de la legalidad que rige el sistema de trasplantes.

Las conductas de los profesionales que realizan las operaciones de extracción ilícita del órgano o del trasplante podrían considerarse **facilitadoras**, bien de la **obtención**, bien del **trasplante** de órgano ajeno, en cuyo caso se podría estar ante un **concurso de delitos**, donde se castigaría tanto la explotación comercial de la salud de una persona como su efectivo menoscabo. En efecto, a la conducta de extracción resulta inequívocamente aplicable el tipo de mutilación de los artículos 149 o 150 CP. Más compleja de entender como lesión es la conducta de quien realice estrictamente la intervención de trasplante a tercero, a sabiendas del origen del órgano trasplantado. Si bien no cabe concebirla socialmente adecuada, como acto médico lícito, difícilmente podría castigarse como lesión tal conducta, si con ella mejorara o salvara objetivamente la situación sanitaria del trasplantado.

La reforma legal ha pretendido definir qué se entenderá por tráfico de órganos humanos, que abarcará las siguientes conductas:

a) La extracción u obtención ilícita de órganos humanos ajenos, y será ilícita si concurre alguna de las circunstancias siguientes:

1.ª que no concurra consentimiento libre, informado y expreso del donante vivo en la forma y con los requisitos previstos legalmente;
2.ª que no concurra la necesaria autorización exigida por la ley en el caso del donante fallecido;
3.ª que, a cambio de la extracción u obtención, en provecho propio o ajeno, se solicitare o recibiere por el donante o un tercero, por sí o por persona interpuesta, dádiva o retribución de cualquier clase o se aceptare ofrecimiento o promesa, no entendiéndose por dádiva o retribución el resarcimiento de los gastos o pérdida de ingresos derivados de la donación.

b) Además, tráfico de órganos abarca la preparación, preservación, almacenamiento, transporte, traslado, recepción, importación o exportación de órganos ilícitamente extraídos.
c) Así también el uso de órganos ilícitamente extraídos con la finalidad de su trasplante o para otros fines.

El nuevo tipo castiga, asimismo, a los que, en provecho propio o ajeno llevaren a cabo las siguientes conductas:

a) Solicitaren o recibieren, por sí o por persona interpuesta, dádiva o retribución de cualquier clase, o aceptaren ofrecimiento o promesa por proponer o captar a un donante o a un receptor de órganos.
b) Ofrecieren o entregaren, por sí o por persona interpuesta, dádiva o retribución de cualquier clase a personal facultativo, funcionario público o particular con ocasión del ejercicio de su profesión o cargo en clínicas, establecimientos o consultorios, públicos o privados, con el fin de que se lleve a cabo o se facilite la extracción u obtención ilícitas o la implantación de órganos ilícitamente extraídos.

De entre los tipos agravados, se prevé la pena superior en grado para los supuestos siguientes:

a) Cuando se ponga en **grave peligro la vida o la integridad física o psíquica de la víctima**.
b) Cuando la **víctima sea menor de edad o especialmente vulnerable por razón de su edad, discapacidad, enfermedad o situación**.
c) Y si concurren ambas circunstancias se agravará, a su vez, la pena, que se impondrá en su mitad superior.

El apartado 5 extiende la responsabilidad al **facultativo** (médico, enfermero, etc.), **funcionario público o particular** que, en el marco del ejercicio de su profesión o cargo, llevare a cabo las conductas mencionadas en **centros públicos o privados**, o solicitare o recibiere la dádiva o retribución, o aceptare el ofrecimiento o promesa de recibirla, se le impondrá la pena superior en grado y, además, también la de inhabilitación especial para empleo o cargo público, profesión u oficio, para ejercer cualquier profesión sanitaria o para prestar servicios de toda índole en clínicas, establecimientos o consultorios, públicos o privados, por el tiempo de la condena. Y aun se prevé otra modalidad agravada cuando concurriere, además, alguna de las circunstancias previstas en el apartado anterior, caso en el que corresponderá imponer las penas en su mitad superior.

El texto regulativo del Convenio de Santiago compromete (art. 3) a los países firmantes a disponer de posibilidades agravatorias que contemplen especial impacto victimológico, el abuso de superioridad, la perpetración en contexto de crimen organizado, la reincidencia o el especial desvalimiento de víctima menor o incapaz. Tales exigencias, a juicio de MOYA GUILLEM, están sobradamente cubiertas por el juego de las agravantes genéricas y del concurso de delitos. El legislador reconoce la posibilidad de perpetración del ilícito a las personas jurídicas —así, entidades clínicas, aseguradoras sanitarias que cubran dolosamente estas intervenciones, etc.— conforme al régimen de responsabilidad corporativa que consagra el artículo 31 bis, en la redacción dada por la **LO 1/2015**. En el caso de que el delito sea cometido por una persona jurídica se impondrá la pena de multa del triple al quíntuple del beneficio que se obtenga. Y si el culpable del delito pertenezca a una **organización criminal o grupo criminal** dedicado al tráfico de órganos humanos, las penas experimentarán nueva agravación. Si el culpable fuera jefe, administrador o encargado de estas organizaciones, se le aplicará la pena en su mitad superior, que podrá elevarse a la inmediatamente superior en grado.

Se castigan, asimismo, los actos preparatorios: **provocación, conspiración y proposición** para cometer alguno de estos delitos, para los que se impondrá la pena inferior en uno a dos grados a la que corresponda a los hechos delictivos consumados.

La severa **penalidad** asignada en tales casos comprende una multa proporcional del triple al quíntuplo de los beneficios ilícitos y, junto a ella, potestativamente y en consideración a los factores de apreciación regulados en el artículo 66 bis).1.ª, podrán imponerse las penas graves previstas para las personas jurídicas [art. 33.7.*b*), *c*), *d*), *e*) y *g*)], es decir, la disolución de la persona jurídica, suspensión temporal de actividades, clausura de locales y prohibición temporal o definitiva de futuras actividades relacionadas con el delito, inhabilitación e intervención judicial en salvaguarda de los derechos de los trabajadores.

Habrá **concurso real de delitos** entre esta infracción y la trata de seres humanos con destino a la obtención de órganos, regulada en el artículo 177 bis.1.*d*) CP: ello sucede cuando gestione, en las formas típicas de dicho delito, a seres humanos con el fin de extraerles sus órganos corporales, obrándose mediante violencia, coacción, engaño, abuso de superioridad o de necesidad o vulnerabilidad victimal. Para MOYA GUILLEM, dicho concurso, habilitado expresamente en el artículo 177 bis.9 CP, descansa en una diferencial tutela de la dignidad personal, propia de la trata, frente a los aspectos de salud pública abarcados por el delito de tráfico. El empleo de procedimientos de extorsión, coercitivos, intimidatorios o violentos para obtener la cesión de dichos órganos, no abarcado por el delito de tráfico, lo que permitiría apreciar un posible **concurso medial** entre el delito violento y el de tráfico de órganos.

Equívocas relaciones concursales se determinan si confluyen en torno al tráfico de órganos los elementos típicos relativos a la creación, sostenimiento y participación en el delito de **organización y agrupación** criminal, del artículo 570 bis colmado de elementos bizantinos, procelosos y difíciles de deslindar. El artículo 570 quáter.2 CP resuelve, por su parte, una potencial colisión normativa entre las conductas criminalmente grupales y las comprendidas en otro delito (así, ciertamente, las del art. 156 bis), determinando en tal caso una remisión al artículo 8.4 CP, esto es, habría que aplicar, conforme a criterios de alternatividad, el precepto penal más grave.

Además, a los efectos de reincidencia las condenas de jueces o tribunales extranjeros por delitos de la misma naturaleza se equiparán a los españoles, salvo que el antecedente penal haya sido cancelado o pueda serlo de acuerdo con el Derecho español.

Cuestionario de repaso:

1. Criterio legal diferenciador entre delito básico de lesiones y lesiones leves.
2. ¿Cómo se atiende en el ámbito de las lesiones a un especial desvalor en el modo operativo o al abuso de la vulnerabilidad de la víctima?
3. ¿Qué modalidades típicas comprenden los supuestos lesivos agravados por su mayor dañosidad?
4. ¿Qué bienes jurídicos se protegen, en las respectivas modalidades de maltrato singular del artículo 153 CP?
5. ¿En qué consiste la participación en riña tumultuaria?
6. Relevancia penal del consentimiento en el ámbito de las lesiones; excepciones a dicho régimen.
7. ¿Qué modalidades integran el ámbito de los delitos relativos al tráfico de órganos?

LECCIÓN 6.ª

LESIONES AL FETO

EDGAR IVÁN COLINA RAMÍREZ

I. CONSIDERACIONES PRELIMINARES

A través del delito de lesiones al feto se persigue la protección de la integridad del futuro niño. Este delito se regula por primera vez en 1995, lo que ha eliminado lagunas o vacíos legales (ROMEO CASABONA). Antes de su regulación, las conductas que ocasionaban daños al feto no se podían incriminar a título de lesiones, pues se entendía que para la realización de este delito, tanto el sujeto pasivo como el objeto material, tenía que ser un «ser nacido» (CUERDA RIEZU). Las conductas que lesionasen al feto se consideraban atípicas, pues en esencia no existe ni sujeto pasivo, ni objeto material (HIGUERA GUIMERÁ).

Desde un plano político-criminal, las lesiones al feto se encuentran justificadas, pues en la actualidad existe una infinidad de posibilidades para acceder al feto, ya sea con fines terapéuticos; de investigación o de cualquier otra índole. A juicio de RAMÓN RIBAS, este hecho representa graves peligros no sólo para la vida, sino también para la salud y el normal desarrollo del feto. Por otro lado, la polémica de que si el concebido no nacido es sujeto de protección jurídico-penal ha sido zanjada y hoy día nadie discute que en estos supuestos la acción se realiza sobre un ser vivo, independientemente de que se trate de una vida unida a una relación de dependencia con la madre.

II. REGULACIÓN

El Código penal actual tipifica el delito de **lesiones al feto**, en el Título IV del Libro II, concretamente en los artículos 157 y 158.

III. SISTEMÁTICA LEGAL

El articulado de referencia estructura la tipificación del delito de lesiones al feto del siguiente modo:

a) Lesiones fetales **dolosas** (art. 157 CP).
b) Lesiones fetales **imprudentes** (art. 158 CP).

IV. BIEN JURÍDICO TUTELADO

Según Gracia Martín, en el delito de lesiones al feto, primero debemos averiguar si estamos ante un bien jurídico protegido con plena autonomía, o al contrario, estamos ante un bien jurídico cuya protección sólo puede determinarse a través de las características del sustrato material protegido, con las acciones sobre el feto respecto al bien jurídico vinculado a la madre.

En un primer momento se pude entender, que el bien jurídico se encuentra representado de manera directa, con la vinculación directa con la madre. No obstante, si hacemos un análisis más profundo no se puede dispensar dicha protección únicamente a la persona no nacida. Los efectos de las lesiones no necesariamente se presentan en el claustro materno, sino que en algunas ocasiones se manifiestan en el recién nacido.

Por tanto, para poder establecer, de manera clara cuál es el bien jurídico tutelado por la norma, se deben observar las características especiales que surgen de la relación de continuidad existente entre el feto y la persona nacida, así atendiendo a tal criterio y según se desprende también del artículo 15 CE («todos tienen derecho a la vida y a la integridad física y moral...»), que el **bien jurídico protegido** en este delito lo constituya la **integridad y salud personales**.

V. SUJETOS

1. Sujeto activo

En general, sujeto activo de las tipologías de lesiones al feto puede ser **cualquier persona**, incluida la propia embarazada. Se trata, en consecuencia, de **delitos comunes**.

2. Sujeto pasivo

Lo es, en cuanto titular del bien jurídico protegido, el **embrión** o **feto**.

VI. OBJETO MATERIAL

En el delito de lesiones al feto, al igual que sucede en el aborto, el sujeto pasivo coincide con el propio objeto material de la infracción, siéndolo el **embrión** o **feto**.

Se establece que el objeto material es el embrión o feto. No obstante, no se puede tomar como única definición la que se propone en el ámbito médico, ya que ésta define al feto, a partir del momento en que se ha completado la fase de organogénesis y adquiere forma humana, que es aproximadamente en la decimosexta semana de gestación, hasta su nacimiento. Definición que, si se aplicara al ámbito penal, dejaría zonas grises de muy dudable interpretación, pues el interés objeto de protección, como quedó mencionado, va más allá del momento del nacimiento. Resulta obvio que el cigoto también puede sufrir lesiones, además de tratarse de una realidad y vida independiente a su portadora, por lo que a nuestro juicio, no cabe duda que el momento de la formación de la vida humana es precisamente en la fecundación, por lo que desde ese momento comienza la vida humana y por tanto debe ser susceptible de protección.

Sobre este concreto particular, apunta lo siguiente la STS de 29 de noviembre de 2001:

> «Al analizar desde el punto de vista penal las lesiones causadas al feto durante el curso de la gestación [...] los artículos 29 y 30 del Código civil se ven forzados a tener por persona al concebido a todos los efectos favorables [...] El concebido, en armonía con los avances científicos, tiene un patrimonio genético totalmente diferenciado y propio sistema inmunológico, que pueden ser objeto paciente dentro del útero —conforme a las técnicas más recientes— de tratamiento médico o quirúrgico para enfermedades y deficiencias orgánicas, y que la dependencia de la madre, abstracción del tiempo biológico de la gestación, no es un término absoluto por cuanto se prolonga después del nacimiento; negar al embrión o al feto condición humana independiente y alteridad manteniendo la idea pretendida de la *mulieris portio* es desconocer las realidades indicadas».

También a tal respecto, detalla otra anterior sentencia de nuestro TS en casación, concretamente la de 22 de enero de 1999 (Ponente: GRANADOS PÉREZ):

> «Esta Sala en un supuesto similar al que ahora nos ocupamos, y en la sentencia a que hace referencia el Ministerio Fiscal de 5 de abril de 1995, se decantó a favor de la tipicidad de la conducta como delito de lesiones por imprudencia afirmando que no se vulnera el principio de legalidad esgrimiendo, entre otros, los siguientes argumentos:
>
> En armonía con los avances científicos se considera que el concebido tiene un patrimonio genético totalmente diferenciado, y propio sistema inmunológico, que puede ser sujeto paciente dentro del útero conforme a las técnicas más recientes de tratamiento médico o quirúrgico para enfermedades y deficiencias orgánicas, y que la dependencia de la madre, abstracción del tiempo biológico de la gestación, no es un término absoluto, por cuanto se prolonga después del nacimiento. Negar al embrión o feto condición humana independiente y alteridad manteniendo la idea pretendida de la *mulieris portio* es desconocer las realidades indicadas. La regulación penal anunciada, primero en el Proyecto de 1992, y actualmente en el de 1994, en proceso de elaboración legislativa, otorga a estos hechos una tipificación clara y realista que es eco de las razones últimamente expuestas, pero no implica que llene un vacío normativo porque desde la perspectiva actual es posible dotarlos de una construcción jurídico-penal tal como ha venido haciendo implícitamente la jurisprudencia de esta Sala en las SS de 29 de mayo de 1965, 5 de mayo de 1988 y 1 de abril de 1992, referidas a matronas y otras a los ginecólogos, como las de 29 de marzo de 1988 y 4 de octubre de 1990. En conclusión, afirmado como realidad

penal el delito de lesiones al feto a través de la violencia ejercida sobre la madre embarazada, o atribuyéndole, con un sentido progresivo que se emancipa de las ficciones legales de la condición humana diferenciada de su progenitora y penalmente perseguible, la posibilidad del delito doloso, y, consecuentemente, del delito imprudente, no es cuestionable en nombre del principio de legalidad.

La tipicidad de conductas como la que nos ocupa en el presente recurso, ha sido sostenida, por lo expuesto, en la doctrina de esta Sala: [...]

El caso que examinamos en el presente recurso de casación no se refiere a una vida humana en formación; muy al contrario, las graves lesiones que se exteriorizaron cuando concluyó el parto se causaron al demorarse un nacimiento ya iniciado, en una gestación culminada, impidiéndose que la criatura saliera cuando debía del seno materno. [...]

Esta Sala, en la sentencia 746/96, de 23 de octubre, ya había señalado las diferencias existentes entre la concepciones biológicas y jurídicas que marcan la noción de vida en el siglo XIX de las que prevalecen actualmente, pues biológicamente es claro, en la actualidad, que la vida existe desde el momento de la concepción, y como vida humana en germen es protegida hasta el comienzo del nacimiento. Por consiguiente, y así se infiere de dicha sentencia, a partir del comienzo del nacimiento deja de ser feto y se inicia su protección como persona. [...]

Queda, pues, afirmada la legalidad de la aplicación del delito de lesiones al caso que nos ocupa, en cuanto resulta perfectamente acreditado, por el relato fáctico de la sentencia de instancia, que el objeto de la acción, en este caso omisión, y el bien jurídico protegido, coinciden en una criatura ya formada y en un tiempo en el que ya se han producido en el organismo de la madre las contracciones de dilatación del útero tendentes a la expulsión, que el acusado confunde con dolores lumbares consecuentes a un cólico nefrítico. El nacimiento ya se había producido y la víctima, por consiguiente, era una persona».

VII. LESIONES FETALES DOLOSAS

1. Tipo legal

Dispone el artículo 157 CP:

«El que, por cualquier medio o procedimiento, causare en un feto una lesión o enfermedad que perjudique gravemente su normal desarrollo, o provoque en el mismo una grave tara física o psíquica, será castigado con pena de prisión de uno a cuatro años e inhabilitación especial para ejercer cualquier profesión sanitaria, o para prestar servicios de toda índole en clínicas, establecimientos o consultorios ginecológicos, públicos o privados, por tiempo de dos a ocho años».

2. Comentario

Hablamos de un delito **de resultado material**, el cual ha de consistir en la **lesión o enfermedad del feto que perjudique gravemente el normal desarrollo del mismo**, o bien en una **grave tara física o psíquica**. Por **tara** debe entenderse aquí **disfuncionalidad.** Del análisis del tipo se desprenden dos supuestos claramente diferenciados, pues por un lado tenemos causar una **lesión** o una **enfermedad**, que además debe ser de una magnitud tal que cause un **grave** perjuicio para el normal desarrollo o cause una tara física o mental en el feto, siendo válido cualquier medio activo para cometerlo.

Como se ha referido con antelación, el delito requiere la producción de un resultado, el cual deberá estar comprendido en el proceso de gestación, a no ser que manifieste con posterioridad al nacimiento. Por otro lado, cabe decir que el concepto de grave, resulta un tanto indeterminado, pues el problema se presenta al momento de determinar el alcance de la gravedad. El propio tipo no prevé el castigo para lesiones no graves, de tal manera que no pueden establecerse criterios específicos para determinar dicha cuestión; no obstante, una solución alternativa al respecto es la que plantea ROMEO CASABONA, en el sentido de recurrir a los tipos de resultado de los delitos de lesiones corporales sobre los ya nacidos.

Sin embargo, dicha solución no se puede traspolar al supuesto del normal desarrollo del feto, al menos de manera directa, sino únicamente de manera orientativa.

Por otro lado, cabe decir que al tratarse de un delito de resultado, será apreciable tanto la tentativa (conforme a la genérica regulación de la misma en el art. 16 CP), como la comisión por omisión (a tenor de las reglas reguladoras de la misma previstas en el art. 11 CP).

En el plano de la tipicidad subjetiva, y siendo una infracción dolosa, cabe su comisión tanto a título de **dolo directo** como de **dolo eventual**. Este último supuesto, resulta de gran importancia en la práctica de cara al castigo, junto al genérico delito de lesiones sobre la mujer embarazada en caso de agresión a la misma, también de los resultados lesivos que se pudieran producir sobre el embrión o feto.

Ejemplo: Con motivo del impago de una deuda pecuniaria, un acreedor, «A», propina una brutal paliza a su deudora, «B», embarazada de seis meses. A consecuencia de los golpes, «B» requiere tratamiento médico y quirúrgico, y el feto sufre también una lesión que perjudica gravemente su normal desarrollo. En este caso, «A» responderá, en régimen de concurso real de infracciones, del correspondiente delito de lesiones sobre «B» y del delito de lesiones dolosas sobre el feto.

VIII. LESIONES FETALES IMPRUDENTES

1. TIPO LEGAL

Establece el artículo 158 CP:

«El que, por imprudencia grave, cometiere los hechos descritos en el artículo anterior, será castigado con la pena de prisión de tres a cinco meses o multa de seis a diez meses.

Cuando los hechos descritos en el artículo anterior fueren cometidos por imprudencia profesional se impondrá asimismo la pena de inhabilitación especial para el ejercicio de la profesión, oficio o cargo por un período de seis meses a dos años.

La embarazada no será penada a tenor de este precepto».

2. Contenido de injusto

Al igual que en el caso del aborto, se exige pues, para la concreción del delito, que la imprudencia sea de carácter **grave**. De acuerdo, con el principio de *numerus clausus* (art. 12 CP), el tipo del artículo 158 establece la modalidad imprudente de lesiones al feto; al igual que el artículo 157 CP, se requiere que las lesiones revistan el carácter de grave, es decir que el actuar imprudente debe de ser de tal magnitud que revista un menoscabo sustancial en la integridad física o psíquica en el feto. Ahora bien, en el caso de imprudencia **leve**, al igual que ocurría en el aborto, la conducta será atípica.

De igual manera, el propio tipo establece la modalidad agravada por imprudencia profesional, regulación que a nuestro juicio resulta desacertada, pues no existen niveles de cuidado objetivo superiores a quienes ejercen la profesión sanitaria. Así carecería de sentido un mayor injusto en dichos supuestos, pues sólo hubiese bastado en estos casos la aplicación de la pena de inhabilitación y no así vincularla a la actuación imprudente del personal sanitario.

Finalmente, resulta acertado la no punibilidad para la embarazada en su modalidad de imprudencia, pues con ello se entiende que el propio legislador pretende no sobrecargar a la madre de continuas medidas de diligencia o comportamiento que pudiesen poner en peligro la propia continuidad de la gestación o atentar contra la integridad o la salud del futuro hijo. En estos casos, el hecho *per se* constituye una pena natural para la propia madre.

Dicha situación se equipara a lo previsto para el aborto imprudente, la madre se encuentra exenta de pena a través de la excusa absolutoria del inciso último del parágrafo.

> En referencia a la penalidad de esta figura, ha venido a señalar el Alto Tribunal en casación, en sentencia de 15 de noviembre de 2001 (Ponente: SÁNCHEZ MELGAR):
>
> «El delito doloso previsto en el artículo 157 CP individualiza la inhabilitación especial con el ejercicio de cualquier profesión sanitaria, sin perjuicio de acotar en otros términos la referida inhabilitación para la prestación de servicios en clínicas ginecológicas, con relación a otros partícipes no sanitarios, siendo evidente que el delito culposo descrito en el artículo 158 debe tener idéntico tratamiento en este particular aspecto penológico relacionado con la inhabilitación especial que también concreta para la imprudencia profesional en inhabilitación especial para el ejercicio de la profesión».

> **Ejemplo**: «A», médico de cabecera de la mujer «B», embarazada de cinco meses, le receta a la gestante, a pesar de conocer su estado, por error, unos medicamentos contra la gripe totalmente contraindicados en caso de embarazo. A consecuencia de dicho tratamiento, cuatro meses después, «B» da a luz a un niño con graves malformaciones. «A» responderá de un delito de lesiones al feto por imprudencia profesional.

La pena establecida para el delito de lesiones al feto en su modalidad dolosa (art. 157 CP), es la de prisión de 1 a 4 años e inhabilitación de 2 a 8 años, aparentemente parece ser más gravosa que en los delitos de lesiones para los ya nacidos, no obstante, debe tenerse en consideración que en este tipo se castigan las conductas más graves, por lo que a nuestro juicio dichas penas parecen adecuadas.

La pena para la modalidad de lesiones al feto imprudentes (art. 158 CP), es de 3 a 5 meses de prisión o multa de 6 a 10 meses. Si fuesen cometidos por un profesional de la salud se impondrá además inhabilitación especial por un período de 6 meses a 2 años.

Cuestionario de repaso:

1. ¿En qué sede legal se regula el delito de lesiones al feto?
2. ¿Cuáles son los bienes jurídicos protegidos en el delito de lesiones al feto?
3. ¿Cuáles son las tipologías en torno a las cuales el vigente Código penal estructura y sistematiza el delito de lesiones fetales?
4. En el delito doloso de lesiones al feto: ¿cabe la aplicación del dolo eventual?
5. En la infracción de lesiones fetales imprudentes: ¿es típica la imprudencia leve?
6. ¿Qué pena le corresponde a la embarazada que incurre en el delito de lesiones imprudentes al feto?

LECCIÓN 7.ª

DELITOS RELATIVOS A LA MANIPULACIÓN GENÉTICA

MYRIAM HERRERA MORENO

I. CONSIDERACIONES GENERALES

El Título V del Libro II del Código penal alberga en pocos artículos (arts. 159-162 CP) la regulación de modalidades de ataque que tienen en común su perpetración a través de geno-tecnologías, siendo así que, según se reconoce (PERIS RIERA y GARCÍA GONZÁLEZ), es apenas viable reconducir a un único y monolítico **bien jurídico protegido** el amplio repertorio de valores colectivo-individuales implicados. En todo caso, como referente común, son los intereses de la humanidad los que se hallan profundamente comprometidos en su identidad genética, dignidad o seguridad, precisamente frente a los excesos de la bio-tecnología.

Mucho camino se ha recorrido desde los humildes guisantes mendelianos a los clónicos balidos de *Dolly*, hasta llegar hoy a una cuasi-creación de vida artificial, o sintética, por el científico Craig VENTER (2010), o a la praxis del dopaje genético. Nuevas filosofías hoy enfatizan las distintas posibilidades de enfrentamiento humano al inexorable destino genético. Frente a ello, se opone la idea de que la ingeniería genética puede suponer una presión directa y poderosa sobre la evolución de la especie humana, comprometiendo abusivamente a las generaciones venideras. Ante dicha coyuntura, el presente Título supone un intento —confuso, a menudo simbólico, y cuasi-futurista, por lo demás— de conciliar seguridad, dignidad y progreso humano.

> No es fácil aquilatar cuando se está ante un progreso terapéutico, o cuando se puede estar menoscabando la bio-diversidad de la especie humana. Baste como ejemplo el problema planteado en ámbitos genéticos a propósito del autismo: los sectores eugenésicos —que abanderan profundizar en la identificación de los genes de los que depende el autismo, para filtrarlos y erradicarlos— se enfrentan a la contestación de quienes sostienen que los genes autistas se hallan provechosamente dispersos entre la población, siendo responsables de aspectos de creatividad relacionados con las matemáticas o las artes: la *criba autista* supondría un dramático empobrecimiento del patrimonio genético humano.

Los delitos de manipulación genética fueron introducidos, desde previas bases administrativas, por el Código penal de 1995, una vez se abandonara la idea de regular la materia mediante legislación especial. La LO 15/2003 operará una mera reagrupación de las conductas incriminadas en el presente Capítulo.

> Junto a las normas penales de este Título V, el ámbito regulativo de las actuaciones de implicación genética se completa hoy, fundamentalmente, por las **Leyes** administrativas **16/2006**, de reproducción asistida humana, y **14/2007**, de 3 de julio, de investigación biomédica, así como múltiples tratados internacionales suscritos por España en prevención de abusos geno-tecnológicos.

II. DELITOS DE MANIPULACIÓN GENÉTICA EN SENTIDO ESTRICTO

El artículo 159 CP aborda la incriminación de las conductas genéticamente manipulativas que trasponiendo los límites de permisión jurídica, implican la afectación del patrimonio genético humano. El presente precepto configura las modalidades dolosa y culposa de perpetración.

1. Manipulación dolosa de genes humanos (art. 159.1 CP)

> **Artículo 159.1**: «Serán castigados con la pena de prisión de dos a seis años e inhabilitación especial para empleo o cargo público, profesión u oficio de siete a diez años los que, con finalidad distinta a la eliminación o disminución de taras o enfermedades graves, manipulen genes humanos de manera que se altere el genotipo».

La conducta, pues, se caracteriza por modificar la esencialidad genética humana, por lo que estamos ante un **bien jurídico protegido** de titularidad colectiva y globalizada, coincidentes con el interés de la especie humana en la preservación de su esencia, o **inalterabilidad del patrimonio genético de la humanidad**. Gómez Rivero, Peris Riera y García González adscriben a dicho bien jurídico una doble acepción personal y social: por un lado, en tanto intangibilidad de la persona; por otro, como inalterabilidad del patrimonio genético de la humanidad. En similares términos pluriofensivos se expresa Romeo Casabona, aludiendo, por un lado, a la **integridad genética del embrión pre-implantatorio, el embrión y el feto**, y, por otro, a la **intangibilidad del patrimonio genético**.

Como puede observarse, la afectación ha de repercutir en rasgos susceptibles de incorporarse en el **patrimonio genéticamente heredable**, dejando fuera a las manipulaciones ilícitas no heredables, por cuanto no afectan al patrimonio genético humano (así, por ejemplo, las de naturaleza somática, sobre partes o elementos, que no serán incorporadas a un organismo, frente a las practicadas en línea germinal). En contra, PRAT WESTERLINDH sugiere que tales modificaciones sí podrían vulnerar un bien jurídico que, en su opinión se consagra asimismo en este precepto: la libertad para decidir sobre la integridad genética personal.

De otra parte, es también pacífica la alusión doctrinal a la **dignidad humana** como bien aquí protegido, consagrado en el artículo 10 CE.

Respecto del **sujeto activo**, hay que diferenciar muy bien el plano normativo del empírico. La norma no reclama características especiales en el sujeto activo, por lo que se trata de un delito común, que cualquiera que se halle en la situación típica puede cometer. Por otra parte, desde el punto de vista empírico, las genotecnologías no están al alcance del ciudadano común, por lo que será imposible su perpetración por autor profano. De hecho el propio legislador lo admite cuando castiga la conducta con una pena de inhabilitación. De otra parte, y a tenor del bien jurídico al que antes hemos aludido, **sujeto pasivo** será la humanidad, la especie humana y puede serlo un sujeto cuyo genoma resulte alterado.

Objeto material del delito será el organismo —o gameto— sometido a la manipulación genética (esto es, el cuerpo de una persona, embrión, feto o células sexuales).

La **conducta típica** es la de **manipular genes humanos de manera que se altere el genotipo**, presidiendo la conducta cualquier finalidad distinta de la eliminación o disminución de taras o enfermedades graves. Se trata, pues de un **delito de resultado,** cuya dinámica manipulativa tiene que redundar en un necesaria alteración de genotipo, pudiéndose apreciar formas imperfectas de realización.

El verbo típico **manipular** es definido por la Real Academia de la Lengua como «oponer o manejar con las manos cualquier instrumento», y, ciertamente, de acuerdo con ello, quedan fuera del tipo aquellos procedimientos exógenos que no reclaman intervención directa, según advierte PERIS.

Se discute si es posible la manipulación genética omisiva *ex* artículo 11 CP; aunque suele descartarse por la doctrina, el caso sería perfectamente concebible cuando exista un individuo con deber de garante sobre determinado material genético o sobre persona de la que se extraiga el mismo —director científico o autoridad clínica—.

La manipulación ha de venir referida a los genes, constituyendo tal referencia un elemento normativo; el término **gen**, empleado por vez primera en 1909, deriva de la *darwiniana* ***pangenesis***, o **herencia biológica**.

Para el Comité de Nomenclatura de la Organización del Genoma Humano, el **gen** se define como segmento de ADN que contribuye a un fenotipo/función. En ausencia de una **función** demostrable, un gen puede ser caracterizado por secuencia, transcripción u homología.

Así, el **gen** es considerado como unidad de almacenamiento de información y unidad de herencia.

Por lo demás, los genes sometidos a manipulación han de ser humanos, de modo que cualquier manipulación sobre material genético de especie distinta queda fuera del alcance del tipo. Se discute, sin embargo, si cualquier manipulación de genes humanos (fuera de los casos permitidos) concreta el presente tipo, o si es posible una reducción teleológica, atenta al bien jurídico aquí protegido.

Así, ha sido reclamado por los especialistas la necesaria restricción del tipo de acuerdo con las exigencias de protección fragmentaria, para que queden excluidas las manipulaciones de línea somática, esto es, que no se realicen sobre **células germinales**, determinantes de **cambios** transmisibles y modificadores del **genoma** humano. Con buen sentido, CASTELLÓ NICÁS halla innecesaria tal exclusión taxativa, que procedería, sin más, de la estricta toma en consideración del bien jurídico, el patrimonio genético humano.

La manipulación ha de operarse de modo que se altere el genotipo, concebido éste como constitución genética de un organismo en relación a un rasgo hereditario específico o a un conjunto de ellos. Dicha alteración constituiría el **resultado típico** exigido, debiendo apreciarse una relación de causalidad entre la manipulación genética y la alteración genotípica.

La modificación genotípica ha de ser estable, aunque, en opinión de ROMEO CASABONA, no necesariamente irreversible. Asimismo, entran dentro del ámbito típico, pues, las llamadas manipulaciones perfectivas, esto es, aquellas que implican una mejora no en el sentido terapéutico, sino bio-social (así, las que aporten más belleza, altura, inteligencia, fortaleza, o resistencia física). Un especial problema de causalidad e imputación se determina por cuanto los tratamientos de mejora genética se producen con ocasión de terapias genéticas avanzadas, de carácter lícito.

Dentro de estas mejoras, cabe integrar la delictividad de la conducta que la Agencia Mundial Anti-dopaje define como *dopaje genético*: como *el uso no terapéutico de células, genes, elementos genéticos o modulación de la expresión genética en orden a la obtención de mejoras en el rendimiento deportivo*.

Dentro del alcance del tipo, se contarían todas las actuaciones que incidieran sobre el patrimonio genético, esto es, las modificaciones genéticas heredables; en caso de dopaje deportivo que sólo determine alteraciones somáticas, el artículo 362 quinquies CP representaría más acertadamente el desvalor antideportivo de la conducta. En el caso de que las alteraciones pasaran al acervo genético, podria plantearse un concurso entre manipulación y dopaje.

En cuanto a su **tipicidad subjetiva**, el presente delito doloso incorpora un elemento subjetivo del injusto, que configura un delito mutilado de dos actos, con un alcance finalista negativo, consistente en actuar con **finalidad distinta** a la eliminación o disminución de taras o enfermedades.

La alusión a la gravedad de las taras enfermedades que se quieren eliminar o disminuir constituye un elemento normativo que debe objetivarse, como apunta CORCOY BIDASOLO, para que no pudiera, por ejemplo, entenderse por **tara** la inadecuación a cánones raciales o estetizantes.

En tal sentido, PÉREZ TRIVIÑOS diferencia entre **finalidad terapéutica**, extratípica, que aspira a reestablecer, mediante tratamiento genético, a un organismo a su previo estado de salubridad, una finalidad de **mejora**, que aspira a potenciar al máximo las capacidades sin traspasar el espectro carácterístico del potencial humano, y una **finalidad trasnshumanista**, que se propone un mejoramiento superhumano, es decir, el aumento de las capacidades de una persona por encima del ámbito característico de la especie humana, constituyendo estas dos últimas motivaciones subjetivas incardinables en el presente tipo.

En cuanto a la **problemática concursal**, para ROMEO CASABONA, cabe hablar de concurso de leyes entre esta norma y las lesiones o lesiones al feto (arts. 149, 150 o 157 CP) cuando la alteración genotípica practicada a un nacido o, en su caso, a un feto, sean contrarias a la salud. Sin embargo, a favor de un posible concurso ideal de delitos, cabría señalar que el ámbito de las lesiones incorpora un desvalor individualista que no comprende la lesividad propia de un atentado contra el patrimonio genético de la humanidad.

El caso especial de la manipulación genética con destino a la mejora en el rendimiento deportivo, o *dopaje genético* presenta una compleja problemática concursal: el concurso real entre el presente delito y el de dopaje actualmente regulado en el artículo 362 quinquies CP (conforme a la redacción de la LO 1/2015), será sostenible si se entiende que, en la manipulación genética, es el patrimonio genético lo que está eminentemente afectado, en contraste con los valores poblacionales sanitarios y de ética deportiva, diferencialmente menoscabados por la conducta de dopaje.

2. MANIPULACIÓN CULPOSA DE GENES HUMANOS (ART. 159.2 CP)

> **Artículo 159.2**: «Si la alteración del genotipo fuere realizada por imprudencia grave, la pena de multa de seis a quince meses e inhabilitación especial para empleo o cargo público, profesión u oficio de uno a tres años».

Dada la trascendencia del **bien jurídico protegido**, el legislador ha previsto el castigo de la manipulación genética imprudente, gravemente infractora de un deber de cuidado apreciable a la luz de la legislación administrativa. Precisamente por dicha relevancia teleológica, y dado el ambiente altamente profesionalizado en que se incurre la eventual negligencia, es plausible cuestionar por qué la modalidad culposa sólo abarca infracciones de cuidado graves, dejando fuera las menos graves.

En cuanto a la **conducta típica** comprendida, se ha sugerido que, dado que la presente previsión culposa no incorpora alusión alguna a la manipulación, podrían entenderse incriminadas las intervenciones genéticas no manipulativas e indirectas, fuera del alcance del número anterior (así, alteraciones genéticas mediante radiaciones ionizantes). Tal interpretación no es plausible por razones sistemáticas, debido a la inclusión de este delito en el **Título V** genéricamente alusivo a los delitos relativos a la manipulación genética.

El **elemento subjetivo** incorporado al tipo doloso, relativo a la ausencia de finalidad terapéutica no se exige aquí, lo que, según ROMEO CASABONA o JORGE BARREIRO, entre otros, delimita dos tipos de negligencias graves:

— Cuando, en el curso de una investigación genética no terapéutica, ilícita, se determine una alteración genotípica no pretendida.

— Cuando, en el desarrollo de una práctica de ingeniería genética terapéutica, permitida, se incurra culposamente en una alteración genotípica diferente de la terapéuticamente indicada.

En visión contraria, se defiende que este último supuesto no quedaría abarcado, al entenderse subjetivamente configurado el presente tipo, debiendo concurrir la exigencia actuación con finalidad no terapéutica (VALLE MUÑIZ y TAMARIT SUMALLA). Así, quedarían fuera del tipo las alteraciones, incluso gravemente negligentes, que se hubieran suscitado en el curso de lícitas intervenciones geno-tecnológicas de naturaleza terapéutica.

La **penalidad**, menos severa en cuanto conducta imprudente, incorpora pena de multa, en lugar de prisión, junto a una menos extensa inhabilitación especial.

III. DELITOS DE ILÍCITA FERTILIZACIÓN HUMANA

Asistimos aquí a un grupo de delitos que exigen la aplicación de bio-tecnología a la fertilización de material genético humano, siendo, respectivamente, fuentes típicas de ilicitud, la **finalidad no reproductiva** (art. 160.2 CP), la **técnica empleada** (de clonación no terapéutica, o selectiva de raza, art. 160.3 CP) o la **ausencia de consentimiento de la mujer** fecundada (art. 161.1 CP). Revisamos a continuación estos delitos.

1. FECUNDACIÓN DE ÓVULOS HUMANOS CON FINES NO REPRODUCTIVOS (ART. 160.2 CP)

> **Artículo 160.2**: «Serán castigados con la pena de prisión de uno a cinco años e inhabilitación especial para empleo o cargo público, profesión u oficio de seis a diez años quienes fecunden óvulos humanos con cualquier fin distinto a la procreación humana».

El **bien jurídico** es aquí objeto de variada discusión. Desde una perspectiva individualista, se habla de la vida humana prenatal, o incluso se ha estimado que es el propio embrión (ROMEO CASABONA) el objeto de protección aquí consagrado. Se llega, asimismo, a cuestionar la legitimación de este delito (CORCOY BIDASOLO), algo sólo entendible si se sostiene que el bien jurídico pueda ser un administrativo y formal interés del Estado en «controlar el empleo de las técnicas de reproducción asistida».

En contra de planteamientos estrictamente individualistas, y con independencia del debate bio-normativo acerca del estatus embrionario, puede entenderse con seguridad que el embrión es, nítida, singular e indisputablemente, material genético que identifica y representa a la especie humana en determinado estadio evolutivo. Como tal, su instrumentalización a fines ilícitos no reproductivos (así, mercantiles, industriales, experimentales, etc.) supone un grave atentado a la dignidad de la especie humana, que cabe estimar bien jurídico colectivo aquí tutelado (en tal sentido, BENÍTEZ OTÚZAR).

El **objeto material** del delito no puede ser otro más que el óvulo, gameto femenino humano, siendo indiferenciado el **sujeto activo;** el **sujeto pasivo** es la especie humana. La **conducta típica** exige objetivamente la fecundación, *in vitro* o *in utero*, de óvulo humano, quedando incluida parcialmente la hibridación animal, en cuanto fecundación de óvulo humano con esperma de animal —aunque, incoherentemente, como apunta CRUZ BLANCA— no el caso inverso en el que un óvulo animal sea fecundado con esperma humano. La fecundación en sentido estricto exige la unión de gametos femeninos y masculinos, con exclusión, pues, de las técnicas de fertilización asexuada o partenogénesis, como la transferencia de núcleo celular a ovocito enucleado (en contra, ROMEO CASABONA, que propone un concepto extensivo de fecundación, para abarcar tales fertilizaciones).

La **tipicidad subjetiva** de este delito intencional, mutilado de dos actos, abarca, además del dolo, la finalidad de no destinar a la reproducción al embrión fecundado, sino a otras aplicaciones ilícitas. La fecundación efectuada con tales miras no reproductivas perfeccionaría el delito, con independencia del pleno agotamiento de los fines personalmente ambicionados.

2. CREACIÓN DE SERES HUMANOS IDÉNTICOS POR CLONACIÓN; CREACIÓN DE SERES HUMANOS POR OTROS PROCEDIMIENTOS RACIALMENTE SELECTIVOS (ART. 160.3 CP)

> **Artículo 160.3**: «Con la misma pena se castigará la creación de seres humanos idénticos por clonación u otros procedimientos dirigidos a la selección de la raza».

Como **bien jurídico** afectado, se trata, aquí también, del patrimonio genético de la humanidad, pero específicamente dañado en un rasgo concreto: su variabilidad.

— Mediante la pérdida de su diversidad genética y su artificial homogeneización, la humanidad se empobrece biológicamente, se pierde capacidad de defensa y supervivencia de especie y aumenta la posibilidad de que se expandan determinadas enfermedades.

— Desde un punto de vista individual, además, hay que considerar el derecho a la integridad física y dignidad personal así como a la singularidad genética de todo ser humano.

— Desde luego, las técnicas de clonación podrían calificarse normativamente de manipulación genética, por cuanto se encuentran genéricamente incardinadas en el presente Título V: «De las manipulaciones genéticas». Sin embargo, en un sentido científico, tales procesos no implican una auténtica intervención modificadora del genotipo, lo que podría explicar su regulación autónoma respecto del tipo de manipulación genética del artículo 159.1 CP.

La configuración del presente tipo suscita distintas interpretaciones, de hecho, fue ya tildada de confusa por la Comisión Nacional de Reproducción Asistida en su Informe de 1998: así, parece identificar la clonación como **procedimiento** —entre «otros», igualmente punibles— **dirigido a la selección de raza**.

— Así, en una primera interpretación, puede entenderse que estamos ante un solo delito mixto alternativo, donde la orientación selectiva de raza sería elemento común, siendo ésta abordada en un caso por clonación y en otro por cualquier otro procedimiento.

— La doctrina mayoritaria, con mejor criterio, opta por entender que estamos ante dos modalidades delictivas distintas, una de ellas, la creación de seres humanos idénticos por clonación y la otra la creación de seres humano por otros procedimentos selectivos de raza.

A) *El delito de creación de seres humanos idénticos por clonación*

Este supuesto típico, contenido en el primer inciso, nos remite, como veremos, a un ámbito transido de cuestionamientos bioéticos.

Múltiples declaraciones internaciones manifiestan la ilegitimidad de la clonación, en cuanto atentatoria contra los Derechos Humanos Fundamentales. Así, la Declaración Universal sobre el Genoma y Derechos Humanos de la UNESCO (1997), la Resolución de la Asociación Médica Mundial sobre la Clonación (1997) y el Protocolo Adicional al Convenio Europeo sobre los Derechos Humanos y la Biomedicina del Consejo de Europa (1997) o la Resolución del Parlamento Europeo sobre clonación de octubre de 2000.

> El citado Protocolo Adicional del Consejo de Europa prohíbe la clonación humana definida en su artículo 1 como la creación de embriones humanos con un patrimonio genético idéntico a otro, ya sea vivo o muerto. A los efectos de este artículo, la expresión ser humano genéticamente idéntico significa compartir con otro la misma carga nuclear.

Ahora bien, en la primera década del presente siglo, ante la audacia experimental de algunas empresas bio-tecnológicas anglosajonas, comienza a debatirse científicamente la posible diferenciación de dos tipos de clonación, una, incondicionalmente rechazada, llamada reproductiva (en la que se dejaría que el organismo clonado se implantara y llegara a desarrollarse y nacer) y otra llamada terapéutica, admitida por algunos sectores biomédicos (en la que el clon sólo se dejaría desarrollar hasta la fase de blastocito, siendo empleado para proveer de material genético útil a un enfermo).

Entre distintas variantes de clonación eventualmente terapéutica, sería aplicada a material genético humano la técnica de transferencia nuclear que se practicara en el celebre caso de duplicación genética de la **oveja Dolly**.

> **Ésta consiste en la transferencia nuclear de una célula adulta del paciente a un ovocito, al que se** le ha extraído el núcleo, para, que puedan generarse células madre embrionarias: éstas se extraerían, cultivarían y serían dirigidas a crear tejidos u órganos que podrían trasplantarse sin peligro de rechazo. Mediante la clonación se podría llegar, así, a posibilitar el establecimiento de un banco de tejidos u órganos al servicio de potenciales usuarios. No es extraño que tal posibilidad suscite considerables reservas de bio-éticas.

España ha establecido un ámbito de legitimación a tales prácticas de clonación experimental dirigidas a posibles usos terapéuticos, configurado mediante la **Ley 14/2006, de 26 de mayo**, sobre técnicas de reproducción asistida y la **Ley 14/2007, de 3 de julio**, de Investigación biomédica. Asimismo, muy, tempranamente, en Andalucía, la **Ley 1/2007**, regula la investigación en reprogramación celular con finalidad exclusivamente terapéutica.

> Así, en la citada **Ley 14/2007, de 3 de julio**, de investigación biomédica se prohíbe la constitución *ad hoc*, de preembriones y embriones humanos exclusivamente con fines de experimentación (art. 33 LIB). Se utilizarán a tal efecto los ovocitos y embriones sobrantes o **supernumerarios procedentes de la aplicación de las técnicas de reproducción asistida,** en las condiciones de donación establecidas de acuerdo con la **Ley 14/2006, de 26 de mayo**, sobre técnicas de reproducción asistida. Se prohíbe expresamente (art. 35 LIB) la utilización de tales materiales con fines de reproducción asistida, es decir, la clonación experimental estará exclusivamente orientada a fines de investigación biomédica.

La **conducta típica** es la **creación de seres humanos idénticos mediante clonación**. Por clonación se entiende producir **clones** o **retoños** —como indica la etimología griega del término «clon»— genéticamente idénticos, en su integridad o de modo fragmentario. Para la Real Academia de Ciencias Exactas Físicas y Naturales, clon es un *organismo o grupo de organismos de idéntica composición genética que procede de un único individuo, mediante reproducción asexual, partenogénesis o apoximis.*

Según ROMEO CASABONA, los seres humanos producidos por clonación han de ser estrictamente individuos llegados a término y nacidos. Quedaría, para él, fuera del alcance del tipo, aunque fuera ilícita, la creación de clones meramente embrionarios, no desarrollados hasta la fase de nacimiento, ya que, en la visión de este autor, el embrión no integra el concepto típico de *ser humano*.

> En cuanto a esta discusión, es de advertir que el tipo no alude a la personalidad jurídica sino a la condición de **ser humano**, un elemento normativo necesitado de valoración según el estado de los conocimientos científicos y las conceptuaciones legales. En cuanto a su **ser**, estamos ante un organismo inequívocamente dotado de identidad genética, existencia y substantividad propia. Sobre la **humanidad** del clon embrionario nos hablan inequívocamente la STC de

212/1996, de 19 de diciembre, así como la propia Ley 1/2007: dichos textos aluden abiertamente a embriones y fetos **humanos**, siendo, como son, plenamente filiables en el ámbito propio de nuestra especie.

Para Benítez Ortúzar, cabe entender al embrión como **ser humano en formación**. De este modo, debería considerarse típica toda clonación de organismos humanos, sin importar su fase de desarrollo, en tanto al margen de la licitud administrativa. En la clarificación de cuestiones del presente tenor, como argumenta Prat Westerlindh, la configuración de un claro y garantista estatuto jurídico del embrión, abandonando la vigente ambigüedad normativa, podría arrojar luz sobre esta y otras imprescindibles delimitaciones típicas.

De otra parte, pese al confuso plural legislativo —creación de «**seres humanos idénticos**»— alude al producto de la clonación, se entiende que no será precisa la creación de más de un clon. En relación con la característica **identidad a otro** que caracteriza típicamente al clon creado, y que, en la práctica, nunca es biológicamente exacta, se toma como referencia aclaratoria la alusión protocolaria europea, antes transcrita, conforme a la cual la identidad se refiere a **compartir con otro la carga genética nuclear**.

Es discutible si la creación de clones híbridos entraría en el alcance típico. Podría sostenerse que el clon híbrido —obtenido mediante fertilización de óvulos animales anucleados con núcleos de células somáticas humanas— sería humano e idéntico a otro ser humano, en tanto compartiera carga genética nuclear con él, aunque el ADN mitocondrial fuera de animal.

¿A quién ha de ser idéntico el gen? El mencionado Protocolo Europeo menciona identidad respecto de **otro**, **vivo** o **muerto**. Se plantea si puede haber clonación típica cuando se reproduce genéticamente a un individuo no nacido, embrión o feto, en virtud de prácticas de paraclonación y gemelación artificial.

Para Romeo Casabona, el clon creado en estos casos no sería idéntico a otro ser humano, no llegando a nacer el respectivo embrión o feto del cual el clon procede. En realidad, la clave no es la coexistencia entre el ser original y el clon, sino, una vez más, el concepto en el que se tenga al **ser humano**.

Por último, la cabida típica de este delito abarcaría la todavía fantasiosa posibilidad evocada por el biólogo George Church (2013), de crear, por clonación, una célula sintética de neardenthal, e introducirla en un embrión humano que se llevaría a término por una madre subrogada (conducta que no integraría una delictiva «fecundación de óvulo humano con fines distintos a la procreación humana», siendo la neardenthal una especie del género *homo*, y, por ende, perfectamente humana).

Para valorar la **antijuridicidad** y los supuestos de excusa, habría que estar al marco administrativo establecido en torno a la clonación con fines biomédicos. En cuanto a la **penalidad,** dada la trascendencia discriminatoria de la conducta cabe cuestionar, con CORCOY BIDASOLO, el carácter privilegiado del presente artículo 160.3 CP respecto a lo previsto en el artículo 159 CP.

B) *Crecación de seres humanos por otros procedimientos racialmente selectivos*

El último inciso del artículo 160.3 CP incrimina la **creación de seres humanos por otros procedimientos racialmente selectivos**. Se trata de un delito de peligro abstracto, que protege al patrimonio genético humano. Los procedimientos incriminados ciertamente, no se especifican, pero su naturaleza necesariamente bio-tecnológica debe de inferirse sistemáticamente. Deben ser procedimientos distintos a la clonación y comportar un elemento subjetivo selectivo de raza.

Por **selección de raza** se entenderá la mejora de un individuo no por sí, sino en cuanto componente de una raza o estirpe, de modo que ésta adquiriera ventajas biológicas (belleza, inteligencia, velocidad, resistencia orgánica) sobre otras; pero asimismo, se comprenderían las intervenciones selectivas destinadas a degenerar a ciertos colectivos, determinando razas dependientes o esclavas (HIGUERA GUIMERÁ).

IV. DELITO CONTRA LA LIBERTAD PROCREATIVA: REPRODUCCIÓN ASISTIDA NO CONSENTIDA POR LA MUJER (ART. 161.1 Y 2 CP)

Artículo 161: «1. Quien practicare reproducción asistida en una mujer sin su consentimiento será castigado con la pena de prisión de dos a seis años e inhabilitación especial para empleo o cargo público, profesión u oficio por tiempo de uno o cuatro años.
2. Para proceder por este delito será precisa denuncia de la persona agraviada o de su representante legal. Cuando aquélla sea menor de edad, incapaz o una persona desvalida, también podrá denunciar el Ministerio Fiscal».

El Código penal de 1995 configura, por vez primera, un delito que tiene como **bien jurídico** la tutela de la libertad de la mujer, y su derecho a gestionar su capacidad reproductiva.

Siendo ello claro, sin embargo, se ha criticado la creación de un tipo semejante, contra la libertad personal, desligado del ámbito de las coacciones, y, sobre todo, resulta bastante discutida su ubicación en un ámbito consagrado a las manipulaciones genéticas (DOMÍNGUEZ IZQUIERDO).

En cuanto a su desmarque del ámbito de las coacciones, este delito abarca una afectación la voluntad que trasciende estrictamente del mismo, ya que incorpora la reproducción obtenida sin válido consentimiento, es decir, incluso por haberse procedido mediante engaño e incluso prevalimiento. Sin embargo, en lo tocante a su cuestionable ubicación en el presente Capítulo V, la objeciones tienen pleno sentido: cierto es que en todo caso, se trata de un delito, como todos los abarcados en el capítulo, preventivo de abusos bio-tecnológicos, pero, en este caso, esencialmente dirigido a la protección de un bien jurídico estrictamente, la libertad procreativa de la mujer (ROMEO CASABONA).

El delito comprende la **conducta típica** de practicar una reproducción asistida en contra de la voluntad de la mujer, necesario **sujeto pasivo** de este delito, cuyo **sujeto activo**, una vez más, es inespecífico. Si en versiones previas a la redacción final del Código penal del 1995 se hacía referencia a «inseminación artificial», la definitiva alusión a la «reproducción asistida» incluye modernos procedimientos reproductivos no espermáticos.

Se trata de un delito de mera actividad: **practicar reproducción asistida** es realizar cualquiera de los actos propios de la técnica reproductiva aptos para determinar la concepción, aunque ésta no se produzca (ROMEO CASABONA).

— La mera realización no consentida de técnicas de inseminación artificial supondrán la consumación del delito, no siendo precisa la fecundación, desarrollo gestacional o nacimiento.

— Sin embargo, cuando se realice fecundación *in vitro*, puede entenderse que la estimulación ovárica, extracción de ovocitos y fecundación *in vitro* no son actos típicos, configurándose el delito cuando se transfiera el embrión al útero de la mujer. Esta distinción se apoyaría en varios motivos: sistemáticos, ya que la apropiación de gameto masculino sin consentimiento del varón tampoco es delito; constitucional: por que la STC 116/1999, de 19 de junio, establece que los embriones *in vitro* no gozan del mismo trato normativo que los transferidos al útero materno y substantivos, ya que el tipo se refiere a reproducción asistida *en la mujer*.

Por ausencia de consentimiento se entenderá la falta de anuencia a la reproducción asistida formulada en las condiciones de libertad, validez e información exigidas en la Ley 16/2006, de reproducción asistida humana.

En última instancia, en el artículo 161.2 CP se consagran requisitos de procedibilidad que convierten a este delito en semi-público, en aras de proteger la intimidad del sujeto pasivo, salvándose, sin embargo, las eventuales necesidades de tutela de un menor, incapaz, o persona desvalida.

V. DELITO CONTRA LA SUPERVIVENCIA DE LA ESPECIE HUMANA: UTILIZACIÓN DE INGENIERÍA GENÉTICA PARA PRODUCIR ARMAS BIOLÓGICAS O EXTERMINADORAS DE LA ESPECIE HUMANA (ART. 160.1 CP)

Artículo 160.1: «La utilización de la ingeniería genética para producir armas biológicas o exterminadoras de la especie humana, será castigada con la pena de prisión de tres a siete años e inhabilitación especial para empleo o cargo público, profesión u oficio por tiempo de siete a diez años».

Se trata de un delito que procede de la derogada Ley 35/1988, que lo calificaba como infracción muy grave. Frente a este tipo, la primera objeción crítica es de carácter sistemático: al tratarse, se dice, de un tipo contra la seguridad colectiva, no contrario al patrimonio genético humano, debería haberse incardinado entre los delitos de riesgo catastrófico, o bien delitos contra la comunidad internacional (DE LA CUESTA ARZAMENDI y ROMEO CASABONA).

En todo caso, y con carácter general, el tipo del artículo 160.1 CP comparte con los delitos contra el patrimonio genético humano una común *ratio legis*: la protección de la especie humana frente a los abusos bio-tecnológicos. Con carácter eventual, además de afectar a la supervivencia de la especie, como **bien jurídico protegido**, puede incidir asimismo en el patrimonio genético humano, por cuanto sean humanos los genes manipulados, o cuando la manipulación suponga liberación de sistemas biológicos modificados que incorporen al ambiente seres vivos capaces de generar en seres humanos patologías genéticamente transmisibles (ROMEO CASABONA e HIGUERA GUIMERÁ).

En cuanto a su **tipicidad**, nuevamente estamos ante un tipo sin **sujeto activo** diferenciado en términos normativos, aunque criminológicamente sólo un experto pueda perpetrarlo, en tanto el **sujeto pasivo** no es otro que la especie humana. El **comportamiento típico** exige que el autor realice una determinada actividad de ingeniería genética.

Por ingeniería genética, en paralelo al concepto de manipulación genética que altere el genotipo, del artículo 159 CP, debe entenderse *cualquier modificación de los caracteres génicos naturales del patrimonio de un organismo vivo mediante la transferencia idónea de segmentos de Ácido Desoxirribo-Nucleico portadores de una determinada información genética* (en definición de PERIS RIERA y GARCÍA GONZÁLEZ).

Objeto de la acción puede ser el genotipo humano, creándose la figura del *hombre armamento*, en tanto vía de contagio epidémico o transmisión de enfermedades, pero es más verosímil la hipótesis de una actuación sobre material genético animal o vegetal, como sucedió en las postrimerías del atentado del 11-S, cuando circularon ciertas cartas contenedoras de ántrax letal que sembraron el pánico.

La **conducta típica** de utilización de ingeniería genética se realizará con la **exigencia subjetiva** de crear un armamento biológico o exterminador de la especie humana, lo que nos sitúa ante un delito de mera actividad, mutilado de dos actos, que se consuma por la estricta realización manipulativa orientada al fin típico, sin necesidad de que tal actuación sea productiva y eficaz para el fin propuesto. No admite, por ello realización en grado de tentativa.

Es difícil esclarecer la disyuntiva que plantea el legislador cuando alude típicamente a la finalidad productiva de unas armas que han de ser **biológicas o exterminadoras de la especie**, alternativas que, desde un punto de vista de equilibrio proporcional, han de comportar gravedad equivalente, poniendo ambas en precario la supervivencia del género humano.

Ahora bien, no puede existir una manipulación genética que no sea biológica, tampoco, de otra parte, podría entenderse comprendido dentro del alcance del tipo la producción de cualquier armamento exterminador, como el nuclear, como sugiere DE LA CUESTA ARZAMENDI; aunque, en efecto, la radiación nuclear pueda producir mutaciones genéticas transmisibles, sin embargo no es arma que se pueda crear mediante ingeniería genética, como el tipo exige.

Con toda lógica, no se ha incriminado una modalidad culposa, y que un dolo eventual sería difícilmente concebible, teniendo en cuenta, como afirma ARANGUEZ SÁNCHEZ, que el dolo debe de abarcar el carácter armamentístico del producto.

En cuanto a la **antijuridicidad,** se advierte su condición de delito de peligro abstracto para el bien tutelado, tanto más cuanto la mera manipulación, incluso sea o no productiva a efectos de capacidad de exterminio, configura ya la conducta prohibida.

No cabe apreciar resquicio de permisión nacional o internacional alguna, en virtud de los tratados internaciones suscritos por España en materia de control y no proliferación de armas de destrucción masiva, destacadamente la **Convención sobre la prohibición del desarrollo y almacenamiento de armas tóxicas y bacteriológicas, y su destrucción (1972)**, aunque podría invocarse *ex* artículo 20.7 CP el cumplimiento de un deber militar que implicara el arriesgar la propia supervivencia de la humanidad.

El acentuado adelantamiento de las barreras de punición hace que el presente delito se haya estimado (así, DE LA CUESTA ARZAMENDI) como tentativa autónoma de genocidio. Para VALLE MUÑIZ, sin embargo, se trataría más bien de una modalidad preparatoria del citado artículo 610 CP (empleo con ocasión de un conflicto armado de métodos de combate prohibidos, inhumanos, gratuitos y ambientalmente desequilibrantes, comprometiendo la supervivencia de la población). Sin embargo, el alcance del tipo regulado en el artículo 160.1 CP va más allá de constituir un acto preparatorio respecto de un delito de guerra, ya que comprende, asimismo, actos de bio-terrorismo, sin la exigencia típica de la existencia de un marco de conflicto armado.

En cuanto a la **penalidad,** se advierte una insuficiente punición (así, CUADRADO RUIZ y ARÁNGUEZ SÁNCHEZ), en contraste con el castigo de una posible tentativa de genocidio (partiendo de las elevadas penas del art. 607 CP), o con la punición de conductas de creación de otras armas exterminadoras, como el arma química, que alcanza penas de hasta 10 años de prisión en el artículo 566.1.º CP.

Compleja es la **problemática concursal** que el tipo plantea. La presente figura entra en concurso normativo con el artículo 566 CP, que incrimina la fabricación, comercialización y depósito de armas prohibidas, entre las que expresamente se alude a las armas biológicas, después de su primera introducción por la LO 15/2003.

Entra también en concurso la presente figura con el delito de genocidio (art. 607 CP) en grado de tentativa, conflicto resuelto por la doctrina estimándolo, a veces, como concurso ideal así como, más plausiblemente, concurso de delitos.

Con el delito de manipulación genética alteradora del genotipo, artículo 159 CP, con el delito del artículo 325 CP, que incrimina una grave actuación contra el medioambiente, y el delito del artículo 349 CP, que castiga la liberación de organismos nocivos, se establecerían las relaciones propias del concurso ideal.

Finalmente, se establecerá un concurso real entre el presente delito y, en su caso, el delito de integración en grupo criminal (art. 570 ter redactado conforme a la LO 5/2010, de 22 de junio, en su modalidad agravada regulada en el número 2.*b*) cuando el autor de ingeniería genética formara parte de grupo criminal armado.

VI. CONSECUENCIAS ACCESORIAS (ART. 162 CP)

Artículo 162: «En los delitos contemplados en este título, la autoridad judicial podrá imponer alguna o algunas de las consecuencias previstas en el artículo 129 de este Código, cuando el culpable perteneciere a una sociedad, organización o asociación, incluso de carácter transitorio, que se dedicare a la realización de tales actividades».

Esta posibilidad judicial se abría a partir de la reforma de LO 13/2003, de 25 de noviembre, afectando básicamente a la oportunidad de imponer consecuencias accesorias a entidades y empresas bio-tecnológicas, consagradas a actividades de reproducción asistida o experimentación.

La reformadora **LO 5/2010, de 22 de junio** ha mantenido intacto este precepto, que cabe ahora referir, conforme a la nueva redacción del artículo 129 CP, a la posible imposición de consecuencias accesorias únicamente en supuestos en que tales sociedades, organizaciones o asociaciones carezcan de personalidad jurídica.

Sin embargo, siempre de acuerdo con el nuevo régimen penal, caso de que la sociedad, asociación u organización sí cuente con personalidad, no cabrá imputarle la comisión de delitos de manipulación genética pues, sorprendentemente, los mismos no se incorporan al repertorio tasado de conductas que generan la responsabilidad penal de entes corporados.

Cuestionario de repaso:

1. Alcance típico de las manipulaciones genéticas incriminadas.
2. ¿Cómo podría calificarse el dopaje genético?
3. Elemento subjetivo del injusto que configura la conducta típica de fecundación de óvulos humanos.
4. ¿Es típica toda forma de clonación humana? Describa la modalidad de clonación incriminada.
5. ¿Qué variedades de selección racial cabe entender subsumibles en el delito de creación de seres humanos por procedimientos distintos a los de clonación?
6. ¿En qué se diferencia el objeto de tutela propio del delito de reproducción no consentida por la mujer respecto de otros bienes jurídicos protegidos en el presente capítulo?

LECCIÓN 8.ª

DETENCIÓN ILEGAL Y SECUESTRO

MIGUEL POLAINO NAVARRETE

I. SISTEMÁTICA LEGAL

El **Título VI** del Código penal, bajo la rúbrica de «**Delitos contra la libertad**», **contiene** la regulación de tres figuras de delito que atentan substancialmente contra distintas perspectivas esenciales de la libertad de la persona: 1) la *detención* ilegal, 2) la *coacción*, y 3) la *amenaza*. Pero —con escaso rigor sistemático— **no incluye** en cambio entre los delitos contra la libertad otras figuras delictivas que asimismo podrían tener acogida en esta sede legislativa por incidir en ulteriores dimensiones fundamentales de la libertad personal cuales son: 1) la de residencia o ubicación espacial (frente al allanamiento de morada), 2) la de comunicación (frente a la interceptación de comunicaciones), 3) la de privacidad de conocimiento personal (frente al descubrimiento y revelación de secretos).

> El sistema legal del Título VI del Código penal es fragmentario y disgregador: *a*) por una parte, abarca sólo determinadas dimensiones del objeto de tutela representado por la libertad personal: la libertad de movimiento individual (detención ilegal y secuestro), la libertad general de actuación (coacción) y la libertad de decisión de conducta y la seguridad personales (amenaza); *b*) por otra, deja fuera de su ámbito de tipificación otras dimensiones del bien jurídico protegido libertad personal: la libertad (personal) de ubicación espacial (privacidad del lugar de domicilio o trabajo), la libertad (personal) de comunicación (reserva de la intercomunicación personal) y la libertad (personal) de privacidad individual (reserva de datos no destinados al conocimiento ajeno).

La **libertad personal** constituye la facultad espiritual más fundamental y substantiva de la existencia del hombre y de la decisión de ejecución del comportamiento del mismo. Es un **bien consustancial** al ser humano: sin su reconocimiento social como **valor personal** inherente al hombre no puede concebirse la convivencia social en condiciones de respeto de la dignidad humana y cualidad personal del hombre en cuanto portador de los valores espirituales conformadores de su personalidad. La libertad radica en la propia estructura existencial del ser personal en tanto titular de derechos y de deberes.

La **libertad** es un **bien innato** del hombre valorado por el ordenamiento jurídico: un **derecho inherente** al individuo, que con él nace y sólo con el término de su existencia se extingue; es anterior y superior a las leyes escritas, pertenece al grupo de los derechos socialmente reconocidos y garantizados por las legislaciones de todos los países: tras la vida, es el más preciado bien del hombre, como señalaba el ilustre comentarista del Código penal de 1870 Alejandro GROIZARD y GÓMEZ DE LA SERNA.

El artículo IV de la **Déclaration des droits de l'homme** (1789) proclamaba que la libertad comporta «poder hacer» lo que «no perjudique a otro». En cuanto producto del Estado demoliberal moderno, la libertad es consagrada en las Constituciones precisamente como **«el derecho fundamental por excelencia»**. Para la salvaguarda de este derecho fundamental se limitan privilegios y prerrogativas del Estado y se reconocen los derechos de la persona al individuo (Antonio QUINTANO RIPOLLÉS).

La libertad es un **valor superior de nuestro Ordenamiento jurídico** (art. 1.1 CE) que guarda conexión con la seguridad: el hombre no puede comportarse como persona sin el reconocimiento de la libertad, y el ordenamiento jurídico no puede proveer garantía sino mediante sistemas normativos de seguridad («seguridad colectiva», «seguridad pública», «seguridad ciudadana», «seguridad institucional», «seguridad cognitiva»), que no pueden establecerse al margen de las exigencias del Estado de Derecho.

II. DETENCIÓN ILEGAL

1. TIPO BÁSICO DE DETENCIÓN ILEGAL (ART. 163.1 CP)

El artículo 163.1 del Código penal configura el tipo básico de la detención ilegal:

«El particular que *encerrare* o *detuviere* a otro, *privándole* de su libertad, será castigado con la pena de prisión de cuatro a seis años».

A) *Acción típica*

La **acción típica** de la detención ilegal es descrita en una ley penal mixta alternativa y posee una **estructura compleja**, en cuanto abarca **varios momentos de acción**: de una parte, *encerrar* o *detener*, y, de otra, *privar de libertad* al encerrado o detenido.

Tales momentos de la acción típica son integrados en la descripción delictiva por una **ley penal mixta alternativa**, que por una parte requiere la presencia de uno de los dos elementos intercambiables: el *encerrar* o el *detener* a alguien, y que por otra incorpora la exigencia de un elemento común que abarca a ambas formas alternativas de conducta: el de la *privación de la libertad* personal de la persona que es objeto del acto del encierro o de la detención.

B) *Elementos alternativos de la acción típica: el encierro o la detención*

Encierro. Encerrar equivale a **situar** a una persona en **lugar no abierto** y de inaccesible franqueo para la misma. La esencia de este elemento típico radica en la acción de **ubicar** a una persona en un lugar en el que se la somete a una **clausura espacial**, cualesquiera que sean las características locativas del mismo. Lo determinante es **introducir** a alguien en un espacio en el que el mismo no se ha insertado de propio grado y del que normalmente **no puede salir** por sus propios medios.

El encierro puede realizarse tanto por conducta **activa** como **omisiva**. Lo mismo se encierra a una persona, v. gr., en una dependencia, en un habitáculo o en un anexo de un inmueble echando la llave o el cerrojo en la puerta por la que se le ha hecho entrar que absteniéndose de abrir la misma por parte del sujeto que puede hacerlo al percatarse que una persona se encuentra en el interior. La forma omisiva de conducta (no abrir el portillo que facilita la liberación de una persona encerrada) puede entrar en colisión con el tipo de omisión de socorro pero siempre que concurra un fundamento jurídico de posición de garante habrá de apreciarse detención ilegal cometida por omisión.

Detención. El comportamiento de detener significa **aprehender** a una persona, y deviene típico cuando con él se priva de la facultad locomotriz a un ser humano. Cabe **detener** no sólo a quien se encuentra en actual **ejercicio de la acción de desplazamiento**, sino también a quien **no se halla en movimiento** en el momento del acto e incluso en determinadas circunstancias a quien **ya está detenido**, pues la esencia normativa de la detención estriba en la privación de la libertad ambulatoria de la persona en el contexto social determinado en que la misma se encuentra.

La STS (Ar. 1035) de 29 de octubre de 1990 (Ponente: MANZANARES SAMANIEGO) estima que (también) se concreta el tipo de detención ilegal en el supuesto en que se priva de libertad a una persona «sin desplazamiento» físico externo reteniéndola «en el lugar» en el que ya se encontraba.

El momento normativo «**acto de detener**» ha sido objeto de interpretación de diverso modo desde distintas posiciones doctrinales:

— Teoría de la **privación de movimiento actual**: circunscribe la relevancia típica del acto al momento presente y coetáneo del mismo; tal planteamiento es incompleto e imperfecto, pues no cabe restringir la libertad de movimiento individual al marco de manifestación actual de la misma.

— Teoría de la **privación de movimiento futuro**: centra en términos más exactos la estimación de la facultad individual de ejercicio de la voluntad traslaticia de la persona, que no afecta tanto al desplazamiento físico actual cuanto a la posibilidad de su ulterior ejercicio.

— Teoría de la **escasez de bienes**: pone de relieve que los medios concretos de ejecución de la libertad locomotriz humana, por muy escasos que sean, alcanzan relevancia típica en cuanto socialmente apreciables y disponibles por su autor.

— Teoría de la **adecuación social**: determina los niveles de tolerancia social de actos negadores de la facultad locomotriz individual que quedan fuera de la relevancia típica, de modo que verbigracia no cualquier inflicción de impuntualidad u otra inconveniencia en el cumplimiento de un itinerario por un medio de transporte conforme a horario predeterminado implica detención ilegal de pasajeros.

— Teoría de la **privación de (capacidad de) movimiento humano**: entiende que la libertad traslaticia no ha de ser limitada a la esfera de tangibilidad exterior, sino que es una cualidad espiritual correspondiente a la capacidad volitiva de la persona en el contexto social en que la misma se encuentra.

C) *Elemento común o constante de la acción típica: la privación de libertad*

Privación de libertad. Un segundo momento de la conducta típica de detención ilegal es la privación de libertad, que constituye el **elemento común** del comportamiento típico, y aparece conectado con el anterior en virtud de la expresión legal «privándole de su libertad» referida a la acción alternativa de quien «encerrare o detuviere a otro». La norma no establece entre ambos momentos de acción («encerrar *o* detener» y «privar de la libertad») una relación de causalidad, sino una conexión ocasional acumulativa con la anterior secuencia alternativa de la conducta típica de detención ilegal.

D) *Relación típica de vinculación entre los elementos de acción*

Entre las dos fases de realización de la conducta típica media una **relación típica ocasional**, cuya estructura exige la concurrencia incidental de ambos momentos de acción, que han de ser convergentes en una momentánea coincidencia. El nexo ocasional de vinculación no expresa una relación de causalidad, sino que se limita a revelar la mera presencia de un factor **inclinante o atrayente** para que la causa actúe (TORÍO LÓPEZ).

E) *Sujetos activo y pasivo de la acción típica*

Sujeto activo de este tipo legal es el particular, esto es, la persona privada individual en cuanto tal. La cualificación del sujeto por su carácter funcionarial dará lugar a la concreción de un tipo distinto, específicamente descrito para el supuesto en que el autor sea funcionario público que actúa en uso abusivo de sus funciones.

Sujeto pasivo de la detención ilegal es toda persona, en cuanto titular del bien jurídico de la libertad individual ambulatoria, que integra un valor espiritual inherente al ser humano constitucionalmente reconocido como valor superior del ordenamiento jurídico. Siempre que exista la facultad humana de la libertad de movimiento personal, cualquiera que sea el alcance concreto de la misma (más o menos limitado legal, social o económicamente), tal valor personal es garantizado por la norma penal.

Es incongruente e incorrecto el criterio de la STS de 20 de diciembre de 1974 (JCr. 1802) según el cual, por una parte, se apreció detención ilegal en la toma de rehenes con privación de libertad por unos presos en un motín penitenciario (contra tres funcionarios y un capellán de prisiones a quienes encerraron y mantuvieron privados de libertad durante horas) y, por otra, se desestimó la comisión de tal delito respecto de cuatro reclusos (que junto a los funcionarios fueron encerrados en la misma estancia y con idéntica duración).

F) Status *de tipicidad y carácter instantáneo o permanente del delito*

***Status* de tipicidad**. La figura legal requiere la producción del ***status* de tipicidad** integrado por la efectiva **privación de la libertad ambulatoria**, que constituye el contenido material del injusto típico de la detención ilegal y se puede manifestar tanto de forma instantánea como permanente.

La detención ilegal conforme a su estructura típica constituye un **delito instantáneo** que es susceptible de **eventual permanencia** relativa o absoluta (en las respectivas hipótesis en que se requiere un lapso cronológico en el mantenimiento de la conducta descrita).

— Es **instantánea** la realización del tipo si la privación de libertad exclusivamente se produce en el preciso momento de ejecución del resultado típico, sin el ulterior mantenimiento cronológico de la situación producida.

La STS 4533/2007, de 27 de junio (Ponente: J. R. Berdugo Gómez de la Torre), estima que el delito de detención ilegal se consuma en el *momento* de la privación del derecho a la libertad.

La STS 7139/2008, de 26 de noviembre (Ponente: Saavedra Ruiz), afirma que el delito de detención ilegal se consuma *desde* el momento en que se encierra o detiene a otro.

La STS 303/2010, de 28 de enero (Ponente: J. R. Berdugo Gómez de la Torre) afirma que el delito de detención ilegal es una infracción penal de consumación *instantánea*.

La STS 7732/2010, de 27 de noviembre (Ponente: Prego de Oliver Tolivar) caracteriza la detención ilegal como un delito de consumación *instantánea* y de efecto permanente.

— Es **permanente** cuando la privación de libertad persiste tras su producción durante un determinado *lapso temporal* con independencia de la mayor o menor extensión que alcance el período cronológico de su mantenimiento.

La jurisprudencia tradicional (SSTS de 29 de mayo de 1874, 3 de julio de 1965 y 20 de diciembre de 1974) vislumbró la interesante cuestión del momento ejecutivo de la detención ilegal al estimar que, si la detención se *consuma* en un determinado momento y se *mantiene* la privación de libertad durante cierto lapso cronológico, *no* estamos ante un delito consumado que luego de consumado se mantiene en sus efectos a modo de *agotamiento* de delito.

Más restrictitiva y regresiva en la delimitación del alcance de protección penal es la STS de 13 de febrero de 1991 (Ponente: MARTÍN PALLÍN), al exigir —sin fundamentación legal— que para alcanzar la consumación la privación de libertad ha de tener *cierta* duración.

La STS 164/2001, de 5 de marzo, estima que es *indiferente* que la víctima consiga escapar, recuperando la libertad poco después de hacerse efectiva la detención o el encierro.

La STS 1176/2009, de 5 de marzo (Ponente: MARCHENA GÓMEZ) señala que, afirmada la ilegalidad de la detención, el delito existe con *independencia* de su duración.

La STS 5579/2014, de 10 de diciembre (Ponente: MAZA MARTÍN), especifica que las privaciones de libertad deambulatoria sufridas por el morador de la vivienda que fue objeto de expolio tienen carácter autónomo y son claramente diferenciadas respecto del delito contra el patrimonio, toda vez que exceden del mismo por la duración y medios para llevarlas a cabo, con uso de mecanismos mecánicos para la inmovilización de las víctimas a las que se arrojó al suelo obligándolas a no moverse, lo que les otorga *sustantividad* propia.

Así pues, en relación a **la realización temporal**, son dos las modalidades de ejecución que alternativamente pueden concretar el tipo de detención ilegal:

— **Instantánea producción** del resultado típico de la privación de la libertad ambulatoria (con concurrencia de los elementos de acción descritos en el tipo): el *resultado típico* de la privación de la libertad ya alcanza plena relevancia en el momento de la producción de esta situación, y es determinante de la forma de *consumación instantánea* del delito.

La STS 9017/2012, de 18 de diciembre (Ponente: VARELA CASTRO), afirma que, cuando objetivamente la manifestación del bien jurídico atacado concierne a la posibilidad de trasladarse la víctima en el espacio y subjetivamente ésa es la voluntad del autor, se comete el delito de detención ilegal, *sin* que la *duración* de la limitación de la libertad de la víctima implique variación del tipo penal.

— **Mantenimiento cronológico** del resultado típico en un *período consumativo* que se inicia con la concreción típica y se extiende temporalmente en tanto perdure la privación de libertad: en tal supuesto el delito no se consumó y luego de consumado se mantiene en sus efectos a modo de (pseudo)agotamiento, sino que el tipo de delito «*está siendo consumado*» a lo largo de todo el lapso temporal en que permanece el *status* de tipicidad creado.

La STS 1511/2003, de 17 de noviembre, afirma que la consumación se produce *desde* el momento en que la víctima es encerrada o detenida.

La STS 1575/1999, de 2 de noviembre, estima que justo en el momento en que el autor realiza el resultado típico se inicia el *periodo* consumativo del delito, que se mantiene en tanto el sujeto pasivo permanece privado de libertad.

G) *Bien jurídico protegido y contenido material de injusto*

Contenido de injusto. La libertad personal de movimiento constituye el bien jurídico protegido en el tipo de detención ilegal. Tal objeto de tutela se circunscribe a una singular esfera de la libertad personal: la constituida por la «**libertad de movimiento**» personal, también denominada libertad «**ambulatoria**», o «**deambulatoria**», libertad «**traslaticia**», libertad «**locomotriz**» o libertad «**cibernética**», susceptible de manifestación voluntaria tanto *activa* como *omisiva*, y que debe ser apreciada en la perspectiva de acto como en la de mera capacidad de decisión de ejercicio de esta facultad inherente a la racionalidad del ser humano.

La STS 8547/2012, de 12 de diciembre (Ponente: GIMÉNEZ GARCÍA), señala que la detención ilegal adquiere autonomía propia y no puede quedar absorbida por el delito de robo, pues la privación de libertad excede del tiempo necesario para el material de desapoderamiento, que ya había concluido cuando los acusados decidieron antes de abandonar el local con el botín mantener *encerrada* y maniatada a la víctima y, siendo un delito de consumación instantánea, la consumación tuvo lugar desde el mismo momento en que los acusados, conseguido su objetivo delictivo, dejaron encerrada a la víctima cuando abandonaron el establecimiento.

La STS 4662/2016, de 28 de octubre (Ponente: LLARENA CONDE), estima que, habiendo consistido el delito en la privación de un derecho fundamental como es la libertad y atendiendo a que la privación de libertad tuvo una larga extensión, vino acompañada de golpes y amenazas, comportó el traslado forzado del perjudicado a diversos lugares con total impunidad y llegó a poner en riesgo su vida o integridad física, puede concluirse que existió un marcado daño [*scil.* perjuicio] al afectado, por lo que se muestra razonable compensarlo con la indemnización económica establecida en la sentencia.

La libertad de movimiento personal como objeto de protección típica abarca todos los estadios psíquicos de génesis anímica y de manifestación exterior de esta facultad inherente al ser humano. Titular del bien jurídico es toda persona que no haya rechazado, mediante consentimiento relevante, tal facultad reconocida como inherente al hombre. La realización de la conducta descrita de detención ilegal admite la estimación tanto de **causas de atipicidad** como de **causas de justificación**:

Entre las **causas de atipicidad**, son de estimar las siguientes:

— El **consentimiento del ofendido** sustenta relevancia en orden a la exclusión de la **tipicidad** de la acción conforme a la naturaleza del objeto jurídico protegido, en cuanto bien individual disponible por su titular mediante consentimiento real o presunto, pues el encierro o aprehensión consentidos excluyen la relevancia típica de la (auto)privación de libertad de la persona.

— La **adecuación social de la conducta** excluye la **tipicidad** de la acción, apreciada en el contexto social en que el acto se produce de conformidad con los límites del riesgo permitido y la tolerancia social de la conducta (v. gr., encerramiento en un habitáculo de seguridad para acceder a una entidad bancaria, en una cabina de avión desde el cierre de puertas e inicio del vuelo, en un control de seguridad o en una cuarentena sanitaria), sin exigencia de recurrir al reconocimiento del ejercicio de un derecho o de la situación de un estado de necesidad.

Es apreciable la significación de la **adecuación social** del acto de privación de libertad ambulatoria en la relevancia típica de la conducta (v. gr., en actos de protocolo en que se impide el abandono de un lugar hasta que concluya una determinada ceremonia, el posible efecto paralizante de un «ángel exterminador», la prohibición de salida de la cabina antes del despegue de una aeronave…).

Entre las causas de justificación, cabe reconocer las siguientes:

— La **legítima defensa** es constitutiva de una causa de justificación de la conducta típica de detención ilegal, aplicable en cualesquiera de los momentos alternativos integrantes del comportamiento privativo de libertad, es decir, tanto en la fase del encierro o de la detención como en el estadio de la privación de libertad ambulatoria, positivamente contenidos en la descripción del tipo legal.

La STS de 24 de abril de 1965 aprecia esta causa de justificación en la conducta de quien ante la amenaza de que le hacen objeto dos sujetos hermanos procede a encerrarlos en la portería de su propio domicilio.

— El **estado de necesidad** será apreciable en la conducta típica de la privación de la libertad ambulatoria de la persona siempre que tal situación resulte objetivamente necesaria para la evitación de un mal mayor que el que dicha acción comporta.

— El **ejercicio legítimo de un derecho** asume singular significación en la presente hipótesis típica precisamente en el ámbito de ejecución de las facultades de corrección, educación, instrucción, asistencia sanitaria y sustento en general, derivadas de los derechos-deberes de orden familiar. El ejercicio de tales derechos deja de ser legítimo y deviene antijurídico en los supuestos de arrogación de atribuciones subjetivas unilaterales y abusiva práctica de las mismas.

La STS de 28 de noviembre de 1967 desestimó detención ilegal en la acción de ingresar en un centro sanitario a una persona que padeció una intoxicación etílica y fue mantenida en él durante el plazo de veinte días requerido por el tratamiento médico.

— La **obediencia debida** remite a los márgenes de exigibilidad del cumplimiento de una orden emanada del superior jerárquico en el desempeño de la función pública: si la orden de detención ilegal es vinculante por haber sido dictada, por la autoridad superior dentro del ámbito de su respectiva competencia y revestidas de las formalidades legales, fundamentará la responsabilidad sólo del autor de la misma como autor mediato, y si no es vinculante por su carácter manifiesta, clara y terminantemente ilegal, determinará la coautoría de inductor y ejecutor material.

— El **cumplimiento de un deber** ofrece singular relieve en las hipótesis de internamiento sanitario en centro hospitalario o de tratamiento de menores o personas con discapacidad necesitadas de especial protección, por virtud de la actuación de facultativos, profesionales (públicos o privados) y familiares a los que en las circunstancias concretas concierna decidir sobre la ajena libertad de movimiento y los márgenes de disfrute de la misma.

La **LO 3/1986** establece que las autoridades sanitarias competentes podrán adoptar medidas de **hospitalización** cuando se aprecien indicios racionales de peligro para la salud de la población (art. 2).

La **Ley 41/2002**, de 14 de noviembre, básica reguladora de la autonomía del paciente y de derechos y obligaciones en materia de información y documentación clínica, dispone que los facultativos podrán llevar a cabo las **intervenciones** clínicas indispensable en favor de la salud del paciente, sin necesidad de contar con su consentimiento, cuando existe riesgo para la salud pública, o para la integridad física o psíquica del enfermo y no es posible conseguir su autorización, consultando cuando las circunstancias lo permitan a sus familiares o a las personas vinculadas de hecho a él (art. 9.2).

H) *El dolo: exclusivo título de imputación subjetiva en la detención ilegal*

El tipo de injusto de la detención ilegal exige, para su concreción, el dolo del autor. El conocer y querer propios del dolo han de abarcar la totalidad de los elementos objetivos del tipo, tanto los alternativos de encerrar o detener a alguien como la efectiva privación de la libertad ambulatoria de la persona encerrada o detenida, así en el supuesto de la instantánea consumación cuanto en la hipótesis de la persistencia en el mantenimiento temporal de tal *status* de tipicidad creado.

La STS 603/2009, de 10 de febrero (Ponente: J. R. Berdugo Gómez de la Torre), indica que para la comisión de este delito no es menester un elemento subjetivo del injusto, bastando con que el acusado tenga una idea clara a la ilicitud de su conducta.

La STS 1304/2011, de 15 de marzo (Ponente: J. R. Berdugo Gómez de la Torre), señala que el dolo del autor consiste en tener conocimiento de la privación de libertad del sujeto pasivo con independencia de cuales sean sus móviles o ulteriores intenciones.

La plurisubsistente estructura típica de esta figura legal permitiría plantear la posibilidad teórica de convergencia de formas mixtas de la concreción del tipo en las siguientes variables:

— Realización dolosa del primer y del segundo momentos de la acción: determinará la concreción dolosa del tipo de injusto.

— Ejecución culposa de ambos momentos típicos: acreditará la concreción global culposa del mismo (típica).

— La confluencia de actitudes subjetivas del autor discordantes, por la realización dolosa del primer momento (detención *o* encierro) y culposa del segundo (privación de libertad) o, a la inversa, por la realización culposa del primer momento y dolosa del segundo: determinará la estimación unitaria de conducta culposa (al faltar el dolo respecto de algún elemento esencial del tipo de injusto).

A tenor de la configuración legal del tipo de delito, resulta por entero irrelevante la ejecución culposa de la detención personal, por atipicidad de la misma ante la inexistencia del título de imputación subjetiva de la culpa. La ausencia del dolo en la ejecución de **alguno** de los elementos típicos de la conducta de detención ilegal implicará la atipicidad de la privación de la libertad de movimiento personal en su **totalidad**, la absoluta irrelevancia de la misma en su conjunto en el sistema punitivo.

El delito de detención ilegal no constituye un tipo de delito subjetivamente configurado, que exija un singular elemento subjetivo del injusto trascendente más allá del ámbito propio del dolo.

El tipo de detención ilegal sólo es suceptible de realizarse con la concurrencia del dolo del autor.

Se descarta en el tipo delictivo la previsión de la culpa, que se ha reputado irrelevante en el ámbito de este comportamiento en virtud de una deficiente valoración político-criminal del problema, habida cuenta de la singular relevancia del bien jurídico protegido en la figura legal, en tanto que para otros tipos de menos gravedad se prevé la incriminación de formas culposas de comisión.

Son apreciables en esta figura típica las distintas **causas de inculpabilidad** legalmente previstas: el estado de necesidad exculpante, el caso fortuito, el miedo insuperable, el error invencible, la no exigibilidad de otra conducta.

I) *Penalidad*

Sobre la pena establecida para el tipo básico de prisión de 4 a 6 años, son de destacar las amplias discrepancias punitivas que comportan los diversos factores de cualificación o privilegio de los tipos de detención ilegal, en un sistema que hace gala de prolijidad y casuismo excesivos e impropios de un Código acorde a las exigencias dogmáticas.

J) Iter criminis

El fracaso por causa ajena de la voluntad del sujeto en la producción del resultado típico del delito, en la ejecución de cualesquiera de los diversos elementos de la acción consignados en la descripción del tipo legal, determina la realización del mismo en el grado imperfecto de la tentativa, sea ésta acabada o no.

La STS 1758/2003, de 23 de diciembre, afirma que la consumación instantánea únicamente se produciría a partir del momento en que hubiera llegado a materializarse el encierro o la detención, que si no llega a perfeccionarse determinará la calificación del delito conforme al artículo 16.1 CP.

La STS 5872/2013, de 11 diciembre (Ponente: J. R. Berdugo Gómez de la Torre), afirma que la liberación del sujeto pasivo del delito, que premia una especie de arrepentimiento durante el *iter criminis* en su fase comisiva, tiene que ser absolutamente espontánea por parte de su autor, sin venir mediatizada en modo alguno por el comportamiento del sujeto pasivo, cuyos actos de liberación, aun conocidos por quien le priva de libertad, no obedecen a la propia determinación de éste sino a la iniciativa de la víctima.

Los actos preparatorios punibles de la provocación, la conspiración y la proposición para cometer el delito de detención ilegal, en sus respectivas modalidades típicas, son expresamente incriminados en el artículo 168 CP, que dispone que tales actos preparatorios se castigarán con la pena inferior en uno o dos grados.

K) *Autoría y participación*

Son de aplicación las normas generales de la intervención delictiva, referidas a las peculiaridades que ofrece la estructura de la figura legal, que se consuma instantáneamente o por permanencia en el *status* de tipicidad.

La STS 6658/2012, de 22 de octubre (Ponente: SORIANO SORIANO) estima que comete detención ilegal el sujeto que aun sin haber intervenido inicialmente en el acto típico se *suma* a los que habían protagonizado el encierro.

L) *Clasificación delictiva: tipo básico y tipos privilegiados y cualificados*

El Código prevé junto al tipo básico diversos supuestos de tipos privilegiados y cualificados de detención ilegal, que son como tales configurados en base a varios criterios:

— Criterio cronológico de la **duración temporal** de la privación de la libertad. Constituye el básico fundamento de determinación de la gravedad de la detención ilegal. Junto a él se reconocen otros ulteriores criterios legislativos, para la cualificación o la atenuación o punitiva de la conducta delictiva, como son los siguientes:

- El hecho de **proponerse** el autor un objetivo y no lograrlo.
- Actuar con la **finalidad** de colaborar con la Justicia.
- Actuar con **simulación** de la cualidad de autoridad o funcionario público.
- Ejecutar el delito contra **determinadas víctimas** (al ser el sujeto pasivo menor de edad, persona con discapacidad necesitada de especial protección, o funcionario público en el ejercicio de sus funciones).

La descripción de los tipos legales en el CP no toma en consideración otros criterios socialmente significativos, como en especial las **condiciones cualitativas** en que la privación típica de libertad se materializa: no es lo mismo infligir a una persona la privación de libertad locomotriz en condiciones inhumanas (v. gr., encerrándola en el maletero de un vehículo o dentro de un zulo, u ocultándola en un emparedamiento o clausurándola en un féretro) que ubicarla en el interior de una *suite* de lujo (v. gr., durante un fin de semana en el Caribe).

2. Tipo privilegiado por ser la detención inferior a tres días (art. 163.2 CP)

El artículo 163.2 CP configura un tipo privilegiado de detención ilegal:

«Si el culpable diera libertad al encerrado o detenido dentro de los *tres* primeros días de su detención, *sin* haber logrado el objeto que se había propuesto, se impondrá la pena inferior en grado».

Establece una pena menor que la prevista para el tipo básico: la **pena inferior en grado** (es decir, la de prisión de 2 a 4 años). La atenuación de la sanción penal se basa en la concurrencia de determinados elementos típicos en la conducta de detención ilegal privilegiadores de la misma. Junto a la totalidad de los elementos básicos del delito, se requiere la presencia de los factores singulares y específicos de esta figura legal.

Dos son los fundamentos del tipo privilegiado de detención ilegal: uno de naturaleza predominante **objetiva** (**dejar** en libertad dentro de los tres primeros días a la persona detenida), y otro de índole prioritariamente **subjetiva** (**proponerse** un objeto el autor sin conseguir lograrlo).

— El primer elemento implica menor desvalor de injusto de la conducta típica, por razón de un factor puramente cronológico, cual es la reducida duración del ***status* de tipicidad** (permanencia de la situación de la privación de libertad de movimiento personal de la víctima a un lapso temporal **máximo de tres días**).

El tipo privilegiado se concretará **si se deja en libertad** al ofendido **dentro de los tres** primeros días, esto es, en el plazo de duración de la detención desde el momento mismo de la producción del resultado típico (en la consumación instantánea del delito) hasta un máximo de 3 días completos.

— El segundo fundamento de atenuación del tipo privilegiado se muestra aún más deletéreo, esperpéntico y presuntuoso, con la descripción del elemento típico «**sin haber logrado** el objeto que se había **propuesto**» el autor.

El tipo rememora arcaicas figuras delictivas, presuponiendo que el autor de la detención ilegal se haya propuesto un objetivo y no logre alcanzarlo.

— El «**objeto** que se había propuesto» en principio parece hacer referencia a un **comportamiento atípico**, pues no sería lógico que la ejecución de un delito (detención ilegal) con el objetivo de cometer otro (propuesto por el autor) sea positivamente valorada como elemento configurador de un tipo privilegiado. En todo caso, la esencia de la desvaloración típica estriba en la no consecución del objetivo propuesto por el autor.

La interpretación contraria, según la cual el autor de la detención ilegal se hubiera propuesto la comisión de un ulterior delito a través de la ejecución de este tipo, llevaría a consecuencias no deseables, por cuanto este tipo de detención ilegal incorporaría en sí el desvalor de otro tipo de delito pudiendo contravenir las normas concursales de delitos y de leyes penales.

La STS 5698/2013, de 27 de noviembre (Ponente: SORIANO SORIANO), señala que la privación de libertad ambulatoria no se limitó al tiempo e intensidad necesarios para efectuar el despojo conforme a la dinámica comisiva empleada, siendo así que la detención ilegal no quedó absorbida en el robo cuya ejecución el autor se había propuesto, ya que se extralimitó y excedió de la mínima duración temporal referida al episodio central del apoderamiento, al haber rebasado con mucho tales límites.

La STS 5856/2013, de 29 de noviembre (Ponente: SÁNCHEZ MELGAR), afirma que, cuando la dinámica comisiva desplegada conlleva la inmovilización de la víctima como medio para conseguir el desapoderamiento y esta situación se prolonga de forma relevante excediendo del mínimo indispensable para cometer el robo, máxime cuando su objeto es incluso indeterminado y a expensas de lo que puedan despojar los autores, la relación de concurso *ideal* tiene en cuenta la doble vulneración de bienes jurídicos autónomos; dándose concurso *real* entre ambos delitos cuando la duración e intensidad de la privación de libertad, con independencia de su relación con el delito contra la propiedad, se aparta notoriamente de su dinámica comisiva y se desconecta de ésta por su manifiesto exceso e indebida prolongación, no pudiendo ser ya calificada de medio necesario para la comisión del robo, encerrando o inmovilizando a la víctima indefinidamente con independencia del tiempo empleado para perpetrar la acción de desapoderamiento.

— El objeto que el autor de la detención ilegal se hubiere propuesto ha de consistir en principio, como se ha expuesto, en un **comportamiento no típico** y en cuanto tal inocuo en sentido penal al integrar una conducta típicamente irrelevante, pero en todo caso ha de constituir un comportamiento jurídicamente desvalioso, en el que positivamente se valora la no consecución del mismo.

La STS 154/2000, de 31 de marzo, estima que el tipo privilegiado tiene su fundamento o razón de ser en la oportunidad criminológica de premiar una cierta especie de arrepentimiento espontáneo y requiere un acto voluntario y libre del autor de *dar la libertad* al detenido, poniendo de relieve una menor peligrosidad subjetiva y una disminución de la reprochabilidad objetiva.

La STS 7535/2008, de 26 de diciembre (Ponente: COLMENERO MENÉNDEZ DE LUARCA), aprecia privación de libertad deambulatoria cuando la víctima fue encerrada contra su voluntad en el interior del vehículo, y la acción sólo se interrumpió al aprovechar la víctima que el acusado tuvo que parar el vehículo, no procediendo aplicar el tipo privilegiado porque fue la víctima la que *se liberó* a sí misma aprovechando que el vehículo tuvo que parar.

3. Tipo cualificado por ser la detención superior a quince días (art. 163.3 CP)

El artículo 163.3 CP describe un tipo cualificado de detención ilegal por la duración de la privación de libertad por más de quince días:

> «Se impondrá la pena de prisión de cinco a ocho años si el encierro o detención ha durado más de *quince* días».

El tipo tiene exclusivamente en cuenta el criterio cronológico de la duración de la privación de la libertad de movimiento personal de la víctima, en relación directa con el alcance de la misma en el tipo privilegiado. El elemento de la duración ha de ser abarcado por el dolo del autor.

> Según la STS 590/2004, de 6 de mayo, es suficiente el dolo eventual respecto del tiempo de duración previsible.

Atiende al criterio axiológico de agravación de desvalor de injusto conforme a un «modelo cronómetro» según el cual el transcurso del tiempo determina mayor responsabilidad penal por la ejecución de un comportamiento delictivo.

El legislador opera con tres cuotas temporales para la determinación de la gravedad de las hipótesis típicas de detención ilegal: *a*) la primera determina el tipo *básico*, que comprende desde 1 instante a 15 días; *b*) la segunda configura un tipo *privilegiado*, que abarca desde 1 instante hasta 3 días sin haber el autor logrado el objetivo propuesto; *c*) la tercera configura un tipo *cualificado* de delito, que se extiende desde 15 días al infinito.

— ¿Qué tipo de delito realiza el mantenimiento del encierro o la detención de la persona que es privada de libertad de movimiento personal por tiempo *superior* a 15 días de duración?

— Entendemos que integra el tipo *cualificado* (art. 163.3) respecto del tipo básico (art. 163.1) del delito, en virtud del criterio de la persistencia en el *status* de tipicidad por más de 15 días de duración.

Se podría también considerar en otro sentido la siguiente sistemática clasificación de los tipos de detención ilegal: *a*) el artículo 163.2 configura el tipo *básico* en el que se incrimina la privación de la libertad traslaticia personal desde un instante hasta los tres primeros días; *b*) la privación de tal libertad ambulatoria desde el 4.º día hasta los quince primeros días es descrita en un tipo *cualificado de primer grado* (art. 163.1); *c*) la persistencia en la situación típica de lesión del bien jurídico por más de 15 días es prevista en el tipo *cualificado de segundo grado* (art. 163.3).

— Pero tal hipotética interpretación no parecería sostenible desde el punto de vista de los términos de descripción configuradores del tipo de detención ilegal.

— A pesar de ello, cuenta en su favor con una más proporcional ponderación de la gravedad de cada figura delictiva, pues la punición de la privación típica de libertad inferior a cuatro días no podría rebasar 4 años de prisión, la de duración comprendida entre cuatro y quince días no excedería de 6 años de prisión, y la de duración de más de quince días alcanzaría hasta los 8 años de prisión.

— Por lo demás, el «criterio cronómetro» aplicado en la tipificación de la detención ilegal se confirma en la configuración del secuestro (art. 164), que alude a las circunstancias cualificantes y atenuantes del tipo básico, en los términos en que hemos aludido al mismo.

En suma, en la perspectiva *de lege lata* son de estimar los siguientes supuestos típicos:

— Tipo *básico* (art. 163.1): puede ser instantáneo (consumación en el instante mismo de la producción del resultado típico) y de eventual permanencia (desde 1 instante hasta 15 días de privación de la libertad).

— Tipo *privilegiado* (art. 163.2): exige, además de la privación de libertad por tiempo inferior a cuatro días, la concurrencia de otros elementos típicos esenciales (haberse propuesto el autor un objeto y no haberlo logrado).

— Tipo *cualificado* (art. 163.3): es de permanencia absoluta (no instantáneo) en cuanto al límite mínimo de 15 días y de permanencia relativa a partir de este límite y a lo largo de un lapso de tiempo ilimitado de privación de la libertad de movimiento personal.

No obstante, estimamos *de lege ferenda* que el Código debería haber seguido una sistemática diversa a la asumida:

— El tipo *básico* sería integrado por la privación de la libertad de movimiento personal instantánea o de corta duración (en todo caso inferior a 1 día).

— Tipo *cualificado* sería el que conminara la lesión *permanente* del bien jurídico con duración de la situación típica de mayor extensión (de entre 1 y 10 días).

— Tipos *cualificados de segundo grado* serían los que incrementan especialmente la gravedad del delito por virtud de las *cuotas* temporales de mantenimiento de la situación de privación de la libertad a partir de los diez primeros días, las cuales han de ser objeto de desvaloración proporcional en la determinación de la penalidad respectiva.

— Junto al elemento cronológico de la duración de la privación de libertad, debieran computarse como fundamentos de cualificación otros singulares factores de desvalor de la acción integrados por elementos *cualitativos* de realización de la conducta típica. Entre ellos, en particular, serían de considerar dos: las condiciones inhumanas a que someta a la víctima, y los sufrimientos añadidos que sean infligidos a la misma.

4. TIPO *SUI GENERIS* DE DETENCIÓN POR EL FIN DE COLABORAR CON LA JUSTICIA (ART. 163.4 CP)

El artículo 163.4 describe una singular hipótesis de detención ilegal, constitutiva de un tipo delictivo *sui generis* por virtud de la motivación de colaboración con la Justicia por parte del autor:

> «El particular que, fuera de los casos permitidos por las leyes, aprehendiere a una persona *para presentarla* inmediatamente a la autoridad, será castigado con la pena de multa de tres a seis meses».

El tipo del artículo 163.4 CP, en lugar de describir la conducta del particular como *encerrare* o *detuviere* a otro, *privándole de su libertad*, formalmente alude a **aprehendiere** a una persona **para presentarla** a la autoridad. Pero el *contenido material* de la lesión típica es idéntico a la del tipo básico, pues aprehender a una persona equivale a privarla de su libertad, por cualquier medio (detención, encierro o cualquier otro).

Constituye un **tipo privilegiado** por una singular **motivación** de colaboración con la Administración de Justicia, a la que se confiere un efecto atenuatorio de extraordinaria y discrecional generosidad. El tipo presupone la identidad de la conducta con la descrita en el tipo básico, y se caracteriza por la exigencia de ejercicio extensivo del *ius deprehensionis* reconocido al particular, como facultad jurídica de detener por sí, bajo determinadas condiciones normativas a una persona para presentarla a la autoridad (arts. 490, 491 y 496 LECr.).

> El *fundamento* de legitimación de esta aprehensión por el particular radica en la creencia de la responsabilidad del detenido. Si quien procede a detener a alguien, para presentarlo a la autoridad, tiene constancia de la inocencia del detenido, ciertamente no incurrirá en la concreción de este tipo privilegiado, sino en la realización de la figura básica de detención ilegal.

La **finalidad de presentar al detenido a la autoridad** constituye un elemento típico subjetivo que conforma la estructura de esta figura legal como un *delito de intención*, en su categoría de delito intencional *mutilado de dos actos*, pues a la conducta básica de detener o aprehender se une el propósito finalista del autor de llevar a cabo un ulterior acto, cosistente en presentar a la autoridad a la persona cuya detención con tal propósito practicó.

> La STS 1120/2000, de 12 de junio, afirma que el *elemento subjetivo del injusto* es factor determinante de un delito intrínsecamente doloso que exige el propósito claro y definido de privar al sujeto pasivo de libertad ambulatoria con el específico *ánimo finalista* que presentarlo inmediatamente a la autoridad.

III. SECUESTRO (ART. 164 CP)

El delito de secuestro representa *formalmente* un tipo de delito contra la libertad de movimiento personal, dotado de *nomen juris* propio, independencia sistemática y tratamiento diferenciado en los términos de exasperación punitiva de incriminación del artículo 164 CP:

> «El secuestro de una persona, *exigiendo* alguna *condición* para ponerla en *libertad*, será castigado con la pena de prisión de seis a diez años. Si en el secuestro se hubiera dado la circunstancia del artículo 163.3, se impondrá la pena superior en grado, y la inferior en grado si se dieren las condiciones del artículo 163.2».

El delito delictivo constituye un **tipo cualificado** de detención ilegal, al incriminar una **detención ilegal condicional** que se caracteriza por la imposición por parte del autor de la exigencia de cumplimiento de una *condición para la puesta en libertad* de la persona por él detenida. De este modo, el delito de detención ilegal se transmuta en un delito de secuestro, que comparte todas las características esenciales de la detención pero añade una más, cual es la exigencia de una condición para la liberación del detenido.

La nominación legal de secuestro en la rúbrica legal, junto a la de detención ilegal, se resuelve en un recurso retórico o licencia lingüística de mero alcance de sinonimia, pues «secuestro» no es sino una suerte de «detención ilegal» *cualificada* por virtud de la imposición de una *condición* para la liberación de la persona detenida.

> La noción de *secuestro* responde más a una caracterización *criminológica* del comportamiento que penalmente es descrito como conducta de detención ilegal, al que se añade el elemento de la onerosa imposición del cumplimiento de una condición —como exigencia v. gr., del pago de un rescate— para proceder por parte del autor del delito al cese del *status* de tipicidad propio de la detención ilegal.

La exigencia de **rescate** para liberar a la persona ilegalmente detenida o secuestrada, que en la legislación penal anterior contribuía a configurar el perfil criminológico de este tipo junto a la imposición de cualquier otra condición, ha sido sustituida en el tenor de la fórmula legislativa vigente por la **exigencia de alguna condición** para poner en libertad a la víctima.

Si la **condición** exigida (a diferencia del objeto propuesto por el autor) se cumple conforme a las pretensiones del sujeto activo y éste alcanza su propósito condicional, y si tal condición tuviera a su vez relevancia típica su cumplimiento daría lugar a una imputación penal nueva por la que se adiciona al desvalor del secuestro el del tipo respectivo (robo, extorsión, amenaza, coacción...), a resolver conforme a la normativa del concurso de delitos.

La STS 8700/2015, de 3 de diciembre (Ponente: MARTÍNEZ ARRIETA), distingue los dos supuestos de privación de libertad de movimiento personal, ambos de detención ilegal, pero uno de ellos con exigencia de *rescate* que permite la subsunción en el artículo 164 CP.

La STS 5142/2015, de 3 de diciembre (Ponente: SORIANO SORIANO), afirma que el tipo del artículo 164 CP exige una actividad externa y ajena al sujeto pasivo, integrada por el cumplimiento de la *condición* que ha de operar como un requisito para la puesta en libertad, y esa relación de dependencia entre la exigencia de los acusados y la cesación de detención ha de quedar claramente determinada: detener a una persona para conseguir un objetivo no se identifica necesariamente con exigir el logro de ese objetivo como requisito de la liberación del detenido.

El tipo delictivo de secuestro no exige ninguna ulterior incidencia adicional sobre otro bien jurídico de la víctima, de forma que en el supuesto de infligirse por el autor del secuestro algún otro ataque típico al sujeto pasivo procederá apreciar concurso de delitos del mismo con el de secuestro.

En el orden *sistemático*, la **reiteración de la tipología** del secuestro con respecto a la previsión de los tipos de detención ilegal es notoria y evidente. El modelo legal establece una exacta *repetición* del criterio cronológico (tipo cualificado) y del criterio cronológico y de la ausencia de logro del objeto que el autor se hubiera propuesto (tipo privilegiado).

Según la STS 322/1999, de 5 de marzo, la realización del tipo *no requiere* que la condición *pudiera cumplirse* en el momento en que es exigida, y así el delito se produce en el supuesto en que se exige el rescate cuando la víctima ya había sido asesinada, siempre que los destinatarios de la petición crean que la víctima está viva y se vean compelidos a atender una petición de rescate para lograr la libertad de la misma confiando que está todavía con vida.

La penalidad no es adecuada a las exigencias de proporcionalidad, certeza y seguridad, pues en consideración a los elementos de cualificación y atenuación específicamente previstos cabe entender que se establece un marco de penalidad que puede ser excesivo.

Los marcos legales de penalidad permiten recorrer un amplio margen de la pena privativa de libertad de prisión, pues ésta podrá imponerse en una extensión de 3 (límite mínimo del tipo privilegiado) a 15 años (límite máximo del tipo cualificado), en base a los criterios cuantitativos de la detención ilegal, lo que puede resultar desorbitado.

IV. FIGURAS AGRAVADAS DE DETENCIÓN ILEGAL Y DE SECUESTRO POR ESPECÍFICAS CUALIDADES DEL AUTOR O DE LA VÍCTIMA

1. Simulación de cualidad pública por parte del autor (art. 165, inciso primero)

El artículo 165, inciso primero, CP prevé una agravación de los delitos de detención ilegal y secuestro, por la *simulación de cualidad pública* del autor de los mismos, al prescribir en su inciso primero:

> «Las penas de los artículos anteriores se impondrán en su mitad superior, en los respectivos casos, si la detención ilegal o secuestro se ha *ejecutado* con *simulación* de autoridad o función pública...».

A las ya graves penas previstas para los tipos de detención ilegal y secuestro (con excepción de la hipótesis semiabsolutoria de la detención judicialista practicada con el propósito de colaborar con la autoridad), la presente figura delictiva añade un nuevo elemento circunstancial de exasperación de la penalidad, al establecer la imposición de las penas correspondientes a los respectivos supuestos típicos en su mitad superior.

> La previsión cualificante lleva a una reducción del marco penal respectivo con un criterio agravatorio, que al prescindir de la mitad inferior determina las siguientes conminaciones punitivas. El tipo básico de detención ilegal (art. 163.1) será castigado con la pena de prisión de 5 a 6 años; el tipo privilegiado (art. 163.2), con la de prisión de 3 a 4 años; el tipo cualificado (art. 163.3), con la de prisión de 6,5 a 8 años; y el tipo semiabsolutorio de detención judicialista, con multa de 4,5 a 6 meses. El tipo básico de secuestro (art. 164.1), con prisión de 8 a 10 años; el tipo cualificado (art. 164.2), con prisión de 12,5 a 15 años; y el tipo privilegiado (art. 164.3), con prisión de 4,5 a 6 años.

La figura confiere sorprendentemente autónoma relevancia cualificante a una circunstancia agravante concurrente en la realización de la conducta típica de detención ilegal o de secuestro: la circunstancia agravante 2.ª del artículo 22 del Código, que en realidad comprende tres diferentes fundamentos de agravación, consistentes en ejecutar el hecho «mediante disfraz», «con abuso de superioridad» o «aprovechando las circunstancias de lugar, tiempo o auxilio de otras personas que debiliten la defensa del ofendido o faciliten la impunidad del delincuente».

La ejecución de la conducta de detención ilegal o secuestro con **simulación de autoridad o función pública** (prevista en el tipo cualificado autónomo del art. 165) *coincide substancialmente* con las agravantes de **disfraz** y **abuso de autoridad** (contenidas en la circunstancia 2.ª del art. 22), en la medida en que el sujeto que no es funcionario simula serlo, y sin serlo actúa como si lo fuera.

— La agravante de disfraz, descrita en el artículo 22.2.ª1 del Código, era configurada con mayor flexibilidad en el artículo 10.7.ª del anterior Código, al aludir al empleo de «astucia, fraude o disfraz» en la ejecución del hecho delictivo. Sólo una interpretación teleológica, sistemática e histórica, permite salvar la parquedad de la tipificación actual, que de una manera tosca valora el aspecto material del disfraz sobre el sentido funcional en la dinámica de comisión del delito. Por ello es de descartar el criterio puramente terminológico de interpretación de la circunstancia.

— El legislador concentra una pluralidad de circunstancias agravantes que no deja de reconocer. Así acontece en el artículo 22.2.ª, que reúne tres elementos de agravación (el disfraz, el abuso de superioridad y el aprovechamiento circunstancial), o acaso cuatro si el aprovechamiento de determinadas circunstancias (lugar, tiempo o auxilio de otras personas) se divide a su vez en dos por razón de su eficacia funcional: debilitar la defensa del ofendido o facilitar la impunidad del delincuente.

— Al margen de las objeciones dogmáticas a la formulación de la circunstancia que nos ocupa (disfraz), es de resaltar la práctica inutilidad e inicua superfluidad que supone la configuración del artículo 165, que dispone que las penas de los artículos anteriores se impondrán en su *mitad superior*. Idéntico resultado establecen precisamente las reglas generales para la aplicación de las penas: de apreciarse la concurrencia de la circunstancia 2.ª del artículo 22 (sea ésta simple, doble, triple o cuádruple, según las interpretaciones, lo cual no tiene particular relevancia desde la técnica del *totum revolutum* practicada por nuestro legislador), el artículo 66.3.ª prevé que cuando concurran una o varias circunstancias agravantes los Jueces o Tribunales impondrán la pena establecida por la Ley en su *mitad superior*.

2. Especial vulnerabilidad de la víctima por ser menor de edad (art. 165, inciso segundo)

El artículo 165, inciso segundo, CP configura un tipo cualificado de detención ilegal o secuestro, por virtud de la *especial vulnerabilidad de la víctima* del respectivo delito por la minoría de edad de la misma:

> «Las penas de los artículos anteriores se impondrán en su mitad superior, en los respectivos casos, si [...] la *víctima* fuere *menor de edad*...».

La agravación de los delitos contra la libertad de movimiento personal prevista en este precepto toma en consideración especiales **circunstancias personales** del ofendido, que permiten considerar la presente figura como un tipo cualificado precisamente por la **especial vulnerabilidad** de la víctima.

— El carácter de la valoración de tales elementos de cualificación es puramente estático, en el sentido de que no se atiende a la especial relación interpersonal que medie entre víctima y victimario, y a la eventual utilización en beneficio del autor de condiciones de superioridad, confianza, ascendencia moral u otras equivalentes sobre el ofendido, de las que realmente se pueda colegir el mayor desvalor del acto por prevalimiento situacional real y efectivo sobre el ofendido.

— El Código adopta un criterio de presunción, no de realidad ni de funcionalidad. Le basta con que la víctima sea etiquetable con tal o cual calificativo, para que el delito se concrete en la modalidad cualificada que autónomamente incrimina. En realidad, incrementa para este comportamiento típico el marco legal de las circunstancias modificativas de la responsabilidad criminal. El comportamiento delictivo se agrava con la mera concurrencia de alguna de las situaciones objetivas concernientes a la víctima descritas en el inciso segundo del artículo 165.

— Tal criterio legal es incoherente. Pues no se alcanza a entender que determinadas cualidades de la víctima muestren relevancia sólo en estos delitos contra la libertad de movimiento y no en delitos contra otras esferas de la libertad o contra otros bienes jurídicos personales. Se confiere un trato singular, discriminatorio o, si se quiere, discrecional para estas concretas hipótesis típicas.

— El ser **menor** la víctima es la primera causa prevista en el presente tipo cualificado de detención ilegal o secuestro. El fundamento de esta causa de especial vulnerabilidad de la víctima se asienta en que la misma tiene legalmente limitada o incluso no reconocida —por razón de su propia minoría de edad— la capacidad de ejercicio de la libertad de movimiento personal.

> Se abren nuevas dificultades para la apreciación del tipo privilegiado *sui generis* de la detención de una persona para presentarla a la autoridad, que establece una semi-excusa absolutoria, cuando se trate de la aprehensión de un menor que por su corta edad **no puede ser imputado** de responsabilidad penal.

3. Especial vulnerabilidad de la víctima por ser persona con discapacidad (art. 165, inciso tercero)

El artículo 165, inciso tercero, CP configura un tipo cualificado de detención ilegal o secuestro, por virtud de la cualidad de la víctima de ser una *persona* con *discapacidad necesitada* de especial protección:

> «Las penas de los artículos anteriores se impondrán en su mitad superior, en los respectivos casos, si [...] la *víctima* fuere [...] *persona con discapacidad* necesitada de especial protección».

— El ser la víctima **persona con discapacidad** necesitada de especial protección es la segunda causa prevista en la figura legal. Análogas consideraciones que al menor corresponden a la víctima especialmente vulnerable por ser persona con discapacidad necesitada de especial protección, en tanto sujeto pasivo de los delitos de detención o secuestro.

> El artículo 25, párrafo primero, CP entiende por *discapacidad* «aquella situación en que se encuentra una persona con deficiencias físicas, mentales, intelectuales o sensoriales de carácter permanente que, al interactuar con diversas barreras, puedan limitar o impedir su participación plena y efectiva en la sociedad, en igualdad de condiciones con las demás».
>
> Asimismo a los efectos de este Código, según dispone el artículo 25, párrafo segundo, se entenderá por persona discapacitada necesitada de especial protección a «aquella persona con discapacidad que, tenga o no judicialmente modificada su capacidad de obrar, requiera de asistencia o apoyo para el ejercicio de su capacidad jurídica y para la toma de decisiones respecto de su persona, de sus derechos o intereses a causa de sus deficiencias intelectuales o mentales de carácter permanente».
>
> No se clarifica en la incriminación penal el fundamento jurídico según el cual se considera más grave el desvalor de injusto de la privación del bien jurídico de la libertad de movimiento personal en la persona con discapacidad necesitada de especial protección que en la persona no afectada por ella.
>
> Es discutible si cabe apreciar este tipo cualificado sobre el tipo privilegiado *sui generis* por el propósito de presentar a la víctima a la autoridad.

4. CUALIDAD DE LA VÍCTIMA DE FUNCIONARIO PÚBLICO EN EJERCICIO DE SUS FUNCIONES (ART. 165, INCISO CUARTO)

El artículo 165, inciso cuarto, CP configura un tipo cualificado de detención ilegal o secuestro, por virtud de la cualidad de la víctima de ser *funcionario público* en el ejercicio de sus funciones:

> «Las penas de los artículos anteriores se impondrán en su mitad superior, en los respectivos casos, si [...] la *víctima* fuere *funcionario* público en el ejercicio de sus funciones».

La figura legal descrita en el inciso final del artículo 165 CP equipara la cualidad de la víctima de ser **funcionario** público en el ejercicio de sus funciones a la del *menor* de edad y a la de persona con *discapacidad*, como víctimas especialmente vulnerables de detención ilegal o de secuestro, en lugar de proceder a tipificar nítidamente y con autonomía sistemática un delito *pluriofensivo* contra la libertad personal del funcionario y contra el libre desempeño de la función por el titular de la misma.

V. DELITO HIPERAGRAVADO *SUI GENERIS* DE DETENCIÓN O DE SECUESTRO, POR NO DAR EL AUTOR RAZÓN DEL PARADERO DE LA PERSONA DETENIDA (ART. 166 CP)

El artículo 166 CP describe una hipótesis de detención ilegal o secuestro personal que es un tipo *hiperagravado*, cuya sanción es objeto de exasperación punitiva, y un tipo delictivo *sui generis*, que incorpora elementos específicos que lo configuran con fisonomía propia.

El fundamento de la especial agravación de este supuesto delictivo estriba en la singular desvaloración, que —sobre el presupuesto de la ejecución de la acción típica de la privación de la libertad ambulatoria personal— el legislador efectúa del *nuevo hecho* del autor de *no dar razón* del paradero de la persona por él detenida.

La descripción legal de este tipo ha sido objeto de reforma por la LO 1/2015, de 30 de marzo (en vigor desde 1 de julio de 2015). La nueva regulación mantiene la autónoma incriminación de esta figura hiperagravada, si bien introduce algunos cambios: modifica la pena, mantiene el tipo básico de delito (art. 166.1 CP) e incorpora otros dos tipos cualificados de carácter alternativo entre sí [consignados en los apartados *a*) y *b*) del art. 166.2 CP].

1. Tipo básico de desaparición forzada (art. 166.1 CP)

El tipo básico de este supuesto delictivo hiperagravado, que configura un delito autónomo *sui generis* de detención ilegal o secuestro personal, es descrito en el artículo 166.1 CP en los siguientes términos:

> «El reo de detención ilegal o secuestro que *no dé razón* del paradero de la persona detenida será castigado con una pena de prisión de 10 a 15 años, en el caso de la detención ilegal, y de 15 a 20 años, en el de secuestro».

A tenor de la técnica descriptiva empleada por el legislador, la configuración de este tipo de delito resulta extraordinariamente compleja, por la imprecisión de su enunciado y por la falta de ajuste del mismo a los presupuestos criminológicos sobre los que parece inspirarse la legislación penal, con evidente falta de rigor jurídico y, sobre todo, de sensibilidad y de respeto a los principios de la dogmática penal y de la política criminal moderna.

— En la legislación tradicional la figura expresaba un tipo de **delito de sospecha**, que quebrantaba el principio de acto y en cuanto tal implicaba el establecimiento de una pura responsabilidad penal objetiva por el resultado, que entraba en la más abierta vulneración del principio de culpabilidad del autor por el injusto típico, de forma que se sancionaba una suposición del legislador y no un hecho del autor.

— La doctrina y jurisprudencia se pronunciaron críticamente contra la configuración de un delito de sospecha, cualificado por la *presunción* de resultado sobrevenido y de mera responsabilidad objetiva, invocando que lo enigmático y no demostrable por los medios ordinarios de prueba legalmente estatuidos no puede ser objeto de imputación a nadie por muy autor que sea de los delitos más graves cuya comisión se acredite y pruebe.

— El espectro de delito de sospecha sigue estando formalmente presente en el tipo cualificado del artículo 166, en la medida en que se agrava la sanción de la detención ilegal o secuestro por el hecho de *no dar razón* el autor de dicho delito del paradero de la persona por él detenida o secuestrada, que despierta la sospecha de que, además de ejecutar el ataque a la libertad de movimiento personal, ha incidido en la ulterior lesión de otro bien jurídico de la víctima.

Es evidente que la mera *sospecha* legislativa del ocasionamiento de un mal —por muy grave que éste fuera— no puede en absoluto constituir el objeto de ninguna incriminación penal, por atentar contra el principio más fundamental en la configuración de un delito como es el principio del acto. Por ello es de descartar cualquier tipo de interpretación que vincule el contenido de este delito con una mera sospecha legislativa de la irrogación de un mal a nadie.

Se hace por ello preciso examinar los elementos esencialmente configuradores de esta figura —un tanto enigmáticamente descrita con la referencia a la mera circunstancia de *no dar razón del paradero* de la persona detenida— precisamente atendiendo al sentido normativo de cada uno de los actos ejecutivos de este supuesto hiperagravado de delito, que se caracteriza por las siguientes secuencias ejecutivas de acción:

— En primer lugar, ejecución de la *detención* ilegal o el *secuestro* de una persona que es *privada* de su libertad ambulatoria.

— En segundo término, efectiva *desaparición* de la persona ilegalmente detenida, que no ha sido objeto de liberación por el autor de la detención.

— En tercer lugar, el autor de la detención o secuestro *no da razón* del paradero de la persona por él detenida y posteriormente desaparecida hallándose en el estado de privación de libertad, más allá y con independencia del alcance cronológico de la duración del *status* de tipicidad que a los efectos de esta figura es de carácter ilimitado, pues la realización del tipo presupone que en ningún momento la víctima ha sido liberada (ni dentro de los tres primeros días, ni entre 3 y 15 días, ni más allá de los 15 días de privación de su libertad).

La privación de la libertad a la persona ilegalmente detenida o secuestrada instaura al autor de la detención o secuestro en una posición de garante de la víctima —respecto de todos los bienes jurídicos susceptibles de afectación de la misma— por haberla colocado en la situación de privación de libertad, y le hará responder por acción de la lesión de otros bienes jurídicos de la víctima que aquél produzca por activamente o en comisión por omisión.

El nuevo hecho de «*no dar razón* del paradero» de la «persona detenida» no puede ser entendido como mero motivo de una sospecha del legislador, sino antes bien exactamente en el sentido normativo de «*causar*» (acción) o «*no evitar*» (omisión) la «desaparición» (forzada) de la persona por él detenida.

La causación o la no evitación de la desaparación de la persona detenida y no liberada se imputará al autor de la detención a título de producción de la desaparación *sobrevenida* de la persona detenida. Tal desaparición es criminológicamente configurada —y así denominada en otros sistemas penales— como desaparición *forzada* de la persona que previamente por parte del autor había sido objeto de ilegal privación de libertad.

La esencia del requisito legal de «no dar razón del paradero» de la persona detenida estriba en la ejecución de la «propia desaparición personal», no constituyendo la referencia a tal circunstancia una mera cuestión semántica, sino la exigencia de un momento objetivo de acción que ha de ser entendido conforme a la interpretación normativa que se propone.

En suma, la norma incriminadora de este supuesto típico *hiperagravado* configura un tipo delictivo *híbrido* de detención y desaparición, cuya característica específica estriba en la previa detención o secuestro de una persona y en la desaparición sobrevenida de la misma. Tal elemento típico de acción es expresado de una manera ciertamente equívoca con la locución legal de «no dar razón del paradero de la persona detenida», la cual ha de ser interpretada en un sentido normativo restrictivo que equivale a «causar o no evitar» la «desaparición personal» de la víctima de la ilegal privación de libertad por el propio autor de la detención o secuestro.

La ulterior lesión por parte del mismo autor de cualesquiera otros bienes jurídicos dará lugar, en su caso, a la apreciación del correspondiente concurso de delitos (tortura, violación, lesión, homicidio, inhumación ilegal, profanación de cadáver...) cometidos sobre la víctima de la detención y de la desaparición.

En suma: el tipo requiere que la originaria «privación de la libertad» ambulatoria personal de la persona detenida sea ilimitada en el tiempo —en todo caso, por tiempo de duración no determinado legalmente— y que la sobrevenida «desaparición de la víctima» sea imputable al autor que —habiendo creado el *status* de tipicidad de la privación de libertad personal— no da razón del paradero de la persona detenida.

A efectos de la *penalidad* prevista en este tipo hiperagravado, es de indicar que político-criminalmente en la reforma del CP por LO 1/2015 la «*desaparición* forzada» de la persona ilegalmente detenida ha sido equiparada a la propia «*eliminación* existencial» de la víctima de la ilegal detención y conminada con la pena del homicidio, en el caso de privación de libertad proveniente de detención ilegal, y con la pena del asesinato, en la hipótesis de la privación de libertad que trae causa de secuestro.

2. Tipos cualificados de desaparición forzada (art. 166.2 CP)

El artículo 166.2 CP describe dos tipos cualificados del delito autónomo *sui generis* de detención ilegal o secuestro personal, por no dar razón del paradero de la persona detenida, en los siguientes términos, a tenor de la reforma introducida por la LO 1/2015, en atención a diversas características apreciadas en la persona de la víctima o en el comportamiento del autor:

> «El hecho será castigado con una pena de 15 a 20 años de prisión, en el caso de detención ilegal, y de 20 a 25 años de prisión, en el de secuestro, cuando concurra alguna de las circunstancias siguientes:

> *a*) Que la víctima fuere *menor* de edad o persona con *discapacidad* necesitada de especial atención.
> *b*) Que el autor hubiera llevado a cabo la detención ilegal o secuestro con la *intención* de atentar contra la libertad o la indemnidad sexual de la víctima, o hubiera actuado posteriormente con esa finalidad».

Los **fundamentos de cualificación** son dispares, heterogéneos y en cierto sentido inconexos entre sí:

— En primer lugar, se reitera el criterio de agravación propio de la detención o secuestro consistente en la cualidad de la *víctima* de ser *menor* de edad o persona con *discapacidad* necesitada de especial atención.

— En segundo término, se introducen dos nuevos criterios extemporáneos apreciados en la actitud del *autor*: el de la motivación sexual impulsora de la conducta típica propia de un delito de tendencia subjetivamente configurado, o —alternativamente— el de la efectiva ejecución de conducta típica sexual contra la persona detenida: ambos criterios referidos a la actitud del autor —con mejor técnica legislativa— merecerían haber sido omitidos, remitiéndose su eventual apreciación a la normativa reguladora del concurso de delitos (concurso real de delito medio y delito fin, o en su caso concurso real no medial).

Respecto a la **penalidad**, la «desaparición forzada» (entendida la ausencia de dar razón del paradero en este sentido restrictivo, único compatible con la legitimidad del precepto) proveniente de *detención* ilegal es sancionada con la pena inmediata superior (de 15 a 20 años) a la del homicidio (de 10 a 15 años), y la proveniente de *secuestro* con la pena inmediata superior (de 20 a 25 años) a la de asesinato (de 15 a 20 años), lo que implica acumular una cuota de penalidad de delito contra la libertad con otra cuota correspondiente a atentado delictivo contra la existencia personal, cuya eliminación constituye el núcleo del tipo de desaparición forzada.

VI. DETENCIÓN ILEGAL Y SECUESTRO COMETIDOS POR FUNCIONARIO

1. Tipo cualificado de segundo grado por la condición funcionarial del autor (art. 167.1 CP)

El artículo 167 del Código describe como tipo autónomamente configurado el delito de detención ilegal o secuestro realizado por autoridad o funcionario público, reformado por la LO 1/2015, de 30 de marzo, en vigor desde el 1 de julio de 2015, en los siguientes términos:

> «1. La *autoridad* o *funcionario* público que, fuera de los casos permitidos por la Ley, y sin mediar causa por delito, cometiere alguno de los *hechos descritos* en este Capítulo [*De las de-*

tenciones ilegales y secuestros] será castigado con las penas respectivamente previstas en éstos, en su mitad superior, pudiéndose llegar hasta la superior en grado.

2. Con las mismas penas serán castigados:

a) El funcionario público o autoridad que, mediando o no causa por delito, *acordare*, practicare o prolongare la privación de libertad de cualquiera y que *no reconociese* dicha privación de libertad o, de cualquier otro modo, *ocultase* la situación o paradero de esa persona privándola de sus derechos constitucionales o legales.

b) El *particular* que hubiera llevado a cabo los hechos con la autorización, el apoyo o la aquiescencia del Estado o de sus autoridades.

3. En todos los casos en los que los hechos a que se refiere este artículo hubieran sido cometidos por autoridad o funcionario público, se les impondrá, además, la pena de inhabilitación absoluta por tiempo de ocho a doce años».

El **supuesto básico** de este delito, descrito en el artículo 167.1 CP, es configurado como un **tipo cualificado de segundo grado** respecto de todos y cada uno de los supuestos típicos incriminados bajo la rúbrica de las detenciones ilegales y secuestros. La razón de esta especial agravación radica en la pluriofensividad de la conducta del funcionario que, no sólo lesiona la libertad de movimiento personal de la víctima, sino además los deberes jurídicos que le obligan a un correcto ejercicio de la función pública cuya titularidad el autor ostenta.

La acción de este tipo cualificado es la misma que la de los tipos básicos de detención y secuestro: la privación de la libertad ambulatoria de la víctima, en cualesquiera de los estadios psicológicos posibles de disfrute de este derecho fundamental, expresada a través de la creación de un *status* de tipicidad de incidencia instantánea o permanente sobre el bien jurídico protegido.

— La conducta responde a la estructura de los delitos de resultado, y por tanto requiere la producción del **resultado** material de exclusión de la víctima del estado de la libertad de movimiento. La producción del resultado material comporta, tanto el desvalor de acción, expresado en el comportamiento de quien autoritariamente se permite imponer su voluntad sobre el derecho primario de la libertad de movimiento, como el desvalor de resultado, constituido por la efectiva privación del ejercicio de la libertad traslaticia del ser humano.

— El delito tiene naturaleza **instantánea** o **eventual permanente**. Con la producción del resultado de creación del *status* de tipicidad constituido por la privación de movimiento personal, el delito se consuma y en el caso de que se mantenga la situación típica se abre el período consumativo del delito como delito permanente.

— En el primer instante de la causación del resultado, se concreta el tipo propio de un delito **instantáneo**. En tanto se alcanza el límite mínimo de duración que integra el tipo cualificado, se abre y despliega un período consumativo propio del delito **permanente**. Al alcanzarse el tope legal mínimo del tipo cualificado por la duración de la privación de libertad, se produce la consumación con permanencia **absoluta** de tal duración mínima, y entonces se inicia el mecanismo consumativo de la permanencia relativa.

La STS (Ar. 8055), de 15 de octubre de 1990 (Ponente: MONER MUÑOZ), señala (en su FJ 6.º) que las detenciones ilegales tanto del particular como del funcionario son delitos que se perfeccionan «instantáneamente» pero con «eventuales efectos permanentes», y constituyen tipos penales en blanco en tanto sea preciso acudir a preceptos extrapenales para completar el alcance de la incriminación de la privación típica de libertad ambulatoria por medio de la acción y efecto de detener, arrestar o poner en prisión.

Elemento singular característico de este tipo de detención y secuestro es la cualificación positiva del **sujeto activo**: **autoridad o funcionario** público que actúa en el ámbito de sus competencias desviándose o extralimitándose en el cumplimiento de las mismas.

— La conducta **o es** adecuada a la norma jurídica **o es** antijurídica. *Tertium non datur.* La mayor o menor gravedad del injusto proviene del desvalor de acto y del desvalor de resultado en relación con el objeto de protección de la norma penal.

La STS 1261/2003, de 29 de septiembre, señala que la detención ilegal *sin causa legítima* que la justifique pertenece al tipo del artículo 167, mientras que el tipo del artículo 530 exige que medie causa por delito siendo determinada la ilicitud por el hecho de incumplirse las garantías institucionales de carácter constitucional y legal (entre ellas, el deber de informar de sus derechos al detenido).

La STS 8195/2009 (Ponente: A. G. JORGE BARREIRO) considera que cabe la cooperación necesaria de un policía en la detención ilegal por comisión por omisión.

— La tipicidad de la conducta de detención ilegal o secuestro cometida por autoridad o funcionario público requiere el examen de las normas extrapenales que reglamentan las facultades jurídicas de los funcionarios (Fuerzas y Cuerpos de Seguridad del Estado y de la Administración de Justicia), respecto de la privación de la libertad de movimiento personal, a fin de establecer los límites de legalidad o ilegalidad de la actuación.

La **ilegalidad de la conducta** de detención o secuestro personales cometidos por autoridad o funcionario público puede estribar en una infracción, tanto de la **Constitución** y de la **normativa internacional** vigente, como de las **disposiciones** que garantizan el derecho fundamental de la libertad de movimiento personal.

En este contexto normativo son de considerar la Constitución Española (art. 17), la Declaración Universal de los Derechos del Hombre, de 1948 (arts. 9 ss.), el Convenio para la Protección de los Derechos Humanos y de las Libertades Fundamentales, de 1950 (art. 5), la Ley Orgánica 6/1984, de 24 de mayo, reguladora del procedimiento de *habeas corpus*, la Ley de Enjuiciamiento Criminal (arts. 486 ss.), la Ley Orgánica 2/1986, de 13 de marzo, de Fuerzas y Cuerpos de Seguridad del Estado.

— La LO 1/1992, de 21 de febrero, de Protección de la Seguridad Ciudadana, representa en este ámbito un paradójico ejemplo involutivo de la garantía de las libertades ciudadanas:

• El artículo 21.2 de la LO de Protección de la Seguridad Ciudadana fue declarado **inconstitucional**, por acuñar un concepto de delito *in fraganti* que hacía residir la noción del **delito flagrante** en la mera **ficción legal** de su existencia basada en creencias subjetivas de los funcionarios de policía en actuaciones de vigilancia del tráfico doméstico de drogas.

• El artículo 20 de la citada LO roza la inconstitucionalidad al regular las facultades para la identificación de las personas siempre que el conocimiento de la identidad fuere necesario para el ejercicio de las funciones de protección de la seguridad: de no lograrse la identificación por cualquier medio y cuando resultare necesario, para impedir la comisión de un delito o falta o al objeto de sancionar una infracción, los agentes podrán requerir a quienes no pudieran ser identificados a que les acompañen a dependencias próximas y que cuenten con medios adecuados para realizar las diligencias de identificación, a estos solos efectos y por el tiempo imprescindible (art. 20.2).

El artículo 20 de esta Ley ha rozado la inconstitucionalidad material a pesar de la formal declaración de la STC 341/1993, de 18 de noviembre (Ponente: GARCÍA-MON y GONZÁLEZ-REGUERAL), que declara la constitucionalidad del precepto de una manera irregular en tanto es contradictoria consigo mismo e incurre en intrínseca incongruencia al no hacer concordar la fundamentación jurídica con la parte dispositiva de la misma.

La STC 341/1993, de 18 de noviembre, considera que la medida prevista en el artículo 20.2 exige el «desplazamiento» a dependencias policiales próximas y la «permanencia» en ellas, lo que supone una situación que va «más allá» de una mera «inmovilización» de la persona instrumental de prevención o de indagación, por lo que ha de ser considerada como una «modalidad de privación de libertad» con fines de identificación; la identificación sólo podrá afectar a personas no identificadas de las que razonable y fundadamente pueda presumirse que se hallan en disposición actual de cometer un ilícito penal (delito o falta) o a aquellas que hayan incurrido ya en una infracción administrativa: la necesidad de identificación surge de la exigencia de prevenir un delito o falta o de reconocer a un infractor de la legalidad para sancionarlo. Proclama que «en su conjunto» el artículo 20 no es contrario a la Constitución, desoyendo el contenido de dos votos particulares defensores de la constitucionalidad materia.

El Voto particular formulado por DE LA VEGA BENAYAS manifiesta que el contenido esencial de un derecho fundamental de protección reforzada como la libertad (art. 17, en relación con el art. 1 y art. 9 CE) vincula a todos los poderes públicos (art. 53.1); nunca procederá la detención sino por la creencia racional y fundada en datos de la comisión de un delito, y sin concurrir los requisitos legales (arts. 489 ss. LECr.) el artículo 493 sólo autoriza a la Policía a tomar nota del nombre, apellidos y domicilio, pero sin practicar detención, pasando la nota al Juez o Tribunal; cualquier otra detención configuraría un delito de detención ilegal: la «retención» es una figura, mejor una situación, que se quiere intermedia entre la libertad y la detención, pero esa posibilidad de estar y no estar al mismo tiempo ha sido rechazada por la STC 98/1986 («no hay zonas intermedias entre detención y libertad»); la retención es una detención ilegal, punible, en cuanto implica acto de inmovilizar e ingresar a un ciudadano en una dependencia policial sin imputación alguna y sin las garantías del artículo 17 CE: la negativa a la identificación y la finalidad sancionatoria no legitiman la detención; en cuanto a las faltas, sólo cabe detener cuando no se acredite un domicilio conocido o no se dé fianza: la negativa a identificarse puede suponer una falta, y la regla general es la no detención por faltas.

El Voto particular formulado por GONZÁLEZ CAMPOS expresa que la libertad constituye un valor superior de nuestro ordenamiento (art. 1.1 CE), un derecho fundamental (art. 17.1 CE) que entraña el derecho a la libertad física (STS 120/1990), y que garantiza a todos la ausencia de perturbaciones procedentes de medidas como la detención que, adoptadas arbitraria o ilegalmente, restringen o amenazan la libertad de la persona de organizar en cualquier momento y lugar, dentro del territorio nacional, su vida individual y social con arreglo a sus propias opciones y convicciones (STC 15/1986.2.º): la cláusula abierta por tiempo indeterminado e ilimitado («el tiempo imprescindible») compromete la constitucionalidad de la norma; la precisión de la STC de que la diligencia de identificación se realice «de manera inmediata y sin dilación alguna» no se ha llevado al fallo de la Sentencia, que adolece de contradicción interna entre lo razonado y lo decidido sobre la constitucionalidad o no de los artículos 20 y 21 («la eficacia en la acción policial, aun constituyendo un objetivo legítimo, no puede imponerse a costa de los derechos y libertades»).

El contenido material del tipo de injusto de la detención o secuestro cometido por autoridad o funcionario exige delimitar los **bienes jurídicos** afectados por la realización de la conducta típica. Afecta prioritariamente a la **libertad de movimiento** personal de la víctima individual del delito, pero asimismo además a otros bienes jurídicos, como el conjunto de los **derechos fundamentales** del hombre, en cuanto garantías constitucionales del mismo y el especial **deber jurídico** que vincula al propio funcionario con el Estado en relación al respeto y la garantía de derechos fundamentales de los ciudadanos.

Las **causas de justificación** apreciables ofrecen ciertas particularidades:

— Por el carácter pluriofensivo del delito, se exigirá para la justificación de la conducta típica la simultánea concurrencia del consentimiento relevante del ofendido y del correcto ejercicio de un derecho o cargo.

— El cumplimiento de un deber y la obediencia debida requieren la legitimidad de la actuación, exigiendo fundamento legal suficiente para la práctica concreta de la misma.

— El estado de necesidad y la legítima defensa se rigen por los principios generales de ambas instituciones.

— El deber legal de proporcionalidad de la actuación de los miembros de Fuerzas y Cuerpos de Seguridad del Estado no debe entenderse incompatible con la necesidad racional en el ejercicio de una acción defensiva de bienes jurídicos propios o ajenos.

La **punibilidad** incorpora con todo acierto la pena de inhabilitación absoluta, por tiempo de 8 a 12 años, junto a la de prisión, cuya determinación puede llevar a límites desorbitados, en función de la multiplicidad de tipologías cualificantes y agravantes (además de las privilegiadas) introducidas en este ámbito con rudimentario casuismo por el legislador penal.

En el tipo de sospecha realizado por autoridad o funcionario público, se alcanzarían las siguientes penas: para el tipo básico de detención, prisión de 7,5 a 9 años; para el tipo privilegiado, prisión de 5 a 6 años; para el tipo cualificado, prisión de 10 a 12 años; para el tipo semiabsolutorio de privación de libertad colaboracionista del sistema, multa de 7,5 a 9 meses; para el tipo básico de secuestro, prisión de 12,5 a 15 años; para el tipo privilegiado, prisión de 7,5 a 9 años; y para el tipo cualificado, de 17,5 a 20 años. Lo que es a todas luces excesivo, y demuestra un esperpéntico sistema de punición.

2. Tipo extensivo de conductas alternativas del funcionario [Art. 167.2.*a*) CP]

El artículo 167.2.*a*) CP (redactado por LO 1/2015, de 30 de marzo) incorpora dos tipos cualificados *sui generis* de delitos de detención ilegal o secuestro cometidos por funcionario público o autoridad, de confusa estructura y difícil delimitación del delito funcionarial contra la libertad individual incluido entre los delitos contra las garantías constitucionales (art. 530 CP).

La esencia del contenido de injusto de estos tipos cualificados es constituida por la *libertad ambulatoria* personal y por ello se establece a tales delitos la misma pena que la de los delitos de detención ilegal o secuestro. En estos tipos legales no se salvaguardan las garantías constitucionales del detenido, preso o sentenciado, sino que se tutela la libertad traslaticia de la persona.

El ataque típico a este bien jurídico protegido no reside en la ejecución de la conducta de encierro o detención privativos de la libertad, sino en la realización de los siguientes momentos de acción: «acordar, practicar o prolongar» la *privación* de libertad de una persona y simultáneamente «*no reconocer* dicha privación de libertad» o bien, de manera alternativa, «*ocultar* la situación o paradero» de la persona, *privándola* de sus derechos constitucionales o legales.

El núcleo substancial del injusto típico consiste en la privación ilegal de la libertad ambulatoria de la persona, y en su virtud se sanciona como un supuesto cualificado de delito de detención ilegal o secuestro personal, pero no como un tipo de delito contra las garantías constitucionales de un detenido.

La diferencia específica formal de esta conducta típica estriba en que, en lugar de encerrar o detener a otro privándole de la libertad, se procede a la privación de libertad personal mediante la concreta forma específica de acción de «*acordar*, *practicar* o *prolongar*» la detención, o bien alternativamente a «*no reconocer* la privación de libertad» o bien a «*ocultar* la situación o paradero» de la persona detenida, con la *adición* de la exigenca típica siguiente: «privándola de sus derechos constitucionales o legales».

La exigencia típica de «privar de los derechos constitucionales o legales» a la persona ilegalmente detenida resulta superflua e inorportuna en esta figura delictiva, pues es objeto de específica incriminación en el ámbito de los delitos contra las garantías constitucionales y, en concreto, en el tipo de delito contra la libertad individual descrito en el artículo 530 CP.

3. Tipo de asimilación del particular al funcionario [art. 167.2.*b*) CP]

El artículo 167.2.*b*) CP incorpora un tipo extensivo de delito especial de funcionario público a quien no ostenta tal condición, sino que es un particular que realiza la conducta con la «autorización, el apoyo o la aquiescencia» estatal o de las autoridades.

Es inorportuna e improcedente esta asimilación al funcionario público de alguien que no es tal y en su virtud debió haber sido sancionado, bien como propio autor particular de un delito común —no especial— contra la libertad ambulatoria personal, bien como interviniente —partícipe— en un delito especial del funcionario.

La autorización, apoyo o aquiescencia de la comisión de un delito de detención ilegal o secuestro debería hacer responder a la autoridad que la otorgue como coautor del delito contra la libertad personal cometido por un particular, en su caso con la agravante de prevalimiento de carácter público (art. 22.7.ª CP).

4. Penalidad cualificada por la condición funcionarial (art. 167 CP)

La cualificación de los tipos de delitos de detención ilegal o secuestro cometidos por funcionario público descritos en el artículo 167 CP (a tenor de la LO 1/2015, de 30 de marzo) conlleva la imposición de las penas respectivamente previstas en los distintos supuestos típicos de detención o secuestro «en su *mitad* superior, pudiéndose llegar hasta la superior en grado».

No es inequívoca la expresión legal en este punto al hacer referencia a la posibilidad de llegar «*hasta* la pena superior en grado». El marco penal de estos delitos cualificados abarca básicamente sólo a la mitad superior de la pena de los delitos respectivos, quedando excluida la mitad inferior y con ello reducida la extensión de la pena en un 50 por 100, pero con la eventual posibilidad de «llegar hasta» la pena superior, por la cual se ha de estimar por razones sistemáticas y de proporcionalidad jurídica la mitad inferior de la pena superior en grado a la prevista para los tipos básicos.

Junto a tal cualificación punitiva (límite mínimo de la mitad superior de la pena y límite máximo de la mitad inferior de la pena superior en grado), en todo caso, es de imponer además la pena de *inhabilitación* absoluta a la autoridad o funcionario público que hubieran cometido el delito, de conformidad con lo previsto en el artículo 167.3 CP.

Es de observar que esta pena específica de inhabilitación absoluta prevista para la autoridad o funcionario público *no* será aplicable al *particular* que sorprendentemente ha sido equiparado al funcionario en el tipo de asimilación [art. 167.2.*b*) CP], lo que prueba que el *extraneus* nunca debió ser tratado como *intraneus* en el marco de la comisión de un tipo de delito cualificado precisamente por la condición funcionarial del sujeto activo en la privación de la libertad ambulatoria de la persona ilegalmente detenida.

Cuestionario de repaso:

1. ¿Existe alguna delimitación normativa entre los conceptos de detención y encierro?
2. ¿La detención ilegal es un delito instantáneo o permanente?
3. ¿Cuál es el ámbito de libertad personal protegido en el tipo de detención ilegal?
4. ¿Cabe realización culposa del tipo de delito de detención ilegal?
5. ¿Es posible la tentativa en el delito de detención ilegal?
6. ¿La no consecución del objeto propuesto por el autor atenúa o agrava la conducta delictiva de detención ilegal?
7. ¿La duración de detención por tiempo superior a 10 días agrava o atenúa la responsabilidad penal?
8. ¿Y a 20 días?
9. ¿El tipo cualificado es siempre delito permanente o puede también ser instantáneo?
10. ¿Y el tipo privilegiado es instantáneo o permanente?
11. ¿Difiere o se identifica el bien jurídico protegido en la detención ilegal y en el secuestro?
12. ¿Existen características esenciales de diferenciación entre detención ilegal y secuestro?
13. ¿Y entre detención ilegal, secuestro y desaparición forzada?
14. La desaparición forzada ¿es un concepto fáctico o normativo?
15. ¿Qué sentido normativo tiene no dar razón del paradero de la persona?

LECCIÓN 9.ª

AMENAZAS Y COACCIONES

CARMEN REQUEJO CONDE

I. REGULACIÓN

Los **delitos contra la libertad** (arts. 163-172 ter) se regulan en el Título VI del Libro II del Código penal, en torno a tres tipologías delictivas:

a) Detenciones ilegales y secuestros (Capítulo I, arts. 163-168).
b) Amenazas (Capítulo II, arts. 169-171).
c) Coacciones (Capítulo III, arts. 172-172 ter).

II. BIEN JURÍDICO PROTEGIDO

El bien jurídico protegido, tanto en el delito de amenazas como el de coacciones, es genéricamente, la **libertad personal**, tal y como indica la rúbrica del propio Título VI en el que se insertan estas tipologías. A diferencia sin embargo de lo que ocurre con las detenciones ilegales, no se protege aquí la libertad ambulatoria, de movimientos o psicomotriz, sino otras facetas o vertientes de la libertad, de determinación del comportamiento y de actuación personal, como se desprende del análisis de los tipos de referencia.

Más específicamente, en el delito de amenazas, en la medida en que se trata de intimidar a otro con causarle un mal futuro, más o menos próximo, se tutela la **seguridad o tranquilidad** en el ejercicio de la libertad, y la **libertad de obrar**, si la amenaza es además condicional, pudiendo revestir otras formas, como chantaje, si va referida a datos íntimos o personales (art. 171.2 y 3), o extorsión, si recae sobre el patrimonio (art. 243).

Por lo que respecta a las coacciones, a través de estas normas se protege, específicamente, la **libertad de actuación del sujeto pasivo.**

III. SUJETOS

En general, tanto las tipologías de amenazas como las de coacciones integran delitos comunes, de **sujetos activos indiferenciados**, si bien hay **excepciones**, como es el caso de las conductas de género. Por lo que respecta a los **sujetos pasivos**, lo serán los destinatarios de la conducta típica, es decir, aquellas concretas personas cuya libertad de comportamiento o actuación se vea mermada por la amenaza o la coacción.

IV. AMENAZAS

1. Planteamiento crítico

La regulación que opera nuestro Código penal del delito de amenazas es de enorme complejidad, básicamente por la caótica y enrevesada casuística tipológica empleada por el legislador, diversas clases de amenazas, como las amenazas de males constitutivos de delito, de males no constitutivos de delito, amenazas leves, amenazas a miembros de la familia, chantajes, extorsiones, amenazas condicionales, amenazas no condicionales, o incluso amenazas con fines terroristas. Por si esto fuera poco, sus normas no han escapado a la sombra de la **inconstitucionalidad.**

2. Definición de amenaza

Amenazar es intimidar o atemorizar a otro con causar un mal, en su persona o propiedad, conminarle mediante palabras, gestos o actitudes con un mal, que es futuro y próximo (no presente o coetáneo), a cambio o no de una condición que se puede imponer para en su caso poder el sujeto pasivo librarse del mal.

Dicho mal puede a su vez ser delictivo, con o sin condición, puede ser un mal ilícito, o bien incluso un mal lícito, debiendo contar en estos casos con una condición no constitutiva de conducta debida para que el hecho tenga relevancia penal.

Los requisitos que debe cumplir la amenaza para ser constitutiva de delito son los siguientes:

a) El núcleo ontológico de la amenaza consiste en el **anuncio de un mal**, habitualmente proyectado al futuro, no inmediato, lo que va a servir para diferenciar el delito de amenaza de otros como el robo o la violación, en los que la intimidación o amenaza constituyen el medio comisivo, o de un homicidio constando claramente la intención de matar anunciada por el autor al ejecutar seguidamente la muerte de la víctima.

b) La amenaza, para ser típica, ha de ser seria, creíble y real, esto es, **factible**, y precisamente por ello susceptible de quebrar la libertad, confianza, tranquilidad y sosiego del sujeto pasivo.

c) En consecuencia, el delito de amenazas es una infracción de apreciación marcadamente **circunstancial**, muy dependiente no sólo ya de la propia conminación expresa, sino también de la ocasión, circunstancias, relaciones y personas concurrentes, las cuales deberán ser ponderadas por el juzgador en cada caso concreto a la hora de valorar el alcance de la amenaza. De este modo, una misma expresión, dependiendo de la ocasión, contexto, circunstancias, personas y factores en juego, podrá ser constitutiva de delito, de una mera infracción civil, o atípica.

La gravedad, persistencia y credibilidad del mal, junto al temor que ello infunda en el sujeto pasivo, diferenciarán el tipo básico de amenaza grave del subtipo atenuado de amenaza leve.

d) En cuanto al tipo subjetivo, la amenaza es un **delito doloso.**

e) La idoneidad del mal (peligro abstracto) y cierta perturbación anímica (peligro concreto) consumarán el delito. El delito de amenaza quedará pues consumado cuando la amenaza **llega a conocimiento** del amenazado, aunque no se cumpla la condición puesta a cambio ni se llegue a ejecutar el mal anunciado. Es posible hablar de una tentativa de amenazas, cuando por ejemplo se hacen por escrito, pero la misiva no llega a poder del destinatario, o no termina de leer, o en caso de una traducción simultánea cuando el traductor evitara poner en boca del traducido las frases intimidatorias que éste profiere al otro interlocutor (STS de 20 de mayo de 1944, SAP de Lleida de 27 de enero de 2004). Las amenazas proferidas contra una persona en un sitio público, no estando presente el ofendido ni constando que el sujeto activo pidiera a los presentes que transmitieran sus amenazas a aquél, ni que supiera que se las iban a trasmitir, serían impunes (SAP de Navarra de 25 de marzo de 2014).

3. Amenazas de un mal constitutivo de delito

Constituye amenazas de un mal delictivo, según dispone el artículo 169, el que amenazare a otro con causarle a él, a su familia o a otras personas con las que esté íntimamente vinculado, un mal que constituya delito de homicidio, lesiones, aborto, contra la libertad, torturas y contra la integridad moral, la libertad sexual, la intimidad, el honor, el patrimonio o el orden socioeconómico. Las amenazas de males delictivos más frecuentes recaen sobre la vida o integridad (física, psíquica, o moral) de la víctima, o bien sobre aspectos que pueden afectar a su intimidad u honor (revelación de datos personales), o en causar daños materiales (por ejemplo, reventar el local de trabajo, SJP de Pamplona de 20 de noviembre de 2014).

El delito de amenazas de mal constitutivo de delito será castigado:

1.º Con pena de prisión de uno a cinco años, si la amenaza se hubiese realizado exigiendo una **cantidad** o imponiendo cualquier otra **condición**, aunque no sea ilícita. Puede ser pues económica o personal. En muchos casos la condición consiste en no dar a conocer, revelar o denunciar un delito cometido contra la víctima o un tercero.

Si constituye incluso una conducta debida (*pago de una deuda*), puede existir un concurso con un delito de realización arbitraria del propio derecho del artículo 455, de aplicación restrictiva, para impedir que se convierta en una patente de corso en casos de amenazas graves contra la vida, integridad o libertad de la persona: los principios de especialidad y mayor rango punitivo dirimirán este concurso evitando que el hecho de tomarse la justicia por su mano sea el delito aplicable que excluya hechos delictivos más graves (STS de 31 de marzo de 2000), castigándose sólo por una simple pena de multa.

Además, la norma distingue que el culpable:

— **Hubiere conseguido su propósito**.
— **De no conseguirlo**, se impondrá la pena de prisión de seis meses a tres años.

Tales penas se impondrán en su **mitad superior** si las amenazas se hubieran hecho por **escrito**, por **teléfono** o por cualquier otro medio de **comunicación** o de **reproducción**, o en nombre de **entidades** o **grupos reales** o **supuestos**.

Ejemplo: «A», acreedor de «B», se dirige a éste y le dice: «O me pagas lo que me debes antes de dos semanas, o te mato».

2.° Con pena de prisión de seis meses a dos años, cuando la amenaza **no haya sido condicional.**

Ejemplo: «A», acreedor de «B», enfurecido ante el impago de su crédito y convencido de que nunca lo cobrará, se dirige a éste y le dice: «Te voy a matar».

4. Amenazas de un mal constitutivo de delito contra un colectivo o grupo

Cuando las amenazas de un mal constitutivo de delito fuesen dirigidas a atemorizar a los habitantes de una población, grupo étnico, cultural o religioso, o colectivo social o profesional, o a cualquier otro grupo de personas, y tuvieran la gravedad necesaria para conseguirlo, se impondrán las penas respectivamente superiores en grado a las antes señaladas (art. 170.1).

No constituye pues delito de amenazas amedrentar con cometer delitos **contra bienes jurídicos colectivos** (salvo contra el orden socioeconómico), pero sí amenazar a un colectivo o grupo de personas.

Ejemplos: Hinchas de un equipo deportivo que se dirigen a la hinchada del equipo contrario, exhibiendo armas blancas, y les gritan: «Os vamos a matar».

Amenazar a comerciantes de cadenas de supermercados con envenenar alimentos y comidas para bebés.

Sujeto que, en una sala de urgencia de un hospital, salió desnudo del servicio amenazando de muerte a los otros pacientes (SAP de Almería de 20 de octubre de 1999).

Sujeto que amenazó de muerte a empleados y administradores de una entidad mercantil que comerciaba con un producto, alegando que vulneraba su derecho de propiedad por patente, exigiendo llegar a un acuerdo económico (SAP de Madrid de 2017).

5. Provocación para cometer delitos de terrorismo

Se aplicará la pena de prisión de seis meses a dos años a los que, con la misma finalidad y gravedad, reclamen públicamente la comisión de acciones violentas por parte de bandas armadas, organizaciones o grupos terroristas (art. 170.2).

Esta norma, a pesar de su decidida vocación de luchar contra el terrorismo adelantando las barreras punitivas, resulta técnicamente peculiar, **innecesaria** y deficiente. En primer lugar, resulta criticable su propia ubicación, ya que debiera haberse incorporado en todo caso y por obvios motivos de índole sistemática entre los delitos de terrorismo. En segundo lugar, contiene el precepto la referencia a «los que, con la misma finalidad y gravedad», la cual debe ser interpretada conforme al apartado anterior del artículo 170, resultando ello reiterativo y distorsionante tratándose de actos de terrorismo. En tercer lugar, y si se tiene en cuenta la dogmática general de los actos preparatorios punibles (arts. 17 y 18), y, más concretamente aún, la tipificación expresa de la apología o enaltecimiento o justificación del terrorismo, la provocación, proposición o conspiración para cometer actos terroristas, la distribución o difusión públicas de mensajes o consignas para provocar, alentar o favorecer la perpetración de acciones terroristas, la incitación pública o ante una concurrencia de personas a la comisión de delitos terroristas, la realización de actos que entrañen descrédito, menosprecio o humillación de las víctimas de terrorismo o de sus familiares, así como el tipo penal de terrorismo urbano causante de amenazas (arts. 573 bis.1.4.º y 4, 578 o 579.1-3), es obvio que se trata de un precepto superfluo, con defectuosa ubicación. Sobre todo, porque además la provocación, la conspiración y la proposición para cometer actos terroristas se castiga con la pena inferior en uno o dos grados a la prevista para la correspondiente infracción consumada, resultando los delitos terroristas, más aún tras la reforma del Código penal por Ley Orgánica 1/2015, y después también por otra Ley Orgánica de 2019, mayormente penados que el artículo 170.2.

6. Amenazas de un mal no constitutivo de delito

Según dispone el artículo 171.1, las amenazas de un mal que no constituya delito serán castigadas con pena de prisión de tres meses a un año o multa de seis a veinticuatro meses, atendidas la gravedad y circunstancias del hecho, cuando la amenaza fuere **condicional y la condición no consistiere en una conducta debida.** Si el culpable hubiere conseguido su propósito, se le impondrá la pena en su mitad superior.

Por tanto, si el mal no constituye delito, puede tratarse de un mal ilícito, o incluso de un mal lícito:

a) Mal **ilícito** (por ejemplo, *amenazar con desheredar a un hijo, amenazar a un trabajador con despedirle ilegalmente de la empresa, etc.*). Dicha amenaza, para que constituya delito, debe contener una condición a cumplir para librar del mal al sujeto pasivo, que a su vez podría ser ilícita o lícita:

1. Condición ilícita: por ejemplo, *amenazar al trabajador con despedirlo de la empresa, si no renuncia a una parte del sueldo a la que tiene derecho.*
2. Condición lícita: por ejemplo, *amenazar al trabajador con despedirlo de la empresa, si no accede a prestar favores sexuales* (acoso sexual).
3. Condición constitutiva de conducta debida: por ejemplo, *amenazar al trabajador con despedirlo de la empresa, si no le paga al empleador una deuda que tiene pendiente con él.* Este supuesto no constituiría delito de amenaza, en tanto la condición constituya conducta debida.

b) Mal **lícito** (por ejemplo, *amenazar con suicidarse, amenazar a la pareja con abandonarla*, SAP de Cantabria de 16 de abril de 2014). Del mismo modo, dicha amenaza, para que constituya delito, debe contener una condición a cumplir por el sujeto pasivo para librarle del mal, que a su vez podría ser ilícita o lícita:

1. Condición ilícita.
2. Condición lícita. Este supuesto no debe constituir delito de amenaza, salvo del subtipo atenuado.
3. Condición constitutiva de conducta debida. Este supuesto no constituye delito de amenaza.

7. Chantaje

Esta particular modalidad de amenazas se regula en los apartados 2 y 3 del artículo 171, del siguiente tenor:

> «Si alguien exigiere de otro una cantidad o recompensa bajo la amenaza de revelar o difundir hechos referentes a su vida privada o relaciones familiares que no sean públicamente conocidos y puedan afectar a su fama, crédito o interés, será castigado con la pena de prisión de dos a cuatro años, si ha conseguido la entrega de todo o parte de lo exigido, y con la de cuatro meses a dos años si no lo consiguiere».
>
> «Si el hecho descrito en el párrafo anterior consistiere en la amenaza de revelar o denunciar la comisión de algún delito, el Ministerio Fiscal podrá, para facilitar el castigo de la amenaza, abstenerse de acusar por el delito con cuya revelación se hubiere amenazado, salvo que éste estuviese sancionado con pena de prisión superior a dos años. En este último caso, el Juez o Tribunal podrá rebajar la sanción en uno o dos grados».

El párrafo 2 contempla acciones de amenazar con revelar o dar a conocer aspectos de la **vida privada o relaciones familiares**, como, por ejemplo, amenazar a otro con revelar un vicio, una infidelidad, etc., si no paga a cambio una cantidad o recompensa, y siempre que el mal con que se amenaza no constituya un delito contra la intimidad o el honor, en cuyo caso se trataría de una amenaza del artículo 169, castigada con pena mayor.

El párrafo 3 contempla la acción de amenazar con revelar o denunciar **un delito cometido por el amenazado** si no paga una cantidad o recompensa, y siempre que ello no sea una condición constitutiva de conducta debida, como puede ser el ejercicio de un derecho a exigir una indemnización proporcionada como víctima del delito. La norma distingue dos supuestos:

— Si es un delito castigado con pena de prisión de más de dos años, procede una atenuación facultativa de la pena en uno o dos grados.

— Si es un delito castigado con pena de prisión de menos de dos años, se aplica una excusa absolutoria o condición de no procedibilidad: el Ministerio Fiscal puede abstenerse de acusar por dicho delito. Pero se trata de un precepto que se ha tachado de **inconstitucional**, por cuanto el Código penal no puede eximir al Ministerio Fiscal de las funciones que la Constitución le encomienda, a saber:

> «El Ministerio Fiscal, sin perjuicio de las funciones encomendadas a otros órganos, tiene por misión promover la acción de la justicia en defensa de la legalidad, de los derechos de los ciudadanos y del interés público tutelado por la ley, de oficio o a petición de los interesados, así como velar por la independencia de los Tribunales y procurar ante éstos la satisfacción del interés social» (art. 124.1 CE).

Por lo demás, la reducción de la penalidad al delito objeto del chantaje es contraria a los principios de justicia material, proporcionalidad e igualdad, resultando, como observa la doctrina, injustificable (así, por todos, SERRANO GÓMEZ y SERRANO MAÍLLO).

> **Ejemplo**: La SAP de Huelva de 7 de junio de 2000 castigaba por delito de amenazas al chantajista que amenazaba con revelar un abuso sexual haciéndose pasar por abogado, sin llegar a cobrar el precio del silencio.

Como contrapartida a ese tratamiento penal favorable del delito objeto de amenaza (exención o atenuación), proceder a dar muerte al chantajista por el autor de ese delito para evitar que se descubra, en vez de proceder a denunciar la amenaza, se ha convertido en un delito de asesinato con la reforma de 2015 (art. 139.1.4.ª).

8. AMENAZAS LEVES DE GÉNERO

El delito de amenazas leves de género, igual que el de coacciones leves de género, fue introducido por la Ley Orgánica, de 28 de diciembre, *de Medidas de Protección Integral contra la Violencia de Género*. A través de dicha disposición se vino a **elevar** a la categoría de delito la antigua falta de amenazas leves en todos aquellos casos en que el sujeto pasivo fuese «esposa, o mujer que esté o haya estado ligada» al sujeto activo «por una análoga relación de afectividad aun sin convivencia». También si el sujeto pasivo era una persona especialmente vulnerable que convive con el agresor. O si tenía lugar contra otros parientes, si en este caso se empleaban armas u objetos peligrosos. En otro caso, no sería hasta la reforma de 2015 cuando el resto de faltas de amenazas leves fueron convertidas en delitos leves, tras la entrada en vigor el 1 de julio de 2015 de la Ley Orgánica 1/2015.

La regulación de las amenazas leves es la siguiente, contenida en los apartados 4 a 6 del artículo 171:

> «4. El que de modo leve amenace a quien sea o haya sido su esposa, o mujer que esté o haya estado ligada a él por una análoga relación de afectividad aun sin convivencia, será castigado con la pena de prisión de seis meses a un año o de trabajos en beneficio de la comunidad de treinta y uno a ochenta días y, en todo caso, privación del derecho a la tenencia y porte de armas de un año y un día a tres años, así como, cuando el Juez o Tribunal lo estime adecuado al interés del menor o incapaz, inhabilitación especial para el ejercicio de la patria potestad, tutela, curatela, guarda o acogimiento hasta cinco años.
>
> Igual pena se impondrá al que de modo leve amenace a una persona especialmente vulnerable que conviva con el autor.
>
> 5. El que de modo leve amenace con armas u otros instrumentos peligrosos a alguna de las personas a las que se refiere el artículo 173.2, exceptuadas las contempladas en el apartado anterior de este artículo, será castigado con la pena de prisión de tres meses a un año o trabajos en beneficio de la comunidad de treinta y uno a ochenta días y, en todo caso, privación del derecho a la tenencia y porte de armas de uno a tres años, así como, cuando el Juez o Tribunal lo estime adecuado al interés del menor o incapaz, inhabilitación especial para el ejercicio de la patria potestad, tutela, curatela, guarda o acogimiento por tiempo de seis meses a tres años.
>
> 6. No obstante lo previsto en los apartados 4 y 5, el Juez o Tribunal, razonándolo en la sentencia, en atención a las circunstancias personales del autor y a las concurrentes en la realización del hecho, podrá imponer la pena inferior en grado».

Como vemos, los apartados 4 a 6 tipifican como amenazas leves en el núcleo familiar las siguientes conductas:

a) A quien sea o haya sido mujer o persona que esté o haya estado vinculada con análoga relación afectiva, aun sin convivencia, así como a persona especialmente vulnerable que conviva con el agresor. En este supuesto es indiferente que se use o no arma, salvo que la amenaza pueda calificarse como grave y aplicarse entonces el artículo 169, pues lo determinante en este apartado 4 del artículo 171 es que se trate de amenaza leve del marido, exmarido, pareja, expareja, novio o exnovio, contra la mujer, o contra persona especialmente vulnerable conviviente con el agresor.

b) Amenazas a otros parientes a los que se refiere el artículo 173.2, a marido, exmarido, pareja, expareja, novio o exnovio, por parte de la mujer, o entre pareja de homosexuales, o a ascendientes, descendientes, hermanos, personas sujetas a tutela, curatela, guarda o acogimiento, que «convivan» con el agresor, siempre que se emplee contra ellos armas o instrumentos peligrosos, según indica el apartado 5 del artículo 171.

La diferencia entre la amenaza leve y la amenaza grave habrá que verla en aspectos cuantitativos y cualitativos: por la gravedad, credibilidad, seriedad, persistencia del mal (por ejemplo, manifestar la víctima no creer al autor ser capaz de llevarla a cabo podría ser amenaza leve); por uso o no de un arma (por ejemplo, la constancia de la no intención de usar el arma, o usar un arma descargada, etc. serían demostrativas de amenaza leve); por el tipo de arma utilizada, tiempo y distancia de exhibición, forma de exhibición o porte, facilidad para ser desarmado; por el mal que se anuncia (males lícitos, condiciones lícitas, denotarían una amenaza leve); por el grado del dolo (broma pesada, enfrentamientos recíprocos, emotividad, calificarían la amenaza de leve, mientras que una premeditación, reiteración, o especial maldad, revelarían una amenaza grave).

Además, son **agravantes** de ambas modalidades de amenaza leve las siguientes circunstancias previstas en el párrafo 2 del artículo 171.5: *a*) que se realice en presencia de menores, niños, bebés o adolescentes, que ven, escuchan, perciben, o son utilizados como transmisores de la amenaza a la expareja (SAP de Murcia de 8 de abril de 2015, SAP de Córdoba de 9 de marzo de 2015). Debe distinguirse si se trata de uno o de varios menores los que presencian las amenazas, según indica el artículo 46 cuando menciona la pena de inhabilitación especial para el ejercicio de la patria potestad, tutela, curatela, guarda o acogimiento, así como la pena de privación de la patria potestad, que el juez podrá acordarla respecto del o los menores amenazados, y en su caso respecto a otros hijos del penado.

c) Que la amenaza tenga lugar en el domicilio familiar (SAP de Tarragona de 3 de marzo de 2014), o el de la víctima (SAP de Valladolid de 26 de marzo de 2001), lo que puede dar lugar además a un delito de allanamiento de morada (art. 202). El domicilio común debe ser buscado de propósito (esperando por ejemplo que los hijos se hayan ido al colegio para facilitar el hecho o su impunidad), circunstancia que puede convertir a la amenaza en premeditada, y quizás en grave, o tratarse del domicilio de la víctima (como presentarse en su domicilio blandiendo un cuchillo, incluso a veces sin llegar a entrar). Puede a su vez tratarse de un domicilio permanente o esporádico (casa de verano).

d) Quebrantando una orden de alejamiento impuesta como medida cautelar o en sentencia firme, lo que puede concursar con un delito de quebrantamiento de condena del artículo 468.2, que contempla también una agravación cuando se comete contra las personas del artículo 173.2.

Plantear un concurso medial (art. 77) entre ambos delitos, por ejemplo, cuando se quebranta la medida con la finalidad de amenazar al sujeto pasivo, o acceder ilícitamente a su domicilio con igual finalidad, supondrá aplicar el delito más grave en su mitad superior (si es favorable a la opción de sumar por separado las infracciones), llegándose a una pena similar al subtipo agravado del delito de amenaza (la mitad superior). En caso de concurrencia de varias agravantes, una puede integrar el subtipo agravado, y las otras penarse por el correspondiente tipo penal (quebrantamiento de condena, allanamiento de morada, o posesión ilícita de armas).

Asimismo, se contempla una **atenuante** de dichas modalidades, posibilidad de reducir la pena en un grado, según circunstancias del hecho y del autor: por ejemplo, *por discusión previa o acometimiento recíproco, porque la víctima afirme no haber pasado miedo, por no existir situación de dominio o subyugación, etc.*

La Exposición de Motivos de la Ley Orgánica 1/2004, esgrimía lo siguiente para justificar dicha regulación:

> Para la ciudadanía, para los colectivos de mujeres y específicamente para aquellas que sufren este tipo de agresiones, la Ley quiere dar una respuesta firme y contundente y mostrar firmeza plasmándolas en tipos penales específicos.

Partiendo de tales premisas, el legislador tenía las mejores y más encomiables intenciones cuando articuló estos delitos a través de la citada Ley Orgánica 1/2004, a fin de tratar de erradicar o mitigar la terrible lacra de la violencia de género, que tras más de tres lustros no ha conseguido, como lo demuestran las terribles estadísticas de mujeres asesinadas por sus parejas o exparejas (en 2014, al menos 59, con un elevado porcentaje de suicidio del agresor).

Pero este proceder legislativo, de considerar más grave una conducta penal cuando es cometida contra un sujeto de un género (mujer) por el del género contrario (varón), que cuando es a la inversa o son del mismo género, fue tachado de inconstitucional, por vulneración del principio de igualdad del artículo 14 CE, que reza lo siguiente:

> «Los españoles son iguales ante la Ley, sin que pueda prevalecer discriminación alguna por razón de nacimiento, raza, sexo, religión, opinión o cualquier otra condición o circunstancia personal o social».

Sin embargo, el Tribunal Constitucional zanjó la cuestión, reconociendo la constitucionalidad de esta regulación, entre otras, en las SSTC 59/2008, de 14 de mayo (Ponente: SALA SÁNCHEZ) y 45/2009, de 19 de febrero (Ponente: RODRÍGUEZ-ZAPATA PÉREZ).

> En la primera sentencia citada, la 59/2008, se apunta, entre otros argumentos, que «no resulta reprochable el entendimiento legislativo referente a que una agresión supone un daño mayor en la víctima cuando el agresor actúa conforme a una pauta cultural —la desigualdad en el ámbito de la pareja— generadora de gravísimos daños a sus víctimas y dota así consciente y objetivamente a su comportamiento de un efecto añadido a los propios del uso de la violencia en otro contexto. Por ello, cabe considerar que esta inserción supone una mayor lesividad para la víctima: de un lado, para su seguridad, con la disminución de las expectativas futuras de indemnidad, con el temor a ser de nuevo agredida; de otro, para su libertad, para la libre conformación de su voluntad, porque la consolidación de la discriminación agresiva del varón hacia la mujer en el ámbito de la pareja añade un efecto intimidatorio a la conducta, que restringe las posibilidades de actuación libre de la víctima; y además para su dignidad, en cuanto negadora de su igual condición de persona y en tanto que hace más perceptible ante la sociedad un menosprecio que la identifica con un grupo menospreciado. No resulta irrazonable entender, en suma, que en la agresión del varón hacia la mujer que es o fue su pareja se ve peculiarmente dañada la libertad de ésta; se ve intensificado su sometimiento a la voluntad del agresor y se ve peculiarmente dañada su dignidad, en cuanto persona agredida al amparo de una arraigada estructura desigualitaria que la considera como inferior, como ser con menores competencias, capacidades y derechos a los que cualquier persona merece».
>
> La segunda de las sentencias precitadas, la 45/2009, indica, entre otros fundamentos, que «nuestra conclusión se sustenta, en primer lugar, en las finalidades de la diferenciación, que, conviene recordarlo, son la protección de la libertad y de la seguridad de las mujeres, "que el legislador entiende como insuficientemente protegid(a)s en el ámbito de las relaciones de pareja",

y "la lucha contra la desigualdad de la mujer en dicho ámbito" (STC 59/2008, FJ 8). Y atiende también, en segundo lugar, al complejo y flexible sistema de determinación de la pena correspondiente al delito del artículo 171.4 CP, que, como se expone a continuación, permite bien la elusión de la imposición de la pena de prisión, bien su rebaja en un grado, y que hace con ello que se reduzca la diferenciación punitiva expuesta».

La diferencia razonable en la redacción de los tipos penales no sería pues el género, sino el carácter especialmente lesivo de unos hechos cometidos ante una «grave y arraigada desigualdad», en los que las «elevadas cifras» demostrarían que sólo cabe agravar la pena cuando nos encontramos ante relaciones heterosexuales con víctima mujer y varón agresor.

Esta regulación fue objeto de numerosas críticas: Primero, por atentar contra dicho principio de igualdad, en tanto dicha regulación no hace depender su aplicación de que las vías de hecho del hombre a la mujer sean reconducibles a una actitud machista, pues el Tribunal Constitucional presume que cualquier violencia del varón a la mujer es «manifestación de la discriminación, de la situación de desigualdad y de las relaciones de poder del hombre sobre la mujer». Pero no tendría éste por qué ser el caso de las agresiones leves y aisladas del hombre a la mujer, violencia que no respondería necesariamente a una actitud machista, como tampoco, por ejemplo, indica la doctrina (GIMBERNAT), el atracador que asalta un Banco disparando al cajero, observando que es de raza negra, lo hace por motivos racistas, simplemente mata al cajero, no a la persona de raza negra. La susodicha regulación incurriría pues en una discriminación negativa del varón, no quedando justificada la protección reforzada de la mujer agredida por pareja varón en estos supuestos de agresiones leves y aisladas, y no en otros, como coacciones o amenazas graves, maltrato habitual o el propio delito de asesinato, en los que la gravedad o habitualidad de la acción sí dejaría entrever una actitud machista, de discriminación o abuso de poder del hombre hacia la mujer

También, en segundo término, puede existir una infracción del Derecho penal de hecho y de culpabilidad del autor, si una sola agresión, aun leve, fuese suficiente para constituir delito, indiciándose de ello que su autor podría volver a cometer más agresiones en el futuro. Existe pues en esta regulación una presunción *iuris et de iure* de ejercicio de violencia de género por los hombres hacia sus parejas, que llevaría a atribuir a la vida, salud, seguridad o libertad de la mujer un mayor valor, frente al hombre con el que tuviese este vínculo parental.

A pesar de ello, en el concepto de persona especialmente vulnerable que convive con el agresor, podría tener cabida la agresión de la mujer a la pareja varón, o hacia su pareja también mujer, pero tendría que acreditarse dicha condición de manifiesta vulnerabilidad además de la convivencia. Además, es posible la aplicación del tipo atenuado, para poder reducir la diferenciación punitiva.

Pero más allá de ello, la regulación del delito de amenazas leves puede adolecer de otras deficiencias técnicas: ¿Se puede amenazar sólo levemente si se usan armas o instrumentos peligrosos? Una amenaza leve, con arma, a una hija, ¿se puede castigar con tres meses de prisión (o quizás con menos pena si no existiese convivencia), mientras que una amenaza leve, sin arma, a la esposa o pareja o expareja, se castiga con seis meses de prisión?

9. Amenazas leves a tercero

Si la amenaza leve contra familiares se realizase fuera de los casos citados en el epígrafe anterior, esto es, sin arma, o si fuesen familiares con los que no se convive, o si se trata de terceros, la Ley Orgánica 1/2015 introdujo un delito leve en el artículo 171.7, derogando lo que hasta ese momento constituyó la falta, castigándolo, en el caso de las personas mencionadas en el artículo 173.2, con pena de localización permanente o de trabajo comunitario o con multa, siempre que no quede acreditado que entre agresor y víctima exista una relación económica derivada del vínculo familiar. Es además un delito perseguible de oficio, no a instancia de parte, como sí lo es conforme indica el párrafo 1.º, referido a la amenaza leve a tercero:

> *Fuera de los casos anteriores, el que de modo leve amenace a otro, será castigado con la pena de multa de 1 a 3 meses. Este hecho sólo será perseguible mediante denuncia de la persona agraviada o de su representante legal. Cuando el ofendido fuere alguna de las personas a las que se refiere el artículo 173.2* (salvo mujer o exmujer o persona especialmente vulnerable conviviente con el agresor), *la pena será de localización permanente de 5 a 30 días, siempre en domicilio diferente y alejado del de la víctima, o trabajos en beneficio de la comunidad de 5 a 30 días, o multa de 1 a 4 meses, esta última únicamente en los supuestos del artículo 84.2. En estos casos no será exigible la denuncia a que se refiere el párrafo anterior de este artículo.*

La norma recogería dos supuestos (Palma Herrera): *a*) amenaza leve con o sin arma o instrumento peligroso (no se indica nada al respecto) a cualquier tercero, o fuera de los supuestos del artículo 173.2. *b*) amenaza leve sin arma o instrumento peligroso hacia el hombre por su pareja mujer, o entre parejas homosexuales, o a otros parientes convivientes a los que se refiere el artículo 173.2.

De este modo, una amenaza leve del hombre hacia la pareja mujer, aun sin convivencia, nunca podrá ser penada con multa. Pero si se trata de una amenaza leve sin arma ni instrumento peligroso de la mujer hacia la pareja hombre, o entre parejas homosexuales, con o sin convivencia, sí se podrá imponer la pena de multa, pero al margen de lo previsto en el artículo 84.2, que se refiere a «delito cometido contra la mujer», por lo que la víctima puede verse perjudicada si depende económicamente del agresor. Sí en cambio se tendrá en cuenta si la víctima es algún otro familiar para que la multa no pueda ser impuesta si redunda en perjuicio de ella. Esta regulación sigue respondiendo al modelo arcaico del varón como proveedor de ingresos, al no haberse conectado el artículo 84.2 con el artículo 173.2. De ahí también la aparente exclusión del artículo 84.2 de las relaciones homosexuales femeninas, por la misma razón por la que se las excluye de la aplicación del artículo 171.4.

Además, la Circular de Fiscalía General del Estado 1/2015 ha dado unas pautas para el ejercicio de la acción penal en relación con los delitos leves tras la reforma penal operada por la Ley Orgánica 1/2015, indicando que «los Sres. Fiscales se abstendrán de intervenir en el enjuiciamiento» del delito leve semipúblico previsto en el párrafo 1 del artículo 171.7, al ser sólo perseguible a instancia de parte.

V. COACCIONES

1. TIPO BÁSICO DE COACCIONES

El tipo básico de **coacciones** se define en el apartado 1 del artículo 172:

> «El que, sin estar legítimamente autorizado, impidiere a otro con violencia hacer lo que la ley no prohíbe, o le compeliere a efectuar lo que no quiere, sea justo o injusto, será castigado con la pena de prisión de seis meses a tres años o con multa de doce a veinticuatro meses, según la gravedad de la coacción o de los medios empleados.
>
> Cuando la coacción ejercida tuviera como objeto impedir el ejercicio de un derecho fundamental se le impondrán las penas en su mitad superior, salvo que el hecho tuviera señalada mayor pena en otro precepto de este Código.
>
> También se impondrán las penas en su mitad superior cuando la coacción ejercida tuviera por objeto impedir el legítimo disfrute de la vivienda».

El párrafo 1.º de este apartado 1 del artículo 172 concreta el tipo básico de coacciones comunes, mientras que el párrafo segundo regula un tipo cualificado, por lesión de un **derecho fundamental** a través de la coacción. Por tal derecho debe entenderse, conforme a una interpretación sistemática del texto constitucional, alguno de los comprendidos en la Sección 1.ª («De los derechos fundamentales y de las libertades públicas» —arts. 15 ss.—) del Capítulo II («Derechos y libertades»), del Título I CE («De los derechos y deberes fundamentales»). Ejemplos como emplear violencia contra el detenido para obligarle a declarar, o impedir ejercer el derecho al voto, el derecho a la libertad de expresión, o los piquetes que impiden el ejercicio a la huelga, etc., tendrían cabida aquí. Y todo ello salvo que el hecho sea inherente al ejercicio en sí mismo de la libertad, y salvo que esté castigado en otro lugar del código con pena mayor, por ejemplo, impedir el ejercicio del derecho a la huelga, castigado en el artículo 315.2.

El párrafo 3.º del artículo 172.1 fue introducido por la **Ley Orgánica 5/2010, de 22 de junio**. A través de este nuevo inciso se daba entrada, acuciada por una intensa problemática social, en supuestos de arrendamientos conflictivos o rupturas matrimoniales poco amistosas, a la agravante específica de que la coacción tenga por objeto **impedir el legítimo disfrute de la vivienda**. Por ejemplo, causar «*mobbing* inmobiliario», por el propietario de la vivienda, que, sabiendo que la inquilina carecía de agua corriente y luz eléctrica y que vivía en condiciones insalubres por filtraciones de agua y humedades, no hizo nada para remediarlo (SJP de Barcelona de 7 de febrero de 2012); o poner música o televisión a un volumen muy alto, o hacer ruidos fuertes, provocando conscientemente perjuicios a los vecinos de la vivienda colindante (SAP de Zaragoza de 10 de noviembre de 2011), o sacar de la vivienda los enseres del inquilino (SAP de Barcelona de 17 de noviembre de 2010).

En cuanto a la estructura del delito de coacciones, se trata de un delito de resultado, consistiendo el mismo, alternativamente, en: *a*) **Impedir** a alguien realizar lo que la ley **no prohíbe**; *b*) O bien **obligarle** a ejecutar lo **que no quiere**, sea justo o injusto.

La dinámica comisiva de las coacciones gravita, según marca el propio tipo legal, en torno al empleo de **violencia**. Violencia entendida, tal como aparece sistemáticamente prevista en otras instituciones de la Parte especial de nuestro Derecho penal, en un **acometimiento físico agresivo directamente aplicado sobre una o varias personas, suficiente para vencer su resistencia**. De este modo, tal **violencia** (contra las personas) es diferente de la **intimidación** (conminación, amenaza) y, por supuesto, también de la **fuerza en las cosas** (que, para el caso del robo, por ejemplo, se define a través del listado taxativo del art. 238), y salvo que éstas sirvan ya para intimidar a la persona.

Sin embargo, la jurisprudencia venía realizando una interpretación extensiva de la violencia, incluyendo la *vis física*, la *vis compulsiva* y la *vis in rebus*. Ejemplos como cambiar la cerradura de la puerta del piso para obligar al inquilino a marcharse de la vivienda, o sacarle los enseres, o pincharle las ruedas del coche, se han calificado de coacciones. La razón de ello puede estar en el origen de la coacción: históricamente, en el Código penal de 1848, se regulaban conjuntamente las coacciones y las amenazas, como delitos contra la libertad y seguridad de las personas, incluyéndose la *vis compulsiva* (influir en el proceso de decisión del sujeto pasivo), y la *vis física* (por abuso o prevalencia de poder), de modo que hasta 1995 la jurisprudencia (vid. STS de 2 de enero de 2005) incluía tanto la *vis física* como la *vis compulsiva* cuando se obligaba a otro a realizar algo, ilícito o lícito, o se impedía hacer algo, haciendo difícil la diferenciación con las amenazas, con las lesiones (violencia física) y hoy día con el acoso. Resto de ese tratamiento conjunto fue la regulación de las faltas de coacciones y amenazas en un solo artículo, el artículo 620.2, también con las injurias y vejaciones, actualmente derogado, hasta el punto de que llegó a considerarse entre 1973 y 1995 dicho precepto relativo al delito de coacciones como un tipo abierto de recogida o «red barredera».

Actualmente, a fin de diferenciar la coacción de los delitos de acosos, la violencia no se puede identificar con cualquier vía de hecho de imposición de la propia voluntad en detrimento de la ajena, requiriéndose que si no hay violencia física al menos ésta recaiga de algún modo sobre la víctima, siendo necesario un cierto despliegue físico del sujeto activo sobre el sujeto pasivo, ya que una manifestación analógica de la literalidad de la ley sería manifiestamente contraria al principio de legalidad (SAP de Castellón de 26 de febrero de 2016).

El **resultado** de la coacción viene constituido por el hecho de impedir que otro haga lo que la ley no prohíbe (si lo prohíbe puede existir un estado de necesidad), o bien obligar a otro a realizar lo que no quiere, en este caso matiza la norma, ya sea justo (residualmente puede existir un delito de realización arbitraria del propio derecho del art. 455), o ya sea injusto, y todo ello sin estar legítimamente autorizado. Con ello, la coacción quedaría consumada cuando se consiga

doblegar la voluntad de la víctima, siendo **sujeto pasivo** toda persona con una mínima capacidad volitiva e intelectiva.

Se trata además de un delito **doloso,** aunque caben apreciar errores de tipo o de prohibición (art. 14): creerse autorizado a emplear violencia para ejercer un derecho podría constituir en casos excepcionales un error sobre una causa de justificación (ejercicio legítimo de un derecho). Así, por ejemplo, la SAP de Girona de 16 de febrero de 2004 aprecia error en la conducta del copropietario de la vivienda que creía tener derecho a cambiar la cerradura del piso, entregado por subasta a tercero, por un mal asesoramiento de su abogado, o creer que se puede obligar a un preso a desnudarse tras un *vis a vis*, por temor a recibir un expediente disciplinario, creyendo que esta orden no era contraria a la intimidad del interno (SAP de Álava de 22 de marzo de 1997).

Es posible justificar una coacción, por estado de necesidad, en el caso de tratamientos médicos coactivos, como una alimentación forzosa al huelguista de hambre o al enfermo anoréxico, o trasfusiones de sangre al testigo de Jehová, o impedir que otro se suicide, cuando se hace con la intención de salvar la vida de la víctima aun a costa de mermar su libertad, incluida la libertad religiosa (STC de 27 de junio de 1990 y STHDE de 25 de febrero de 1982, STC de 18 de julio de 2002, anulando la STS de 27 de junio de 1997).

Por último, la diferencia en la gravedad o levedad de la coacción habrá que buscarla en la intensidad de la violencia, en aquello que haya que hacer o impedir (molestias nimias de fácil reparación pueden ser coacciones leves), o atendiendo al grado del dolo (broma pesada, novatadas, ritos de iniciación entre adolescentes, etc.). La coacción leve constituye hoy día delito leve.

2. Coacciones leves de género y coacción leve a tercero

El delito de coacciones leves de género, a través del cual se elevó de rango la antigua falta de coacciones cuando el sujeto pasivo es esposa o mujer a la que el sujeto activo esté o haya estado ligado por análoga relación afectiva, o se trata de una persona especialmente vulnerable que convive con el agresor, se regula en el apartado 2 del artículo 172, del siguiente modo:

> «2. El que de modo leve coaccione a quien sea o haya sido su esposa, o mujer que esté o haya estado ligada a él por una análoga relación de afectividad, aun sin convivencia, será castigado con la pena de prisión de seis meses a un año o de trabajos en beneficio de la comunidad de treinta y uno a ochenta días y, en todo caso, privación del derecho a la tenencia y porte de armas de un año y un día a tres años, así como, cuando el Juez o Tribunal lo estime adecuado al interés del menor o incapaz, inhabilitación especial para el ejercicio de la patria potestad, tutela, curatela, guarda o acogimiento hasta cinco años.
>
> Igual pena se impondrá al que de modo leve coaccione a una persona especialmente vulnerable que conviva con el autor.
>
> Se impondrá la pena en su mitad superior cuando el delito se perpetre en presencia de menores, o tenga lugar en el domicilio común o en el domicilio de la víctima, o se realice quebrantando una pena de las contempladas en el artículo 48 de este Código o una medida cautelar o de seguridad de la misma naturaleza.

No obstante lo previsto en los párrafos anteriores, el Juez o Tribunal, razonándolo en sentencia, en atención a las circunstancias personales del autor y a las concurrentes en la realización del hecho, podrá imponer la pena inferior en grado».

En este sentido, deben darse por reproducidas las consideraciones realizadas anteriormente sobre las amenazas leves en el núcleo familiar, con la salvedad de que en las coacciones, la reforma por Ley Orgánica 1/2004 convirtió en delito la coacción leve a la esposa, o mujer que esté o haya estado ligada al agresor por una análoga relación de afectividad, aun sin convivencia, y a la persona especialmente vulnerable conviviente con el agresor, pero no fue hasta la entrada en vigor de la Ley Orgánica 1/2015 cuando la coacción leve a otros familiares, o al varón por la pareja mujer, o a la pareja del mismo sexo, o a tercero, se convirtió en delito leve, en el artículo 172.3:

Fuera de los casos anteriores, el que cause a otro una coacción de carácter leve, será castigado con la pena de multa de 1 a 3 meses.

Este hecho sólo será perseguible mediante denuncia de la persona agraviada o de su representante legal. *Cuando el ofendido fuere alguna de las personas a las que se refiere el artículo 173.2* (salvo mujer o exmujer o persona especialmente vulnerable conviviente con el agresor), *la pena será de localización permanente de 5 a 30 días, siempre en domicilio diferente y alejado del de la víctima, o trabajos en beneficio de la comunidad de 5 a 30 días, o multa de 1 a 4 meses, esta última únicamente en los supuestos del artículo 84.2. En estos casos no será exigible la denuncia del agraviado o de su representante.*

Conductas de grave acoso por parte de la pareja o expareja varón hacia la mujer, como continuas llamadas y mensajes de teléfono, detener el coche delante de su casa durante largas horas, perseguirla y obstaculizarle el paso, empujarla para obligarla a entrar en el vehículo o en la vivienda, armar jaleo en su negocio o lugar de trabajo, etc., habían venido siendo calificadas por los jueces como delito de coacciones a la mujer (SAP de Madrid de 7 de mayo de 2015, mil llamadas al teléfono móvil durante ocho meses, SAP de Málaga de 15 de diciembre de 2014, apoderarse de las llaves del domicilio impidiendo que pudiese entrar, SAP de Tenerife de 19 de diciembre de 2014). Hoy día, algunos de estos casos de coacción leve cometida por pareja varón contra víctima mujer, aun sin convivencia, o bien contra una persona especialmente vulnerable, si se acredita convivencia, pueden ser considerados acoso del artículo 172 ter. Ninguna otra persona contaba con esta protección reforzada de calificarse como delito la coacción leve cometida contra ella. Sólo con la reforma de 2015 del Código penal la coacción leve se ha convertido en delito, cualquiera que sea el sujeto pasivo.

3. El delito de matrimonio y destierro forzados

Artículo 172 bis: «1. El que con intimidación grave o violencia compeliere a otra persona **a contraer matrimonio** será castigado con pena de prisión de 6 meses a 3 años y 6 meses o con multa de 12 a 24 meses, según la gravedad de la coacción o de los medios empleados.

2. La misma pena se impondrá a quien, con la finalidad de cometer dichos hechos, utilice violencia, intimidación grave o engaño para forzar a otro **a abandonar el territorio español o a no regresar al mismo**. Las penas se impondrán en su mitad superior cuando la víctima fuera menor de edad».

Se trata de un delito introducido por la Ley Orgánica 1/2015. El delito de matrimonio forzado, previsto en el párrafo 1 del artículo 172 bis, es un delito de origen cultural e ideológico, vinculado a la violencia de género y a la trata de personas [art. 177 bis.1.*e*)], que se presentará sobre todo en regiones donde impere un régimen patriarcal de autoritarismo o discriminación hacia la mujer, y en el que puede haber detrás motivos de diversa índole, culturales, religiosos, cumplir una promesa, pagar una deuda de honor, regularizar una situación administrativa, obtener una residencia o documentación, etc.

Sujeto activo será habitualmente el padre, la madre, un hermano, o tercero, potencialmente el marido, que empleen como **medio comisivo** violencia e intimidación grave hacia el sujeto pasivo (excluyéndose pues la persuasión, la incitación, o el engaño, mencionado en el párrafo 2), *por ejemplo, amenazando con privar de la dote*. Se trata de forzar a la celebración de un **matrimonio cierto**, con persona y en fecha concretas (*por ejemplo, amenazar a la víctima con casarse con un hombre poligámico en país que admite esta forma de matrimonio*). Fuera del precepto, quedarían los matrimonios arreglados o pactados, las uniones de hecho, cohabitación, los simulacros de bodas, ritos o matrimonios no reconocidos por el Derecho español, si entendemos el concepto de matrimonio como normativo y no como descriptivo. La celebración del matrimonio forzado **consumará el delito,** aunque sea nulo (art. 73 CC), y en ocasiones se apreciará el parentesco como **agravante genérica** (art. 23) entre autor que fuerza u obliga y la víctima obligada a casarse.

Concursos. Será posible apreciar una relación de concurso de delitos entre el matrimonio forzado, consumado o intentado, y los delitos contra la vida o integridad del sujeto pasivo, por causación de lesiones graves, como la desfiguración del rostro, o con el delito de trata de persona, o contra la libertad e indemnidad sexual. El artículo 172 bis.1 será además ley especial frente a la «coacción», expresamente mencionada, y desplazado en su caso por el delito de amenaza grave de mal delictivo.

El delito de **destierro forzado** del artículo 172 bis.2 comprende dos modalidades: *a*) obligar a la víctima a abandonar territorio español con la finalidad de contraer matrimonio forzado, *b*) o bien obligarle a no regresar a dicho territorio con la misma finalidad de contraer en aquel lugar donde se encuentra matrimonio forzado. Esta última modalidad puede plantear algunos problemas de interpretación: si deben excluirse los casos en los que la víctima es compelida a contraer matrimonio sin haberla forzado a abandonar el territorio español, si se le forzara a no regresar a España para impedirle denunciar ahí, o intentar disolver el matrimonio ya contraído, en tanto no se le compelería a contraer matrimonio con el no regreso (GUINARTE CABADA y PALMA HERRERA). La interpretación más acertada es entender que debe tratarse de coaccionar a la víctima a no regresar al territorio español para en el lugar donde se encuentra contraer matrimonio forzado. De todos modos, se trata de un delito sujeto a la universalidad de la justicia (art. 23.4 LOPJ).

El **medio comisivo** es la violencia, la intimidación grave, o el engaño (medio este último absolutamente extraño en un delito de coacción), sin que se haya previsto el abuso de vulnerabilidad, necesidad, superioridad, aunque hubiese sido deseable, en lógica coherencia con otros tipos penales vinculados a éste, para algunos una especie de tipo atenuado de trata de personas en forma de servidumbre doméstica o sexual, y sobre todo en casos de apreciación de la agravante de minoría de edad del sujeto pasivo, caso en que no tendría mucho sentido que se optara por la pena de multa y no por la de prisión.

La doctrina plantea además la cuestión de que la coacción a una persona para contraer matrimonio, forzándola a abandonar territorio español para hacer efectivo el casamiento, llegara incluso a incluir su traslado con violencia, intimidación, engaño o abuso, a un país extranjero. En la medida en que exista un traslado o transporte y por tanto el trato de la persona como mera mercancía, cosificándola, podremos estar ante un delito de trata de persona. La cuestión que ya ha planteado la doctrina es si prevalecerá el artículo 172 bis.2 frente al artículo 177 bis, la trata de personas. O si cabrá un concurso real/medial entre ambos, el artículo 172 bis.2 y el artículo 177 bis. O si éste, con un mayor rango punitivo, prevalece, siendo el artículo 172 bis.2 un acto previo copenado, dado que uno de los fines de la trata es la del matrimonio forzado. A esta última solución se adhiere cierto sector doctrinal (GUINARTE CABADA y PALMA HERRERA).

El delito quedará **consumado** con el abandono del territorio español o el no regreso al mismo habiéndolo intentado el sujeto pasivo, sin necesidad de que se haya llegado a contraer el matrimonio (consumación anticipada). El empleo de violencia, intimidación o engaño sin alcanzar el resultado de abandono o no regreso al territorio abandonado, constituirá una tentativa punible, y supletoriamente un delito básico de coacciones.

4. EL DELITO DE HOSTIGAMIENTO

Artículo 172 ter: «Será castigado con la pena de prisión de 3 meses a 2 años o multa de 6 a 24 meses el que acose a una persona llevando a cabo de forma insistente y reiterada, y sin estar legítimamente autorizado, alguna de las conductas siguientes, y de este modo altere gravemente el desarrollo de su vida cotidiana:

1.º La vigile, la persiga o busque su cercanía física.

2.º Establezca o intente establecer contacto con ella a través de cualquier medio de comunicación, o por medio de terceras personas.

3.º Mediante el uso indebido de sus datos personales, adquiera productos o mercancías, o contrate servicios, o haga que terceras personas se pongan en contacto con ella.

4.º Atente contra su libertad o contra su patrimonio, o contra la libertad o patrimonio de otra persona próxima a ella.
5.º Realice cualquier otra conducta análoga a las anteriores.
Si se trata de una persona especialmente vulnerable por razón de su edad, enfermedad o situación, se impondrá la pena de prisión de 6 meses a 2 años.
2. Cuando el ofendido fuere alguna de las personas a las que se refiere el artículo 173.2, se impondrá una pena de prisión de 1 a 2 años, o trabajos en beneficio de la comunidad de 60 a 120 días. En este caso no será necesaria la denuncia a que se refiere el apartado 4 de este artículo.
3. Las penas previstas en este artículo se impondrán sin perjuicio de las que pudieran corresponder a los delitos en que se hubieran concretado los actos de acoso.
4. Los hechos descritos en este artículo sólo serán perseguibles mediante denuncia de la persona agraviada o de su representante legal».

Calificado por algunos como una mera criminalización de la molestia (Matallín Evangelio), el artículo 172 ter es en todo caso una norma valorada por la doctrina como totalmente **innecesaria**, en la medida en que ya existen otros tipos penales suficientes para subsumir dicha conducta, como el propio delito de «acoso» o delito contra la integridad moral, como expresamente se califica por la norma, las lesiones psíquicas, los delitos de amenazas o coacciones, o el maltrato habitual, con los que guarda una gran afinidad, si bien de menor intensidad cualitativa. Y sobre todo por la propia amplitud además del delito de amenazas, conminación de males expresos o tácitos, y del delito de coacciones, violencia entendida por la jurisprudencia en un sentido amplio.

El legislador incorpora este delito en las coacciones, como una modalidad de ellas, indicando en cambio que se trata de un «acoso», una **realización insistente y reiterada**, esto es, de especial intensidad y habitualidad, de **actos de vigilancia y persecución**, búsqueda de cercanía física con el sujeto pasivo, contacto con la víctima aun a través de terceros (amigos, familiares), uso indebido de sus datos personales (claves de tarjetas, contraseñas de correos), o atentando contra su patrimonio o de alguien cercano a la víctima. Conductas en su mayoría propias de acosadores en casos de alejamientos o rupturas sentimentales con las que se busca colocar o agravar la situación de vulnerabilidad de la víctima con su agresor, reforzar el círculo vicioso de dependencia emocional de uno hacia el otro, y que se ven facilitadas siempre por la confianza inicial generada por la relación o el vínculo formado, que ha devenido traumático.

El denominado hostigamiento o acecho predatorio requiere causar como **resultado** una **alteración grave de la vida cotidiana de la víctima,** que se ve obligada a cambiar de casa, de trabajo, de móvil, a cancelar tarjetas, a dar rodeos para evitar al acosador, a visitar al médico por *stress*, a dar explicaciones a sus amigos o familiares «utilizados» o chantajeados por el acosador, etc. Todo ello resiente gravemente el **bien jurídico** representado por la ejecución de la libertad de obrar, pero también de la integridad moral del sujeto pasivo.

No sólo se tratará de formas livianas de violencia de género, a las que se refiere el artículo 172.2 CP. Bajo el tipo penal del artículo 172 ter tendrán cabida no sólo supuestos de cortejos indeseados o de continuas llamadas o mensajes telefónicos o telemáticos, sino también, por ejemplo, el acecho de *paparazzis* a personas populares, y ahí es donde podría tener más sentido la expresión «sin estar legítimamente autorizado». En definitiva, toda persecución sin tregua ni reposo, vigilancia, persecución, intento de acercamiento, uso de terceros para contactar con el sujeto pasivo, o incluso atentados patrimoniales (uso de tarjeta bancaria), lo que podría dar lugar a delitos de estafas o contra la Seguridad Social (uso de tarjeta sanitaria), o contra la intimidad, o de acoso, o delitos de lesiones psíquicas, o incluso a un maltrato habitual de género o doméstico del artículo 173.2, relación concursal que deja imprejuzgada la norma en el párrafo 3, en una clara vulneración del principio *non bis in idem* en el caso del artículo 172 ter y el artículo 173.2, siendo aquél en definitiva un acto previo de éste.

En realidad, el artículo 172 ter.2 crea una nueva modalidad delictiva en el marco de la violencia de género o doméstica reiterada (PALMA HERRERA): una figura que por la pena que contempla se encuentra a caballo entre el maltrato habitual del artículo 173.2 y las amenazas y coacciones puntuales de los artículos 171.4 y 5 y 172.2, respectivamente. Una suerte de maltrato habitual de carácter psíquico (pues no se contempla el acoso u hostigamiento a través del ejercicio de violencia física) de menor intensidad que el del artículo 173.2, esto es, circunscrito a casos de violencia psíquica que alterando gravemente las condiciones de vida del sujeto pasivo acaben incidiendo sólo en su libertad y sentimiento de seguridad personal, y en menor medida en la integridad moral, cuestión que no será nada fácil de delimitar en la práctica. Tampoco en el artículo 172 ter.2 se requiere denuncia previa de la persona agraviada, como sí se requiere para el tipo general, según su párrafo 4.

Cabe apreciar en el acoso u hostigamiento general la **agravante** de especial vulnerabilidad, por edad o enfermedad, o incluso por situación, término éste de especial significación en víctimas de acosos o maltratos anteriores susceptibles de reproducir los mismos patrones de conducta y volver a convertirse en un nuevo blanco de otros acosadores o maltratadores.

> La primera condena en España por este delito tuvo lugar con la SJI de Tudela (Navarra) de 23 de marzo de 2016, por insistentes llamadas y envío de fotos al sujeto pasivo, algunas de contenido sexual. Otras veces se terminaba absolviendo por falta de reiteración grave de conducta o por no afectación de la libertad de obrar de la víctima, admitiendo las injurias o vejaciones leves como tipo supletorio (SAP de Lleida de 7 de abril de 2016, entre tres y ocho llamadas telefónicas indeseadas durante dos meses; o SAP de Barcelona de 2 de marzo de 2016, o SAP de Tenerife de 4 de marzo de 2016).

Como vemos, el Derecho penal se abre cada vez más a otras formas de violencia que no sean tan evidentes como la violencia física, aunque incidiendo en comportamientos claramente activos, vigilar, perseguir, buscar, acosar. Pero hay otras muchas formas de violencia psíquica, muy frecuentes en la sociedad actual, y por ello quizás normalizadas o invisibles (la «comunicación perversa», la manipulación del otro, la sobreprotección incapacitante, la depredación emocional ejercida por los psicópatas, etc.).

Cuestionario de repaso:

1. ¿En qué Título del Libro II se regulan los delitos de amenazas y coacciones?
2. ¿Qué otras figuras delictivas se tipifican en dicho Título?
3. ¿Cuál es el bien jurídico protegido en el delito de amenazas?
4. ¿Cuál es el bien jurídico protegido en el delito de coacciones?
5. ¿En qué consiste, básicamente y desde el punto de vista penal, una amenaza?
6. ¿En qué consiste, básicamente, la conducta típica en el delito común de coacciones?
7. ¿Qué es el hostigamiento?
8. ¿Qué relación guarda el hostigamiento con el maltrato habitual?
9. ¿Qué relación existe entre el delito de matrimonio forzado y la trata de seres humanos?
10. ¿Qué es el destierro forzado?

LECCIÓN 10.ª

DELITOS CONTRA LA INTEGRIDAD MORAL: TORTURA, TRATO DEGRADANTE, ACOSO LABORAL, MALTRATO FAMILIAR. TRATA DE SERES HUMANOS

MIGUEL POLAINO-ORTS

I. SISTEMÁTICA LEGISLATIVA

Dos títulos del Libro II del CP se ocupan de incriminar los tipos de delitos que afectan al bien jurídico de la **dignidad personal**, y que el legislador cataloga como **integridad moral** (en cuanto concepto complementario al de la integridad física): el **Título VII** y el **Título VII bis**:

— El **Título VII** lleva por rúbrica «**De las torturas y otros delitos contra la integridad moral**» y abarca los artículos 173 a 177 CP. La intitulación legislativa, combinación de rúbrica descriptiva y de fijación del objeto de tutela, cita en lugar primero y preferente al delito de tortura, relegando las restantes figuras a un lugar secundario y derivado bajo la mención de «otros delitos» contra la integridad moral. El desacierto del legislador es notorio, porque el contenido lesivo de injusto de esas «otras» figuras (alguna heredera de las antiguas faltas contra las personas de maltrato de obra o de vejación injusta, pero otras, como el acoso laboral o el maltrato familiar, de entidad delictiva incuestionable) es de **tal magnitud** que no se las puede considerar tipos asegundados al tipo «principal» de la tortura. Los tipos penales **contra la integridad moral** que incrimina el legislador son, esquemáticamente, los siguientes:

1. **Tipo común** de delito contra la integridad moral (art. 173.1, primer párrafo).
2. **Acoso laboral** (art. 173.1, segundo párrafo).
3. **Acoso de morada** o **asedio inmobiliario** (art. 173.1, tercer párrafo).
4. **Maltrato familiar habitual** (art. 173.2 y 3).
5. **Injuria o vejación injusta leve** en el ámbito familiar (art. 173.4).
6. **Tortura**, donde se prevén varios tipos penales:
   a) Tortura funcionarial en el ámbito policial (art. 174.1).
   b) Tortura funcionarial en el ámbito penitenciario (art. 174.2).
   c) Tipo atenuado de tortura funcionarial (art. 175).
   d) Tipo omisivo de tortura (art. 176).
   e) además de una cláusula de penalidad concursal (art. 177).

— **El Título VII bis**, introducido en el texto del Código por la **LO 5/2010**, de 22 de junio, lleva por rúbrica «**De la trata de seres humanos**» y se integra de un único (largo y farragoso) precepto, el artículo 177 bis, reformado últimamente por la **LO 1/2015**, de 30 de marzo (en vigor desde el 1 de julio de 2015).

II. BIEN JURÍDICO PROTEGIDO

La rúbrica del Título VII menciona, como objeto de tutela penal, la **integridad moral**, que, ante la ausencia de una definición legal, la doctrina define como la **estimación** y **dignidad** que a toda persona es debida por el mero hecho de serlo (BLANCO LOZANO). Tanto la doctrina como la jurisprudencia consideran que este bien jurídico abarca diversas facetas y manifestaciones de la personalidad, como el reconocimiento de la propia identidad, el respeto, la autoestima e incluso el equilibrio psicológico. De este modo, se confiere relevancia y tutela penales a una institución de largo reconocimiento constitucional (art. 15 CE) e internacional (arts. 5 de la Declaración Universal de Derechos Humanos de 1948 y 3 del Convenio Europeo de Derechos Humanos de 1950). Según el artículo 15 CE:

> «Todos tienen derecho [...] a la integridad física y moral, sin que en ningún caso, puedan ser sometidos a tortura ni a penas o tratos inhumanos o degradantes».

El legislador español parece configurar el bien jurídico de la **integridad moral** (en el sentido de **psíquica**) como algo diferente y complementario respecto de la **integridad corporal** (en el sentido de **física**). Pero ni esos dos bienes jurídicos ni las conductas que los lesionan pueden delimitarse tan claramente, como si fueran compartimentos estancos nítidamente separados entre sí: un ejemplo de ello es que el legislador, en esta misma sede de los delitos contra la integridad moral, incrimina en el artículo 173.2 el delito de maltrato familiar habitual, castigando a quien «habitualmente ejerza **violencia física o psíquica**» en el ámbito familiar, de manera que se incorporan aquí actos de violencia física que seguramente hubieran encontrado mejor acomodo entre los delitos contra la integridad física.

Según la STC 120/1990, de 27 de junio, la integridad moral se identifica con la dignidad y la inviolabilidad de la persona, y abarca su preservación no sólo contra ataques dirigidos a lesionar su cuerpo o espíritu, sino también contra toda clase de intervención en esos bienes que carezca del consentimiento de su titular. Además, la integridad moral se ha identificado también con la integridad psíquica, entendida como libertad de autodeterminación y de actuación conforme a lo decidido (así, STS de 8 de mayo de 2002).

III. TRATO DEGRADANTE

1. Tipo común

Según el artículo 173.1, párrafo 1.º, CP:

> «El que infligiere a otra persona un trato degradante, menoscabando gravemente su integridad moral, será castigado con la pena de prisión de seis meses a dos años».

El Tribunal Constitucional define **trato degradante** como la **humillación o sensación de envilecimiento que alcance un nivel determinado** (STC 65/1986, de 22 de mayo, Ponente: Latorre Segura). Por su parte, el Tribunal Supremo lo define como «aquel que pueda crear en las víctimas **sentimientos de terror, de angustia y de inferioridad susceptibles de humillarles, de envilecerles y de quebrantar** [...] **su resistencia física o moral** (STS de 29 de septiembre de 1998, Ponente: Ramos Gancedo).

Estas definiciones jurisprudenciales no logran superar la ambigüedad y vaguedad terminológica del concepto de trato degradante, cuya definición se remite tautológicamente a conceptos (como humillación, sensación de envilecimiento, terror, angustia, etc.) que son carentes, a su vez, de un contenido claro y delimitado.

La conducta típica gira en torno a dos elementos: la propia acción delictiva (**infligir un trato degradante**) y un resultado material (**menoscabar la integridad moral** de manera considerable o grave). Entre uno y otro componente existe una **relación causal** o, mejor, **medial** (Pérez Cepeda). La acción típica consiste, entonces, en infligir a otra persona un trato degradante de forma idónea para producir el resultado del grave menoscabo de su integridad moral.

Esos dos componentes típicos deben ser entendidos en sentido normativo. Ello quiere decir que el tipo penal no prejuzga **el modo** en que deba llevarse a cabo dicho trato humillante **ni la forma** en que deba producirse el atentado contra la integridad moral. Tales actos pueden ser realizados, pues, de muy diversas **formas fenomenológicas**, siendo indiferente cuáles sean, así como que consistan en una acción o en una omisión.

El verbo típico consiste en **infligir un trato degradante** y no meramente en **degradar** a otro. Ello ha llevado a un sector doctrinal a exigir que exista una **cierta permanencia o duración en el tiempo** o, al menos, una **repetición** del comportamiento degradante, pues en otro caso no habría trato sino simplemente ataque. La jurisprudencia, por el contrario, ha estimado que también concurre el tipo penal en casos consistentes en una conducta única y puntual, siempre que en ella se aprecie una intensidad lesiva para la dignidad personal suficiente: en otras palabras, un solo acto aislado puede ser calificado, por su brutalidad, crueldad o capacidad de humillación, como degradante si tiene intensidad suficiente para ello.

Antiguamente se delimitaba la **gravedad** del menoscabo a la integridad moral en función de la **naturaleza, entidad y duración del acto humillante**, de manera que el comportamiento particularmente cruel integraba el delito, relegándose otros supuestos de menor intensidad para la falta de vejaciones injustas leves del antiguo artículo 620.1 CP. Desaparecidas las faltas, sería impune la conducta que originara un menoscabo leve de la integridad moral, salvo que sea subsumible en el tipo de injuria o vejación injusta leve en el ámbito familiar del artículo 177.4 CP. El problema estriba, precisamente, en valorar si concurren los elementos típicos de manera fehaciente y bastante.

Así, la jurisprudencia ha estimado como trato degradante de suficiente entidad delictiva las siguientes conductas: guardia civil que rasura las axilas de un detenido para analizar el vello y someterlo a un test de drogadicción (STS de 16 de diciembre de 1996); propinar golpes e introducir la cabeza de la pareja en el inodoro (SAP de Barcelona de 17 de abril de 2000); pintar el cuerpo con pintura rosa y cortar drásticamente el pelo a otro antes de abandonarle desnudo en medio del monte (STS de 8 de mayo de 2002); desnudar, rasurar el vello púbico, cortar el pelo, obligarle a estar presente mientras otro hacía sus necesidades (SAP de Alicante de 23 de mayo de 2001).

En cambio, la jurisprudencia ha negado la existencia del delito en los actos de sumergir dos veces a otro en el agua de la piscina (SAP de Baleares de 29 de septiembre de 1998); escupir, agarrar por los brazos, empujar contra la pared, dar un fuerte tirón de la mochila (STS de 10 de febrero de 2015); profesora que, en el marco de una actividad de juego, ata a los alumnos a la silla (SAP de Santa Cruz de Tenerife de 21 de mayo de 2004), etc.

El tipo subjetivo es eminentemente **doloso**, si bien no incorpora expresamente ningún elemento subjetivo del injusto. El **dolo eventual**, por tanto, es **técnicamente admisible**, aunque, como observa TAMARIT SUMALLA, difícilmente aplicable dada la propia dinámica de la conducta. En tanto delito de resultado es apreciable la tentativa.

En cuanto a la diferencia ontológica entre **trato degradante** y **tortura**, nuestra jurisprudencia parece acoger (por todas, vid. la STS de 8 de mayo de 2002, Ponente: SÁNCHEZ MELGAR) la doctrina sentada por el Tribunal Europeo de Derechos Humanos, para el cual el trato degradante implica una conducta menos intensa que la tortura, aunque generalmente caracterizada por la nota de la habitualidad (cfr. SSTEDH de 28 de enero de 1979 y de 25 de febrero de 1982).

2. ACOSO LABORAL

El artículo 173.1, 2.º párrafo, tipifica el delito de **acoso laboral**, introducido en nuestra legislación por la LO 5/2010, de 22 de junio, y conocido también con los anglicismos de *mobbing*, *bossing* o *bullying*:

«Con la misma pena serán castigados los que, en el ámbito de cualquier relación laboral o funcionarial y prevaliéndose de su relación de superioridad, realicen contra otro de forma reiterada actos hostiles o humillantes que, sin llegar a constituir trato degradante, supongan grave acoso contra la víctima».

A efectos de penalidad, el texto legal se remite a la fijada para el tipo común de trato degradante del párrafo anterior del mismo precepto. Pero, en cambio, se delimita de él al circunscribirse esta modalidad de acoso al ámbito **laboral o funcionarial** y, además, por **no llegar el acoso**, a pesar de su reiteración de actos, a la categoría de trato degradante. Con ello, en puridad, el legislador está, si cabe, rizando aún más el rizo de los conceptos jurídicos, al introducir distinciones no fácilmente delimitables en la práctica entre figuras que, en realidad, se superponen en muchas ocasiones entre sí.

Veamos los **elementos esenciales** en torno a los cuales gira la figura de acoso laboral:

— La **conducta típica** consiste en la realización reiterada de actos de humillación que no constituyan un trato degradante pero sí un grave acoso a la víctima. Lo más problemático será, a este respecto, determinar **cuándo existe trato degradante** (y, por tanto, concurre el delito del párrafo primero del art. 173.1) y **cuándo no**, y entonces concurriría acoso laboral: la configuración del tipo impediría prácticamente la apreciación de acoso laboral porque, en puridad, todos los supuestos de realización reiterada de actos de humillación produciendo un grave acoso a la víctima tendrían que ser valorados inexorablemente como un trato degradante. Hubiera sido preferible que el legislador se olvidara de delimitar los **dos tipos cuantitativamente** y lo hubiera hecho sólo **competencial o materialmente**: todo acoso en el ámbito laboral entraría dentro de este tipo y fuera del ámbito laboral, en el primero de ellos.

— Existencia de una **relación laboral o funcionarial** en la conducta que media entre sujeto activo y sujeto pasivo.

— **Prevalimiento de una relación de superioridad**, de manera que el sujeto activo ha de mantener una relación jerárquicamente sobreordenada a la del sujeto pasivo.

— La ejecución de actos hostiles u humillantes ha de ser, en este caso, **reiterada**, no bastando con un único acto aislado.

— Sobre la **conveniencia político-criminal** de este tipo delictivo, el legislador, en el Preámbulo de la LO 5/2010, justificaba de esta manera la introducción del acoso laboral:

> «[...] dentro de los delitos de torturas y contra la integridad moral, se incrimina la conducta de acoso laboral, entendiendo por tal el hostigamiento psicológico u hostil en el marco de cualquier actividad laboral o funcionarial que humille al que lo sufre, imponiendo situaciones de grave ofensa a la dignidad. Con ello quedarían incorporadas en el tipo penal todas aquellas conductas de acoso producidas tanto en el ámbito de las relaciones jurídico-privadas como en el de las relaciones jurídico-públicas».

En cualquier caso, la inserción del delito en esta sede legislativa nos parece **desafortunada**, por cuanto hubiese sido deseable, desde una perspectiva técnica y sistemática, **su inclusión en el marco del Título XV** del Libro II, esto es, de los delitos contra los derechos de los trabajadores, pues eso es precisamente lo que es el acoso laboral: un comportamiento contra el trabajador o empleado público en su entorno laboral o administrativo.

3. Acoso de morada o asedio inmobiliario

Junto al acoso laboral, la LO 5/2010, de 22 de junio, introdujo otro nuevo delito de acoso o asedio, esta vez en el **ámbito inmobiliario**, que es tipificado en el párrafo 3.º y último del artículo 173.1:

> «Se impondrá también la misma pena al que de forma reiterada lleve a cabo actos hostiles o humillantes que, sin llegar a constituir trato degradante, tengan por objeto impedir el legítimo disfrute de la vivienda».

La incorporación del asedio inmobiliario o acoso de la morada pretendía responder al fenómeno social, criminológico y victimológicos de los llamados *asustaviejas*: especuladores que inciden contra inquilinos, por regla general de avanzada edad y residentes en inmuebles de renta antigua, realizando actos (cortes de luz u otros suministros, conminaciones amenazantes) tendentes a lograr un expedito abandono del hogar en que se residen (Herrera Moreno).

Las características típicas esenciales del asedio inmobiliario pueden resumirse en los siguientes puntos:

— La **conducta típica** consiste en la realización de actos hostiles o humillantes no llegan a constituir trato degradante. Esta delimitación es, como en el caso anterior, criticable. En lugar de la diferenciación cuantitativa, hubiera sido preferible la distinción puramente material o de especialización: no aludir a que el acto constituya o no trato degradante sino reconducir a este delito todos los actos de ese género que se realicen en el ámbito inmobiliario, constituyan o no trato degradante.

— La exigencia de **reiteración delictiva** excluye del tipo la realización aislada de una conducta hostil en el ámbito inmobiliario.

— El elemento **tener por objeto impedir el legítimo disfrute de la vivienda**, más que un elemento subjetivo del injusto (como lo parece configurar el legislador) debe ser entendido, en sentido objetivo, como la delimitación material del contexto en que se ha de llevar a cabo el asedio inmobiliario con fines especulativos.

— Finalmente, en relación a la conveniencia político-criminal de la figura, el **Preámbulo** de dicha LO 5/2010 explicaba que:

> «Al hilo de la proliferación, durante la última década, de conductas acosadoras en la esfera de la vivienda, se sanciona también el acoso inmobiliario. Con ello se pretende tutelar el derecho al disfrute de la vivienda por parte de propietarios o inquilinos frente a los ataques dirigidos a obligar a unos o a otros a abandonarla para así alcanzar, en la mayoría de los casos, objetivos especuladores. Distintos pronunciamientos judiciales habían venido poniendo de manifiesto las dificultades que para la represión de estas conductas se derivaba de la ausencia hasta el momento de una específica regulación penal de este fenómeno».

La razón de ser de este precepto resulta, en nuestra opinión, harto discutible, máxime cuando el legislador ya había introducido, a través de la misma LO 5/2010, un tipo agravado de coacciones en el artículo 172.1, párrafo tercero, para el caso de que las mismas tengan por objeto impedir el legítimo disfrute de la vivienda. Teniendo en cuenta ese precepto, resulta de todo punto innecesaria la figura de acoso inmobiliario, que —además— **carecería de campo de aplicación** al ser el delito de coacción inmobiliaria *lex specialis* y, por ende, de preferente aplicación. En aquellos casos en que no se consiga impedir dicho disfrute, se estaría en presencia de tentativa del citado artículo 172.1.3.º

IV. MALTRATO FAMILIAR HABITUAL

La reforma que, en su día, operó en el texto punitivo la **LO 11/2003**, de 29 de septiembre, de medidas concretas en materia de seguridad ciudadana, violencia doméstica e integración social de los extranjeros, incurrió en el incomprensible **contrasentido técnico y sistemático** de duplicar la regulación del maltrato familiar en dos sedes diversas, cuyos contenidos se superponen entre sí, al margen de la descripción confusa, farragosa y reiterativa de los tipos penales en sede de delitos contra la integridad moral y contra la integridad física.

En efecto, el delito de maltrato familiar **habitual**, anteriormente a dicha Ley Orgánica tipificado en sede de **lesiones** (concretamente en el antiguo art. 153 CP), fue trasvasado por la citada LO 11/2003 a la esfera de las **torturas y otros delitos contra la integridad moral**, esto es, al artículo 173 CP, con lo que la regulación del delito de violencia intrafamiliar, en vez de resultar homogénea y coherente, queda diezmada, desestructurada, con la consiguiente pérdida de seguridad jurídica y, por ende, de eficacia en su aplicación. El criterio técnico y sistemático correcto no hubiese sido otro que el de mantenerlo en sede de las lesiones, junto al adyacente tipo, **básico y genérico**, de maltrato familiar del artículo 153.

Las razones que, en todo caso, esgrimió el legislador para llevar a cabo la **incomprensible escisión** de un mismo delito, simultáneamente, en dos sedes diversas y con bienes jurídicos diferentes, no fueron otras que las de —increíble y paradójicamente— «**una mejor sistemática**», según consta en la Exposición de Motivos de la citada LO 11/2003, de 29 de septiembre:

> «El fenómeno de la violencia doméstica tiene un alcance ciertamente pluridisciplinar. Es preciso abordarlo con medidas preventivas, con medidas asistenciales y de intervención social a favor de la víctima, con medidas incentivadoras de la investigación, y también con medidas legislativas orientadas a disuadir de la comisión de estos delitos.
>
> Por ello, los delitos relacionados con la violencia doméstica han sido objeto en esta reforma de una preferente atención, para que el tipo delictivo alcance a todas sus manifestaciones y para que su regulación cumpla su objetivo en los aspectos preventivos y represivos. También se han incrementado de manera coherente y proporcionada su penalidad y se han incluido todas las conductas que puedan afectar al bien jurídico protegido. […]
>
> En segundo lugar, respecto a los delitos de violencia doméstica cometidos con habitualidad, se les dota de una mejor sistemática, se amplía el círculo de sus posibles víctimas, se impone, en

todo caso, la privación del derecho a la tenencia y porte de armas y se abre la posibilidad de que el Juez o Tribunal sentenciador acuerde la privación de la patria potestad, tutela, curatela, guarda o acogimiento».

El **delito de maltrato familiar habitual**, en la redacción ofrecida por la última ley de reforma en esta materia: la **LO 1/2015**, de 30 de marzo (en vigencia desde el 1 de julio de 2015), se configura en los apartados 2 y 3 del artículo 173 CP con este tenor:

Artículo 173.2: «El que habitualmente ejerza violencia física o psíquica sobre quien sea o haya sido su cónyuge o sobre persona que esté o haya estado ligada a él por una análoga relación de afectividad aun sin convivencia, o sobre los descendientes, ascendientes o hermanos por naturaleza, adopción o afinidad, propios o del cónyuge o conviviente, o sobre los menores o personas con discapacidad necesitadas de especial protección que con él convivan o que se hallen sujetos a la potestad, tutela, curatela, acogimiento o guarda de hecho del cónyuge o conviviente, o sobre persona amparada en cualquier otra relación por la que se encuentre integrada en el núcleo de su convivencia familiar, así como sobre las personas que por su especial vulnerabilidad se encuentran sometidas a custodia o guarda en centros públicos o privados, será castigado con la pena de prisión de seis meses a tres años, privación del derecho a la tenencia y porte de armas de tres a cinco años y, en su caso, cuando el juez o tribunal lo estime adecuado al interés del menor o persona con discapacidad necesitada de especial protección, inhabilitación especial para el ejercicio de la patria potestad, tutela, curatela, guarda o acogimiento por tiempo de uno a cinco años, sin perjuicio de las penas que pudieran corresponder a los delitos en que se hubieran concretado los actos de violencia física o psíquica.

Se impondrán las penas en su mitad superior cuando alguno o algunos de los actos de violencia se perpetren en presencia de menores, o utilizando armas, o tengan lugar en el domicilio común o en el domicilio de la víctima, o se realicen quebrantando una pena de las contempladas en el artículo 48 o una medida cautelar o de seguridad o prohibición de la misma naturaleza.

En los supuestos a que se refiere este apartado, podrá además imponerse una medida de libertad vigilada».

Artículo 173.3: «Para apreciar la habitualidad a que se refiere el apartado anterior, se atenderá al número de actos de violencia que resulten acreditados, así como a la proximidad temporal de los mismos, con independencia de que dicha violencia se haya ejercido sobre la misma o diferentes víctimas de las comprendidas en este artículo, y de que los actos violentos hayan sido o no objeto de enjuiciamiento en procesos anteriores».

Entendemos que este delito de maltrato familiar **habitual** (al igual que el **básico y genérico** del art. 153 CP) integra una tipología **pluriofensiva**, de manera que son objetos tutelados a través de la norma penal los siguientes bienes jurídicos:

— La **integridad moral** y la **dignidad** no sólo de la víctima directa de los actos violentos, sino de todos los miembros de la unidad familiar, afectiva o de convivencia.

— La **salud física** y **psíquica** de los miembros de la unidad familiar, afectiva o de convivencia.

— La **seguridad** de los miembros de la unidad familiar o análoga.

— El **desarrollo de la personalidad** de tales miembros en un entorno de afecto, protección, respeto y libertad.

— La **educación**, **desarrollo** y **formación** de los menores de edad que integran la unidad familiar o análoga.

— La **paz familiar** y los vínculos de afecto y sana convivencia.

El delito es de **carácter especial**, ya que el sujeto activo tiene que estar relacionado con el pasivo por alguno de los lazos familiares, afectivos o de convivencia referenciados en la norma. A nuestro modo de ver, y tal y como se desprende del análisis del objeto tutelado, sujeto pasivo del delito lo será no sólo la víctima inmediata de la violencia, sino también, mediatamente y por el ataque a la dignidad, seguridad, respeto y paz familiar y en la convivencia, toda la unidad familiar o análoga, y muy especialmente los menores de edad.

Conforme al texto del precepto, el delito puede cometerse también, verbigracia, después de disuelto el matrimonio entre ofensor y ofendido, o extinguida ya la relación afectiva, exigiéndose entonces que las violencias tengan como causa o motivo tales relaciones pasadas.

La conducta típica queda nucleada en torno a la acción de **ejercer habitualmente violencia física o psíquica sobre las personas del núcleo familiar o análogo**. Varios son los elementos que deben destacarse en la configuración del tipo penal:

— De un lado, la existencia alternativa de **violencia física o psíquica**:

• Por **violencia física** debe interpretarse aquí, nuevamente, el **acometimiento físico agresivo directamente aplicado sobre las personas**.

• En cuanto a la **violencia psíquica**, no es un concepto fácil de definir ni de precisar, dada la amplitud y diversidad de connotaciones y matices en él presentes. En todo caso, parece claro que la misma implica acciones tales como vejaciones, agravios, desconsideraciones, insultos, opresión, coerción, descalificaciones, humillaciones, etc.

— De otro lado, el elemento de la **habitualidad delictiva** que se viene entendiendo, interpretando y aplicando por nuestra jurisprudencia mayoritaria, en aras de la protección del bien jurídico, en un sentido fáctico, material y flexible, tal y como se desprende del propio texto del artículo 173.3 CP, no sujeto por tanto a excesivas o rígidas exigencias formales.

— Un interesante análisis jurisprudencial de este delito lo encontramos, verbigracia, en la sentencia de la Audiencia Provincial de Almería de 2 de mayo de 2006 (Ponente: MARTÍNEZ ABAD):

«El delito de maltrato familiar del artículo 173.2 es un “aliud” y un plus distinto de los concretos actos de agresión, y lo es, precisamente, a partir de la vigencia del nuevo Código penal de 1995. En efecto, es preciso abordar el delito de maltrato familiar desde una perspectiva estrictamente constitucional; a pesar de su ubicación sistemática dentro del Título III del Código penal relativo a las lesiones, el bien jurídico protegido trasciende y se extiende más allá de la integridad personal al atentar el maltrato familiar a valores constitucionales de primer orden como el derecho a la dignidad de la persona y al libre desarrollo de la personalidad —artículo 10—, que tiene su consecuencia lógica en el derecho no sólo a la vida, sino a la integridad física y moral con interdicción de los tratos inhumanos o degradantes —artículo 15— y en el derecho a la seguridad —artículo 17—, quedando también afectados principios rectores de la política social y económica, como la protección de la familia y la infancia y protección integral de los hijos del artículo 39. En definitiva, el bien jurídico protegido es la paz familiar, sancionando aquellos actos que exteriorizan una actitud tendente a convertir aquel ámbito en un microcosmos regido por el miedo y la dominación, porque en efecto nada define mejor el maltrato familiar como la situación de dominio y de poder de una persona sobre su pareja y los menores convivientes.

Por ello, la violencia física o psíquica a que se refiere el tipo es algo distinto de los concretos actos de violencia, aisladamente considerados, y el bien jurídico protegido es mucho más amplio y relevante que el mero ataque a la integridad, quedando afectados fundamentales valores de la persona y dañado el primer núcleo de toda sociedad como es el núcleo familiar.

Esta autonomía de bien jurídico, de acción y de sujetos pasivos, unida a la situación de habitualidad que se describe en el artículo 173, es lo que permite con claridad afirmar la sustantividad de este tipo penal; los concretos actos de violencia sólo tienen el valor de acreditar la actitud del agresor y por ello ni el anterior enjuiciamiento de estos actos impide apreciar la existencia de este delito —se estaría en un supuesto de concurso de delitos (art. 77) y no de normas—, ni se precisa tal enjuiciamiento, bastando la comprobada realidad de la situación que se denuncia como ha quedado reforzado en la reforma del tipo penal dada por la LO 14/1999, de 9 de junio, siendo al respecto irrelevante tanto las protestas de haber sido enjuiciadas ya autónomamente como faltas las agresiones, o que por la falta de denuncia y del tiempo transcurrido aquéllas hayan quedado prescritas.

El Tribunal Supremo en la sentencia de 7 de julio de 2000 razona, en su sexto fundamento jurídico, que la "habitualidad" que necesariamente debe darse en el ejercicio de la violencia física dentro del ámbito de las relaciones familiares para integrar el delito autónomo del artículo 153 del Código penal (actual art. 173.2 y 3) es una exigencia típica un tanto imprecisa que ha originado distintas corrientes interpretativas. Inicialmente se consideraba que tales exigencias se satisfacían a partir de la tercera acción violenta: criterio que no tiene más apoyo que la analógica aplicación del concepto de habitualidad que el artículo 94 del Código penal establece a los efectos de suspensión y sustitución de penas. Sin embargo, la más moderna línea interpretativa, prescindiendo del automatismo numérico anterior, ha entendido con mayor acierto que lo relevante para apreciar la habitualidad, más que la pluralidad en sí misma, es la repetición o frecuencia que suponga una permanencia en el trato violento, siendo lo importante que el Tribunal llegue a la convicción de que la víctima vive en un estado de agresión permanente. En esta permanencia radica el mayor desvalor que justifica una tipificación autónoma por la presencia de una gravedad mayor que la que resultaría de la mera agregación de las desvaloraciones propias de cada acción individual.

Por violencia psíquica cabe entender, tal y como puede extraerse de la STS de 21 de diciembre de 2001, la creación de una situación estresante y destructiva cargada de inestabilidad que no permite a la persona sometida a la misma el libre desarrollo de su personalidad, en definitiva, el acoso, la tensión y el temor creados deliberadamente por un miembro del entorno familiar o afectivo sobre aquel que percibe más débil.

En este caso la sola lectura del relato histórico de la sentencia pone de relieve que no estamos ante determinadas acciones individuales de agresión o violencia física surgidas aisladamente a lo largo del tiempo, sino ante unas concretas agresiones que se manifiestan como la exteriorización singularizada de un estado de violencia física y psíquica permanente, ejercida por el acusado sobre su pareja, que permite su consideración como "habitual".

En atención a lo expuesto en el anterior fundamento jurídico de esta resolución y habida cuenta de los hechos declarados probados en la sentencia apelada en cuya valoración no es de apreciar error de ningún tipo, la conducta enjuiciada ha de subsumirse en el tipo penal del artículo 173.2 CP, para cuya apreciación no es necesaria siquiera la existencia de previas denuncias y previos partes de lesiones, bastando que con el adecuado material probatorio existente se acredite esa permanente situación de menosprecio, vejación o amenaza, en definitiva, ese continuado estado de agresión física o psíquica, o de ambas, evidentemente atentatorio tanto al derecho a la dignidad personal como a lo que constituye el normal desarrollo de la vida familiar».

V. INJURIA O VEJACIÓN INJUSTA FAMILIAR LEVE

La supresión en 2015 del Libro III del CP, que incriminaba las faltas, enmascaró en diversas ocasiones el curioso expediente de elevar dichas faltas a delitos leves: eso ocurrió con la falta de vejaciones injustas leves del antiguo artículo 620.1 CP que pasa a ser, ahora, delito leve de **injuria o vejación injusta leve en el ámbito familiar**, incriminado en el nuevo artículo 173.4, introducido por la LO 1/2015, de 30 de marzo (en vigor desde el 1 de julio de ese año):

Artículo 173.4: «Quien cause injuria o vejación injusta de carácter leve, cuando el ofendido fuera una de las personas a las que se refiere el apartado 2 del artículo 173, será castigado con la pena de localización permanente de cinco a treinta días, siempre en domicilio diferente y alejado del de la víctima, o trabajos en beneficio de la comunidad de cinco a treinta días, o multa de uno a cuatro meses, esta última únicamente en los supuestos en los que concurran las circunstancias expresadas en el apartado 2 del artículo 84.

Las injurias solamente serán perseguibles mediante denuncia de la persona agraviada o de su representante legal».

El tipo en cuestión gira en torno al elemento distintivo de la **levedad** de la conducta, esto es: de la **menor intensidad, entidad, circunstancias, afección de la víctima, duración y naturaleza** de la conducta injuriosa o vejatoria. Por regla general, se tratará de paralizar, tipificando la presente conducta, la continuidad delictiva posterior de una violencia en espiral que suele principiar con conductas más leves que luego van adquiriendo mayor intensidad, crueldad y frecuencia (PÉREZ CEPEDA). Desde ese punto de vista, se configura el tipo como un **delito obstáculo**, en la medida en que reprime penalmente el primer eslabón de una cadena que, si no existiera esta sanción normativa, seguiría inexorablemente intensificándose de manera exponencial.

Por lo demás, los sujetos activo y pasivo del delito son especiales, en tanto que han de estar unidos por una relación de familiaridad o análoga. De ese modo, la conducta ha de realizarse en el seno de **relaciones de pareja** (esto es: dirigirse contra quien sea o haya sido cónyuge o persona ligada al autor por una análoga relación de afectividad aun sin convivencia); o sobre **miembros del grupo familiar** (descendientes, ascendientes o hermanos por naturaleza, adopción o afinidad, propios o del cónyuge o conviviente) o **afines a ese grupo** (por hallarse integrado en el núcleo de su convivencia familiar); o en **casos de especial vulnerabilidad** (por ser menores o discapacitados que requieran una especial protección siempre que convivan en el mismo hogar o se hallen sujetos a la potestad, tutela, curatela, acogimiento o guarda de hecho del cónyuge o conviviente).

La diversa penalidad prevista en este precepto (localización permanente, alejamiento del domicilio familiar, trabajos en beneficio de la comunidad, multa) compatibiliza el combate del autor con el de un **sujeto particularmente peligroso**, asemejándose su tratamiento al que se confiere a quien no aporta el mínimo grado de confianza para ofrecer un comportamiento respetuoso de los derechos de las personas de su entorno, sino que, antes bien, es tratado como foco de peligro normativo (según la calificación del Derecho penal del enemigo).

Las vejaciones injustas leves serán perseguibles **de oficio**. En cambio, las injurias en esta materia únicamente lo serán a **instancia de parte**, esto es: mediante denuncia de la persona agraviada o de su representante legal.

VI. DELITO DE TORTURA

1. Tipología delictiva

Varias son las **modalidades de tortura** previstas por el legislador español:

— De un lado, el **tipo básico y propio de tortura** (art. 174), cuya descripción la divide el legislador en dos subtipos:

• el primero, cuando se realice por funcionario público o autoridad para obtener una información o una confesión, lo que prácticamente circunscribe el tipo al **contexto policial** (art. 174.1), modalidad ésta que, en realidad, esconde dos submodalidades (cuando el atentado sea grave y cuando no lo sea);

• y cuando tiene lugar en el **ámbito penitenciario** por parte de autoridad o funcionario de instituciones penitenciarias o de centros de protección o corrección de menores respecto de detenidos, internos o presos (art. 174.2).

— De otro, un **tipo atenuado de trato degradante funcionarial** (art. 175).

— Además, incorpora el legislador una cláusula legal específica de **comisión por omisión** en esta materia (art. 176).

— Y, finalmente, una cláusula de penalidad concursal (art. 177).

Veamos cada figura por separado.

2. Tipo básico de tortura policial y penitenciaria

El **delito de tortura** se incrimina en el artículo 174, que divide el tipo en dos modalidades básicas (**policial y penitenciaria**):

> «1. Comete tortura la autoridad o funcionario público que, abusando de su cargo, y con el fin de obtener una confesión o información de cualquier persona o de castigarla por cualquier hecho que haya cometido o se sospeche que ha cometido, o por cualquier razón basada en algún tipo de discriminación, la sometiere a condiciones o procedimientos que por su naturaleza, duración u otras circunstancias, le supongan sufrimientos físicos o mentales, la supresión o disminución de sus facultades de conocimiento, discernimiento o decisión o que, de cualquier otro modo, atenten contra su integridad moral. El culpable de tortura será castigado con la pena de prisión de dos a seis años si el atentado fuera grave, y de prisión de uno a tres años si no lo es. Además de las penas señaladas se impondrá, en todo caso, la pena de inhabilitación absoluta de ocho a doce años.
>
> 2. En las mismas penas incurrirán, respectivamente, la autoridad o funcionario de instituciones penitenciarias o de centros de protección o corrección de menores que cometiere, respecto de detenidos, internos o presos, los actos a que se refiere el apartado anterior».

La segregación del tipo en dos modalidades es **completamente superflua**: también el funcionario de instituciones penitenciarias mencionado en el apartado 2.º se hallaría comprendido en el apartado 1.º, de manera que no se alcanza a comprender por qué el legislador, inútilmente, incluyó este segundo apartado, máxime cuando sanciona la conducta con la misma pena prevista para el primero de ellos. Pero el legislador ha querido distinguir el **tipo propio de tortura policial** (del apartado 1.º) del tipo asimilado de tortura penitenciaria (del apartado 2.º) quizá para dar una mayor autonomía al caso prototípico de tortura, que es el regulado en el apartado inicial.

La definición legal de tortura que contiene en el primer apartado del precepto es prácticamente un calco de la que ofrece el artículo 1 de la **Convención de las Naciones Unidas contra la tortura y otros tratos o penas crueles, inhumanos o degradantes**, de 10 de diciembre de 1984 y en vigor en nuestro país desde el día 20 de noviembre de 1987 (conocida abreviadamente como **Convención contra la Tortura**). Según el artículo 1 de la mencionada Convención:

> «[…] se entenderá por el término "tortura" todo acto por el cual se inflija intencionadamente a una persona dolores o sufrimientos graves, ya sean físicos o mentales, con el fin de obtener de ella o de un tercero información por un acto que haya cometido, o se sospeche que ha cometido, o de intimidar o coaccionar a esa persona o a otras, o por cualquier razón basada en cualquier tipo de discriminación, cuando dichos dolores o sufrimientos sean infligidos por un funcionario público u otra persona en el ejercicio de sus funciones públicas, a instigación suya, o con su consentimiento o aquiescencia».

Dicho precepto contiene, asimismo, una **delimitación *ex negativo*** de tortura, que siempre presupone infligir **actos ilegítimos**, quedando al margen de dicha definición «los dolores o sufrimientos que sean consecuencia únicamente de **sanciones legítimas**, o que sean inherentes o incidentales a éstas».

El tipo propio de tortura gira en torno a varios elementos normativos fundamentales (que son comunes a los dos subtipos del art. 174 CP):

— De un lado, la **conducta típica** consistente en **someter a alguien** a condiciones o procedimientos que **atenten contra su integridad moral**: tal sometimiento ha de producir en la víctima, a modo de resultado, bien sufrimientos físicos o mentales, o bien la supresión o disminución de sus facultades de conocimiento, discernimiento o decisión, de modo que de algún modo limiten su capacidad y su libertad de declaración.

— De otro lado, se trata de un **delito doblemente especial**:

• en el que el **sujeto activo** no es indiferenciado sino un sujeto revestido de una específica cualidad fundante, la de ser **funcionario público o autoridad**. El CP español contiene una definición doméstica, propia y específica de funcionario público y de autoridad a efectos penales (arts. 29 y 30), que no tienen por qué coincidir —y de hecho no coinciden— con el concepto administrativo de funcionario y de autoridad. Pero aquí, además, no se trata de cualquier funcionario o autoridad, sino de uno que actúa en el ámbito de una declaración, lo que generalmente situará el precepto en el **contexto policial**; mientras que la modalidad del apartado 2.º quedará circunscrita al ámbito de la ejecución penitenciaria de adultos o de menores;

• mientras que el **sujeto pasivo** será, precisamente, el sometido a esa declaración, y —en el segundo caso— el detenido, interno o preso.

— El tipo es subjetivamente configurado y exige un **elemento subjetivo del injusto** que convierte al delito en un **tipo intencional de resultado cortado** (POLAINO NAVARRETE), en tanto que la acción dolosa es realizada por el sujeto activo como medio ejecutivo para pretender alcanzar un fin subjetivo que no se constituye en una ulterior actuación del propio autor (POLAINO NAVARRETE). El delito se consuma realizando la conducta básica (aquí: el sometimiento del declarante a tales condiciones) siempre que sea realizada con la finalidad de esa obtención y sin necesidad de que realmente se llegue a obtener la confesión ni la información.

La introducción en el tipo de estas finalidades alternativas es producto de traspolar a nuestra legislación las definiciones contenidas en instrumentos internacionales, lo cual es censurables porque abre peligrosas brechas de impunidad (BLANCO LOZANO).

> Así, verbigracia, cuando el sujeto activo ejecute el tipo objetivo con el fin de divertirse sádicamente a costa del sufrimiento de la víctima, el hecho, lamentablemente, sería atípico por torturas, ya que no se concretará entonces el elemento subjetivo del tipo.

— Ha de existir, además, **abuso del cargo**, esto es: una extralimitación objetiva por parte del funcionario o autoridad de los cometidos propios de su función, de modo que incurre en actuaciones ilegítimas, desproporcionadas o espurias. Si el elemento subjetivo era problemático (con la lógica dificultad probatoria que entraña todo elemento de carácter subjetivo: el juez no puede meterse en la cabeza del autor para averiguar qué intención perseguía al realizar la conducta), no menos lo es el elemento objetivo del abuso del cargo, especialmente en las situaciones en las que el funcionario o autoridad policial persigue la finalidad de descubrir dónde se halla la víctima, o dónde se encuentra la bomba en los casos de colocación de explosivos con una cuenta regresiva (*ticking-time-bomb*), esto es: una loable finalidad de evitar víctimas y salvaguardar los derechos de los ciudadanos, para lo que presionan al declarante para obtener, no ya una confesión, sino al menos una información que les permita evitar una masacre.

> **Paradigmático** es, a este respecto, un caso de la jurisprudencia alemana, muy controvertido: el caso Daschner (también conocido como caso Von Metzler): el 27 de septiembre de 2002 el estudiante de Derecho Magnus Gäfgen secuestra, a la vuelta del colegio, al niño Jakob von Metzler, hijo de un conocido banquero y mecenas. Dos días después recibe un rescate de un millón de euros. La policía controla la entrega del dinero el 29 de septiembre. A la vista de que el sujeto se dispone a reservar un viaje al extranjero, la policía de Fráncfort detiene a Gäfgen el día 30. El 1 de octubre Gäfgen da pistas falsas a la policía, para pretender su confusión. A la vista de que las horas pasan, el vicepresidente de la Policía Daschner amenaza a Gäfgen con causarle males si no informa al respecto. Finalmente, Gäfgen confiesa que mató al niño la noche del secuestro porque «lloraba mucho».

Con independencia de la responsabilidad del asesino por la muerte, se planteó en ese caso los límites de la actuación del Estado en la conducta policial de inquirir la información que, en el caso concreto y en ese momento, se requería: averiguar al paradero del menor que se halla en peligro manifiesto y grave. Daschner y otro policía terminaron siendo condenados por tortura, como reclamaba la doctrina (por todos, ROXIN; información al respecto en CANO PAÑOS), esgrimiendo ante todo la prohibición de la tortura como derecho absoluto. Sin embargo, dicha resolución no es incontrovertible: primero, porque todos los derechos fundamentales (hasta el derecho a la vida) son, en situaciones extremas de estado de necesidad, relativos, de manera que puede actuarse frente a ellos si es para salvaguardar un bien de mayor o de igual entidad (como lo era, aquí, la vida del menor); y, segundo, porque no se pedía en este caso una confesión de culpabilidad del declarante («he sido yo», como después se produjo), sino la información necesaria para que el Estado cumpla la obligación de salvaguardar los derechos fundamentales de las personas en peligro de muerte (en este caso, el menor).

— El tipo configura el delito como uno de **resultado**, que en cuanto tal admite la tentativa y también la comisión por omisión, si bien esta última será reconducible, por expresa previsión legal, al tipo específicamente previsto en el artículo 176 CP.

— Tampoco acierta el legislador, nuevamente, con la previsión de dos subtipos en el apartado 1 del precepto: uno de carácter cualificado y otro privilegiado. El primero, consistente en que la tortura sea «grave», se ve castigado con pena de prisión de dos a seis años, además de con la inhabilitación absoluta prevista en el inciso final. El segundo, si la tortura «no lo es» (grave) se sanciona con pena de prisión de uno a tres años más dicha inhabilitación absoluta. Críticamente cabe preguntarse, a tenor del tipo que no prevé precisamente ataques livianos al bien jurídico, **si cabe una tortura «no grave»** y, en caso afirmativo, qué diferenciaría, entonces, la tortura «no grave» del mero trato degradante funcionarial previsto en el artículo siguiente, esto es, en el artículo 175.

3. Tipo atenuado de atentado funcionarial contra la integridad moral

El artículo 175 incrimina un tipo atenuado de **atentado contra la integridad moral** cometido por funcionario público o autoridad:

> «La autoridad o funcionario público que, abusando de su cargo y fuera de los casos comprendidos en el artículo anterior, atentare contra la integridad moral de una persona será castigado con la pena de prisión de dos a cuatro años si el atentado fuera grave, y de prisión de seis meses a dos años si no lo es. Se impondrá, en todo caso, al autor, además de las penas señaladas, la de inhabilitación especial para empleo o cargo público de dos a cuatro años».

Esta figura constituye un **tipo residual** respecto del delito de torturas tipificado en el artículo 174 CP, en la medida en que se construye *ex negativo* del tipo precedente («fuera de los casos comprendidos en el artículo anterior») aunque comparten algunos elementos esenciales: **sujeto especial, bien jurídico**, **abuso de cargo**, **atentado contra la integridad moral**.

— Desde el punto de vista del sujeto activo, se trata de un **delito especial**, que sólo puede ser cometido por autoridad o funcionario público.

— La conducta típica, redactada nuevamente con defectuosidad técnica por su vaguedad e indeterminación, consiste en **atentar** contra la integridad moral de la víctima, **gravemente o no**. Con esta última disyuntiva típica, relativa a la intensidad del atentado a la integridad moral, el legislador parece establecer, aunque de un modo poco claro, una importante diferencia en estas tipologías, y ello según el sujeto activo sea particular o funcionario público:

- Si el sujeto activo fuera un sujeto indiferenciado (común o particular), sería aplicable el delito de **trato degradante** del artículo 173.1.
- Si, por el contrario, fuese autoridad o funcionario público que actuase abusando de su cargo, el atentado a la integridad moral (no constitutivo de torturas, pues entonces sería de aplicación el art. 174 CP) sería sancionado conforme a este tipo privilegiado del artículo 175 CP, ya aplicando la modalidad de **atentado leve** (castigado con pena de prisión de seis meses a dos años, además de la inhabilitación especial para empleo o cargo público) o **grave** (sancionado con pena de prisión de dos a cuatro años más la inhabilitación).

4. Tipo omisivo

El artículo 176 CP contiene un **tipo omisivo** de delito contra la integridad moral:

> «Se impondrán las penas respectivamente establecidas en los artículos precedentes a la autoridad o funcionario que, faltando a los deberes de su cargo, permitiere que otras personas ejecuten los hechos previstos en ellos».

En puridad, el precepto contiene **cláusula específica de comisión por omisión**, una suerte de especificación en este ámbito de la cláusula general de equivalencia de la acción y la omisión del artículo 11 (comisión por omisión). Se trata, nuevamente, de una figura especial, de sujeto activo funcionarial. En cuanto a su estructura, parece ser de **omisión pura o propia**, dada la propia dinámica de lo que es **permitir, faltando a los deberes del cargo funcionarial**, consistente, por lo general, en que el funcionario o autoridad responsable desatienda su deber, derivado de las atribuciones de su cargo, de evitar (o si no le fuera posible, denunciar ante quien proceda) la tortura o el trato degradante.

Puesto que no se prevé expresamente la imprudencia, el comportamiento ha de ser doloso, bien a título directo, bien a título eventual.

> **Ejemplos**: «A», director de un centro penitenciario, es conocedor de que determinados funcionarios torturan a algunos internos, mas no hace nada al respecto.
>
> «B», director de un colegio público, tiene conocimiento de que un alumno es víctima de trato degradante por parte de otros alumnos, pero no hace nada al respecto.

VII. CLÁUSULA CONCURSAL

Finalmente, se establece que, si en los delitos descritos en los artículos precedentes, además del atentado a la integridad moral, se produjere lesión o daño a la vida, integridad física, salud, libertad sexual o bienes de la víctima o de un tercero, se castigarán los hechos separadamente con la pena que les corresponda por los delitos o faltas cometidos, excepto cuando aquél ya se halle especialmente castigado por la ley (art. 177 CP).

De este modo, se dispone expresamente el **castigo independiente de las infracciones**, esto es, la apreciación del **concurso real de delitos**, en los supuestos aludidos. No podía ser de otro modo atendiendo a la diversidad de hechos, resultados típicos y bienes jurídicos lesionados.

Acertadamente, doctrina y jurisprudencia convienen que otros supuestos no comprendidos en la citada cláusula, verbigracia injurias, quedarían absorbidos por la propia conducta típica contra la integridad moral, por lo que no procedería su separada punición.

VIII. TRATA DE SERES HUMANOS

1. Regulación legal

La **LO 5/2010**, de 22 de junio, introdujo, a continuación de los delitos contra la integridad moral, el nuevo **Título VII bis**, al cual lleva por rúbrica «**De la trata de seres humanos**» y se compone de un único precepto, el artículo 177 bis, que —en la redacción última ofrecida por la LO 1/2015, de 30 de marzo (en vigor desde el 1 de julio de 2015), y que afectó a los apartados 1 y 4 del precepto— reza lo que sigue:

> «1. Será castigado con la pena de cinco a ocho años de prisión como reo de trata de seres humanos el que, sea en territorio español, sea desde España, en tránsito o con destino a ella, empleando violencia, intimidación o engaño, o abusando de una situación de superioridad o de necesidad o de vulnerabilidad de la víctima nacional o extranjera, o mediante la entrega o recepción de pagos o beneficios para lograr el consentimiento de la persona que poseyera el control sobre la víctima, la captare, transportare, trasladare, acogiere, o recibiere, incluido el intercambio o transferencia de control sobre esas personas, con cualquiera de las finalidades siguientes:
>
> *a*) La imposición de trabajo o de servicios forzados, la esclavitud o prácticas similares a la esclavitud, a la servidumbre o a la mendicidad.
>
> *b*) La explotación sexual, incluyendo la pornografía.
>
> *c*) La explotación para realizar actividades delictivas.
>
> *d*) La extracción de sus órganos corporales.
>
> *e*) La celebración de matrimonios forzados.
>
> Existe una situación de necesidad o vulnerabilidad cuando la persona en cuestión no tiene otra alternativa, real o aceptable, que someterse al abuso.
>
> 2. Aun cuando no se recurra a ninguno de los medios enunciados en el apartado anterior, se considerará trata de seres humanos cualquiera de las acciones indicadas en el apartado anterior cuando se llevare a cabo respecto de menores de edad con fines de explotación.
>
> 3. El consentimiento de una víctima de trata de seres humanos será irrelevante cuando se haya recurrido a alguno de los medios indicados en el apartado primero de este artículo.
>
> 4. Se impondrá la pena superior en grado a la prevista en el apartado primero de este artículo cuando:
>
> *a*) se hubiera puesto en peligro la vida o la integridad física o psíquica de las personas objeto del delito;
>
> *b*) la víctima sea especialmente vulnerable por razón de enfermedad, estado gestacional, discapacidad o situación personal, o sea menor de edad.
>
> Si concurriere más de una circunstancia se impondrá la pena en su mitad superior.
>
> 5. Se impondrá la pena superior en grado a la prevista en el apartado 1 de este artículo e inhabilitación absoluta de seis a doce años a los que realicen los hechos prevaliéndose de su condición de autoridad, agente de ésta o funcionario público. Si concurriere además alguna de las circunstancias previstas en el apartado 4 de este artículo se impondrán las penas en su mitad superior.
>
> 6. Se impondrá la pena superior en grado a la prevista en el apartado 1 de este artículo e inhabilitación especial para profesión, oficio, industria o comercio por el tiempo de la condena, cuando el culpable perteneciera a una organización o asociación de más de dos personas, incluso de carácter transitorio, que se dedicase a la realización de tales actividades. Si concurriere alguna de las circunstancias previstas en el apartado 4 de este artículo se impondrán las penas en la mitad superior. Si concurriere la circunstancia prevista en el apartado 5 de este artículo se impondrán las penas señaladas en éste en su mitad superior.
>
> Cuando se trate de los jefes, administradores o encargados de dichas organizaciones o asociaciones, se les aplicará la pena en su mitad superior, que podrá elevarse a la inmediatamente

superior en grado. En todo caso se elevará la pena a la inmediatamente superior en grado si concurriera alguna de las circunstancias previstas en el apartado 4 o la circunstancia prevista en el apartado 5 de este artículo.

7. Cuando de acuerdo con lo establecido en el artículo 31 bis una persona jurídica sea responsable de los delitos comprendidos en este artículo, se le impondrá la pena de multa del triple al quíntuple del beneficio obtenido. Atendidas las reglas establecidas en el artículo 66 bis, los jueces y tribunales podrán asimismo imponer las penas recogidas en las letras *b*) a *g*) del apartado 7 del artículo 33.

8. La provocación, la conspiración y la proposición para cometer el delito de trata de seres humanos serán castigadas con la pena inferior en uno o dos grados a la del delito correspondiente.

9. En todo caso, las penas previstas en este artículo se impondrán sin perjuicio de las que correspondan, en su caso, por el delito del artículo 318 bis de este Código y demás delitos efectivamente cometidos, incluidos los constitutivos de la correspondiente explotación.

10. Las condenas de jueces o tribunales extranjeros por delitos de la misma naturaleza que los previstos en este artículo producirán los efectos de reincidencia, salvo que el antecedente penal haya sido cancelado o pueda serlo con arreglo al Derecho español.

11. Sin perjuicio de la aplicación de las reglas generales de este Código, la víctima de trata de seres humanos quedará exenta de pena por las infracciones penales que haya cometido en la situación de explotación sufrida, siempre que su participación en ellas haya sido consecuencia directa de la situación de violencia, intimidación, engaño o abuso a que haya sido sometida y que exista una adecuada proporcionalidad entre dicha situación y el hecho criminal realizado».

2. Conveniencia político-criminal

Ya en el **Preámbulo** de la **LO 5/2010**, el legislador justificó en los siguientes términos la oportunidad de la inclusión de este nuevo Título legal y del citado precepto:

«El tratamiento penal unificado de los delitos de trata de seres humanos e inmigración clandestina que contenía el artículo 318 bis resultaba a todas luces inadecuado, en vista de las grandes diferencias que existen entre ambos fenómenos delictivos. La separación de la regulación de estas dos realidades resulta imprescindible tanto para cumplir con los mandatos de los compromisos internacionales como para poner fin a los constantes conflictos interpretativos.

Para llevar a cabo este objetivo se procede a la creación del Título VII bis, denominado «De la trata de seres humanos». Así, el artículo 177 bis tipifica un delito en el que prevalece la protección de la dignidad y la libertad de los sujetos pasivos que la sufren. Por otro lado, resulta fundamental resaltar que no estamos ante un delito que pueda ser cometido exclusivamente contra personas extranjeras, sino que abarcará todas las formas de trata de seres humanos, nacionales o trasnacionales, relacionadas o no con la delincuencia organizada.

En cambio, el delito de inmigración clandestina siempre tendrá carácter trasnacional, predominando, en este caso, la defensa de los intereses del Estado en el control de los flujos migratorios.

Además de la creación del artículo 177 bis, y como consecuencia de la necesidad de dotar de coherencia interna al sistema, esta reestructuración de los tipos ha requerido la derogación de las normas contenidas en los artículos 313.1 y 318 bis.2».

Nuestra opinión, sin embargo, es la **contraria**: **no era necesaria** la **creación** de este nuevo Título, pues por razones de **homogeneidad** del bien jurídico protegido, el lugar oportuno para el tratamiento de la mayor parte de estas conductas hubiese sido el Título XV bis, relativo a los **delitos contra los derechos de los ciudadanos extranjeros**, con algún retoque al artículo 318 bis o la inclusión de un tipo concomitante a éste. Los restantes casos podrían haberse incluido, del mismo modo, en sede de los **delitos de lesiones** (tráfico de órganos), contra la **libertad** e **indemnidad sexuales**, y contra los **derechos de los trabajadores**. En todo caso, el legislador, en el apartado 9 del artículo 177 bis, sostiene que «las penas previstas en este artículo se impondrán sin perjuicio de las que correspondan, en su caso, por el delito del artículo 318 bis de este Código y demás delitos efectivamente cometidos, incluidos los constitutivos de la correspondiente explotación».

3. Tipos penales de trata: contenido de injusto

El artículo 177 bis regula **varias modalidades** de trata de seres humanos, aunque todas ellas giran en torno a unos mismos elementos comunes, a los que se añaden otros específicos. Esquemáticamente podemos señalar los siguientes tipos delictivos:

a) Tipo básico (art. 177 bis.1).

b) Tipo agravado en atención a las víctimas: por poner en peligro su vida o integridad física o psíquica o por tratarse de víctimas especialmente vulnerable por razón de enfermedad, estado gestacional, discapacidad o situación personal, o por ser menor de edad (art. 177 bis.4).

c) Tipo agravado en atención al autor: funcionario público o autoridad (art. 177 bis.5).

d) Tipos agravado por pertenencia a organización criminal (art. 177 bis.6).

En cuanto a los elementos comunes del tipo de injusto:

— La **conducta típica** se describe aludiendo a una pluralidad de verbos delictivos: **captar**, **transportar**, **trasladar**, **acoger**, **recibir**, incluyendo en la reforma de 2015 los actos de **intercambiar** y **transferir el control** sobre las personas objeto de trata (aunque en esa última reforma se eliminó la conducta típica: alojar). Todos estos verbos típicos responden, en puridad, a una lógica muy diversa temporal y significativamente, y —sin embargo— el legislador los mete a todos ellos bajo el mismo paraguas del concepto de trata de seres humanos. Ello quiere decir que el legislador alarga o extiende superlativamente el concepto normativo de trata haciendo abarcar momentos temporales muy distintos entre sí.

Así, por ejemplo, el verbo **captar** responde a una lógica preconsumativa en la que, en puridad, la trata ***aún no ha empezado***, mientras que los verbos típicos **acoger** o **recibir** responden a una lógica posconsumativa en la que, en puridad, la trata ***ya se ha producido***. Desde un punto de vista técnico, sólo los verbos **trans-**

portar o **trasladar** se corresponderían con el concepto de trata *stricto sensu*. Sin embargo, para el legislador **todo es trata**, desde los momentos previos hasta los momentos posteriores, incluyendo las conductas añadidas en la reforma de 2015 de intercambiar o transferir el control sobre las personas con las que se trafica. Y, además, cualquiera de esas conductas aisladamente considerada daría lugar, por sí sola, al tipo consumado de trata, sin necesidad de que se lleve a cabo la cadena completa.

Ello supone, en realidad, una **desnaturalización** del concepto de trata, pues se tiene un tanto artificialmente por consumado el delito aun cuando se realicen actos que, técnicamente, sólo serían actos preparatorios (como captar), configurándose un tipo de consumación anticipada (delito de empresa, de emprendimiento o de emprender) y, además, porque se imputaría como autores consumados de trata a los que, en realidad, realizan **adhesiones posejecutivas** (como acoger o recibir a los sujetos con los que ya se ha traficado). Llama la atención, además, que se sancionen los **actos preparatorios** de la trata: provocación, conspiración y proposición para cometer el delito de trata de seres humanos, que son castigadas con la pena inferior en uno o dos grados a la del delito correspondiente (art. 177 bis.8). Pero, ¿cuál es el acto preparatorio del acto de **captar** a eventuales víctimas? La anticipación de la punibilidad se aleja ya escandalosamente de la lesión del bien jurídico, vaciando en la práctica la figura de contenido de injusto y comprometiendo la legitimidad de la incriminación legal, lo cual no puede salvarse ni siquiera aludiendo al carácter fundamental del bien jurídico como ha pretendido, sin acierto en mi opinión, la doctrina (así, por ejemplo, PÉREZ CEPEDA).

— Se trata de un **delito común**, de sujetos indiferenciados (salvo en los tipos agravados de los apartados 5 y 6: funcionario y organización delictiva). Es indiferente que los autores sean nacionales o extranjeros.

— La propia dinámica delictiva impone un **contexto cibernético** de movimiento o de tránsito, propio de la naturaleza transnacional de la figura. Por ello, se incurre en el delito tanto si se realiza la conducta en territorio español como desde España, en tránsito o con destino a ella.

— Propios de la conducta de trata es el empleo de un medio viciante de **violencia**, **intimidación**, **engaño** o **abuso de superioridad**, **necesidad** o **vulnerabilidad** de la víctima nacional o extranjera, o bien con artificios fraudulentos para lograr el consentimiento quien posea el control sobre la víctima. El legislador penal, en la reforma de 2015, introdujo en el tipo la **cláusula** según la cual «existe una situación de necesidad o vulnerabilidad cuando la persona en cuestión no tiene otra alternativa, real o aceptable, que someterse al abuso» (art.177 bis.1, *in fine*).

— Las conductas típicas han de estar encaminadas, en caso de trata de adultos, a la consecución de alguna **finalidad** que el legislador configura como elemento subjetivo del injusto: fines de imposición laboral, trabajos forzados, esclavitud, servidumbre, mendicidad, explotación sexual, pornografía, extracción de órganos corporales, a los que en 2015 se añadieron otras finalidades como la explotación para realizar actividades delictivas o la celebración de matrimonios forzados. Estos fines deben estar presentes **en el ánimo del autor** al momento de realizar la conducta típica pero, en tanto elementos subjetivos del injusto, no forman parte del resultado típico, no siendo por ello necesario que se alcancen tales fines para que el tipo se vea consumado. En caso de **tráfico de menores con fines de explotación** ni siquiera se requiere que se verifique alguna de esas finalidades adicionales en la conducta del autor, de manera que la conducta es delictiva *per se* (art. 177 bis.2).

— **Irrelevancia del consentimiento de la víctima**: mediando, como media en la conducta típica, un medio intimidatorio, violento o defraudatorio, es lógico que el consentimiento de la víctima, caso de que se hubiera recabado, sería inválido o irrelevante, dejando pues intacto el delito de trato y la responsabilidad de los traficantes.

— Los **tipos agravados** deben su agravación a diversos motivos:

• En primer lugar, a motivos que tienen que ver con la propia **víctima**: bien porque se hubiera puesto en riesgo su vida o su integridad física o psíquica, o porque sea alguien especialmente ya sea por razón de su enfermedad, por hallarse embarazada, por ser discapacitado, menor de edad u otra situación personal (art. 177 bis.4, que prevé la pena superior en grado a la del tipo básico y si concurre más de una de esas circunstancias agravantes, la superior en grado en su mitad superior).

• En segundo lugar, se agrava también por la cualidad funcionarial, de autoridad o de agente de la autoridad en el **sujeto activo**, esto es: por tratarse de sujetos que tienen una especial obligación de velar por la incolumidad de los derechos fundamentales (art. 177 bis.5, que prevé además pena de inhabilitación absoluta de seis a doce años).

• En tercer lugar, por la pertenencia del autor a una **organización o asociación**, permanente o transitoria, constituida por al menos tres personas, que se dedique a estas actividades, distinguiéndose con pena mayor al autor que tenga el estatus de jefe, administrador o encargado de dicha organización o asociación (art. 177 bis.6). Además, al apartado 7 del artículo 177 bis contiene la previsión de si el autor es una persona jurídica, como lo es, sin duda, una organización o una asociación, entes dotados de una personalidad jurídica propia que, por su dedicación, resulta socialmente devastadora.

— **Equiparación de las condenas extranjeras a las nacionales**, a efecto de reincidencia, como resulta acorde a la naturaleza supraestatal del delito y tal y como sucede en otras figuras delictivas, como la falsificación de moneda (art. 177 bis.10).

— **Excusa absolutoria**, según la cual «la víctima de trata de seres humanos quedará exenta de pena por las infracciones penales que haya cometido en la situación de explotación sufrida, siempre que su participación en ellas haya sido consecuencia directa de la situación de violencia, intimidación, engaño o abuso a que haya sido sometida y que exista una adecuada proporcionalidad entre dicha situación y el hecho criminal realizado» (art. 177 bis.11).

Cuestionario de repaso:

1. ¿En qué Título del Libro II del Código penal se regulan las torturas y otros delitos contra la integridad moral?
2. ¿Qué precepto constitucional constituye la base de la incriminación penal de las torturas y otros delitos contra la integridad moral?
3. ¿Cuál es el contenido del bien jurídico «integridad moral»?
4. Según la jurisprudencia: ¿qué nota diferencia al trato degradante de las torturas?
5. ¿Es el delito de torturas común o especial?
6. ¿Cuál es la conducta típica en el delito de torturas?
7. ¿Qué pena le corresponde a la autoridad o funcionario público que, faltando a los deberes de su cargo, permite que se cometan determinados delitos contra la integridad moral?
8. ¿Qué criterios establece la ley para apreciar la habitualidad en el delito de maltrato familiar?
9. Cuando además de un delito contra la integridad moral se produzca otro contra la integridad física, ¿cómo se penarán los hechos?
10. ¿En qué Título del Libro II del Código penal se castiga la trata de seres humanos?

LECCIÓN 11.ª

DELITOS SEXUALES

ANTONIA MONGE FERNÁNDEZ

I. AGRESIONES SEXUALES

1. EVOLUCIÓN HISTÓRICA Y BIEN JURÍDICO PROTEGIDO

Los delitos contra la libertad e indemnidad sexuales tipificados en el Título VIII del Código penal han sido objeto de sucesivas reformas, que denotan el carácter controvertido y polémico de esta tipología delictiva, que va a suscitar complejas cuestiones tanto respecto a la *forma* en la que el Derecho penal debe intervenir, así como a los *límites* de su castigo. Pensemos, por ejemplo, en la disponibilidad del bien jurídico por parte de menores e incapaces, y la relevancia del consentimiento de los primeros, en ciertos casos, como ha reconocido la reforma por LO 1/2015. Y desde luego, el desarrollo que ha experimentado el Derecho penal sexual, lejos de suponer una evolución lineal y coherente en la protección de la libertad sexual, puede afirmarse que con la excepción de escasas previsiones legales se ha producido una contrarreforma continuada (DÍEZ RIPOLLÉS).

La reforma operada por **LO 3/1989**, de 21 de junio, sustituyó la antigua y ancestral rúbrica «De los delitos contra la honestidad» (Título IX, Libro II ACP), por la más amplia de «Delitos contra la libertad sexual» la cual mantuvo el Código penal de 1995 en su Título VIII. La reforma de éste por **LO 11/1999**, de 30 de abril, modificadora del Título VIII del Código penal, significó una transformación en el Derecho penal sexual, no sólo en su propia rúbrica, que ahora figura como «Delitos contra la libertad e indemnidad sexuales», sino también en las tipologías delictivas e, incluso, en la reinterpretación de algunos de sus elementos típicos. Además, la **LO 15/2003**, de 25 de noviembre, modifica el tipo cualificado de agresiones sexuales, incluyendo la introducción de miembros corporales junto a la de objetos. La **LO 5/2010**, de 22 de junio, en cumplimiento de la Decisión Marco de la Unión Europea, aumenta los marcos punitivos, incorpora nuevas conductas típicas, redactando el **Capítulo II bis** «De los abusos y agresiones sexuales a menores de trece años», incorporando el neófito **artículo 183 bis CP**, regulando el denominado «*child grooming*». Asimismo, se modifican algunos tipos en el ámbito de las figuras de prostitución y pornografía infantil y se crea la novedosa pena de privación de la patria potestad o instituciones análogas. Finalmente, la LO 1/2015, de 30 de marzo ha acometido una nueva reforma de mayor alcance, adoptando mejoras técnicas para ofrecer un sistema penal más ágil y coherente, con la introducción de nuevas figuras delictivas, o adecuando los tipos penales ya existentes, con el fin de ofrecer una respuesta más adecuada a las nuevas formas de delincuencia. Desde luego, gran parte de la referida reforma está orientada a dar cumplimiento a los compromisos internacionales adquiridos por España, ocupándose principalmente de la transposición de la Directiva 2011/93/UE, relativa a la lucha contra los abusos sexuales y la explotación sexual de menores y la pornografía infantil.

Como novedad más importante, se eleva la edad del consentimiento sexual a los dieciséis años. La Directiva define la «edad de consentimiento sexual» como la «edad por debajo de la cual, de conformidad con el Derecho Nacional, está prohibido realizar actos de carácter sexual con un menor». Con anterioridad, la edad del consentimiento sexual prevista en el Código penal era de trece años, y resultaba muy inferior a la de los restantes países europeos —donde la edad mínima se sitúa en torno a los quince o dieciséis años— y una de las más bajas del mundo. Por ello, el Comité de la Organización de las Naciones Unidas sobre Derechos del Niño sugirió una reforma del Código penal español para elevar la edad del consentimiento sexual, adecuándose a las disposiciones de la Convención sobre los Derechos de la Infancia, y así mejorar la protección que España ofrece a los menores, sobre todo en la lucha contra la prostitución infantil. Esta sugerencia ha sido acatada por el legislador penal, elevando la edad del consentimiento sexual hasta los 16 años.

De manera que, la realización de actos de carácter sexual con menores de dieciséis años será considerada, en todo caso, como un hecho delictivo, salvo que se trate de relaciones consentidas con una persona próxima al menor por edad y grado de desarrollo o madurez. Y se establecen agravaciones si, además, concurre violencia o intimidación, o si los abusos consisten en acceso carnal por vía vaginal, anal o bucal, o introducción de miembros corporales u objetos por alguna de las dos primeras vías. En el caso de los menores de edad —de menos de dieciocho años— pero mayores de dieciséis años, constituirá abuso sexual la realización de actos sexuales interviniendo engaño o abusando de una posición reconocida de confianza, autoridad o influencia sobre la víctima.

Recientemente, tras la publicación de las Sentencias «la Manada» (SAP Navarra, de 20 de marzo de 2019, STSJ de 30 de noviembre de 2019 y STS de 4 de julio de 2019) han sido muchas las voces que se han pronunciado sobre la urgente necesidad de una reforma en el ámbito de los delitos de agresiones y abusos sexuales (en contra, DÍEZ RIPOLLÉS). Haciéndose eco de estas pretensiones se han elaborado dos propuestas de reforma. La primera, plasmada en una proposición de ley, conocida como *Proposición de Ley de Protección Integral de la Libertad Sexual y para la erradicación de las violencias sexuales*, presentada por el Grupo Parlamentario Confederal de Unidos Podemos-En Comú Podem-En Marea, que la Mesa de la Cámara de los Diputados ha acordado admitir a trámite, planteando una modificación legislativa de mayor alcance. La segunda, concretada en el *Anteproyecto de Ley Orgánica de modificación del Código penal para la protección de la libertad sexual de las ciudadanas y ciudadanos*, como encargo a la Sección penal de la Comisión general de Codificación del Ministerio de Justicia anterior, entregada a finales de 2018. Sin embargo, la disolución de las Cámaras ha convertido en letra mojada estos proyectos, y desconocemos cuál será el rumbo que las citadas iniciativas sigan en un futuro.

La cuestión del **bien jurídico** en los delitos sexuales fue siempre controvertida, y en la actualidad no ha dejado de serlo. Pese a las modificaciones introducidas en la rúbrica bajo la que se agrupan los delitos que nos ocupan, la cuestión de cuál sea efectivamente el bien jurídico protegido por las distintas figuras delictivas no ha sido pacífica en la doctrina (honestidad, moral sexual, libertad sexual, indemnidad sexual), pues una solución de semejante cuestión requiere hacer frente al problema de lo que pueda entenderse como protegido en el caso de la realización de actos de naturaleza sexual con menores e incapaces.

Hasta la reforma de 1989, nuestros Códigos históricos habían caracterizado a estas conductas como «delitos contra la honestidad» (POLAINO NAVARRETE, DÍEZ RIPOLLÉS y ORTS BERENGUER), pero es evidente que la honestidad no podía constituir el bien jurídico protegido, tal como sostuvo la doctrina mayoritaria (GIMBERNAT ORDEIG). De modo general se afirmaba la imprecisión del vocablo «honestidad», que en absoluto detallaba el bien jurídico concretamente protegido por los diferentes tipos legales, y tampoco que la honestidad fuese el interés tutelado por éstos. Como refrendo de este argumento, cabe recordar que ciertas acciones que merecen la calificación de deshonestas, devenían atípicas, valga de cita el caso del estupro *edipiano*.

Durante la vigencia del Código penal derogado, un sector de la doctrina penal sostuvo que el bien jurídico protegido en los delitos sexuales se correspondía con la *moral sexual*, o bien, con el *orden moral sexual* que debía entenderse estrictamente en un sentido social, y por ello, secularizado. Así, la moral sexual se entendió como «aquella parte del orden moral social que encauza dentro de unos límites el instinto sexual de las personas». No se trataba de cualquier concepción moral, sino del orden moral sexual realmente vigente en la sociedad, el cual se protegería sólo en la medida en que fuera imprescindible para el mantenimiento del orden social (MUÑOZ CONDE).

El concepto de libertad sexual no se opone sustancialmente al de libertad personal, sino que se trata de una manifestación de ésta que singulariza la **facultad de autodeterminación en la esfera sexual** (SAP Madrid, de 9 de febrero de 2010, Ponente: OLLERO BUTLER). En este ámbito, habría que distinguir dos aspectos: uno, positivo y otro negativo. En su **aspecto positivo**, libertad sexual significa libre disposición por la persona de sus propias capacidades y potencialidades sexuales, y esto tanto en su comportamiento particular como en su comportamiento social. En su **aspecto negativo**, la libertad sexual se contempla en un sentido defensivo, y remite al derecho de toda persona a no verse involucrada sin su consentimiento en un contexto sexual ajeno.

Si tenemos en cuenta que la libertad sexual se va a entender como capacidad de autodeterminación sexual, y los **menores (e incapaces) y personas con discapacidad necesitadas de especial protección carecen**, por definición de esta capacidad, en el caso de agresiones sexuales que afecten a menores e incapaces no podrá hablarse de libertad sexual, pues difícilmente se puede proteger aquello de lo que se carece. De ahí que, en estos casos, parece más correcto utilizar los términos ***indemnidad*** o ***intangibilidad sexuales***, conceptos procedentes de la doctrina italiana, siendo acogidos en la doctrina española entre finales de los años setenta y principios de los ochenta (COBO DEL ROSAL y GONZÁLEZ RUS). El concepto *indemnidad* o *intangibilidad* sexuales fue acuñado por la doctrina italiana a finales de la década de los sesenta, siendo acogidos favorablemente por la doctrina española. En síntesis, en los casos de atentados sexuales que afecten a *menores* —antes trece años/ahora dieciséis— no resulta adecuado referirse a la libertad sexual como bien jurídico protegido, dado que los citados sujetos carecen por definición de la capacidad de autodeterminación sexual (MUÑOZ CONDE).

Ejemplo: STS, Sala Segunda, de 23 de mayo de 2018 considera que el bien jurídico en caso de atentados sexuales a menores es la **indemnidad sexual** («contenido de la acción agresora a la indemnidad sexual de una menor de corta edad es claro y evidente, como lo es el contenido sexual del abuso que va más allá de la mera consideración como falta de vejación injusta en una tipificación hoy derogada» (FJ 3.º). Con anterioridad, ATS, Sala Segunda, de 27 de mayo de 2004: Delito de violación sobre menores («lo importante es el atentado a la libertad o *indemnidad sexuales* y no tanto la intención del autor orientada a la satisfacción de sus deseos libidinosos).

En primer término, con anterioridad a 2015, el legislador penal español reconocía la «mayoría de edad sexual» a los 13 años, y cualquier atentado sexual realizado sobre aquéllos se presumía *iuris et de iure* la ausencia de consentimiento en los casos de los menores de trece años, negándose cualquier tipo de validez al mismo, de modo que aunque el menor hubiera accedido libre y conscientemente a la práctica sexual, su consentimiento era nulo en cualquier caso (STS, Sala Segunda, de 6 de mayo de 2010). Sin embargo, la reforma ha otorgado cierta validez al consentimiento de los menores de dieciséis años, cuando éste haya consentido y el autor sea una persona próxima al menor por edad y grado de desarrollo o madurez (art. 183 quáter) (Circular 1/2017 FGE).

En segundo lugar, en relación con las *personas con discapacidad necesitadas de especial protección* (antes *incapaces*), el legislador penal les ha dispensado un trato diferente, admitiendo la validez de su consentimiento, en ciertos casos, si se probase que el incapaz actuó con plena capacidad de autodeterminación sexual; es decir, que hubiese actuado conociendo la trascendencia y significado del acto sexual, y los hubiese querido libremente. Recuérdese que el legislador condiciona la tipicidad de aquéllos a que el sujeto activo «abuse del trastorno mental». En consecuencia, el legislador penal pretende proteger a ciertos sujetos que, debido a las especiales circunstancias en que se hallan, son más vulnerables al peligro que el resto de sujetos, considerándolos sexualmente como *intangibles* (CARMONA SALGADO y GONZÁLEZ RUS).

En síntesis, cabe concluir que el bien jurídico protegido es la *libertad sexual* como regla general, en los casos de conductas que afecten a mayores de edad y la *indemnidad sexual* cuando los atentados sexuales se proyecten sobre menores de dieciséis años, entendiendo por indemnidad sexual, «la especial protección que la ley dispensa a individuos que, estando incapacitados para ejercer la libertad sexual por encontrarse en determinadas situaciones especiales, se hallan más desamparados que el resto de la comunidad». Este concepto se utiliza para abarcar los supuestos en que la víctima no goza de libertad sexual, bien sea puntualmente, bien sea en un espacio de tiempo más o menos permanente.

> **Ejemplo**: En este sentido se han pronunciado las STS, Sala Segunda, de 23 de mayo de 2018 y STS, Sala Segunda, de 17 de mayo de 2018.

Finalmente, la Exposición de Motivos de la *Proposición de ley de Protección integral de la libertad sexual y para la erradicación de las violencias sexuales* define la libertad sexual como «un derecho humano y bien jurídico especialmente relevante, que consiste en el derecho a ejercer la autodeterminación sexual actual o potencial. Es decir, la libertad de decidir sobre el ejercicio de la propia sexualidad, tanto en su esfera positiva como negativa, sin otro límite que el respeto a los derechos de terceros. Este derecho a la libertad sexual implica garantizar un derecho a la seguridad personal al elegir las experiencias sexuales de las que se quiere gozar, sin injerencias coactivas, discriminatorias o violentas de terceros, así como salvaguardar el libre desarrollo de la formación de la propia sexualidad».

2. TIPO BÁSICO (ART. 178 CP)

Conducta típica. El artículo 178 CP castiga como responsable de agresión sexual a la pena de prisión de uno a cinco años al «que atentare contra la libertad sexual de otra persona, utilizando violencia o intimidación».

La acción típica coincide con la agresión sexual y consiste en «***atentar contra la libertad sexual de otra persona***», por supuesto con **violencia o intimidación**, y respecto de su concreción se plantean fundamentalmente dos problemas. En primer lugar, hay que determinar qué **actos** podrían ser valorados como constitutivos de una agresión sexual relevante para este tipo. En segundo lugar, es preciso resolver la cuestión relativa a si es preciso un **contacto corporal** entre los sujetos del delito para la existencia de una agresión sexual típica.

Concepto de acción sexual. En principio parece obvio decir que en el concepto de agresión sexual, únicamente podrán estimarse comprendidas aquellas acciones que representen una manifestación del instinto sexual. De modo general, no plantean problemas de calificación como agresión sexual aquellos actos en los se impliquen los órganos genitales, especialmente en casos de penetración. Ahora bien, esta calificación no resulta tan clara en otro tipo de actos que no revisten ese carácter evidentemente sexual, al no intervenir los órganos genitales. Valga de cita aquellos casos de besos y tocamientos de otras partes del cuerpo, cuya calificación como actos sexuales relevantes para el tipo de agresiones sexuales se muestra más problemática.

> **Ejemplo**: Tocar pechos o genitales a una mujer mediante violencia (SAP de Barcelona, Sección 10.ª, de 8 de febrero de 2010), tocar pechos (ATS de 18 de febrero de 2010, Ponente: MARTÍNEZ ARRIETA).

En resumen, entiendo por *acción sexual* un contenido objetivo cualquiera al que se incorpora un fin sexual, sin que exista un ámbito objetivo sexual con entidad propia y distinta a la de otro ámbito objetivo no sexual. De ahí que, en mi opinión, sólo el elemento subjetivo de la finalidad sexual del acto sea el criterio adecuado y decisivo para la definición de un acto humano como sexual. Por consiguiente, se puede definir la acción sexual como todo comportamiento mediante el que el autor, a través de contenidos objetivos extremadamente variables, aspira a involucrar a otra persona en un contexto sexual (DÍEZ RIPOLLÉS).

De otro lado, entiendo con la doctrina dominante que para afirmar la tipicidad de la acción sexual debe exigirse, además, que la misma revista una cierta ***trascendencia y gravedad*** para afectar de modo relevante la sexualidad ajena. Así resultarán atípicas conforme a esta tipología delictiva acciones de tocamientos y apretones en aglomeraciones o espectáculos públicos, al carecer de trascendencia y gravedad, atendiendo además, a la *ultima ratio* del Derecho penal. Ahora bien, para determinar la ***gravedad*** o levedad de una conducta es necesario atender a ciertos parámetros, tales como tiempo, lugar, ocasión, intensidad, ambiente, grado de evolución social e, incluso, personalidad de los autores del hecho (MUÑOZ CONDE). De ahí que se haya afirmado que el Derecho penal sexual sea un derecho culturalmente condicionado (PÉREZ ALONSO). Por lo tanto, el núcleo típico de la conducta del artículo 178 CP estará compuesto por las acciones que para la generalidad de la comunidad sean tenidas por *graves*, esto es, conductas que sean adecuadas para estimular o saciar el instinto sexual. Por el contrario, en los casos en que el sujeto activo observe una excitación sexual, mediante una acción que *no* se considera socialmente como *grave*, aun ejecutada con violencia o intimidación, por mucho que haya saciado su apetito sexual no podrá ser constitutiva de agresión sexual básica.

Ejemplo: A este respecto resulta significativa la STS, Sala Segunda, de 28 de enero de 2003.

Contacto corporal. En el estudio de la conducta típica del delito de agresiones sexuales se presenta como cuestión controvertida la relativa a si en la realización del atentado sexual se requiere necesariamente de algún tipo de *contacto corporal* entre los sujetos activo y pasivo del delito. Es conveniente recordar que esta polémica fue objeto de debate con relación al derogado delito de *abusos deshonestos*, siendo en la actualidad igualmente objeto de discusión. Respecto a este punto, la doctrina penal se haya dividida entre quienes consideran que el atentado contra la libertad sexual exige un contacto corporal entre los sujetos activo y pasivo del delito (GONZÁLEZ RUS), mientras que otros entienden lo contrario (CARMONA SALGADO).

En mi opinión, es posible atacar y lesionar la libertad e indemnidad sexuales mediante acciones que no supongan un contacto físico entre el agresor y la víctima. Por ejemplo, pensemos en casos como el de obligar a la víctima a realizar actos de manipulación sexual sobre su propio cuerpo o bien a ejecutar actividades de dicha índole en la persona de un tercero, o a tolerarlas sobre su propio cuerpo por parte de dicho tercero.

Ejemplo: En esta misma línea, véase ATS, Sala Segunda, de 17 de junio de 2004: Condena por agresión sexual («masturbándose y eyaculando encima de ella»); STS, Sala Segunda, de 24 de junio de 2002; hacerse masturbar por la víctima (STS de 29 de diciembre de 2009, Ponente: PREGO DE OLIVER TOLIVAR). STS, Sala Segunda, de 29 de enero de 1979, que calificó como delito de abusos deshonestos la conducta de quien bajó los pantalones de una niña para observarla desnuda, pues si bien es cierto que la simple contemplación lasciva de la desnudez de otra persona no conforma por sí sola esta tipología delictiva, no es menos cierto que el tipo se realiza cuando el autor actúa materialmente sobre la víctima, a fin de conseguir su objetivo. En esta misma línea se ha pronunciado la STS, Sala Segunda, de 29 de diciembre de 2009.

Violencia o intimidación. Es opinión generalmente aceptada por parte de la doctrina y la jurisprudencia penales la que sostiene que el elemento diferenciador entre el delito de agresiones y el de abusos sexuales viene determinado por la exigencia de *violencia o intimidación* en la realización típica del delito de agresiones, distinción muy compleja en la práctica (FARALDO CABANA y ACALE SÁNCHEZ). Cabe recordar que el delito de agresión sexual básico contenido en el artículo 178 CP exige que el atentado contra la libertad sexual se realice «utilizando violencia o intimidación», siendo necesaria la existencia de una *violencia idónea* para doblegar la voluntad de la víctima, y no para vencer su resistencia, sin que tenga que ser desesperada, sino real, verdadera, decidida, continuada y que exteriorice inequívocamente la voluntad contraria al contacto sexual. Por consiguiente, la magnitud de la violencia ha de medirse en base a criterios cuantitativos y no cualitativos a efectos de determinar su idoneidad, debiendo valorarse la totalidad de circunstancias concurrentes tanto objetivas como subjetivas (SAP Navarra, de 20 de marzo de 2018, Ponente: TOL 6.581.738, FJ 4.º).

Generalmente se ha considerado que la violencia y la intimidación son constitutivas de las acciones típicas de los delitos de coacciones y amenazas, respectivamente, y en principio hay que afirmar que el tipo de las agresiones sexuales es uno compuesto por comportamientos de abuso sexual y de coacciones o amenazas. Es más, en este caso la violencia o la intimidación son el medio de ejecución del abuso sexual constitutivo de agresión —*utilizando violencia o intimidación*—, como es definido por el artículo 178 CP. Ahora bien, la pregunta que se deriva de esta afirmación es la relativa a si los citados medios comisivos coinciden con los descritos en los delitos de amenazas y coacciones o si, por el contrario, presentan aspectos diferenciales.

Conforme con ello, la **violencia** típica del delito de agresiones sexuales se corresponde con el empleo de un medio físico para doblegar la voluntad de la víctima, entendido como una agresión real más o menos violenta por medio de golpes, empujones, desgarros, es decir, fuerza eficaz y suficiente para vencer la voluntad de aquélla y obligarle a realizar actos de naturaleza sexual, integrando de este modo la violencia como elemento normativo del tipo de agresión sexual. Abundando en las características de la violencia típica del delito de agresiones sexuales, ésta debe ser inmediata, intensa, grave, con entidad suficiente para vencer la resistencia de la víctima.

Ejemplo: SAP Navarra, Sección Segunda, de 20 de marzo de 2018. En el mismo sentido, la STS, Sala Segunda, de 24 de mayo de 2018 aprecia **violencia** («coger a la víctima por el cuello y empujarla contra su vehículo»); asimismo, véanse la STS, Sala Segunda, de 25 de abril de 2018 [«el acusado la golpeaba para doblegar la escasa resistencia que podía oponer [...] siendo indudable la concurrencia de actos de **violencia física** y de intimidación, al momento de llevarse a cabo las relaciones sexuales» (FJ 2.º)]; ATS de 22 de marzo de 2018 [*agresión sexual al constatarse la concurrencia de **fuerza*** («el acusado la agarró, hizo uso de la fuerza física y la masturbó, él exigió que le masturbara y agarrándole por el cuello le obligó a tener sexo oral»)]; STS de 22 de diciembre de 2016; ATS de 16 de junio de 2016 [condena por delito de agresión sexual cualificada, al admitir la concurrencia de **fuerza** («le da una bofetada»)]; ATS, Sala Segunda, de 29 de septiembre de 2016 [condena por delito de agresión sexual al apreciar **violencia** («puñetazo en un ojo»)]; ATS, Sala Segunda, de 3 de marzo de 2016 [delito de agresión sexual, al admitir la concurrencia de **fuerza** («tirarla a la cama»)].

La **intimidación** en cuanto medio de comisión alternativo del delito de agresiones sexuales ha sido definida por la jurisprudencia como «la amenaza de palabra u obra de causar un daño injusto que infunda miedo en el sujeto pasivo», lo que equivale a «amenazar», esto es, un constreñimiento psicológico, que debe guardar cierta relación con la agresión sexual, y revestir cierta gravedad. La jurisprudencia exige que el mal sea ilícito y antijurídico, de suficiente entidad, grave, real y próximo. Se entiende por *mal grave*, el que afecta a bienes jurídicos esenciales de la víctima como la salud o la vida. Por el contrario, se trata de motivarle para que desista de su resistencia, mostrándole lo que le espera, caso de no acceder a sus pretensiones (DÍEZ RIPOLLÉS).

Ejemplo: En este sentido, véanse el ATS, Sala Segunda, de 14 de enero de 2016; asimismo, la STS, Sala Segunda, de 17 de junio de 2008 condenó por agresión sexual al apreciar la concurrencia de ***intimidación***, el supuesto de la esposa aquejada de depresión que accedió a mantener relaciones sexuales con su esposo, debido al carácter agresivo de éste quien le advirtió «que el hecho iba a repetirse todas las semanas». La SAP Madrid, Sección 3.ª, de 9 de febrero de 2010, apreció ***intimidación*** en la conducta de colocar una navaja en el cuello de la víctima para realizar tocamientos (Ponente: OLLERO BUTLER). Finalmente, se condenó por agresiones sexuales con ***intimidación*** la conducta de amenazar a la hija con suicidarse si no accedía a mantener con él relaciones sexuales (STS de 1 de octubre de 1999, Ponente: GIMÉNEZ GARCÍA). ATS, Sala Segunda, de 29 de septiembre de 2016: amenaza de muerte sobre la víctima; STS, Sala Segunda, de 12 de abril de 2018: amenazando con matar a su madre.

En el estudio de la intimidación típica del delito de agresiones sexuales, la jurisprudencia ha debatido la sutil línea divisoria entre la **intimidación** y el **prevalimiento** al diferenciar entre aprovecharse de unas circunstancias propicias de tiempo y lugar, un desnivel notorio que coarta la capacidad de decidir (*prevalimiento*), frente a la inexistencia absoluta de consentimiento, objetivamente perceptible y causado por fuerza o amenaza de sufrir un mal inminente y grave (*intimidación*). Sobre este particular ha tenido ocasión de pronunciarse la STSJ de Navarra, de 30 de noviembre de 2018, ponderando que la Sentencia recurrida no encuentra en los acusados «ningún gesto» que acredite que una acción intimidatoria, y que autorice la calificación de agresión pretendida en los recursos, pues dicha Sentencia se limita a narrar en los hechos probados que la víctima adoptó una *actitud de sometimiento y pasividad.*

En orden a la diferenciación entre ambos supuestos (*intimidación y prevalimiento*), la doctrina jurisprudencial viene declarando como elemento decisivo de la distinción entre los delitos de agresiones y abusos sexuales la existencia o no de un comportamiento coactivo dirigido a la obtención del consentimiento, que no aparece en los casos de *prevalimiento* y sí en los de *intimidación*. Por consiguiente, mientras la intimidación supone, en un grado superior la presentación de un mal, identificado y de posible realización, como elemento que suprime o reduce muy significativamente la capacidad de decisión de la víctima, en el prevalimiento, la situación que coarta la libertad de decisión es una especie de intimidación pero de grado inferior, que no impide absolutamente la libertad, pero que la disminuye considerablemente (STS, Sala Segunda, de 23 de febrero de 2016).

En síntesis, el contacto sexual con consentimiento viciado por la existencia de intimidación de entidad insuficiente para ser constitutivos de un delito de agresión sexual se ha castigado como delito de *abuso sexual con prevalimiento*, siendo decisivo probar el aprovechamiento de una posición de superioridad para obtener un consentimiento que, de otro modo, no se hubiera obtenido. Desde luego, la situación de superioridad debe ser suficientemente relevante para coartar en el caso concreto la libertad de la víctima, impidiendo la aparición de una oposición o resistencia efectivas (FARALDO CABANA).

Esta argumentación es asumida por la STS, de 4 de julio de 2019, admitiendo la concurrencia de ***intimidación ambiental***, «siendo suficiente que el autor del delito, con sus propios actos, configure una situación ambiental integrada por una serie de circunstancias que la víctima valora como algo que hace inútil una posible oposición por su parte [...] que en tal lugar y hora no exista posibilidad de obtener auxilio por terceras personas, así como la actitud del sujeto agresor, normalmente de consistencia física más fuerte, que manifiesta su decidido propósito de abusar del cuerpo ajeno para la satisfacción de sus propios apetitos, sin que sea preciso utilizar ningún arma o instrumento material amenazante» (FJ 6.º), tratándose de una intimidación grave (no menor), que permite aplicar la calificación de agresión sexual.

Ejemplo: La jurisprudencia ha apreciado la ***intimidación ambiental*** en diversas resoluciones. Valgan de cita las SSTS, Sala de lo Penal, de 29 de mayo de 2019; STS, Sala Segunda, de 30 de noviembre de 2017 que, en referencia a la realización de actos sexuales atentatorios a la libertad sexual realizados en grupo, declaró que «la actuación de todos ellos, aun en distintos grados, reforzó la voluntad delictiva del otro copartícipe, y simultáneamente sirvió para incrementar el campo intimidatorio en el que se produjo la agresión, todo ello contribuyó eficazmente». Con anterioridad, la SAP de Huelva de 27 de septiembre de 2010; STS, Sala Segunda, de 28 de noviembre de 2005 («la existencia del grupo puede producir en la persona agredida un estado de intimidación ambiental, a la vez que provocar un efecto de reforzamiento psicológico, por envalentonamiento *de los agresores*»), la SAP Madrid, Sección 29.ª, de 1 de febrero de 2019 (La Manada de Villalba), donde se condena por delito continuado de agresión sexual, al apreciarse la concurrencia de *intimidación ambiental*; STS 1379/2019, de 14 de octubre (Ponente: LLARENA CONDE).

Si bien es cierto que la *resistencia* de la víctima al contacto sexual no es un elemento del tipo de agresiones sexuales, no es menos cierto que el análisis del grado de resistencia que haya mostrado la víctima es una cuestión planteada frecuentemente en los casos de agresiones sexuales violentas, cuyo significado debe interpretarse como un hecho relativo a la prueba de la falta de consentimiento de la víctima o de la idoneidad de la violencia (Díez Ripollés).

> **Ejemplo**: Sobre la resistencia de la víctima véase STS, Sala Segunda, de 29 de enero de 2009; ATS, Sala Segunda, de 5 de abril de 2018. Con anterioridad, STS, Sala Segunda, de 26 de mayo de 2014; STS, Sala Segunda, de 30 de junio de 2014; STS, Sala Segunda, de 28 de abril de 1998; STS, Sala Segunda, de 18 de octubre de 1993, entre otras. Sobre la evolución jurisprudencial de la resistencia en el delito de violación, véase la STS, Sala Segunda, de 18 de octubre de 1999. En este sentido, la STS, Sala Segunda, de 4 de mayo de 1992 ha expresado que carece de entendimiento exigir que los conceptos de violencia o intimidación en la violación tengan que ser interpretados en un modo distinto a como se hace en el delito de robo.

Los sujetos. El delito de agresión sexual del artículo 178 CP es un delito común, donde pueden ser sujetos activo y pasivo tanto el **hombre** como la **mujer**, siendo imaginable agresiones sexuales heterosexuales y homosexuales, y sobre transexuales (Frommel). En los **sujetos pasivos** debe incluirse también la **persona prostituida** o de **vida promiscua**; **cónyuge** o **pareja de hecho** o persona con la que se convive *more uxorio* relaciones análogas al matrimonio.

> **Ejemplo**: STS, Sala de lo Penal, de 4 de abril de 2018 (sujeto activo varón-sujeto pasivo varón, que finalmente absuelve por concurrir un error de prohibición vencible); agresión sexual sobre prostituta (ATS, Sala Segunda, de 21 de enero de 2010, Ponente: Martínez Arrieta); sobre cónyuge (STS, Sala Segunda, de 8 de enero de 2010, Ponente: Maza Martín); persona con la que se convive *more uxorio* (STS, Sala Segunda, de 17 de septiembre de 2002, Ponente: Saavedra Ruiz); relaciones análogas al matrimonio (STS, Sala Segunda, de 25 de octubre de 2001, Ponente: Soriano Soriano).

Tipo subjetivo. El tipo subjetivo de los delitos sexuales en general, y el de las agresiones sexuales en particular, plantea la cuestión relativa si además del **dolo** se precisa la concurrencia de algún **elemento subjetivo del injusto** adicional o trascendente al dolo.

En mi opinión, el tipo subjetivo del artículo 178 CP viene constituido por el **dolo** de realización de la agresión sexual, siendo decisivos el conocimiento y la voluntad de involucrar a una persona en un contexto sexual en contra de su voluntad, con independencia de cuál sea el ánimo, la tendencia o la finalidad específica perseguidas por el autor, negándose, por tanto, la presencia de ningún ánimo lúbrico (Faraldo Cabana y Ramón Ribas). Y si bien es cierto que, en aras de dotar de mayor énfasis a la conducta típica las sentencias han expresado la finalidad libidinosa, no es menos cierto que ésta no constituye una exigencia técnica, de manera que puede atentarse contra la libertad e indemnidad sexuales, sin que concurra el referido ánimo lascivo, pudiendo agredirse a la libertad sexual por una finalidad de odio, racismo o xenofobia.

Ejemplo: En una línea minoritaria el ATS, Sala Segunda, de 18 de febrero de 2010 (Ponente: MARTÍNEZ ARRIETA) exige «ánimo libidinoso». En sentido contrario, la STS, Sala Segunda, de 26 de enero de 2009 (Ponente: PUERTA LUIS) niega la presencia del elemento subjetivo. Incluso, se ha admitido el delito de agresión sexual cuando se atenta contra la libertad sexual por **móviles de burla o venganza** (STS, Sala Segunda, de 22 de diciembre de 1987; STS, Sala Segunda, de 26 de mayo de 2014). En esta línea, la STS, Sala Segunda, de 28 de septiembre de 2018 condenó por dos delitos de abusos sexuales y absuelve de delitos contra la integridad moral en el caso de quien sometió a dos menores de 8 y 10 años a continuos castigos, no sólo con finalidad educativa y correctora, sino constitutivos de verdaderos actos de *humillación y envilecimiento*. De forma constante les bajaba los pantalones para comparar el pene de ambos con la longitud de un mechero. Los desnudaba para ***burlarse*** de sus órganos sexuales y en concreto, les despertaba restregando sus genitales con una zanahoria o un pepino a la vez que se reía al comparar el tamaño en relación con sus penes, o en una ocasión, para levantarles un castigo les obligó a subir en una mesa y simular que uno a otro realizaba una penetración anal, todo ello en presencia del resto de la familia, en concreto en presencia de la madre de ambos y de una hermana.

Consumación. Si el sujeto activo empleó violencia o intimidación, y no obstante, no se produjo el contacto corporal, la conducta será penada en grado de **tentativa** (art. 16.1 CP), siendo aplicables asimismo las reglas generales del desistimiento voluntario (no aplicable en los casos de eyaculación precoz) (art. 16.2 CP).

Ejemplo: Empleo de violencia para doblegar la voluntad de la víctima. Tentativa: intervención de la policía que evita la consumación (STS, Sala Segunda, de 6 de mayo de 2010, Ponente: GIMÉNEZ GARCÍA). Sin embargo, el Tribunal Supremo ha negado la posibilidad de tentativa en los casos de himen complaciente (STS, Sala Segunda, de 20 de julio de 2006).

Problemas de autoría y participación. La acción de atentar contra la libertad sexual de una persona con violencia o intimidación es ejecutada normalmente por un solo individuo, que conforme a la redacción del artículo 28 CP respondería a título de **autor directo** (STS, Sala Segunda, de 24 de febrero de 2010, Ponente: VARELA CASTRO).

En contra de la opinión mayoritaria que incluye a los delitos sexuales como de **propia mano**, considero que el artículo 178 CP se configura como de **mano ajena** (ZAFFARONI), admitiendo supuestos de **autoría mediata** y de **coautoría**, cuando concurran los presupuestos de cada una de estas figuras.

Ejemplos: SAP Valladolid, de 17 de febrero de 2003 (autor y cooperador necesario); SAP Islas Baleares, de 12 de diciembre de 2002 (autor y cooperador necesario); SAP de Madrid, de 19 de julio de 2002 (cómplice).

Penalidad. La conducta descrita en el artículo 178 CP se castiga con pena de prisión de uno a cinco años.

3. Tipos agravados

A) *El delito de violación (art. 179 CP)*

La **conducta típica** del delito de violación está constituida por un doble comportamiento; en primer término, tener **acceso carnal por vía vaginal, anal o bucal**. En segundo lugar, **introducir objetos o miembros corporales** por alguna de las dos primeras vías.

Sujetos y conductas. A diferencia del tipo básico, el círculo de intervinientes en el delito previsto en el artículo 179 CP dependerá de la modalidad típica.

— La primera modalidad se corresponde con el **acceso carnal por vía vaginal, anal o bucal**. Tradicionalmente se había interpretado el acceso carnal como la penetración del órgano genital de un varón en la **vagina** (STS de 10 de diciembre de 2009, Ponente: Ramos Gancedo), el **ano** (STS de 9 de octubre de 2009, Ponente: Martín Pallín) o la **boca** de otra persona mediando violencia o intimidación (SAP Toledo, Sección 1.ª, de 22 de enero de 2010, Ponente: Budeta Miller).

Sin embargo, a raíz de la nueva redacción otorgada al artículo 179 CP por la LO 11/1999, de 30 de abril, se ha procedido a una nueva interpretación por parte de la doctrina (Muñoz Conde, Morales Prats y García Albero) y la jurisprudencia mayoritarias (STS, Sala Segunda, de 21 de octubre de 2003; STS, Sala Segunda, de 24 de junio de 2002), glosando el término *acceso carnal* en un sentido más amplio como «la relación sexual en la que intervienen los órganos genitales, sin necesidad de que se dé penetración, bastando pues la práctica fricativa o *coniuctio membrorum*».

En mi opinión, antes que un problema gramatical, se trata de una cuestión valorativa, en la que debe ponderarse si los comportamientos violentos que consistan en *acceso carnal* mediante prácticas fricativas revisten gravedad suficiente para subsumirse en el marco penal del artículo 179 CP o, por el contrario, de negarse tal entidad, sancionarse conforme al tipo básico del artículo 178 CP, implicando consecuencias en el plano de la autoría y la participación, admitiendo como posible un sujeto activo mujer y un sujeto pasivo mujer en el delito de violación (STS, Sala Segunda, de 8 de mayo de 2001).

Con relación a esta primera modalidad típica (acceso carnal por vía vaginal), es opinión mayoritariamente aceptada la que sostiene como sujeto **activo**, al **varón**, siendo indiferente el sexo del sujeto pasivo (hombre o mujer). Cuestión nada pacífica en la doctrina, en el caso de que la conducta la realice una mujer sobre un varón (violación **inversa**), o sobre otra mujer.

> **Ejemplo**: Pensemos que la mujer se hace penetrar por el varón, con violencia o intimidación tras haberle suministrado una dosis elevada de **viagra**; caso de prácticas fricativas en relaciones lésbicas. SAP Barcelona, de 22 de enero de 2000: donde se admite la posibilidad de que la **mujer** sea **sujeto activo** del delito de violación.

En mi opinión, es factible admitir tal posibilidad, aunque desde un punto valorativo un sector de la doctrina penal considera más correcto reservar tal cualificación para los **casos verdaderamente graves**, subsumiendo las prácticas fricativas (mujer/mujer) en el tipo básico del artículo 178 CP. Sin embargo, en la interpretación del concepto de «*penetración*» han de tenerse en cuenta consideraciones esencialmente normativas y no puramente anatómicas, de manera que, desde aquel punto de vista, la acción típica pueda ser considerada como una grave afrenta a la indemnidad sexual del sujeto pasivo.

Ejemplo: Obligar a una mujer atada a mantener relaciones sexuales con la coacusada: agresión sexual tipo básico (SAP Asturias, de 5 de abril de 2001). En este sentido se ha manifestado la STS, Sala Segunda, de 23 de mayo de 2018.

Esta posición ha sido asumida por el Acuerdo del Tribunal Supremo de 25 de mayo de 2005, al entender que «es equivalente acceder carnalmente que hacerse acceder».

Lo que no es óbice para calificar como **coautora** a la **mujer** que ejerciere violencia o intimidación para que otro realice el acceso carnal, en virtud de la tesis de que realiza un acto periférico del tipo (BELING).

— La segunda modalidad del artículo 179 CP consiste en la **introducción de objetos o miembros corporales por alguna de las dos primeras vías (vaginal o anal)**. En esta forma se incluyen los supuestos en los que el **sujeto activo introduce al sujeto pasivo los objetos**, en contra de su voluntad, como los casos en que **el autor obliga a la víctima**, sin su anuencia, a **introducirse objetos sobre su propio cuerpo**.

Sujetos activos pueden ser tanto el **hombre** como la **mujer**, siendo indiferente el sexo del sujeto pasivo. La reforma operada por LO 15/2003 amplió el tipo cualificado, haciéndose eco de la opinión doctrinal y jurisprudencial, que asimilaba a la introducción de objetos, los miembros corporales, incluyendo la introducción de **dedos**.

Ejemplo: Se han interpretado como **objetos**, a efectos de la cualificación del artículo 179 CP los palos, cuellos de botellas, empuñaduras de paraguas, cañón de escopeta o pistola; un vibrador (SAP Girona, de 13 de julio de 1999: introducir un **vibrador** con preservativo por el ano). Calificó como tipo cualificado la introducción digital (SAP La Rioja, de 1 de marzo de 2010, Ponente: DÍAZ ROLDÁN, «*aprovechando el ambiente de miedo creado por la violencia ejercida, le introdujo los* ***dedos*** *en la vagina, sin su consentimiento*»).

— **Consumación**. El acceso carnal por **vía vaginal**, implica que el órgano genital del varón se introduzca o penetre en la vagina de la mujer, exigiendo que el pene haya superado el umbral de los labios mayores, sin que se exija eyaculación seminal (STS, Sala Segunda, de 29 de enero de 2003). Una ulterior modalidad típica del delito de violación en su variante acceso carnal se refiere a la **vía anal**, y requiere para su consumación que el órgano del varón se introduzca o penetre en el recto de la víctima, no siendo suficiente el mero roce o contacto (STS, Sala Segunda, de 24 de julio de 2019, Ponente: SÁNCHEZ MELGAR).

Ejemplo: Sujeción a la víctima contra la pared en la cabina de los urinarios en los que se encontraba y al que el acusado entró tras golpear la puerta, a la vez que le exigía gritando una felación, encontrándose él desnudo y ella con el pecho al descubierto: **tentativa acabada** (STS de 29 de octubre de 2009); el acusado se dispone mediante actos de violencia física a penetrar a la víctima, pero ésta logra desasirse de la presión que ejerce mediante una patada en los testículos (STS de 11 de febrero de 2009); intento de penetración anal sin conseguir su propósito (SAP Lleida, de 22 de enero de 2010, Ponente: SEGURA SANCHO). En el mismo sentido, véase STS, Sala Segunda, de 24 de julio de 2019 (Ponente: SÁNCHEZ MELGAR), condena por **tentativa** de violación (tratar de introducir el pene en la boca de la víctima).

Finalmente, el legislador se refiere a la conducta de tener acceso carnal por **vía bucal**, siendo preciso que el pene del sujeto activo se introduzca, en estado de erección, en la boca de la víctima (STS de 13 de mayo de 2004, Ponente: SORIANO SORIANO). En la segunda modalidad típica, la conducta se consuma una vez que el objeto de halla introducido en las cavidades vaginal o anal.

— **Autoría y participación**. Ha sido opinión **unánime** en la doctrina y jurisprudencia penales la que ha calificado al delito de violación como de **propia mano**, donde sólo puede ser autor el que realiza la acción descrita en el tipo acceso carnal, siendo aplicables las reglas generales de la participación (inducción, cooperación necesaria y complicidad).

Ejemplo: **Cooperación necesaria** de la madre de la menor, quien colabora de manera eficaz en la violación sufrida por su propia hija, agrediéndola físicamente para obligarla a mantener relaciones sexuales con su marido (STS, Sala Segunda, de 8 de enero de 2010, Ponente: MAZA MARTÍN). Asimismo, participación como **autores directos** de la violación por ellos cometida, y como **cooperadores necesarios** para la consumación de los demás, al sujetar a la víctima.

Complicidad: «partícipe que le acompañó en todo momento conduciendo el vehículo en el que se consumó el delito» (SAP Toledo, Sección 2.ª, de 19 de enero de 2010, Ponente: CARRIÓN MATAMOROS).

— **Penalidad**. Las conductas descritas en el artículo 179 CP serán castigadas con la pena de **prisión** de **seis a doce años**.

B) *Cualificaciones del artículo 180 CP*

El artículo **180 CP** castiga con penas de **prisión** de **cinco a diez años** y de **doce a quince años** las conductas descritas anteriormente, cuando concurran una serie de **circunstancias**. Asimismo, en el apartado segundo se impondrán las penas en su **mitad superior**, cuando concurran dos o más de las siguientes circunstancias:

1.º Cuando la violencia o intimidación ejercidas revistan un **carácter particularmente degradante o vejatorio**. De modo que, el fundamento de la agravación no reside en la ejecución del propio atentado, sino en el *«plus» adicional de vejación* al que es sometido el sujeto pasivo, evidenciando una humillación gratuita e innecesaria, producto de la violencia o la intimidación ejercidas por el autor.

Ejemplo: STS, Sala Segunda, de 13 de julio de 2005; STS, Sala Segunda, de 19 de enero de 2006. Crimen del «*Bellvitge*» (SAP Barcelona, Sección 6.ª, de 18 de marzo de 2010); colocar una barra antirrobo entre las piernas de la mujer, mientras se le arrancaban pelos del pubis (STS de 23 de marzo de 1999, Ponente: RAMOS GANCEDO). Por ejemplo, desnudar a la víctima, obligarla a introducirse un objeto entre insultos y burlas, orinar sobre ella, quemarla con un cigarrillo, restregándole por la cara un pañal con heces (STS, Sala Segunda, de 14 de noviembre de 2001). Recientemente, Caso de «la Manada» (STS, Sala de lo Penal, de 4 de julio de 2019). En detalle, véanse las SSTS, Sala Segunda, de 19 de enero de 2006; STS, Sala Segunda, de 3 de junio de 2002 «degradación y vejación de la víctima». En la misma línea, véanse las SSTS 194/2012, de 20 de marzo; 159/2007; 1005/2009; 714/2017, de 30 de octubre, entre otras.

2.º Cuando los hechos se cometan por la actuación conjunta de **dos o más personas**, circunstancia que conlleva una mayor indefensión para la víctima, sin que sea necesario que todos los sujetos realicen una práctica sexual, que responderán como cooperadores necesarios.

Ejemplo: Condena a los tres acusados por tres delitos de violación, en el subtipo agravado de comisión de los hechos por **dos o más sujetos** (STS de 24 de noviembre de 2009); STS, Sala Segunda, de 19 de abril de 2013 (delito de agresiones sexuales cometidas por la actuación conjunta de dos o más personas. Se aprecia la agravación para el autor y no para el cooperador). A este respecto resulta significativa la STS, Sala Segunda, de 19 de abril de 2013. Recientemente, STS, Sala Segunda, de 4 de julio de 2019 («Caso La Manada», violación múltiple realizada por cinco hombres); SAP Madrid, Sección 29.ª, 2016 (La «Manada de Villalba»); ATS, Sala Segunda, de 29 de septiembre de 2016 [Delito de agresión sexual. Condena en concepto de autor y cooperador necesario («de común acuerdo») en el tipo cualificado de violación por penetración vaginal, aplicando el artículo 180.1.2.ª CP]; STS 1379/2019, de 14 de octubre (Ponente: LLARENA CONDE).

3.º Cuando la **víctima sea especialmente vulnerable**, por razón de su edad, enfermedad, **discapacidad** o situación, salvo lo dispuesto en el artículo 183 CP. La reforma de 2010 ha suprimido la referencia «y en todo caso, cuando sea **menor de trece años**». Es conveniente precisar que la circunstancia tercera del artículo 180.1 del Código penal contemplan dos tipos de agravaciones de la pena: una, la constituye la *víctima especialmente vulnerable*; otra, la *víctima menor de dieciséis años*. La doctrina jurisprudencial no ha mostrado una solución unívoca sobre este problema, si bien una línea mayoritaria ha afirmado la compatibilidad entre los artículos 181.2.1.ª y 182.2 CP, referidas al caso de que el abuso consista en acceso carnal por vía vaginal, anal o bucal, o introducción de objetos en los términos legales, pero con el mismo fundamento que aquí se plantea, ya que el artículo 182.2 CP era idéntico al artículo 181.4 CP de manera que, tratándose «de abusos sexuales no consentidos, por la minoridad [entonces] de doce años, cuya pena resulta de cuatro a diez años [debe] imponerse tal pena en su mitad superior, por ser las *víctimas* personas *especialmente vulnerables* por su edad» (SSTS, Sala Segunda, de 18 de junio de 1998 y 9 de septiembre de 1999).

Ejemplo: Especial vulnerabilidad de la víctima (SAP Lleida, de 22 de enero de 2010, Ponente: Segura Sancho); víctima que padece encefalopatía que determina un retraso mental moderado y la sitúa en los 13 años de edad mental (STS, Sala Segunda, de 29 de octubre de 2009, Ponente: Saavedra Ruiz); víctima en avanzado estado de gestación (STS, Sala Segunda, de 23 de noviembre de 2005, Ponente: Giménez García). Finalmente, STS, Sala Segunda, de 28 de abril de 2018 (donde se aplica el tipo agravado de víctima *especialmente vulnerable* por razón de su edad, dado que la perjudicada tenía 6 años cuando el recurrente comenzó a realizar la conducta).

4.º Cuando, para la ejecución del delito, el responsable se haya **prevalido de una relación de superioridad o parentesco**, por ser ascendente, descendente o hermano, por naturaleza o adopción, o afines, con la víctima. Esta agravación ha sido objeto de críticas por parte de la doctrina mayoritaria, por la desafortunada redacción de esta circunstancia, tanto por evocar un Derecho penal con tintes moralizantes incompatible con el nuevo Derecho penal sexual, como por suscitar innumerables problemas de aplicación en la práctica.

Ejemplo: El acusado impone mediante la intimidación, a una menor de dos años, actos de contenido sexual, siendo vecino y conociendo a la víctima desde la infancia (STS de 15 de diciembre de 2009, Ponente: Delgado García); STS, Sala Segunda, de 28 de abril de 2018 (*El procesado «aprovechó la preeminencia que le daba su posición de progenitor y su dominio sobre la familia, así como la corta edad de la hija a la que decía que no contara nada»*, FJ 2.º). Sobre este aspecto se ha pronunciado la STS, Sala Segunda, de 25 de julio de 2018 [agravación basada en el aprovechamiento de una relación de parentesco en delitos sexuales (art. 180.1.4.ª CP): La mención a los *afines* abarca sólo a los grados de parentesco expresamente reseñados (ascendientes, descendientes, hermanos). La relación por afinidad de quinto grado tío-sobrina no está contemplada. La menor edad no puede ser considerada por separado a efectos de la agravación (art. 180.1.3.ª CP), cuando el prevalimiento que caracteriza el abuso sexual (art. 181 CP) se basa precisamente en la edad. En cambio, sí opera la agravación cuando se trata de una agresión sexual].

5.º Cuando el autor haga uso de **armas u otros medios igualmente peligrosos**, susceptibles de producir la muerte o alguna de las lesiones previstas en los artículos 149 y 150 de este Código, sin perjuicio de la pena que pudiera corresponder por la muerte o lesiones causadas. En primer lugar es conveniente concretar la aplicación de esta circunstancia, precisando que nos encontramos ante un *tipo pluriofensivo*, en el que además de lesionarse la libertad sexual se afecta igualmente la vida y la integridad física del sujeto pasivo, como ha manifestado la jurisprudencia en reiteradas sentencias.

Debe matizarse que la aplicación de esta agravación no es automática, sobre todo teniendo en cuenta el elevado marco penal con el que se castiga esta modalidad, sancionando la conducta con una penalidad superior a la del propio delito de homicidio, pues el mero hecho de exhibir el arma o instrumento peligroso durante la acción por parte del autor, supondría una vulneración del principio *ne bis in idem*, como agresión básica y agresión cualificada, teniendo en cuenta un mismo dato. A este respecto resulta significativa la STS, Sala Segunda, de 10 de julio de 2018 y que aplica el Acuerdo del Pleno no jurisdiccional de 15 de diciembre de 2016 «usar como medio intimidatorio un cúter que se coloca en el cuello y se sitúa luego junto a la cara y próximo al ojo de la víctima integra el subtipo agravado del artículo 180.1.5.ª CP.

Ejemplo: Violación cometida en ascensor exhibiendo una navaja (SAP Barcelona, Sección 10.ª, de 8 de febrero de 2010, Ponente: COMAS DE ARGEMIR; SAP Toledo, Sección 1.ª, de 22 de enero de 2010, Ponente: BUCETA MILLER; empleo de unas tijeras). Valgan de cita las SSTS, Sala Segunda, de 27 de septiembre de 2006, 1 de abril de 2009, 25 de abril de 2001 y 16 de octubre de 2002 entre otras. Asimismo, vid. STS, Sala Segunda, de 27 de septiembre de 2006.

II. ABUSOS SEXUALES

1. BIEN JURÍDICO PROTEGIDO

El bien jurídico protegido es la **libertad sexual**, y en el caso de menores e incapaces, la **libertad e indemnidad sexuales**.

Ejemplo: «Implica que el menor de 13 años es incapaz para autodeterminarse respecto del ejercicio de su libertad sexual, negándole toda la posibilidad de decidir acerca de su incipiente dimensión sexual y recobrando toda su fuerza el argumento de la **intangibilidad o indemnidad** como bien jurídico protegido (SAP Lleida, Sección 1.ª, de 3 de febrero de 2010, Ponente: CHESA CELMA; ATS de 11 de febrero de 2010, Ponente: MARTÍNEZ ARRIETA). La STS, Sala Segunda, de 23 de mayo de 2018 considera que el bien jurídico en caso de atentados sexuales a menores es la **indemnidad sexual** («contenido de la acción agresora a la indemnidad sexual de una menor de corta edad es claro y evidente, como lo es el contenido sexual del abuso que va más allá de la mera consideración como falta de vejación injusta en una tipificación hoy derogada» (FJ 3.º).

2. TIPO BÁSICO

Conducta. El artículo 181.1 CP castiga con pena de prisión de uno a tres años o multa de dieciocho a veinticuatro meses a quien «sin violencia o intimidación y sin que medie consentimiento, realizare actos que atenten contra la libertad e indemnidad sexual de otra persona, siendo castigado como responsable de abuso sexual». En líneas generales puede afirmarse que lo característico del abuso sexual en cualquiera de sus tres modalidades es, por un lado, el elemento negativo de la *ausencia por el sujeto activo de medios violentos o intimidatorios* a través de los cuales, como sucede en los artículos 178 y 183.2 CP se domina o se vence una voluntad contraria de la víctima. Y, por otro lado, que ésta tampoco presta un verdadero consentimiento valorable como libre ejercicio de su libertad sexual, en el que sólo la prestación de un consentimiento verdadero y válido excluye la tipicidad. Por consiguiente, la diferencia fundamental con los delitos de agresiones sexuales reside en la no concurrencia en los «abusos» de la violencia o la intimidación como medios de ataque a la libertad sexual, aunque coinciden con aquéllas en el ataque a la libertad sexual no consentido (o con consentimiento viciado) o contra la indemnidad sexual de menores o incapaces (STS, Sala Segunda, de 1 de octubre de 1999).

Abusos sexuales no consentidos. Retomando el tenor literal del tipo básico de abusos sexuales, el apartado 2 del artículo 181 CP considera *ex lege abusos sexuales no consentidos* los que se ejecuten sobre *personas que se hallen privadas de sentido*, personas aquejadas de un *trastorno mental* y, finalmente, los que se ejecuten *anulando la voluntad de la víctima mediante el uso de fármacos, drogas o cualquier sustancia natural o química idónea a tal efecto*. En este caso, el legislador penal presume que si el sujeto pasivo se encuentra en alguna de las tres situaciones indicadas carece de capacidad para consentir u oponerse a la relación sexual libremente. Sin embargo, si se logra probar que la víctima tuvo capacidad de autodeterminación sexual y consintió libremente la relación sexual, la presunción queda desvirtuada.

— Personas **privadas de sentido**: Se entiende por persona privada de sentido, aquella que se encuentra en una situación de inconsciencia, bien de un modo transitorio, o permanentemente, que le anula sus frenos inhibitorios al requerimiento sexual. La jurisprudencia del Tribunal Supremo ha interpretado como «*persona privada de sentido* no sólo la persona desmayada o que ha perdido el conocimiento, sino la hipnotizada, anestesiada, narcotizada, así como la sometida a los efectos despersonalizadores de estupefacientes o embriagada, en este caso cuando reviste carácter comatoso o letárgico con pérdida temporal de la consistencia o cuando la embriaguez es plena con abolición de las facultades anímicas», debiendo procederse en estos supuestos con la mayor cautela y ponderación, indagando el origen y circunstancias de la causa determinante de la obnubilación mental y volitiva (SSTS, Sala Segunda, de 23 de mayo de 1978 y 15 de junio de 1986).

Tradicionalmente, la jurisprudencia incardinó de forma ocasional la situación de los *durmientes* en el ámbito de las personas privadas de sentido, siempre y cuando la situación de sueño profundo no haya sido desvanecida por el acto sexual (SSTS, Sala Segunda, de 14 de julio de 1986, 29 de enero de 1988 y 15 de febrero de 1994). En sentido contrario, un sector de la doctrina ha excluido de esta modalidad los supuestos de durmientes, donde la víctima se encuentra en un estado de sueño profundo, dado que no se trata de una situación de privación de sentido (STS, Sala Segunda, 935/2006, de 2 de octubre).

Ejemplo: Víctima en estado de **ebriedad** (STS, Sala Segunda, de 19 de marzo de 2010, Ponente: ANDRÉS IBÁÑEZ; SAP Madrid, Sección 5.ª, de 28 de enero de 2010, Ponente: BELTRÁN NÚÑEZ); los estados de **sueño** (STS, Sala Segunda, de 7 de marzo de 1987); suministrar sustancias depresoras del sistema nervioso; los afrodisíacos; el desmayo (STS, Sala Segunda, de 23 de octubre de 1981).

— Personas de cuyo **trastorno mental se abuse**. De conformidad con la modificación introducida en el Código penal por LO 3/1989, de 21 de junio, esta presunción debe matizarse, no siendo suficiente que la víctima padezca un trastorno mental (STS, Sala Segunda, de 18 de octubre de 2007), sino además debe comprobarse que el sujeto activo *se aprovechó* o abusó de tal circunstancia (STSJ, Sede en Granada, de 5 de julio de 2018), con la finalidad de realizar el atentado sexual (MORALES PRATS y GARCÍA ABERO).

Ejemplo: Abuso sobre víctima con síndrome de Down (STS, Sala Segunda, de 24 de marzo de 2010); STS, Sala Segunda, de 17 de febrero de 1990; sujeto que padece **oligofrenia**: abusos sexuales sobre víctima con retraso mental ligero o moderado, perceptible por cualquiera; prevalimiento de esta cualidad para conseguir que participara en un juego sexual a modo de trío con los acusados (STS, Sala Segunda, de 1 de diciembre de 2009). En detalle, véase la STS, Sala Segunda, de 20 de marzo de 2014: Delito de abusos sexuales, edad, *prevalimiento* del trastorno mental de la víctima, aquejada de una deficiencia psíquica. Condena.

— Personas de cuya voluntad se abuse, haciendo **uso de fármacos**, drogas o cualquier otra sustancia natural o química, idónea para lograr tal efecto. La reforma por LO 5/2010 tipificó esta tercera modalidad, evitando las dudas de interpretación en los casos en que se anulaba la voluntad de la víctima para decidir sobre el mantenimiento de la relación sexual. La reforma por LO 1/2015 aporta una interpretación auténtica sobre la ausencia de consentimiento, indicando que considera *abusos sexuales no consentidos*, los que se ejecuten *anulando la voluntad de la víctima mediante el uso de fármacos, drogas o cualquier sustancia natural o química idónea a tal efecto*. Conforme con esta redacción, quedarían fuera de esta modalidad, los casos en los que la ausencia de voluntad tiene su causa en la propia conducta de la víctima o de un tercero, por ejemplo por haber ingerido alcohol o drogas, siendo aprovechada esta circunstancia por el autor, siendo reconducibles al apartado primero.

Ejemplo: Acceso carnal sin violencia, con aprovechamiento del estado de desorientación total que sufría la víctima al encontrarse bajo los efectos de un **fuerte fármaco** (SAP Lleida, de 3 de febrero de 2010, Ponente: CHESA CELMA); acceso carnal no consentido tras administrar el acusado a la víctima un **somnífero** (SAP Madrid, Sección 6.ª, de 1 de diciembre de 2009, Ponente: SERRANO GASSENT).

Sujetos. Sujetos activo y pasivo de esta modalidad típica puede ser *cualquier persona*, tanto hombre como mujer. Por consiguiente, se trata de un **delito común**, con sujeto activo indiferenciado (ORTS BERENGUER y SUÁREZ-MIRA RODRÍGUEZ). La genérica redacción legal empleada por el legislador mediante el pronombre «el que» permite abarcar múltiples combinaciones, pudiendo ser sujetos activos y pasivos tanto el hombre como la mujer, siendo igualmente ambos sujetos pasivos del delito. No obstante, a partir de la LO 5/2010, de 22 de junio, que dotó de autonomía a los abusos sexuales sobre menores de trece años y la LO 1/2015, que elevó la edad del consentimiento sexual a los dieciséis años, hay que concluir que sujeto pasivo de la modalidad de abusos sexuales del artículo 181 CP será una persona mayor de 16 años, y en el caso del abuso fraudulento del artículo 182 CP este límite cronológico abarca la franja de edad comprendida entre los 16 y los 18 años.

Tipo subjetivo. Los tipos de abusos sexuales exigen **dolo**, esto es, tanto el conocimiento sobre el carácter sexual del acto y la edad o situación de la víctima, como la voluntad de ejecutarlo. Por consiguiente, si el sujeto actúa bajo un **error** que incida sobre los elementos del tipo (edad de la víctima, consentimiento, capacidad mental), será tratado como **error de tipo** (art. 14 CP), y si fuere vencible dará lugar a la impunidad de su conducta.

> **Ejemplo**: Sobre el dolo vid. SSTS, Sala Segunda, de 8 de junio de 2007; STS de 9 de marzo de 2006; STS, Sala Segunda, de 6 de abril de 2004; STS, Sala Segunda, de 28 de septiembre de 2018, entre otras.
>
> Sobre el error: STS, Sala Segunda, de 2 abril de 2009 [sujeto que lleva a cabo el acto sexual procede de otra cultura, es conocedor de la edad de la víctima, aunque ignora que su comportamiento pudiera ser delictivo (error cultural)]. En sentido contrario, vid. STS, Sala Segunda, de 8 de enero de 2010.

Penalidad. Las conductas descritas en el artículo 181 CP serán castigadas con la pena de **prisión** de **uno a tres años** o multa de dieciocho a veinticuatro meses».

3. Tipos cualificados

A) *Abuso sexual de prevalimiento (art. 181.3 CP)*

En el abuso de **prevalimiento**, el sujeto activo obtiene el consentimiento de la víctima al **aprovecharse de una situación de superioridad**, que puede tener su origen en relaciones laborales o docentes, o parentesco, o cuando exista una considerable diferencia de edad entre los sujetos. El legislador prevé para estas conductas la pena de **prisión** de **uno a tres años** o multa de dieciocho a veinticuatro meses.

> **Ejemplo**: Abusos sexuales cometidos durante varios años sobre una menor por la pareja de su madre (STS de 23 de abril de 2010, Ponente: Jorge Barreiro). En detalle, vid. STS, Sala Segunda, de 27 de septiembre de 2000. Obtención del consentimiento prevaliéndose de una situación de superioridad. Prevalimiento. Tipo agravado al apreciar abuso de superioridad por la relación de parentesco existente entre el autor y la víctima. En el mismo sentido, STS, Sala Segunda, de 30 de abril de 2015. Recientemente, STSJ Navarra, de 30 de noviembre de 2018 (caso «La Manada»).

B) *Artículo 181.4 CP*

El apartado 4 del artículo 181 CP eleva el marco punitivo hasta la pena de prisión de cuatro a diez años, cuando el abuso sexual consista en *acceso carnal por vía vaginal, anal o bucal*, o *introducción de miembros corporales u objetos por alguna de las dos primeras vías*.

C) *Artículo 181.5 CP*

Finalmente, el apartado 5 del artículo 181 CP impone la pena en su mitad superior, atendiendo a la *vulnerabilidad de la víctima* y por razón de *parentesco* (art. 180.1.3 y 4 CP).

> **Ejemplo**: Abuso sexual. Agravación por *vulnerabilidad de la víctima*. Mujer de 42 años ingresada en un hospital de Barcelona, recuperándose de una operación en la que le habían extirpado la vesícula. El enfermero, aprovechando que estaba sólo la víctima que despertaba de la anestesia, le introdujo los dedos en la vagina, tocándole sus genitales. Continuidad delictiva (STS, Sala Segunda, de 26 de enero de 2017). Con anterioridad, véase STS, Sala Segunda, de 27 de septiembre de 2000. Obtención del consentimiento prevaliéndose de una situación de superioridad por *parentesco*.

4. ABUSO SEXUAL FRAUDULENTO

A) *Tipo básico*

La reforma por LO 5/2010, de 22 de junio supuso una transformación en el ámbito de los delitos de abusos sexuales al regular de manera autónoma e independiente tanto los abusos sexuales que se proyectaran sobre sujetos menores de trece años (ahora dieciséis), como los abusos que se cometieran utilizando engaño. La LO 1/2015 mantiene la figura del delito de abusos fraudulento, pese a las acertadas críticas esgrimidas por la doctrina sobre la pervivencia de la misma, entendida como una «prolongación del denostado delito de estupro fraudulento», alterando sustancialmente su primigenio contenido, si atendemos a las modalidades comisivas y la franja de edad del sujeto pasivo, lo que va a suscitar nuevos problemas interpretativos, y cuya aplicación ha sido prácticamente nula (SUÁREZ-MIRA).

El artículo 182.1 CP castiga con pena de prisión de uno a tres años a quien *interviniendo engaño* o *abusando de una posición de reconocida confianza, autoridad o influencia sobre la víctima*, realice actos de carácter sexual con persona mayor de dieciséis años y menor de dieciocho.

Conducta. El elemento nuclear de esta tipología delictiva es el ***engaño***, empleado por el sujeto activo para obtener el consentimiento del sujeto pasivo a la relación sexual. La antigua jurisprudencia, había considerado la **falsa promesa de matrimonio**, como equivalente al engaño, al ser la única fuente para la mujer honesta (cfr. SSTS, Sala Segunda, de 31 de mayo de 1974 y 18 de marzo de 1977). De igual modo, se considera típico el abuso de una posición de reconocida confianza, autoridad o influencia sobre la víctima, equivalente a una posición de superioridad.

Sujetos. Tras la reforma por LO 1/2015 sujetos pasivos de esta modalidad típica han de ser mayores de dieciséis años y menores de dieciocho.

Evidentemente, se exige en el sujeto activo el **dolo** sobre el carácter engañoso de su promesa, y el conocimiento aproximado sobre la edad de la víctima (SAP Valencia, Sección 4.ª, de 15 de diciembre de 2009, Ponente: FERRER GUTIÉRREZ).

B) *Tipos cualificados*

Finalmente, el abuso fraudulento se castigará con pena de **prisión** de dos a seis años, cuando el abuso consista en **acceso carnal** por vía vaginal, anal o bucal, o **introducción de miembros corporales u objetos** por alguna de las dos primeras vías, la pena será de **prisión** de **dos a seis años**. La pena se impondrá en su **mitad superior** si concurriera la circunstancia 3.ª o la 4.ª, de las previstas en el artículo 180.1 de este Código (**art. 182.2 CP**). En relación con la consumación los comportamientos de abusos sexuales examinados, cabe aplicar lo expresado respecto a los delitos de agresiones sexuales (vid. *supra*).

III. ABUSOS SEXUALES Y AGRESIONES SEXUALES A MENORES DE DIECISÉIS AÑOS (ART. 183 CP)

Como hemos indicado al principio de esta lección, gran parte de la reforma por LO 1/2015 está orientada a dar cumplimiento a los compromisos internacionales adquiridos por España, ocupándose principalmente de la transposición de la Directiva 2011/93/UE, relativa a la lucha contra los abusos sexuales y la explotación sexual de menores y la pornografía infantil.

Bien jurídico protegido. Como expone la propia **Exposición de Motivos**, «resulta indudable que en los delitos sexuales cometidos sobre menores, el bien jurídico a proteger adquiere una dimensión especial por el mayor contenido de injusto que presentan estas conductas. Mediante las mismas, se lesiona no sólo la **indemnidad sexual**, entendida como el derecho a no verse involucrado en un contexto sexual sin un consentimiento válidamente prestado, sino también a la **formación y desarrollo de la personalidad y sexualidad** del menor».

1. Tipo básico

Se castiga con pena de **prisión** de **dos a seis años**, al que **atentare** contra la indemnidad sexual de un menor de trece años (**art. 183.1 CP**). El abuso sexual consiste en un atentado contra la indemnidad sexual, **sin** la concurrencia de **violencia** ni **intimidación**, y **sin** el **consentimiento** del sujeto pasivo —o con consentimiento viciado—.

> **Ejemplo**: SAP Islas Baleares, de 25 de enero de 2018: Abuso sexual a menor de 16 años (sacerdote que pone la mano en la tripa de la menor, deslizándola hacia la zona de la ingle de la víctima que mostraba su oposición).

2. Tipos cualificados

— Si el atentado contra la indemnidad sexual se realizare **con violencia o intimidación**, el responsable será castigado por el delito de agresión sexual a un menor con la pena de cinco a diez años de prisión (**art. 183.2 CP**).

— Cuando el ataque consista en **acceso carnal** por vía vaginal, anal o bucal, o **introducción de miembros corporales u objetos** por alguna de las dos primeras vías, el responsable será castigado con la pena de prisión de ocho a doce años, en el caso del apartado 1 y con la pena de doce a quince años, en el caso del apartado 2 (**art. 183.3 CP**).

Ejemplo: STS, Sala Segunda, de 9 de abril de 2019 (Ponente: Ferrer García): abuso sexual sobre menor de 13 años, felación; abusos sexuales: penetración de los **dedos** en la vagina de la hija de su compañera sentimental e introduce su **pene** en la boca de la niña (STS de 16 de marzo de 2010, Ponente: Sánchez Melgar); delito continuado cometido sobre su propia nieta de siete años, aplicación del subtipo agravado por introducción de miembros corporales dedos (STS de 19 de febrero de 2010, Ponente: Priego de Oliver Tolivar); ATS de 28 de enero de 2010 (Ponente: Saavedra Ruiz); acusado roza las nalgas y glúteos de la hija de su excompañera e introduce su pene en la boca de la niña (STS de 17 de marzo de 2010, Ponente: Bacigalupo Zapater).

— Las conductas previstas en los tres números anteriores serán castigadas con la pena de prisión correspondiente, en su **mitad superior** cuando concurra alguna de las siguientes **circunstancias**:

a) Cuando el **escaso desarrollo intelectual o físico** de la víctima la hubiera colocado en una situación de total indefensión y, en todo caso, cuando sea menor de cuatro años (SSTS, Sala Segunda, de 5 de abril de 2000 y 2 de junio de 2016).

b) Cuando los hechos se cometan por la **actuación conjunta de dos o más personas**.

c) Cuando la **violencia o intimidación** ejercidas revistan un **carácter particularmente degradante o vejatorio**.

d) Cuando, para la ejecución del delito, el responsable se haya **prevalido de una relación de superioridad** o **parentesco** por ser ascendiente, o hermano, por naturaleza o adopción, o afines, con la víctima (STS, Sala Segunda, de 9 de abril de 2019: abuso sexual sobre menor de trece años por sacerdote respecto de dos menores en su parroquia).

e) Cuando el autor haya **puesto en peligro**, de forma dolosa o por imprudencia grave, la vida o salud del menor.

f) Cuando la infracción se haya cometido en el **seno de una organización** o de **un grupo criminales** que se dedicaren a la realización de tales actividades (**art. 183.4 CP**).

Finalmente, cuando el culpable de las anteriores conductas se hubiera **prevalido de su condición de autoridad, agente** de ésta o **funcionario público**, se aplicará, además, la pena de **inhabilitación absoluta** de seis a doce años (**art. 183.5 CP**).

3. Corrupción de menores (art. 183 bis CP)

Esta tipología delictiva ha sido incorporada al Código penal por la LO 1/2015, de 30 de marzo (número 98 del art. único), configurando un tipo muy abierto que castiga tanto la participación, como la actividad del tercero que, aunque no contribuya en la conducta sexual facilita la presencia o participación del tercero.

Conducta. El legislador castiga una doble modalidad:

— ***Hacer presenciar actos de carácter sexual***, aunque el autor no participe en ellos, castigando por tanto la mera presencia de la víctima.
— ***Hacer presenciar abusos sexuales***, aunque el autor no participe en ellos.

Sujetos. Al ser un delito común, sujeto activo puede ser cualquier persona que *directamente* realice la conducta descrita en el artículo 183 bis, o *haga presenciar* al menor abusos sexuales. Sujeto pasivo es el menor de dieciséis años.

Tipo subjetivo. Se exige dolo, compuesto tanto por la voluntad de realizar la conducta típica y el conocimiento de la edad de la víctima (16 años).

Concursos. El delito de corrupción de menores queda absorbido por el delito de favorecimiento de la prostitución de menores (art. 188.1 CP).

Penalidad. El legislador sanciona la primera modalidad (hacer presenciar actos de carácter sexual) con pena de prisión de seis meses a dos años. La segunda modalidad (hacer presenciar abusos sexuales) se castiga con pena de prisión de uno a tres años.

4. El «ciber-acoso» (art. 183 ter CP)

Esta tipología delictiva ha sido introducida por la LO 1/2015 (número 99 del art. único) incorporando el anterior delito de *grooming*, castigando las conductas del adulto que, a través de internet y de las tecnologías de la información y la comunicación, pretende concertar un encuentro con un menor para realizar algunos de los delitos comprendidos en los artículos 183 a 189 CP. En segundo lugar, se tipifica el delito de *sexting*, consistente en embaucar a un menor de dieciséis años, para que le facilite material pornográfico o le muestre imágenes pornográficas en las que se represente o aparezca dicho menor.

A) *Tipo básico*

a) Conducta

— La primera modalidad consiste en *proponer concertar un encuentro* con el menor, para realizar alguno de los delitos comprendidos en los artículos 183 a 189 CP, a través de medios tecnológicos (SAP Castellón, de 20 de mayo de 2016).

Estamos ante un *tipo de peligro* y un *tipo mixto alternativo*, adelantando las barreras de punición a un mero acto preparatorio (Pérez Cepeda).

— La segunda modalidad típica («*sexting*») castiga la conducta del adulto que, a través de internet, del teléfono o de cualquier otra tecnología de la información y la comunicación contacte con un menor de dieciséis años y realice actos dirigidos a embaucarle para que le facilite material pornográfico o le muestre imágenes pornográficas en las que se represente o aparezca un menor (vid. Informe FGE de 8 de enero de 2013 al Anteproyecto de LO de reforma Código penal).

B) *Tipo agravado*

a) Conducta

— Cuando el acercamiento se obtenga mediante **coacción, intimidación** o **engaño.**

Tipo subjetivo. Ambas modalidades exigen dolo, siendo necesario que el sujeto activo actúe con una determinada finalidad.

Concursos. Concurso ideal («sin perjuicio de las penas correspondientes a los delitos en su caso cometidos») si se realizaran los delitos comprendidos en los artículos 183 a 189 CP.

Penalidad. La primera modalidad es castigada con la pena de uno a tres años de prisión o multa de doce a veinticuatro meses, imponiéndose en su mitad superior cuando el acercamiento se obtenga mediante *coacción, intimidación o engaño.* Finalmente, la segunda modalidad («*sexting*») se sanciona con una pena de prisión de seis meses a dos años.

IV. ACOSO SEXUAL

El origen de esta tipología delictiva se vincula a un movimiento activista que tuvo lugar en EEUU (en la Universidad de Cornell) en el año 1974, definiendo el acoso como un *tacto indeseado* entre compañeros de trabajo, incluyendo discusiones, comentarios, favores sexuales, etc. para adquirir un determinado rango laboral (CUENCA PIQUERAS).

Bien jurídico protegido. El bien jurídico protegido en el delito de acoso sexual es distinto al protegido en las agresiones y los abusos sexuales, al ser la **dignidad**, **seguridad** y **tranquilidad** de la víctima (GÓMEZ RIVERO y MONGE FERNÁNDEZ).

1. TIPO BÁSICO

Por **acoso sexual** (art. 184, redactado conforme a la **LO 11/1999**) deben entenderse los actos de contenido sexual, u otros comportamientos basados en el sexo que afectan a la dignidad personal, pudiéndose subsumir manifestaciones físicas o verbales (STS de 12 de enero de 2010, Ponente: MAZA MARTÍN). El núcleo típico del delito de acoso sexual consiste en **solicitar favores de naturaleza sexual para sí o para un tercero**, en los *ámbitos laboral, docente o de prestación de* *servicios*, continuada o habitual, provocando a la víctima un estado de intimidación, hostilidad o humillación, sin exigirse un ulterior requisito (**art. 184.1 CP**).

> **Ejemplo**: Palabras o vejaciones gestuales de carácter sexual, enviar mensajes y correos de contenido lascivo (SAP Cádiz, Sección 8.ª, de 9 de mayo de 2006). La SAP de Madrid, de 27 de febrero de 2004 castigó por delito de acoso sexual la situación donde el sujeto activo realiza varios tocamiento continuos sobre la víctima, sin llevar a cabo verbalmente proposiciones sexuales.

La **solicitud típica** debe acontecer en el ámbito de una relación laboral, docente o de prestación de servicios, continuada habitual, provocando a la víctima una situación objetiva y gravemente intimidatoria, hostil o humillante.

> **Ejemplos**: Requerimiento de favores sexuales por parte del encargado general de una empresa de limpieza a sus subordinadas. Situación continuada de vejaciones verbales y gestuales de carácter sexual. Continuidad delictiva. Represalias por la negativa de las víctimas a someterse a los deseos del acusado consistentes en la asignación de trabajos especialmente duros, turnos de noche y amenazas de no renovación del contrato laboral (SAP Córdoba, Sección 3.ª, de 3 de marzo de 2008).

La **penalidad** con la que se sanciona estas conductas es pena de **prisión** de tres a cinco meses o multa de seis a diez meses.

2. Tipos cualificados

El legislador eleva las penas (prisión de cinco a siete meses o multa de diez a catorce meses) si el culpable de acoso sexual cometiera el **hecho prevaliéndose de una situación de superioridad laboral, docente o jerárquica**, o con el anuncio expreso o tácito de causar a la víctima un **mal** relacionado con las legítimas expectativas que aquélla pueda tener en el ámbito de la indicada relación (**art. 184.2 CP**).

> **Ejemplos**: Secretario de la Cámara de Comercio e Industria. Jefe de personal que utiliza las prerrogativas del cargo para solicitar favores sexuales a las trabajadoras, becarias o alumnas (SAP Soria, de 25 de enero de 2006, Ponente: Carnicero Giménez de Azcárate); acoso sexual con **prevalimiento** de superioridad (SAP Santa Cruz de Tenerife, Sección 6.ª, de 27 de noviembre de 2009); STSJ Castilla-León, de 29 de mayo de 2002, Ponente: Martínez Villanueva: **Caso Nevenka Fernández** (Alcalde Concejal de Ayuntamiento de Ponferrada); SAP Murcia, de 21 de septiembre de 1998: acoso la conducta del jefe que propone a una empleada «que tenga media hora tonta con él y que entonces tendría contrato de trabajo»; se ha afirmado la mayor dificultad de perpetrar este delito en las relaciones horizontales (STS, Sala Segunda, de 23 de junio de 2000).

Finalmente, cuando la **víctima sea especialmente vulnerable**, por razón de edad, enfermedad o situación, se establecen las penas de prisión de cinco a siete meses o multa de diez a catorce meses en los supuestos previstos en el apartado 1, y de prisión de seis meses a un año en los supuestos previstos en el apartado 2 de este artículo (**art. 184.3 CP**).

3. Causa de exención de responsabilidad (art. 183 quáter CP)

La LO 1/2015 otorga validez al *consentimiento libre* del menor de *dieciséis años*, excluyendo la responsabilidad penal por los delitos previstos en este Capítulo, cuando el autor sea una persona próxima al menor por edad y grado de desarrollo o madurez (vid. Circular FGE 1/2017).

V. EXHIBICIONISMO Y PROVOCACIÓN SEXUAL

1. Exhibicionismo sexual

Bien jurídico protegido. Es opinión generalmente aceptada por la doctrina y la jurisprudencia la que sostiene que el bien jurídico protegido en los delitos de exhibicionismo y provocación es la **indemnidad sexual**.

> Según algunos, la referencia a conceptos tales como «obsceno» o «material pornográfico» pudieren aludir a la «moral sexual social» como interés tutelado por los aludidos tipos (Muñoz Conde).

Conducta típica. La acción consiste en **ejecutar o hacer ejecutar a otro «actos de exhibición obscena»**, contrarios al pudor, ante menores de edad o incapaces, con la intención de alcanzar una excitación sexual, sin contacto corporal. El calificativo «obsceno» se ha interpretado como impúdico, torpe, ofensivo al pudor (**art. 185 CP**).

> **Ejemplo**: La exhibición de órganos genitales, especialmente cuando ha venido acompañada de palabras de inequívoco significado lascivo (STS de 6 de mayo de 2010, Ponente: Granados Pérez). SAP de Sevilla, Sección 3.ª, de 14 de diciembre de 2007: exhibicionismo sexual sobre niña menor de 7 años. Error.

Sujetos. **Sujeto activo** es tanto el que realiza tales actos como el que obliga a otro a realizarlos (autoría mediata), pero no el que los realiza obligado por otro. **Sujeto pasivo** son los menores de edad (menor de 18 años) o personas con discapacidad necesitadas de especial protección (art. 25 CP).

Tipo subjetivo. Un sector de la doctrina ha exigido la concurrencia de un elemento subjetivo del injusto, equivalente en la tendencia del autor a involucrar a la víctima en su contexto sexual ajeno (Díez Ripollés y Muñoz Conde). En mi opinión, es suficiente la exigencia de **dolo**, realizando simplemente que sea conducta típica a su vista (STS, Sala Segunda, de 21 de octubre de 2009).

Si concurre un **error vencible** sobre la edad de la víctima, será tratado como error de tipo, quedando el supuesto en la impunidad, al no castigarse la imprudencia en el ámbito de los delitos sexuales.

2. Provocación sexual

Bien jurídico protegido. La **indemnidad** o **intangibilidad** sexuales.

Conducta típica. La conducta típica se integra por una pluralidad de acciones, tales como **vender, difundir o exhibir material pornográfico** de manera directa, a menores de edad o personas con discapacidad necesitadas de especial protección.

> **Ejemplo**: Exhibición de páginas web donde se muestren escenas de sexo. SAP Cáceres, Sección 2.ª, de 15 de septiembre de 2017: condena por el artículo 186 CP.

Consiste en **difundir**, por cualquier medio directo, vender, difundir o exhibir material pornográfico entre menores de edad o personas con discapacidad necesitadas de especial protección (**art. 186 CP**). La anterior conducta será castigada con la pena de prisión de seis meses a un año o multa de doce a veinticuatro meses.

Sujetos. Sujeto activo puede ser cualquiera (delito común), siendo **sujeto pasivo** los **menores de edad o personas con discapacidad necesitadas de especial protección**.

Tipo subjetivo. Se trata de un tipo **doloso**, siendo necesario que el sujeto conozca el carácter pornográfico del material, la cualidad del sujeto pasivo (menor o persona con discapacidad necesitada de especial protección), y tenga voluntad de involucrar al sujeto pasivo en un contexto sexual ajeno.

VI. DELITOS RELATIVOS A LA PROSTITUCIÓN Y A LA EXPLOTACIÓN SEXUAL Y CORRUPCIÓN DE MENORES

La reforma de 2015 ha supuesto ciertas modificaciones en los delitos contra la prostitución, estableciendo una separación más nítida entre los comportamientos cuya víctima es una persona adulta, de aquellos otros que afectan a menores de edad o a personas con discapacidad necesitadas de especial protección. En este segundo caso, se elevan las penas previstas con el fin de armonizar las legislaciones europeas, y se introducen nuevas agravantes para combatir los supuestos más lesivos de prostitución infantil.

Conforme con ello, se modifica el artículo 187 con el objetivo de perseguir con mayor eficacia a quien se lucre de la explotación de la prostitución ajena. Con este fin, se sanciona separadamente el lucro de la prostitución cuando concurran determinadas conductas que evidencien una situación de ***explotación***, dado que la jurisprudencia del Tribunal Supremo había exigido unos requisitos para la apreciación de la exigencia de esta situación similares a los que se aplican en el ámbito de actividades laborales reglamentadas, lo que imposibilitaba en la práctica su persecución penal.

El Código penal de 1995 castiga una serie de conductas que inciden sobre la **prostitución** (regulación afectada por el art. 2.º de la **LO 11/1999**, de 30 de abril; la **LO 11/2003**, de 29 septiembre y la **LO 5/2010**, de 22 de junio), de alguna de las siguientes formas:

— **Favorecimiento** de la prostitución de menores y personas necesitadas de especial protección.
— **Determinación** a la prostitución.
— **Utilización** de **menores** o **incapaces** con fines o en espectáculos exhibicionistas o pornográficos.

En el ámbito de las figuras de **prostitución** y **pornografía infantil**, la traslación de la **Decisión Marco** a nuestro ordenamiento determinó la necesidad de tipificar nuevas conductas. Es el caso de la captación de niños para que participen en espectáculos pornográficos, que queda incorporada a la regulación en el **artículo 189.1**. Lo mismo sucede con la conducta de quien se lucra con la **participación de los niños** en esta clase de espectáculos, cuya incorporación se realizó en el **apartado 1.*a*) del artículo 189**. En relación al **delito de prostitución**, se incorporó la conducta de **cliente** en aquellos casos en los que la relación sexual se realice con una persona menor de edad o incapaz.

Para completar el elenco de normas destinadas a otorgar mayor protección a los menores, se consideró adecuado crear la **pena de privación de la patria potestad** o instituciones análogas previstas en la legislación civil de las Comunidades Autónomas que se incluye en el catálogo de penas privativas de derechos previstas en el artículo 39, fijándose su contenido en el artículo 46. Esta nueva **pena** tendrá el carácter de **principal** en los supuestos previstos en el **artículo 192** y el de la **pena accesoria** de acuerdo a lo establecido en los artículos 55 y 56, cuando los derechos derivados de la patria potestad hubieren tenido una relación directa con el delito cometido.

1. Determinación a la prostitución mediante violencia, intimidación, engaño o abuso de situación de necesidad, superioridad o vulnerabilidad (art. 187 CP)

A) *Tipos básicos (art. 187.1 CP)*

El legislador penal castiga con penas de **prisión** de dos a cinco años y multa de doce a veinticuatro meses, las conductas que consistan en *determinar* a una persona mayor de edad a *ejercer o mantenerse en la prostitución*, empleando violencia, intimidación o engaño.

Bajo la expresión «**determinación**» a la prostitución se incluyen las conductas que consisten en **obligar** a una persona **mayor de edad** a ejercer la prostitución o a mantenerse en ella, mediante violencia, intimidación, engaño, o **abusando** de una situación de necesidad. Generalmente, el **abuso de la situación de necesidad** se traduce normalmente en necesidad económica, que es la forma más frecuente de conseguir que una persona se dedique a la prostitución. En esta modalidad, pese al empleo de la violencia o la intimidación o el engaño, el sujeto pasivo presta su **consentimiento**. Por el contrario, si la conducta tuviere lugar sin el consentimiento de la persona prostituida, se aplicarán los delitos de agresiones sexuales o abusos.

Ejemplo: Entrada de mujeres extranjeras en territorio nacional para el ejercicio de la prostitución, obligándoles a pagar cantidades elevadas por el viaje (STS de 13 de abril de 2010, Ponente: COLMENERO MENÉNDEZ DE LUARCA). Posteriormente, la SAP A Coruña, Sección 2.ª, de 8 de julio de 2019, calificó los hechos como constitutivos de tres delitos de **prostitución** del artículo 187 CP, subsidiariamente, tres delitos contra los derechos de los trabajadores del artículo 311.1.º y 312.2.º CP y de tres delitos contra los derechos de los ciudadanos extranjeros del artículo 318 CP.

Como **novedad** introducida por la **LO 11/2003, de 29 de septiembre**, se castiga el **rufianismo**, esto es, cuando un tercero se lucre explotando la prostitución de otra persona, aunque medie el consentimiento de ésta. La exigencia típica se refiere al lucro económico, como beneficio o provecho económico de la prostitución, cuando suponga un ingreso considerable (ORTS BERENGUER).

El artículo 187.1 CP prevé la pena de prisión de dos a cuatro años y multa de doce a veinticuatro meses a quien *se lucre* explotando la prostitución de otra persona, aun con el consentimiento de la misma, entendiéndose que hay «***explotación***» cuando concurra alguna de las siguientes circunstancias:

a) Que la víctima se encuentre en una situación de vulnerabilidad personal o económica.
b) Que se le impongan para su ejercicio condiciones gravosas, desproporcionadas o abusivas.

B) *Tipos cualificados (art. 187.2 CP)*

Se impondrán las penas previstas en los apartados anteriores **en su mitad superior**, en sus respectivos casos, cuando concurra alguna de las siguientes circunstancias:

a) Cuando el culpable se hubiera **prevalido de su condición de autoridad, agente de ésta o funcionario público**. En este caso se aplicará, además, la pena de inhabilitación absoluta de seis a doce años.

b) Cuando el culpable **perteneciere a una organización o grupo criminal** que se dedicare a la realización de tales actividades.

c) Cuando el culpable **hubiere puesto en peligro, de forma dolosa o por imprudencia grave, la vida o salud de la víctima**.

Concursos. Las penas señaladas se impondrán en sus respectivos casos sin perjuicio de las que correspondan por las agresiones o abusos sexuales cometidos sobre la persona prostituida (art. 187.3 CP).

2. Participación en la prostitución de un menor de edad o persona con discapacidad necesitada de especial protección

A) *Tipos básicos (art. 188.1 CP)*

El legislador castiga con las penas de prisión de dos a cinco años y multa de doce a veinticuatro meses una doble modalidad de conductas que inciden en la prostitución de menores de edad o personas con discapacidad necesitada de especial protección.

— La primera modalidad tipifica las conductas de ***inducción, promoción, favorecimiento o facilitación*** de la prostitución de un menor de edad o una persona con discapacidad necesitada de especial protección.
— La segunda modalidad castiga la conducta de ***lucrarse*** con ello, o explotar de algún otro modo a un menor o a una persona con discapacidad para estos fines.
— Si la víctima fuera **menor de dieciséis años**, se impondrá la pena de prisión de cuatro a ocho años y multa de doce a veinticuatro meses.

B) *Tipos cualificados (art. 188.2 y 3 CP)*

— Si los hechos descritos en el apartado anterior se cometieran con ***violencia o intimidación***, además de las penas de multa previstas, se impondrá la pena de prisión de cinco a diez años si la víctima es *menor de dieciséis años*, y la pena de prisión de cuatro a seis años en los demás casos.
— Se impondrán las penas superiores en grado a las previstas en los apartados anteriores, en sus respectivos casos, atendiendo a determinadas circunstancias:

a) Cuando la víctima sea *especialmente vulnerable, por razón de su edad, enfermedad, discapacidad o situación*.
b) Cuando, para la ejecución del delito, el responsable se *haya prevalido de una relación de superioridad o parentesco*, por ser ascendiente, descendiente o hermano, por naturaleza o adopción, o afines, con la víctima.
c) Cuando, para la ejecución del delito, el responsable se hubiera *prevalido de su condición de autoridad, agente de ésta o funcionario público*. En este caso se impondrá, además, una pena de inhabilitación absoluta de seis a doce años.

d) Cuando *el culpable hubiere puesto en peligro, de forma dolosa o por imprudencia grave, la vida o salud de la víctima.*

e) Cuando los hechos se hubieren cometido por *la actuación conjunta de dos o más personas.*

f) Cuando el culpable perteneciere a una *organización o asociación*, incluso de carácter transitorio, que se dedicare a la realización de tales actividades.

C) *Regla concursal*

El **artículo 188.5 CP** contiene una cláusula concursal, a mi juicio redundante, para el caso en que además de estos delitos se produzcan otros atentados contra la libertad e indemnidad sexuales, castigándose, además, por estos últimos (concurso ideal de delitos).

3. Captación o utilización de menores o personas discapacitadas necesitadas de especial protección en espectáculos exhibicionistas o pornográficos y elaboración de material pornográfico en el que hayan intervenido los mismos (art. 189 CP)

A) *Tipo básico*

En primer lugar, el legislador castiga con pena de prisión de uno a cinco años, la **captación o utilización de menores o personas discapacitadas necesitadas de especial protección** en espectáculos exhibicionistas o pornográficos, tanto públicos como privados, o para **elaborar** cualquier clase de **material pornográfico**, cualquiera que sea su soporte, o **financiare** cualquiera de estas actividades o se **lucrare** con ellas [**art. 189.1.*a*) CP**].

En segundo lugar, se castiga con idéntica pena la **producción, venta, distribución, exhibición, ofrecimiento o facilitación** de **producción, venta, difusión o exhibición** por cualquier medio de **pornografía infantil,** en cuya elaboración hayan sido utilizados **menores** o personas con discapacidad necesitadas de especial protección [**art. 189.1.*b*) CP**].

> **Ejemplo**: Mediante el programa Emule, y a través de la carpeta de «incoming» compartía y distribuía intencionalmente los múltiples archivos que tenía alojados en el disco duro del ordenador y en otros soportes con imágenes y vídeos de pornografía infantil (ATS de 22 de abril de 2010, Ponente: Saavedra Ruiz). STS, Sala Segunda, de 10 de diciembre (Ponente: Maza Martín).

Finalmente, también se castiga la **posesión** de material pornográfico con dichos fines, aunque aquél tuviere su origen en el extranjero o fuere desconocido [**art. 189.1.*b*) CP**] (vid. Consulta 3/2006, de la Fiscalía General del Estado).

La LO 1/2015 ha incorporado una definición de «pornografía infantil» (Bauer Brönstrup), conforme a la cual se entiende por tal:

> *a*) Todo material que represente de manera visual a un menor o una persona con discapacidad necesitada de especial protección participando en una conducta sexualmente explícita, real o simulada.
>
> *b*) Toda representación de los órganos sexuales de un menor o persona con discapacidad necesitada de especial protección con fines principalmente sexuales.
>
> *c*) Todo material que represente de forma visual a una persona que parezca ser un menor participando en una conducta sexualmente explícita, real o simulada, o cualquier representación de los órganos sexuales de una persona que parezca ser un menor, con fines principalmente sexuales, salvo que la persona que parezca ser un menor resulte tener en realidad dieciocho años o más en el momento de obtenerse las imágenes.
>
> *d*) Imágenes realistas de un menor participando en una conducta sexualmente explícita o imágenes realistas de los órganos sexuales de un menor, con fines principalmente sexuales [vid. art. 2.*c*) de la Directiva 2011/93/UE].

Sujetos. **Sujeto activo** puede ser cualquiera (delito común) que utilice a los menores para tales fines, o que los financie. **Sujeto pasivo** serán los menores o **personas discapacitadas necesitadas de especial protección.**

B) *Tipos agravados*

Se impondrán las penas de prisión de cinco a nueve años para las conductas del apartado 1, cuando concurra alguna de las siguientes **circunstancias**:

a) Cuando se utilice a **menores de dieciséis años**.

b) Cuando los hechos revistan un **carácter particularmente degradante o vejatorio**.

c) Cuando el material pornográfico represente a menores o a personas con discapacidad necesitadas de especial protección que sean **víctimas de violencia física o sexual** (SAP Valladolid, de 19 de marzo de 2014, Ponente: MARTÍNEZ GARCÍA).

d) Cuando el culpable hubiere **puesto en peligro, de forma dolosa o por imprudencia grave, la vida o salud** de la víctima.

e) Cuando el material pornográfico fuera de **notoria importancia**.

f) Cuando el culpable perteneciere a una **organización o asociación**, incluso de carácter transitorio, que se dedicare a la realización de tales actividades (STS, Sala Segunda, de 20 de septiembre de 2006).

g) Cuando el responsable sea **ascendiente, tutor, curador, guardador, maestro o cualquier otra persona encargada**, de hecho, aunque fuera provisionalmente, o de derecho, del menor o persona con discapacidad necesitada de especial protección, o se trate de cualquier otro miembro de su familia que conviva con él o de otra persona que haya actuado abusando de su posición reconocida de confianza o autoridad.

h) Cuando concurra la agravante de **reincidencia**.

4. Asistencia a espectáculos exhibicionistas o pornográficos en los que participen menores de edad o personas con discapacidad necesitadas de especial protección (art. 189.4 CP)

Esta modalidad ha sido introducida por la LO 1/2015, de 30 de marzo (número 104 del art. único), exigiendo que el autor realiza estas acciones «a sabiendas», previendo la pena de seis meses a dos años de prisión.

5. Adquisición o posesión de material pornográfico infantil o de persona discapacitada necesitada de especial protección para uso propio (art. 189.5 CP)

El legislador castiga con pena de tres meses a un año de prisión o con multa de seis meses a dos años, al que *para su propio uso adquiera o posea pornografía infantil* o en cuya elaboración se hubieran utilizado personas con discapacidad necesitadas de especial protección.

La misma pena se impondrá a quien *acceda a sabiendas a pornografía infantil* o en cuya elaboración se hubieran utilizado personas con discapacidad necesitadas de especial protección, por medio de las *tecnologías de la información y la comunicación.*

Ejemplo: ATS, Sala Segunda, de 22 de abril de 2010 (Ponente: Saavedra Ruiz). Corrupción de menores. STS, Sala Segunda, de 20 de enero de 2015, Ponente: Conde-Pumpido Tourón (aplicación a poseedores y distribuidores).

6. Incumplimiento de deberes de custodia

Finalmente, se castiga con pena de prisión de tres a seis meses o multa de seis a doce meses «al que tuviere bajo su potestad, tutela, guarda o acogimiento a un menor de edad o incapaz, y que, con **conocimiento** de su estado de prostitución o corrupción, no haga lo posible para impedir su continuación en tal estado, o no acuda a la autoridad competente para el mismo fin si carece de medios para la custodia del menor o incapaz» **(art. 189.6 CP)**.

El Ministerio Fiscal promoverá las acciones pertinentes con objeto de privar de la patria potestad, tutela, guarda o acogimiento familiar, en su caso, a la persona que incurra en alguna de las conductas descritas en el apartado anterior.

Nos hallamos ante un delito especial y de **comisión por omisión**, pues el sujeto que tenga bajo su potestad, tutela, guarda o acogimiento al menor de edad o incapaz, no impide que continúe prostituyéndose, una vez tuviere conocimiento de ello.

7. Penalidad para las personas jurídicas

El **artículo 189 bis CP**, redactado por la **LO 5/2010, de 22 de junio**, establece que:

> «Cuando de acuerdo con lo establecido en el artículo 31 bis una **persona jurídica** sea responsable de los delitos comprendidos en este Capítulo, se le impondrán las siguientes **penas**:
> **1. Multa del triple al quíntuple** del beneficio obtenido, si el delito cometido por la persona física tiene prevista una pena de prisión de más de cinco años.
> **2. Multa del doble al cuádruple** del beneficio obtenido, si el delito cometido por la persona física tiene prevista una pena de prisión de más de dos años no incluida en el anterior inciso.
> **3. Multa del doble al triple** del beneficio obtenido, en el resto de los casos.
> Atendidas las reglas establecidas en el artículo 66 bis, los jueces y tribunales podrán asimismo imponer las penas recogidas en las letras *b*) a *g*) del apartado 7 del artículo 33».

8. Otras disposiciones

1. Los jueces y tribunales ordenarán la adopción de las medidas necesarias para la retirada de las páginas web o aplicaciones de internet que contengan o difundan pornografía infantil o en cuya elaboración se hubieran utilizado personas con discapacidad necesitadas de especial protección o, en su caso, para bloquear el acceso a las mismas a los usuarios de internet que se encuentren en territorio español. Estas medidas podrán ser acordadas con carácter cautelar a petición del Ministerio Fiscal.

2. El legislador prevé la posibilidad de imponer las **consecuencias accesorias** previstas en el artículo 129 CP, cuando el culpable perteneciere a una sociedad, organización o asociación, incluso de carácter transitorio, que se dedicare a la realización de tales actividades **(art. 190 CP)**.

3. Finalmente, se reconoce la efectividad de las condenas de un **Tribunal extranjero**, impuestas por delitos comprendidos en este capítulo, siendo equiparadas a las sentencias de los Jueces o Tribunales españoles a los efectos de la aplicación de la circunstancia agravante de **reincidencia**.

VII. DISPOSICIONES COMUNES

1. Perseguibilidad

En virtud de su naturaleza de delitos privados, para proceder por los delitos de agresiones, acoso o abuso sexuales, será precisa *denuncia de la persona agraviada*, de su *representante legal o querella del Ministerio Fiscal*, que actuará ponderando los legítimos intereses en presencia. Cuando la víctima sea menor de edad, persona con discapacidad necesitada de especial protección o una persona desvalida, bastará la denuncia del Ministerio Fiscal. De manera que únicamente la previa denuncia de las personas directamente afectadas legitima la persecución penal, habiendo sido considerados como *condición objetiva de perseguibilidad* (**art. 191 CP**).

2. Perdón del ofendido

El apartado 2 del artículo 191 CP dispone que «En estos delitos el perdón del ofendido o de su representante legal no extingue la acción penal ni la responsabilidad de esa clase».

Conforme con ello, en virtud de lo dispuesto en el artículo 130.1.5.º CP, el perdón como causa de extinción de la responsabilidad penal no tiene eficacia con relación a esta tipología delictiva.

3. La medida de libertad vigilada

El artículo 192 CP dispone lo siguiente:

> «A los *condenados* a pena de prisión por uno o más delitos comprendidos en este Título se les impondrá además la medida de libertad vigilada, que se ejecutará con posterioridad a la pena privativa de libertad. La duración de dicha medida será de cinco a diez años, si alguno de los delitos fuera grave, y de uno a cinco años si se trata de uno o más delitos menos graves. En este último caso, cuando se trate de un solo delito cometido por un delincuente primario, el Tribunal podrá imponer o no la medida de libertad vigilada en atención a la menor peligrosidad del autor».

4. El tipo agravado del artículo 191 CP

El artículo 191 CP dispone que:

> «(2) Los ascendientes, tutores, curadores, guardadores, maestros o cualquier otra persona encargada de hecho o de derecho del menor o persona con discapacidad necesitada de especial protección, que intervengan como autores o cómplices en la perpetración de los delitos comprendidos en este Título, serán castigados con la pena que les corresponda en su mitad superior. No se aplicará esta regla cuando la circunstancia en ella contenida esté específicamente contemplada en el tipo penal de que se trate.
>
> (3) El juez o tribunal podrá imponer razonadamente, además, la pena de privación de la patria potestad o la pena de inhabilitación especial para el ejercicio de los derechos de la patria potestad, tutela, curatela, guarda o acogimiento, por el tiempo de seis meses a seis años, y la pena de inhabilitación para el empleo o cargo público o ejercicio de la profesión u oficio, por el tiempo de seis meses a seis años. A los responsables de la comisión de alguno de los delitos de los Capítulos II bis o V se les impondrá, en todo caso y sin perjuicio de las penas que correspondan con arreglo a los artículos precedentes, una pena de inhabilitación especial para cualquier profesión u oficio, sea o no retribuido que conlleve contacto regular y directo con menores de edad por un tiempo superior entre tres y cinco años al de la duración de la pena de privación de libertad impuesta en su caso en la sentencia, o por un tiempo de dos a diez años cuando no se hubiera impuesto una pena de prisión atendiendo proporcionalmente a la gravedad del delito, el número de los delitos cometidos y a las circunstancias que concurren en el condenado».

5. Responsabilidad civil

En las sentencias condenatorias por delitos contra la libertad sexual, además del pronunciamiento correspondiente a la responsabilidad civil, se harán en su caso, los que procedan en orden a la filiación y fijación de alimentos (art. 193 CP).

6. Prescripción

Con relación a la prescripción de los delitos, el artículo 132.1 contiene una disposición conforme a la cual, cuando la víctima sea un menor de edad la prescripción se computará a partir de la fecha de la mayoría de edad o de la fecha de fallecimiento. Es evidente que esta norma resulta aplicable a los delitos de abusos sexuales sobre menores de trece años, y a otros delitos sexuales en los que la edad sea elemento típico.

7. Régimen de la suspensión de la condena y tercer grado

Con relación a la suspensión de la condena, el artículo 83.1 del Código penal la condiciona a que el condenado no se acerque a la víctima o se comunique con ella y sus familiares:

> «Si se tratase de delitos cometidos contra la libertad e indemnidad sexual de menores de dieciséis años, castigados con pena superior a cinco años, el apartado 2 del artículo 36 CP prevé un período de seguridad mediante la exigencia de cumplimiento, de al menos, la mitad de la condena antes de poder obtener la calificación en tercer grado».

8. Principio de justicia universal

El artículo 23.4 LOPJ, considera que:

> «Igualmente, será competente la jurisdicción española para conocer de los hechos cometidos por españoles o extranjeros fuera del territorio nacional susceptibles de tipificarse, según la ley española, como alguno de los siguientes delitos cuando se cumplan las condiciones expresadas:
>
> *k*) Delitos contra la libertad e indemnidad sexual cometidos sobre víctimas menores de edad, siempre que:
>
> 1.º el procedimiento se dirija contra un español;
>
> 2.º el procedimiento se dirija contra ciudadano extranjero que resida habitualmente en España;
>
> 3.º el procedimiento se dirija contra una persona jurídica, empresa, organización, grupos o cualquier otra clase de entidades o agrupaciones de personas que tengan su sede o domicilio social en España; o,
>
> 4.º el delito se hubiera cometido contra una víctima que, en el momento de comisión de los hechos, tuviera nacionalidad española o residencia habitual en España».

9. Consecuencias accesorias

Artículo 194 CP: «En los supuestos tipificados en los capítulos IV y V de este Título, cuando en la realización de los actos se utilizaren establecimientos o locales, abiertos o no al público, podrá decretarse en la sentencia condenatoria su clausura temporal o definitiva. La clausura temporal, que no podrá exceder de cinco años, podrá adoptarse también con carácter cautelar».

Cuestionario de repaso:

1. Para apreciar el delito de agresión sexual (art. 178 CP) en la modalidad básica, ¿es necesario el contacto corporal?
2. ¿Cuál es la diferencia entre la intimidación y el prevalimiento?
3. Atendiendo a los sujetos, ¿cómo se configura el delito de acoso sexual cualificado?
4. ¿Tiene eficacia el consentimiento del menor de dieciséis años en los delitos de abusos sexuales?
5. En los delitos de pornografía infantil, ¿es punible la pornografía virtual?, ¿la tenencia para el propio consumo?
6. En los delitos contra la libertad e indemnidad sexuales, ¿tiene alguna eficacia el perdón del ofendido?

LECCIÓN 12.ª

EL DELITO DE OMISIÓN DEL DEBER DE SOCORRO

CARMEN REQUEJO CONDE

I. TIPO GENERAL DE OMISIÓN DEL DEBER DE SOCORRO (ART. 195)

En el Título IX del Libro II del Código penal se tipifica el delito de omisión del deber de socorro, en los artículos 195 y 196. El artículo 195 prevé el tipo común, la omisión de socorro general; el artículo 196 tipifica el tipo especial, el del profesional sanitario.

Artículo 195: «El que no socorriere a una persona que se halle desamparada y en peligro manifiesto y grave, cuando pudiere hacerlo sin riesgo propio ni de terceros, será castigado con la pena de multa de tres a doce meses.

En las mismas penas incurrirá el que, impedido de prestar socorro, no demande con urgencia auxilio ajeno.

Si la víctima lo fuere por accidente ocasionado fortuitamente por el que omitió el auxilio, la pena será de prisión de seis meses a dieciocho meses y si el accidente se debiere a imprudencia, la de prisión de seis meses a cuatro años».

1. CONCEPTO. MODALIDADES TÍPICAS

El delito general de omisión del deber de socorro comprende **tres modalidades**: omisión de socorro **personal**, omisión de **petición** de auxilio, y omisión de socorro a **víctima de accidente**, cuando la víctima lo fuere por accidente ocasionado fortuitamente por el que omitió el auxilio, o cuando el accidente se debiera a imprudencia.

Comete delito de omisión del deber de socorro quien deja de prestar o pedir el auxilio debido a una persona que se encuentra en una situación de desamparo, con grave y manifiesto peligro para su vida o integridad física. El desamparo puede deberse a distintas causas, pero muchos son los casos en los que se produce con ocasión de la conducción de un vehículo a motor y de un accidente de circulación.

> De hecho, el artículo 537 del Código penal de 1928 castigaba al automovilista, motorista, conductor de un vehículo, ciclista o jinete que dejaba en estado de abandono sin prestarle o facilitarle asistencia a aquel al que le había causado la muerte o lesionado por imprevisión, imprudencia o impericia. Posteriormente, la Ley sobre Uso y Circulación de Vehículos a Motor de 9 de mayo de 1950 castigó en su artículo 5 con una pena de prisión menor y multa de 1.000 a 10.000 pesetas «al conductor de un vehículo de motor que no auxiliare a la víctima por él causada». Más tarde, sería la Ley de 24 de diciembre de 1962 la que establecería con nombre propio la figura de la omisión del deber de socorro en el tráfico rodado, en su artículo 7, ampliando notablemente la conducta punible. Después, estos delitos pasarían por mor de la Ley de 8 de abril de 1967 a incorporarse al Código penal de 1944 en el artículo 489 bis, advirtiendo el legislador que «la persistencia y continuidad con que se producen los delitos cometidos con ocasión del tránsito de automóviles y su indudable semejanza con otros previstos en el Código penal aconsejan la conveniencia de su inserción en el principal texto punitivo».

2. Bien jurídico: el concepto de solidaridad humana

Tradicionalmente, la jurisprudencia ha puesto de manifiesto que aunque el bien jurídico protegido de forma inmediata por la norma penal es la **solidaridad humana,** o los deberes cívicos más elementales, de forma mediata los bienes que se protegen no son otros que la vida y la integridad física (así, por ejemplo, las SSTS de 23 de febrero de 1981, 27 de noviembre de 1982, 9 de mayo de 1983, 18 de enero de 1984, 4 de febrero y 13 de marzo de 1987, 16 de mayo y 5 de diciembre de 1989, 25 de enero, 30 de abril y 16 de mayo de 1991, 3 de mayo de 1997 y 11 de noviembre de 2004). Esta posición se mantiene actualmente en sentencias como la del TS de 28 de enero de 2008, al indicar que los delitos de omisión del deber de socorro sancionan genéricamente una conducta insolidaria que se concreta en supuestos de peligro manifiesto y grave para la vida o la integridad física, y que vendrían caracterizados por los siguientes **elementos**:

1.º Una conducta omisiva sobre el deber de socorrer a una persona desamparada y en peligro manifiesto y grave, es decir, alguien que necesite protección de forma clara, patente y conocida, sin riesgos propios o de un tercero para quien presta dicha ayuda, como pueda ser la posibilidad de sufrir lesión o perjuicio desproporcionado en relación con la ayuda que necesita.
2.º Una repulsa por el ente social de la conducta omisiva del agente.
3.º Una culpabilidad constituida no solamente por la conciencia del desamparo de la víctima y la necesidad de auxilio, sino además por la posibilidad del deber de actuar.

La conducta es aún más reprobable cuando quien omite el deber de socorro ha provocado el accidente que ha creado la situación de desamparo. Ante un accidente causado por el omitente, la exigencia social de solidaridad se ve aún más reforzada con la sanción penal, si llega a obviarse la prestación de ayuda que se impone a cualquier persona que independientemente de sus conocimientos profesionales pueda aportar auxilio a quien se encuentre en grave peligro, convirtiéndose este deber en un deber intensificado de solidaridad, principal, primario e intransferible (STS de 11 de noviembre de 2004).

Sujeto activo del delito de omisión de socorro será la persona que no socorre a la que se halle desamparada y en peligro manifiesto y grave, cuando pudiere hacerlo sin riesgo propio ni de terceros, y también quien impedido de prestar socorro no demandare con urgencia auxilio ajeno. El obligado a socorrer a otro no tiene obligación de ayudar al desamparado más allá de sus posibilidades, y no cesa en su deber hasta que desaparezca la situación de peligro grave, por ejemplo, con la intervención de terceros, o con la conciencia del fallecimiento del necesitado. Los ciudadanos conforme a la ley tienen la obligación de prestar ayuda a quienes se encuentren en situación de desamparo, de detenerse, mantener la seguridad en el tráfico, avisar a las Autoridades y asistir a los heridos, según se dispone en la *Ley de Tráfico, Circulación de Vehículos a Motor y Seguridad Vial*, aprobada por Real Decreto 6/2015, de 30 de octubre, y en el *Reglamento General de Circulación*, aprobado por Decreto 1428/2003, y modificado por el Real Decreto 1055/2015. Una infracción administrativa en materia de seguridad vial que se ha tachado de insuficiente en el marco del Derecho administrativo sancionador (BLANCO LOZANO) y que se ve reforzada penalmente con la tipificación del delito.

3. LA SITUACIÓN DE PELIGRO MANIFIESTO Y GRAVE CON DESAMPARO DE LA VÍCTIMA

Característica del delito de omisión del deber de socorro es la existencia de una **situación de peligro grave y manifiesto**, con desamparo de la víctima, que debe ser externa y cercana, debiendo el autor encontrarse o estar presente en el lugar del accidente y en inmediata proximidad, o ser requerido de viva voz y de forma fidedigna, y que puede tener su origen en diversas situaciones:

1. Peligro por **enfermedad**, debiendo este extremo ser percibido por el omitente.

> **Ejemplo**: La STS de 16 de junio de 2008 absuelve al acusado por desconocimiento de la situación de peligro, un agente que custodiaba a un detenido que falleció por una cardiopatía que ni siquiera era conocida por la propia familia, quien después de visitarlo no solicitó la presencia de un médico que lo atendiera, pues «ni el hecho de reaccionar de forma extravagante ante la privación de libertad, ni los vómitos de textura similar al agua previamente ingerida, hacían suponer que la desdichada víctima se hallara en peligro manifiesto y grave, hasta el punto de estar viviendo las últimas horas de su vida».

2. Situación de peligro por **intento de suicidio**, sobre todo si la situación de dominio escapa ya al control del suicida, o autopuestas en peligro, cuando se ha llegado a perder la conciencia y no existe posibilidad de prestar voluntad alguna, o cuando se trata de situaciones de riesgo disparado no asumidas inicialmente, o la víctima expresamente solicita la ayuda (STS de 16 de mayo de 1989).

Sobre este extremo existen diferentes posturas doctrinales: desde las que consideran irrelevante el origen voluntario o involuntario del peligro, siendo lo importante la situación de riesgo de la víctima; las que admiten el desamparo basado en la indisponibilidad de los bienes jurídicos en juego (vida e integridad física); o las que niegan la situación de peligro cuando la víctima consciente, libre y responsablemente rechaza la afectación de los bienes y se opone a la ayuda (ARÁUZ ULLOA).

3. Situación de peligro derivada de **haber sido víctima de un delito**. Debe tratarse de un delito ya cometido. Cuando se trate de un delito inminente o de próxima comisión (una conspiración de asesinato) o de un delito que se está actualmente cometiendo (como sucede en los delitos permanentes o habituales, como la detención ilegal, el secuestro o el maltrato) y de conocimiento del omitente, vendría en aplicación el artículo 450, esto es, el delito de impedir la comisión de delitos o denunciarlos a la Autoridad, una omisión de denuncia o ayuda que lesiona el deber de colaboración con la justicia (SAP de Alicante de 14 de mayo de 2008, SAP de Madrid de 19 de julio de 2002). Su límite mínimo vendría delimitado por la preparación del delito («*próxima comisión*») del que tiene conocimiento el omitente de la ayuda, mientras que su límite máximo estaría en la finalización de la consumación («*actual comisión*»). Una vez finalizada, la omisión de la ayuda por tercero a la persona desamparada sí podrá constituir el delito del artículo 195.

Ejemplo: La STS de 29 de diciembre de 1994 castiga por omisión de socorro y no por el artículo 450 la acción de alejarse de la víctima que acababa de ser agredida con un estilete, descartando el concurso real entre ambas infracciones (también la STS de 31 de diciembre de 1985). La no colaboración con la justicia una vez realizado el delito y ya iniciado el procedimiento penal sí puede constituir un delito de obstrucción a la justicia o incluso en su caso un falso testimonio (arts. 463 y 458).

El delito puede haber sido cometido incluso por el propio omitente, aunque no de forma dolosa, lo que le colocaría en posición de garantía. Cuando el delito cometido fuese en defensa propia para repeler o evitar por ejemplo el ataque de la víctima posteriormente desamparada, es discutible si subsiste para el defensor un deber de auxilio al agresor herido sin posibilidad ya de retomar la agresión, pues en otro caso la ayuda puede no ser necesaria o quedar el omitente exento de culpa por encontrarse bajo un estado emocional de miedo o pánico de latencia o reviviscencia de la agresión. Los delitos dolosos contra la vida o integridad física excluyen el deber posterior de socorro por el autor de los mismos, incluso cuando puedan haber sido cometidos bajo eximentes incompletas o atenuantes, salvo que estemos ante posiciones de garantías concretas (policías, bomberos).

4. Situación de peligro **por accidente**, sea culpable quien se encuentra en situación de peligro o lo sea un tercero, pues si el accidente es causado u ocasionado por el omitente, se realiza entonces la modalidad agravada de omisión del deber de socorro. La comisión dolosa del accidente por el omitente excluiría pues la imputación por delito de omisión de socorro.

a) Omisión de socorro personal y omisión de petición de auxilio (art. 195.1 y 2).

Se trata de un delito con las siguientes características: es un delito de **omisión pura**, consistente en un no hacer algo; es un delito carente en sí de resultado; es un delito que infringe una norma **imperativa** que obliga a actuar; es un delito que supone un incumplimiento de un deber **genérico** de intervenir mostrándose insolidario; y es un delito en el que la situación de peligro ha sido encontrada por el omitente como un **mero espectador**.

Aunque la modalidad de omisión de petición de auxilio es subsidiaria de la primera, omisión de auxilio propio, *de lege ferenda* se ha propuesto no castigar a quien pudiendo prestar personalmente el auxilio opte por demandar con urgencia el auxilio ajeno (BLANCO LOZANO).

b) Omisión de socorro a víctima de accidente ocasionada o causada por el omitente (art. 195.3).

Presupuesto de esta modalidad agravada de omisión de socorro es una situación de peligro ocasionada por el omitente, como participante del accidente, pero sin culpa, en virtud de una relación de causalidad material, que no jurídica (SAP de Barcelona de 5 de diciembre de 1997, STS de 29 de mayo de 1990). O bien se trata de una situación de peligro causada imprudentemente por el omitente, como culpable de la situación de peligro. En ambas, el omitente causante se coloca en posición de garantía, según el artículo 11 CP por injerencia previa mediante una acción u omisión precedentes, puesto que quien crea un riesgo está obligado a evitar que se transforme en un daño, y si no evita el daño que sobrevenga a consecuencia del peligro, ha de responder de él. Ésta es una de las fuentes de las que nace la posición de garantía, junto a otras a las que de una manera ejemplificativa se refiere el artículo 11. En estos casos, el omitente puede responder además en comisión por omisión del daño que sobrevenga a consecuencia del peligro creado con la omisión (muerte o agravación de una lesión). El delito del artículo 195.3 presenta de este modo los mismos elementos que la modalidad anterior, la del tipo básico, salvo el hecho de ser característica de él que la situación de peligro haya sido ocasionada o causada por el omitente como un **participante o causante**. Esto le coloca en una posición de garantía respecto a un eventual delito causado a consecuencia de su no intervención o ayuda a la víctima, y que será imputable en comisión por omisión, pudiendo entrar en concurso con el delito de omisión de socorro, tipo básico o tipo agravado. Es pues un delito cometido en comisión por omisión, que consiste en un no hacer positivo; que tiene un resultado de muerte o lesiones (siendo equiparable por ley la acción a la omisión); y un delito en el que se infringe una norma prohibitiva (se le prohíbe al garante causar daños al bien jurídico). La aplicación de una modalidad u otra del delito de omisión de socorro o del posterior delito de homicidio o lesiones en comisión por omisión dependerá finalmente de la existencia de posiciones de garantías específicas o concretas (por ley o contrato), o de posiciones de garantía genéricas o abstractas (funciones de vigilancia, control o supervisión hacia personas que se encuentran en un ámbito de actuación o espacio público: SAP de Madrid de 12 de febrero de 2002, vigilantes de seguridad, o SAP de Sevilla de 2 de noviembre de 2006 y STS de 21 de diciembre de 1981, en el caso de los médicos).

Tradicionalmente la generalización de los accidentes de circulación en los años sesenta y la sectaria legislación de seguridad vial llevaron a una interpretación jurisprudencial del delito de omisión de socorro agravado como **un delito de fuga**, donde «lo trascendente no era sólo la falta de socorro a quien lo necesitaba con urgencia precisamente por culpa del agente, sino la ausencia o evasión de éste con el fin de evitar [...] su identificación y la rendición de cuentas consiguiente» (SSTS de 23 de abril de 1975, 3 de junio de 1977, 25 de julio de 1990), lo que lo emparentaba con un delito contra la Administración de justicia, en una relación similar a la que puede existir por ejemplo entre el delito de conducción bajo los efectos del alcohol y el delito de negativa a someterse al control de alcoholemia para su comprobación. Desde este punto de vista, llegó a entenderse como un delito independiente del tipo básico, o dotado de cierta autonomía técnica y práctica por su deber de especial intensidad, con diferencias cualitativas respecto al simple deber genérico de solidaridad para con los demás.

El origen del peligro y la posición de garantía determinan pues la sanción aplicable, siendo la obligación de auxilio en estos casos «***personalísima, primaria y principal***», un deber esencial, intransferible, ineludible y prioritario de socorrer, que sólo cesa «cuando se cerciore debidamente, y además sea una realidad, que los auxilios sanitarios y médicos están actuando con más eficacia de lo que él podía hacer a favor del herido desvalido», incurriendo en el delito aquel que se abstenga de prestar un auxilio más eficaz que el que la víctima ya reciba de terceros. Así se ha definido por la jurisprudencia desde sentencias tradicionales (SSTS de 21 de enero y 4 de marzo de 1977, 9 de febrero y 2 de diciembre de 1978, 23 de octubre de 1981, 10 de mayo de 1985), hasta las más modernas: «no cabe excluir la comisión de un delito de omisión del deber de socorro porque el hecho se produjese en presencia de terceros; ello no elimina la situación de desamparo de la víctima [...] pues el deber de prestar auxilio a la víctima de un accidente de circulación originado por el propio conductor constituye una obligación personalísima de éste, de lo que no queda liberado por más que pudieran existir otros sujetos capaces de prestar la atención necesaria, deber que sólo cesa cuando exista la certidumbre de que el auxilio, en la medida que él mismo pudiera proporcionarlo, ya ha sido prestado» (SAP de Alicante de 16 de junio de 2008).

A su vez, y en una línea opuesta a la jurisprudencia, ha existido un planteamiento doctrinal sobre el ámbito de aplicación del tipo agravado e incluso sobre la misma razón de su tipificación, en concreto sobre si el tipo agravado de omisión de socorro debe conformarlo sólo el accidente fortuito, el imprudente, o ambos. Al respecto, encontramos distintas posiciones en la doctrina: unas posiciones **dualistas** que admiten los dos, tanto el accidente fortuito como el accidente imprudente a cuya víctima no se auxilia, como formas agravadas de omisión del deber de socorro. Otras que admiten sólo el **accidente fortuito**, por una interpretación gramatical del término «accidente», que dejaría el accidente imprudente para los eventuales delitos de resultado en comisión por omisión. Otras posiciones que excluyen al accidente fortuito reconduciéndolo al tipo básico. Y otras **que excluyen ambas modalidades**, la del accidente fortuito, por atentar contra el principio de culpabilidad, y la del accidente imprudente, por poder quedar absorbido en el castigo por el previo accidente imprudentemente causado o en el delito posteriormente realizado a consecuencia de la falta de auxilio. A su vez, se han barajado distintas calificaciones del concurso entre el delito de omisión de socorro y el delito de resultado en comisión por omisión, tanto de concurso de leyes como de delitos.

Los **fundamentos doctrinales** a favor de incluir dentro del tipo agravado los casos de accidente fortuito e imprudente han sido de varios órdenes:

1. Algunas sentencias entendían aplicable el tipo agravado de omisión del deber de socorro al omitente del accidente fortuito ocasionado por él mismo, en virtud de una relación de **causalidad material y mecánica**, aunque no jurídica (SAP de Barcelona de 5 de diciembre de 1997, SSTS de 29 de mayo de 1990, de 6 de octubre de 1999, o de 31 de mayo de 1982, por pérdida de líquido de frenos no imputable al conductor), o incluso por culpa de la víctima. Se indica, en este sentido, que «no importa el que la víctima fuera o no culpable en el accidente, ni siquiera que ella tuviera incluso voluntad de autolesionarse o de quitarse la vida. Ninguna de estas circunstancias puede eximir a quien produce el suceso causante de esos daños respecto de su deber de auxilio inmediato con todos los medios a su alcance. [...] Precisamente, para huir de tales implicaciones relativas al concepto de culpa con referencia al suceso inicial la Ley utiliza unos términos totalmente asépticos en este sentido cuando habla de "accidente ocasionado por el que omitió el auxilio debido"». No es pues relevante la conducta precedente infractora del omitente, sino que lo que permite agravar la pena es que se haya interpuesto una condición causal de curso imprevisible. En consecuencia, existe la necesidad de agravar la omisión de socorro «tanto a quien atropella como a quien agrava las lesiones (fortuitamente en este caso) por virtud de un segundo contacto con el cuerpo de la víctima, de modo que, se insiste, aun cuando cupiese dudar de si la furgoneta del acusado fue la única que contactó con el cuerpo de la víctima, o si hubo otro automóvil que causó el primer impacto, en todo caso surgiría para el acusado un especial deber de socorro» (STSJ de Andalucía de 5 de abril de 2002).

Frente a ello, otro sector de la jurisprudencia indicaba que cada acción es un factor causal que dispara una cadena de efectos que tiende virtualmente al infinito. Y en esa línea la STS de 13 de mayo de 1981 condenaba por el tipo básico de omisión de socorro y no por el tipo agravado al acusado que cuando conducía su coche fue adelantado de modo inadecuado por otro vehículo que le alcanzó en el costado izquierdo, como consecuencia de lo cual se salió de la calzada y cayó por un desnivel, dando varias vueltas de campana, resultando lesionados todos sus ocupantes. El conductor del primer vehículo omitió socorrerles. El TS argumentó con que «no se ve la posibilidad de penarla [...] en el tipo agravado de omisión de socorro a la víctima, so pena de una interpretación extensiva y desajustada de los preceptos penales, pues ni el procesado ocasiona, ni es causa del accidente, muy por el contrario se expuso, por causa ajena a ser víctima del mismo, y se limitó a presenciarlo [...], participa pasivamente en el accidente [...] ni tiene la relevancia jurídica que se pretende, ni es determinante de la causalidad del accidente».

2. Conscientes de la deficiencia de este primer criterio, cierta corriente doctrinal acudió al concepto de la **proximidad social,** que no espacial, a la fuente de peligro o al titular del bien jurídico, de manera que cuando se entra en la esfera jurídico-social de la víctima existe un **deber intensificado** de auxiliarla (SILVA SÁNCHEZ). Y este mayor deber de auxilio se fundamenta a su vez en un concepto de solidaridad intensificada del conductor que ocasiona un accidente fortuito y no auxilia a su víctima. Existen en este sentido unos deberes de solidaridad mínima, y otros deberes de solidaridad cualificada, y a estos últimos pertenecen los derivados de las conductas de riesgo como las desarrolladas en el tráfico vial, un riesgo proveniente de una actividad en sí misma peligrosa, pero una peligrosidad permitida dentro de ciertos límites, que convertiría en autor o *intraneus* del tipo agravado de omisión de socorro o al menos de un tipo intermedio al que se ve involucrado en un accidente fortuito y no auxilia a su víctima, al tratarse de una conducta lícita pero imputable por una responsabilidad por riesgo u «objetiva».

La jurisprudencia ha acudido en ocasiones a la teoría de la imputación objetiva para fundamentar la responsabilidad por el tipo agravado de omisión del deber de socorro (STS de 5 de abril de 1983, SAP de Barcelona de 3 de noviembre de 1995): se aplica el tipo agravado al omitente de auxilio a la víctima de accidente ocasionado fortuitamente por él cuando quepa imputar objetivamente el hecho, como le sucede a quien conduce sin habilitación legal por el casco urbano y sufre un accidente atropellando a una niña que sale inesperadamente corriendo tratando de cruzar la calle de izquierda a derecha, siendo alcanzada por la motocicleta y sufriendo lesiones. Junto a la causalidad, «empíricamente constatable», se requiere «una categoría puramente normativa: la imputación objetiva, es decir que mediante criterios extraídos de la interpretación de la esencia y función del tipo de injusto, se pueda afirmar desde el punto de vista jurídico penal, que un resultado es objetivamente atribuible, imputable, a una acción». Aplicando los criterios de la teoría de la imputación objetiva del resultado, causalidad, adecuación, relevancia, realización del peligro inherente a la acción, incremento o disminución del riesgo, o fin de protección de la norma, es evidente la causalidad física, material u ontológica, la niña y el motorista que se desplazan en direcciones convergentes poniendo cada uno una condición necesaria para el resultado. Especialmente en los accidentes de tráfico en los que la víctima es un peatón, la situación es siempre de **manifiesta vulnerabilidad** y de manifiesto aumento del riesgo para su persona, lo que justifica la imputación objetiva al conductor por el tipo agravado de omisión de socorro, que se excluye sólo en casos de autolesión o imprudencia grave de la víctima (DOPICO GÓMEZ-ALLER).

Mas modernamente, parte de la doctrina se ha mostrado bastante contraria a agravar la pena del delito de omisión de socorro en función del origen del peligro, sobre todo desde la reforma del Código penal por la Ley Orgánica 15/2003, que aumentó la pena del tipo cualificado elevando su límite máximo, tanto cuando el origen del accidente es fortuito para el omitente (de un año pasó a dieciocho meses), como cuando es imprudente (se duplicó pasando de dos a cuatro años, alcanzando así el límite máximo del homicidio imprudente), y eliminando en ambos casos la multa. Varias eran las razones para ello: primero, porque puede resultar contrario al **principio de culpabilidad** agravar la pena al omitente de auxilio a la víctima de accidente ocasionado fortuitamente por él, en base a una «inadmisible cualificación por el resultado a la inversa» (BLANCO LOZANO), en la medida en que se trata de causas ajenas al autor, sobre todo si lo comparamos con el tipo básico, en el que el omitente es un mero espectador del peligro, que está castigado con pena de multa, y que ha quedado convertido con la reforma de 2015 en un delito leve. Pero también si el accidente se causó de forma imprudente por el omitente, al ser ya factible penar esta imprudencia por sí misma, obviándose en este caso el **principio *non bis in idem***, si la imprudencia se valorase de nuevo para agravar la pena del delito de omisión del deber de socorro. Y porque, además, puede quebrarse el **principio de proporcionalidad**, si comparamos la pena del delito de lesiones atenuadas dolosas y consumadas del artículo 147.2 causadas por una acción, multa de uno a tres meses (tras la reforma de la Ley Orgánica 1/2015), con la omisión de socorro previo accidente fortuito causante de lesiones similares, que se castigaría con una pena única de prisión muy superior, de seis a dieciocho meses, cuando el autor sólo se da a la fuga en un accidente realizado sin culpa de su parte. Pero incluso, el tipo agravado de omisión de socorro a víctima de accidente fortuito, y también imprudente, en la medida en que existe una posición de garantía en virtud de la injerencia, permitiría el concurso con el delito de resultado que sobreviniera, no por la acción previa, sino por la omisión posterior, la falta de auxilio, y a su vez, como se ha indicado, en el caso de imprudencia con el delito de resultado previamente causado.

Sobre los límites de los artículos 11 y 195.3, la doctrina ha mantenido pues **diversas posiciones**: *a*) Considerar que toda acción precedente, fortuita o imprudente, que origina un peligro y un daño posterior al bien jurídico puede generar una responsabilidad a título de comisión por omisión. *b*) Que la comisión por omisión debe reservarse para la conducta precedente dolosa, dejando la omisión de socorro agravada para la acción precedente injerente fortuita o imprudente. *c*) Que sólo una acción precedente ilícita y contraria a deber puede fundamentar una responsabilidad a título de comisión por omisión, sin que pueda llegar a tener nunca el reproche moral que tienen las conductas activas de homicidio o lesiones (STS de 23 de octubre de 1993). *d*) Que no toda acción precedente puede generar siempre responsabilidad a título de comisión por omisión (principio del *versari in re illicita*), sino un delito de omisión pura agravado, como el del artículo 195.3, posición ésta que encontramos en alguna sentencia que considera subsidiario el tipo agravado de omisión de socorro para cuando no se produzca un resultado mayormente penado consecuencia de la omisión (STS de 23 de marzo de 1988).

Como consecuencia de ello, se puede concluir que la realización imprudente de un resultado que vaya seguida de una posterior omisión de ayuda a la víctima y un posterior resultado agravatorio por falta de auxilio permitirá imputar una responsabilidad a título de homicidio o de lesiones en comisión por omisión, imputación que puede incluso llegar a ser dolosa, atendiendo al lugar y a la envergadura del accidente así como a las circunstancias de la huida, y que puede entrar en concurso (ideal) con el delito de omisión del deber de socorro agravado. A este concurso puede añadirse teóricamente en concurso real el delito de lesiones imprudentes causadas por la previa acción que origina la posición de garantía por injerencia, aunque quizás lo mejor sea entender que las lesiones previas pudieran quedar absorbidas por la posterior muerte o lesiones agravadas, en tanto la imprudencia es ya valorada en el delito de omisión de socorro del artículo 195.3.

4. Tipo subjetivo

El delito de omisión del deber de socorro es un **delito doloso**, esto es, se precisa «la conciencia del desamparo de la víctima traducido en la necesidad de asistencia médica, y la susceptibilidad, también consciente del deber de actuar» (SAP de Ciudad Real de 26 de mayo de 1999). Aunque es necesario al menos un dolo eventual (STSJ de Andalucía de 5 de abril de 2002), a veces la tipicidad subjetiva ha derivado incluso hacia la admisión de una culpa consciente, tanto en la valoración de la situación de desamparo, de la gravedad de la lesión causada a la víctima y de la necesidad de la intervención, siendo suficiente con que «sea presumible que se ha ocasionado una víctima encontrándose ésta en situación de desamparo», o «darse cuenta de que el accidente ha sido una realidad que puede implicar lesiones o daños en las personas», aunque «no se hallase completamente informado de la existencia y gravedad de las lesiones padecidas por la víctima, o hubiere supuesto infundadamente la innecesariedad de su intervención». No existirá delito, pues, cuando «se demuestre que el autor tenga la certeza moral del fallecimiento de la víctima».

Siendo el dolo elemento del delito, sólo excepcionalmente se podrá admitir el **error** de tipo respecto de la valoración del desamparo de la víctima, de su gravedad, y de la necesidad de intervenir, teniendo en cuenta además que la vencibilidad del error llevará también a la impunidad de la fuga, a falta del tipo imprudente (art. 14.1). El error podría ser apreciable en casos como los siguientes:

Creencia del autor de que **no existe víctima**, ya sea porque no se tenga claro «que aquello con lo que su furgoneta contactó pudo tratarse de un cuerpo humano, prosiguiendo la marcha sin excluir la posibilidad de que allí hubiera una persona en estado de necesidad» (STSJ de Andalucía de 5 de abril de 2002). O bien porque **el omitente no se percate** de la situación de peligro del desvalido, y en este sentido no se apreció por ejemplo el error invencible alegado por el copiloto que yendo dormido decía no haberse apercibido de la fuerte colisión del vehículo en el que viajaba con otro coche que volcó quedando el conductor lesionado y al que no ayudaron (SAP de Ciudad Real de 17 de noviembre de 1999). O bien en tercer lugar, puede el omitente creer que **la víctima ha fallecido**, debiendo existir una certeza moral y haberse comprobado este extremo debidamente, pues «el más primitivo y elemental conocimiento advierte que la simple observación de colocar la mano a la altura del corazón para comprobar sus latidos es insuficiente para formar juicio sobre la muerte de una persona», teniendo en cuenta otras circunstancias como la nocturnidad, que la víctima llevara puesta mucha ropa, o que a pocos metros y próximo a la localidad se hubiera encontrado sin dificultad asistencia médica (STS de 19 de noviembre de 1990). Puede darse además una creencia errónea del autor de que la víctima **ya estaba siendo atendida** (STS de 6 de marzo de 1985), o una creencia errónea del autor de **no ser necesaria una intervención más efectiva:**

> La SAP de Ciudad Real de 26 de mayo de 1999 absolvió en ese sentido a dos toxicómanos del delito de omisión de socorro cuando junto a un tercer toxicómano con el que habían consumido heroína, pastillas de valium y alcohol, lo metieron en la bañera para despejarlo, momento en el que empezó a sentirse mal, a ponerse morado, con sangre en la nariz, saliva en la boca y sin pulso, y lo tendieron en la cama prestándole la asistencia que se dispensa normalmente entre toxicómanos para reanimarlo, tal como habían hecho en ocasiones anteriores. Al ver que se recuperaba lo dejaron dormir hasta comprobar una posterior reacción. Pero tres horas más tarde, la víctima fallecía por un coma etílico.

El **deber específico** del omitente garante o el **deber genérico** del omitente insolidario cesaría con la comprobación de que la víctima tiene sólo lesiones leves, que otras personas con medios más eficaces la atienden, porque por ejemplo se haya avisado ya a la ambulancia y la víctima va a ser atendida inmediatamente (SAP de Burgos de 1 de abril de 1985, SAP de Badajoz de 28 de marzo de 1985); o bien porque ésta haya fallecido (STSJ de Andalucía de 15 de diciembre de 2000). La no comprobación de la muerte efectiva de la víctima dándose a la fuga y dejando un cadáver en la carretera puede ser castigada a través de la modalidad de tentativa inidónea de omisión de socorro, o bien por aplicación del artículo 382 bis, tras la Ley Orgánica 2/2019. En ocasiones, se ha entendido también que puede cesar el deber de ayuda cuando se comprueba la gravedad de las lesiones y la inutilidad de la ayuda.

No habría, pues, acción típica del delito de omisión del deber de socorro cuando el sujeto crea por imprudencia o accidente una situación de peligro y omite sin dolo el auxilio. En cambio, afirmado el dolo de no auxiliar, son indiferentes los motivos o móviles del omitente, si la fuga se debe al temor de ser descubierto por la justicia, o si se trata de su peor enemigo aquel al que ha atropellado. El delito de resultado en caso de daño posterior sobrevenido a consecuencia de la falta de auxilio será además aplicable ante una posición de garantía del omitente, o ante los casos de *dolo subsiguiente* respecto a una acción posterior. Por tanto, un dolo de matar *ab initio* excluye el delito de omisión de socorro aun cuando exista una fuga o desatención a la víctima dejándola malherida, al ser éste un acto posterior impune. Puesto que si existe dolo de matar desde el inicio y se acaba produciendo la muerte, por inasistencia a la víctima, por ocultación del cuerpo, etc., existirá sencillamente un delito de homicidio doloso consumado o de asesinato.

Tratándose de un **dolo *subsiguiente* o sobrevenido**, es más dudosa la comisión del delito de omisión del deber de socorro o su posible absorción en el homicidio cometido.

En una sentencia paradigmática del TS de 21 de diciembre de 1977, el autor atropelló imprudentemente a la víctima, una joven de trece años que viajaba en bicicleta, se dio a la fuga, y volvió horas más tarde para ocultar el cuerpo de la adolescente, aún viva pero inconsciente, transportándolo a un cobertizo, y dejándola allí encerrada varios días para evitar el auxilio de terceros, hasta su muerte. El TS apreciaba un delito de imprudencia temeraria con resultado de lesiones. Pero, indicaba, posteriormente el procesado «inicia una nueva actividad delictiva distinta de la anterior, porque la víctima estaba ya bajo su exclusivo amparo y protección (se refiere a la posición de garantía) y cometió un nuevo delito omitiendo toda clase de protecci6n debida [...] con la previsión de un resultado no querido desde el principio pero mantenido después durante días [...] lo que quiere decir que el dolo de muerte cubrió y se aceptó en toda la actuación ciertamente recusable del procesado». Considera el Tribunal Supremo esta comisión por omisión como hecho autónomo constitutivo de un delito contra la vida, que sumado a su acción anterior, forman una «cocausalidad adecuada o una causalidad añadida o reforzada».

Si bien en este caso las lesiones pueden entenderse absorbidas en el homicidio, sí cabría advertir que en la medida en que es posible el concurso ideal entre una omisión del deber de socorro agravada y un homicidio, imprudente o incluso con dolo eventual cuando por las circunstancias del accidente y de la fuga quepa admitir o asumir la muerte de la víctima, con más razón todavía habría que aplicar ambos delitos cuando es una acción posterior también dolosa la que provoca el fallecimiento, el traslado del cuerpo todavía vivo de la joven al cobertizo para dejarlo allí encerrarlo, debiendo apreciarse entonces un concurso real entre ambos delitos. Así se evita no privilegiar al autor que realiza una acción más reprochable aún, la acción posterior dolosa que acaba con la vida de la víctima, y que hoy día sería además constitutiva de un delito de detención ilegal, e incluso de un asesinato alevoso y con la intención de ocultar un delito anterior, castigado con pena de prisión permanente revisable si se cometiera contra un menor de dieciséis años (como sucedió en este caso).

5. Grado de perfeccionamiento

El delito de omisión del deber de socorro sólo es apreciable en su **forma consumada**. Al tratarse de un delito de omisión pura o de mera actividad, se consuma con el simple hecho de pasar de largo sin prestar auxilio a la víctima que se encuentra desamparada, y en tanto la lejanía espacial puede determinar la imposibilidad de desarrollar la prestación positiva demandada por la situación concreta. Si tenemos en cuenta que sólo el tipo subsidiario exige demandar con «urgencia» auxilio ajeno, pero no la modalidad básica ni el tipo agravado, sería un contrasentido entender que en estos casos en que el sujeto está obligado a prestar socorro personal incluso por estar en posición de garante no debiera hacerlo sin dilaciones, en el momento inmediato en que encuentra al desamparado o cuando se acaba de producir el accidente. La falta de auxilio equivale a la no prestación eficaz cuando ésta ya resulte inútil, siendo todo retraso que impida que la acción de asistencia pueda ser ya prestada o devenga demasiado tardía, constitutiva del delito de omisión de socorro.

Sin embargo, al delito de omisión de socorro se le ha dado «**un cierto margen temporal**», durante el cual sea todavía posible prestar el socorro sin que se entienda consumada la infracción, siempre que haya sido «relativamente urgente». En ese sentido comenzaría la tentativa con la creación o aumento del peligro de que no pueda realizarse a tiempo la acción debida, incluso la tentativa de un delito de resultado si existe posición de garantía del omitente, consumándose cuando ya sea imposible prestar el auxilio. Estas soluciones que optan por retrasar el momento consumativo del delito de omisión del deber de socorro hasta el instante en que pueda prestarse todavía el auxilio o incluso hasta la «definitiva decisión» del omitente, vendrían a considerar esta circunstancia como una especie de desistimiento voluntario y eficaz en una tentativa (art. 16.2), pero serían contrarias a la naturaleza de los delitos de omisión pura y de mera actividad, como es el delito de omisión de socorro.

En este sentido, discutida ha sido también la comisión de una **tentativa inidónea** en el delito de omisión de socorro. Actualmente, y a pesar de la expresa desaparición en el Código penal de 1995, existe un sector doctrinal (GRACIA MARTÍN y SOLA RECHE) y jurisprudencial que admiten la denominada tentativa relativamente inidónea, no ayudar a la persona ya fallecida creyendo que puede estar o seguir viva, distinguiendo a este respecto los casos de tentativa absolutamente inidónea, cuando los medios utilizados en ningún caso podrían producir el resultado ni poner en peligro el bien jurídico, de los casos de tentativa relativamente inidónea, cuando los medios son genéricamente aptos para lesionar o poner en peligro el bien pero no lo son en el caso concreto. Numerosas sentencias admiten que «no está excluida de penalidad la tentativa inidónea relativa», que «no puede considerarse un acto objetivamente inocuo», ya que el término «objetivamente» del artículo 16 del Código penal viene a significar que dentro del plan del autor los actos eran racionalmente aptos para ocasionar el resultado, y que si la «víctima falleció de forma inmediata, este dato es totalmente ajeno e independiente de la voluntad del acusado, ajeno en el sentido de meramente ocasional o circunstancial, por lo demás, ni tan siquiera conocido por el acusado en cuanto se marchó del lugar sin cerciorarse de la situación en que quedaba el sujeto pasivo» (SAP de Ciudad Real de 20 de junio de 2008, SAP de Madrid de 27 de febrero de 2007, SAP de Jaén de 16 de junio de 1998, STSJ de Castilla-La Mancha de 12 de noviembre de 2008, y SSTS de 21 de junio de 1999, 13 de marzo de 2000 y 13 de octubre de 2003, y antes del CP de 1995, también SSTS de 5 de diciembre de 1989, 8 de marzo de 1990, 20 de diciembre de 1991, 13 de octubre de 1992 y 25 de octubre de 1993; en contra SAP de Girona de 7 de junio de 2004 y SAP de Almería de 28 de junio de 2004). De ahí que no existiendo certeza de la muerte y desentendiéndose el autor de la víctima, huyendo y omitiendo el socorro que pueda modificar o influir en el curso de los acontecimientos, éste debe responder penalmente por una responsabilidad ajustada a una peligrosidad demostrada y que causa impresión o conmoción social (SAP de Granada de 11 de julio de 2002), pues ése ha sido precisamente uno de los elementos destacados por la jurisprudencia en la tentativa inidónea, una resolución de delinquir, una actividad tendente a dicho fin, una falta de producción de resultado, por ser los medios inidóneos por su propia naturaleza o porque así lo cree el autor, una conducta no ajena a la órbita del tipo penal, y una antijuridicidad basada en la conmoción social causada (SAP de Asturias de 17 de marzo de 2005). De todos modos, en la actualidad, abandonar a un sujeto pasivo fallecido podría constituir el delito del artículo 382 bis, si se trata de un accidente de tráfico, tipificado como delito de abandono del conductor del lugar del accidente, introducido en el Código penal en 2019.

6. Participación

En el delito de omisión del deber de socorro, al ser un delito de omisión pura o propia, no son admisibles todas las formas de participación. Cabe la **coautoría**, cuando varios sujetos omiten el socorro o conjuntamente ocasionan o causan el accidente, por ejemplo, en el caso del peatón o copiloto no culpables del atropello causado por el autor, que se dan a la fuga sin auxiliar al herido, responderán por el tipo básico de omisión de socorro del artículo 195.1 o 2 (SAP de Asturias de 22 de octubre de 2001, SAP de Madrid de 2003, SAP de Sevilla de 29 de julio de 2005). Al conductor omitente del auxilio, culpable del accidente, se le imputará en cambio el tipo agravado de omisión de socorro. En estos casos de intervenciones plurales la doctrina prefiere hablar de **pluriautoría** más que de coautoría, en tanto no existe un único «codelito», sino tantos delitos de omisión de socorro como autores individuales.

Cabe también apreciar la **inducción** recíproca a omitir el auxilio a la víctima, reforzando uno la actitud insolidaria del otro, refrendando el acompañante la idea de omitir el auxilio del autor, aunque puede tratarse igualmente de una autoría en el delito de omisión de socorro realizado por cada uno más que de una participación de uno en el delito realizado por el otro. Es apreciable, al menos teóricamente, la forma de **autoría mediata**, por ejemplo, cuando un tercero hace creer al conductor que no existe víctima en peligro, o que ya ha fallecido, o impidiéndole bajo amenaza auxiliarla, o el progenitor que realiza por teléfono indicaciones de fuga a su hijo menor para evitar que auxilie a la persona que se había encontrado en situación de peligro. Pero en la praxis, estas formas de autoría carecen de relevancia en el delito de omisión del deber de socorro.

Más difícil es apreciar **una cooperación necesaria o una complicidad** en un delito omisivo: un segundo conductor que tenga conocimiento de que otro atropelló a la víctima y negare el auxilio cometería más bien una autoría de un propio delito de omisión de socorro en su modalidad de tipo básico.

7. Antijuridicidad y culpabilidad

La norma del artículo 195 se adelanta en la descripción del tipo introduciendo un elemento de la antijuridicidad del delito en la descripción típica, al indicar que no debe existir «*riesgo propio ni de terceros*», porque en caso de existir riesgo propio o ajeno al tratar de auxiliar a la víctima, se encontraría el autor ante un **estado de necesidad**, tanto si existe riesgo para la propia vida del omitente (SAP de Asturias de 22 de octubre de 2001), como ante la imposibilidad de auxiliar a dos víctimas a la vez, debiendo tener preferencia aquella de la que sea garante, o bien ante la imposibilidad de realizar una ayuda eficaz, al quedar por ejemplo inutilizado el vehículo del infractor, invitando a otro conductor por ejemplo al auxilio, que en caso de negarse sí incurriría en el delito de omisión de auxilio.

No sería posible en cambio invocar el estado de necesidad justificante en la omisión típica por ejemplo a causa de una persecución por otro vehículo, pues ello «evidencia que el acusado ya había iniciado la huida del lugar del accidente lo que obligó a un tercero a perseguirlo. Por otra parte, aun cuando el tercero intentara recriminar una conducta antijurídica, esa situación no supone que el acusado que recurre corriera un desproporcionado riesgo por realizar la conducta debida, socorrer a la víctima del accidente por él ocasionado» (STS de 11 de noviembre de 2004); ni tampoco por pinchar la rueda del vehículo cuando ya se habían alejado un kilómetro del lugar del accidentado (SAP de Ciudad Real de 17 de noviembre de 1999).

Caben **situaciones exculpantes de miedo o pánico**, por fobias al agua, al fuego, etc. cuando el peligro a la vida de la víctima hubiese sido causado por un delito cometido en defensa propia para repeler o evitar por ejemplo el previo ataque cometido por aquella contra quien le niega después el auxilio, es discutible si subsiste para el defensor un deber de auxilio al agresor herido, pues de ser así, y ser aún la ayuda necesaria, puede el omitente invocar miedo o pánico a una posible reviviscencia o latencia de riesgo de la agresión inicial. De todos modos, el dolo en la comisión del delito cometido en defensa propia impedirá apreciar el delito de omisión de socorro, pudiendo subsistir en su caso un delito contra la Administración de justicia. Asimismo, se ha aplicado la eximente de miedo insuperable en los casos en los que «la situación de temor que indudablemente hubo de mermar las facultades de raciocinio del procesado» le impidieron auxiliar al necesitado, una persona peligrosa y huida de un centro penitenciario que se encontraba bajo los efectos de la heroína, y que le amenazaba con tomar represalias si lo llevaba al hospital y era allí detenido por la Policía (SAP de Cádiz de 27 de febrero de 1990).

Es apreciable la atenuante de **arrepentimiento y reparación del daño** con carácter ordinario, cuando el omitente vuelve hacia atrás y auxilia finalmente a la víctima (SAP de Vizcaya de 14 de abril de 1994), sobre todo cuando la ayuda haya podido en efecto ser prestada, pudiendo aplicarse incluso como atenuante cualificada o ser la acción susceptible de indulto (BLANCO LOZANO). Soluciones que optan por retrasar el momento consumativo de la omisión de socorro hasta el instante en que pueda prestarse el auxilio o incluso hasta la definitiva decisión del omitente, vendrían a considerar esta circunstancia como una especie de desistimiento voluntario y eficaz en una tentativa (art. 16.2), aunque, como se apuntó anteriormente, serían contrarias a la naturaleza de los delitos de omisión pura y de mera actividad, como es el delito de omisión de socorro. En cuanto a la atenuante de **confesión** del hecho a las Autoridades, queda excluida con el solo hecho de presentarse al día siguiente del accidente conductor y acompañante ante la Policía, una vez que ya había sido identificado el vehículo, ni por haberse efectuado el pago por la Compañía de seguros en un estricto cumplimiento de la obligación contractual (STSJ de Castilla-La Mancha de 12 de noviembre de 2008).

Es invocable un **error de prohibición invencible o razonable**: por ejemplo, sujeto que al intentar salvar al que cree que se ahoga y que es arrastrado por la corriente río abajo pide ayuda a un pescador para que le preste su embarcación. La negativa de éste lleva al primero a arrebatarle violentamente la barca, encontrándose con la sorpresa de que al acercarse a la víctima ésta ya había fallecido. Casos como éste deben llevar a eximir de pena del delito de coacciones, lesiones o daños, cometidos por quien intentaba auxiliar a la víctima en aparente situación de peligro, a fin de evitar contradicciones internas del ordenamiento jurídico que se producirían si se castigara por un lado como delito de omisión del deber de socorro la falta de auxilio a la víctima en este caso, pero después por otro no se disculpara o incluso justificara la acción de salvamento intentada cometida en esas circunstancias bajo un error invencible o incluso ante una conducta razonable.

8. Concursos

El tipo agravado de omisión de socorro a víctima de accidente fortuito o imprudente, en la medida en que exista una posición de garantía del omitente, puede entrar en concurso con el delito de resultado que sobreviniera por la omisión posterior, la falta de auxilio, en el siguiente sentido:

1. Accidente de tráfico con resultado de muerte:

— **En el acto:**

a) Omitente como participante de accidente fortuito. El hecho sería atípico por no existir responsabilidad en el accidente y por falta de objeto, aunque podría plantearse la tentativa inidónea de omisión de socorro agravada a víctima de accidente fortuito, o el artículo 382 bis, en el sentido indicado anteriormente.

b) Omitente como causante de accidente cometido por imprudencia. El hecho constituye un homicidio imprudente. No existe omisión del deber de socorro (salvo como tentativa inidónea, si se admite, en los términos indicados, o el art. 382 bis).

c) Omitente como causante de accidente cometido intencionadamente. Se trata de un homicidio doloso o asesinato, siendo la fuga un acto posterior impune.

— **Muerte no inmediata:**

Se trata de un delito de omisión del deber de socorro agravado por ser a víctima de accidente del artículo 195.3, en concurso real con un homicidio imprudente, si el accidente se debió a imprudencia del omitente, y la víctima muere a consecuencia de la acción (el atropello) y no de la omisión (la falta de auxilio).

La SAP de Sevilla de 4 de septiembre de 2006 condena por homicidio imprudente en concurso real con un delito de omisión del deber de socorro en su modalidad agravada al conductor de un vehículo, sin permiso ni seguro, que conducía a más velocidad de la permitida, no deteniéndose cuando dos peatones se disponían a cruzar un paso de peatones, atropellando a uno de ellos mortalmente, que fallece una hora más tarde en el hospital debido a la grave lesión causada en el atropello. Alejado unos metros del lugar del siniestro, el autor observa cómo hay personas atendiendo a la víctima. Por miedo a que lo detengan huye del lugar sin haber sido visto.

2. **Lesión por accidente:**

a) Omitente como participante de accidente fortuito: se trata de un delito de omisión del deber de socorro agravado por ser a víctima de accidente fortuito (art. 195.3).

b) Omitente como causante de accidente cometido por imprudencia: se trata de un concurso real entre unas lesiones imprudentes y un delito de omisión del deber de socorro agravado por ser víctima de accidente imprudente (art. 195.3).

c) Omitente como causante de accidente cometido intencionadamente: los hechos constituyen un delito de lesiones dolosas, o una tentativa de homicidio (o de asesinato), siendo la fuga un acto posterior impune.

3. **Lesión por accidente y posterior muerte por falta de auxilio:**

a) Omitente como participante de accidente fortuito: se trata de un delito de omisión de socorro agravado por ser víctima de accidente fortuito del artículo 195.3, en concurso ideal con un delito de homicidio en comisión por omisión, con dolo eventual o imprudente (art. 11).

b) Omitente como causante de accidente cometido por imprudencia: en este caso se trata de un delito de lesiones imprudentes en concurso real con un delito de omisión de socorro agravado por ser víctima de accidente imprudente del artículo 195.3, y un delito de homicidio en comisión por omisión, con dolo eventual o imprudente, ambos en concurso ideal (art. 11). Es posible la absorción de las lesiones en el homicidio, puesto que la imprudencia previa ya se ha tenido en cuenta en el tipo agravado de omisión de socorro a víctima de accidente imprudente.

c) Omitente como causante de accidente cometido intencionadamente: se trata de un homicidio doloso (o asesinato). La fuga posterior es un acto impune.

El delito de omisión del deber de socorro puede entrar además en concurso con el **delito de impedir la comisión de delitos o de comunicarlo a la Autoridad** del artículo 450: como se indicó anteriormente, si se trata de un delito inminente o de próxima comisión (conspiración de asesinato), o que se está actualmente cometiendo (secuestro) y de conocimiento del omitente, vendría en aplicación por su especialidad el artículo 450, al tratarse de una omisión de denuncia o ayuda que lesiona el deber de colaboración con la justicia (SAP de Alicante de 14 de mayo de 2008, SAP de Madrid de 19 de julio de 2002). Su límite mínimo estaría en la preparación del delito («*próxima comisión*»), y su límite máximo en la finalización de la consumación («*actual comisión*»). Una vez consumado el delito y concluida la consumación, la omisión de ayuda sí puede constituir el delito del artículo 195.

Cabe el **concurso ideal** de varios delitos de omisión del deber de socorro si existe una falta de auxilio a varios sujetos necesitados de ayuda, del tipo básico o agravado, aunque los jueces hayan apreciado un solo delito en la sentencia del TSJ de Andalucía de 26 de diciembre de 2000, pese a la existencia de tres víctimas lesionadas. Algún sector doctrinal aplica en ocasiones el concurso real, cuando el auxilio de cada herido hubiese necesitado una acción diferente y no una sola, y hubiese sido posible ayudar a todos. No tiene por otro lado la consideración de víctima el feto, cuando se trata de omitir ayuda a una mujer embarazada, habida cuenta del empleo del término «persona» del artículo 195, siempre que no se trate de partos inminentes y de denegaciones de auxilio de personal sanitario, que dada su posición de garante podría en su caso dar lugar a imputaciones por un delito de resultado (STS de 19 de diciembre de 1981).

La reforma del Código penal por Ley Orgánica 2/2019 introdujo un nuevo artículo 382 bis, indicando lo siguiente:

> «1. El conductor de un vehículo a motor o de un ciclomotor que, fuera de los casos contemplados en el artículo 195, voluntariamente y sin que concurra riesgo propio o de terceros, abandone el lugar de los hechos tras causar un accidente en el que fallecieran una o varias personas o en el que se le causare lesión constitutiva de un delito del artículo 152.2, será castigado como autor de un delito de abandono del lugar del accidente.
>
> 2. Los hechos contemplados en este artículo que tuvieran su origen en una acción imprudente del conductor, serán castigados con la pena de prisión de seis meses a cuatro años y privación del derecho a conducir vehículos a motor y ciclomotores de uno a cuatro años.
>
> 3. Si el origen de los hechos que dan lugar al abandono fuera fortuito le corresponderá una pena de tres a seis meses de prisión y privación del derecho a conducir vehículos a motor y ciclomotores de seis meses a dos años».

Se introducía así un **delito de abandono del lugar del accidente**, con una redacción autónoma, dentro de los delitos contra la seguridad vial, por entender que se trata de una conducta diferente, dolosa e independiente de la conducta previa, imprudente o fortuita. Lo que se quiere sancionar en este caso, decía el Preámbulo de la Ley, es la maldad intrínseca en el abandono de quien sabe que deja atrás a alguien que pudiera estar lesionado o incluso fallecido, la falta de solidaridad con las víctimas, penalmente relevante por la implicación directa en el accidente previo al abandono, y las legítimas expectativas de los peatones, ciclistas o conductores de cualquier vehículo a motor o ciclomotor, de ser atendidos en caso de accidente de tráfico. Como se busca evitar el concurso de normas entre este tipo penal y el delito de omisión del deber de socorro del artículo 195.3, se dejaría éste para los casos de lesiones graves a través de la previsión contenida en el texto, de subsidiariedad de aquel delito respecto de éste, refiriéndolo a los casos de personas que sufran lesiones graves pero en las que no concurran los requisitos del peligro manifiesto y grave que exige la omisión del deber de socorro, por desconocer el autor conductor las consecuencias del accidente, o tratarse de muerte en el acto de personas, o de lesiones leves (aun cuando el art. 152.2 se refiere a delitos de lesiones por imprudencia menos grave, que pueden igualmente ser muy graves, como son las de los arts. 149 y 150). En definitiva, habida cuenta de los múltiples atropellos a ciclistas durante los últimos años acaecidos en las carreteras españolas, con fuga del conductor causante, se trata de penalizar un delito de omisión de socorro específico en materia de seguridad vial, aun con muerte en el acto.

II. TIPO ESPECIAL DE OMISIÓN DEL DEBER DE SOCORRO DEL PROFESIONAL SANITARIO (ART. 196)

Artículo 196: «El profesional que, estando obligado a ello, denegare asistencia sanitaria o abandonare los servicios sanitarios, cuando de la denegación o abandono se derive grave riesgo para la salud de las personas, será castigado con las penas del artículo precedente en su mitad superior (esto es, multa de siete meses y dieciséis días a doce meses, prisión de doce a dieciocho meses o prisión de dos años y tres meses a cuatro años) y con la de inhabilitación especial para empleo o cargo público, profesión u oficio por tiempo de seis meses a tres años».

El artículo 196 tipifica la omisión del deber de socorro del profesional sanitario, que requiere de los siguientes elementos:

— El sujeto activo ha de tratarse de un profesional sanitario, médico, enfermero, celador, de centro médico, público o privado, con una posición de garantía **abstracta**, por ley, hacia toda la comunidad.

— La acción consiste en denegar o abandonar los servicios sanitarios, siendo un delito de **omisión pura**.

— La denegación o abandono ha de crear un grave riesgo para el paciente, constituyéndose como un **delito de peligro concreto** a la vida o a la salud de la persona necesitada.

— El tipo subjetivo vendría determinado por un **dolo directo**, como certeza de la necesidad de ayuda, o de un **dolo eventual**, entendido como la probabilidad de que necesite ayuda urgente.

— La ayuda médica a prestar, en el Centro médico o a domicilio, debe estar **objetivamente indicada por quedar acreditado que puede ser más rápida o más efectiva**, teniendo en cuenta el material técnico y humano disponibles (personal sanitario que se encuentra en el Centro, ambulancias disponibles con unidad móvil, categoría del Centro, de pueblo, de ciudad, enfermería de plaza de toro, etc.).

— Se trata además de un delito de omisión enlazado con un delito de peligro concreto en la actividad sanitaria. Habrá de reconocerse una **concreta** posición de garante del médico y una **específica** obligación de intervenir en todo caso cuando se trata de su paciente (médico de Centro privado o contratado por el paciente, contrato de seguro o de servicios), o cuando sea el único capacitado en ese momento para prestar la ayuda (médico de guardia sobre todo en casos de urgencia y riesgo grave para la vida).

> La SAP de Sevilla de 2 de noviembre de 2006 condenaba por omisión del deber de socorro al médico que no acudió en auxilio de una persona con amago de infarto, situado a cincuenta metros de distancia, tras haber recibido el aviso de unos vecinos testigos de los hechos, falleciendo unos instantes después. Quedó demostrado que una intervención más rápida hubiera podido evitar la muerte del accidentado, sin que se pidiese responsabilidad por presunto homicidio en comisión por omisión, que lo roza, dice la sentencia, por tratarse de una inasistencia profesional que merece el mayor de los reproches culpabilísticos contra el que el Derecho penal debe ser riguroso y contundente.
>
> La STSJ de Castilla-La Mancha de 11 de febrero de 2015 confirmaba la SAP de Ciudad Real de 9 de octubre de 2014, condenando al médico de servicio de urgencias que se negó a salir del hospital para prestar asistencia a un paciente en situación de grave riesgo que se encontraba a unos cien metros del lugar.
>
> En cambio, la STSJ de Andalucía de 10 de marzo de 2000 absolvía a una médica que no acudió al domicilio de un enfermo con indicios de infarto ubicado a dieciséis kilómetros del centro médico y a la que habían avisado por teléfono, por no quedar acreditado que la ayuda médica hubiese podido evitar la muerte.
>
> Igualmente, el AJI Sevilla de 2015 exoneraba de responsabilidad penal por delito de omisión del deber de socorro y de homicidio imprudente a dos médicos y a un enfermero de Hospital, por la muerte por grave neumonía que padecía un joven polaco indigente, que, llevado de urgencias, fue dado de alta a las pocas horas, con la sola realización de pruebas elementales, sobre la base de que de todos modos se iba a producir su muerte, dada la gravedad de su enfermedad.

Por último, si se trata de no evitar o denunciar un delito próximo o actual se aplicará el artículo 412.3 (si el autor profesional sanitario es un funcionario público). Pero si se trata de no evitar otro mal al ser requerido por particular, cabe el concurso ideal del artículo 196 con el artículo 412.3 (autor funcionario). Si se trata de un abandono colectivo de los servicios mínimos, puede aplicarse además el artículo 409.

Cuestionario de repaso:

1. Naturaleza jurídica de la omisión de prestar socorro.
2. Determinación del bien jurídico. Su diferencia con el artículo 450.
3. ¿Se admite la tentativa en el delito de omisión de socorro?
4. ¿En qué consiste la modalidad agravada?
5. ¿En qué consiste la modalidad especial?
6. ¿Cuál es la modalidad introducida en la reforma penal de 2019?

LECCIÓN 13.ª

DESCUBRIMIENTO, INTERCEPTACIÓN Y REVELACIÓN DE SECRETOS, COMUNICACIONES O IMÁGENES PERSONALES

MIGUEL POLAINO NAVARRETE

I. DESCUBRIMIENTO DE SECRETOS

El Título X, bajo la rúbrica de «Delitos contra la intimidad, el derecho a la propia imagen y la inviolabilidad del domicilio», comprende la incriminación de los grupos de delito siguientes: *a*) de una parte, el conjunto de tipos delictivos de descubrimiento de secretos, de interceptación de comunicaciones, sonido o imagen, y de revelación de los datos descubiertos o imágenes captadas; *b*) de otra, el grupo de delitos de allanamiento de morada, domicilio y establecimientos.

Los tipos de descubrimiento de secretos, interceptación de comunicaciones, imagen o sonido y revelación de los datos descubiertos o de las imágenes captadas tutelan el derecho a la reserva e intimidad personales, en cuanto dimensiones de la libertad personal que expresan la facultad de exclusión del acceso ajeno al conocimiento de hechos, circunstancias o datos privativos que constan en algún soporte o representan una forma de libre expresión de la personalidad y afectan a la privacidad de su titular.

1. APODERAMIENTO DE DOCUMENTOS PERSONALES *PARA DESCUBRIR* SECRETOS *O VULNERAR* LA INTIMIDAD DE OTRO (ART. 197.1.1)

El **artículo 197.1**, **inciso primero**, describe el tipo básico de este delito:

> «El que, *para descubrir* los secretos *o vulnerar* la intimidad de otro, sin su consentimiento, se apodere de sus papeles, cartas, mensajes de correo electrónico o cualesquiera otros documentos o efectos personales [...] será castigado con las penas de uno a cuatro años y multa de doce a veinticuatro meses».

La acción típica consiste en **apoderarse** de cualquier documento o efecto personal ajeno («papeles, cartas, mensajes de correo electrónico o cualesquiera otros documentos o efectos personales», según el enunciado literal del texto legal) con una de las siguientes finalidades alternativas: *a*) **para descubrir** los secretos ajenos, o bien *b*) **para vulnerar** la intimidad de otro.

El núcleo del comportamiento típico está constituido por el acto de apoderarse de los documentos o efectos personales ajenos, con el **elemento finalista alternativo** descrito en la norma (para descubrir o para vulnerar). La traslación posesoria de los documentos encuentra su carácter típico en el elemento finalista de la posesión.

Es un **delito de resultado material** que para consumación requiere la efectiva traslación posesoria a la esfera del autor de los documentos personales de otro. Se producirá el resultado material del desplazamiento posesorio cuando el sujeto activo alcance el acceso al conocimiento del contenido de la manifestación de voluntad ajena que tiene su soporte en un documento o efecto personal ajeno de cualquiera índole.

El término de **apoderamiento** es equívoco. Es una acepción literal estricta no concreta el tipo, sino que remitiría a un tipo de delito patrimonial o contra la fe pública. Debe ser estimado normativamente en el sentido de **traslación posesoria cognitiva** a quien lo realiza alcanzando la accesibilidad cognitiva sobre el contenido de los documentos o efectos.

Sujeto activo es toda persona, sin cualificación legal alguna, siempre que no sea funcionario público, pues éste concreta el tipo especial (impropio) de la autoridad o funcionario agravado precisamente por la cualidad funcionarial de su autor.

Sujeto pasivo del delito es toda persona que aparece en el tráfico jurídico como titular legítimo de los documentos o efectos cuyo contenido no ha sido destinado al general conocimiento o, en todo caso, del tercero que pretende finalistamente acceder al conocimiento de ellos.

Los **documentos o efectos** sirven de soporte objetivo al secreto personal, que ha de entenderse en sentido subjetivo: lo que un sujeto posee para su propio conocimiento, quedando a su esfera de libertad decidir sobre la apertura o no de la reserva sobre el mismo. El secreto deja de ser tal cuando su contenido, por la causa o título que sea, pasa a ser patrimonio del conocimiento de los demás.

El **soporte material** (de naturaleza sea de índole informática, electrónica, telemática, magnética o sideral) opera en la dinámica de la conducta típica como *instrumentum scoeleris* de la comisión delictiva.

El **secreto** hace referencia a algo que legalmente sólo puede ser conocido por su titular o por quien él determine, y que además versa sobre un contenido susceptible de conocimiento con independencia de si el mismo es valioso o no, relevante o intrascendente, positivo o negativo, sustantivo o vacuo, íntimo y reservado o no, pues la barrera de lo privado y secreto es subjetiva y la establece el titular del *soporte* material en que aquél se asienta.

La STS (núm. 1641) de 23 de octubre de 2000 (Ponente: RAMOS GANCEDO) afirma que el tipo tutela dos bienes jurídicos objeto de protección penal: la salvaguarda de los *secretos* propiamente dichos y la *intimidad* de las personas.

La STS 4207/2017, de 21 de noviembre (Ponente: SÁNCHEZ MELGAR), respecto del examen no del dispositivo móvil (llamadas entrantes o salientes, o el acceso a cualquier tipo de comunicación) sino exclusivamente de la agenda (en que figuran sólo los nombres y números), puesto que la injerencia en el derecho a la intimidad proclamado en el artículo 18.1 CE no exige en todo caso autorización judicial, como ocurre con el derecho al secreto de las comunicaciones que se proclama en el artículo 18.3 de la misma, estima que aquel derecho cede en el curso de una investigación criminal cuando no afecta al núcleo duro de la intimidad, y si por razones de urgencia puede la policía judicial acceder a los datos asociados de la comunicación con mayor razón podrá hacerlo a la agenda telefónica, que únicamente acredita un número de teléfono y su titular.

El **dolo** es referido a los elementos objetivos del tipo (conciencia y voluntad de apoderamiento cognitivo de los documentos o efectos ajenos).

Trascendiendo más allá del ámbito propio del dolo, el tipo legal requiere además que concurra en el ánimo del autor un singular **elemento subjetivo del injusto** constituido por la siguiente **intención finalista**:

— La **finalidad** de **descubrir los secretos** ajenos pertenece al tipo de injusto como esencial elemento subjetivo del tipo. La conducta sólo concreta el tipo cuando el sujeto actúa con la intención de descubrir los secretos ajenos, no si se limita a lucrarse con el desplazamiento de un bien patrimonial ajeno.

— La **finalidad** de **vulnerar la intimidad** de otro afecta al objeto de protección típica, en cuanto la lesión del bien jurídico proviene de la incidencia en su ámbito de elementos objetivos y subjetivos de la acción típica.

— El elemento subjetivo del injusto «para descubrir» o «para vulnerar» exigido en la descripción positiva de la conducta típica conforma un tipo subjetivamente configurado: un **delito intencional de resultado cortado**, en el que el autor realiza dolosamente los elementos objetivos del tipo con la específica *finalidad ulterior* de obtener conocimiento, no de realizar un acto posterior por el mismo sujeto (como en los delitos de intención mutilados de dos actos).

— La objetiva consecución de tal finalidad o su ausencia son irrelevantes a efectos de la concreción del tipo, el cual se fundamenta en el elemento típico subjetivo de la intención trascendente del dolo.

La STS (núm. 1219) de 10 de diciembre de 2004 (Ponente: SAAVEDRA RUIZ) estima que la figura legal se integra en la categoría de los **delitos de intención**, al exigir el tipo legal la concurrencia del dolo de apoderamiento, interceptación o utilización, y además el singular *elemento subjetivo del injusto* integrado por la intención finalista del autor de descubrir el secreto o vulnerar la intimidad de otro, sin que la realización del tipo requiera la obtención de tales objetivos.

La penalidad prevista es relativamente severa en relación con la de los delitos contra la libertad, por cuanto comprende las penas de prisión de 1 a 4 años y multa de 12 a 24 meses.

2. APODERAMIENTO DE DATOS RESERVADOS *EN PERJUICIO* DE SU TITULAR O DE UN TERCERO (ART. 197.2)

El **artículo 197.2** configura el tipo de acceso, utilización o manipulación de datos ajenos de carácter reservado *en perjuicio* ajeno:

> «Las mismas penas se impondrán al que, sin estar autorizado, se apodere, utilice o modifique, *en perjuicio* de tercero, datos reservados de carácter personal o familiar de otro que se hallen registrados en ficheros o soportes informáticos, electrónicos o telemáticos, o en cualquier otro tipo de archivo o registro público o privado. Iguales penas se impondrán a quien, sin estar autorizado, acceda por cualquier medio a los mismos y a quien los altere o utilice *en perjuicio* del titular de los datos o de un tercero».

La presente **figura** es **complementaria** del tipo básico respecto del cual representa una extensión punitiva de la incriminación básica. **Comparten** ambas figuras legales diversos elementos típicos:

— La cualidad de los sujetos activo y pasivo.
— El acto fundamental del apoderamiento típico de alcanzar conocimiento de datos reservados contenidos en cualquier tipo de archivo o registro público o privado.
— El carácter reservado de los objetos de apoderamiento de documentos, efectos personales o datos reservados de carácter personal o familiar.
— El soporte material (sin perjuicio de que por su naturaleza el mismo pueda ser de índole deletérea) en que respectivamente se contienen los secretos o los datos reservados.
— La superflua exigencia típica de ausencia de consentimiento (art. 197.1) y ausencia de autorización (art. 197.2).

Diversos **elementos diferencian** a ambas figuras, ampliando el tipo complementario sensiblemente el núcleo de la conducta del tipo básico: la acción del tipo complementario (art. 197.2) no se circunscribe a la conducta de apoderamiento del tipo básico (art. 197.1), entendido como traslación posesoria cognitiva que facilita el contenido de los documentos o efectos personales, sino que abarca también a otras **formas** de conducta incluidas en la descripción legal.

— El tipo complementario describe (en el inciso primero del art. 197.2) la modalidad de conducta del **acceso al conocimiento** de los datos personales incorporados en cualquier tipo de archivo o registro público o privado. Quien por cualquier medio acceda a tales datos reservados, en perjuicio del titular de los mismos o de un tercero, concreta el tipo.
— El tipo básico describe (en el inciso primero del art. 197.1) la hipótesis de conducta de «apoderamiento» de los datos personales, que según la interpretación de **traslación posesoria cognitiva** que aquí se postula viene a *equivaler* a la de **acceso al conocimiento**. Quien se apodere de los datos reservados en perjuicio de tercero concreta la presente modalidad típica.
— Varía el **elemento subjetivo del injusto** respectivamente exigido en cada supuesto típico: *a*) el tipo de «apoderamiento» de los datos reservados requiere que el autor actúe ***en* perjuicio de *tercero***, *b*) el tipo de «acceso» a los datos reservados precisa que el autor actúe ***en* perjuicio del *titular* o *tercero***.

El singular elemento subjetivo del injusto introducido en el tipo complementario (art. 197.2) consiste en el **propósito de perjudicar**, en el sentido de intención finalista del autor de causar perjuicio, propia de los **delitos intencionales de resultado cortado**. Tal propósito de perjudicar expresa el sentido de la intencionalidad del autor en la realización de la conducta típica básica. Si bien puede entenderse que amplía el alcance de la conducta típica, es de reconocer que al mismo tiempo circunscribe el ámbito del desvalor de injusto, el cual no se determina en un impersonal sentido objetivo que puede exceder la capacidad de imputación del acto al depender de factores circunstanciales, sino que se vincula a la actitud subjetiva del autor de actuar conforme o no a derecho.

«Las mismas penas se impondrán al que, sin estar autorizado, se apodere, utilice o modifique, *en perjuicio* de tercero, datos reservados de carácter personal o familiar de otro que se hallen registrados en ficheros o soportes informáticos, electrónicos o telemáticos, o en cualquier otro tipo de archivo o registro público o privado. Iguales penas se impondrán a quien, sin estar autorizado, acceda por cualquier medio a los mismos y a quien los altere o utilice *en perjuicio* del titular de los datos o de un tercero».

Ciertamente se puede realizar la conducta objetiva básicamente descrita en el tipo con la intención finalista de perjudicar a otro en múltiples planos valorativos: en el patrimonio, en el honor, en la libertad, en la salud, en la vida. Cuál sea el sentido del perjuicio a que se refiere la intención finalista del autor es materia cuestionable:

— Quizá en el presente tipo penal el legislador procede a la salvaguarda de la propia **imagen personal**, como dimensión valorativa dimanante del bien jurídico del honor individual, llevando a la rúbrica legal junto a la intimidad personal y la inviolabilidad del domicilio la mención del «derecho a la propia imagen».

Esta hipotética presunción legal no es expresada en la norma penal de manera inequívoca:

1.º porque el perjuicio es un *concepto normativo* que ampliamente rebasa el ámbito del honor, de la dignidad y de la propia imagen, por cuanto no sólo se puede perjudicar en el honor a la persona sino en otros múltiples bienes, y la norma hace mención genérica al perjuicio;

2.º porque la *finalidad de perjudicar* en el caso del acceso al conocimiento de los datos reservados alcanza no sólo al titular de los mismos sino eventualmente también a un tercero («en perjuicio del titular de los datos o de un tercero»), con lo que la protección de la intimidad personal se desvía a otros bienes jurídicos de los que son portadores el propio titular de los datos reservados o terceras personas.

— La descripción separada de las conductas de **utilizar** o **modificar** (a las que se refiere el «perjuicio de tercero») y de las acciones **utilizar** o **alterar** los datos reservados (a las que se conecta el «perjuicio del titular de los datos o de un tercero»), en el artículo 197.2 (puntos primero y segundo respectivamente), es retórica y denota falta de rigor técnico.

— El tipo **duplica** así la descripción de idénticos actos que son sancionados con la misma penalidad.

— Y sin efecto alguno **diferencia** el elemento típico subjetivo relativo al perjuicio, que en un punto de la norma es referido al titular de los datos reservados y en otro punto del mismo al titular o a terceros.

— La **prolijidad** y el **casuismo** normativos primero diferencian y después desvirtúan la separación formal, creando inseguridad jurídica al dificultar la interpretación de la norma.

La STS (núm. 1461) de 11 de julio de 2001 (Ponente: SORIANO SORIANO) entiende que en esencia el precepto protege exclusivamente la *intimidad*, no contemplando la lesión de otros bienes jurídicos, sino limitándose a tratar de poner freno a abusos informáticos contra la *intimidad* en manifestaciones de la *personalidad* individual o familiar cuyo conocimiento queda reservado a su titular.

La STS 536/2016, de 20 de diciembre (Ponente: ANDRÉS IBÁÑEZ), considera que no realiza el tipo del artículo 197.2 CP la conducta que no esté orientada a la *finalidad* de causar un perjuicio, el cual no se agota ni se confunde con la acción básica del mero acceder al archivo.

La STS 4679/2017, de 11 de diciembre (Ponente: A. G. JORGE BARREIRO), citando la STS de 961/2016, de 20 de diciembre, en la que se invoca la exigencia del artículo 197 CP de que la acción se produzca *en* perjuicio de tercero, recurriéndose a una de las acepciones de la preposición *en* que tiene la función consistente en introducir un complemento que expresa finalidad de la acción dotada de una cierta clara orientación, presidida por un determinado propósito que no se agota ni se confunde con la acción básica del mero acceder al archivo y que es constitutivo de un elemento subjetivo del injusto, se aparta de esta interpretación en el tipo del artículo 197.2 CP, por entender que al estar situado inmediatamente después de otro —el del artículo 197.1— en que el ánimo específico aparece indicado con la inequívoca preposición *para*, el perjuicio es abarcado por el dolo pero no tiene que ser el único ni el prioritario móvil de la acción: a tal conclusión debe conducir no sólo este argumento sistemático, sino la propia relevancia constitucional del bien jurídico lesionado por el delito, cuya protección penal no puede estar condicionada, so pena de verse convertida prácticamente en ilusoria, por la improbable hipótesis de que se acredite, en quien atente contra él, el deliberado y especial propósito de lesionarlo; estamos ante un delito doloso pero no ante un delito de tendencia [*scil.*, delito de intención, en la modalidad de los delitos intencionales de resultado cortado].

II. INTERCEPTACIÓN DE COMUNICACIOMES, SONIDO O IMAGEN

1. INTERCEPTACIÓN DE TELECOMUNICACIONES PERSONALES *PARA DESCUBRIR* LOS SECRETOS *O VULNERAR* LA INTIMIDAD DE OTRO (ART. 197.1.2)

El **artículo 197.1, inciso segundo**, describe la figura típica de la interceptación de telecomunicaciones personales con el propósito de descubrir los secretos o vulnerar la intimidad de otro:

«El que, *para descubrir* los secretos *o vulnerar* la intimidad de otro, sin su consentimiento, [...] intercepte sus *telecomunicaciones* [...] será castigado con las penas de prisión de uno a cuatro años y multa de doce a veinticuatro meses».

La descripción legal configura el tipo básico de escucha ilegal. La conducta típica es constituida por la **interceptación de telecomunicación** ajena, siempre que sea realizada con la **intención finalista** de descubrir los secretos o de vulnerar la intimidad de otro.

Todos los **medios técnicos** de telecomunicación conocidos son susceptibles de concretar la modalidad típica de interceptación de «telecomunicación» interpersonal.

La regulación adolece de **deficiencias técnicas** respecto de los singulares medios de telecomunicación y también de **carácter sustantivo** sobre los límites de la tipicidad de la conducta descrita en la Ley penal.

— Desde el punto de vista de su contenido material, la comunicación interpersonal ha de ser de **carácter reservado**, es decir, privado, particular, correspondiente a la esfera de la intimidad personal, y no destinado al general y público conocimiento, si bien la descripción positiva no exige positivamente tal carácter, sino que antes bien se limita a mencionar cualquier comunicación:

La expresión legal «por cualquier telecomunicación» comprende toda suerte de «comunicación a distancia» entre personas, cualquiera que sea el dispositivo técnico que sirva al efecto.

La descripción legal omite la exigencia del carácter interpersonal, reservado o particular de la comunicación entre los interlocutores respectivos.

La interceptación de «cualquier forma» de «comunicación a distancia» formalmente cumple el tipo, aunque se trate de una comunicación colectiva o realizada a través de medios de comunicación social de masas dirigidos a la colectividad.

— La descripción positiva es asimismo deficitaria en la determinación del sentido concreto de la **conducta de interceptar**:

El término «interceptar» no se circunscribe al significado de «tomar conocimiento», «acceder al contenido cognitivo» o «descubrir el alcance» de una comunicación privada de los interlocutores que hacen uso de un medio de telecomunicación, sino que abarca también «interrumpir» u «obstruir» una vía de telecomunicación.

Las acciones de «interrumpir» u «obstruir» tienen lugar cuando se somete al registro por parte de un tercero una vía de comunicación interpersonal, que de este modo queda a merced del control de un extraño.

Por «telecomunicación privada» se entiende aquella forma de expresión de la voluntad humana que se desarrolla en el marco de una relación interpersonal y se caracteriza por la privacidad y la reserva propias de una interlocución no dirigida al público y general conocimiento, sino destinada a permanecer circunscrita a la esfera de libre disponibilidad propia de los sujetos de la emisión y recepción de recíprocas manifestaciones de voluntad.

El tipo legal configura un **delito de mera actividad** y no requiere la producción de resultado material para la consumación del delito. La *consumación* se alcanza con la mera realización de la conducta de interceptación de comunicación ajena, tanto si la misma se produce con el acceso al conocimiento de la expresión de voluntad interpersonal entre ambos sujetos pasivos del delito, como si se concreta en la mera interrupción de la telecomunicación a través de una intervención objetiva que pone a los propios sujetos o a terceros en situación de conocer el contenido de aquélla.

Son dos las **modalidades de concreción** del tipo legal, según la forma de expresión de la interceptación de la telecomunicación ejecutada y el efecto material de la misma:

— **Interceptación de indiscreción**. La configuración del tipo como delito de mera actividad es nítidamente perceptible en relación con la modalidad de concreción del tipo consistente en el «acceso al conocimiento» del contenido de la relación interpersonal a través de un medio de comunicación oral a distancia.

— **Interceptación de obstrucción**. La modalidad típica de intervención o registro acústicos de la telecomunicación personal, en cambio, plantea mayor dificultad en orden a la determinación del efecto típico de la conducta.

> La interceptación no requiere de manera necesaria una obstrucción que impida la práctica de la telecomunicación; antes bien, de ordinario se solapa o supedita a la misma, de suerte que ésta queda sujeta a un tipo de registro que posibilite el conocimiento de su contenido por parte de tercero sin legitimación para ello.
>
> En el supuesto de que la intervención obstruccionista se concrete en un efectivo impedimento de la telecomunicación, tal realización típica constituirá modalidad delictiva de resultado material, consistiendo éste en el impedimento de la comunicación.

El **bien jurídico** protegido es la **libertad de comunicación interpersonal** establecida por cualquier medio entre interlocutores en una relación privada, aunque frecuentemente se han apreciado como objeto de tutela la **privacidad individual y la intimidad personal** en relación con el **derecho de reserva de las comunicaciones interpersonales**. Es de estimar la relevancia del consentimiento como causa de atipicidad por ausencia de bien jurídico.

2. Interceptación del sonido *para descubrir* los secretos *o vulnerar* la intimidad (art. 197.1.3)

El artículo **197.1, inciso tercero**, describe la acción de la utilización de medios técnicos de «escucha, transmisión, grabación o reproducción» del «sonido» como modalidad complementaria de la conducta típica de las escuchas ilegales mediante la interceptación de telecomunicaciones personales:

> «El que, *para descubrir* los secretos *o vulnerar* la intimidad de otro, sin su consentimiento, [...] utilice artificios técnicos de escucha, transmisión, grabación o reproducción del *sonido* [...] será castigado con las penas de prisión de uno a cuatro años y multa de doce a veinticuatro meses».

La figura básica de la escucha ilegal estaba constituida por la interceptación de cualquier telecomunicación (tanto en su modalidad de indiscreción como en la de obstrucción). El precepto describe el **empleo de determinados medios** técnicos que inciden en el ejercicio del derecho a la libre manifestación de la voluntad personal siempre que ésta sea expresada en forma susceptible de captación del sonido.

El tipo describe el proceder de quien se limitare a **utilizar artificios técnicos** idóneos para la captación o transferencia de la expresión de la voluntad personal manifestada en la forma requerida por su cualidad de ser percibida acústicamente.

— Desde el punto de vista literal, la conducta de **utilizar** artificios técnicos de captación o de transferencia de las manifestaciones *acústicas* de la actividad personal representa la realización del **núcleo** de la acción.

— La acción no requiere la práctica de una conducta de toma de **conocimiento**, obtención de **información**, captación del contenido y descubrimiento y valoración de la voluntad ajena.

— Representa un puro **acto formal** de índole instrumental de la utilización de un artificio técnico por el que tecnológicamente es posible acceder a la escucha, transmisión, grabación o reproducción del objeto de su registro que es el sonido.

Los artificios técnicos de medios instrumentalmente adecuados para la escucha, transmisión, grabación o reproducción han de tener como contenido de referencia una manifestación *acústica*.

La concreción típica se realiza mediante la puesta en práctica de los medios técnicos descritos. Es irrelevante que el sujeto llegue efectivamente a tener conocimiento o no de la indicada manifestación y que alcance a comprender el significado del objeto de conocimiento percibido a través de la utilización de tales medios técnicos de captación o de transferencia del objeto de su registro tecnológico.

Basta que el sujeto ponga en práctica el mecanismo técnico que permite percibir acústicamente, transmitir, grabar o reproducir el sonido, para la realización del tipo.

La enumeración de tales medios técnicos formalmente constituye una relación de *numerus clausus*, cerrada explícitamente por la disposición legal. Sólo la utilización de los medios técnicos que se hallan descritos positivamente en la ley posibilita la concreción del tipo de interceptación de sonido ajeno.

La amplitud y la diversidad tecnológicas de tales recursos hace que la incriminación legal cerrada de la norma se torne en una cláusula prácticamente abierta, en el sentido de que **todas** las posibilidades tecnológicas para **percibir, transferir o reproducir** el sonido son idóneas para a través de ellas poder concretar el tipo, aun cuando no se trate de artificios técnicos específicamente configurados y destinados a tal cometido.

Las **funciones** descritas en la formulación legal de los artificios técnicos susceptibles de captación o registro del **sonido** pueden agruparse en dos conjuntos de instrumentos técnicos, según su adecuación a la función respectiva.

— **Percepción del sonido**. En esta primera hipótesis cabe apreciar el conjunto de artificios técnicos que pueden clasificarse como medios de *percepción* del sonido: en tal categoría pueden incluirse tanto los artificios técnicos de escucha como de transmisión. En ellos es esencial la capacidad de percepción del sonido ajeno, variando esencialmente el destinatario de la misma.

— **Grabación o reproducción del sonido**. El segundo grupo de recursos técnicos incorporado en la descripción está representado por los medios instrumentales de **grabación** o **reproducción** del sonido. La grabación presupone que el sonido susceptible de percepción acústica sea registrado en un soporte técnico que permita su conservación o mantenimiento perdurable o perecedero tras un tiempo mínimo de duración determinante de su significación social y relevancia típica.

— Sobre el **concepto normativo de sonido** es preciso hacer alguna consideración:

> En sentido literal, cabe entender como sonido «toda manifestación de voluntad humana susceptible de percepción acústica por un tercero».
>
> Sonido será la pronunciación de palabras en la forma oral de expresión de la voluntad personal característica y peculiar de la racionalidad del hombre.
>
> Pero no cabe descartar que pueda también ser considerada como sonido la emanación de cualesquiera otros movimientos vibratorios que sean reveladores de un contenido de voluntad personal (un mero reflejo gutural constitutivo de una expresión onomatopéyica, un movimiento muscular o un acto reflejo susceptible de percepción acústica por tercero).

— Es necesario en todo caso para la realización del tipo que el sujeto lleve a cabo el comportamiento instrumental descrito en la figura legal con la específica **finalidad de descubrir** los secretos **o de vulnerar** la intimidad de otro.

3. Interceptación de la imagen *para descubrir* los secretos *o vulnerar* la intimidad (art. 197.1.4)

El **artículo 197.1, inciso cuarto**, describe el tipo de interceptación de la imagen:

> «El que, *para descubrir* los secretos *o vulnerar* la intimidad de otro, sin su consentimiento, [...] utilizare artificios técnicos de escucha, transmisión, grabación o reproducción [...] de la *imagen* [...] será castigado con las penas de prisión de uno a cuatro años y multa de doce a veinticuatro meses».

La norma incriminadora de la interceptación de la imagen **subordina** la descripción de este comportamiento típico a la interceptación de las manifestaciones de **carácter acústico**. No de otra manera se puede entender la expresa referencia positiva a la utilización de los medios que especifica la ley en la descripción del tipo («utilice artificios técnicos de escucha [...] de la imagen»).

No se alcanza a comprender que la **imagen** normativamente sea objeto de un medio técnico de **escucha**, pues una cosa es grabar la imagen y otra poner la banda sonora a la grabación. La imagen es susceptible de visión, fotografía, filmación, registro en cualquier tipo de grabación y reproducción, aparte de manipulación, filtración, falsificación, difusión, explotación o extorsión.

Difícilmente puede explicarse que el legislador penal mantenga la tipificación de la **«escucha de la imagen»** en los términos positivos en que lo hace, en lugar de la **«percepción visual de la imagen»**, en cuanto acción de visionado de la misma, como con correcta precisión terminológica y conceptual debió el legislador haber expresado en la descripción del tipo. La imagen, en los términos de referencia de los respectivos artilugios técnicos descritos en la norma, es defectuosamente aludida y por ello parcialmente constituye un objeto jurídico indeterminado.

— La visualización y la captación de imágenes constituyen conductas atípicas. Las imágenes están para ser visionadas, percibidas, apreciadas ópticamente. Sólo aquellas imágenes que, en base a un prioritario derecho de la personalidad, queden **reservadas** a la libre disponibilidad de su titular podrán ser erigidas en objeto material de la realización de una conducta típica.

— Las imágenes pertenecientes a la esfera de la personalidad del individuo en tanto privativas de la libre determinación de la voluntad del hombre no podrán ser objeto de incidencia por parte del **extraño** que carezca de disponibilidad jurídica sobre las mismas.

La vida privada y la vida pública determinan una línea separatoria de los ámbitos de proyección de la **personalidad** humana, a través de gestos, actitudes, expresiones corporales de la personalidad que cristalizan en imágenes, las cuales en función de su naturaleza habrán de interesar o no al tipo legal que garantiza la privacidad personal.

El objeto de protección penal singularmente apreciable en el tipo de la interceptación de imagen está constituido por una específica perspectiva dimensional de la libertad personal: la **libertad de expresión corporal** de la voluntad personal.

4. INTERCEPTACIÓN DE CUALQUIER OTRA SEÑAL DE COMUNICACIÓN *PARA DESCUBRIR* LOS SECRETOS O *VULNERAR* LA INTIMIDAD (ART. 197.1.5)

El **artículo 197.1, inciso quinto**, incorpora la modalidad típica de interceptación que recaiga sobre cualquier otra señal de comunicación:

«El que, *para descubrir* los secretos *o vulnerar* la inviolabilidad de otro, sin su consentimiento, [...] utilice artificios técnicos de escucha, transmisión, grabación o reproducción [...] de cualquier otra señal de *comunicación*, será castigado con las penas de prisión de uno a cuatro años y multa de doce a veinticuatro meses».

En su afán omnicomprensivo de abarcar a todas las posibles formas de comunicación humana susceptibles de interceptación técnica, el tipo legal ha incorporado la insólita referencia a **cualquier otra señal de comunicación**.

El tipo de apoderamiento de los datos reservados requiere que el autor actúe **en perjuicio de tercero**. La comunicación interpersonal tiene lugar por antonomasia a través del lenguaje como sistema racional de **interrelación humana**, así como por la manifestación corporal que expresa los sentimientos y las voluntades de las personas con sus semejantes. Tales **formas de comunicación** son susceptibles de percepción, captación e interceptación en cuanto se materializan en el sonido o en la imagen.

— La visualización de **imágenes** constituye literalmente conducta atípica. Las imágenes están para ser visionadas, percibidas, apreciadas ópticamente, siempre que su titular no tenga el derecho a la exclusión de terceros no sólo de la transmisión, grabación o reproducción, sino incluso del propio visionado de las mismas conseguido mediante la utilización de un artificio técnico adecuado para ello.

— Junto a la descripción legal de la **escucha** de sonido debía haberse mencionado en el tipo legal la **visión** de imagen mediante uso de artificio técnico al efecto.

— Si falta una señal **acústica** o una señal óptica, y sólo se manifiesta por ejemplo una señal **térmica** o de otra índole **física** que no sea susceptible de registro de sonido ni imagen, estaríamos ante una hipótesis no excluida del tipo legal, sino incorporada en el mismo por virtud de la expresa locución descriptiva del acto de comunicación interpersonal.

— Más allá de estas ordinarias formas de interrelación humana, podría pensarse en otras modalidades posibles de comunicación que no sean subsumibles en el sonido, ni en la imagen, ni en las telecomunicaciones producidas a distancia por otros medios técnicos.

> Rebasan las formas físicas de comunicación no subsumibles en el sonido ni en la imagen las modalidades de comunicación entre personas de índole **psicológica** que no se limitan a una mirada, un gesto, una señal convenida, un signo convencional o cualquier otra muestra sobreentendida entre interlocutores, sino que trasciendan al ámbito de la hipnosis, telepatía, espiritismo, superstición, hechicería, ciencias ocultas, inspiración espiritual o incluso iluminación sobrenatural, las cuales en la medida en que alcancen sentido de comunicación podrían ser susceptibles de concretar el tipo en esta enigmática modalidad de realización penal.

La **penalidad** establecida para estas hipótesis de formas de comunicación es idéntica a la prevista para el apoderamiento de documentos o efectos y la interceptación de comunicaciones mediante el sonido o la imagen (determinándose la imposición en el mismo marco y grado punitivos la pena de prisión de 1 a 4 años y la pena de multa de 12 a 24 meses).

III. TIPOS CUALIFICADOS DE DESCUBRIMIENTO DE SECRETOS Y DE INTERCEPTACIONES ILEGALES

1. Cualificación por la condición de encargado o responsable [Art. 197.4.1.*a*)]

El artículo **197.4, párrafo 1.º, apartado *a*)**, CP incrimina sendos tipos cualificados de descubrimiento de secretos y de interceptación de comunicaciones *ex* artículo 197.1 y 2, en virtud de la cualidad del autor que ocupa la posición de garante los objetos que sirven de soporte a aquellas manifestaciones de la privacidad personal:

> «Los hechos descritos en los apartados 1 y 2 de este artículo [197 CP] serán castigados con una pena de prisión de tres a cinco años cuando:
> *a*) Se cometan por las personas *encargadas* o *responsables* de los ficheros, soportes informáticos, electrónicos o telemáticos, archivos o registros; o [...]».

Los tipos básicos a que alude el precepto para fundamentar su cualificación por la cualidad personal del autor son todos los descritos en este título con anterioridad, salvo la figura ya cualificada por la posterior difusión, revelación o cesión a terceros.

El **fundamento** de la agravación es constituido por la cualidad del autor que ha de ser persona **encargada** *o* **responsable** de los «ficheros, soportes, archivos o registros».

— Esta doble exigencia **restringe** considerablemente el ámbito propio de este tipo cualificado, por la limitación tanto personal como objetiva que la norma impone: ha de existir persona «encargada o responsable» de los objetos materiales en los que los secretos constan. Si no preexiste tal situación de encargo o de responsabilidad, no se concreta el presente tipo cualificado.

— La norma tiene en cuenta para la cualificación establecida la posición de garante del encargado o responsable de los soportes de los secretos cuyo conocimiento indiscreto y ajeno trata de precaver. La posición de **garante** que corresponde a la persona encargada o responsable tiene como objeto de referencia los «ficheros, soportes (de cualquier naturaleza), archivos o registros», en los cuales constan los datos reservados que constituyen la materia de secretos personales protegidos por la disposición legal.

2. Cualificación por la utilización de datos de la víctima [art. 197.4.1.*b*)]

El artículo **197.4, párrafo 1.º, apartado *b*)**, CP incrimina sendos tipos cualificados de descubrimiento de secretos y de interceptación de comunicaciones *ex* artículo 197.1 y 2, en virtud de la utlización no autorizada de datos personales de la víctima.

> «Los hechos descritos en los apartados 1 y 2 de este artículo [197 CP] serán castigados con una pena de prisión de tres a cinco años cuando: [...]
> *b*) se lleven a cabo mediante la *utilización* no autorizada de datos personales de la víctima».

El comportamiento típico aparece descrito en la figura legal con evidente imprecisión, pues la conducta incriminada en el artículo 197.1 y 2 CP en sus diversas manifestaciones de acción está encaminada al descubrimiento, interceptación o captación de datos privados, o bien consiste en apoderamiento, utilización o manipulación de datos reservados de carácter personal o familiar, vinculados exclusivamente a su titular con la exclusión de terceros. Y en el supuesto típico del artículo 197.4.*b*) tales conductas se llevan a cabo mediante la utilización no autorizada de datos personales de la víctima. Se configura en este sentido un tipo subsidiario, y a su vez complementario, del descrito en el apartado *a*) del mismo artículo 197.4 CP, por cuanto el comportamiento se produce no por encargado o responsable de los ficheros, soportes informáticos, electrónicos o telemáticos, archivos o registros, sino por quien sin ser garante de los mismos utiliza sin autorización datos personales de la víctima.

3. Tipo hipercualificado por la difusión, cesión o revelación a terceros (art. 197.4.2)

Los referidos tipos cualificados del artículo 197.4, párrafo primero, por la cualidad de persona encargada o responsable de los instrumentos materiales en que constan los secretos, o por la ejcución mediante utilización no autorizada de datos personales de la víctima, a su vez, son objeto de agravación penal en virtud de la configuración en el **artículo 197.4**, **parrafo segundo**, de un tipo delictivo que resulta ser doblemente cualificado, por la concurrencia de la siguiente condición conductual: «si los datos reservados se hubieran difundido, cedido o revelado a terceros».

> Este precepto de agravación se corresponde con la figura agravada que para los tipos básicos establecía el artículo 197.3, primer párrafo, por virtud de la difusión, *revelación* o cesión de los datos o hechos descubiertos o las imágenes captadas.

Los elementos típicos esenciales de la tipificación básica que efectuaba el tipo cualificado (respecto de los instrumentos materiales en que consten los secretos) se reiteran con la literal repetición en el tipo agravado del objeto de tal materia secreta que es constituido por los **datos reservados**.

> Tanto el tipo cualificado (art. 197.4, párrafo primero) como la figura agravada del mismo (art. 197.4, párrafo segundo) remiten implícitamente a la conducta tipificada en la figura básica del artículo 197.2 de apoderamiento, utilización o modificación de datos reservados, por exigir expresamente que el objeto del secreto preservado esté constituido por los datos reservados y que los instrumentos materiales donde haya constancia de éstos sean los ficheros, soportes, archivos o registros.

El artículo 197.4, párrafo segundo, entra en parcial **contradicción consigo** mismo, por cuanto si bien formalmente remite a todas las figuras delictivas de los números 1 y 2 del artículo 197 CP materialmente sólo afecta a las conductas descritas en el número 2 del mencionado artículo.

> Evidencia defectuosidad legislativa que vulnera la seguridad jurídica y que sólo puede encontrar adecuado tratamiento por la vía de la reforma legal.
>
> La penalidad establecida en el tipo cualificado es la pena de prisión de 3 a 5 años, y en el tipo agravado el marco penal es la mitad superior de la indicada penalidad.

IV. DIFUSIÓN, REVELACIÓN O CESIÓN A TERCERO DE LOS DATOS DESCUBIERTOS O IMÁGENES CAPTADAS (ART. 197.3)

1. TIPO COMPLEJO DE DESCUBRIMIENTO O INTERCEPTACIÓN Y ULTERIOR REVELACIÓN DE LOS SECRETOS APREHENDIDOS O LAS IMÁGENES CAPTADAS (ART. 197.3.1)

El artículo **197.3, párrafo primero**, CP describe una figura de delito plurisubsistente que a la conducta de descubrimiento o captación incorpora acumulativamente un nuevo momento de comportamiento, constituido por la revelación de los secretos descubiertos o de las imágenes captadas por el propio autor, al establecer la siguiente disposición:

> «Se impondrá la pena de prisión de dos a cinco años si se difunden, *revelan* o ceden a terceras personas los datos o hechos descubiertos o las imágenes captadas a que se refieren los números anteriores [art. 197.1 y 2]».

El fundamento de la agravación del presente delito reside en la realización de una **conducta ulterior** por parte del autor que ha cometido alguna de las figuras delictivas de carácter básico en relación con las que ahora se incriminan, que se describen en los números anteriores del precepto.

Se produce así una **concatenación típica** de conductas, que exige la realización de una nueva y posterior acción del propio sujeto autor del tipo básico, cual es la de proceder a la difusión, revelación o cesión a terceros de los secretos descubiertos.

La figura implica una suerte de agotamiento ejecutivo de los tipos básicos de apoderamiento de documentos o efectos personales, interceptación de telecomunicaciones, utilización de artificios técnicos de escucha, transmisión, grabación o reproducción del sonido, de la imagen o de cualquier otra señal de comunicación, apoderamiento, utilización o modificación de datos reservados de carácter personal o familiar de otro o acceso por cualquier medio a los mismos.

La **conducta** del tipo cualificado está representada por una triple manifestación **alternativa** de comportamiento, que puede consistir en revelar, difundir *o* ceder a terceros lo conocido:

— **Revelar** es poner en conocimiento de otros lo que el sujeto ha descubierto por sí.
— **Difundir** es extender a una colectividad indeterminada los secretos a que ha accedido el autor divulgándolos públicamente.
— **Ceder a terceros** es transmitir a otro el objeto de conocimiento a que ha accedido al autor sin llegar a calibrar por sí el alcance de los mismos.

> Cabe a su vez apreciar formas mixtas de ejecución del tipo en los siguientes supuestos:
> — Quien revela se limita a ceder a terceras personas el propio objeto de su revelación.
> — Quien revela transfiere a un tercero la difusión del contenido cognitivo que posee.

El **contenido objetivo** de tales conductas de revelación, difusión o cesión a terceros es manifestado por la ley como los **datos o hechos descubiertos** o las **imágenes captadas**. La expresión legal no es exacta ni completa:

— Menciona los **datos** que constituyen el objeto específico determinado en el tipo básico de apoderamiento, utilización o modificación de datos reservados de carácter personal o familiar.
— Menciona las **imágenes** captadas, que integran el objeto específicamente determinado del tipo de utilización de artificios técnicos de transmisión, grabación o reproducción de la imagen.
— No menciona los **documentos o efectos** personales (objeto del apoderamiento para descubrir secretos ajenos o vulnerar la intimidad de otro), ni tampoco las **telecomunicaciones** (del tipo de interceptación de telecomunicaciones), así como tampoco el **sonido** (del tipo de utilización de artificios técnicos de escucha, transmisión, grabación o reproducción del sonido), ni cualquier otra señal de comunicación (del tipo de utilización de tales artificios técnicos para el registro de la misma).
— Todos estos objetos de la conducta básica del tipo cualificado deben reconducirse al concepto de «**hechos descubiertos**» que menciona la figura cualificada: no es afortunada la descripción, pues en lugar de facilitar la remisión normativa obliga efectuar ciertas piruetas interpretativas para entender que todos aquéllos son comprendidos en el tipo cualificado, sin excepción y sin alteración.
— La clave normativa para la interpretación de este signo se encuentra en la locución final del enunciado descriptivo de la figura cualificada, relativa a los «**datos o hechos** descubiertos o las **imágenes captadas** a que se refieren los números anteriores». Todos los objetos materiales de los tipos básicos son comprendidos en la figura cualificada, pues integran el contenido de referencia de los números anteriores del precepto.

El tipo cualificado es un **delito plurisusbsistente** que exige la realización de distintos momentos de acción: los de los tipos básicos y los de la acción reveladora o divulgadora de los objetos cognitivos, por sí mismo o por medio de cesión a terceros.

La STS (núm. 1219) de 10 de diciembre de 2004 (Ponente: SAAVEDRA RUIZ) estima que el tipo encuentra su fundamento cualificador en que las acciones **incrementan** la **vulneración** de la **intimidad** del sujeto pasivo, subrayando que el legislador equipara difusión, revelación y cesión a terceros, aun cuando la primera suponga una mayor publicidad.

La penalidad del tipo cualificado de apoderamiento o interceptación por revelación de los secretos descubiertos supone elevar la pena privativa de libertad de los tipos básicos, que de 1 a 4 años pasa a ser de 2 a 5 años, si bien se suprime la multa de 12 a 24 meses que se preveía para aquellas figuras básicas.

2. TIPO DE REVELACIÓN DE SECRETOS DESCUBIERTOS O IMÁGENES CAPTADAS POR OTRO (ART. 197.3.2)

El tipo de revelación de los secretos ajenos descubiertos por otro es descrito en el artículo **197.3, párrafo segundo**, CP:

«Será castigado con las penas de prisión de uno a tres años y multa de doce a veinticuatro meses el que, con *conocimiento* de su origen ilícito y sin haber tomado parte en su descubrimiento, realizare la conducta descrita en el párrafo anterior».

La presente figura legal tipifica la conducta de la revelación de lo que fue secreto hasta ser cubierto por un tercero. El texto punitivo opera con tres **momentos** delimitadores de la incriminación típica:

— **apoderamiento** de documentos o efectos personales o la práctica de interceptaciones de comunicaciones o accesos a datos reservados,
— **descubrimiento** y la revelación, difusión o cesión a terceros de tales datos de conocimiento por parte de quien ha logrado el acceso cognitivo a los mismos,
— **revelación** de los secretos sin haber participado en su descubrimiento.

El tipo incrimina la **revelación**, expresamente excluyente de las fases de conducta anteriores, por cuanto el sujeto no ha de haber tenido intervención en ellas, si bien exige una conexión cognitiva con el descubrimiento al requerir que el sujeto conozca el origen ilícito de lo que revela, ilicitud que debe ser entendida en un sentido restrictivo como procedencia típica de los datos objeto de revelación.

La conducta típica es constituida por los comportamientos de **revelar, difundir** o **ceder** a terceros los hechos o datos descubiertos o las imágenes captadas por otro, siempre que sean de carácter reservado y en cuanto tales no destinadas a su publicidad.

La descripción del tipo requiere un singular *elemento subjetivo del injusto* que consiste en el *conocimiento* por parte del autor del origen ilícito del descubrimiento de los secretos o de la captación de imágenes, que confiere al tipo legal el carácter de un delito subjetivamente configurado de especial forma de manifestación constituida por el específico elemento cognitivo del autor sobre la ilicitud de origen de los datos secretos obtenidos.

Los hechos, datos o imágenes de carácter reservado, en rigor, al haber sido ya objeto de descubrimiento por parte de un tercero, **dejan de ser secretos**, por cuanto ya han sido conocidos por alguien más que su titular. Pero como todavía no se han divulgado, difundido o facilitado al público conocimiento, esta circunstancia es la que posibilita que el autor lleve a cabo la realización del tipo de revelación.

> La penalidad establecida para esta conducta típica (prisión de 1 a 3 años y multa de 12 a 24 meses) es escasamente inferior a la impuesta al tipo de descubrimiento de los secretos (prisión de 1 a 4 años y la misma multa), e incluso al de la conjunta conminación del descubrimiento más la revelación (prisión de 2 a 5 años, como pena única).

V. TIPOS CUALIFICADOS DE LAS PRECEDENTES FIGURAS DE DECUBRIMIENTO, INTERCEPTACIÓN O DIFUSIÓN DE DATOS O IMÁGENES

1. CUALIFICACIÓN POR EL CARÁCTER IDEOLÓGICO, RACIAL O ÍNTIMO DE LA VÍCTIMA, O POR LA MINORÍA DE EDAD O DISCAPACIDAD DE LA MISMA (ART. 197.5)

El **artículo 197.5** CP describe esta hipótesis de cualificación delictiva:

> «Igualmente, cuando los hechos descritos en los apartados anteriores afecten a datos de carácter personal que revelen la *ideología*, religión, creencias, *salud*, origen *racial* o vida *sexual*, o la víctima fuere un *menor* de edad o una persona con *discapacidad*, necesitada de especial protección, se impondrán las penas previstas en su mitad superior.

La presente figura cualificada abarca la totalidad de los precedentes supuestos delictivos de descubrimiento, interceptación y revelación de secretos descritos en los preceptos anteriores.

> La STS (núm. 1219) de 10 de diciembre de 2004 (Ponente: SAAVEDRA RUIZ) estima que el fundamento de este tipo agravado radica en la exgencia de **especial protección** del **núcleo duro** del derecho a la **intimidad**.

La disposición tiene como efecto reducir el marco legal de arbitrio judicial (al establecer la penalidad respectiva de cada tipo singular en su mitad superior) precisamente en un ámbito valorativo tan sutil como el de los secretos personales y la intimidad individual, en que se conjugan muy diversos factores de adecuación social y de sentimientos subjetivos, que hacen aconsejable como en ninguna otra materia típica conceder un margen amplio de arbitrio judicial.

Los límites de la reducción del marco penal por la cualificación legal son estrictos, a veces extremos, especialmente cuando recae sobre tipos ya cualificados. Así, la realización del tipo de apoderamiento de datos reservados (prisión de 1 a 4 años) ejecutada por persona encargada del soporte técnico en que constan los mismos (prisión de 3 a 5 años) cuando sean revelados por ella (prisión de 4 a 5 años) y versen sobre materias religiosas, ideológicas, de creencias (¡!), de salud, de raza o de sexo o la víctima sea menor o con discapacidad pasa a ser sancionada con prisión de 4,5 a 5 años.

2. Cualificación por los fines lucrativos del autor (art. 197.6)

El **artículo 197.6** CP conmina una figura cualificada de todos los tipos legales de delito anteriormente configurados [arts. 192.2, 197.1, 197.3, 197.4 y 197.5 CP] por los fines lucrativos del autor:

«Si los hechos se realizan con *fines lucrativos*, se impondrán las penas respectivamente previstas en los apartados 1 a 4 de este artículo en su mitad superior. Si además afectan a datos de los mencionados en el apartado 5, la pena a imponer será de prisión de cuatro a siete años».

La STS (núm. 1219) de 10 de diciembre de 2004 (Ponente: Saavedra Ruiz) señala que la figura agravada, con independencia de que pueda referirse principalmente al «mundo de la información ilegal», es también aplicable a los no profesionales cuando su conducta esté guiada por una finalidad lucrativa, es decir, obtener un beneficio, ganancia o utilidad evaluable económicamente. Su fundamento radica en la mayor *reprochabilidad* de la acción, tratándose de una especial cualificación agravatoria del móvil del sujeto activo.

La **exasperación punitiva** del precepto llega a extremar la restricción del espacio de juego del marco penal a límites muy rigurosos, pues a cada restricción del ámbito punitivo de arbitrio judicial se une nueva restricción legal.

Por ejemplo, la pena prevista para el acceso de datos reservados por parte de las personas encargadas o responsables de sus soportes se pasará de la pena básica de prisión de 3 a 5 años para quienes revelaren tales datos a la de prisión de 4 a 5 años y si lo hicieren sin fines lucrativos a la de prisión de 4,5 a 5 años.

El paroxismo legislativo en la desvaloración del **ánimo de lucro** se refleja de modo singular en cualesquiera de los *tipos* (básicos, cualificados y agravados) de descubrimiento y revelación de secretos que *versen* sobre datos religiosos, ideológicos, de creencia, salud, raza o sexo o relativos a menor o persona con discapacidad necesitada de especial protección, pues en tal caso la penalidad no se limita a la imposición de la pena del tipo respectivo en su mitad superior, sino que se sustituye por la pena de prisión de 4 a 7 años.

El legislador aquí pretende ser abiertamente moralizante (pero se comporta —como diría RADBRUCH— de manera altamente inmoral). Enriquecerse a costa de los secretos ajenos, sobre temas más o menos tabúes, para nuestro legislador, o sobre menores o personas con discapacidad, constituye algo que debe ser anatematizado.

VI. DIFUSIÓN DE IMÁGENES O GRABACIONES OBTENIDAS CON ANUENCIA DE LA VÍCTIMA (ART. 197.7)

La LO 1/2015 de reforma del cuerpo punitivo introduce en el **artículo 197.7** CP una nueva figura delictiva de revelación de datos personales: la de revelación de imágenes o grabaciones audiovisuales que hayan sido obtenidas con la anuencia de la víctima, cuando concurran las circunstancias legalmente exigidas. La sistemática incriminadora prevé un tipo básico y un tipo cualificado de esta nueva hipótesis de configuracón delictiva.

1. TIPO BÁSICO (ART. 197.7.1)

Es descrito en el **artículo 197.7, párrafo primero**, CP en los siguientes términos:

«Será castigado con una pena de prisión de tres meses a un año o multa de seis a doce meses el que, sin autorización de la persona afectada, difunda, revele o ceda a terceros imágenes o grabaciones audiovisuales de aquella [*sic*] que hubiera obtenido con su anuencia en un domicilio o en cualquier otro lugar fuera del alcance de la mirada de terceros, cuando la divulgación menoscabe gravemente la intimidad personal de esa persona».

El tipo legal tutela la intimidad personal frente a conductas de revelación de imágenes o grabaciones que hubieran sido obtenidas con la anuencia del titular pero que son objeto de revelación sin el consentimiento del mismo. Elementos esenciales de la conducta típica son:

— **grabación visual** (de imágenes) o **grabación acústica** (de sonidos) relativas a expresiones o manifestaciones de una persona que son de carácter estrictamente privado en tanto implican exclusión del conocimiento de terceros,

— **anuencia de la persona** titular de este derecho de reserva para la práctica de la grabación de tales imágenes o sonidos de carácter íntimo y reservado frente a terceros,

— **el domicilio o lugar reservado** donde se realizan las grabaciones, por cuanto que ha de estar fuera del alcance de la mirada de terceros, quedando inequívocamente excluido el derecho de acceso congnitivo por parte de éstos,

— **la ausencia de autorización** expresa de la persona afectada para que se lleve a efecto la difusión, revelación o cesión a terceros de grabaciones que, en su origen y en su destino, son de tal naturaleza que excluyen el conocimiento de terceros,

— **el grave menoscabo de la intimidad** que la divulgación de las grabaciones comporta para el titular de las mismas, por ser éstas de estricto carácter personal no sólo ya por su naturaleza, sino incluso también por el lugar de su ejecución.

Respecto de los términos de tipificación de la presente hipótesis delictiva, son de señalar ciertas *imprecisiones* perceptibles en la conformación legislativa de la figura legal:

— Junto a las grabaciones de *imágenes* correspondería efectuar referencia a las grabaciones *acústicas*, pues lo opuesto y complementario de aquéllas no es la grabación audiovisual —como señala el legislador—, sino la acústica: la audiovisual comprende ya a la visual de imágenes, y para que no se entienda superflua la grabación de imágenes sólo cabe complementarla con la acústica, que a nuestro entender es a la que se quiere referir el legislador.

— Exceso en el reconocimiento de la autorización otorgada por el titular del derecho de privacidad e intimidad protegido en el tipo legal, pues la anuencia del titular del mismo abarca exclusivamente a la conducta de la grabación, pero no así a la de difusión a terceros de las imágenes o sonidos captados.

— La exigencia de un grave menoscabo de la intimidad de la persona afectada por la difusión de las grabaciones de imágenes o sonidos de naturaleza estrictamente personal es un elemento jurídico indeterminado, que sólo puede suficientemente explicarse teniendo en cuenta tanto la entidad del objeto de revelación conforme a una valoración social, como la infracción del deber de discreción que incumbe al sujeto autorizado para la grabación, a quien se ubica en una situación de garante de la privacidad compartida al amparo del principio de confianza, que no abarca, sino que antes bien excluye a terceros.

— La pena prevista corresponde a un comportamiento de menor gravedad que el de las restantes manifestaciones de descubrimiento, interceptación o revelación de datos secretos, y que era atípico en el CP hasta la reforma introducida por LO 1/2915, de evidente dinámica expansiva del sistema punitivo.

2. Tipo cualificado (art. 197.7.2)

Un tipo cualificado de la presente figura de delito es incriminado por la LO 1/2015 de reforma del texto punitivo en el **artículo 197.7, párrafo segundo**, CP en los siguientes términos:

> «La pena se impondrá en su mitad superior cuando los hechos hubieran sido cometidos por el *cónyuge* o por persona que esté o haya estado *unida* a él por análoga relación de afectividad, aun sin convivencia, la víctima fuera menor de edad o una persona con discapacidad necesitada de especial protección, o los hechos se hubieran cometido con una finalidad lucrativa».

De manera similar a la del tipo básico, la hipótesis delictiva cualificada prevista en el **artículo 197.7, párrafo segundo**, CP por virtud de la LO 1/2015 no está exenta de algunas deficiencias normativas, que no sólo denotan la falta de rigor del legislador, sino que aun comprometen la eficacia de la disposición legal. Entre ellas son de mencionar las siguientes:

— La finalidad lucrativa apreciada en el ámbito de un delito contra la intimidad personal como el presente *debería* haber sido omitida en su específica previsión, siendo remitida a la agravante genérica 3.ª del artículo 22 CP de precio, promesa o recompensa imputable al autor del delito, así como por cierto también a quien aporta la contraprestación económica para la ejecución del mismo.

— Las cualidades personales de la víctima por su minoría de edad o por ser persona con discapacidad necesitada de especial protección no son siempre homologables, pues no necesariamente implican la misma afectación de la imputabilidad del sujeto, por lo que hubiera sido preferible una mención más realista a «persona necesitada de especial protección» simplemente.

— Por último, es de advertir la defectuosa dicción legislativa del tercer criterio alternativo de cualificación de la conducta delictiva representado por el vínculo de matrimonio o análoga relación de afectividad. El autor del tipo cualificado ha de ser, bien cónyuge de la víctima, bien persona vinculada a la misma por análoga relación de afectividad, pero no —como erróneamente señala el legislador— el «cónyuge» o «persona unida a él» por análoga relación de afectividad. Esto es: autor del delito es el propio cónyuge de la víctima, o persona unida por análoga relación de afectividad a la víctima, pero no al cónyuge («a él» —dice la LO 1/2015—), pues con esta disposición se convierte al autor en víctima al propio tiempo del mismo delito. La víctima en este tipo cualificado es un sujeto que está vinculado al autor por matrimonio o por análoga relación de afectividad. Pero el autor no puede estar vinculado consigo mismo por matrimonio ni tampoco por análoga relación de afectividad. Por ello el legislador ha de proceder a rectificar el error descriptivo de la norma en que ha incurrido en la configuración de este tipo de delito, que es cualificado precisamente por la condición del autor de ser cónyuge de la víctima o persona unida «a ella» [la *víctima*], pero no «a él» [el *autor*], por análoga relación de afectividad. En suma, el tipo legal ha de ser corregido, en el sentido de delimitar inequívocamente el sujeto activo del delito: el «cónyuge» [de la *víctima*] o «persona unida» a ella [la *víctima*] no por matrimonio sino por análoga relación de afectividad.

VII. ACCESO A PROGRAMA INFORMÁTICO, INTERCEPTACIÓN DE DATOS INFORMÁTICOS, Y PRODUCCIÓN O TRÁFICO DE PROGRAMA INFORMÁTICO PARA DESCUBRIR SECRETOS O INTERCEPTAR COMUNICACIONES, SONIDOS O IMÁGENES DE OTRO

La LO 5/2010, de 22 de junio, de modificación del Código penal, introdujo en el artículo 197.3 el tipo legal de **acceso a sistema informático** sin autorización, el cual ha sido a su vez modificado por la LO 1/2015, de 30 de marzo, que lo reforma en el **artículo 197 bis**, y además lo complementa con la incorporación de un nuevo tipo descrito en el **artículo 197 ter** CP. Son tres los tipos de delito contra la reserva de datos y la intimidad personal cometidos por medio de la indebida utilización de un programa informático de titularidad ajena.

1. ACCESO O MANTENIMIENTO EN UN SISTEMA INFORMÁTICO SIN AUTORIZACIÓN (ART. 197 BIS.1)

El **artículo 197 bis.1** CP, añadido al articulado del Código por la LO 1/2015, describe el presente tipo de delito en los siguientes términos:

> «1. El que por cualquier medio o procedimiento, vulnerando las medidas de seguridad establecidas para impedirlo, y sin estar debidamente autorizado, *acceda o facilite* a otro el acceso al conjunto o a una parte de un sistema de información o se mantenga en él en contra de la voluntad de quien tenga el legítimo ejercicio a excluirlo, será castigado con la pena de prisión de seis meses a dos años».

El presente tipo legal viene a cubrir una originaria laguna legal, al tipificar de forma autónoma la conducta de acceso o de mantenimiento en el conocimiento de los datos o programas informáticos contenidos en un sistema informático o parte de él.

Se trata de una modalidad específica de interceptación indebida de dichos datos bien **accediendo** *ex novo* al conocimiento bien **manteniendo** *a posteriori* el estatus cognitivo de los mismos.

Los datos o programas informáticos, que son objeto de indebido conocimiento por parte de quien carece de autorización, han de hallarse contenidos en un **sistema informático** o parte del mismo que en todo caso disponga de medidas de seguridad establecidas para impedirlo, las cuales han de ser vulneradas por el autor para la realización de la conducta de acceso.

La conducta típica se concreta en tres posibles modalidades alternativas de ejecución: el **propio acceso** al sistema informático ajeno, el **facilitar a otro el acceso** a dicho sistema, o el **mantenimiento cognitivo** de los datos contenidos en el conjunto o en una parte de un sistema de información, cuyas medidas de seguridad se vulneran.

Tales conductas han de ser realizados «en contra de la voluntad de quien tenga el legítimo derecho a excluirlo». La contrariedad a la voluntad de quien ostenta el legítimo derecho de exclusión revela el efecto externo dimanante frente a terceros del bien protegido, que es la privacidad o reserva de **datos personales** contenidos en el conjunto o parte de un sistema de información, que no están destinados al general conocimiento, sino que son privativos de su titular, el cual tiene pleno derecho de exclusión de terceros, sin perjuicio de que pueda haber concurrencia de bienes y concurso de delitos en el caso de afectar a la seguridad nacional o a derechos industriales o de autor.

2. *Interceptación* de transmisiones *no públicas* de datos informáticos (art. 197 bis.2)

El **artículo 197 bis.2** CP, introducido por la LO 1/2015, incorpora este nuevo tipo delictivo en los siguientes términos de descripción:

> «2. El que mediante la utilización de artificios o instrumentos técnicos, y sin estar debidamente autorizado, *intercepte* transmisiones no públicas de datos informáticos que se produzcan desde, hacia o dentro de un sistema de información, incluidas las emisiones electromagnéticas de los mismos, será castigado con una pena de prisión de tres meses a dos años o multa de tres a doce meses».

— El núcleo de la conducta típica es la interceptación de transmisiones no públicas, se restringe formalmente la ejecución de dicha conducta a la utilización de medios técnicos para la producción de la misma.
— La realización de la misma se producirá mediante la utilización de artificios o instrumentos técnicos, adecuados para el logro del comportamiento típico consistente en la interceptación.
— Objeto de la interceptación es integrado por las «transmisiones no públicas de datos informáticos», que por su naturaleza en consecuencias son de índole privada y en cuanto tales susceptibles de la autorización de su titular.
— Expresamente se incluyen entre tales transmisiones no públicas de datos informáticos las «emisiones electromagnéticas» de los mismos, es decir, producidas por medio de energía transportada en el espacio en forma de ondas electromagnéticas liberadoras de energía en el espacio exterior.
— Los datos personales contenidos en las transmisiones interceptadas constan en el sistema de información al que ilegítimamente se accede y que, como gráficamente expresa el legislador, se producen «desde, hacia o dentro» del mismo.
— Elemento típico específicamente que, aun de manera superflua, se halla previsto en la descripción legal es la «ausencia de la debida autorización» por parte del titular de los datos informáticos objeto de interceptación.
— Se privilegia la penalidad en relación con la del tipo de acceso o mantenimiento en sistema informático ajeno, pues aunque se establece el mismo límite máximo de prisión de 2 años pero se reduce el límite mínimo de 6 a 3 meses y, sobre todo, la pena de prisión en este tipo puede ser alternativa a la multa de 3 a 12 meses.

3. Producción o tráfico de programa informático con intención delictiva (art. 197 ter)

El **artículo 197 ter** ha sido introducido en el CP por la LO 1/2015 e incorpora este nuevo tipo delictivo en los siguientes términos de descripción legal:

> «Será castigado con una pena de prisión de seis meses a dos años o multa de tres a dieciocho meses el que, sin estar debidamente autorizado, produzca, adquiera para su uso, importe o, de cualquier modo, facilite a terceros, *con la intención de* facilitar la comisión de alguno de los delitos a que se refieren los apartados 1 y 2 del artículo 197 o el artículo 197 bis:
>
> *a*) un programa informático, concebido o adaptado principalmente para cometer dichos delitos; o
>
> *b*) una contraseña de ordenador, un código de acceso o datos similares que permitan acceder a la totalidad o a una parte de un sistema de información».

Se trata de un tipo legal que configura como delito autónomo determinados actos preparatorios que serían atípicos de no ser incriminados expresamente. Tales actos preparatorios consisten determinadas conductas de producción o tráfico de un programa informático o de su clave de acceso, para cometer determinados delitos.

— La conducta alternativa descrita en el tipo es múltiple: «producir», o «adquirir para su uso», o «importar», o «facilitar a terceros» un programa infomático o la clave de acceso al mismo.

— La acción se anticipa al momento previo al del comportamiento ejecutivo de un delito, es por tanto un mero acto preparatorio de un futuro delito, que se propone a un tercero o que se reserva a la esfera conductual del propio sujeto.

— Implica la tipificación de un delito medio, constituido por un acto preparatorio, para la futura comisión de un delito fin, cuya ejecución no se exige. La técnica incriminadora es propia de un Derecho penal del enemigo, pero mal aplicado.

— El delito fin es integrado en la figura delictiva como un elemento subjetivo del injusto propio de un delito subjetivamente configurado de intención en su modalidad de delito intencional de resultado cortado («con la intención de facilitar la comisión» de un ulterior delito).

— El ulterior delito es integrado por los tipos de descubrimiento, interceptación o revelación de datos o imágenes personales, descritos en el artículo 197.1 y 2 CP, o el delito de acceso o mantenimiento en un programa informático sin autorización o interceptación de transmisiones no pública de datos informáticos, tipificadas en el artículo 197 bis CP.

VIII. TIPOS DE REVELACIÓN SIN PREVIO DESCUBRIMIENTO EN EL ÁMBITO DEL SIGILO LABORAL O PROFESIONAL (ART. 199)

1. REVELACIÓN DE SECRETOS CONOCIDOS POR RAZÓN DE OFICIO O RELACIONES LABORALES (ART. 199.1)

Este tipo delictivo es descrito y conminado en el artículo **199.1** CP:

> «El que revelare secretos ajenos, de los que tenga *conocimiento* por razón de su oficio o sus relaciones *laborales*, será castigado con la pena de prisión de uno a tres años y multa de seis a doce meses».

El comportamiento típico coincide con el de **revelación de secretos**, a sabiendas de su origen ilícito, descubiertos por otro, y sin embargo es sancionado con la misma pena de prisión (de 1 a 3 años) y con pena de multa de la mitad de duración que éste (de 6 a 12 meses, en lugar de 12 a 24 meses).

No se aprecian fundamentos materiales para esta **mayor benignidad punitiva**, pues respecto al carácter ilícito (incluso delictivo) del origen del conocimiento de unos secretos que han sido descubiertos por tercero no hay mayor desvalor para quien los revela que el conocimiento de tales secretos por sí mismo en virtud de una relación de oficio o laboral, que crea una situación de confidencialidad que coloca en posición de garante a quien por tal motivo posee conocimiento de los secretos de otro.

El elemento típico de exigencia de conocimiento de secreto por parte de la persona que procede a la revelación del mismo, quebrantando la exigencia de sigilo inherente a la posición de garante por razón de oficio o profesión, expresa la conformación del tipo como un delito subjetivamente configurado de especial forma de manifestación cifrada en el singular presupuesto cognitivo del autor en el ámbito de tal estatus jurídico.

> La STS (núm. 574) de 4 de abril de 2001 (Ponente: MARTÍNEZ ARRIETA) afirma que la acción consiste en revelar secretos con incumplimiento de la obligación de sigilo impuesta por el ordenamiento jurídico, no siendo necesario que alcance a una pluralidad de personas ya que la lesión de la **intimidad** se produce con independencia del número de personas que accedan al conocimiento.

2. DIVULGACIÓN DE SECRETO PROFESIONAL (ART. 199.2)

El **artículo 199.2** CP describe la modalidad típica de la revelación de secreto profesional:

> «El *profesional* que, con incumplimiento de su obligación de *sigilo* o reserva, divulgue los secretos de otra persona, será castigado con la pena de prisión de uno a cuatro años, multa de doce a veinticuatro meses e inhabilitación especial para dicha profesión por tiempo de dos a seis años».

El secreto profesional es el sigilo o reserva que corresponde a una persona respecto del conocimiento poseído sobre **secreto** de otra persona por razón del desarrollo de la **actividad profesional**, que establece una especial obligación de reserva por exigencias relativas al correcto desempeño de la profesión determinantes de la posición de garante respecto del secreto que se le ha confiado.

— El acceso al secreto a través del desempeño de una actividad **profesional** supone una modalidad cualificada de oficio o actividad laboral que conlleva la exigencia de reserva sobre el conocimiento de datos reservados de carácter personal confiados al titular de la profesión.

— Entre oficio, trabajo y profesión no cabe establecer discriminaciones penales en relación con el ámbito de conocimiento abarcado por una situación de **garante** por parte de quien por virtud del desempeño de estas actividades accede a secretos ajenos.

> El prototipo histórico de secreto profesional acaso correspondió al confesor, a quien en conciencia se confiaban, con unos fines expiatorios y confesionales que no hacen al caso, las más recónditas intimidades del ser humano. El secreto de confesión llegó a sacralizar la confidencialidad de las personas y a excepcionar la exigencia jurídica de colaboración con la justicia.
>
> La delimitación entre «oficio» o «cargo» en la eximente de estado de necesidad (art. 20.5.º, tercero), ante la exigencia de que el necesitado no tenga «por su oficio o cargo» obligación de sacrificarse, plantea la distinción entre actividad privada (sin diferenciar aquí entre laboral y profesional) y actividad pública (sin diferenciar aquí entre autoridad y funcionario público) por parte de quien tenga mando o ejerza jurisdicción propia (art. 24.1) o por causa legal participe en el ejercicio de funciones públicas (art. 24.2).

La **intimidad y privacidad** junto al derecho a **secretos** personales son garantizados frente al conocimiento de éstos por parte de un tercero, con independencia del título jurídico, social o moral por el que se ha accedido al mismo, valorándose el contenido del secreto personal y la entidad de los perjuicios que para su titular se deriven de la divulgación de los mismos.

> La STS (núm. 574) de 4 de abril de 2001 (Ponente: MARTÍNEZ ARRIETA) señala que el tipo protege la **intimidad** y la **privacidad** como manifestaciones del libre desarrollo de la personalidad y de la dignidad de las personas en relación al secreto, lo concerniente a la esfera de la intimidad que es sólo conocido por su titular o por quien él determine.

La entidad de la conducta típica difiere, respecto de la de mera revelación de secreto prevista en el tipo descrito en el número anterior, en un doble sentido: en primer término, la divulgación requiere una puesta en conocimiento del dato profesional reservado ante una pluralidad de sujetos, no bastando la mera puesta en conocimiento de otra persona; y, en segundo lugar, la divulgación ha de recaer sobre datos personales que son objeto de una especial obligación de sigilo o reserva en función del desempeño de la profesión por parte del autor.

> La penalidad se incrementa para la revelación de secretos profesionales cualificada, en relación con la prevista para los conocimientos obtenidos por razón de oficio o relaciones laborales, pues (en lugar de la de prisión de 1 a 3 años y multa de 6 a 12 meses que a ésta corresponde) se establecen las penas de prisión de 1 a 4 años, multa de 12 a 24 meses e inhabilitación especial para dicha profesión por tiempo de 2 a 6 años.

IX. DELITOS DE DESCUBRIMIENTO Y REVELACIÓN DE SECRETO COMETIDOS POR FUNCIONARIO PÚBLICO (ART. 198)

El tipo de descubrimiento y revelación de secretos cometido por funcionario público es descrito en el **artículo 198** CP:

> «La *autoridad* o *funcionario* público que, fuera de los casos permitidos por la Ley, sin mediar causa legal por delito, y prevaliéndose de su cargo, realizare cualquiera de las conductas descritas en el artículo anterior, será castigado con las penas respectivamente previstas en el mismo, en su mitad superior y, además, con la de inhabilitación absoluta por tiempo de seis a doce meses».

El **artículo 198** CP remite literalmente a las conductas descritas en el «artículo anterior» de una manera que es manifiestamente incorrecta, puesto que (tras la reforma por LO 1/2015) el artículo anterior es el constituido por el «artículo 197 quáter», que prevé la responsabilidad penal de la persona jurídica en este tipo legal de delito, siendo así que por básicas razones históricas, sistemáticas y teleológicas es de entender que el precepto de remisión típica ha de referirse exactamente [no al art. 197 quáter, sino] al «artículo 197», el cual tipifica todas las formas fundamentales de incriminación de los delitos de descubrimiento, interceptación y revelación de secretos.

La cualidad del autor de los delitos de descubrimiento y revelación de secretos ha sido objeto de valoración por el legislador para agravar la responsabilidad penal del funcionario que lleva a cabo la realización de los tipos legales a que la conminación típica remite.

> Todos los tipos descritos en el artículo anterior al que incrimina esta figura cualificada son abarcados por la agravación punitiva por la cualificación funcionarial de su autor, estableciéndose la respectiva pena prevista en los mismos en su mitad superior y además la de inhabilitación absoluta por tiempo de 6 a 12 años.

La cualidad funcionarial del sujeto activo es determinante para la configuración de este tipo de **delito especial** impropio, que sólo por aquél puede ser cometido, si bien la norma remite a conductas que ya serían delictivas cuando fueren cometidas por cualquier sujeto particular legalmente no cualificado.

— La exigencia de que el autor del tipo cualificado actúe precisamente en el ejercicio de la **función pública** para concretar esta figura legal es inequívoca, en cuanto la descripción típica exige que la autoridad o funcionario realice el acto concurriendo las siguientes circunstancias: 1.ª fuera de los casos permitidos por la ley, 2.ª sin mediar causa legal por delito, 3.ª prevaliéndose de su carácter público.

— Al requisito de la agravante 7.ª del artículo 22 de «prevalerse del carácter público que tenga el culpable», se añade en el artículo 198 la exigencia de que el funcionario actúe «**fuera de los casos** permitidos por la ley» y «**sin mediar causa** legal por delito» y se reitera que la actuación funcionarial sea manifiestamente contraria a la ley.

— La **verdad material** ha de concordar con la verdad formal en orden a la legitimidad de obtención de la prueba y al reconocimiento de la validez de la misma en el proceso penal.

— La teoría de la **legitimidad de la prueba** en el Derecho penal y de los límites de la validez de la misma en el proceso penal en el Estado de Derecho muestra la especial significación que adquiere la teoría de la prohibición de la prueba como límite de la investigación de la verdad en el proceso penal.

> Esta teoría, formulada con nitidez por Ernst BELING a comienzos del pasado siglo, ha alcanzado reconocimiento hasta el presente como criterio de inspiración del proceso penal, mostrando una actualidad creciente respecto de la sensibilidad jurídica hacia el inquebrantable respeto de los derechos de la persona ante el Sistema jurídico, y en particular del justiciable ante el proceso penal.
>
> La conciencia de la gravedad de esta situación de incursión en las causas de prohibición de la prueba en el proceso penal ha hecho a la doctrina penalista reivindicar el estricto cumplimiento de los fundamentos del Estado de Derecho y de la división de poderes en que el mismo se asienta.

— La exigencia positiva establecida por la ley de que el funcionario actúe «**sin mediar causa por delito**», para incriminar la conducta, me parece acertada por razones político-criminales de la necesidad de la intervención penal.

> Esta exigencia equivale a establecer que ninguna autoridad ni funcionario que actúe «no mediando causa por delito» puede llevar a efecto ningún apoderamiento de documentos o efectos personales, ni acceso a datos reservados o interceptaciones de comunicaciones, sin incurrir en la responsabilidad prevista en el artículo 198.
>
> Es discutible la norma penal desde la perspectiva del requisito «mediando causa legal por delito». No siempre que medie causa legal por delito, será legítimo decretar el apoderamiento de documentos o efectos personales o el acceso a datos reservados de carácter personal o familiar o la interceptación de comunicaciones y, aún más, la revelación en su caso de todas estas actuaciones.
>
> Ocurre aquí, al igual que en otros ámbitos penales y procesales (como el falso testimonio, las garantías del sistema probatorio en el proceso penal), que con harta frecuencia una cosa es la teoría (la norma) y otra bien distinta la práctica (la realidad).

— Son tipos cualificados precisamente por el **prevalimiento de la condición** de autoridad o funcionario público de su autor los numerosos y heterogéneos supuestos incluidos en la incriminación del artículo 197.

> Los actos de apoderamiento de documentos o efectos personales, interceptación de telecomunicaciones o utilización de artilugios técnicos de control de comunicaciones, realizados para descubrir los secretos ajenos o vulnerar la intimidad de otro (art. 197.1); las acciones de apoderamiento, utilización o modificación de datos reservados de carácter personal o familiar que consten en cualquier tipo de soportes registrales públicos o privados, o el acceso a los mismos

en perjuicio de su titular o un tercero (art. 197.2); la revelación, difusión o cesión de los datos o hechos descubiertos o de las imágenes captadas por el propio autor o por quien sin haber tomado parte en su descubrimiento conociere su origen ilícito (art. 197.3); con los respectivos tipos cualificados (art. 197.4, 5 y 6).

En todos estos supuestos, se impondrá además de la pena respectiva en su mitad superior, según establece el artículo 198, la pena ciertamente grave, para el autor cualificado por la condición de funcionario público, de inhabilitación absoluta de 6 a 12 años.

— Pero el artículo 198 omite, se olvida o no cae en la cuenta de que, además del artículo anterior al que remite, hay un artículo posterior que también describe e incrimina otros tipos de revelación de secretos (con penas severas) cuales son la revelación de secretos de los que el autor tenga conocimiento por razón de su oficio o sus relaciones laborales (art. 199.1) y la revelación de secretos profesionales de los que conoce el profesional quedando vinculado con una específica obligación de **sigilo o reserva** (art. 197.2).

Para los delitos de revelación de secretos (laboral y profesional), el artículo 198 hace una «exoneración de responsabilidad penal» a la autoridad o funcionario o público que realizaren unas conductas que son típicas para todos los demás ciudadanos.

Tales comportamientos son «atípicos» para quienes, en una sociedad altamente informatizada como la actual, disponen de máximos sistemas informativos sobre la ciudadanía (como los servicios de investigación), hasta límites inquietantes.

El único tipo delictivo de descubrimiento y revelación de secretos cometido por funcionario público, que configura el Título X, es el incriminado en el artículo 198, que al conminar «las conductas descritas en el artículo anterior» deja literalmente fuera las acciones «laborales y profesionales» descritas en el artículo 199, las cuales no podrán ser entendidas de manera extensiva a las actividades «funcionariales», pues para los casos de tipicidad de actos de los funcionarios se han impuesto penas más graves y además la pena específica de inhabilitación absoluta, lo que en ningún caso podría determinarse por vía de interpretación extensiva del artículo 198.

En suma, el Código penal incurre en un antagónico **privilegio** punitivo *ex officio*, al dejar en la **atipicidad** la conducta de la revelación de secretos personales por autoridad o **funcionario** público que tengan conocimiento de ellos por razón de su cargo.

X. DESCUBRIMIENTO DE SECRETOS, INTERCEPTACIÓN Y REVELACIÓN DE DATOS PERSONALES COMETIDO POR PERSONA JURÍDICA (ART. 197 QUINQUIES)

El **artículo 197 quinquies** CP prevé, en la reforma introducida por la LO 1/2015, de 30 de marzo, expresamente la posibilidad de realización por parte de la persona jurídica de los delitos contra el derecho de privacidad e intimidad personal previstos en el artículo 197 CP (descubrimiento, interceptación y revelación de datos o imágenes personales), artículo 197 bis CP (acceso, mantenimiento o interceptación de datos personales en un sistema de información) y artículo 197 ter CP (producción o tráfico de programa informático o sus clases de acceso):

> «Cuando de acuerdo con lo establecido en el artículo 31 bis una *persona jurídica* sea responsable de los delitos comprendidos en los artículos 197, 197 bis y 197 ter, se le impondrá la pena de multa de seis meses a dos años. Atendidas las reglas establecidas en el artículo 66 bis, los jueces y tribunales podrán asimismo imponer las penas recogidas en las letras *b*) a *g*) del apartado 7 del artículo 33».

La genérica remisión que la previsión de la responsabilidad penal de la persona jurídica hace a los artículos 197, 197 bis y 197 ter CP resulta en muchos puntos inadecuado desde un punto de vista técnico y aun adolece de inviable aplicabilidad práctica por causa de las limitaciones que impone la compleja estructura de la persona jurídica en orden a su imputación penal en relación con los singulares comportamientos típicos contra la privacidad e intimidad personales.

— La responsabilidad penal de la persona jurídica se prevé (art. 31 bis CP) con total independencia y en cierto sentido como contrafigura de la responsabilidad del que actúa por otro (art. 31 CP).

— La responsabilidad penal de la persona jurídica se establece por extensión respecto de la actuación delictiva cometida por quienes obran en el ámbito estructural de la misma, atendiendo a muy prolijos criterios expresados en el artículo 31 bis CP: actuación delictiva de los representantes legales u órganos directivos de la persona jurídica, o de los sometidos a dichos órganos que pudieron cometer el delito ante el grave incumplimiento de los deberes de supervisión, vigilancia y control que incumbe a los integrantes de dichos órganos que tienen autoridad para tomar decisiones o facultades de organización y control.

— La complejidad de la imputación penal a los órganos directivos o miembros subordinados de la persona jurídica se amplía respecto de supuestos de delitos contra la privadad e intimidad personales en supuestos como los previstos en el artículo 197.4 CP cuando tales delitos se cometan por las personas encargadas o responsables de los ficheros, soportes informáticos, electrónicos o telemáticos, archivos o registros, pues habrá que dilucidar si tales sujetos son encuadrables o no y cómo se coordinan con los representantes legales, órganos de dirección o con autoridad para tomar decisiones o facultades de organización y control.

— La duplicidad de posibilidad de imputación penal de todos estos sujetos ante la comisión de delitos contra la intimidad hace compleja la delimitación de la responsabilidad penal, pues se ha de operar con tres niveles de imputación: encargados de los soportes, representantes o directivos y personas con facultades de organización y control. Será preciso además respetar inexorablemente las exigencias inherentes al principio *ne bis in idem* en la respectiva imputación penal.

— Tampoco es en principio aplicable el supuesto legal del tipo cualificado por la motivación racial, ideólogica, sexual, etc. del artículo 197.5, habida cuenta de la índole motivacional de la misma, que bien como motivo causa o como motivo fin afecta de ordinario a concretas individualidades de autoría, respecto de las que opera el singular impulso motivacional endógeno propio de los delitos de tendencia, que por su singular naturaleza son subjetivamente configurados.

— Queda finalmente excluida la aplicabilidad del tipo cualificado de revelación de imágenes captadas o grabaciones autiovisules, realizadas en un domicilio o lugar reservado en tanto queda fuera del alcance de miradas de terceros, cometido por el propio cónyuge de la víctima o por persona vinculada a la misma por análoga relación de afectividad. La persona jurídica es por entero ajena a esta situación de garante que incumbe a quien es cónyuge o pareja de la víctima. Y también lo es asimismo respecto de las relaciones interpersonales propias del cónyuge o pareja de los sujetos que sean singulares órganos de representación, dirección u organización de la persona jurídica.

XI. TIPOS HIPERCUALIFICADOS POR LA COMISIÓN DELICTIVA EN EL SENO DE ORGANIZACIÓN O GRUPO CRIMINALES (ART. 197 QUÁTER)

La LO 5/2010, de 22 de junio, por la que se modifica el Código penal, introdujo un tipo cualificado por la comisión del delito por una organización o grupo criminal:

> «Si los hechos descritos en los apartados anteriores se cometiesen en el seno de una organización o grupo criminales, se aplicarán respectivamente las penas superiores en grado».

La LO 1/2015, de 30 de marzo, con entrada en vigort el 1 de julio de 2015, mantiene y amplía el alcance delictivo de este tipo cualificado, al hacerlo extensivo a la totalidad de delitos contra la intimidad y privacidad personales incriminados en el Capítulo de referencia, al disponer en el actual **artículo 197 quáter** CP lo siguiente:

> «Si los hechos descritos en este Capítulo [*Capítulo I: Del descubrimiento y revelación de secretos*] se hubieran cometido en el seno de una organización o grupo criminal, se aplicarán respectivamente las penas superiores en grado».

Respecto de todos los tipos delictivos descritos en el aludido Capítulo incriminador de los delitos contra la intimidad y privacidad personales, el tipo cualificado del **artículo 197 quáter** establece en cada supuesto la respectiva pena superior en grado en base a un elemento de cualificación expresado por la ley: la realización del delito en el seno de una **organización o grupo** criminales.

La presente disposición legal constituye una norma punitiva que incrementa en un grado la penalidad de las respectivas figuras de delito por una razón de reforma que responde a parámetros del **Derecho penal del enemigo** o de «especial peligrosidad criminal» que combate con exacerbación punitiva un singular foco de peligro desestabilizador de la sociedad y las bases constitucionales en que la misma se asienta.

Este incremento de la penalidad expresa una de las características esenciales del «Derecho penal del enemigo», ante la comisión del mismo injusto típico con idéntica lesión del bien jurídico, por razones puramente preventivas de una situación de especial peligrosidad, apreciada por la ley en el hecho de la comisión del delito en el seno de una organización o grupo criminales.

Con independencia de la pertenencia o no a organización o grupo criminales y del estatus de pertenencia a una banda criminal o a una asociación ilícita, el legislador considera que la comisión del delito en el seno de la organización o grupo criminales revela una especial gravedad que debe ser combatida con una especial contundencia, lo que hace en este ejemplo de «legislación penal del enemigo».

XII. CLÁUSULAS GENERALES DE PERSECUCIÓN Y RELEVANCIA DEL PERDÓN

Dos cláusulas generales se establecen en relación con todos los tipos contenidos en el capítulo incriminador de los delitos de descubrimiento y revelación de secretos:

1. La **extensión de tutela penal** a los secretos de que sean titulares las personas jurídicas (**art. 200** CP).
2. El **carácter semiprivado** de la persecución de estos delitos (**art. 201** CP).

— Estos delitos requieren, para su persecución, denuncia de la persona agraviada o de su representante legal y, en caso de ser desvalida, del Ministerio Fiscal.

La STS 5293/2016, de 2 de diciembre (Ponente: A. G. Jorge Barreiro), estima que el conflicto que puede darse entre los intereses personales de la víctima o agraviado y los fines preventivos del *ius puniendi* estatal es resuelto mediante los requisitos de la perseguibilidad y la regulación del perdón del ofendido. El artículo 201 CP dispone que en los supuestos en que la conducta contra la intimidad afecte a una pluralidad de personas el delito es perseguible de oficio. Esto significa que el legislador considera que el interés de la colectividad o de la generalidad prevalece cuando la conducta, por afectar a un número considerable de personas, debe ser controlada por el *ius puniendi* estatal. Se atiende así también a la tutela del bien jurídico de la intimidad, pero apreciado o calibrado desde una dimensión más social o colectiva.

— Quedan exceptuados de la persecución a instancia de parte los supuestos en que el delito es cometido por autoridad o funcionario público o la comisión delictiva afecta a intereses generales o a una pluralidad de personas.

— Reconocen la **eficacia condicional del perdón** del ofendido o de su representante legal, como causa extintiva de la acción penal o la pena impuesta.

La STS 1245/2019, de 23 de abril (Ponente: Colmenero Menéndez de Luarca), afirma que el perdón del ofendido no opera respecto de los casos que se subsumen bajo el artículo 198 CP, pues tales supuestos comprenden una doble infracción de deberes: la del deber de respetar la intimidad y la implícita en el abuso del cargo público. Esta última no es disponible para el sujeto pasivo, y por la misma razón que el artículo 201.2 CP no exige la denuncia del perjudicado en estos casos, tampoco es posible extender a ellos el perdón del ofendido, dado que es de la esencia del perdón que sólo puede recaer sobre actos que hayan lesionado derechos o bienes propios.

Cuestionario de repaso:

1. ¿Qué significa normativamente el «apoderarse» de documentos personales?
2. ¿Y el concepto de «secreto» de los docuementos o efectos de alguien?
3. ¿Qué naturaleza tiene el elemento típico de actuar «en perjuicio» del titular o tercero en el acceso o apoderamiento a datos reservados?
4. ¿Qué se entiende por «interceptar»? ¿Y por «cualquier telecomunicación»?
5. ¿Qué significa «utilizar artificios técnicos» de interceptación de sonido?
6. ¿En qué consisten los conceptos normativos de «sonido», «imagen» y «comunicación»?
7. ¿Según la reforma del CP, la comisión delictiva en el seno de organización o grupo criminales atenúa o agrava el delito? ¿Por qué?
8. ¿A qué obliga el deber de sigilo profesional?
9. ¿La mera revelación de secreto que ha sido descubierto por otro es constitutiva de delito?
10. ¿Es típica la divulgación de secreto profesional? ¿Y la mera revelación?
11. ¿Qué se entiende por secreto profesional?
12. ¿Pueden cometerse estos delitos por una persona jurídica?
13. ¿Son protegidos penalmente los secretos de las personas jurídicas?
14. ¿Qué sentido político-criminal tiene la comisión de estos delitos en el seno de una organización o grupo crimninal?
15. ¿Estos delitos son perseguibles de oficio o a instancia de parte?

LECCIÓN 14.ª

ALLANAMIENTO DE MORADA, DOMICILIO O ESTABLECIMIENTO

MIGUEL POLAINO NAVARRETE

I. ALLANAMIENTO DE MORADA (ART. 202)

1. TIPO BÁSICO

El **artículo 202.1** CP describe el tipo básico de allanamiento de morada:

> «El particular que, sin habitar en ella, *entrare* en morada ajena o se *mantuviere* en la misma contra la voluntad de su morador, será castigado con la pena de prisión de seis meses a dos años».

El tipo constituye la modalidad básica de los tres supuestos de allanamiento tipificados en que se reconoce a la persona la libertad de reserva espacial y exclusión de terceros: el allanamiento de «morada personal», el allanamiento de «sede domiciliar» de personas jurídicas, despacho profesional u oficina, y el allanamiento de «establecimiento mercantil o local abierto» al público fuera de las horas de apertura.

La **conducta** se configura en dos modalidades alternativas de ejecución: **entrar** en la morada ajena o **mantenerse** en la misma. Ambas formas de acción de acceder *ex novo* al recinto de la morada individual o de omitir *ex post* la salida de la misma poseen el mismo efecto típico de contrariar la voluntad del morador.

La **entrada** en la morada se produce cuando se alcanza a acceder plenamente a la morada ajena, no siendo suficiente a efectos típicos sólo asomarse a la misma, introducir una parte del cuerpo o tener acceso visual al interior. La relevancia típica de la acción deriva del sentido de la total introducción en la morada ajena.

> Si el sujeto inicia la comisión de la conducta de entrar en la morada ajena y rebasa el perímetro exterior de la misma pero sin poder acceder al interior (por ejemplo, por encontrar una cancela que le impide el paso), realizará el tipo de allanamiento en grado imperfecto de ejecución.

Si el sujeto efectúa una inspección ocular al interior de la morada ajena y para ello introduce parte de su cuerpo en el interior de la misma (por ejemplo, se asoma a través de una puerta o ventana para ver el interior de la morada, y comprobar si está ocupada o no, si hay bienes de valor, u observar la ubicación de la caja fuerte, la instalación de dispositivos de vigilancia, etc.), no concreta el tipo de allanamiento.

El **mantenimiento** en la morada ajena representa una forma de conducta típica alternativa —y en cierto sentido antitética— a la del acceso a la misma. El sujeto no procede a entrar en la morada ajena, puesto que ya se encuentra en el interior de la misma con la voluntad de su dueño cuando da inicio a la ejecución de la conducta típica, que en esta hipótesis consiste en no abandonar la morada ajena y permanecer siquiera provisionalmente dentro de la misma en contra de la voluntad del morador. El allanador que se encontraba ya en el interior de la morada sin contrariar la originaria voluntad del morador, a partir del momento en que se le opone la voluntad de éste, da inicio a la concreción de la hipótesis típica omisiva.

Las modalidades típicas de conducta de «entrar» o «mantenerse» son susceptibles de ejecución instantánea, consumándose en el momento mismo en que el sujeto lleva a cabo la realización del comportamiento. Pueden ser **instantáneas** o de **permanencia relativa**.

Conforme a la naturaleza espiritual del bien jurídico protegido y la índole fáctica del ataque típico, a partir del instante de la consumación ejecutiva de la conducta se genera un *status de tipicidad* que perdura a lo largo de todo el tiempo en el que se mantiene esta situación.

Los **sujetos** activo y pasivo no están legalmente determinados, y pueden ser tales cualesquiera sujetos en su condición personal.

Concepto de morada. Se determina con criterios **normativos** de base sociológica y representa el lugar o espacio ocupado como sitio propio de asentamiento existencial humano por una persona, donde la misma puede mantenerse en reserva y apartada del mundo circundante, con posibilidad de ejercicio del derecho a **vetar** la indeseada presencia de terceros.

La noción jurídica de **morada** en su acepción penal constituye aquel **espacio** cerrado o abierto, **separado** del mundo exterior en términos que evidencian la decisión voluntaria de su titular de **excluir** de su ámbito a terceros.

— **Abarca** no sólo a las construcciones convencionales destinadas a viviendas, sino también a cualesquiera soportes de esporádica ubicación residencial de una persona (vehículos, remolques, tiendas de campañas, cobertizos, cuevas, tenderetes, compartimentos, habitáculos...) siempre que su uso acredite la voluntad de libertad personal espacialmente localizada y la exclusión de terceros en dicha esfera.

Son indiferentes el carácter mueble o inmueble del lugar de asentamiento existencial de la persona, la mayor solidez o menor consistencia de este soporte material a la ocupación humana, la mayor o menor estabilidad del mismo, y la amplitud o la estructura de su composición.

— La **noción penal** de morada **no se corresponde** con el concepto arquitectónico técnico de **casa** habitada (albergue de la persona, al que en su caso pueda corresponder un conjunto de dependencias arquitectónicamente delimitadas, como patios, garajes y demás departamentos o sitios cercados y contiguos al edificio y en comunicación interior con él, formando una unidad física), contemplada en la legislación penal como objeto de un tipo agravado de robo; ni tampoco exactamente con el concepto de **domicilio** o lugar de residencia habitual de la persona relevante en el tipo de inducción a un menor de edad o persona con discapacidad necesitada de especial protección a que abandone el domicilio familiar.

No son constitutivos de morada los almacenes, restaurantes, depósitos y bares, salvo que tales lugares excepcionalmente contengan elementos funcionales de delimitación de la privacidad personal, ni tampoco lo son los establecimientos abiertos al público sin perjuicio de que sean objeto de autónoma protección penal.

Vid., entre otras, STS (núm. 747) de 11 de mayo de 1999 (Ponente: PUERTA LUIS); STS (núm. 95) de 4 de febrero de 2000 (Ponente: GARCÍA ANCOS); STS (núm. 244) de 15 de febrero de 2000 (Ponente: SAAVEDRA RUIZ).

— Su esencia normativa es la **libertad** personal espacialmente **localizada** en la esfera de exclusión de terceros del espacio donde el individuo existencialmente se establece en su dimensión humana y en donde desenvuelve su propia personalidad.

La STS (núm. 1775) de 17 de noviembre de 2000 (Ponente: SÁNCHEZ MELGAR) estima que dentro del recinto de protección típica de la morada se comprenden, no sólo las *estancias* destinadas a la convivencia en intimidad, sino cuantos *anejos*, aledaños o dependencias constituyan el soporte del entorno de la vida privada de los moradores, indispensable para el desenvolvimiento de la intimidad familiar.

— Incluye todos aquellos **lugares** en que el ser humano puede establecerse como un espacio privado de **ubicación** existencial. Así sucede en viviendas familiares, dependencias compartidas, habitaciones de hospedaje, vehículos susceptibles de habitación, compartimentos ferroviarios, camarotes de embarcación y, en general, todos aquellos sitios en que la persona pueda ejercitar su derecho a la privacidad personal espacialmente localizada frente a injerencia de terceros.

La jurisprudencia ha considerado como morada la *roulotte*, la tienda de campaña, la chabola, la choza, la cueva, o el palacio. Entre otras, STS (núm. 814) de 18 de mayo de 1999 (Ponente: GRANADOS PÉREZ); STS (núm. 839) de 24 de mayo de 1999 (Ponente: PUERTA LUIS).

Asimismo es constitutiva de morada la habitación de pensión u hotel, el compartimento o cabina individualizados de cualquier medio de transporte, o en general cualquier lugar susceptible de privada ubicación personal. Entre otras, STS (núm. 1900) de 2 de noviembre de 1994 (Ponente: MOYNA MÉNGUEZ).

Ajenidad de la morada. La configuración típica, al describir las dos conductas alternativas, alude a la ajenidad de la morada en la que el allanador entra, y a la ausencia de habitación en la que el mismo se mantiene.

La **ajenidad** de la morada y la ausencia de habitación en la morada ajena son características normativas que apuntan a una misma exigencia sustancial, en cuanto momentos de tipicidad que denotan la esfera de privacidad del titular de los lugares objeto de allanamiento.

— Ambos elementos de tipicidad son permutables entre sí, en las dos modalidades alternativas de la conducta típica. Pues la esencia de las características de la ajenidad y de la no habitación en la morada ajena radica en la **ausencia** de la **titularidad** del sujeto activo sobre el bien jurídico protegido.

— Sólo podrá ser sujeto activo el **extraño**, ajeno al objeto de tutela, quien en el marco típico del allanamiento de morada se manifiesta con la forma de comportamiento de la intromisión activa u omisiva en la esfera de privacidad del morador.

Oposición a la voluntad del morador. La exigencia típica del contraste a la voluntad del morador, expresada con las conductas de entrada o de mantenimiento en la morada ajena, literalmente parece hacer unilateral referencia a la modalidad omisiva de acción, al establecer la disposición normativa: «el particular que, sin habitar en ella, entrare en morada ajena o se mantuviere en la misma contra la voluntad de su morador».

El carácter típico de actuar **contra la voluntad de su morador** no se circunscribe a la conducta de mantenerse en morada ajena en la que el allanador no habita, sino que se hace extensivo a la acción de entrar en morada ajena, pues es obvio que quien entra en morada ajena con la voluntad del morador no concreta por este hecho ninguna conducta típica.

— El contraste a la voluntad del morador ha de constituir una contrariedad a la voluntad **expresa** o derivada de hechos concluyentes del morador, estimándose que la manifestación expresa pueda ser general *erga omnes*, y especial referida a persona determinada.

— Como el objeto de protección está constituido por la privacidad en cuanto específica dimensión de la libertad personal de reserva espacial y exclusión de terceros, y como no se requiere la presencia personal *in situ* del morador en la plataforma espacial de localización de la libertad individual sino la existencia sociológica y jurídica de ésta, es admisible el supuesto de la contrariedad **presunta** a la voluntad del titular del bien jurídico protegido.

Bien jurídico protegido. Diversas perspectivas valorativas se han tomado en consideración para determinar el objeto de tutela del tipo de allanamiento de morada:

— La **voluntad personal** como objeto de tutela del tipo de allanamiento de morada estima el contenido de injusto en el menosprecio al ejercicio de la voluntad personal del morador manifestado contra la injerencia de terceras personas en este ámbito espacial en cuyos confines la ley reconoce al individuo la facultad de prohibir el acceso de los demás.

— La **libertad individual** referida a la autodeterminación de la intimidad personal constituye el bien jurídico protegido en el tipo de allanamiento de morada del particular, para un amplio sector de la doctrina.

— La **intimidad personal** ha sido configurada como un particular ámbito de la libertad individual que integra aquella parcela del mundo exterior donde cada uno encuentra las posibilidades de desarrollo y fomento de su personalidad.

— La **intimidad de la morada** ha sido entendida como cualidad de la inviolabilidad inherente a la de morada, que comporta una exigencia típica de respeto a la *libertad localizada* de los moradores.

— La **privacidad personal** como objeto de protección del tipo de allanamiento de morada representa un concepto demasiado estricto si se valora como cualidad individual, y demasiado amplio en tanto no todas las dimensiones de privacidad son protegidas por esta figura.

— La **esencia** del bien jurídico protegido en el tipo de allanamiento de morada es constituida por la dimensión de la **libertad personal localizada** en el ámbito espacial de la morada. Implica la facultad de establecer un ámbito espacial de reserva por parte de la persona en el lugar físico donde la misma asienta su morada, correspondiente a la esfera de intimidad o privacidad del hombre y cuyo contenido esencial se concreta en el derecho de excluir de tal ámbito a terceras personas.

La STS (núm. 1775) de 17 de noviembre de 2000 (Ponente: SÁNCHEZ MELGAR) estima que la falta de consentimiento supone una voluntad contraria, que puede ser expresa o tácita, bastando que lógica y racionalmente la misma pueda deducirse de las circunstancias del hecho o de otros antecedentes.

Bien jurídico protegido es la *inviolabilidad* del domicilio en cuanto ámbito de privacidad e intimidad personal del morador con *exclusión* de terceros.

— El **consentimiento** es relevante y la libre decisión de voluntad del titular del objeto de protección determina la atipicidad de la acción.

La STS (núm. 1048) de 14 de junio de 2000 (Ponente: JIMÉNEZ VILLAREJO) señala que el hecho de estar abierta la puerta no puede ser interpretado como la expresión de consentimiento tácito al libre acceso a la misma.

La STS (núm. 371) de 12 de marzo de 2001 (Ponente: BACIGALUPO ZAPATER) advierte que la revocación del consentimiento se puede hacer en cualquier momento.

— En caso de **convivencia** pluripersonal jerarquizada, como la hipótesis de aquellas agrupaciones de personas que conviven en un régimen compartido de comunidad, rige el criterio jerárquico de organización establecido por lo general proveniente de una relación obligacional de prestación de servicio.

— En la de **carácter familiar** se pueden plantear arduas dificultades en orden a la apreciación de la prioridad de la relevancia del consentimiento, cuando existan discrepancias entre las manifestaciones de voluntades de los distintos moradores del grupo familiar.

En caso de discordancia de voluntades, frente a la estricta concepción tradicional, son de propugnar los criterios de adecuación social de la conducta e integración social del grupo familiar para determinar los bienes preponderantes, ante concurrencia de equiparables derechos subjetivos e intereses legítimos de los distintos moradores.

Habrá de tenerse en cuenta el conjunto de circunstancias concurrentes entre los afectados, tales como los hábitos personales, familiares y sociales, la ubicación del lugar de la morada, la cronología de acontecimiento y la adecuación objetiva de la acción.

Si un miembro del grupo familiar u ocupacional autoriza —frente a la decisión de otro— el acceso de un tercero a la morada común, v. gr., a las cinco de la madrugada, para decidir sobre su adecuación objetiva o no habrá de considerarse un conjunto de factores del caso concreto, tales como el objeto y las circunstancias de la reunión, la costumbre del lugar, la índole esporádica o habitual del acto, el carácter vacacional o laboral del momento en que se lleva a cabo la ejecución del mismo, el medio socio-cultural específico en que se enmarca, la celebración de festividades o acontecimientos extraordinarios..., sobre los cuales se pueda fundamentar la eventual apreciación de la adecuación social de la conducta en el contexto dado.

Compartido un determinado espacio para la convivencia por una pluralidad de personas, se tomarán en consideración las condiciones que permitan mayor garantía de la privacidad de los individuales miembros integrantes del grupo.

Imputación dolosa. El tipo legal incrimina la *dolosa* concreción del tipo de injusto del allanamiento de morada, habiendo de apreciarse respecto de la misma la relevancia de los eventuales elementos de exculpación concurrentes, especialmente el estado de necesidad exculpante, el error vencible y la inexigibilidad de otra conducta.

La STS (núm. 728) de 6 de mayo de 1999 (Ponente: MARTÍNEZ-PEREDA RODRÍGUEZ) estima que los delitos de allanamiento y robo cuando se accede a la morada para cometer el robo son compatibles, pues la relación de medio a fin y la diversidad de los bienes jurídicos lesionados pueden dar lugar lugar a la apreciación de concurso delictivo.

Penalidad. La figura legal conmina el tipo básico de allanamiento de morada con la pena de prisión de 6 meses a 2 años, en equiparación proporcional a los supuestos típicos de delitos contra otras esferas de la libertad personal.

2. TIPO CUALIFICADO POR VIOLENCIA O INTIMIDACIÓN

El **artículo 202.2** CP describe un tipo cualificado de allanamiento de morada por virtud de la concurrencia de violencia o intimidación:

«Si el hecho se ejecutare con *violencia* o *intimidación*, la pena será de prisión de uno a cuatro años y multa de seis a doce meses».

El elemento típico diferencial de la figura cualificada estriba en la aplicación de **violencia o fuerza personales** en la ejecución de la conducta.

— El medio violento de ejecución de la conducta consiste en el empleo por el allanador de **violencia o intimidación** personales, para vencer la contrapuesta voluntad del morador y acceder o mantenerse en la morada del mismo, como medio precedente de vencimiento de la voluntad del morador.

— Es apreciable también la aplicación de **fuerza en las cosas** con eficacia personal: *vis in rebus* impropia como medio susceptible de realización del tipo violento de allanamiento de morada y la *vis in rebus* restrictiva del empleo de fuerza física sobre los obstáculos materiales opuestos materialmente por el morador para impedir o dificultar el acceso de tercero.

La expresión legal «violencia o intimidación» permite abarcar la aplicación de fuerza *física* sobre las personas así como el empleo de cualesquiera medios compulsivos de coerción *psíquica* intimidatoria de la voluntad personal, en tanto modalidades de violenta ejecución de la conducta típica de allanamiento.

— Si no se aplica medio violento para la práctica de la conducta descrita, en principio, se concreta la figura básica. Si se emplea un medio violento para el acceso o el mantenimiento en la morada ajena, se concreta el tipo cualificado precisamente por la utilización de violencia ejecutiva.

En el caso de que en contra de la voluntad del morador el autor **acceda** a la morada ajena **sin** empleo de violencia, concretando el tipo básico de allanamiento, y seguidamente el propio autor **se mantenga** en la morada **con** aplicación de violencia o intimidación, puesto que la conducta ya era típica conforme al tipo básico, se plantea el interrogante de si procede apreciar la realización del tipo cualificado. Dos son las posibles soluciones:

— La apreciación de la consumación del tipo básico de allanamiento de morada en concurso real con el delito de **coacciones** se asienta en una burda interpretación literal de la descripción de la conducta típica de allanamiento.

— La estimación de la concreción del **tipo cualificado** del allanamiento de morada a partir del momento de la aplicación de la violencia implica que el mismo consume (*lex consumens derogat legi consumptae*) el desvalor pleno de la acción típica de allanamiento de morada.

Tal interpretación se fundamenta en la consideración de que, si bien la conducta inicial de acceso contra la voluntad del morador determina ya la consumación **instantánea** del tipo básico, ello no obsta a que se abre un período consumativo de este delito cuya ejecución **permanece** mientras perdura el tiempo de invasión espacial de la morada ajena.

Se crea un *status* de tipicidad contrario al bien jurídico protegido, de suerte que la conducta delictiva se está consumando a lo largo de la permanencia de esa situación. Toda vez que el tipo básico *está siendo consumado* durante el lapso de permanencia del *status* de tipicidad generado, al aplicarse la violencia del tipo cualificado, el desvalor del tipo básico queda consumido en el tipo **cualifi-**

cado que **absorbe** la total desaprobación de la lesión del bien jurídico, imposibilitándose la doble incriminación tanto por imperativo del principio de consunción (*lex consumens derogat legi consumptae*) como por exigencias de la prohibición de la doble sanción de una misma acción (*ne bis in idem*).

> La STS 316/2016, de 2 de febrero (Ponente: DEL MORAL GARCÍA), en el allanamiento de morada estima una progresión delictiva en la que se comienza por una modalidad menos grave para pasar luego a la agravada: el acusado entra sin el consentimiento de la víctima pero sin emplear violencia o intimidación y lo que ha comenzado siendo un allanamiento básico se convertirá en el agravado cuando surge una violencia que persigue la permanencia en la morada.

II. ALLANAMIENTO DE DOMICILIO O ESTABLECIMIENTO (ART. 203)

El allanamiento de domicilio representa la segunda modalidad típica de las incriminaciones de allanamiento de determinados lugares legalmente determinados que el texto punitivo contiene.

1. TIPO BÁSICO DE ACCESO

El **artículo 203.1** CP describe en los siguientes términos el tipo básico de allanamiento de domicilio o establecimiento:

> «Será castigado con las penas de prisión de seis meses a un año y multa de seis a diez meses el que entrare contra la voluntad de su titular en el domicilio de una persona jurídica pública o privada, despacho profesional u oficina, o en establecimiento mercantil o local abierto al público fuera de las horas de apertura».

El ámbito típico de morada no debe limitarse exclusivamente al lugar donde la persona reside, sino que debe abarcar también el lugar donde la persona ejerce privadamente su **actividad** y donde desenvuelve existencialmente su **personalidad**, desarrollando su intelecto y en general ejercitando en cualquier forma y concreta cualificación su capacidad de creación humana.

Tanto el lugar de residencia personal, como el espacio privado de ocio y retiro del hombre, como el sitio particular de desenvolvimiento dinámico de la **actividad** humana, merecen ser protegidos por los tipos legales de allanamiento de morada, en la medida en que aquellos ámbitos espaciales se mantengan en la esfera en que por decisión libre el individuo pueda salvaguardar su privacidad y excluir la injerencia de terceros.

El **despacho profesional** es sede de ubicación de personas individuales en su actividad profesional (singular o colectiva) por cualquier título jurídico (privado o público) donde ha de quedar manifiestamente acreditada la voluntad de su titular de la reserva de acceso al mismo y la consiguiente exclusión de la injerencia de terceros ajenos.

Asimismo es acreedor de protección penal frente al acto de allanamiento el domicilio de una **persona jurídica** pública o privada, a la que se reconoce también la titularidad de la libertad espacial con exclusión de terceros, conforme a la estructura del ente societario y al ordenamiento regulador de la misma.

El **establecimiento mercantil** o **local abierto al público** representa la sede física de una empresa mercantil o de un local de comercio donde el titular de la entidad lleva a cabo el desempeño de su actividad abierta al público en general durante un determinado horario.

Incurre en discriminación sobre la garantía de la libertad de reserva personal y del derecho de exclusión de terceros el legislador al describir el tipo básico de allanamiento de domicilio, en la medida en que tipifica exclusivamente la modalidad de **allanamiento de acceso**, dejando en la **atipicidad** el **mantenimiento** dentro del mismo realizado igualmente contra la voluntad del titular.

La discriminación legal suscita la cuestión de si la tutela típica de la libertad personal localizada, cuando se refiere a un domicilio no constitutivo de morada individual, ha de proveerse **sólo** frente al **acceso** indebido en él pero **no** así frente al **mantenimiento** en el mismo, acaso por imaginar que una vez que se entra sin oponerse a la voluntad del titular, éste ya pierde (o no tiene reconocido) su derecho ante cualquier acto posterior del huésped, el cual legalmente a partir de ese fatídico momento de la hospitalaria admisión (aunque sólo fuere a efectos informativos o protocolarios) puede comportarse en el recinto como si de su propia casa (de su propia entidad, de su propia oficina, de su propio despacho, de su propio establecimiento mercantil o de su propio local) se tratase, porque (se comporte como se comporte) actúa atípicamente respecto del allanamiento.

Este **diferente trato** regulativo encuentra su raíz en la propia ley, que deja en la **atipicidad** la modalidad de acción de «**mantenerse**» en domicilio o establecimiento ajenos en contra de la voluntad de su titular (art. 203.1), y acto seguido crea un tipo cualificado por el empleo de violencia o intimidación en las conductas de «entrar» o «mantenerse» en los mismos lugares que constituyen el objeto del bien jurídico de la innovación legal que representa la configuración *ex novo* de la figura de delito del allanamiento de domicilio.

En los supuestos en que se accede a un local abierto al público para cometer un robo, el allanamiento queda subsumido en el delito contra la propiedad, cuando la acción única de la voluntad del sujeto es solamente la de apoderase de lo ajeno y no de allanar o transgredir la intimidad de nadie, y salvo que el ataque a la privacidad hubiera ido más allá del inherente a la comisión de robo. Entre otras, STS (núm. 814) de 18 de mayo de 1999 (Ponente: GRANADOS PÉREZ), STS (núm. 839) de 24 de mayo de 1999 (Ponente: PUERTA LUIS), STS (núm. 95) de 4 de febrero de 2000 (Ponente: GARCÍA ANCOS).

La ausencia de mención típica de la conducta de «mantenerse» en el domicilio, al tipificarse sólo la de **entrar** en el mismo, contribuye a la inseguridad jurídica del precepto.

— No es posible efectuar una interpretación extensiva del núcleo de la acción de «entrar» que permita abarcar la de mantenerse, pues tal entendimiento implicaría una aplicación extensiva en vía interpretativa de un precepto incriminador, prohibida por el principio de legalidad penal.

— Conforme a una interpretación sistemática, se llegaría al mismo resultado denegatorio de la tipicidad del acto de «mantenerse», pues cuando el legislador ha querido tipificar este comportamiento lo ha hecho expresamente, como en el allanamiento de morada o en el tipo cualificado de allanamiento de domicilio.

> Se reduce la pena privativa de libertad respecto del allanamiento de morada (al que corresponde prisión de 6 meses a dos años) pues ahora se impone prisión de 6 meses a 1 años, por estimarse sin duda que la privación es más acentuada en la morada que en el domicilio institucional, profesional, mercantil o colectivo. Pero sorprendentemente se establece, para compensar esa acomodación de penalidad, la pena acumulativa (no alternativa) de multa de 6 a 10 meses.

2. Tipo básico de mantenimiento

El **artículo 203.2** CP es introducido por la **LO 1/2015**, de 30 de marzo, de reforma del Código, con el siguiente contenido de incriminación típica:

> «Será castigado con la pena de multa de uno a tres meses el que *se mantuviere* contra la voluntad de su titular, fuera de las horas de apertura, en el domicilio de una persona jurídica pública o privada, despacho profesional u oficina, o en establecimiento mercantil o local abierto al público».

La novedad de este tipo legal que incorpora la reforma del CP por la LO 1/2015 estriba en que, de manera sorpresiva, el legislador cambia de criterio valorativo de la incidencia sobre el bien jurídico protegido en relación con la modalidad típica de acción del mantenimiento en el lugar de ubicación del acto de irrupción en el espacio ajeno, que es representado por el domicilio, despacho, establecimiento o local.

— En el tipo básico de allanamiento de morada (art. 202.1 CP) se equipara la modalidad típica de acceso a la del mantenimiento en la morada ajena, en el marco de una asimilación valorativa que es caracteríctica propia de la configuración delictiva en nuestro sistema punitivo.

— En el tipo cualificado de allanamiento de morada (art. 202.2 CP) se reitera la validez de dicho criterio valorativo que equipara en relevancia típica las dos formas típicas alternativas de acción, el acceso y el mantnimiento.

— Exactamente el mismo criterio valorativo es mantenido en el tipo cualificado de allanamiento de domicilio, establecimiento o local (art. 203.3 CP), en que son asimismo plenamente equiparadas las dos ambivalentes formas alternativas de conducta típica —el acceso y el mantinimiento— en el ámbito espacial protegido frente a la irrupción de terceros.

— No existe duda, pues, sobre el criterio legal de plena *equiparación normativa* entre el comportamiento de acceder y la acción de mantenerse en el espacio ubicuitario, en que se realiza la acción de incidencia sobre el objeto de protección penal del derecho de exclusión a terceros por parte del legitimo titular.

— Pues bien, tal criterio es sorprendentemente inobservado por el propio legislador penal, que lo altera en la configuración del nuevo tipo de allanamiento de domicilio, despacho, establecimiento o local incorporado por la LO 1/2015 de reforma del CP, al establecer en este supuesto una *penalidad diferente* para el acceso y para el mantenimiento en tal ámbito espacial.

— Para el acceso establece la pena de prisión de 6 meses a 1 año y multa de 6 a 10 meses, en tanto que para el mantenimiento impone la pena de multa de 1 a 3 meses. Subsana ciertamente con esta incriminación la atipicidad de que adolecía la disposición penal al no incriminar la acción de mantenimiento, pero lo hace a costa de quebrantar el propio criterio de valoración del legislador, inequívocamente proclamado en un doble ámbito descriptivo: allanamiento de morada (tipo básico y tipo cualificado) y allanamiento de domicilio (tipo cualificado).

— La *distorsión* valorativa en la que incurre el legislador con la reforma introducia en este tipo legal por la LO 1/2015 compromete el reconocimiento de principios consustanciales del Derecho penal, como el principio de igualdad y el principio de proporcionalidad.

— Procede en este sentido operar una reforma de la reforma, que ante todo respete y salvaguarde la validez de los principios regulativos esenciales para la legitimación del Derecho penal.

3. Tipo cualificado de acceso o mantenimiento por violencia o intimidación

El **artículo 203.3** CP configura un tipo cualificado de allanamiento de domicilio, despacho, establecimiento o local, en los siguientes términos:

> «Será castigado con la pena de prisión de seis meses a tres años, el que con violencia o intimidación entrare o se mantuviere contra la voluntad de su titular en el domicilio de una persona jurídica pública o privada, despacho profesional u oficina, o establecimiento mercantil o local abierto al público».

El ataque típico al bien jurídico protegido se valora en esta figura legal, tanto en relación a la conducta **positiva** de acceso al domicilio institucional de las entidades o actividades especificadas en la norma, como en referencia a la **omisiva** actividad de desalojo de los mencionados lugares y mantenimiento en los mismos contra la voluntad de su titular y además con empleo de violencia o intimidación.

Este tipo comparte con la figura básica todos los elementos de la tipicidad menos el **empleo** de la violencia o intimidación para la ejecución del comportamiento descrito, aparte de la incorporación de la forma omisiva de **no abandono** del lugar cuando a él se había accedido con el consentimiento de su titular, y que inexplicablemente resultaba atípica con anterioridad a la conminación de la figura cualificada, que en lo relativo al mantenimiento no es sólo hipótesis cualificada, sino constitutiva *ex novo* del ámbito de tipicidad.

La **penalidad** de este tipo cualificado implica una considerable elevación de la pena de prisión en lo que se refiere al alcance del grado máximo de la misma, que se triplica, pues el lapso de 1 año previsto para la figura básica se eleva a 3 años, si bien se mantiene inalterado el límite mínimo de 6 meses en ambos tipos, con lo cual se amplía en el cualificado el marco penal en cinco veces, pues la cuota semestral pasa a abarcar cinco cuotas semestrales. En cambio, se suprime la pena adicional de multa de 6 a 10 meses, que no existía en el allanamiento de morada, que se introdujo en el tipo básico del allanamiento de domicilio y se suprime en el tipo cualificado del allanamiento domiciliar, sin aclaración lógica para todos los ensayos punitivos.

III. ALLANAMIENTO COMETIDO POR AUTORIDAD O FUNCIONARIO PÚBLICO

El **artículo 204** CP introduce en el marco descriptivo de los delitos de allanamiento de morada y domicilio una figura agravada de ambos tipos, por la cualidad de autoridad o funcionario público del autor:

«La autoridad o funcionario público que, fuera de los casos permitidos por la Ley y sin mediar causa legal por delito, cometiere cualquiera de los hechos descritos en los dos artículos anteriores, será castigado con la pena prevista respectivamente en los mismos, en su mitad superior, e inhabilitación absoluta de seis a doce años».

La configuración de un tipo agravado por la **cualidad funcionarial** del sujeto activo de los comportamientos delictivos de allanamiento de morada y de domicilio responde a la exigencia de que la responsabilidad del funcionario no debe ser menor que la del particular, pues a idéntica lesión del bien jurídico individual ha de añadirse el desvalor del incorrecto ejercicio de la función pública.

La normativa legal **no siempre** ha sido debidamente respetuosa de estas exigencias constitucionales inspiradoras del sistema penal en el Estado de Derecho: la entrada en vigor y temporal vigencia del artículo **21.2** de la LO 1/1992, de 21 de febrero, sobre Protección de la Seguridad Ciudadana, entre otros preceptos de cuestionada constitucionalidad de esta Ley Orgánica, hasta el momento de la *declaración de su inconstitucionalidad* supuso uno de los más graves retrocesos en el tratamiento jurídico de la concepción social y democrática de las libertades públicas en el Estado de Derecho.

El artículo 21.1 de la Ley establece que los Agentes de las Fuerzas y Cuerpos de Seguridad sólo podrán proceder a entrada y registro en domicilio en los casos permitidos en la Constitución y en los términos que fijen las Leyes.

El artículo 18.2 de la Constitución Española proclama: «El domicilio es inviolable. Ninguna entrada o registro podrá hacerse en él sin el consentimiento del titular o resolución judicial, salvo en caso de flagrante delito».

Cuestionario de repaso:

1. ¿Cómo se delimita funcionalmente el concepto penal de morada?
2. ¿Hay diferenciación normativa entre entrar y mantenerse en la morada?
3. ¿Se protege penalmente la morada en el caso de ausencia de habitación?
4. ¿Cuál es el objeto de protección en el tipo de allanamiento de morada?
5. ¿Tiene relevancia el consentimiento otorgado por el titular del objeto de protección?
6. ¿Quién puede válidamente otorgarlo?
7. ¿El empleo de la violencia o intimidación atenúa o agrava el tipo de allanamiento?
8. ¿Y la fuerza en las cosas?
9. ¿Es protegido penalmente el domicilio no constitutivo de morada?
10. ¿Lo está asimismo el establecimiento o local abierto al público?
11. ¿Y el despacho profesional u oficina?
12. ¿Y la sede de las personas jurídicas?
13. ¿Hay límites típicos en el ejercicio de este derecho?
14. ¿Se prevé deber de respeto de este ámbito de libertad para los funcionarios públicos?
15. ¿Cuándo exactamente se consuma el delito?

LECCIÓN 15.ª

INJURIA Y CALUMNIA

MIGUEL POLAINO NAVARRETE

I. CONCEPTO PENAL DE HONOR

La delimitación del concepto normativo de honor penal, lejos de surgir en nuestros días, enraíza en los orígenes mismos de los sistemas punitivos. La idea del honor está **presente en todos los pueblos** desde el comienzo de la Historia de la Ciencia penal. El honor integra una categoría conceptual que en su devenir histórico ha sido objeto de una valoración jurídica muy diversa.

El transcurso del tiempo ha contribuido de una manera decisiva a la configuración del concepto penal de honor. La incesante mutabilidad en el tiempo y en el espacio sobre la apreciación valorativa del honor dificulta la determinación de la naturaleza y alcance de este bien jurídico. La referencia a los **precedentes históricos** facilita la comprensión del sentido normativo de un concepto tan sutil y debatido como el honor en los sistemas penales.

> La consideración del honor en el Derecho romano permite determinar algunos de los caracteres esenciales para la configuración del concepto. Si en sus orígenes el honor fue entendido como el estado de dignidad ilesa de la persona, posteriormente fue abarcando varias acepciones, como el sentido de la propia dignidad, la estima social y la buena reputación personal, el honor civil de la persona y la dignidad institucional inherente al desempeño de la función pública.
>
> Fue en el Derecho medieval español cuando se reconoce el honor como un concepto que afecta esencialmente a la dimensión espiritual del hombre, constituyendo una noción relativa, mutable y poliédrica, que socialmente es acreedora de una elevada estimación colectiva. Por ello los delitos contra el honor fueron objeto de rigurosas sanciones penales.

Diversas **dimensiones valorativas** se han reconocido a lo largo de los tiempos al concepto penal de honor, en un proceso de la delimitación legal del contenido material del injusto típico, por los sistemas penales comprometidos en proveer tutela a un bien jurídico como el honor, que es —en gráfica expresión de Reinhart MAURACH— tan sutil y difícil de aprehender con los «toscos guantes del Derecho penal».

— Una básica configuración normativa del honor diferencia entre honor fáctico y honor real. Por honor **fáctico** se entiende la estimación social de hecho de la persona, la consideración y buena reputación de la misma y la correlativa pretensión jurídica de respeto que le es reconocida. Como honor **real** se considera la positiva estimación social que la sociedad confiere a la persona en cuanto cumple fielmente los deberes sociales que le corresponden.

— Otra antitética delimitación conceptual sobre el honor establece la diferenciación entre el honor objetivo y el honor subjetivo. Por honor **objetivo** se estima la opinión que los miembros del grupo social tienen sobre la persona y las cualidades de la misma, abarcando tanto el llamado valor interno (valor o mérito inherente a la persona) y el valor externo (la fama o reputación de una persona frente a los demás), y expresando una valoración ajena sobre la persona que puede o no coincidir con el sentimiento subjetivo de la misma. Por honor **subjetivo** se considera el singular sentimiento de la persona sobre su valer ante sí misma y ante los demás, la propia estima del valor subjetivo y el interés personal del mismo, estribando en la opinión que la persona tiene sobre su dignidad y respetabilidad: integra la apariencia de sí mismo o la representación del hombre que dimana de su propio ser.

— En correlación con tales dimensiones del concepto de honor, se han contrapuesto las perspectivas del mismo diferenciadoras entre honor externo y honor interno. Por honor **externo** se ha entendido la representación que la colectividad social tiene sobre el merecimiento de una persona, integrando el respeto y estima de valor reconocido a una persona en virtud y a través del mundo circundante del sujeto individual. Por honor **interno** se ha comprendido la autoestima del sujeto singular, la apreciación subjetiva de cada persona sobre su propia dignidad, expresando un sentimiento del hombre que integra el verdadero honor como valor personal.

— Otras dimensiones conceptuales sobre el honor contraponen el honor **social** frente al honor **antropológico**, el honor **moral** (cualidades espirituales) frente al honor **legal** (ficción jurídica), honor **innato** y honor **adquirido**, honor **de tráfico** (valoración social) y honor **normativo** (valoración del deber ser), el honor como **interés** (fundamento de ventajas materiales vinculadas a la buena fama) y el honor como **pretensión** (a no ser menospreciada la persona en su autoestima y a ser respetada en su reputación social).

— Ninguna de las unilaterales delimitaciones que ya han sido propuestas o aun que puedan formularse permiten determinar la esencia del concepto penal de honor con carácter general pretendidamente válido, pues se limitan a destacar dimensiones o aspectos de un global **concepto unitario** que es de naturaleza estrictamente jurídica.

Sobre todas las posibles delimitaciones conceptuales del honor, hay una dimensión normativa que se muestra esencial en el ámbito penal: el honor como valor individual de estimación de la persona en sociedad, que representa la expresión valorativa de la propia **dignidad personal** ante el Derecho constitutiva —en palabras de Karl BINDING— de un patrimonio personalísimo del ser humano.

El honor representa el substancial **valor humano** que corresponde a la persona en cuanto expresión de la propia dignidad personal, el valor singular más firmemente vinculado a la personalidad, en cuanto —señala Arthur KAUFMANN— sólo el hombre, y ningún otro ser de la naturaleza, participa del mismo. De otro lado, el condicionamiento funcional de tal concepto de **valor personal** del honor a la **estimación social** permite —en palabras de Reinhart MAURACH— conciliar las realidades de la vida con las exigencias dogmáticas del sistema penal.

El **honor en sentido penal** es la dignidad personal, el derecho de toda persona a ser respetada y a no ser ofendida ni menospreciada en su cualidad humana, la facultad de **respeto inherente a la personalidad** que alcanza por igual a todos los seres humanos. No hay discriminación posible en la estimación del honor ante la ley penal. Todas las personas son portadoras de **idéntico valor** del honor que les confiere la condición humana sin distinción por causa alguna.

> Distintas perspectivas del concepto de honor son tomadas en consideración por los **sistemas penales** a la hora de configurar los tipos legales de delitos contra el honor: el sistema francés contrapone las afirmaciones de *hecho* (injuria) a la formulación de juicios de *valor* (difamación); el sistema italiano desvalora singularmente la situación circunstancial de la *presencia* (injuria) o *ausencia* de la víctima (difamación) respecto del acto ofensivo del honor de la misma; el sistema angloamericano delimita los delitos contra el honor según la forma típica de manifestación *oral* (injuria) o *escrita* (calumnia) de los mismos.

El Código penal español, en el Título XI («Delitos contra el honor»), incrimina dos tipos de delito contra el honor: la injuria y la calumnia, que entre sí son delimitados en función de la valoración de distintas dimensiones del concepto de honor:

— En la incriminación de la **injuria** contempla la esencia misma del honor: la **dignidad de la persona**, aunque referida a singulares perspectivas de la misma (*fama* social y propia *estimación*).

— En la configuración de la **calumnia** pondera un concepto más formal de honor: el **honor legal**, entendido como el honor que jurídicamente es reconocido a quien sin haber realizado un delito se imputa falsamente la comisión del mismo.

> No describe nuestro CP entre los delitos contra el honor otras determinadas conductas que pueden interferir en este bien jurídico, como la difamación, la maledicencia ni la mentira, si bien ciertos elementos conceptuales de las mismas se incorporan como características de conformación o agravación del injusto típico de las figuras legales.

II. INJURIA

1. INCRIMINACIÓN DELICTIVA DE LA INJURIA GRAVE

Es injuria la «**acción**» o «**expresión**» (art. 208) que lesiona la dignidad de una persona, menoscabando su fama o atentando contra su propia estimación. Estas modalidades de conducta («acción ejecutada» o «expresión proferida» —decía la legislación penal histórica— en deshonra, descrédito o menosprecio de una persona) comprenden la imputación de hechos, la cual es directamente subsumible en la modalidad de conducta constituida por la expresión.

> **Artículo 208 CP**: «Es injuria la acción o expresión que lesionan la dignidad de otra persona, menoscabando su fama o atentando contra su propia estimación.

Solamente serán constitutivas de delito las injurias que, por su naturaleza, efectos y circunstancias, son tenidas en el concepto público por graves, sin perjuicio de lo dispuesto en el apartado 4 del artículo 173 [*scilicet:* injuria o vejación injusta de carácter leve, cuando el ofendido sea o haya sido cónyuge, o persona que esté o haya estado ligada por análoga relación de afectividad aun sin convivencia, o descendientes, ascendientes o hermanos por naturaleza, adopción o afinidad propios o del cónyuge o conviviente, o menores o personas con discapacidad necesitadas de especial protección que convivan o se hallen sujetos a la potestad, tutela, curatela, acogimiento o guarda de hecho del cónyuge o conviviente, o persona amparada en cualquier otra relación por la que se encuentre integrada en el núcleo de convivencia familiar, o personas que por su especial vulnerabilidad se encuentren sometidas a custodia o guarda en centros públicos o privados]».

Las dos modalidades típicas de la conducta de injuria descritas en la figura legal tienen carácter alternativo: la injuria puede cometerse tanto mediante una **acción** como mediante una **expresión**, de manera alternativa, pues cada una de ellas concreta el tipo, sin perjuicio de que pudiera cometerse injuria contra una persona frente a la que se ejecutan acciones u omisiones lesivas del honor. Ambas conforman un delito de mera actividad, cometido a través de un acto de acción o de manifestación que no requiere la producción de resultado material.

¿Se puede cometer injuria por omisión?

En los orígenes de la codificación penal española, ya la previsión positiva del CP de 1822 suscitó interés dogmático sobre la materia al incorporar en la descripción de la conducta de injuria el «**omitir** o **rehusar hacer** la honra **o dar** la señal de respeto que según la ley se debe a una persona».

La doctrina mayoritaria ha apreciado dificultad en estimar que el tipo de injuria se puede realizar mediante una conducta omisiva. Ello tenía especial sentido en relación con el texto del anterior Código al hoy vigente, que describía la injuria como «expresión *proferida* o acción *ejecutada*», pues su descripción parecía fundamentar la exigencia de una conducta activa.

El sistema legal trae origen del modelo tradicional, que describía la injuria como toda «*expresión* proferida» o «*acción* ejecutada» *en* deshonra, descrédito o menosprecio de una persona, y que tipificaba a la injuria como un delito subjetivamente configurado que exigía *animus injuriandi* o intención de injuriar del autor, en tanto que el vigente conforma un tipo de delito que no exige el elemento subjetivo del ánimo de injuriar, sino que requiere sólo la objetiva producción de una ofensa al honor.

Puesto que el actual Código describe la injuria como **acción o expresión**, sin violencia interpretativa del texto de la ley cabe apreciar la realización del tipo de injuria tanto por acción positiva como por omisión. La omisión impura en la injuria se fundamenta en un especial deber jurídico de actuar y se refiere a la causación del resultado típico, sin exigir la producción de resultado material por tratarse de un delito de mera actividad.

La **circunstancialidad** de la injuria constituye una básica característica esencial de la configuración delictiva de la misma. El Código dispone que «solamente serán constitutivas de delito las injurias que, por su naturaleza, efectos y circunstancias, sean tenidas en el concepto público por graves» (art. 208.2 CP).

La «injuria leve» o «vejación leve» sólo es incriminada como delito contra el honor en el ámbito de la protección de las relaciones jurídico-familiares que se dispensa en el artículo 173.4 CP, pues todas las demás injurias leves que antes constituían falta (antiguo art. 620.2.º CP) han sido descriminalizadas en cuanto infracción penal por la reforma introducida en el Código por la LO 1/2015, de 30 de marzo.

Tanto la acción como la expresión (incluida la imputación de hechos) han de ser gravemente atentatorias a la dignidad de la persona: el derecho de toda persona a ser respetada como tal, que constituye el objeto de protección de la norma penal incriminadora de los delitos contra el honor.

El carácter **grave o leve** (este último relevante paradójicamente sólo en el ámbito de la protección penal de las relaciones jurídico-familiares) de la acción o expresión lesiva de la dignidad personal ha de ser determinado conforme a un **juicio de valor social** que tiene en cuenta el sustancial significado social inherente a la conducta y el nivel de adecuación o tolerancia social de la misma.

Resalta el carácter circunstancial de la conducta típica de injuria, en tanto la Sociedad emite el juicio de valor sobre la gravedad de la misma atendiendo a la circunstancialidad y al conjunto de factores (relación de confianza, hábitos culturales, connotaciones ideológicas, usos sociales, significados comunicativos, empleo de argot, protocolos formalistas, etc.) que permiten apreciar en el contexto concreto el exacto significado de la expresión de la voluntad del sujeto en su interrelación con otra persona.

> El rol del sujeto es distinto en diferentes contextos sociales, en virtud de múltiples factores de índole cultural, experiencia, nivel de conocimiento, ámbito de confianza, tolerancia de riesgo y exigibilidad de conducta, que conforman de una manera global lo que socialmente se estima como grave o leve, en una valoración media objetivo-subjetiva que junto a los datos históricos y objetivos tenga en cuenta las instancias y percepciones subjetivas del autor.

En función de los **medios de ejecución** empleados, pueden apreciarse diversas **modalidades** de manifestación de la conducta típica de injuria:

— **Injuria verbal** e **injuria escrita**. Se consideran admisibles tanto las formas de injuria cometidas por medios orales como escritos, siendo relevante en la valoración penal el dato de la concurrencia o no de publicidad de las mismas, por estimarse más graves las injurias realizadas con **publicidad** o ante **pluralidad** de personas que las perpetradas ante la única presencia del ofendido (art. 209).

> La razón de la cualificación penal de las injurias escritas y pública radica en la mayor entidad desvalorativa de que la publicidad es acreedora en este contexto, en atención a la singular incidencia, perdurabilidad o trascendencia social de los efectos de la conducta típica.

— **Injuria imprecatoria**. Es realizada a través de manifestaciones que implican especial entidad agresiva de expresión, que según el contexto social pueden alcanzar relevancia típica más allá de representar una forma de expresión incívica y grosera aunque socialmente adecuada.

Se han estimado como supuestos de expresión imprecatoria comportamientos como dispensar «trato inhumano», efectuar «manifestación despreciativa» a una persona, expresarle «malos deseos», efectuarle «admoniciones ofensivas», dirigirle «graves insultos», hacerle destinatario de «premoniciones catastróficas» o dirigirle «otras imprecaciones» que exijan una singular valoración en el contexto circunstancial de las condiciones sociales en las que se profesan.

La STS 2597/2019, de 15 de julio (Ponente: SÁNCHEZ MELGAR), recuerda que es doctrina reiterada del TC que el ejercicio de la libertad de expresión no puede justificar sin más el empleo de expresiones o apelativos insultantes, injuriosos o vejatorios que exceden del derecho de crítica y sean claramente atentatorios para la honorabilidad de aquel cuyo comportamiento o manifestaciones se critican, incluso si se trata de persona con relevancia pública, pues la Constitución no reconoce el derecho al insulto.

— **Injuria real o fáctica**. Es realizada a través de acciones fácticas o gestuales que rebasando los límites de lo socialmente adecuado inciden en el ámbito típico de lesión del honor.

La casuística jurisprudencial registra actos como «poner manos sobre alguien», «mesar las barbas de uno», «cortarle los cabellos», «levantar la mano contra él», «escupir a alguien», «zambullirlo en una fuente», «sentarse en el regazo de una persona» u otros similares que en determinadas circunstancias rebasan el ámbito de significación civil y alcanzan relevancia típica.

Así sucede en supuestos como abusos de derecho mediante **actos de emulación** o realización de conductas *iocandi causa* conforme a su naturaleza originaria pero que por su significación en el contexto social trascienden a la esfera de la relevancia penal.

Ejemplo: Caso del feligrés que a la salida de la iglesia tras la celebración de oficio religioso, ante la mayor afluencia popular en la plaza mayor de la localidad, se abalanzó sobre el párroco y le alzó súbitamente la sotana para su pública exhibición y escarnio.

— **Injuria manifiesta e injuria simbólica**. Es considerada **manifiesta** la injuria que se realiza a través de un medio ejecutivo directo, sea verbal o sea escrito. Es apreciada como injuria **simbólica** la que es cometida a través de medios indirectos que sirven de signo de mofa, escarnio o humillación de la persona a la que se refieren.

Entre los medios simbólicos de ejecución pueden reconocerse símbolos, emblemas, caricaturas, alegorías, sátiras, insidias o asechanzas funcionalmente aplicados a los objetivos ofensivos propios de la manifestación injuriosa.

Sujeto activo puede ser cualquiera con carácter indeterminado, al no constituir la injuria un delito diferenciado por la cualidad del autor. **Sujeto pasivo** puede ser cualquier persona tanto física como jurídica, considerada en su condición humana en cuanto destinataria de la ofensa. En el caso de expresiones injuriosas referidas a un difunto, el mismo no puede constituir sujeto pasivo de ningún delito y ha de estimarse que sólo los familiares o herederos pueden resultar afectados de modo indirecto a través del sentimiento social del debido respeto que se reconoce *inter vivos* a la memoria de los difuntos.

2. Supuesto excepcional de delito de injuria leve en el ámbito familiar

Esta singular figura típica de injurias leves —una vez que fueron erradicadas las faltas del Código penal mediante la derogación de las mismas por la **LO 1/2015**, de 30 de marzo— aparece incorporada y circunscrita al ámbito de protección penal de las relaciones jurídico-familiares (art. 208, párrafo segundo, CP), signo emblemático de discriminación punitiva en el curso (pseudo)progresivo experimentado por las reformas penales españolas.

> **Artículo 208, párrafo segundo, CP**: «Solamente serán constitutivas de delito las injurias que, por su naturaleza, efectos y circunstancias, son tenidas en el concepto público por graves, *sin perjuicio* de lo dispuesto en el apartado 4 del artículo 173».

La tipificación de la injuria leve familiar, a tenor de la LO 1/2015, de 30 de marzo, se incrimina en el artículo 173.4 CP, bajo la rúbrica legal «De las torturas y otros delitos contra la integridad moral», en los siguientes términos descriptivos:

> **Artículo 173.4 CP**: «Quien cause *injuria o vejación* injusta de carácter *leve*, cuando el ofendido fuera una de las personas a las que se refiere el apartado 2 del artículo 173, será castigado con la pena de localización permanente de cinco a treinta días, siempre en domicilio diferente y alejado del de la víctima, o trabajos en beneficio de la comunidad de cinco a treinta días, o multa de uno a cuatro meses, ésta únicamente en los supuestos en los que concurran las circunstancias expresadas en el apartado 2 del artículo 84.
>
> Las injurias solamente serán perseguibles mediante denuncia de la persona agraviada o de su representante legal».

— La transmutación legal de un delito contra el honor, como es la injuria, al ámbito normativo de delito contra la integridad moral de la persona, sobre resultar sorprendente, no es justificable sistemáticamente ni desde un punto de vista sustantivo. Antes bien, denota falta de rigor metodológico de la reforma legislativa de un precepto penal efectuada de manera deficiente y discriminatoria. Aunque se cambie de sitio de emplazamiento normativo, un delito contra el honor personal no se transforma en un delito contra la integridad moral. La injuria es injuria, la tortura es tortura.

— El alcance típico de la conducta descrita en la injuria leve familiar es difuso. A la conducta típica de «injuria leve» se equipara la de «vejación injusta» también de carácter leve. La acción de maltratar, molestar, perseguir a alguien, perjudicarle o hacerle padecer, en que el comportamiento de vejar consiste, no merece integrarse valorativamente como acción típica de injuria. Cabe perseguir, o maltratar, o molestar, etc., a alguien sin incidir propiamente en su dignidad personal, que es el objeto jurídico protegido en el tipo de injuria.

— El acto descrito como injuria leve familiar es además expansivo, pues al tratarle como si fuera delito de injuria se expande inadecuadamente el alcance delictivo de la misma, a costa además de la precisión conceptual del comportamiento de tortura contrario a la integridad moral de la persona.

— Es discriminatorio que se tipifique como delito la «injuria leve» (expansivamente ampliando la acción típica a toda «vejación injusta») sólo en el ámbito jurídico-familiar y no en el de la general convivencia social, como si el honor de la persona fuera un bien jurídico que mereciera protección penal exclusivamente en el ámbito de la familia, desconociendo el magistral aserto de Antonio Quintano Ripollés cuando señalaba que en su valor funcional el honor es quizás el bien jurídico más igualitario y democratizador, pues no hay mayor dignidad de una persona sobre ninguna otra (ante el Derecho penal es igualmente valioso y digno de protección el honor del más benefactor miembro de la sociedad y el del más horrible criminal), al estar en juego la propia dignidad de la persona como tal.

— La delimitación del círculo familiar en que se describe la acción delictiva de «injuria leve» es el previsto para el delito de maltrato habitual físico o psíquico realizado contra alguno de los miembros del grupo familiar previstos en el artículo 173.2 CP: el cónyuge o pareja (presente o pasada, con o sin convivencia); descendientes, ascendientes, o hermanos (propios o por afinidad) del cónyuge o conviviente; menores o personas con discapacidad necesitadas de especial protección que convivan o se hallen sujetas a la potestad, tutela, curatela, acogimiento o guarda de hecho del cónyuge o conviviente; persona amparada en cualquier otra relación por la que se encuentre integrada en el núcleo de su convivencia familiar; personas que por su especial vulnerabilidad se encuentren sometidas a custodia o guarda en centros públicos o privados.

— La penalidad es constituida por alguna de las siguientes penas alternativas: localización permanente de 5 a 30 días (en domicilio diferente y alejado al de la víctima); trabajos en beneficio de la comunidad de 5 a 30 días; o multa de 1 a 4 meses, la cual (como si se tratara de maltrato habitual físico o psíquico) sólo podrá ser impuesta en los casos en que la conducta se realice en presencia de menores (téngase en cuenta que el delito puede tener como sujeto pasivo a menores), o utilizándose armas, o en domicilio común o en el domicilio de la víctima, o quebrantándose una pena de prohibición del derecho a residir o de acudir al lugar de comisión del delito o residencia de la víctima o su familia.

— Finalmente se señala que las injurias (familiares leves) sólo serán perseguibles mediante denuncia de la persona agraviada o de su representante legal.

3. LA VALIDEZ DE LA *EXCEPTIO VERITATIS* EN LA INJURIA CONTRA FUNCIONARIO

La injuria **contra funcionario** es objeto de un tratamiento singular. El funcionario puede ser ofendido en su dignidad personal, como cualquier otro sujeto de derecho, tomándose en consideración o no su carácter funcionarial. Pero si las imputaciones injuriosas se dirigen contra el funcionario sobre hechos concernientes al ejercicio de sus cargos o referidos a la comisión de delitos o infracciones administrativas, la ley establece una causa excluyente de responsabilidad penal siempre que quien hace las imputaciones pruebe la veracidad de las mismas: en tal caso «el acusado de injurias quedará exento de responsabilidad probando la verdad de las imputaciones» (art. 210).

Artículo 210 CP: «El acusado de injuria quedará exento de responsabilidad probando la verdad de las imputaciones cuando éstas se dirijan contra funcionarios públicos sobre hechos concernientes al ejercicio de sus cargos o referidos a la comisión de infracciones administrativas».

El Código consagra el **principio** de la ***exceptio veritatis*** (excepción de la prueba de la verdad), conforme a la cual se reconoce la facultad de efectuar imputaciones injuriosas a un funcionario siempre que las mismas no sean falsas y se refieran a hechos concernientes a su función o a la comisión de delitos o infracciones por el funcionario. Esta causa de exención de responsabilidad penal se asienta en una singular valoración de los derechos del ciudadano frente a la actuación del titular de la función. En última instancia reside en el correcto ejercicio de la función pública que incumbe al titular de la misma.

Ahora bien, el reconocimiento de esta causa por el legislador incurre en grave incongruencia, en la medida en que exime de responsabilidad a la imputación relativa *no sólo* a «actos concernientes al **ejercicio de sus cargos**», sino *también* a actos constitutivos de «**infracciones administrativas**» que hubiere cometido el funcionario. La primera hipótesis («actos concernientes») presupone el ejercicio del cargo, pero la segunda («infracciones administrativas») excede del ámbito de ejercicio de la función pública, por lo que la previsión penal en este punto resulta discriminatoria e incompatible con el principio de igualdad de la ley penal. Por ello la segunda hipótesis legal (infracción cometida por funcionario) debiera ser excluida de la exención penal en la medida en que no contempla actos concernientes a la función, sino actos particulares *contrarios* a la función, frente a los que decae la excepción a la tutela penal.

El honor de toda persona (incluidos los funcionarios) ha de ser objeto de tutela penal, frente a sus agresiones típicas, en condiciones de igualdad y con independencia de si su titular es o no funcionario, con la excepción del ámbito de actuación del funcionario en el ejercicio del cargo que vincula a su titular con un especial deber jurídico.

La demostración de la verdad de las imputaciones injuriosas dirigidas contra un funcionario se fundamenta en el reconocimiento de la *exceptio veritatis* («el acusado de injuria quedará exento de responsabilidad **probando la veracidad** de las imputaciones cuando éstas se dirijan contra funcionarios públicos...»: art. 210), que se inspira en el principio de la no exigibilidad de otra conducta determinante de la exclusión de responsabilidad penal.

Es discutida la **naturaleza jurídica** de la causa eximente de responsabilidad criminal de la ***exceptio veritatis***:

— Si se estima que afecta a un elemento integrante del **tipo**, su concurrencia excluye el injusto típico.

— Si se entiende que la realización dolosa del tipo de injusto se cumple, la no exigibilidad de otra conducta afectaría a la **punibilidad** como último elemento del concepto dogmático de delito, acreditando la falta de merecimiento y necesidad de pena: la conducta no sería punible al no ser constitutiva de delito, pero no por ausencia de injusto típico y de culpabilidad, sino por falta de idoneidad y necesidad de pena.

La **dignidad** de la persona constituye el contenido esencial de la injuria y se puede incidir sobre el **honor** personal en alguna de las siguientes dimensiones valorativas del mismo: menoscabando la **fama** de la persona o atentando contra su propia **estimación**, a través de una acción o expresión que sean tenidas por graves en el concepto público (art. 208.1.2).

— La primera hipótesis alternativa se refiere a la dimensión valorativa del honor **externo** objeto de estimación social.

— La segunda alude a la dimensión del honor interno en su aspecto de sentimiento **subjetivo** de la persona.

Sobre la **tentativa** en la injuria la doctrina generalmente ha sido refractaria a su admisión sobre todo en las formas orales de manifestación de la conducta. En mi opinión, cabe la tentativa en todas las modalidades de injuria, pues el tipo de tentativa tiene la misma estructura dogmática que el tipo de consumación, referido a la puesta en peligro del bien jurídico protegido (por ejemplo: un representante extranjero dirige una grave manifestación injuriosa a un ciudadano nacional en el acto protocolario de la presentación de credenciales diplomáticas, pero el traductor con el fin de evitar un conflicto político pone en boca del agresor una expresión no ofensiva).

La **penalidad** asignada por el Código para el delito de injuria varía en función del carácter público o no de la misma. Sólo son constitutivas de delito de injuria las acciones o expresiones lesivas de la dignidad personal que, por su naturaleza, efectos y circunstancias, sean tenidas en el concepto público por graves. El tipo básico de injuria es sancionado con la pena de multa de 3 a 7 meses, y el tipo cualificado por la publicidad, con la pena de multa de 6 a 14 meses (art. 209).

III. CALUMNIA

La calumnia constituye la **más grave** figura de delitos contra el honor incriminados en el Código penal. A diferencia de la injuria, selecciona una particular dimensión valorativa del honor como bien jurídico protegido, integrada por el denominado *honor legal*, aquella perspectiva del honor integrada por el derecho de toda persona a no ser objeto de falsa imputación de la comisión de un delito.

Artículo 205 CP: «Es calumnia la imputación de un delito hecha con *conocimiento* de su falsedad o temerario desprecio hacia la verdad».

Se pondera en el ámbito típico de la calumnia una perspectiva social del honor que tiene una raíz positiva, de la que deriva la calificación de **honor legal**, entendido como la facultad que corresponde a todo sujeto a no ser imputado ante la opinión pública como autor de un delito que no ha cometido.

Basta la concurrencia de esta característica de la no comisión de un delito y la correlativa falsedad de la imputación, para que se produzca la incidencia lesiva en esta singular esfera de la dignidad de la persona designada como honor legal, que expresa el **derecho de respeto** de toda persona a ser estimada como **no-delincuente**.

El hecho de ser delincuente es considerado por el sistema legal como causa de imputación del delito cometido, y se reconoce al ciudadano la facultad de imputar al autor del delito la comisión del mismo. Por el contrario, cuando no se ha cometido el delito, la imputación de éste al no-autor del mismo es constitutiva del delito de calumnia.

El núcleo de la conducta de calumnia estriba en la **imputación de delito** que se hace a una persona, concurriendo la característica esencial de la **falsedad** de la imputación o, alternativamente con la misma, el temerario **desprecio** hacia la verdad.

— La falsedad de la imputación representa el requisito tradicionalmente reconocido por la legislación penal para el delito de calumnia («falsa imputación de un delito»).

— De forma alternativa a la misma el vigente Código ha incorporado como elemento típico esencial la realización de la imputación aun sin conocimiento de su falsedad siempre que se efectúe menospreciando la verdad, lo que es una consecuencia de la falsedad, en cuanto falta de veracidad de quien efectúa la imputación («con temerario desprecio hacia la verdad»).

La acción típica de la calumnia se amplía en el sistema del vigente Código con relación a los requisitos exigidos los textos legislativos anteriores. Mientras éstos exigían la falsedad de imputación, ahora se puede realizar el tipo no sólo con conocimiento de la falsedad, sino en su defecto también con el temerario desprecio hacia la verdad. El ámbito del tipo se amplía sensiblemente, pues con el mero manifiesto desprecio hacia la verdad se puede cumplir la figura legal, aunque el imputado haya efectivamente cometido el delito que se le imputa.

La característica típica de la **falsedad de la imputación** de delito comprende una doble dimensión: la perspectiva **objetiva** según la cual el imputado ha de no haber cometido el delito, y la de la falsedad **subjetiva** conforme a la cual quien realiza la imputación ha de poseer conocimiento de que el delito no ha sido cometido. La falta de veracidad de la imputación de unos hechos constituye el elemento subjetivo del injusto de la **falsedad subjetiva** de quien manifiesta algo contrario a lo que cognitivamente conoce (discordancia de verdad objetiva y verdad subjetiva como singular elemento subjetivo del injusto), y es alternativo al **dolo de desprecio** abierto hacia la verdad.

La exigencia del elemento subjetivo del injusto de la **falsedad subjetiva** configura subjetivamente al tipo como un **delito de expresión** (dentro de los delitos de singular forma de manifestación del conocimiento), que se caracteriza por la discordancia entre lo que el sujeto conoce (**verdad subjetiva** del conocimiento que el sujeto posee) y lo que manifiesta (**expresión externa** de lo que dice conocer), no entre ésta y la verdad histórica objetiva que no es jurídicamente exigible a nadie.

La **prueba de la falsedad** subjetiva (discordancia entre la realidad histórica y el conocimiento personal de los hechos) ha de efectuarse con los medios procesales ordinarios que permitan llegar a la conjetura de decidir si el imputador era conocedor o no de la comisión del delito. El núcleo del injusto típico reside en la **discordancia subjetiva** entre lo que el sujeto conoce y lo que manifiesta, que prevalece sobre la coincidencia o no con la realidad objetiva.

La característica típica del **desprecio a la verdad** en las imputaciones hechas «con temerario desprecio hacia la verdad» prescinde de la exigencia de la falsedad de imputación, aunque sea una consecuencia de la misma. Suprime la exigencia del elemento subjetivo del injusto de carácter cognitivo constituido por la falsedad subjetiva de la imputación entendida como discordancia entre lo conocido y lo expresado por el sujeto. En esta modalidad el tipo no es subjetivamente configurado, de modo que con la mera presencia del dolo se realiza el tipo. El «temerario desprecio hacia la verdad» implica una actitud subjetiva de desestimación o desafección del valor verdad por parte del autor, y cuya prueba no presenta menor dificultad que la falsedad subjetiva.

La incorporación del **temerario desprecio hacia la verdad** extiende el alcance del tipo de calumnia, incorporando un supuesto típico que prescinde de la exigencia de falsedad de la comisión de delito por parte del sujeto al que la misma se imputa. Se provee la tutela penal no ante una «imputación falsa», sino ante la actitud subjetiva de «temerario desprecio hacia la verdad». Si con esta actitud de desprecio a la verdad se imputa a alguien la comisión de un delito, se incurrirá en responsabilidad por calumnia aunque el delito hubiera sido efectivamente cometido por aquel a quien se le imputa.

El tradicional concepto de **honor legal** se suple, en el ámbito de esta modalidad típica de calumnia, por el de **verdad legal** sobre la comisión de un delito. Se amplía el ámbito del tipo a costa de desvirtuar el bien jurídico protegido, que en lugar del derecho de respeto de quien no es delincuente (honor legal) se extiende también al respeto de un supuesto honor de quien es objeto de imputación de delito efectuada con desprecio hacia la verdad sobre el hecho de que el imputado sea o no delincuente (honor ficto).

La *exceptio veritatis* (excepción de la verdad) es reconocida como causa eximente de responsabilidad penal (art. 207): el acusado por calumnia «quedará exento de toda pena probando el hecho criminal que hubiere imputado».

> **Artículo 207 CP**: «El acusado por delito de calumnia quedará exento de toda pena probando el hecho criminal que hubiere imputado».

Dicha causa de exención de responsabilidad penal afecta sólo a la hipótesis típica de la imputación «falsa» (que admite la excepción de la verdad), pero no a la imputación efectuada con «desprecio» a la verdad, pues mientras en la primera se desvalora la falsedad de la imputación (quedando sin efectos penales la verdadera) en la segunda se desvalora la mera actitud de desprecio de la verdad (siendo típica la imputación con independencia de su contenido verdadero o falso).

En el plano de los **elementos negativos** del delito (atipicidad de la acción o excusa absolutoria) se prioriza en términos valorativos el criterio de la «falsedad» sobre el del «desprecio» como fundamento de la causa eximente de responsabilidad penal. Con ello a la postre se considera más gravoso el mero desprecio a la verdad que el contraste a la misma.

> A nuestro entender, ello resulta sin duda censurable, no sólo desde la perspectiva político criminal, sino también desde el punto de vista de la justicia material, e implica cuestionar el propio sentido de la reforma del tipo de delito de calumnia en la configuración legal del vigente Código penal.

La **penalidad** del delito de calumnia diverge según el tipo legal que se realice de entre los que son legalmente previstos: un tipo básico de calumnia realizada a nivel interpersonal con exclusión de terceros, y un tipo cualificado que se concreta si las imputaciones calumniosas se propagaran con publicidad.

> **Artículo 206 CP**: «Las calumnias serán castigadas con las penas de prisión de 6 meses a 2 años o multa de 12 a 24 meses, si se propagaran con publicidad y, en otro caso, con multa de 6 a 12 meses».

IV. DISPOSICIONES GENERALES

El Título XI concluye la regulación de los «Delitos contra el honor» con el capítulo III, que bajo la rúbrica de «Disposiciones generales» contiene una serie de previsiones legales heterogéneas y referidas, con escaso rigor sistemático, tanto al delito de injuria como al de calumnia de manera acumulativa por razón de formal economía legislativa.

1. Agravación de la injuria y calumnia por precio

El Código prevé la configuración de sendos **tipos agravados** de delitos de injuria y de calumnia, por la concurrencia de una circunstancia agravante descrita (art. 213) como específico elemento típico de singular agravación: el **precio, promesa o recompensa**.

> **Artículo 213 CP**: «Si la calumnia o injuria fueren cometidas mediante precio, recompensa o promesa, los tribunales impondrán, además de las penas señaladas para los delitos de que se trate, la de inhabilitación especial prevista en los artículos 42 o 45 del presente Código, por tiempo de seis meses a dos años».

La apreciación particular de esta agravante específica en los delitos contra el honor (art. 213) conlleva un régimen especial de penalidad por el que se impone una nueva **pena adicional**. En lugar de imponerse la pena del delito en su mitad superior que correspondería conforme a la regla general de determinación de la pena por la concurrencia de una o dos circunstancias agravantes (art. 66.3.ª), se impondrá al respectivo delito además de la pena señalada por la ley la de inhabilitación especial por tiempo de 6 meses a 2 años.

La pena de **inhabilitación especial** constituye una pena adicional en los tipos de injuria y calumnia singularmente agravados por la concurrencia de precio o recompensa, que deja de ser una circunstancia modificativa de la responsabilidad penal y pasa a ser un específico elemento típico de agravación del delito. La pena de inhabilitación especial podrá consistir en inhabilitación para empleo o cargo público (art. 42) o en inhabilitación para profesión u oficio (art. 45).

2. La publicidad en la injuria y calumnia

La primera disposición general de ambos delitos es contenida en el artículo 211, que se limita a establecer positivamente el concepto legal de publicidad como elemento típico de **agravación** determinante de la configuración de tipos cualificados de injuria y de calumnia.

> **Artículo 211 CP**: «La calumnia y la injuria se reputarán hechas con publicidad cuando se propaguen por medio de la imprenta, la radiodifusión o por cualquier otro medio de eficacia semejante».

La noción legal de **publicidad** delimitada a estos efectos agravatorios se circunscribe a la utilización de medios comisivos de ambos delitos que acreditan una especial difusión social de la comisión de los mismos. El precepto legal dispone que la calumnia y la injuria se reputarán hechas con publicidad cuando «se propaguen» por medio de la imprenta, la radiodifusión o por cualquier otro medio de eficacia semejante. Tales medios ejecutivos aseguran la puesta al alcance del público de la ejecución de estos delitos, extendiendo de manera general el conocimiento de la comisión de los mismos.

La descripción de los medios de comisión de estos delitos «con publicidad» que hace el Código **no es taxativa ni cerrada** (*numerus clausus*), sino **ejemplificativa** de expresión de la entidad difusora de tales medios, que han de ser de eficacia semejante a la imprenta o la radiodifusión (*numerus apertus*), mencionadas a modo de ejemplo de cualesquiera otros medios que resulten ser similares en su potencialidad difusora.

Cobra así especial valor la **dimensión social** del concepto de honor como bien jurídico protegido, incrementándose la gravedad de los delitos atentatorios contra el mismo por el hecho de la divulgación de su comisión. Este elemento circunstancial de la especial trascendencia social de la comisión del delito determina el incremento de injusto de la conducta típica lesiva de un bien privado consustancial a la personalidad humana.

El alcance de la **cualificación punitiva** por el empleo de medio de publicidad en la comisión de los delitos contra el honor es significativo:

— En el ámbito de la **injuria**, el tipo básico de injurias graves (tenidas como tales en el concepto público por su naturaleza, efectos y circunstancias) es sancionado con la pena de multa de 3 a 7 meses, en tanto que el tipo cualificado por la comisión con publicidad lo es con la pena de multa de 6 a 14 meses: el tipo cualificado justamente duplica la pena tanto en el límite mínimo como en el límite máximo del marco penal.

— En el ámbito de la **calumnia**, el rigor de la cualificación es aún mayor, pues la pena de multa de 6 a 12 meses del tipo básico se exaspera de tal manera cuando la calumnia se propagare con publicidad que pasa a ser, bien la misma pena de multa de 12 a 24 meses (duplicación de la pena básica), bien alternativamente la pena de prisión de prisión de 6 meses a dos años (agravación cualitativa, pues en lugar de pena pecuniaria de multa se puede imponer pena privativa de libertad de hasta la misma extensión de dos años).

3. Responsabilidad civil en la injuria y calumnia con publicidad

El artículo 212 establece una **responsabilidad civil solidaria** para los delitos de injuria o calumnia propagados mediante un medio informativo, a cargo de la persona física o jurídica propietaria del medio. El precepto introduce un nuevo elemento en el ámbito de los delitos contra el honor cometidos con publicidad, cual es el de la titularidad de propiedad sobre el medio informativo a través del cual se haya llevado a efecto la propagación de la injuria o la calumnia.

> **Artículo 212 CP**: «En los casos a los que se refiere el artículo anterior, será responsable civil solidaria la persona física o jurídica propietaria del medio informativo a través del cual se haya propagado la calumnia o injuria».

El propio precepto legal remite a la norma de regulación de los delitos de injuria y calumnia cometidos con publicidad y específicamente delimitadora del concepto de publicidad («en los casos a los que se refiere el artículo anterior»), pero a pesar de esa genérica invocación normativa efectúa seguidamente una delimitación precisa que impide al intérprete considerar la *pars pro toto*: de entre esos medios de propagación que fundamentan la publicidad, singulariza específicamente el **medio informativo** a través del cual se haya propagado la injuria o la calumnia.

Adjudica al propietario del medio informativo que ha sido vehículo de la propagación de la injuria o la calumnia la responsabilidad civil solidaria *ex delicto* por la realización de los tipos delictivos contra el honor precisamente a través del medio informativo. Cualquier otro medio de difusión por muy relevante que sea (publicación editorial de un *best seller*), si no constituye medio **informativo de difusión** de masas, no será afectado por la responsabilidad civil solidaria prevista para los delitos cometidos a través del mismo.

4. Publicación de la sentencia y reparación del daño

La **responsabilidad civil *ex delicto*** es además objeto de específica consideración en los delitos contra el honor por la previsión de clara positiva orientación de **reparación victimal** al sujeto pasivo del delito, contenida en el artículo 216 del Código, que dispone que en estos delitos se considera que la reparación del daño comprende también la **publicación o divulgación** de la sentencia condenatoria a costa del condenado.

> **Artículo 216 CP**: «En los delitos de calumnia o injuria se considera que la reparación del daño comprende también la publicación o divulgación de la sentencia condenatoria, a costa del condenado por tales delitos, en el tiempo y forma que el juez o tribunal consideren más adecuado a tal fin, oídas las dos partes».

Esta previsión representa una singular configuración del **concepto de daño** en los delitos contra el honor, atendiendo a la naturaleza del bien espiritual, sutil e inmaterial de la persona afectado por este tipo de delitos.

La mención legal del artículo 216 al concepto de **reparación de daño** debió ser referida a la reparación de **perjuicio moral**, que es en realidad lo que se irroga en este ámbito típico por la naturaleza del bien protegido y la índole de la reparación contemplada.

El contenido de dicha reparación podría sin violencia ser incluido en la norma general de la **obligación de hacer** prevista en la disposición general del artículo 112, en la que podría subsumirse la publicación de la sentencia a costa del condenado, que estableciera el juez atendiendo a la naturaleza del mal irrogado y a las condiciones personales y materiales del culpable.

La presente previsión en sentido positivo establece la exigencia de que sean **oídas las dos partes** por el Juez o Tribunal para la determinación del «tiempo y forma» más adecuado al fin de reparación que la disposición persigue.

Lo **más desacertado** del precepto es que a la postre impone de manera imperativa que se decrete la publicación o divulgación de la sentencia, aun en aquellos casos en que el delito no se hubiera cometido con publicidad, pues la disposición legal parte del presupuesto de que la reparación del daño comprende también la publicación o divulgación de la sentencia condenatoria.

5. La retractación en la injuria y calumnia

El artículo 214 contempla una arcaica institución relacionada con los delitos contra el honor cual es la **retractación de las imputaciones** típicas lesivas del honor, y provee una regulación singular de la misma. La imprecisión de los términos de la disposición legal obliga a una delimitación del contenido de la misma.

> **Artículo 214 CP**: «Si el acusado de calumnia o injuria reconociere ante la autoridad judicial la falsedad o falta de certeza de las imputaciones y se retractare de ellas, el juez o tribunal impondrá la pena inmediatamente inferior en grado y podrá dejar de imponer la pena de inhabilitación que establece el artículo anterior.
>
> El juez o tribunal ante quien se produjera el reconocimiento ordenará que se entregue testimonio de retractación al ofendido y, si éste lo solicita, ordenará su publicación en el mismo medio en que se vertió la calumnia o injuria, en espacio idéntico o similar a aquel en que se produjo su difusión y dentro del plazo que señale el juez o tribunal sentenciador».

La retractación en los delitos contra el honor es una institución que, en cuanto al tiempo de su aparición, es **posterior a la comisión** del delito y, en orden a su naturaleza, es de **carácter atenuante** de la responsabilidad. Ambas características son compartidas con dos circunstancias genéricas atenuantes de la responsabilidad penal: la confesión de la infracción por el culpable antes de conocer que el procedimiento judicial se dirige contra él (art. 22.4.ª), y la reparación del daño ocasionado que ha de producirse con anterioridad a la celebración del acto del juicio oral (art. 22.5.ª). La concurrencia de cada una de ellas llevaría aparejada la imposición de la pena establecida por la ley en la mitad inferior (art. 66.1.1.ª).

La retractación de calumnia o injuria conlleva **mayor privilegio** punitivo, pues determina que se imponga la pena inmediata inferior en grado y que además pueda dejar de imponerse la pena adicional de inhabilitación especial del tipo agravado por precio. Puede entenderse por ello que estamos ante una específica circunstancia atenuante de retractación reconocida en la configuración de los tipos de calumnia o injuria.

La retractación adolece de **falta de rigor** en su delimitación positiva. Del tenor literal de la ley parece derivarse la exigencia de dos momentos para la integración de esta institución: en primer término, el reconocimiento de la falsedad o falta de certeza de las imputaciones y, además, la retractación de las mismas.

Se desdibuja la figura de la retractación, en la medida en que si no concurren ambos elementos ha de entenderse que la retractación no se cumple, siendo así que la esencia de la retractación reside en **revocar expresamente** lo que antes se había dicho y desdecirse de ello, con independencia de la veracidad o falsedad de las manifestaciones expresadas.

La **calumnia** consiste en imputación de un delito (falsa o despreciadora de la verdad); pero la **injuria** puede consistir tanto en la imputación de hechos (falsa o con desprecio de la verdad) como en cualesquiera otras acciones o expresiones que sin constituir imputación de hecho alguno sean lesivas de la dignidad de una persona (en su fama o propia estimación).

La descripción legal puede producir **efectos contradictorios** en el marco de una unilateral interpretación gramatical. ¿Quiere decir la expresión literal de la misma (reconocer la falsedad o no certeza de las imputaciones) que no cabe la retractación en los tipos de injuria que no consisten en imputación de hechos? ¿La retractación se admite para la calumnia y para la injuria de falsa imputación de hechos pero no para los demás supuestos de injuria?

La imprecisión de la descripción legal de la retractación es no sólo evidente sino **contradictoria**. ¿Habrá de entenderse que de los requisitos mencionados en la norma el de reconocimiento de la falsedad o no certeza de las imputaciones tiene mero carácter retórico y que la esencia de la retractación radica en la expresa revocación de lo antes dicho? Si se admite en el acto de retractarse un privilegio punitivo discriminatoriamente diferenciado entre unos tipos y otros de injuria, se quebrantaría el principio de igualdad penal.

6. Condiciones objetivas de perseguibilidad

Dos son las condiciones objetivas de perseguibilidad previstas para la persecución de los delitos contra el honor.

1. En primer término, el artículo 215.1 establece una condición objetiva de procedibilidad, al exigir que para la persecución de la injuria y la calumnia se formule **querella por la persona ofendida** o su representante legal. La interposición de la querella constituye una decisión subjetiva de la víctima del delito. Presupuesta la realización del tipo de delito, se establece un obstáculo procesal para proceder contra el mismo.

> **Artículo 215.1 CP**: «Nadie será penado por calumnia o injuria sino en virtud de querella de la persona ofendida por el delito o de su representante legal. Se procederá de oficio cuando la ofensa se dirija contra funcionario público, autoridad o agente de la misma sobre hechos concernientes al ejercicio de sus cargos».

Los delitos contra el honor son perseguibles a instancia de parte y no puede procederse contra ellos sino en virtud de la formulación de querella por el ofendido. Se supedita a la voluntad de la víctima la persecución o no del delito contra el honor, en base al carácter espiritual de este bien jurídico y a la valoración de los perjuicios que pudieran derivar para el afectado de establecerse persecución de oficio. Por tales razones **se condiciona** a la libre decisión de voluntad del ofendido el ejercicio de la acción penal y consiguientemente **la persecución** del delito.

Una **excepción a este principio** de persecución a instancia de parte introduce el inciso segundo del citado artículo 215.1 para el supuesto en que la ofensa se dirija contra un **funcionario** público, **autoridad** o **agente** de la misma sobre hechos concernientes al ejercicio de sus cargos. En esta hipótesis se establece una excepción de la excepción, es decir, la persecución de oficio.

Este **tratamiento normativo no es correcto** y denota imprecisión conceptual y discriminación valorativa. Hay que distinguir con precisión dos hipótesis diferentes:

— Si se comete delito contra el «**honor funcionarial**», esto es, exigencia del respeto debido al funcionario en cuanto titular de la función en el desempeño de la misma, se excede el ámbito de los delitos contra el honor y estaríamos en su caso ante un delito contra la Administración Pública perseguible de oficio.

— Si se atenta contra el «**honor personal**» del funcionario público con referencia o no a hechos concernientes a su cargo, carece de toda justificación material la excepción legal prevista, pues al producirse una lesión en la dignidad del titular de la función (y no de la función misma) debe operar el sistema general de persecución a instancia de parte previsto para los delitos contra la dignidad de la persona.

2. Una nueva condición objetiva de perseguibilidad para proceder contra injuria o calumnia **vertidas en juicio** establece el artículo 215.2:

> **Artículo 215.2 CP**: «Nadie podrá deducir acción de calumnia o injuria vertidas en juicio sin previa licencia del juez o tribunal que de él conociere o hubiere conocido».

Esta condición no afecta a la punibilidad del delito, sino a un singular requisito legalmente exigido para la persecución del mismo, que no consiste en una decisión voluntaria del ofendido, sino en la condición objetiva de la licencia judicial por parte del Juez o Tribunal que conociera del juicio en el que se vertieron la injuria o calumnia. Constituye una condición **objetiva de procedibilidad** en sentido estricto, pues una resolución ajena a la voluntad del ofendido le permitirá o no materializar el ejercicio de la acción penal contra un delito sobre el que a su vez tiene reconocida normativamente la facultad decisoria de perseguirlo o no.

7. La doble naturaleza del perdón del ofendido en la Reforma penal de 2010

La **LO 5/2010**, de 22 de junio, de reforma del CP, introduce una modificación en la regulación de la relevancia del perdón del ofendido en el ámbito de los delitos contra el honor, al incorporar una nueva redacción al artículo 215.3 CP.

> **Artículo 215.3 CP**: «El perdón del ofendido o de su representante legal, en su caso, extingue la acción penal sin perjuicio de lo dispuesto en el segundo párrafo del número 5.º del apartado 1 del artículo 130 de este Código».

La novedad esencial de la reforma penal radica en el reconocimiento del **perdón** del ofendido como causa de **extinción de la acción** penal, junto a la tradicional consideración del mismo como causa de extinción de la responsabilidad criminal que se sigue manteniendo en el artículo 130 a cuyo número 5.º del apartado 1 remite a tales efectos.

Por virtud de la reforma del CP por la LO 5/2010, dos son las consecuencias de la relevancia reconocida al perdón del ofendido en los delitos contra el honor, que a su vez poseen naturaleza jurídica propia: *a*) causa de extinción de la **responsabilidad** criminal derivada de la comisión de injuria o calumnia, y *b*) causa de extinción de la **acción penal**.

La primera consecuencia del perdón posee naturaleza **penal sustantiva**, pues toda comisión de delito es fundamento jurídico de la pena prevista por la ley, y la causa extintiva de la responsabilidad penal no exime de responsabilidad, sino que, presuponiendo la existencia de la misma, anula y deja sin efecto la derivada de la concreta comisión de delito.

> El perdón del ofendido únicamente es reconocido como causa extintiva de la *responsabilidad* criminal en los delitos perseguibles a instancia de parte, que en el ámbito de los delitos contra el honor se sustancia mediante querella de la persona ofendida por el delito o de su representante legal. Si la comisión de delito fundamenta la responsabilidad penal prevista por la ley, el perdón del ofendido como causa extintiva de la responsabilidad criminal hace que cesen o acaben todas las consecuencias punitivas derivadas de la comisión del delito perseguible a instancia de parte.

La segunda consecuencia jurídica del perdón del ofendido es la novedad introducida por la **LO 5/2010**, al modificar el artículo 215.3 CP, proclamando que el perdón del ofendido o de su representante legal extingue la acción penal, y habida cuenta de la naturaleza estrictamente procesal de esta institución cabe dudar de la conveniencia sistemática de su regulación en el cuerpo punitivo material en el que se inserta.

> El perdón del ofendido como causa extintiva de la *acción* penal anticipa los efectos del mismo a un plano puramente procesal diferente al de la declaración o no de la responsabilidad criminal: el derecho al proceso en base a una imputación concreta de delito, y este derecho al proceso para la aplicación de la ley penal por la jurisdicción criminal es renunciable en el ámbito de los delitos perseguibles a instancia de parte.

Esta característica de la facultad de renuncia a la acción penal por el perdón del ofendido en los delitos contra el honor, perseguibles en virtud de querella de la persona ofendida o de su representante legal, es consignada en el reformado artículo 215.3 CP, bien que las consecuencias dimanantes no sean de naturaleza penal sustantiva sino procesal.

La acción penal implica un ejercicio específico del derecho al proceso, y la extinción de la acción penal comporta sustancialmente la extinción del **derecho a la persecución penal** en el proceso, el cual queda declarado extinguido en el ámbito de los delitos contra el honor por el perdón del ofendido o de su representante legal, conforme al texto de la **LO 5/2010**, de 22 de junio, de reforma del Código penal.

Cuestionario de repaso:

1. ¿Se distingue entre honor objetivo y honor subjetivo en Derecho penal?
2. ¿Cuál es la esencia del concepto normativo de honor penalmente protegido?
3. ¿Qué formas típicas de acción reconoce el Código penal en la injuria?
4. ¿Se puede cometer la injuria por omisión?
5. ¿Cabe diferenciar modalidades de injuria en función de los medios empleados para su ejecución?
6. ¿Se puede apreciar la injuria simbólica?
7. ¿Qué alcance tiene la *exceptio veritatis* en el ámbito típico de la injuria?
8. ¿Cuál es el objeto protegido en el tipo de delito de calumnia?
9. ¿Qué hipótesis típicas de calumnia se incriminan en el Código penal?
10. ¿Se identifican en la calumnia, o se diferencian, falsedad y desprecio a la verdad?
11. ¿Qué estructura típica tiene la configuración del delito de calumnia?
12. ¿Exige resultado material la realización del tipo de calumnia?
13. ¿Admiten la forma imperfecta de ejecución de la tentativa la calumnia y la injuria?
14. ¿La publicidad atenúa o agrava los delitos de injuria y calumnia?
15. ¿Qué naturaleza jurídica tiene el perdón del ofendido en los delitos contra el honor tras la Reforma penal de 2010?

LECCIÓN 16.ª

DELITOS CONTRA LA FAMILIA

MIGUEL POLAINO NAVARRETE

I. SISTEMÁTICA LEGAL

El Título XII, bajo la rúbrica de «Delitos contra las relaciones familiares», comprende los siguientes capítulos: «De los matrimonios ilegales» (capítulo I), «De la suposición de parto y de la alteración de la paternidad, estado o condición del menor» (capítulo II) y «De los delitos contra los derechos y deberes familiares» (capítulo III), estructurándose este último en dos secciones: «Del quebrantamiento de los deberes de custodia y de la inducción de menores al abandono de domicilio» (sección 1.ª) y «Del abandono de familia, menores e incapaces» (sección 2.ª).

II. DELITO DE MATRIMONIOS ILEGALES

El capítulo I incrimina los delitos de **matrimonios ilegales** manteniendo en vigor el Código penal tres figuras típicas en este título de incriminación: la celebración de matrimonio subsistiendo legalmente uno anterior, la celebración de matrimonio inválido para perjudicar al otro contrayente, y la autorización de celebración de matrimonio concurriendo una causa de nulidad.

> Es dificultoso delimitar el bien jurídico protegido en estas figuras legales, claro ejemplo de anacronismo punitivo. Hace más de cuarenta años que el delito de adulterio (infidelidad cometida por la mujer) y amancebamiento (versión machista del adulterio cometido por el marido) ha desaparecido del ámbito de la incriminación punitiva. El momento histórico que alumbró la promulgación de los Códigos penales del siglo XIX llegó a considerar el adulterio como el más grave delito contra la familia al ofender los derechos inherentes al tálamo conyugal. Aquel sistema penal respondía a la concepción predominante en la sociedad decimonónica.

1. MATRIMONIO A SABIENDAS DE QUE SUBSISTE UNO ANTERIOR (ART. 217)

El artículo 217 CP tipifica el delito de matrimonio ilegal, que realiza el sujeto que contrae un matrimonio cuando, habiendo celebrado un anterior matrimonio, sabe que subsiste legalmente el mismo.

> **Artículo 217 CP**: «El que contrajere segundo o ulterior matrimonio, *a sabiendas* de que subsiste legalmente el anterior, será castigado con la pena de prisión de seis meses a un año».

El principio monogámico del matrimonio, que sirve de fundamento al tipo delictivo de matrimonio ilegal del artículo 217 CP («el que contrajere segundo o ulterior matrimonio, *a sabiendas* de que subsiste legalmente el anterior»), requiere básicamente una garantía jurídico civil en todos los ámbitos de derechos personales y patrimoniales derivados. La intervención punitiva del Estado debe limitarse a hipótesis típicas de comportamiento que por la extrema gravedad de su incidencia sobre el bien jurídico protegido exigen normativamente recurrir a la *ultima ratio* del ordenamiento jurídico constituida por el Derecho penal.

> ¿Cabe estimar en la sociedad del siglo XXI que son bienes jurídicos necesitados y merecedores de protección penal la indisolubilidad del matrimonio y el principio monogámico, tal como fue entendida la fidelidad conyugal en el siglo XIX?
>
> ¿O las cuestiones de pareja relativas a la celebración de matrimonio deben mantenerse en el seno de la regulación privada del Derecho de familia?
>
> ¿Han de incriminarse los matrimonios ilegales como delito, o deben ser considerados ilícitos civiles sujetos a la regulación del ordenamiento jurídico de la familia?

2. Matrimonio inválido para perjudicar al otro contrayente (art. 218)

El CP incrimina el delito de celebración de matrimonio ilegal *en perjuicio* del cónyuge en el artículo 218 («el que, *para* perjudicar al otro contrayente, celebrare matrimonio inválido»), que instaura la esencia del contenido material de injusto en la exigencia de un **elemento típico subjetivo** cual es el **ánimo de perjudicar** y prevé que quedará exento de pena el autor en el caso de que el matrimonio inválido que contrae fuera convalidado posteriormente.

> **Artículo 218 CP**: «1. El que, *para perjudicar* al otro contrayente, celebrare matrimonio inválido será castigado con la pena de prisión de seis meses a dos años.
>
> 2. El responsable quedará *exento* de pena si el matrimonio fuese posteriormente convalidado».

Con la incorporación de este elemento subjetivo del injusto, el legislador conforma un tipo de delito subjetivamente configurado, correspondiente a la categoría de los delitos de intención —caracterizados porque contienen un elemento finalista que trasciende más allá del dolo—, y dentro de los delitos de intención constituye una hipótesis de delito de resultado cortado.

El efecto del perjuicio económico que pueda derivarse de un matrimonio inválido celebrado con el *ánimo de perjudicar* al otro contrayente, no sólo de índole patrimonial, sino también moral y social, podría integrarse en la incriminación de los delitos contra el patrimonio y contra la dignidad personal, pero no resulta adecuada su inclusión en el ámbito de los delitos contra la familia, pues no es misión de la ley penal la tutela del régimen jurídico del matrimonio, sino la de los bienes y valores de la persona o la sociedad merecedores y necesitados de protección penal ante la ausencia de otros medios menos drásticos que los de carácter punitivo.

La exención de pena por la ulterior convalidación del matrimonio celebración constituye una excusa absolutoria, elemento negativo del delito que excluye el último carácter esencial del mismo, constituido por la punibilidad. Frente al injusto típico que ya se ha realizado por un sujeto imputable y culpable, la exención de la responsabilidad penal deriva de la inexistencia de punibilidad, último elemento esencialmente constitutivo del concepto jurídico de delito, determinado por exigencias político-criminales de idoneidad, necesidad y merecimiento de sanción penal legitimadoras de la imposición de la pena, que decaen ante la convalidación del matrimonio con posterioridad a la celebración de un matrimonio inválido.

3. Autorizar celebración de matrimonio nulo (art. 219)

Artículo 219 CP: «1. El que autorizare matrimonio en el que concurra alguna causa de nulidad *conocida* o *denunciada* en el expediente, será castigado con la pena de prisión de seis meses a dos años e inhabilitación especial para empleo o cargo público de dos a seis años.

2. Si la causa de nulidad fuere dispensable, la pena será de suspensión de empleo o cargo público de seis meses a dos años».

El tipo delictivo de autorización de matrimonio ilegal del artículo 219 («el que autorizare matrimonio en el que concurra alguna causa de nulidad conocida o denunciada en el expediente») se distancia de la esfera valorativa de los derechos matrimoniales y relaciones familiares y corresponde a la exigencia del correcto cumplimiento de una función pública en relación con una constancia documental.

La clave de la tipificación de esta conducta radica en el singular conocimiento que el autor posee sobre la existencia de una causa de nulidad en el matrimonio cuya celebración en todo caso autoriza. Tal elemento cognitivo integra un elemento subjetivo del injusto, que conforma un tipo delictivo subjetivamente configurado de singular manifestación, y dentro de ellos de especial conocimiento del autor, que exigen un presupuesto cognitivo del que se hace depender la antijuricidad de la conducta.

III. SUPOSICIÓN DE PARTO Y ALTERACIÓN DE LA PATERNIDAD, ESTADO O CONDICIÓN DEL MENOR

El capítulo II contiene la incriminación de una serie de conductas atentatorias contra los **derechos del menor** a la integración en una familia o al estado civil o condición jurídica que al mismo en ella le corresponda, que son de índole heterogénea y descritas con absoluta falta de rigor conceptual, adoleciendo la normativa de falta de precisión y certeza.

1. Suposición de parto

Artículo 220.1 CP: «La suposición de un parto será castigado con las penas [*sic*] de prisión de seis meses a dos años».

El artículo 220.1 CP incrimina el comportamiento de suposición de un parto. Esta conducta, no por arraigada en la legislación histórica, es menos imprecisa de delimitar en orden al contenido regulativo de la norma penal. Consiste en rigor no tanto en **suponer** un parto, mostrando como real lo que no existe, cuanto en **presentar** el fruto del mismo (nacimiento de una persona) o, más exactamente, la existencia de la persona nacida como perteneciente a una familia que no le es propia y a la que se asigna una maternidad ajena.

El acto típico requiere, pues, una **interpretación correctora** del sentido literal de la descripción positiva contenida en el precepto incriminador, que no obstante por la propia imprecisión del mismo podría ser susceptible de otra determinación de sentido. Lo que hace evidente la necesidad de una clara descripción legal en una nueva configuración típica del delito que de manera inequívoca exprese el núcleo del comportamiento punible: la asignación a una persona nacida de una maternidad ajena a la que legalmente le corresponde.

2. Ocultamiento o entrega de hijo

Artículo 220.2 CP: «La misma pena se impondrá al que ocultare o entregare a terceros un hijo *para* alterar o modificar su filiación».

El artículo 220.2 CP impone la misma pena (prisión de 6 meses a 2 años) que la del tipo anterior al que «ocultare o entregare a terceros un hijo para alterar o modificar su filiación». El **ocultamiento** de un hijo propio puede concretar el tipo de manera alternativa a la **entrega** del mismo a terceros. Resulta irrelevante que concurran ambas acciones, la de ocultar y la de entregar el hijo.

Elemento común de ambas modalidades típicas de conducta es la intención finalista del autor que consiste en incidir en la filiación del hijo con alguna de las siguientes acciones: **alterar** (cambiando la esencia o forma) o **modificar** (mudando alguno de los accidentes). Tal intención finalista del autor constituye un elemento subjetivo del injusto que configura subjetivamente este tipo de delito como un delito de intención en la modalidad de los delitos intencionales de resultado cortado. No es preciso que se alcance el objetivo cambio (en la esencia, forma o accidentes) de la **filiación del hijo** respecto de la adscripción del mismo a la familia de nacimiento, sino que basta la concurrencia de esta singular finalidad del autor para la consumación del delito.

3. Sustitución de un niño por otro

> **Artículo 220.3 CP**: «La sustitución de un niño por otro será castigada con las penas [*sic*] de prisión de uno a cinco años».

Mayor gravedad punitiva (prisión de uno a cinco años) que los supuestos típicos precedentes merece la conducta de «sustitución de un niño por otro», en la que se altera la adscripción familiar que un niño posee en su familia sustituyéndole por otro que es perteneciente a una distinta familia. La **alteración del estado civil** del niño objeto de intercambio afecta asimismo a la del niño con el que es sustituido, por lo que la lesión del bien jurídico protegido por el tipo es referida a la doble adscripción familiar.

El sujeto pasivo ha de ser un **niño**, lo que significa que no adulto o mayor de edad, si bien la expresión legal es un tanto imprecisa por la indeterminación de la edad exacta en la que la persona puede ser considerada niño.

La conducta descrita en el artículo 220.3 CP es **dolosa**, pero no exige la concurrencia de ningún singular elemento subjetivo del injusto.

De manera excepcional en la sistemática del Código penal, en el marco de este comportamiento típico se describe una hipótesis de **imputación culposa** del mismo vinculada a la actividad de determinados sujetos, en los términos previstos en el artículo 220.5 CP.

> **Artículo 220.5 CP**: «Las sustituciones de un niño por otro que se produjeren en centros sanitarios o socio-sanitarios por imprudencia grave de los responsables de su identificación y custodia, serán castigadas con la pena de prisión de seis meses a un año».

En efecto, una modalidad **culposa** del tipo delictivo de sustitución de un niño por otro se incrimina en el artículo 220.5 CP, que establece la pena de prisión de 6 meses a 1 año para los responsables de su identificación y custodia en centros sanitarios o socio-sanitarios que hubieren incurrido en imprudencia grave en el cumplimiento de su tarea, determinante de la sustitución personal del niño.

Se prevé asimismo una penalidad adicional por la comisión de este ámbito de delitos para sujetos vinculados por una singular relación jurídico-familiar con la víctima del delito, que se circunscribe de manera unilateral pero al mismo tiempo genérica a determinados parientes: los ascendientes, esto es, en línea recta ascendente en cualquier grado (no sólo los padres) y por cualquier vínculo (no sólo por consanguinidad, sino también por adopción).

> **Artículo 220.4 CP**: «Los ascendientes, por naturaleza o por adopción, que cometieran los hechos descritos en los tres apartados anteriores podrán ser castigados *además* con la pena de inhabilitación especial para el ejercicio del derecho de patria potestad que tuvieren sobre el hijo o descendiente supuesto, ocultado, entregado o sustituido, y, en su caso, sobre el resto de hijos o descendientes por tiempo de cuatro a diez años».

Todas las figuras delictivas descritas que sean cometidas por ascendientes del sujeto pasivo podrán ser castigadas además con la **pena adicional** de inhabilitación especial para el ejercicio del derecho de patria potestad (art. 220.4).

4. Entrega de un menor por recompensa

El artículo 221 CP describe la conducta de la entrega de un menor, que puede o no ser hijo o descendiente, por precio o recompensa. Sujeto pasivo es el menor de edad (18 años).

> **Artículo 221.1 CP**: «Los que, mediando compensaciones económicas, entreguen a otra persona un hijo, descendiente o cualquier menor aunque no concurra relación de filiación o parentesco, eludiendo los procedimientos legales de la guarda, acogimiento o adopción, con la *finalidad* de establecer una relación análoga a la de filiación, serán castigados con las penas de prisión de uno a cinco años y de inhabilitación especial para el ejercicio del derecho de la patria potestad, tutela, curatela o guarda por tiempo de cuatro a diez años».

El objeto de protección se mantiene en el ámbito de los derechos inherentes a la **asignación familiar y estado civil** del menor, como se deriva de la exigencia típica de que la conducta sea realizada «con la finalidad de establecer una relación análoga a la de filiación».

Este elemento subjetivo del tipo de injusto configura subjetivamente el delito en la modalidad de **delito intencional de resultado cortado**, que se consuma por la concurrencia del singular momento subjetivo con independencia de que se alcance o no objetivamente establecer la nueva relación familiar.

> **Artículo 221.2 CP**: «Con la misma pena [*sic*] serán castigados la persona que lo reciba y el intermediario, aunque la entrega del menor se hubiese efectuado en país extranjero».

La **recompensa económica** afecta a ambas partes contratantes, tanto a quien entrega como a quien recibe al menor, así como al intermediario (art. 221.2 CP).

Artículo 221.3 CP: «Si los hechos se cometieren utilizando guarderías, colegios u otros locales o establecimientos donde se recojan niños, se impondrá a los culpables la pena de inhabilitación especial para el ejercicio de las referidas actividades por tiempo de dos a seis años y se podrá acordar la clausura temporal o definitiva de los establecimientos. En la clausura temporal, el plazo no podrá exceder de cinco años».

Si la conducta de entrega y recepción del menor se efectúa en lugar de acogimiento de niños, se impondrá además de la pena de prisión de 1 a 5 años la de inhabilitación especial de 2 a 6 años (art. 221.3 CP).

5. Tipos cualificados por razón de la función

Artículo 222 CP: «El educador, facultativo, autoridad o funcionario público que, en el ejercicio de su profesión o cargo, realice las conductas descritas en los dos artículos anteriores, incurrirá en la pena [*sic*] en ellos señalada y, además, en la de inhabilitación especial para empleo o cargo público, profesión u oficio, de dos a seis años.

A los efectos de este artículo, el término facultativo comprende los médicos, matronas, personal de enfermería y cualquier otra persona que realice una actividad sanitaria o socio-sanitaria».

Todos los tipos descritos en este capítulo son cualificados por la singular condición del autor constituida por el hecho de ser el mismo **funcionario** público, **educador** o **facultativo**, y respecto de tales sujetos activos se impondrá además la pena de inhabilitación especial para empleo o cargo público, profesión u oficio, de 2 a 6 años (art. 222 CP).

De este modo, el artículo 222 CP incorpora una disposición que a los efectos de este precepto incriminador proporciona una definición auténtica del concepto típico de *facultativo*, en el sentido de no circunscribir el alcance del mismo al exclusivo ámbito de los profesionales sanitarios, sino que abarca también a cuantas personas realicen una actividad socio-sanitaria en relación con el sujeto pasivo de este ámbito de comportamiento delictivo.

IV. DELITO DE NO PRESENTACIÓN DE UN MENOR O PERSONA CON DISCAPACIDAD A SUS PADRES O GUARDADORES POR EL TITULAR DE LA CUSTODIA

1. Tipo básico

El delito se incluye en el capítulo III, que abarca un conjunto de figuras un tanto heterogéneas que comparten la nota común de la protección de **derechos familiares**, inherentes a la patria potestad, tutela, guarda o acogimiento familiar.

Las figuras legales contenidas en este capítulo son: delito de *no presentación* de un menor o persona con discapacidad necesitada de especial protección a sus padres o guardadores por el titular de la custodia (art. 223), delito de *inducción* a un menor o persona con discapacidad necesitada de especial protección al abandono de su domicilio familiar (art. 224), delito de *sustracción de menor* (art. 225 bis), delito de *abandono de familia*, delito de *impago de prestación económica* familiar y *abandono* de menor o de persona con discapacidad necesitada de especial protección (arts. 226 a 229), delito de *entrega* de un menor o persona con discapacidad necesitada de especial protección por su encargado a un tercero (art. 231) y delito de *abuso* de un menor o una persona con discapacidad necesitada de especial protección para la práctica de mendicidad (art. 232).

Dentro de los delitos de **quebrantamiento** de los deberes de custodia, el artículo 223 incrimina el delito de la no presentación de un menor o de una persona con discapacidad necesitada de especial protección a sus padres o guardadores por parte del titular de la custodia del mismo:

Artículo 223 CP: «El que, teniendo a su cargo la custodia de un menor de edad o una persona con discapacidad necesitada de especial protección, *no lo presentare* a sus padres o guardadores sin justificación para ello, cuando fuere requerido por ellos, será castigado con la pena de prisión de seis meses a dos años, sin perjuicio de que los hechos constituyan otro delito más grave».

La acción típica representa una modalidad omisiva pura de conducta, que consiste en la **no presentación** de un menor o una persona con discapacidad necesitada de especial protección, respectivamente, a sus padres o guardadores, cuando fuere requeridos por ellos.

La conducta típica de omisión pura consiste en la mera «no presentación» del menor o persona con discapacidad necesitada de especial protección a los padres o guardadores del mismo. Puede incurrir en ella sólo quien ostenta legalmente la custodia de la persona del menor o del incapaz y sólo frente a los padres o guardadores de éstos.

El artículo 223 describe una infracción de los deberes de custodia que no se limita a la esfera de las relaciones familiares entre el titular de la custodia y el sometido a la misma, sino que trasciende al plano de las relaciones entre el sometido a la **custodia** (menor o incapaz) y sus **padres o guardadores**.

La rúbrica legal no coincide exactamente con la descripción de la conducta típica, pues alude al quebrantamiento de los deberes de custodia en tanto que ésta describe sólo el incumplimiento del específico deber impuesto por la ley de presentación del menor o incapaz a los padres o guardadores del menor o incapaz.

El incumplimiento de deberes de custodia que no implique omisión de entrega del custodiado a los padres o guardadores carecerá de relevancia típica en esta figura legal.

El derecho más elemental que los padres o guardadores de un menor o persona con discapacidad necesitada de especial protección cuya custodia queda conferida a un tercero, desde el punto de vista de la garantía del correcto ejercicio de los derechos y deberes paterno-filiales o de guarda y de la garantía de las propias relaciones familiares entre los sujetos vinculados por estos títulos, es constituido por el **derecho a recabar la presentación** del hijo o incapaz y a que éste le sea efectivamente presentado por quien tiene la custodia sobre el mismo.

El **bien jurídico protegido** es el derecho de padres y guardadores a recibir al propio hijo o al incapaz sujeto a guarda, que se enmarca entre las facultades jurídicas familiares que no sólo confieren atribuciones sobre alguien, sino que implican especiales deberes para con la persona familiarmente vinculada.

Estos derechos y deberes familiares de índole asistencial son establecidos en favor de los derechos de la persona del menor o del incapaz, y tienen como portadores del bien jurídico protegido asimismo a los padres o guardadores.

El tipo legal valora los derechos y deberes de la paternidad y de la guarda de menores o incapaces, que conllevan las **facultades** de índole asistencial y de relación interpersonal en este ámbito de estrecho vínculo jurídico-familiar, incriminando el incumplimiento de la exigencia de la presentación del menor o incapaz requerido por sus padres o guardadores.

La relevancia del incumplimiento de este deber por parte del titular de la custodia del menor o incapaz se expresa en la gravedad de la sanción penal privativa de libertad de prisión de 6 meses a dos años con la que se conmina tal omisión de presentación.

2. Tipo privilegiado

El artículo 225 configura un tipo privilegiado de delito, al que impone la pena de prisión de 6 meses a 1 año o multa de 4 a 8 meses, en función de una serie de **elementos de tipicidad** de difícil aplicación en la figura, por desviarse de la dinámica ejecutiva y de la estructura configuradora del delito de quebrantamiento de deberes de custodia por no presentación del menor o incapaz a sus padres o guardadores.

Artículo 225 CP: «Cuando el responsable de los delitos previstos en los dos artículos anteriores *restituya* al menor o persona con discapacidad necesitada de especial protección a su domicilio o residencia, o lo *deposite* en lugar conocido y seguro, sin haberle hecho objeto de vejaciones, sevicias o acto delictivo alguno, ni haber puesto en peligro su vida, salud, integridad física o libertad sexual, el hecho será castigado con la pena de prisión de 3 meses a 1 año o multa de 6 a 24 meses, siempre y cuando el lugar de estancia del menor de edad o de la persona con discapacidad necesitada de especial protección haya sido comunicado a sus padres, tutores o guardadores, o la ausencia no hubiera sido superior a 24 horas».

Valora como elementos típicos atenuatorios actitudes diversas del sujeto activo realizadas por el mismo con posterioridad a la ejecución del precedente comportamiento típico:

— «**restituir**» al menor o persona con discapacidad necesitada de especial protección a su domicilio o residencia (que es el propio de la custodia y por tanto del autor del tipo básico) o
— «**depositarlo** en lugar conocido o seguro».

La realización de este subsiguiente comportamiento es positivamente caracterizada además por la exigencia de una diversidad de condiciones alternativas concurrentes en cierto modo extravagantes y ajenas al núcleo del comportamiento típico descrito, como son las siguientes:

— «**sin haberle** hecho objeto de vejaciones, sevicias o acto delictivo alguno»,
— «**ni haber** puesto en peligro su vida, salud, integridad física o libertad sexual»,
— «siempre y cuando el lugar de estancia del menor de edad o de la persona con discapacidad necesitada de especial protección **haya sido comunicado** a sus padres, tutores o guardadores» o
— «la ausencia **no hubiera sido superior** a veinticuatro horas».

V. DELITO DE INDUCCIÓN A UN MENOR O PERSONA CON DISCAPACIDAD NECESITADA DE ESPECIAL PROTECCIÓN AL ABANDONO DE SU DOMICILIO FAMILIAR

1. Tipo básico

El artículo 224 tipifica la conducta de inducción de menor o persona con discapacidad necesitada de especial protección al abandono del domicilio familiar o lugar de residencia que corresponda:

> **Artículo 224 CP**: «El que *indujere* a un menor de edad o a una persona con discapacidad necesitada de especial protección a que abandone el domicilio familiar, o lugar donde resida con anuencia de sus padres, tutores o guardadores, será castigado con la pena de prisión de seis meses a dos años.
> En la misma pena incurrirá el progenitor que *induzca* a su hijo menor a infringir el régimen de custodia establecido por la autoridad judicial o administrativa».

La conducta descrita consiste en **inducir** a un menor o persona con discapacidad necesitada de especial protección a abandonar el lugar de su residencia familiar. La determinación del significado de la concreta acción que se tipifica en esta figura no es del todo pacífica, y requiere ciertas precisiones interpretativas.

— En una interpretación **objetivista**, se puede entender el término inducción en el sentido del artículo 28.2.*a*) del Código, y si es ineficaz no realiza el tipo.

— En una interpretación **subjetivista**, el término típico inducir no debe entenderse en el sentido del artículo 28.2.*a*) en relación con el artículo 18.1 del Código, por cuanto no se induce al menor (cotitular del bien jurídico protegido) a la perpetración de **ningún delito** sino a la realización de una conducta atípica: la de abandono de su propio domicilio familiar.

Estimamos que es más correcto interpretar el término «indujere» de esta concreta descripción típica en un sentido no técnico de «inducción» como forma de autoría, sino en una **genérica acepción de incitación** a observar una determinada acción no subsumible en un tipo legal.

La descripción legal configura un **delito de mera actividad**, que se concreta con la simple manifestación de la voluntad del sujeto y no requiere la causación de resultado material alguno.

El tipo delictivo no constituye un delito especial. Sujeto **activo** del mismo puede ser cualquier persona, sin exigencia legal de cualificación alguna. El sujeto **pasivo** es legalmente determinado y sólo puede serlo un menor de edad o incapaz.

Bien jurídico protegido es el conjunto de derechos y deberes inherentes a la patria potestad, tutela o guarda del menor o persona con discapacidad necesitada de especial protección, en relación con la convivencia familiar o determinación de lugar de residencia de los mismos. **Titulares** del objeto de tutela han de ser consideradas las dos partes legitimadas en la relación jurídico-familiar afectada por la conducta típica: de un lado, el propio **menor** o **incapaz**, y, de otro, los **padres**, **tutores** o **guardadores**.

La convivencia en el domicilio familiar en principio alcanza exclusivamente a los titulares de la patria potestad, y sólo por expresa y específica asignación judicial también a los tutores o guardadores.

En los supuestos en que no conste establecido domicilio familiar, el abandono a que alude la inducción se entenderá referido al lugar donde el menor o incapaz reside con anuencia de sus padres, tutores o guardadores.

2. Tipo privilegiado

De manera análoga a la hipótesis de la no presentación del menor o persona con discapacidad necesitada de especial protección a sus padres o guardadores, el artículo 225 CP procede a configurar un tipo privilegiado del delito de *inducción* a un menor o persona con discapacidad necesitada de especial protección al abandono de su domicilio familiar.

Artículo 225 CP: «Cuando el responsable de los delitos previstos en los artículos anteriores restituya al menor de edad o a la persona con discapacidad necesitada de especial protección a su domicilio o residencia, o lo deposite en lugar conocido y seguro, sin haberle hecho objeto de vejaciones, sevicias o acto delictivo alguno, ni haber puesto en peligro su vida, salud, integridad física o libertad sexual, el hecho será castigado con la pena de prisión de tres meses a un año o multa de seis a veinticuatro meses, siempre y cuando el lugar de estancia del menor o la persona con discapacidad necesitada de especial protección haya sido comunicada a sus padres, tutores o guardadores, o la ausencia no hubiera sido superior a veinticuatro horas» [en lugar de la de prisión de 6 meses a 2 años correspondiente al tipo básico].

El motivo legal de configuración del tipo privilegiado es la apreciación de un conjunto de **elementos típicos atenuatorios** que son de la más dispar naturaleza, como la restitución del menor o incapaz o su depósito en lugar seguro, sin haberles hecho objeto de maltrato ni haber puesto en peligro su vida y bienes personales, y siempre que el lugar de estancia haya sido comunicado o la ausencia no hubiera sido superior a 24 horas.

VI. SUSTRACCIÓN DE MENORES

El Código penal de 1995 **suprimió** el tipo de delito de **sustracción** de menores de 7 años tradicionalmente configurado con sustantividad propia entre los delitos contra la libertad y la seguridad, de manera que cualquier atentado contra el menor de dicha edad había de reconducirse al ámbito de los delitos contra la libertad o al de los delitos contra las relaciones jurídicas familiares.

La reforma CP de 1995 introducida por **LO 9/2002**, de 10 de diciembre, configuró un nuevo tipo de sustracción de menores de edad en el ámbito familiar, producida por **determinados sujetos** vinculados por razón de parentesco con el sujeto pasivo. Dicho tipo delictivo fue objeto de incorporación al cuerpo punitivo por medio del nuevo artículo 225 bis del Código.

1. Tipo básico

El artículo 225 bis CP incrimina la conducta del que «sustrajere a su hijo menor», habiendo de ser realizada dicha conducta típica por el «**progenitor**» del mismo (art. 225 bis.1) o bien por cualesquiera otros «**ascendientes** del menor» o por los «**parientes** del progenitor» hasta el segundo grado de consanguinidad o afinidad (art. 225 bis.5).

Artículo 225 bis.1 y 5 CP: [...]

«1. El progenitor que sin causa justificada para ello sustrajere a su hijo menor será castigado con la pena de prisión de dos a cuatro años e inhabilitación especial para el ejercicio del derecho de patria potestad por tiempo de cuatro a diez años. [...]

5. Las penas señaladas en este artículo se impondrán igualmente a los ascendientes del menor y a los parientes del progenitor hasta el segundo grado de consanguinidad o afinidad que incurran en las conductas anteriormente descritas».

La descripción positiva conforma un tipo de delito especial impropio, que sólo puede ser cometido por alguno de los sujetos especificados en la ley penal *nominatim*, en un sistema de estricto *numerus clausus* de delimitación de los sujetos susceptibles de incriminación: el progenitor del menor, cualquier otro ascendiente del menor (en línea recta —se entiende— y en cualquier grado: abuelos, bisabuelos…), o bien el pariente del progenitor en línea colateral hasta el 2.º grado de parentesco (por consanguinidad o afinidad).

Este tipo legal configura un delito especial, por cuanto exige sujeto activo diferenciado de forma que sólo las personas designadas por la ley podrán ser sujetos activos del mismo. Pero es asimismo un tipo delictivo de estructura doblemente especial, en cuanto el sujeto pasivo es también específicamente determinado en la ley: el «progenitor con quien conviva el menor» o las «personas o instituciones» a las que estuviese confiada su guarda o custodia.

— La titularidad de la relación jurídico familiar prevista por la ley delimita las exigencias específicas del sujeto activo y del sujeto pasivo del tipo de delito de la sustracción de menor.

— La conducta típica sólo puede ser ejecutada por un determinado familiar (el progenitor, ascendiente, pariente) y sólo puede ser cometida contra otro determinado titular de relación familiar (progenitor, titular de guarda o custodia).

La conducta típica de «**sustracción**» constituye un concepto normativo objeto de una descripción positiva que, a modo de interpretación auténtica del legislador, delimita el alcance de la misma en un doble sentido (art. 225 bis.2.1.º y 2.º).

> **Artículo 225 bis.2 CP**: [...]
> «2. A los efectos de este artículo, se considera sustracción:
> 1.º El traslado de un menor de su lugar de residencia sin consentimiento del progenitor con quien conviva habitualmente o de las personas o instituciones a las cuales estuviese confiada su guarda o custodia.
> 2.º La retención de un menor incumpliendo gravemente el deber establecido por resolución judicial o administrativa». [...]

El núcleo del comportamiento típico radica en el apartamiento del menor del ámbito de residencia habitual donde se ejerce legalmente del mismo, bien a través de su separación y desplazamiento a otro lugar, bien mediante su retención en lugar distinto al de la habitual residencia familiar del menor.

— El **traslado** del menor de su lugar de residencia sin consentimiento del progenitor con quien conviva habitualmente o del titular de la guarda o custodia. Supone desplazamiento físico del menor de un sitio a otro distinto, extrayendo al menor del lugar habitual de residencia familiar del mismo y trasportándolo a otro lugar de manera ilegítima.

— La **retención** del menor, incumpliendo gravemente el deber establecido por resolución judicial o administrativa. Supone previo traslado legítimo del menor al lugar donde se ubica el sustractor y el posterior mantenimiento ilegítimo en el mismo con grave incumplimiento de la resolución vigente.

2. Tipo cualificado

El artículo 225 bis.3 CP prevé dos **causas de cualificación** del tipo de sustracción de menores previstas por la norma incriminadora: el **traslado** del menor fuera de España, y la exigencia de alguna **condición** para la restitución del mismo. La cualificación del tipo implica la imposición de la pena prevista para el tipo básico en su mitad superior (prisión de 3 a 4 años e inhabilitación especial de 7 a 10 años).

> **Artículo 225 bis.3 CP**: [...]
> «3. Cuando el menor sea trasladado fuera de España o fuese exigida alguna condición para su restitución, la pena señalada en el apartado 1 se impondrá en su mitad superior».

El concepto normativo «sustraer» implica separar al menor del marco espacial donde se ejerce la custodia sobre él y se cumple tanto por el traslado ilegal a otro lugar como por la retención ilegal del menor en lugar donde previamente ha sido trasladado de manera legítima

Ambas modalidades cualificadas (extranjero o condición) permiten apreciar las dos **formas alternativas** de realización del tipo básico: el traslado y la retención.

— Respecto del **traslado**, el mismo puede ser efectuado directamente a un país extranjero conduciendo allí al menor, pero asimismo es posible prever que el menor hubiera sido trasladado legítimamente al extranjero y después fuera retenido de manera ilegal: en la modalidad de traslado se puede concretar el tipo tanto por desplazamiento como por retención.

— En relación con la exigencia de **condición** para la restitución, la misma puede ser establecida en ambos supuestos típicos del traslado y de la retención, pues la condición afecta al posterior momento de la restitución de quien ha sido previamente substraído por un medio o por otro: también en la imposición de condición el tipo puede ser realizado tanto por traslado como por retención del menor substraído.

3. Tipo privilegiado

> **Artículo 225 bis.4, párrafo dos, CP**: [...]
> «4. [...]
> Si la restitución la hiciere, sin la comunicación a que se refiere el párrafo anterior, dentro de los quince días siguientes a la sustracción, le será impuesta la pena de prisión de seis meses a dos años».

El artículo 225 bis.4, párrafo segundo, CP describe un tipo privilegiado por razón de la **corta duración** de mantenimiento del *status* de sustracción del menor fuera del lugar del titular de la guarda o custodia: un lapso temporal que la norma establece en el límite máximo de 15 días.

Se concretará el tipo privilegiado cuando la sustracción del menor no rebasa el tope legal establecido y la restitución se efectuara dentro de los 15 días siguientes a la sustracción. El cómputo de dicho plazo legal se efectuará (como dispone la norma específicamente) «desde la **fecha de la denuncia** de la sustracción». El tipo privilegiado conmina la acción con la pena de prisión de 6 meses a 2 años.

El establecimiento del plazo legal previsto en el **tipo privilegiado** (art. 225 bis.4, párrafo segundo, CP) tiene relevancia no sólo para la delimitación del mismo, sino además para la del propio **tipo básico** de sustracción del menor (descrito en el art. 225 bis.1), pues ha de entenderse que la figura básica se concretará sólo cuando se haya superado el tope legal del tipo privilegiado, es decir, cuando la substracción se mantenga por tiempo superior a 15 días.

Por ello el tipo básico constituye un delito de permanencia relativa que exige un lapso mínimo de mantenimiento del *status* de tipicidad durante 15 días, por debajo del cual se concretará el tipo privilegiado. Rebasado el tope legal mínimo de **permanencia** de la substracción típica, se realizará el tipo básico, sancionado con las penas de prisión de 2 a 4 años e inhabilitación de 4 a 10 años.

4. Excusa absolutoria

> **Artículo 225 bis.4, párrafo uno, CP**: [...]
>
> «4. Cuando el sustractor haya comunicado el lugar de estancia al otro progenitor o a quien corresponda legalmente su cuidado dentro de las veinticuatro horas siguientes a la sustracción con el compromiso de devolución inmediata que efectivamente lleve a cabo, o la ausencia no hubiere sido superior a dicho plazo de veinticuatro horas, quedará exento de pena». [...]

Este precepto establece una singular causa **eximente** de responsabilidad criminal, constitutiva de un elemento negativo del delito de sustracción de menores que exige (art. 225 bis.4, párrafo uno) la concurrencia de alguno de los dos siguientes requisitos y es excluyente de la punibilidad por razones político-criminales que estiman la falta de susceptibilidad, necesidad y merecimiento de pena que desvirtúan el fundamento de incriminación del injusto típico:

— Que el autor comunique al titular de la custodia el lugar de traslado o retención del menor dentro de las primeras 24 horas desde el momento de la substracción y con el compromiso de devolución inmediata que efectivamente lleve a cabo, o

— Que la ausencia no hubiere sido superior a dicho plazo de 24 horas.

Ambas **hipótesis alternativas** de fundamento de la causa eximente de responsabilidad penal establecida en el tipo legal de delito (comunicación con compromiso o devolución sin comunicación) integran este elemento negativo del delito **excluyente de la punibilidad** de una conducta constitutiva de un injusto típico y culpable, que es legalmente declarado exento de responsabilidad penal por exigencias político-criminales de prevención criminal, ante la falta de necesidad de imposición de pena por la escasa relevancia de la incidencia lesiva en el bien jurídico protegido y la ausencia de las características de idoneidad, necesidad y merecimiento de pena a causa de la realización del injusto típico.

Esta misma fundamentación jurídica es inspiradora del **tipo privilegiado** configurado en el artículo 225 bis.4, párrafo dos (a que se ha hecho referencia), que en tal sentido podría incluso ser considerado como un supuesto legal de **semiexcusa absolutoria**, en la que por razones político-criminales se atenúa la responsabilidad penal ante la reducida relevancia de la incidencia lesiva sobre el bien jurídico protegido y la inadecuación de una exacerbada respuesta punitiva.

VII. ABANDONO DE FAMILIA

1. CONCEPTO PENAL DE FAMILIA

En sentido normativo jurídico-penal por **familia** cabe entender el conjunto de personas relacionadas entre sí por vínculos matrimoniales, parentales u otros equiparables, que se muestran portadoras de una unidad funcional en su comportamiento de grupo, al actuar en virtud de impulsos propios y perseguir unos fines comunes generadores de efectos jurídicos favorables al colectivo social por ellas integrado.

Dentro del concepto genérico de familia, se destacan **relaciones jurídicas concretas** de carácter asistencial, cuyo incumplimiento constituye el injusto típico de abandono de familia. La función tutelar de la norma penal se corresponde con singulares exigencias de observancia de deberes asistenciales básicos que aseguran la propia conformación típica de la familia.

Sólo **determinadas formas de inobservancia** de los deberes jurídicos inherentes al matrimonio, patria potestad, tutela, guarda o acogimiento familiar alcanzan relevancia típica en el abandono de familia:

> La STS (núm. 1563) de 15 de diciembre de 1998 señala que el abandono de familia comporta una dinámica omisivo-comisiva con efectos permanentes, cuya integración normativa la constituyen —dada su naturaleza de tipo penal en blanco— los artículos del Código civil reguladores de los deberes inherentes a la patria potestad de cuyo núcleo central irradian con especial intensidad los de sostenimiento, guarda y custodia y educación del sujeto pasivo.

2. INCUMPLIMIENTO DE LOS DEBERES DE ASISTENCIA FAMILIAR

El Código penal sanciona (art. 226.1, inciso 1) al que **dejare de cumplir** los «deberes legales de asistencia inherentes a la patria potestad, tutela, guarda o acogimiento familiar».

Artículo 226.1, primer inciso, CP: «El que dejare de cumplir *los* deberes legales de asistencia inherentes a la patria potestad, tutela, guarda o acogimiento familiar [...] será castigado con la pena de prisión de tres a seis meses o multa de seis a doce meses».

Respecto de la delimitación del alcance regulativo de este precepto, surgen diversas cuestiones básicas:

¿A **qué deberes** exactamente se refiere el legislador penal?
¿Se concreta el tipo con el incumplimiento de sólo **alguno** de tales deberes? o
¿Se requiere el incumplimiento del conjunto de **todos** ellos?

1. Deberes de asistencia familiar a que afecta el incumplimiento típico:

— **Deberes inherentes a la patria potestad**. Corresponden a los titulares de la patria potestad, generalmente los padres conjunta o separadamente, incluidos los adoptantes respecto de los hijos adoptivos: deber de **alimentar** a los sometidos a la patria potestad (sustento, habitación, vestido, asistencia médica, educación e instrucción y, en su caso, gastos de embarazo y parto), deber específico de **educar** y procurar una **formación** integral, deber de **representar** y de **administrar** los bienes de los sometidos a la patria potestad. Muestran prevalente naturaleza jurídico-privada el deber de los titulares de la patria potestad de tener a los hijos en su compañía y el deber de corrección mientras los mismos permanezcan bajo su potestad.

— **Deberes inherentes a la tutela**: deber de procurar **alimentos** al tutelado, deber de **educar** al menor y procurarle una **formación** integral, deber de promover la **adquisición** de la capacidad del tutelado y su mejor **inserción** en la sociedad, además del deber de informar al juez anualmente sobre la situación del menor o incapacitado y rendirle cuenta anual de su administración. Quedan excluidos del ámbito típico del abandono de familia las obligaciones del tutor relacionadas con las específicas facultades atribuidas al curador (arts. 286 ss. CC) por la naturaleza jurídica privada de las mismas.

— **Deberes inherentes a la guarda y al acogimiento familiar** (como instituciones subsidiarias de la patria potestad y tutela): comprenden los específicamente asignados por la resolución que encomienda al menor o al incapaz al cuidado y atención a los titulares de tales instituciones, observando similitud en todo caso con los de patria potestad y tutela a que sustituyen.

2. Alcance típico del incumplimiento de deberes familiares:

— La expresión legal de la descripción típica («el que dejare de cumplir **los deberes legales** de asistencia […] o de prestar la asistencia necesaria legalmente establecida para el sustento») equivale a la exigencia del incumplimiento de la **pluralidad** de deberes familiares de relevancia típica, y no a sólo alguno de ellos. Únicamente se realiza el tipo si se incumplen **todos** los deberes de asistencia familiar, en el marco legal de la respectiva institución familiar de que se trate (patria potestad, tutela, guarda o acogimiento familiar), y no cuando se infringe sólo alguno de ellos.

— La determinación del alcance del tipo penal conforme a este criterio interpretativo del incumplimiento del conjunto de los deberes legales de asistencia familiar encuentra su base de fundamentación en los siguientes criterios: *a*) la **literalidad** de la norma que alude al incumplimiento de **los** deberes de asistencia familiar, y no al incumplimiento de alguno de ellos; *b*) la **conformidad** con los principios de intervención mínima y de subsidiariedad de la norma penal, que exigen que la infracción de un solo deber asistencial da lugar a un ilícito civil, y que sólo el incumplimiento global del conjunto de los deberes asistenciales alcanza relevancia penal en la concreción del tipo de abandono de familia; *c*) la **adecuación** al principio de legalidad penal, que en otro caso resultaría contrariado por una interpretación desfavorable al reo ante el carácter equívoco del texto legal; *d*) la **exigencia** sistemática inherente a la propia descripción típica.

— En sentido contrario se entiende que el tipo de abandono de familia se concreta cuando se incumple **alguno** de los deberes jurídicos de asistencia inherentes a la patria potestad, la tutela, la guarda o el acogimiento familiar, en base a dos tipos de razones: una, gramatical (referida a la pluralidad y diversidad de instituciones y de deberes), y otras de índole sistemática: *a*) la **heterogeneidad** de los deberes de asistencia familiar, que corresponden a instituciones familiares diversas; y *b*) la estimación de que, si el tipo de quebrantamiento de los deberes de custodia del artículo 223 incrimina la única infracción de la no presentación del menor o incapaz a los padres o guardadores que la requirieren, el tipo del artículo 226 se concretará con la mera vulneración de **alguno** de los deberes asistenciales relativos a la asistencia familiar penalmente garantizada.

— El carácter **global** del incumplimiento del conjunto de los deberes asistenciales que exige la configuración del tipo básico implica un incumplimiento conjunto de todos los deberes asistenciales de relevancia penal, pero no un quebrantamiento que haya de alcanzar los niveles de exhaustividad propios del agotamiento delictivo, o los efectos de una ultraactividad típica que llevaría a la concreción de otras figuras delictivas (relativas a la vida, salud, libertad... del ofendido).

El incumplimiento típico de deberes es plural, pero no absoluto e inmolador del titular del bien jurídico familiar, sino relativo y singular, de forma que se incurrirá en él cuando no se provea a satisfacer las exigencias de asistencia familiar que puedan ser satisfechas por el obligado a su observancia.

3. Incumplimiento de la asistencia necesaria para el sustento

La configuración de la segunda modalidad **alternativa** de conducta típica de abandono de familia sigue un criterio cualitativo, según el cual para la concreción del tipo basta el incumplimiento de un solo deber jurídico: el deber de prestar la asistencia necesaria para el **sustento** del cónyuge o de los ascendientes o descendientes.

Artículo 226.1, segundo inciso, CP: «El que dejare de [...] prestar la asistencia necesaria legalmente establecida para el sustento de sus descendientes, ascendientes o cónyuge, que se hallen necesitados, será castigado con la pena de prisión de tres a seis meses o multa de seis a doce meses».

La especial significación de la prestación de la asistencia necesaria para el sustento personal constituye un **criterio cualitativo**, que caracteriza la configuración legal, a diferencia del criterio cuantitativo del primer tipo referido al conjunto de los deberes de asistencia familiar no integrados por el sustento personal.

El Código exige (art. 226.1, segundo inciso) que los descendientes, ascendientes o cónyuge a cuyo sustento se omita la obligada asistencia se hallen en **situación de necesidad**. Han de valorarse las exigencias del obligado respecto de sí y, por otro lado, las reales necesidades de los familiares a cuyo sustento ha de proveer el obligado.

El deber de asistencia familiar de lo necesario para el sustento se establece a favor del «cónyuge, ascendiente o descendiente» del obligado a su cumplimiento, y a efectos penales se concreta en la prestación de los medios precisos para la **subsistencia** y el **mantenimiento** del alimentatario, conforme a las reales posibilidades del alimentista.

— La necesidad de **sustento** ha de ser estimada, conforme a estructurales exigencias de descripción del tipo, precisamente en el marco de determinadas relaciones inter-personales, por las que un individuo viene obligado a proveer lo necesario para el sustento de un determinado familiar.

— El hecho de que la persona incursa en situación de **necesidad** sea atendida por terceros (beneficencia pública, otros familiares, terceras personas) no excluye el elemento típico de la necesidad que fundamenta la conminación penal del incumplimiento de la prestación familiar

En sentido contrario se manifestó la STS número 543, de 25 de mayo de 1998, con rudimentaria interpretación del invocado precepto.

La conducta típica es objeto de **imputación dolosa**, lo que resulta adecuado a la naturaleza del injusto que se incrimina que exige la conciencia y voluntad del autor en la realización de las omisiones de cumplimiento de deberes asistenciales o de la prestación del sustento preciso para los titulares del bien jurídico protegido dentro de las singulares instituciones familiares.

Penalidad. La pena prevista en la descripción legal del delito no obsta a la convicción de la ineficacia (a los efectos de prevención criminal) de las penas privativas de libertad en este ámbito típico de la conculcación de los deberes de asistencia familiar. La prisión no propicia, por sí misma, cauces viables de solución a los conflictos familiares subyacentes a estos delitos.

Se prevé la posibilidad potestativa de imponer además la inhabilitación especial para el ejercicio del derecho de patria potestad, tutela, guarda o acogimiento familiar por tiempo de 4 a 10 años (art. 226.2 CP).

Perseguibilidad. El Código penal confiere carácter semi-privado a los tipos de abandono de familia, menores o incapaces (art. 226) y de impago de prestación económica familiar (art. 227), al prescribir el artículo 228 que los delitos previstos en los artículos anteriores sólo se perseguirán previa *denuncia* de la persona agraviada o de su representante legal, pudiendo también denunciar el Ministerio Fiscal, cuando aquélla sea menor de edad, incapaz o una persona desvalida.

VIII. IMPAGO DE PRESTACIÓN ECONÓMICA FAMILIAR

El artículo 227 CP incrimina el incumplimiento por **impago** de una prestación asistencial de orden **económico** exclusivamente decretada en favor del cónyuge o de los hijos. Tal prestación se establece para situaciones patológicas de la básica institución familiar, los supuestos de separación legal, divorcio o declaración de nulidad del matrimonio.

Con ello se homologan hipótesis diferentes, como la separación legal y el divorcio, de un lado, y la declaración de nulidad de matrimonio, de otro: en las primeras puede establecerse prestación económica a favor de los hijos y también del cónyuge, mientras que en la declaración de nulidad de matrimonio se provee prestación económica a favor de los hijos pero no del cónyuge, porque el matrimonio declarado nulo ha de considerarse como no existente (*quod nullum est, nullum effectum producit*).

1. Impago de prestación económica establecida judicialmente

El tipo básico del artículo 227.1 describe el «impago de prestación económica» para la garantía del derecho de asistencia económica a miembros de la familia, en los términos establecidos por **resolución judicial** o en **convenio familiar** judicialmente aprobado.

> **Artículo 227.1 CP**: «El que dejare de pagar durante dos meses consecutivos o cuatro meses no consecutivos cualquier tipo de prestación económica en favor de su cónyuge o sus hijos, establecida en convenio judicialmente aprobado o resolución judicial en los supuestos de separación legal, divorcio, declaración de nulidad del matrimonio, proceso de filiación, o proceso de alimentos a favor de sus hijos, será castigado con la pena de prisión de tres meses a un año o multa de seis a veinticuatro meses».

Concierne la descripción típica a los supuestos especificados en la ley (separación legal, divorcio, declaración de nulidad del matrimonio, proceso de filiación o proceso de alimentos en favor de hijos). El impago de la prestación económica ha de abarcar una mínima pluralidad de cuotas: dos meses consecutivos o cuatro meses no consecutivos.

> Entre el artículo 227 y el artículo 226.1, inciso dos, existe una relación de subsidiariedad.
>
> Es discriminatoria la regulación del impago de pensión en los supuestos de pareja de hecho, limitándose el legislador a mencionar los supuestos de nulidad de matrimonio, divorcio o separación legal de los contrayentes.
>
> Se suscita la cuestión de si una misma conducta puede concretar simultáneamente el tipo de impago del artículo 227 y el de omisión de la prestación de asistencia necesaria para el sustento del artículo 226, debiendo de prevalecer en el conflicto normativo el principio de especialidad.

Aunque los bienes jurídicos del derecho a la prestación económica y del derecho a la prestación de lo necesario para el sustento son protegidos de forma autónoma en estas figuras delictivas, convergen en el **contenido de injusto** ambas expectativas jurídicas de asistencia familiar en favor de los hijos, la de carácter económico y la de provisión de lo necesario para el sustento.

En el impago de prestación económica se prescinde de la exigencia del vínculo de la patria potestad, requiriéndose sólo el **reconocimiento de la prestación** en resolución judicial o en convenio judicialmente aprobado. Y en el tipo de omisión de la prestación de la asistencia necesaria para el sustento (que abarca a los descendientes, ascendientes o cónyuge) en favor de los hijos, se prescinde igualmente de la presencia del vínculo de la patria potestad.

2. Impago de otra prestación económica

Integra un tipo complementario (art. 227.2 CP) que sanciona al que «dejare de pagar cualquier **otra** prestación económica establecida de forma conjunta o única» en los supuestos de separación legal, divorcio, declaración de nulidad del matrimonio, proceso de filiación o proceso de alimentos en favor de hijos.

> **Artículo 227.2 CP**: «Con la misma pena será castigado el que dejare de pagar cualquier otra prestación económica establecida de forma conjunta o única en los supuestos previstos en el apartado anterior».

El impago de cualquier otra **prestación económica** alude a la posibilidad de integrar en el tipo penal el impago de prestación económica surgida de cualquier título que no sea resolución judicial ni convenio familiar *inter partes* aprobado judicialmente, es decir, comporta la incriminación del mero incumplimiento de un contrato privado entre cónyuges divorciados o separados o sujetos incursos en declaración de matrimonio nulo, lo cual representa una manifestación del principio de prisión por deudas en esta esfera típica.

La prestación económica puede haber sido acordada de forma «conjunta» o «única», según los términos de la imprecisa descripción legal:

— La expresión **conjunta** puede ser entendida como prestación acordada «por ambas partes», pues no de otro modo puede establecerse entre las dos partes de un contrato matrimonial, sin perjuicio de que posteriormente el mismo haya sido declarado nulo. Pero la expresión «conjunta» podría también ser entendida en el sentido de una prestación «a tanto alzado» no susceptible de cuantificación en cuotas sucesivas, cuyo incumplimiento consecutivo de dos meses o no consecutivo de cuatro implicaría la concreción del tipo básico.

— La expresión **única** es equívoca y quebranta las exigencias elementales de certeza penal. Cabría entender que alude a un término sinónimo de «conjunta», en cuanto establece «una sola» prestación económica no cuantificada en cuotas sucesivas. Pero si se estima que no alcanza a ambas partes en virtud de acuerdo conjunto, sino sólo a una de ellas, no siendo plural sino unilateral y vinculando a una de las partes que establecen la prestación, ha de interpretarse en el sentido de una prestación económica establecida unilateralmente por una de las partes afectadas por la relación familiar en favor de la otra o en favor de los hijos comunes.

En orden a la delimitación de la responsabilidad civil *ex delicto*, el artículo 227.3 CP prevé el alcance de la reparación del daño procedente de delito.

> **Artículo 227.3 CP**: «La reparación del daño procedente del delito comportará siempre el pago de las cuantías adeudadas».

Respecto de las condiciones para proceder por este delito, el Código penal confiere al mismo la naturaleza de delito semiprivado, al requerir la formulación de denuncia para la persecución del mismo.

> **Artículo 228 CP**: «Los delitos previstos en los dos artículos anteriores sólo se perseguirán previa denuncia de la persona agraviada o de su representante legal. Cuando aquélla sea menor de edad, persona con discapacidad necesitada de especial protección o una persona desvalida, también podrá denunciar el Ministerio Fiscal».

La norma incriminadora consagra el criterio de la **perseguibilidad semiprivada**, que requiere *ex* artículo 228 CP la fomulación de denuncia de la persona agraviada, representante legal o Ministerio Fiscal en caso de menor, incapaz o desvalido.

IX. ABANDONO DE UN MENOR O DE UNA PERSONA CON DISCAPACIDAD NECESITADA DE ESPECIAL PROTECCIÓN

El abandono típico en que incurre el obligado que incumple el **deber de cuidado** no es un abandono asistencial, que sería relevante en relación con los tipos de abandono de familia, sino el **abandono personal**, de suerte que el menor o incapaz sometidos a guarda son privados de ella y liberados a su propia suerte, incumpliéndose no los deberes de asistencia relativos al sustento y a los derechos del educando de formación, desarrollo de su personalidad y representación legal, sino los derechos de integración en el propio grupo al que pertenece y salvaguarda de su incolumidad en el mismo.

Es un **delito especial**, que sólo puede ser realizado por la persona encargada de la guarda del menor o incapaz abandonado. Es de **consumación instantánea**, en que la plena ejecución se alcanza en el momento en que se realiza el rechazo o exclusión del menor o incapaz de la esfera de cuidado, y es susceptible de eventual permanencia relativa a lo largo de todo el tiempo en que se mantenga la situación jurídica de dejación del cuidado legalmente debido. Requiere la producción del **resultado material** de la creación de una situación de desamparo del menor o incapaz.

1. TIPO BÁSICO DE ABANDONO POR EL ENCARGADO DE LA GUARDA

El artículo 229.1 describe la **figura básica** de abandono de menor o incapaz («el abandono de un menor de edad o una persona con discapacidad necesitada de especial protección por parte de la persona encargada de su guarda, será castigado con la pena de prisión de uno a dos años»). El **tipo cualificado** establece una sanción más grave cuando el sujeto activo es el «padre, tutor o guardador legal» del menor o de la persona con discapacidad necesitada de especial protección, por lo que por «encargado de la guarda» debe entenderse únicamente el «guardador de hecho».

> **Artículo 229.1 CP**: «El abandono de un menor de edad o una persona con discapacidad necesitada de especial protección por parte de la persona encargada de su guarda, será castigado con la pena de prisión de uno a dos años».

El título jurídico del que deriva el deber de cuidado radica en la **guarda** de tales sujetos menores o incapaces, en virtud de un mero encargo de hecho, cualquiera que sea su origen (obligación familiar, negocio jurídico, ejercicio de actividad profesional, asunción de hecho de garantía). Quedan excluidos los supuestos de cuidado dimanante de la patria potestad, tutela o guarda legal, que concretan otro tipo legal de esta misma figura delictiva.

El **sujeto activo** es cualificado legalmente, y sólo puede asumir tal cualidad la persona «encargada» de la guarda del menor o de la persona con discapacidad necesitada de especial protección. La delimitación en esta figura legal de la cualidad de persona encargada de la guarda que se requiere en el sujeto activo describe un elemento típico formalmente diferencial de la presente hipótesis delictiva, que tiene relevancia tanto en el marco de la tipicidad como en el del contenido de injusto.

> El sujeto activo ha de ser «persona encargada» *de facto* (guardador de hecho, mero custodio o encargado ocasional) del «cuidado personal» del menor o persona con discapacidad, a quien abandona a su propia suerte inhibiéndose del cumplimiento del deber jurídico de cuidado que con él personalmente le vincula.

El **sujeto pasivo** es el menor de edad o de la persona con discapacidad necesitada de especial protección, en tanto beneficiarios de la prestación asistencial de cuidado que por el reducido desarrollo de su personalidad o por la merma de sus facultades jurídicamente le son provistos.

Bien jurídico lesionado por la conducta típica es la guarda del menor o de la persona con discapacidad necesitada de especial protección, entendida como conjunto de prestaciones asistenciales que a estas personas corresponde por razón de la limitación de sus facultades por la edad reducida o por la merma de las facultades de gobierno. Titular de estos derechos de asistencia personal es el menor o persona con discapacidad necesitada de especial protección.

— La guarda exige una **situación jurídica bilateral** que vincula a quien ha de prestar la guarda con el sujeto a custodia: su incumplimiento implica quebrantamiento de los derechos-deberes de asistencia personal instituidos jurídicamente en el grupo familiar en los que el encargado de la guarda de hecho se subroga en defecto de la patria potestad, la tutela o la guarda legal.

— Aunque el objeto de protección sea de **naturaleza bifronte**, abarcando tanto al menor o persona con discapacidad como a los titulares de la patria potestad, tutela o guarda legal de los mismos, el núcleo del bien jurídico radica en los cuidados normativamente inherentes a la guarda, que incluyen los de eventual custodia personal correspondientes al custodio o encargado ocasional de la persona destinataria de tales cuidados.

El tipo no exige la concurrencia de ningún elemento subjetivo del injusto, ni característica objetiva de culpabilidad, bastando la concurrencia del **dolo** del autor en cualquiera de las formas de posible manifestación del mismo.

> La incriminación legal establece la pena de prisión de 1 a 2 años, sin tener en cuenta la duración instantánea o permanente de la situación de abandono personal creada por el autor al realizar el tipo de injusto: a los ojos del legislador es indiferente que el abandono dure escaso lapso de tiempo o que se dilate temporalmente.

2. Tipo cualificado de abandono por los padres, tutores o guardadores

El artículo 229.2 configura el tipo cualificado de abandono de menor o persona con discapacidad necesitada de especial protección que se caracteriza porque sólo pueden ser sujeto activo los padres, tutores o guardadores legales del abandonado.

> **Artículo 229.2 CP**: «Si el abandono fuere realizado por los padres, tutores o guardadores legales, se impondrá la pena de prisión de dieciocho meses a tres años».

El legislador considera **más desvalioso** que el autor del abandono (padre, tutor o guardador legal del menor o persona con discapacidad necesitada de especial protección) sea persona ligada al abandonado por lazos familiares o jurídicos de mayor intensidad que en el supuesto de la mera guarda de hecho.

— El legislador distingue entre las situaciones familiares de índole **institucional** (patria potestad, tutela y guarda legal) y las de puro orden **fáctico**, ocasional, informal, perentorio o accidental que no se subsumen en las institucionales.

— La diferencia entre las categorías normativas de guardador **de hecho** y guardador **legal** radica, no en el mero reconocimiento de la naturaleza formal e institucional de unas y del carácter fáctico e informal de otra, sino en una substancial distinción entre ambas en la que interesa la naturaleza estable o permanente de la primera y la índole transitoria o esporádica de la segunda.

La conducta típica puede ser tanto **activa** como **omisiva** y, en todo caso, ha de ser **dolosa**.

3. TIPO AGRAVADO PLURIOFENSIVO POR LA PUESTA EN PELIGRO DE BIENES PERSONALES

El artículo 229.3 describe una figura agravada de los respectivos tipos básico y cualificado de abandono de menor o incapaz (art. 229.1 y 2), cuando «por las circunstancias del abandono se haya puesto en concreto peligro la vida, salud, integridad física o libertad sexual del menor de edad o de la persona con discapacidad necesitada de especial protección».

> **Artículo 229.3 CP**: «Se impondrá la pena de prisión de dos a cuatro años cuando por las circunstancias del abandono se haya puesto en concreto peligro la vida, salud, integridad física o libertad sexual del menor de edad o de la persona con discapacidad necesitada de especial protección, sin perjuicio de castigar el hecho como corresponda si constituya otro delito más grave».

El **dolo** ha de abarcar las circunstancias del abandono por cuya virtud se ha puesto en **peligro concreto** la vida, salud o libertad sexual del ofendido. Si la puesta en peligro concreto de la vida, salud o derechos sexuales constituye tentativa de los delitos contra tales bienes jurídicos ¿se apreciará el tipo básico o cualificado de abandono de menor o persona con discapacidad necesitada de especial protección en concurso ideal con tentativa de homicidio, lesión o delito sexual, o bien se aplicará el tipo agravado *ex* artículo 229.3 en concurso ideal con la tentativa de los indicados delitos?

Es necesario efectuar una única desvaloración penal de la puesta en peligro típica de los bienes jurídicos de la vida, salud o derechos sexuales, de suerte que la **tentativa** de delito contra estos bienes podrá concurrir exclusivamente con los tipos básico o cualificado de abandono de menor o persona con discapacidad necesitada de especial protección, pero no con el tipo agravado precisamente por la puesta en peligro concreto de tales bienes jurídicos.

> Conforme a esta interpretación, el tipo agravado pluriofensivo resulta puramente simbólico y carece de virtualidad práctica.

4. TIPO PRIVILEGIADO DE ABANDONO TEMPORAL

El artículo 230 CP introduce una extraña figura privilegiada del delito de abandono de menor o persona con discapacidad necesitada de especial protección.

Artículo 230 CP: «El abandono temporal de un menor de edad o de una persona con discapacidad necesitada de especial protección será castigado, en sus respectivos casos, con las penas inferiores en grado a las previstas en el artículo anterior».

El abandono ha de interpretarse normativamente en relación con el bien jurídico protegido como **abandono del deber de guarda**, que implica inobservancia de las funciones de vigilancia y custodia requeridas por la persona del menor o de la persona con discapacidad necesitada de especial protección: como tales funciones se cumplen o no se cumplen.

Si se incumplen los cometidos de guarda del menor o de la persona con discapacidad necesitada de especial protección, privando de custodia y dejando al azar al propio beneficiario de la misma, con la creación de ese resultado jurídico el tipo se concreta sin exigencia de la producción de **ningún otro efecto material** sobre el sujeto pasivo.

La concreción es **instantánea**, aunque de prolongarse el *status* típico en el tiempo la figura legal es **susceptible** de consumación **permanente**. Desde esta perspectiva, el abandono temporal del tipo privilegiado carece de posibilidad de apreciación en un sentido cronológico, pues todo abandono es temporal, con duración al menos de un instante, y el abandono por ese instante concreta ya el tipo legal.

X. ENTREGA DE UN MENOR O PERSONA CON DISCAPACIDAD NECESITADA DE ESPECIAL PROTECCIÓN POR SU ENCARGADO A UN TERCERO

El artículo 231 tipifica la conducta de la **entrega a tercero** de un menor o persona con discapacidad necesitada de especial protección por quien tiene a su cargo la crianza o educación de los mismos.

El precepto contiene **dos figuras** delictivas de abandono indirecto (mediante entrega a un tercero) de un menor de edad o de una persona con discapacidad necesitada de especial protección: un tipo básico y un tipo agravado.

— El tipo básico (número 1) se caracteriza por la exigencia de que quien procede a efectuar este comportamiento típico de abandono de un menor o persona con discapacidad necesitada de especial protección sea persona que haya recibido el encargo de confianza de **atender la asistencia** del menor o persona con discapacidad necesitada de especial protección, circunscrito a la prestación de los cuidados de crianza o educación.

— El tipo agravado (número 2) describe un **tipo pluriofensivo** de abandono de menor o persona con discapacidad necesitada de especial protección mediante entrega a tercero, con desvaloración de la incidencia en otros bienes jurídicos del propio sujeto pasivo, diferentes del objeto de tutela de la figura básica.

1. TIPO BÁSICO

> **Artículo 231.1 CP**: «El que, teniendo a su cargo la crianza o educación de un menor de edad o de una persona con discapacidad necesitada de especial protección, lo entregare a un tercero o aun establecimiento público sin la anuencia de quien se lo hubiere confiado, o de la autoridad, en su defecto, será castigado con la pena de multa de seis a doce meses».

La conducta descrita en el artículo 231.1 CP consiste en la **entrega** del menor o persona con discapacidad necesitada de especial protección, como titular de los derechos de crianza y educación así como de las correspondientes prestaciones asistenciales, por parte de quien lo tiene a su cargo **a un tercero** sin el consentimiento de quien le confió tal cuidado de crianza o educación o, en su defecto, de la autoridad.

Es un **delito especial** con sujetos activo y pasivo legalmente determinados. Es de resultado material: exige la real entrega del menor o del incapaz mediante la acción traslaticia desde la esfera de quien los tiene a su cargo a la de un tercero (sea o no establecimiento público).

Objeto de la conducta delictiva de **transferencia humana** es la propia persona del menor o del discapacitado, cada uno de los cuales opera como *instrumentum* de la comisión delictiva al tiempo que es cotitular del bien jurídico protegido de los correspondientes derechos de crianza o educación.

El **bien jurídico** es integrado por los derechos-deberes de asistencia al menor o al discapacitado, circunscritos a la esfera de la crianza o educación en los correspondientes sentidos de mantenimiento e instrucción de tales beneficiarios.

2. TIPO AGRAVADO POR EL PELIGRO A OTROS BIENES PERSONALES

> **Artículo 231.2 CP**: «Si con la entrega se hubiere puesto en concreto peligro la vida, salud, integridad física o libertad sexual del menor de edad o de la persona con discapacidad necesitada de especial protección, se impondrá la pena de prisión de seis meses a dos años».

El tipo agravado descrito en el artículo 231.2 CP presupone la concreción de los elementos del tipo básico y además la causación de un **resultado típico ulterior**: la concreta puesta en peligro de la vida, salud, integridad física o libertad sexual del menor o persona con discapacidad necesitada de especial protección.

A diferencia del abandono de menor de edad o persona con discapacidad necesitada de especial protección por parte de la persona encargada de su guarda (art. 229.3), el tipo de abandono por entrega del menor o discapacitado a tercera persona física o jurídica **hace omisión** de la cláusula normativa «sin perjuicio de castigar el hecho como corresponda si constituyera otro delito más grave».

XI. ABUSO DE UN MENOR O UNA PERSONA CON DISCAPACIDAD PARA LA PRÁCTICA DE MENDICIDAD

El artículo 232 CP incrimina diversas modalidades de conductas de abuso de un menor de edad o de una persona con discapacidad necesitada de especial protección para la práctica de la mendicidad.

Se incrimina en este tipo de delito una forma de **explotación personal**, que atenta a los derechos de una correcta educación y formación profesional del menor, a la legítima expectativa de libre elección de actividad laboral de ellos dimanante y a la dignidad personal de la persona con discapacidad necesitada de especial protección para el autogobierno de su persona y bienes.

La abusiva utilización del menor o discapacitado para la práctica de la mendicidad supone que tales personas sirven y son utilizadas como medios instrumentales, psicológicamente operativos en cuanto **mecanismo motivador** de la consecución de los efectos lucrativos, moviendo fraudulentamente a la piedad ajena y a la entrega de dádivas económicas sin aportación de contraprestación alguna.

1. TIPO BÁSICO

El artículo 232.1 CP configura el tipo básico, en el que incrimina el comportamiento alternativo de **utilizar o prestar** a menores o incapaces para la práctica de la mendicidad. En ambos supuestos de comportamiento típico se produce una «explotación» personal, instrumentando el uso del menor o del incapaz en su capacidad productiva.

> **Artículo 232.1 CP**: «Los que utilizaren o prestaren a menores de edad o personas con discapacidad necesitadas de especial protección para la práctica de la mendicidad, incluso si ésta es encubierta, serán castigados con la pena de prisión de seis meses a un año».

El delito exige una acción positiva que consiste en la efectiva **utilización** o en el **préstamo** de uso del menor o discapacidad a un tercero para la explotación de tales personas en la práctica de la mendicidad.

— La conducta de utilizar puede ser interpretada, a su vez, en el doble sentido de «**servirse** del menor o persona con discapacidad necesitada de especial protección» como ejerciente por sí mismo de la actividad que se trata de precaver, o bien de «**emplear** al menor o a la persona con discapacidad» como medio de reclamo eficaz para la práctica de la mendicidad por parte de quien la ejerce instrumentalmente a través de estas personas.

— La peculiar expresión de **prestar** a menor o discapacitado alude a la cesión de uso de estas personas a un tercero para la práctica de la mendicidad por parte de éste a través de aquéllos. La mera **cesión de uso** del menor o persona con discapacidad necesitada de especial protección con esta finalidad concreta la figura legal por parte de quien realiza la presente modalidad alternativa de conducta típica, con independencia de que el prestatario de la transferencia humana devenga o no explotador por su parte explotador efectivo o no de tal instrumento no doloso de ejecución.

Sujeto activo es el «usuario abusivo» del menor o de la persona con discapacidad necesitada de especial protección, que se vale de ellos como mecanismo psicológico motivador de la piedad ajena con el más desaprensivo disfrute de la limitación de facultades en que están incursas las personas por él explotadas con fines lucrativos. **Sujeto pasivo** es bien el «menor de edad» penal o la «persona con discapacidad necesitada de especial protección» (carente de la facultad de autogobierno personal o patrimonial).

La **finalidad exigida** por la ley («para la práctica de la mendicidad») constituye un singular elemento típico esencial que conforma un tipo subjetivamente configurado en la modalidad de **delito intencional de resultado cortado** en el que el elemento de la finalidad típica trasciende más allá de la esfera objetiva abarcada por el dolo del autor.

> El dolo abarca la conciencia y voluntad de empleo del menor o incapaz, mediante por utilización de éstos por sí mismo o mediante su cesión a un tercero. Y más allá del dolo se requiere el elemento subjetivo de la finalidad de tales utilización o préstamo precisamente para la práctica de la mendicidad.

Es un **delito pluriofensivo** que vulnera una pluralidad de bienes:

— Como bienes jurídicos prevalentes en la presente figura legal son de considerar, respecto del menor de edad, el derecho a la **educación** y al pleno **desarrollo** de la personalidad del menor (art. 27 CE) así como el derecho del mismo a la libre **elección** de profesión u oficio (art. 35 CE), y, respecto de la persona con discapacidad necesitada de especial protección, el derecho a la **protección** de la salud y a una adecuada **utilización** del ocio (art. 43 CE).

— Como bienes jurídicos secundarios son estimados en la presente figura legal los genéricos derechos fundamentales de la **dignidad** de la persona y del libre desarrollo de la **personalidad** (art. 10 CE), el derecho al **honor** y a la propia **imagen** (art. 18 CE), así como eventualmente la **libertad** ideológica individual (art. 16 CE).

Como **causa de justificación** no puede apreciarse el consentimiento por la falta de capacidad del menor o incapaz.

2. TIPO CUALIFICADO

El artículo 232.2, inciso primero, configura un tipo cualificado por el tráfico de menores o personas con discapacidad necesitada de especial protección por razón de la concurrencia de los fines consignados en el apartado anterior.

Artículo 232.2, inciso 1, CP: «Si para los fines del apartado anterior se traficare con menores de edad o personas con discapacidad necesitadas de especial protección [...], se impondrá la pena de prisión de uno a cuatro años».

El «tráfico de menores» añade al desvalor de la abusiva instrumentalización del menor o del discapacitado para la práctica de la mendicidad el desvalor de la mercantilización del abuso que sobre tales personas se ejerce. Con el fin de la práctica de la mendicidad, se procede a poner precio y establecer un valor de mercado en la transferencia personal de menores o de personas con discapacidad necesitada de especial protección, con el fin descrito en la ley.

La expresión positiva «para los fines del apartado anterior» ha de entenderse referida al único fin descrito en el apartado precedente (número 1), cual es el de la práctica de la mendicidad.

3. Tipos agravados

El artículo 232.2, incisos segundo y tercero, configura dos tipos agravados en virtud del empleo de violencia o intimidación sobre los menores de edad o persona con discapacidad necesitada de especial protección o el suministro de sustancias perjudiciales para su salud.

Artículo 232.2, incisos 2 y 3, CP: «Si para los fines del apartado anterior [...] con menores de edad o personas con discapacidad necesitadas de especial protección, se empleare con ellos violencia o intimidación, o se les suministrare sustancias perjudiciales para su salud, se impondrá la pena de prisión de uno a cuatro años».

Son delitos de **carácter pluriofensivo** que incorporan la incidencia de peligro sobre otros bienes jurídicos individuales del sujeto pasivo:

— En el supuesto de empleo de violencia o intimidación en la persona del sujeto pasivo, junto a los **bienes jurídicos** propios del tipo de abuso de menores o de persona con discapacidad necesitada de especial protección para la práctica de la mendicidad, se afecta la **libertad** personal.

— En la hipótesis descrita en el inciso final del precepto, se desvalora **además** la afectación de la **salud** del menor o de la persona con discapacidad necesitada de especial protección, a quienes se suministran sustancias perjudiciales a la salud, para el incremento de la eficacia de la práctica de la mendicidad y el aseguramiento del logro de los fines lucrativos que le son propios.

XII. MEDIDAS ADICIONALES

El artículo 233 CP prevé la imposición de determinadas medidas adicionales para diversos delitos comprendidos en la rúbrica legal.

Artículo 233 CP: «1. El juez o tribunal, si lo estima oportuno en atención a las circunstancias del menor, podrá imponer a los responsables de los delitos previstos en los artículos 229 al 232 la pena de inhabilitación especial para el ejercicio de la patria potestad o de los derechos de guarda, tutela, curatela o acogimiento familiar por tiempo de cuatro a diez años.
2. Si el culpable ostentare la guarda del menor por su condición de funcionario público, se le impondrá además la pena de inhabilitación especial para empleo o cargo público por tiempo de dos a seis años.
3. En todo caso, el Ministerio Fiscal instará de la autoridad competente las medidas pertinentes para la debida custodia y protección del menor».

Tres son las **medidas adicionales** que contiene este precepto, para los delitos de abandono de un menor o de una persona con discapacidad necesitada de especial protección, abandono temporal, entrega de un menor o persona con discapacidad necesitada de especial protección por su encargado a un tercero, abuso de un menor o un incapaz para la práctica de mendicidad.

— De entre tales **medidas adicionales**, dos de ellas son de carácter punitivo, concretadas en la facultad de imposición de una pena accesoria, y otra de índole tuitiva, aseguradora de la debida custodia y protección.

— Son medidas que constituyen **penas accesorias** la inhabilitación especial para el **ejercicio** de la patria potestad o de los derechos de guarda, tutela, curatela o acogimiento familiar (art. 233.1) y la inhabilitación especial para empleo o **cargo** público si el culpable ostentare la guarda por su condición de funcionario público (art. 233.2).

— En cambio, representa una medida adicional de índole genuinamente tuitiva **la adopción** por parte de la autoridad competente, de las medidas pertinentes para la debida custodia y protección, que prescribe el apartado 3 del artículo 233.

Cuestionario de repaso:

1. ¿Cuál es el bien jurídico protegido en el delito de matrimonio ilegales?
2. ¿Y en la suposición de parto y en la alteración de paternidad, estado o condición del menor?
3. ¿Quién es titular del bien jurídico protegido en el delito de no presentación del menor a sus padres o guardadores por el titular de la custodia?
4. ¿Qué significado tiene el término «inducir» a menor o persona con discapacidad necesitada de especial protección a abandonar el domicilio familiar?
5. ¿Quiénes pueden ser sujetos activos de la conducta típica de «sustracción» de menor (incorporada al CP por LO 9/2002, de 10 de diciembre)?
6. ¿A qué deberes de asistencia familiar afecta el tipo de abandono de familia?
7. ¿A qué prestaciones económicas abarca el tipo de impago de prestación?
8. ¿Quiénes pueden ser autores del delito de abandono de menor o persona con discapacidad necesitada de especial protección?
9. ¿Y del tipo de la entrega de menor o persona con discapacidad necesitada de especial protección a un tercero?
10. ¿Qué conductas son típicas en relación a la práctica de mendicidad de menor o persona con discapacidad necesitada de especial protección?

11. ¿Cuáles son los bienes jurídicos protegidos en tales figuras legales?
12. ¿Cuáles son los fundamentos de agravación en los tipos cualificados?
13. ¿Cuándo se determina el momento de la consumación en estos delitos?
14. ¿Cómo se delimita el concepto penal de familia?
15. ¿Hay tipos delictivos pluriofensivos en los que además de la familia se protegen otros bienes jurídicos?

LECCIÓN 17.ª

DELITOS CONTRA LA ORDENACIÓN DEL TERRITORIO Y CONTRA EL PATRIMONIO HISTÓRICO-ARTÍSTICO

Juan Antonio Martos Núñez

I. BIEN JURÍDICO PROTEGIDO

El bien jurídico protegido es algo más amplio que la mera ordenación del territorio; incluyendo el medio ambiente en su dimensión natural y el patrimonio histórico; es decir, la configuración del medio ambiente, en sentido **amplio**.

Sin embargo, en las diversas clases de **delitos urbanísticos** existe un específico bien jurídico protegido, representado por el cumplimiento de la ordenación territorial legal o, reglamentariamente, establecida; o sea, la **ordenación del territorio**, o un uso racional del suelo, como un recurso natural, regulando la utilización del suelo, de acuerdo con el interés general, para impedir la especulación, conforme garantizan los artículos 45.2 y 47 de la Constitución Española de 1978.

La intervención del **Derecho penal** está justificada por la gravedad y entidad del daño producido, como se desprende del artículo 319.1, cuando se refiere al valor paisajístico, ecológico, artístico, histórico o cultural, de los lugares protegidos.

II. TIPO BÁSICO DE DELITO CONTRA LA ORDENACIÓN DEL TERRITORIO Y EL URBANISMO (ART. 319.2 CP)

El artículo 319.2 CP castiga con la pena de prisión de uno a tres años, multa de doce a veinticuatro meses, salvo que el beneficio obtenido por el delito fuese superior a la cantidad resultante en cuyo caso la multa será del tanto al triplo del montante de dicho beneficio, e inhabilitación especial para profesión u oficio por tiempo de uno a cuatro años a «los promotores, constructores o técnicos directores que lleven a cabo obras de urbanización, construcción o edificación no autorizables en el suelo no urbanizable».

La **acción típica** consiste en realizar obras de urbanización, construcción o edificación no autorizables en suelo no urbanizable. Se trata de una **norma penal en blanco** que, necesita del complemento básico del **Real Decreto Legislativo 2/2008**, de 20 de junio, por el que se aprueba el **Texto Refundido de la Ley del Suelo**. Según dispone el artículo 12.1 de la citada Ley, todo el suelo, se encuentra en una de las situaciones básicas de «suelo rural o, de suelo urbanizado».

En la nueva Ley del Suelo, la única situación susceptible de calificarse, conforme exige el artículo 319.2 CP, **suelo no urbanizable** es la prevista en el apartado 2.*a*) del referido artículo 12:

> «El suelo preservado, por la ordenación territorial y urbanística de su transformación, mediante la urbanización, que deberá incluir —como mínimo— los terrenos excluidos de dicha transformación, por la legislación de protección o policía del dominio público, de la naturaleza o del patrimonio cultural, los que deban quedar sujetos a tal protección, conforme a la ordenación territorial y urbanística, por los valores en ellos concurrentes; incluso los: ecológicos, ganaderos, forestales y, paisajísticos, así como aquellos con riesgos naturales o tecnológicos, incluidos los de inundación o de otros accidentes graves, y cuantos otros dispone la legislación de ordenación territorial o urbanística».

Por el contrario, «el suelo para el que los instrumentos de ordenación territorial y urbanística prevean o permitan su paso a la situación de suelo urbanizado, hasta que termine la correspondiente actuación de urbanización, y cualquier otro que no reúna los requisitos a que se refiere el apartado 3», del citado artículo 12, de la nueva Ley del Suelo, sería «suelo urbanizable» y la edificación en él no se podría integrar en el mencionado artículo 319.2 CP.

La **consumación** del delito no exige la producción de un resultado lesivo, ni la creación de una situación concreta de peligrosidad, sino que basta con el carácter **no autorizable** de la edificación. Por consiguiente, cabe realizar algunas construcciones y edificaciones en suelos no urbanizables, que puedan calificarse —en todo caso— de «autorizables» (SERRANO GÓMEZ y SERRANO MAÍLLO).

Las **cuestiones prejudiciales** que se planteen en el proceso penal deben resolverse por el Tribunal contencioso-administrativo, ante el que se haya recurrido la calificación administrativa; «sólo cuando ésta sea firme, podrá determinarse por el Tribunal Penal la existencia del delito» (MUÑOZ CONDE).

Sujeto activo del delito son «los promotores, constructores o técnicos directores», tratándose, por tanto, de un **delito especial**, requiriéndose a los técnicos directores que estén en posesión del correspondiente título profesional que les habilite para la función que deben desempeñar.

El autor lleva a cabo la edificación **dolosamente**: esto es, a sabiendas, de que el suelo en el que construye es **no urbanizable** y que, además, la construcción no es susceptible de autorización. En consecuencia, el error sobre cualesquiera de estos elementos constitutivos de la infracción penal dará lugar a un **error de tipo** del artículo 14.1 CP, que determinará la impunidad de la conducta, tanto en los casos de error de tipo vencible como invencible; con independencia, de las circunstancias del hecho y las personales del autor, al no ser punible la **comisión imprudente** del tipo básico del delito contra la ordenación del territorio, del artículo 319.2 CP.

III. TIPO CUALIFICADO (ART. 319.1 CP)

El artículo 319.1 CP impone las penas de prisión de: un año y seis meses a cuatro años, multa de doce a veinticuatro meses, salvo que el beneficio obtenido por el delito fuese superior a la cantidad resultante en cuyo caso la multa será del tanto al triplo del montante de dicho beneficio, e inhabilitación especial para profesión u oficio por tiempo de uno a cuatro años a «los promotores, constructores o técnicos directores que lleven a cabo obras de urbanización, construcción o edificación no autorizables en suelos destinados a viales, zonas verdes, bienes de dominio público o lugares que tengan legal o administrativamente reconocido su valor paisajístico, ecológico, artístico, histórico o cultural o por los mismos motivos hayan sido considerados de especial protección».

El **bien jurídico** protegido es el medio ambiente en sentido **amplio**, pues el tipo cualificado protege «la ordenación del territorio, mediante la tipificación de las construcciones no autorizadas sobre viales o, zonas verdes, o suelos no urbanizables; el **medio ambiente**, merced al reconocimiento de lugares, que tienen legal o administrativamente considerados su valor ecológico o paisajístico y, la protección del **patrimonio histórico**, en las zonas que tengan reconocidas sus valores: culturales, históricos o artísticos» (ACALE SÁNCHEZ).

La **fenomenología criminal** del precepto abarca aquellos casos en los que los suelos, aunque no sean zonas verdes o viales, sin embargo, tienen previsto dicho destino en los planes de ordenación. o en los supuestos de «urbanismo salvaje»: construcción en zonas de reconocido valor paisajístico, ecológico o lugares de considerado valor cultural, histórico o artístico.

La **acción típica** consiste en realizar «obras de urbanización», «construir»; o sea: fabricar, erigir, edificar y hacer de nueva planta una cosa, como palacio, iglesia, casa puente... *Conditio sine qua non* es que la construcción no esté autorizada, porque no existe licencia alguna; ya sea porque la edificación excede de sus límites, o bien porque la autorización es nula. La **consumación** del delito no requiere la producción de ningún daño o peligro como resultado.

La adscripción de ciertos suelos a los **destinos** contemplados por la norma: viales, zonas, bienes de dominio público, se realiza a través de los Planes, de distinto carácter y ámbito.

Se trata de un **delito especial** que solamente puede ser cometido por los promotores, constructores o técnicos directores y empresas, que realizan las obras, «debiendo tenerse en cuenta la previsión del artículo 31 CP para determinar quién sea sujeto activo del delito» (SERRANO GÓMEZ y SERRANO MAÍLLO).

Es un **delito doloso**, en el que cabe el dolo eventual, y como consecuencia del empleo de «elementos normativos» en la conducta típica, el **error de tipo** excluye la responsabilidad penal, ante la impunidad de la imprudencia.

IV. LA DEMOLICIÓN DE LA OBRA (ART. 319.3 CP)

> **Artículo 319.3**: «En cualquier caso, los jueces o tribunales, motivadamente, podrán ordenar, a cargo del autor del hecho, la demolición de la obra y la reposición a su estado originario de la realidad física alterada, sin perjuicio de las indemnizaciones debidas a terceros de buena fe, y valorando las circunstancias, y oída la Administración competente, condicionarán temporalmente la demolición a la constitución de garantías que aseguren el pago de aquéllas. En todo caso se dispondrá el decomiso de las ganancias provenientes del delito cualesquiera que sean las transformaciones que hubieren podido experimentar».

Los Tribunales tradicionalmente no solían ordenar la destrucción de la edificación. La consecuencia era la perpetuación de la construcción ilegal, pues —difícilmente— la Administración va a proceder a un **derribo** que el propio juzgador que impone la condena no ha considerado oportuno imponer. Sin embargo, en los últimos tiempos son frecuentes las condenas judiciales a propietarios de viviendas edificadas en suelos no urbanizables, con penas que incluyen severas multas, la orden de **demolición** de lo construido e, incluso, penas de prisión.

El artículo 319.3, redactado conforme a la LO 1/2015, de 30 de marzo (en vigencia desde el 1 de julio de 2015), prevé la demolición que habrá de pagar el autor del hecho, de manera que la obra habrá de reponerse a su estado originario, y todo ello sin perjuicio de las indemnizaciones que correspondan a terceros de buena fe. Además, desde 2015 se exige que se valoren las circunstancias, y se oiga a la Administración competente, que condicionará temporalmente la demolición a la constitución de garantías que aseguren el pago de las indemnizaciones. Además, se establece el decomiso de las ganancias provenientes del delito cualesquiera que sean las transformaciones que hubieren podido experimentar

Estos fallos judiciales son la prueba más evidente de la batalla judicial contra el **urbanismo salvaje**, que se ha extendido por los montes y, en forma de urbanizaciones ilegales, en términos municipales próximos a la capital. Buena parte de la responsabilidad de esta situación es imputable a los Ayuntamientos, que dieron un cariz de legalidad, a conjuntos residenciales que, convertidos en pequeños pueblos, carecían de los más elementales servicios comunitarios. Se optó por la regularización, en lugar de por el desmantelamiento de esas urbanizaciones. En otros casos, la legalización es inviable.

> **Ejemplo**: Algunas edificaciones en la urbanización Las Minas de Castilblanco de los Arroyos, levantada sobre suelo forestal, no urbanizable.
>
> La búsqueda de un desarrollo económico, rápido e insostenible, llevó a muchos alcaldes a permitir parcelaciones y edificaciones ilegales en sus bosques de encinas y alcornoques; quizás con la esperanza de que —con el tiempo— el argumento de los hechos consumados, sería suficiente para regularizar lo que nació sin un solo papel.

En todo caso, se dispondrá el **comiso** de las ganancias provenientes del delito cualesquiera que sean las transformaciones que hubieren podido experimentar, según dispone el apartado 3 del citado artículo 319 CP.

Cuando fuere responsable una persona jurídica de los delitos regulados en el artículo 319 CP, de acuerdo con lo establecido en el artículo 31 bis de este Código se le impondrá la pena de **multa** de uno a tres años, salvo que el beneficio obtenido por el delito fuese superior a la cantidad resultante, en cuyo caso la multa será del doble al cuádruple del montante de dicho beneficio.

Atendidas las reglas establecidas en el artículo 66 bis, los jueces y tribunales podrán asimismo imponer las penas recogidas en las letras *b*) a *g*) del apartado 7 del artículo 33, según dispone el artículo 319.4 CP.

V. CONCURSOS

Si la licencia se ha obtenido falseando o, presentando, documentos falsos, se aplican los tipos de falsedad, con los que el artículo 319 CP entra en concurso ideal de delitos, que también debe apreciarse, con el delito de desobediencia del artículo 556 CP, cuando el sujeto, una vez requerido —formalmente— para la paralización de la obra, hubiese **desobedecido gravemente** las órdenes o, resoluciones, de las autoridades competentes sobre la inviabilidad legal del proyecto o la inmediata paralización de las actividades.

En los supuestos, en que la construcción supone la realización de «**extracciones**, excavaciones o aterramientos, que puedan perjudicar —gravemente— el equilibrio de los sistemas naturales», habrá de estimarse el correspondiente concurso de delitos entre los artículos 319 y 325 CP.

Cuando las conductas, afecten a un espacio natural protegido, será ley preferente el **delito urbanístico**, en el que, igualmente del ataque al espacio natural protegido, se contempla la lesión de la normativa reguladora de la ordenación del territorio. En este caso, no es posible, la aplicación de la agravante específica del artículo 338 CP, ya que es «inherente» al tipo, la afectación de un espacio natural protegido.

VI. PREVARICACIÓN DE AUTORIDADES O FUNCIONARIOS PÚBLICOS (ART. 320 CP)

El artículo 320.1 CP castiga con la pena establecida en el artículo 404 CP y, además, con la de prisión de un año y seis meses a cuatro años y la de multa de doce a veinticuatro meses, a «la autoridad o funcionario público que, a sabiendas de su injusticia, haya informado favorablemente instrumentos de planeamiento, proyectos de urbanización, parcelación, reparcelación, construcción o edificación o la concesión de licencias contrarias a las normas de ordenación territorial o urbanística vigentes, o que con motivo de inspecciones haya silenciado la infracción de dichas normas o que haya omitido la realización de inspecciones de carácter obligatorio». Con las mismas penas se castigará a «la autoridad o funcionario público que por sí mismo o como miembro de un organismo colegiado haya resuelto o votado a favor de la aprobación de los instrumentos de planeamiento, los proyectos de urbanización, parcelación, reparcelación, construcción o edificación o la concesión de las licencias a que se refiere el apartado anterior, a sabiendas de su injusticia», conforme establece el artículo 320.2 CP.

No se contempla la responsabilidad de funcionario que emite informe desfavorable, respecto a la concesión de la licencia, siendo ésta procedente.

En los supuestos de actuación colegiada, **tampoco** se contemplan las conductas de la autoridad o funcionario que en la votación se abstiene, a sabiendas de que el proyecto será autorizado.

Se trata de una **prevaricación específica,** que protege el buen funcionamiento de la Administración Pública y la correcta ordenación del territorio y la normativa urbanística. Por autoridad o funcionario público ha de entenderse lo que dispone el artículo 24 CP.

La **conducta típica** debe ser adecuada para producir un mal, de modo, que la autoridad o funcionario han de ser competentes en la materia y sus decisiones capaces de influir o de decidir en la concesión de lo —injustamente— pretendido y en referencia a obras que requieran tales permisos.

Es un **delito de mera actividad** (SERRANO GÓMEZ y SERRANO MAÍLLO), para cuya realización se requiere **dolo directo**, no eventual, por la exigencia típica «a sabiendas de su injusticia» y que se consuma con la emisión del informe favorable, resolución o voto.

La **prevaricación urbanística** es aplicable —exclusivamente— en los casos en que, bien por no llegar a realizarse la construcción, bien por la naturaleza de la participación del funcionario, ésta no puede calificarse como cooperación necesaria. Pero cuando la participación de la autoridad o funcionario público se pueda calificar de «cooperación necesaria en el artículo 319 CP, se apreciará el delito de prevaricación, del artículo 404 CP, en concurso con el delito del artículo 319 CP» (GÓMEZ RIVERO).

VII. LA PROTECCIÓN PENAL DEL PATRIMONIO HISTÓRICO-ARTÍSTICO

El artículo 46 de la Constitución Española de 1978, proclama lo siguiente: «Los poderes públicos garantizarán la conservación y, promoverán el enriquecimiento, del patrimonio histórico, cultural y artístico de los pueblos de España y de los bienes que lo integran, cualquiera que sea su régimen, y su titularidad. La ley penal, sancionará los atentados contra ese patrimonio».

Los bienes tutelados se individualizan por su valor e interés social, en cuanto expresan la cultura e identidad de los pueblos. Así, el artículo 1.2 de la **Ley 16/1985**, de 25 de junio, del Patrimonio Histórico Español, declara los bienes que constituyen el mismo.

Artículo 1.2 de la **Ley 16/1985**, de 25 de junio, del Patrimonio Histórico Español: «Los inmuebles y objetos muebles de interés: artístico, histórico, arqueológico, etnográfico, científico o técnico. También, forman parte del mismo, el patrimonio documental y bibliográfico, así como, los sitios naturales, jardines y parques, que tengan valor artístico, histórico o antropológico».

Bien jurídico protegido es, por tanto, «el valor cultural y social de dichos bienes, con independencia de su valor económico. Se trata de bienes de dimensión social y colectiva, cifrado en la conservación del patrimonio histórico y cultural» (MARTOS).

VIII. DERRIBO O ALTERACIÓN GRAVE DE EDIFICIOS SINGULARMENTE PROTEGIDOS (ART. 321)

El artículo 321 CP castiga con las penas de prisión de: seis meses a tres años, multa de doce a veinticuatro meses y, en todo caso, inhabilitación especial para profesión u oficio, por tiempo de uno a cinco años, a «los que derriben o alteren —gravemente— edificios, singularmente protegidos por su interés histórico, artístico, cultural o monumental».

La **conducta típica** consiste en derribar o alterar gravemente inmuebles que, en atención a sus características, gozan de un singular régimen jurídico de protección. El **derribo** supone, tanto la demolición total como la parcial del edificio, en su caso, de una parte de la construcción. En cambio, la «alteración» presupone, la producción de un **daño grave**, en función de las posibilidades de restauración del edificio.

En cambio, **deslucir** un bien inmueble de dominio público, que reúna las características típicas del citado precepto, constituye una falta contra el patrimonio público, prevista en el artículo 626 CP.

Edificios singularmente protegidos son, por ministerio de la Ley, los bienes integrantes del Patrimonio Histórico Español, declarados de interés cultural por la citada Ley de 1985 o mediante Real Decreto (art. 9).

Se trata de un **tipo doloso de comisión**, que requiere tanto el conocimiento como la voluntad de derribar o alterar gravemente el inmueble que goza de las cualidades típicas de la protección legal.

El **error vencible** de tipo se castigará —en su caso— como imprudente, por imperativo del artículo 14.1 CP. Sin embargo, dado que la **comisión imprudente** del tipo, contemplada en el artículo 324 CP, reproduce —literalmente— el castigo de otros atentados contra el Patrimonio Histórico, sancionados en el artículo 323 CP, si se admite que la comisión imprudente se limita a esta última conducta, la única posibilidad de castigar el delito imprudente sería aplicando el artículo 267 CP, que regula el «delito de daños» por imprudencia grave, en cuantía superior a 80.000 euros.

No obstante, parece más correcto interpretar que «la descripción típica del artículo 324 CP, relativa a los bienes de valor: artístico, histórico, cultural, científico o monumental, permite incluir —también— los atentados contemplados en el artículo 321 CP» (MUÑOZ CONDE). En cualquier caso, los Jueces o Tribunales —motivadamente— podrán ordenar a cargo del autor del hecho «la reconstrucción o restauración de la obra, sin perjuicio de las indemnizaciones debidas a terceros, de buena fe», conforme establece el párrafo segundo del artículo 321 CP.

IX. RESPONSABILIDAD PENAL DE AUTORIDADES Y FUNCIONARIOS PÚBLICOS (ART. 322)

> El artículo 322.1 CP castiga, además de con la pena establecida en el artículo 404 CP, con la prisión de: seis meses a dos años, o la multa de doce a veinticuatro meses, a «la autoridad o funcionario público que, a sabiendas de su injusticia, haya informado, favorablemente, proyectos de derribo o alteración de edificios singularmente protegidos». Con las mismas penas, se castigará a «la autoridad o funcionario público que, por sí mismo o como miembro de un organismo colegiado, haya resuelto o votado a favor de su concesión, a sabiendas de su injusticia», según dispone el artículo 322.2 CP.

En la medida en que esta cláusula reproduce la contenida en el artículo 320 CP, sobre los delitos contra la ordenación del territorio, damos por reproducidas aquí las consideraciones que allí hicimos.

X. OTROS ATENTADOS AL PATRIMONIO HISTÓRICO (ART. 323 CP)

> **Artículo 323**: «1. Será castigado con la pena de prisión de seis meses a tres años o multa de doce a veinticuatro meses el que cause daños en bienes de valor histórico, artístico, científico, cultural o monumental, o en yacimientos arqueológicos, terrestres o subacuáticos. Con la misma pena se castigarán los actos de expolio en estos últimos.
> 2. Si se hubieran causado daños de especial gravedad o que hubieran afectado a bienes cuyo valor histórico, artístico, científico, cultural o monumental fuera especialmente relevante, podrá imponerse la pena superior en grado a la señalada en el apartado anterior.
> 3. En todos estos casos, los jueces o tribunales podrán ordenar, a cargo del autor del daño, la adopción de medidas encaminadas a restaurar, en lo posible, el bien dañado».

Artículo 323 redactado por el número 162 del artículo único de la LO 1/2015, de 30 de marzo, por la que se modifica la LO 10/1995, de 23 de noviembre, del Código penal (*BOE* de 31 de marzo). Vigencia: 1 de julio de 2015.

La **conducta típica** se determina negativamente, comprendiendo todos aquellos daños que no consistan en derribar o alterar —gravemente— un edificio singularmente protegido. A diferencia de lo que acontece en el artículo 321 CP, la norma analizada no exige que los bienes estén —formalmente— incorporados en el Patrimonio Histórico, previa declaración legal o administrativa. Por consiguiente, no puede reputarse decisiva, en tanto que el artículo 323 CP no lo exige, su previa catalogación, en los correspondientes Registros de bienes de interés cultural, o en el Inventario General de bienes muebles de notable valor. Se trata —pues— de **elementos normativos del tipo, susceptibles de valoración cultural**, cuyo contenido y alcance corresponde a la discrecionalidad del Juez, ajustada a los valores culturales —socialmente— dominantes.

El artículo 323 prevé dos tipos diferentes:

— Un tipo básico, en el artículo 323.1, que castiga con la pena de prisión de seis meses a tres años o multa de doce a veinticuatro meses al «que cause daños en bienes de valor histórico, artístico, científico, cultural o monumental, o en yacimientos arqueológicos, terrestres o subacuáticos», así como «los actos de expolio en estos últimos».

— Un tipo agravado, en el artículo 323.2, que castiga la producción de «daños de especial gravedad o que hubieran afectado a bienes cuyo valor histórico, artístico, científico, cultural o monumental fuera especialmente relevante», en cuyo caso podrá imponerse la pena superior en grado a la señalada en el apartado anterior.

Según el artículo 323.3, los jueces o tribunales podrán ordenar, a cargo del autor del daño, que se adopten medidas que tiendan a la restauración, si fuera posible, del bien dañado.

El error sobre la naturaleza y características de estos bienes constituye un **error de tipo**, que si es vencible se castigará conforme al artículo 324 CP.

XI. DAÑOS POR IMPRUDENCIA GRAVE

> El artículo 324 CP castiga con la pena de multa de tres a dieciocho meses, atendiendo a la importancia de los daños, «al que por imprudencia grave cause daños, en cuantía superior a 400 euros, en un archivo, registro, museo, biblioteca, centro docente, gabinete científico, institución análoga o en bienes de valor histórico, cultural, científico o monumental, así como, en yacimientos arqueológicos».

La **imprudencia grave** equivale a la **imprudencia temeraria**, es decir, a la más elemental falta de cuidado y diligencia exigible a un observador imparcial.

La cuantía es una **condición objetiva de penalidad**, que no tiene que ser abarcada, necesariamente, por el dolo del autor.

Carece de justificación que el legislador **no haya previsto** en el artículo 324 CP la posibilidad de que los Jueces o Tribunales puedan ordenar, a cargo del causante del hecho, la adopción de medidas encaminadas a **restaurar** —en lo posible— el bien dañado; en la misma línea político-criminal, de los artículos 321 y 323 CP, sin perjuicio de aplicar los artículos 110 y 112 CP, en orden a la reparación civil de los daños.

XII. CONCURSO DE LEYES Y DELITOS

Los artículos 321 y siguientes CP son de **aplicación preferente**, en base al objeto material sobre los que recaen, frente a los delitos de daños —puramente— patrimoniales, tipificados en los artículos 263 y siguientes del Código penal; concretamente, aunque el daño afecte a «bienes de dominio o uso público o comunal», regulado en el apartado 40, del artículo 264 CP, este precepto es de aplicación subsidiaria, siendo de aplicación preferente, según las reglas generales del **concurso de leyes**, la «ley primaria»: artículos 321 y siguientes, conforme dispone la regla 2.ª del artículo 8 CP.

En cambio, cuando los daños se realicen con la finalidad, o como consecuencia del robo de tales bienes, debe aplicarse la técnica del **concurso de delitos**, entre el artículo 323 y el artículo 241 (en relación, con el art. 235.1 CP). Si los referidos bienes son —a su vez— objeto de una estafa, apropiación indebida o malversación, serían —también— de aplicación los correspondientes artículos 250.5.º, 253 y 432.2, todos ellos del Código penal.

Cuestionario de repaso:

1. ¿Cuál es la naturaleza jurídica del artículo 319 CP?
2. Según el artículo 319.3 CP, la demolición de la obra y la reposición a su estado originario de la realidad física alterada, ¿es una facultad potestativa o imperativa de los Jueces y Tribunales?
3. Si las conductas descritas en el artículo 319 CP afectan a un espacio natural protegido, ¿se puede aplicar la agravante específica del artículo 338 CP? ¿Por qué razón?
4. ¿Cuál es el bien jurídico protegido en los delitos contra el Patrimonio Histórico?
5. La responsabilidad penal de autoridades y funcionarios públicos tipificada en el artículo 322 CP, consiste en...

LECCIÓN 18.ª

DELITOS MEDIOAMBIENTALES

JUAN ANTONIO MARTOS NÚÑEZ

I. BIEN JURÍDICO PROTEGIDO

El artículo 45 de la Constitución Española de 1978 declara lo siguiente:

— Todos tienen el derecho a disfrutar de un medio ambiente adecuado para el desarrollo de la persona y, de este modo, el deber de conservarlo.

— Los poderes públicos velarán por la utilización racional de todos los recursos naturales, con el fin de proteger y mejorar la calidad de la vida y defender, así como restaurar, el medio ambiente, apoyándose en la indispensable solidaridad colectiva.

— Para quienes violen lo dispuesto en el apartado anterior, en los términos que la ley fije, se establecerán sanciones penales o —en su caso— administrativas, como así la obligación de reparar el daño causado.

El bien jurídico protegido en el presente grupo de delitos es el **medio ambiente**, en sentido amplio y comprensivo de la calidad de vida, los recursos naturales, la biodiversidad, la ordenación del territorio y el patrimonio histórico. Se trata de un concepto medioambiental que garantice el equilibrio de los sistemas naturales y responda, eficazmente, a las agresiones medio-ambientales procedentes del uso de las nuevas tecnologías: el desarrollo insostenible, que lesiona o pone en peligro la salud de las personas y el medio ambiente.

II. TIPO BÁSICO Y TIPO AGRAVADO DE DELITO ECOLÓGICO (ART. 325 CP)

Artículo 325: «1. Será castigado con las penas de prisión de seis meses a dos años, multa de diez a catorce meses e inhabilitación especial para profesión u oficio por tiempo de uno a dos años el que, contraviniendo las leyes u otras disposiciones de carácter general protectoras del medio ambiente, provoque o realice directa o indirectamente emisiones, vertidos, radiaciones, extracciones o excavaciones, aterramientos, ruidos, vibraciones, inyecciones o depósitos, en la atmósfera, el suelo, el subsuelo o las aguas terrestres, subterráneas o marítimas, incluido el alta mar, con incidencia incluso en los espacios transfronterizos, así como las captaciones de aguas que, por sí mismos o conjuntamente con otros, cause o pueda causar daños sustanciales a la calidad del aire, del suelo o de las aguas, o a animales o plantas.

2. Si las anteriores conductas, por sí mismas o conjuntamente con otras, pudieran perjudicar gravemente el equilibrio de los sistemas naturales, se impondrá una pena de prisión de dos a cinco años, multa de ocho a veinticuatro meses e inhabilitación especial para profesión u oficio por tiempo de uno a tres años.

Si se hubiera creado un riesgo de grave perjuicio para la salud de las personas, se impondrá la pena de prisión en su mitad superior, pudiéndose llegar hasta la superior en grado».

La reforma introducida por la LO 1/2015 ha ampliado la configuración de delito ecológico, de manera que se configuran un tipo básico (apartado 1) y un tipo agravado (apartado 2), cuando se pudiera perjudicar gravemente el equilibrio de los sistemas naturales.

La **acción típica** consiste en provocar o realizar, directa o indirectamente las conductas —ampliamente— descritas, por la norma. Es posible la comisión por omisión.

Ejemplo: «No se evita, o no se pone los medios necesarios para impedir las emisiones, vertidos o radiaciones, que pudieran producirse: una avería, un escape —incluso— fortuito de gases, líquidos, etc.».

El referido artículo 325 CP está **necesitado de complemento** por las normas comunitarias, nacionales y autonómicas que regulan el medio ambiente. Por consiguiente, si la conducta no está prohibida y prevista por dicha normativa, o se realiza dentro de los límites permitidos por la misma, no se aplicará el citado artículo 325 CP.

Aunque la técnica de la **remisión normativa extrapenal** cuestiona el principio de legalidad penal, considerando que en esta materia la competencia reguladora puede ser ejercida —también— por las Comunidades Autónomas que, al amparo del artículo 149.1.23.ª de la Constitución Española, pueden establecer «normas adicionales de protección medio-ambientales», lo cierto es que la singularidad del bien jurídico protegido y la complejidad de la materia hacen inevitable la mencionada técnica de remisión.

La «contravención de las leyes u otras disposiciones, de carácter general protectoras del medio ambiente» es un **elemento normativo del tipo,** que debe ser abarcado por el dolo del autor, determinando su desconocimiento; generalmente, la imputación a título de imprudencia, *ex* artículos 14.1 y 331 CP.

Pero es que —también— la conducta típica debe ser idónea para «perjudicar, gravemente, el equilibrio de los sistemas naturales». Se trata —en tal grado— de un delito de **peligro hipotético**, por lo que no es necesario probar un resultado posterior y separable de la acción. No es necesario —pues— acreditar la relación de causalidad, ni la imputación objetiva del resultado de peligro concreto. Bastará con que «se pruebe la idoneidad de la acción, para generar un peligro *ex ante*, pero efectivo, en las circunstancias concretas del hecho; o sea, cuando un observador imparcial, con los mismos conocimientos que el autor, pudiera considerar que era previsible, que tal conducta generase un grave riesgo medioambiental» (MARTOS).

Si el riesgo de grave perjuicio fuese para **la salud** de las personas, la pena de prisión se impondrá en su mitad superior, conforme dispone el artículo 325, *in fine* CP.

> **Ejemplo**: STS de 5 de noviembre de 2009 (Ponente: GARCÍA PÉREZ) y STS de 16 de noviembre de 2009 (Ponente: ANDRÉS IBÁÑEZ). Ambas resoluciones judiciales declaran que la contaminación acústica grave y reiterada (bar musical o discoteca), que perturba el sueño de los vecinos, constituye esta cualificación».

Si el delito de **peligro** se convierte en **lesión** de bienes jurídicos individuales, habrá el correspondiente **concurso ideal** entre los delitos cometidos, dolosa o imprudentemente, y el artículo 325.1 CP.

En la tipicidad subjetiva, las conductas descritas se pueden realizar **dolosamente** o por **imprudencia grave** (art. 331 CP); normalmente, con dolo eventual o —en su caso— dolo directo de segundo grado.

III. OTRAS MODALIDADES DE DELITO ECOLÓGICO (ART. 326)

> **Artículo 326**: «1. Serán castigados con las penas previstas en el artículo anterior, en sus respectivos supuestos, quienes, contraviniendo las leyes u otras disposiciones de carácter general, recojan, transporten, valoricen, transformen, eliminen o aprovechen residuos, o no controlen o vigilen adecuadamente tales actividades, de modo que causen o puedan causar daños sustanciales a la calidad del aire, del suelo o de las aguas, o a animales o plantas, muerte o lesiones graves a personas, o puedan perjudicar gravemente el equilibrio de los sistemas naturales.
>
> 2. Quien, fuera del supuesto a que se refiere el apartado anterior, traslade una cantidad no desdeñable de residuos, tanto en el caso de uno como en el de varios traslados que aparezcan vinculados, en alguno de los supuestos a que se refiere el Derecho de la Unión Europea relativo a los traslados de residuos, será castigado con una pena de tres meses a un año de prisión, o multa de seis a dieciocho meses e inhabilitación especial para profesión u oficio por tiempo de tres meses a un año».
>
> **Artículo 326 bis**: «Serán castigados con las penas previstas en el artículo 325, en sus respectivos supuestos, quienes, contraviniendo las leyes u otras disposiciones de carácter general, lleven a cabo la explotación de instalaciones en las que se realice una actividad peligrosa o en las que se almacenen o utilicen sustancias o preparados peligrosos de modo que causen o puedan causar daños sustanciales a la calidad del aire, del suelo o de las aguas, a animales o plantas, muerte o lesiones graves a las personas, o puedan perjudicar gravemente el equilibrio de los sistemas naturales».

La ampliación contenida en la reforma que operó la LO 1/2015 a propósito del delito ecológico afecta también al artículo 326 y artículo 326 bis CP, que se recojan, transporten, valoricen, transformen, eliminen o aprovechen residuos, o no controlen o vigilen adecuadamente tales actividades, de tal manera que se haya causado o puedan llegar a causarse daños sustanciales que afecten a la calidad del aire, del suelo o de las aguas, o a animales o plantas, muerte o lesiones graves a personas, o de otro modo puedan perjudicar gravemente el equilibrio de los sistemas naturales. La técnica de incriminación es, igualmente, la de la ley penal en blanco.

En el apartado 2 del artículo 326 se castiga a quien, situándose fuera de los supuestos anteriores, realice la conducta de trasladar «una cantidad no desdeñable de residuos», de una vez o en varias veces, lo que supone una modalidad *sui generis* de delito ecológico referido a la normativa comunitaria europea sobre traslados de residuos.

Sin embargo, la **conducta típica** ya se describe en el tipo básico del artículo 325 CP: realizar vertidos o depósitos que puedan perjudicar —gravemente— el equilibrio de los sistemas naturales o la salud de las personas; bienes jurídicos que —por otra parte— se equiparan, desde el punto de vista de la pena señalada, a la establecida en el artículo 325 CP, precepto de aplicación preferente, cuando los vertidos se puedan subsumir en el referido delito ecológico básico del artículo 325 CP. Se trata de una **norma penal en blanco** necesitada del complemento de la Ley 10/1998, de 21 de abril, de Residuos y el Real Decreto 833/1988, de 20 de julio, por el que se aprueba el Reglamento para la ejecución de la Ley 20/1986, de 14 de mayo, básica de residuos tóxicos y peligrosos.

Por su parte, el artículo 326 bis castiga, siguiendo la misma técnica de la ley penal en blanco, y con las mismas penas del tipo del artículo 325 CP, a quienes lleven a cabo la explotación de instalaciones que tengan como cometido la realización de actividades peligrosas o en las que se almacenen o utilicen sustancias o preparados igualmente peligrosos, que resulten idóneos para causar daños sustanciales a la calidad del aire, del suelo o de las aguas, a animales o plantas, o incluso la muerte o lesiones graves a las personas, o puedan perjudicar gravemente el equilibrio de los sistemas naturales.

IV. TIPOS AGRAVADOS (ART. 327 CP)

Conforme al artículo 327 CP (coincidente con el art. 326 antes de la reforma de 2015), se impondrá la pena superior en grado, sin perjuicio de las que puedan corresponder con arreglo a otros preceptos de este Código, cuando en la comisión de cualquiera de los hechos descritos, en los tres artículos anteriores, concurra alguna de las circunstancias siguientes:

1. Industria o actividad clandestina

Industria o actividad clandestina es, por imperativo legal *ex* artículo 326.*a*) CP, la que «funciona sin haber obtenido la preceptiva autorización o aprobación administrativa de sus instalaciones». Conforme a la doctrina reiterada de la Sala Segunda del Tribunal Supremo, industria o actividad clandestina son «las empresas carentes de la preceptiva autorización o aprobación administrativa de sus instalaciones. Es tanto como desplegar la actividad empresarial e industrial a espaldas de la Administración, cuando se requiere autorización, para el desarrollo de la actividad de que se trate».

2. Desobediencia a órdenes expresas de la Administración

Constituye un tipo cualificado, del artículo 326.*b*) CP, la «desobediencia a las órdenes expresas de la autoridad administrativa de corrección o suspensión de las actividades tipificadas en el artículo 325 CP.

Ejemplo: «El condenado desobedeció —sistemáticamente— tres órdenes, de cese de su actividad empresarial, dictadas por el Ayuntamiento. El empresario sometió durante meses a los vecinos a una contaminación acústica superior a la permitida; lo que les causó insomnio y estrés, por lo que el Tribunal Supremo, en su Sentencia de 7 de mayo de 2007, confirmó la pena de cuatro años de cárcel, que le impuso la Audiencia Provincial de Barcelona».

3. Falseamiento u ocultación de información sobre los aspectos ambientales de la industria o actividad

Que se haya falseado u ocultado información, sobre los aspectos ambientales de la industria o actividad, supone el tipo cualificado del artículo 326.*c*) CP. Tanto el falseamiento como la ocultación, deben recaer, sobre los «aspectos ambientales» de la industria o actividad; es decir, sobre «las condiciones de la actividad y del medio ambiente, así como, posibles efectos que puede llegar a tener en el mismo. El falseamiento será determinante de la ilegalidad de la concesión de la autorización administrativa.

4. Obstaculización de la actividad inspectora de la Administración

Que se haya obstaculizado la actividad inspectora de la Administración, constituye el tipo cualificado, previsto y penado en el artículo 326.*d*) CP. La obstaculización de las actividades inspectoras de la Administración, debe realizarse, ante una inspección impulsada por la Administración; ya que, si tiene lugar en el curso de un procedimiento judicial, las figuras que podrían entrar en juego, serían el tipo básico del artículo 325 y, la desobediencia grave, del artículo 556, todos ellos del Código penal.

5. Riesgo de deterioro irreversible o catastrófico

El fundamento de la agravación descansa, sobre el incremento del desvalor de la acción, cifrado en la mayor lesividad sobre el entorno natural; aunque se trata, de un «tipo cualificado de peligro concreto».

El significado jurídico-penal del binomio típico **irreversible/catastrófico** es el siguiente: lo «catastrófico» alude a la elevada magnitud del perjuicio para el medio ambiente, que tendría lugar, en el supuesto de que, el riego se materializara; lo «irreversible», significa la imposibilidad de reversión; o sea, volver al *statu quo* anterior. Sin embargo, la literalidad de un posible riesgo de daño irreversible no significa una absoluta imposibilidad de retorno a la situación anterior, a la contaminación producida.

Ejemplo: STS de 30 de noviembre de 1990: «En el actual nivel tecnológico, siempre es posible volver desde el estado de deterioro a que se llega, al estado anterior de degradación. De ahí, que la calificación de irreversibilidad, no sea obstáculo, para una hipotética y costosa reparación o repoblación».

6. Extracción ilegal de aguas en período de restricciones

El ámbito de aplicación de la cualificación —motivada por el problema de la sequía— se extiende a las extracciones y captaciones ilegales de aguas, descritas en el tipo básico, artículo 325.1 CP.

V. MEDIDAS COMUNES PREVISTAS EN EL ARTÍCULO 328 CP

El artículo 328 CP dispone que cuando una persona jurídica sea responsable de los delitos de este capítulo, se le impondrán, de acuerdo con lo establecido en el artículo 31 bis, las siguientes penas:

«*a*) Multa de uno a tres años, o del doble al cuádruple del perjuicio causado cuando la cantidad resultante fuese más elevada, si el delito cometido por la persona física tiene prevista una pena de más de dos años de privación de libertad.

b) Multa de seis meses a dos años, o del doble al triple del perjuicio causado si la cantidad resultante fuese más elevada, en el resto de los casos.

Atendidas las reglas establecidas en el artículo 66 bis, los jueces y tribunales podrán asimismo imponer las penas recogidas en las letras *b*) a *g*) del apartado 7 del artículo 33».

La reforma del Código penal de 1995 operada por la **LO 5/2010, de 22 de junio**, reguló por primera vez la **responsabilidad penal de las empresas**, superando el clásico principio *societas delinquere non potest*. Se regula —pues— la imputación a las personas jurídicas de aquellos **delitos ecológicos**, cometidos en su nombre o por su cuenta, y en su provecho, por los sujetos que tienen poder de representación. Por consiguiente, las empresas tienen la obligación de ejercer el debido control, sobre los que ostentan dicho poder de representación.

La **responsabilidad penal** de la persona jurídica por un atentado medioambiental podrá declararse, con independencia de que exista o no responsabilidad penal de la persona física.

Artículo 31 bis CP: «1. Las personas jurídicas serán penalmente responsables de los delitos cometidos en nombre o por cuenta de las mismas, y en su provecho por sus representantes legales y administradores de hecho o de derecho. En los mismos supuestos, las personas jurídicas serán también penalmente responsables de los delitos cometidos, en el ejercicio de actividades sociales y por cuenta y en provecho de las mismas, por quienes, estando sometidos a la autoridad de las personas físicas mencionadas en el párrafo anterior han podido realizar los hechos por no haberse ejercido sobre ellos el debido control atendidas las concretas circunstancias del caso».

La responsabilidad penal de las personas jurídicas será exigible «siempre que se constate la comisión de un delito que haya tenido que cometerse por quien ostente los cargos o funciones aludidas en el apartado anterior, aun cuando la concreta persona física responsable no haya sido individualizada o no haya sido posible dirigir el procedimiento contra ella» (art. 31 bis.2 CP).

Las penas aplicables a las personas jurídicas, que tienen todas la consideración de graves, son las siguientes (art. 33.7 CP):

«*a*) Multa por cuotas o proporcional.

b) Disolución de la persona jurídica.

c) Suspensión de sus actividades por un plazo que no podrá exceder de cinco años.

d) Clausura de sus locales y establecimientos por un plazo que no podrá exceder de cinco años.

e) Prohibición de realizar en el futuro las actividades en cuyo ejercicio se haya cometido, favorecido o encubierto el delito.

f) Inhabilitación para obtener subvenciones y ayudas públicas, para contratar con el sector público y para gozar de beneficios e incentivos fiscales o de la Seguridad Social, por un plazo que no podrá exceder de quince años.

g) Intervención judicial para salvaguardar los derechos de los trabajadores o de los acreedores por el tiempo que se estime necesario, que no podrá exceder de cinco años».

VI. PREVARICACIÓN DE AUTORIDADES O FUNCIONARIOS PÚBLICOS (ART. 329 CP)

El artículo 329.1 CP castiga con la pena establecida en el artículo 404 CP, y además con la de prisión de seis meses a tres años y la de multa de ocho a veinticuatro meses, a «la autoridad o funcionario público que, a sabiendas, hubiere informado, favorablemente, la concesión de licencias manifiestamente ilegales, que autoricen el funcionamiento de las industrias o actividades contaminantes, a que se refieren los artículos anteriores, o que con motivo de sus inspecciones hubiere silenciado la infracción de Leyes o disposiciones normativas de carácter general que las regulen o que hubiere omitido la realización de inspecciones de carácter obligatorio».

Con las mismas penas se castigará, según dispone el artículo 329.2 CP, a «la autoridad o funcionario público que por sí mismo, o como miembro de un organismo colegiado, hubiese resuelto o votado a favor de su concesión, a sabiendas de su injusticia».

La acción típica puede ser activa como omisiva, por resolución o por votación.

La locución **a sabiendas** impide la comisión imprudente de la prevaricación medioambiental. Se trata de un **delito especial**, cuyo círculo de autores se limita a «la autoridad o funcionario público», según se define, a efectos penales, en el artículo 24 CP. En la responsabilidad colegiada (art. 329.2 CP), la abstención «de la autoridad o funcionario público es impune; ahora bien, cabe la posibilidad de que su conducta se califique de «participación por omisión», si con su omisión creó una ocasión de riesgo para el bien —jurídicamente— protegido, mediante su actuación precedente: no votar, a sabiendas de que, por el juego de las mayorías, se vote a favor de una licencia ilegal que autoriza el funcionario de una industria contaminante [art. 11.*b*) CP].

Conforme a las reglas generales de la autoría y la participación, cuando la autoridad o el funcionario público son **cooperadores necesarios** en el delito cometido por el particular; autores mediatos o en comisión por omisión, en base a su posición de garante, en estos casos, para evitar una penalidad privilegiada para la autoridad o funcionario que comete prevaricación, debe estimarse un concurso ideal entre el delito de prevaricación del artículo 404 CP y el artículo 325 CP, quedando el artículo 329 CP como un tipo residual (GÓMEZ RIVERO y MUÑOZ CONDE).

VII. LA PROTECCIÓN PENAL DE LOS ESPACIOS NATURALES (ART. 330 CP)

> El artículo 330 CP castiga con la pena de prisión de uno a cuatro años y multa de doce a veinticuatro meses a «quien, en un espacio natural protegido, dañare gravemente, alguno de los elementos que hayan servido para calificarlo».

La **acción típica** consiste en el daño grave a alguno de los elementos que han servido para calificar un determinado ámbito espacial como «espacio natural protegido».

Se trata de una **norma penal en blanco** que encuentra su complemento en la **Ley 42/2007**, de 13 de diciembre, del Patrimonio Natural y de la Biodiversidad.

> Conforme a su artículo 27.1, tendrán la consideración de espacios naturales protegidos:
> «Aquellos espacios del territorio nacional, incluidas las aguas continentales, y las zonas marítimas bajo soberanía o jurisdicción nacional, insertadas la zona económica exclusiva y la plataforma continental, que cumplan al menos, uno de los requisitos siguientes y sean declarados como tales:
> *a*) Contener sistemas o elementos naturales: representativos, singulares, frágiles, amenazados o de especial interés ecológico, científico, paisajístico, geológico o educativo.
> *b*) Estar dedicados —especialmente— a la protección y el mantenimiento de la diversidad biológica, de la geodiversidad, así como, de los recursos naturales y culturales asociados.

El artículo 330 CP es un **delito de resultado/lesión**, en la que, junto a la acción de dañar, se produce un resultado material reparable de dicha acción, representado en el daño a la materialidad o a las propiedades o cualidades del elemento del espacio natural: agua, suelo, fauna o flora, etc., que supone ya una lesión en cuanto deterioro del medio ambiente. El daño grave a alguno de los elementos que han servido para calificar un espacio natural protegido puede realizarse —dolosamente— en forma de dolo eventual o dolo directo de segundo grado, y por imprudencia grave del artículo 331 CP.

> **Ejemplo**: STS de 6 de noviembre de 2006 (Ponente: MARTÍNEZ ARRIETA). El acusado conocía —perfectamente— la trascendencia ecológica de la zona, que estaba bajo su jurisdicción y —no obstante— pasando por encima de las exigencias de la Constitución, de las Leyes y el deber de preservar el medio ambiente, autorizó actuaciones que dañaron y destruyeron, un amplio espacio del Parque Natural de la Marjal de Pego-Oliva, humedal de importancia internacional, al amparo del Convenio de Ramsar, firmado y ratificado por España el 2 de febrero de 1971».

En cuanto a la problemática concursal, la relación entre el delito ecológico básico del artículo 325 CP y el artículo 330 CP es de **concurso de delitos**, porque este último incorpora un «plus de antijuricidad» por el daño, concreto y grave, causado a alguno de los elementos que sirvieron para calificar, el espacio natural.

La **cualificación** del artículo 338 CP, en cuya virtud se impondrán las penas superiores en grado a las respectivamente previstas, «cuando las conductas definitivas en el Título XVI afecten a algún espacio natural protegido», lógicamente, no se puede aplicar al artículo 330 CP, porque, en base al artículo 67 CP, al injusto de dañar —gravemente— alguno de los elementos que han servido para calificar un espacio natural protegido, es **inherente** el afectarlo (MARTOS).

VIII. PROTECCIÓN PENAL DE LA BIODIVERSIDAD

1. DAÑOS, TRÁFICO ILEGAL O DESTRUCCIÓN DEL HÁBITAT DE ESPECIES DE FLORA AMENAZADA (ART. 332 CP)

El artículo 332 CP, redactado conforme a la LO 1/2015, castiga con la pena de prisión de seis meses a dos años o multa de ocho a veinticuatro meses, e inhabilitación especial para profesión u oficio por tiempo de seis meses a dos años «al que, contraviniendo las leyes u otras disposiciones de carácter general, corte, tale, arranque, recolecte, adquiera, posea o destruya especies protegidas de flora silvestre, o trafique con ellas, sus partes, derivados de las mismas o con sus propágulos, salvo que la conducta afecte a una cantidad insignificante de ejemplares y no tenga consecuencias relevantes para el estado de conservación de la especie» [...] «La misma pena se impondrá a quien, contraviniendo las leyes u otras disposiciones de carácter general, destruya o altere gravemente su hábitat» (art. 332.1), así como dicha pena «en su mitad superior si se trata de especies o subespecies catalogadas en peligro de extinción» (art. 332.2 CP).

El artículo 332.3 castiga la modalidad imprudente, cuando «se hubieran cometido por imprudencia grave», caso en el cual se impondrá una pena de prisión de tres meses a un año o multa de cuatro a ocho meses, e inhabilitación especial para profesión u oficio por tiempo de tres meses a dos años.

Conforme al artículo 551 de la citada **Ley 42/2007**, de 13 de diciembre, del Patrimonio Natural y de la Biodiversidad, en el seño del Listado de Especies Silvestres en Régimen de Protección Especial, se establece el Catálogo Español de Especies Amenazadas, que incluirá los taxones o poblaciones de biodiversidad amenazada, insertándolos en algunas de las categorías siguientes:

— En peligro de extinción: taxones o poblaciones, cuya supervivencia es poco probable, si los factores causales de su actual situación siguen actuando.
— Vulnerable: taxones o poblaciones, que corren el riesgo de pasar a la categoría anterior, en un futuro inmediato, si los factores adversos que actúan sobre ellos, no son corregidos.

Asimismo, deben tenerse en cuenta los Catálogos Nacionales, Autonómicos y Comunitarios de Especies Amenazadas, y las normas internacionales vinculantes para España, tales como el «Convenio de Washington, sobre comercio internacional de especies amenazadas» de 1973, al que España se adhiere en 1986 y el Reglamento (CE) 338/97 del Consejo, de 9 de diciembre de 1996, relativo a «la protección de especies de la fauna y la flora silvestres», mediante el control de su comercio.

La **conducta típica** puede ser constituida por:

— La «destrucción o alteración grave del hábitat»; es decir, una zona terrestre o acuática diferenciada por sus características geográficas, abióticas (agua, atmósfera y suelo) y bióticas (flora y fauna), tanto si son —enteramente— naturales como seminaturales.
— El «tráfico ilegal» de alguna especie o subespecie de flora amenazada o de sus propágulos.

Conductas encaminadas a destruir las especies, mediante: el corte, la tala, la quema, arranque o recolección.

Se trata de un **delito común**, de **resultado material**, **doloso** incluido el dolo eventual, y cuya **consumación** se produce con el resultado de cortar, talar, etc., siendo posible la tentativa.

Ejemplo: Cuando se apaga el incendio, con el que se pretende destruir, alguna de las especies indicadas.

En materia de concursos, debe aplicarse la técnica del **concurso de delitos ideal** conforme dispone el artículo 77 CP, entre el delito de incendio del artículo 353 CP y el artículo 332 CP.

Ejemplo: «A consecuencia de un incendio forestal (art. 353 CP), se destruyen especies o subespecies de flora amenazada o de sus propágulos».

La misma solución se propone respecto al artículo 325 y el 332 CP.

Ejemplo: «A consecuencia de los vertidos o extracciones, se destruye o altera, gravemente, el hábitat de las especies amenazadas».

2. Introducir o liberar especies de flora o fauna no autóctona

El artículo 333 CP castiga, con la pena de prisión de cuatro meses a dos años o multa de ocho a veinticuatro meses y, en todo caso, inhabilitación especial para profesión u oficio por tiempo de uno a tres años, «al que introdujera o liberara especies de flora o fauna no autóctona, de modo que perjudique el equilibrio biológico, contraviniendo las leyes o disposiciones de carácter general protectoras de las especies de flora o fauna».

La ***ratio legis*** del precepto es la conservación y el mantenimiento de las **especies autóctonas**; o sea, las existentes dentro de su área de distribución natural, frente a las «especies exóticas invasoras», es decir, las que se introducen o establecen en un ecosistema o hábitat natural o seminatural y son un agente de cambio y amenaza para la diversidad biológica nativa, ya sea por su comportamiento invasor, ya por el riesgo de contaminación genética».

Se trata de una **norma penal en blanco** que necesita del complemento, básicamente, de la mencionada Ley del Patrimonio Natural y de la Biodiversidad. Además de introducir o poner en libertad en un medio no natural, especies de flora o fauna no autóctonas; es preciso, la producción de un perjuicio no grave de la **biodiversidad**; es decir, de la diversidad biológica o variabilidad de los organismos vivos de cualquier fuente, incluidos —entre otras cosas— los ecosistemas terrestres y marinos y otros ecosistemas acuáticos; así como, los complejos ecológicos de los que forman parte: comprende la diversidad dentro de cada especie, entre las especies y los ecosistemas.

3. Delitos contra las especies amenazadas (art. 334 CP)

El artículo 334.1 CP castiga con las penas de «prisión de seis meses a dos años o multa de ocho a veinticuatro meses y, en todo caso, inhabilitación especial para profesión u oficio e inhabilitación especial para el ejercicio del derecho de cazar o pescar por tiempo de dos a cuatro años a quien:

a) cace, pesque, adquiera, posea o destruya especies protegidas de fauna silvestre;

b) trafique con ellas, sus partes o derivados de las mismas; o,

c) realice actividades que impidan o dificulten su reproducción o migración.

La misma pena se impondrá a quien, contraviniendo las leyes u otras disposiciones de carácter general, destruya o altere gravemente su hábitat.

2. La pena se impondrá en su mitad superior si se trata de especies o subespecies catalogadas en peligro de extinción.

3. Si los hechos se hubieran cometido por imprudencia grave, se impondrá una pena de prisión de tres meses a un año o multa de cuatro a ocho meses y, en todo caso, inhabilitación especial para profesión u oficio e inhabilitación especial para el ejercicio del derecho de cazar o pescar por tiempo de tres meses a dos años».

La **conducta típica** consiste en:

— Cazar o pescar, adquirir, poseer o destruir especies protegidas de fauna silvestre.
— Dificultar su reproducción o migración.
— Comerciar o traficar con especies de caza o pesca amenazadas o con sus restos.

Por su parte, el apartado 2 del artículo 334 CP dispone que la pena se impondrá en su mitad superior «si se trata de especies o subespecies catalogadas en peligro de extinción».

La ***ratio legis*** del precepto es la protección de la fauna frente a la actividad criminal de la «caza furtiva y la pesca ilegal».

Se considera una **norma penal en blanco**, necesitada del complemento básico del RD 1.095/1989, de 8 de septiembre, «por el que se declaran las especies objeto de caza y pesca».

Es un **delito doloso**, con dolo directo o eventual, cuyo error, en cuanto al desconocimiento de que la caza o la pesca se refiere a una especie amenazada, sea vencible o no, determina la impunidad de la conducta.

La **consumación** se produce matando a los peces o animales de especies amenazadas o, dificultando, su reproducción o migración.

Ejemplo: «Destruyendo el hábitat de una especie; o sea, el medio definido por factores abióticos y bióticos específicos donde vive la especie, en una de las fases de su ciclo biológico».

Es posible la **tentativa**.

Ejemplo: «En la caza, si el animal queda herido y puede recuperarse de sus lesiones. En el comercio o tráfico, si el receptor no llega a poder disponer, libremente, de lo que adquiere».

4. Caza o pesca prohibida

El artículo 335.1 CP castiga con la pena de multa de ocho a doce meses e inhabilitación especial para el ejercicio del derecho a cazar o pescar por tiempo de dos a cinco años, «al que cace o pesque especies distintas de las indicadas en el artículo anterior, cuando esté —expresamente— prohibido por las normas específicas sobre su caza o pesca».

Debe tratarse —por tanto— de caza o pesca de **especies no amenazadas**; que no se encuentren entre las catalogadas en peligro de extinción y no esté —tampoco— autorizada, su caza o pesca.

— El artículo 335.2 CP establece el régimen jurídico-penal de la «caza o pesca, sometida a régimen cinegético especial», castigando con la pena de: multa de cuatro a ocho meses e, inhabilitación especial para el ejercicio del derecho de cazar o pescar por tiempo de uno a tres años, además de las penas que pudieran corresponderle —en su caso— por la comisión del delito previsto, en el apartado 1 de este artículo, «al que cace o pesque especies, a las que se refiere el apartado anterior, en terrenos públicos o privados ajenos, sometidos a régimen cinegético especial, sin el debido permiso de su titular o sometidos a concesión o autorización marisquera o acuícola sin el debido título administrativo habilitante».

— Pero es que también «causar graves daños al patrimonio cinegético» constituye el delito previsto en el artículo 335.3 CP, penado con prisión de: seis meses a dos años e, inhabilitación especial para el ejercicio de los derechos de cazar y pescar por tiempo de dos a cinco años. El presupuesto de hecho exige que, «las conductas anteriores, produjeran graves daños al patrimonio cinegético de un terreno sometido a régimen cinegético especial».

— Finalmente, la caza o pesca en grupo, compuesto por tres o más personas, o utilizando artes o medios prohibidos, constituye un tipo cualificado, castigado con la pena en su mitad superior a la prevista en los supuestos anteriores, según establece el apartado 4 del artículo 335 CP.

5. Caza y pesca con veneno, explosivos u otros medios ilegales

El artículo 336 CP castiga, con la pena de prisión de cuatro meses a dos años o multa de ocho a veinticuatro meses y, en cualquier caso, la de inhabilitación especial para profesión u oficio e inhabilitación especial para el ejercicio del derecho a cazar o pescar por tiempo de uno a tres años, «al que, sin estar legalmente autorizado, emplee para la caza o pesca veneno, medios explosivos u otros instrumentos o artes de similar eficacia destructiva o no selectiva para la fauna».

Falta de autorización administrativa y capacidad lesiva del medio empleado, constituyen los **pilares básicos** de este **tipo doloso**, para cuya consumación, no es preciso que se produzca resultado alguno; de modo que, si el daño causado fuera de notoria importancia, se impondrá la pena de prisión en su mitad superior, conforme dispone el artículo 336, *in fine*.

La evidente **significación del daño** causado es un concepto jurídico indeterminado, que deberá ser concretado por el Juez o Tribunal.

6. Tráfico ilegal de flora y fauna y delito de contrabando

Según el artículo 2.º1 de la LO 12/1995, de 12 de diciembre, de «Represión del Contrabando», cometen delito de contrabando, siempre que el valor de los bienes, mercancías, géneros o efectos, sea igual o superior a 3.000.000 de pesetas, los que:

«Realicen, sin cumplir con los requisitos —legalmente— establecidos, operaciones de: importación, exportación, comercio, tenencia o circulación de especímenes de fauna y flora silvestres, así como, sus partes y productos, de especies recogidas en el Convenio de Washington, de 3 de marzo de 1973, y en el Reglamento (CEE) número 3626/82 del Consejo, de 3 de diciembre de 1982».

La homogeneidad de bienes jurídicos protegidos y la improcedencia de castigar conforme a dos normas lo que hasta diciembre de 1995 era impune, aconsejan aplicar la técnica del «concurso de leyes», en el que será de aplicación el precepto que, en el caso concreto resulte más grave, por imperativo de la regla 4.ª del artículo 8 CP.

7. Malos tratos a animales domésticos

Artículo 337 CP: «1. Será castigado con la pena de tres meses y un día a un año de prisión e inhabilitación especial de un año y un día a tres años para el ejercicio de profesión, oficio o comercio que tenga relación con los animales y para la tenencia de animales, el que por cualquier medio o procedimiento maltrate injustificadamente, causándole lesiones que menoscaben gravemente su salud o sometiéndole a explotación sexual, a

a) un animal doméstico o amansado,

b) un animal de los que habitualmente están domesticados,

c) un animal que temporal o permanentemente vive bajo control humano, o

d) cualquier animal que no viva en estado salvaje.

2. Las penas previstas en el apartado anterior se impondrán en su mitad superior cuando concurra alguna de las circunstancias siguientes:

a) Se hubieran utilizado armas, instrumentos, objetos, medios, métodos o formas concretamente peligrosas para la vida del animal.

b) Hubiera mediado ensañamiento.

c) Se hubiera causado al animal la pérdida o la inutilidad de un sentido, órgano o miembro principal.

d) Los hechos se hubieran ejecutado en presencia de un menor de edad.

3. Si se hubiera causado la muerte del animal se impondrá una pena de seis a dieciocho meses de prisión e inhabilitación especial de dos a cuatro años para el ejercicio de profesión, oficio o comercio que tenga relación con los animales y para la tenencia de animales.

4. Los que, fuera de los supuestos a que se refieren los apartados anteriores de este artículo, maltrataren cruelmente a los animales domésticos o a cualesquiera otros en espectáculos no autorizados legalmente, serán castigados con una pena de multa de uno a seis meses. Asimismo, el juez podrá imponer la pena de inhabilitación especial de tres meses a un año para el ejercicio de profesión, oficio o comercio que tenga relación con los animales y para la tenencia de animales».

Artículo 337 bis: «El que abandone a un animal de los mencionados en el apartado 1 del artículo anterior en condiciones en que pueda peligrar su vida o integridad será castigado con una pena de multa de uno a seis meses. Asimismo, el juez podrá imponer la pena de inhabilitación especial de tres meses a un año para el ejercicio de profesión, oficio o comercio que tenga relación con los animales y para la tenencia de animales».

La supresión de las faltas en la reforma de 2015 ha determinado una drástica reforma del artículo 337 y 337 bis CP, de manera que se contemplan diversas modalidades del tipo delictivo del maltrato animal.

Actos como el abandono de animales domésticos (perros, ante todo) o el sometimiento de animales a maltrato cruel en espectáculos no autorizados (peleas de gallos, por ejemplo) ha determinado la necesidad de clarificar y precisar los tipos penales en que se castiga la realización de este tipo de conductas delictivas, donde se mencionan diversos grupos de animales (doméstico o amansado, animales que habitualmente están domesticados, animal que temporal o permanentemente vive bajo control humano, o cualquier animal que no viva en estado salvaje), con el uso de circunstancias particularmente graves (armas, instrumentos, objetos, medios, métodos o formas concretamente peligrosas para la vida del animal), o medios especialmente lesivos (ensañamiento), causándose pérdidas de órganos del animal (como la pérdida o la inutilidad de un sentido, órgano o miembro principal), o con actuación en presencia de menores, o produciéndose incluso la muerte del animal.

IX. DISPOSICIONES COMUNES AL TÍTULO XVI

Son contenidas específicamente en las siguientes disposiciones del vigente Código penal:

Artículo 338 CP: «Cuando las conductas definidas en este Título, afecten a algún espacio natural protegido, se impondrán las penas superiores en grado a las, respectivamente, previstas».

Artículo 339 CP: «Los jueces o tribunales ordenarán la adopción, a cargo del autor del hecho, de las medidas necesarias encaminadas a restaurar el equilibrio ecológico perturbado, así como de cualquier otra medida cautelar necesaria para la protección de los bienes tutelados en este Título».

Artículo 340 CP: «Si el culpable de cualquiera de los hechos tipificados en este Título, hubiera procedido —voluntariamente— a reparar el daño causado, los Jueces y Tribunales le impondrán la pena inferior en grado a las respectivamente previstas».

Cuestionario de repaso:

1. ¿Cuál es la naturaleza jurídica de los elementos típicos, «la contravención de las leyes u otras disposiciones, de carácter general protectoras del medio ambiente», que describe el artículo 325 CP?
2. Describa los elementos constitutivos del delito ecológico básico.
3. Señale dos supuestos de delito ecológico cualificado.

4. Según la Reforma del Código penal, ¿las personas jurídicas pueden cometer y, por tanto, ser responsables penalmente de un delito medioambiental?
5. ¿En qué supuestos?
6. La clausura de una empresa, de sus locales y establecimientos durante cinco años por la comisión de un delito ecológico, ¿es una pena criminal grave o una medida de seguridad de naturaleza administrativa?

LECCIÓN 19.ª

DELITOS DE RIESGO CATASTRÓFICO

Carmen Requejo Conde

I. PLANTEAMIENTO

Los delitos de riesgo catastrófico se encuentran regulados en el capítulo I del Título XVII del Libro II del Código penal (arts. 341-350), que está integrado por tres secciones: *a*) el delito relativo a la **energía nuclear y a las radiaciones ionizantes**; *b*) los **estragos**; *c*) y otros **delitos de riesgo provocados por explosivos y otros agentes.**

Se trata de delitos caracterizados porque pueden producir **daños de gran magnitud**, no sólo desde un punto de vista cualitativo, por su gravedad y en ocasiones irreversibilidad, sino también desde el punto de vista cuantitativo, por el número de personas a las que pueden llegar a poner en peligro o dañar. El **bien jurídico protegido** es, como reza la rúbrica del Título XVII, la **seguridad colectiva**, entendido como el derecho de todos a disfrutar de la vida en condiciones pacíficas de seguridad, higiene y salubridad, y abarca entre otros, el delito relativo a la energía nuclear, los estragos, y otros delitos de riesgo, además de otros delitos comprendidos en otros capítulos, como los incendios, desde que dejaron de ser delitos contra la propiedad para pasar a incorporarse a este Título, así como los delitos contra la salud pública y la seguridad vial.

II. EL DELITO RELATIVO A LA ENERGÍA NUCLEAR

1. Características

Los delitos cometidos mediante el uso indebido de energía nuclear y radiaciones ionizantes se regulan en los artículos 341 a 345 CP.

En estas normas se utilizan términos propios de ciencias que no son siquiera jurídicas, como energía nuclear, radiaciones ionizantes, elementos radiactivos, a los que se refiere y define la Ley 25/1964, de Energía Nuclear, dándoles el carácter de normas penales en blanco. Pero hay que destacar también otras muchas normas que ordenan esta materia: la Ley 15/1980, de Creación del Consejo de Seguridad Nuclear, cuyo Estatuto fue aprobado por el Real Decreto 1440/2010; el Real Decreto 35/2008, por el que se modifica el Reglamento sobre Instalaciones

Nucleares y Radiactivas, aprobado por Real Decreto 1836/1999; el Real Decreto 229/2006, sobre el Control de Fuentes Radiactivas Encapsuladas de Alta Actividad y Fuentes Huérfanas; el Real Decreto 243/2009, por el que se regula la Vigilancia y Control de Traslados de Residuos Radioactivos y Combustible Nuclear Gastado entre Estados Miembros o Procedentes o con Destino al Exterior de la Comunidad; la Ley 12/2011, sobre Responsabilidad Civil por Daños Nucleares o Producidos por Materiales Radiactivos; el Real Decreto 1308/2011, sobre Protección Física de las Instalaciones y los Materiales Nucleares y de las Fuentes Radiactivas; el Real Decreto 97/2014, por el que se regulan las Operaciones de Transporte de Mercancías Peligrosas por Carretera en Territorio Español; el Real Decreto 102/2014, para la Gestión Responsable y Segura del Combustible Nuclear Gastado y los Residuos Radiactivos; o, por último, el Real Decreto 1400/2018, por el que se aprueba el Reglamento sobre Seguridad Nuclear en Instalaciones Nucleares.

En buena medida, estas normas administrativas han hecho de las normas penales un Derecho penal absolutamente simbólico, al que prácticamente no se acude para perseguir y reprimir hechos que están ya perfectamente castigados con las leyes administrativas, sino tan sólo en casos muy graves en los que realmente lo que se aplicaría son los correspondientes delitos de resultado, homicidio, lesiones, etc.

La **energía nuclear** surge por procedimientos de separación en el núcleo de los átomos, de uranio, plutonio, cesio, etc., y se produce en el seno de las distintas centrales nucleares repartidas por el territorio español. Se trata de un objeto que, bien utilizado, tiene multitud de aplicaciones en el campo de la medicina, de la alimentación, de la agricultura o del medio ambiente, pero que mal empleada puede ocasionar efectos devastadores para toda la humanidad y todo el planeta, de ahí que no dejen de existir propuestas de diferentes grupos políticos de sustituirla por otras fuentes de energía menos peligrosas, como el gas o la energía eólica o solar, o de cerrar algunas centrales nucleares cuando sobre todo han tenido episodios de escapes radiactivos o de mal funcionamiento.

El accidente más grave cometido con energía atómica fue el desastre de Chernóbil, cuando el 14 de abril de 1986 una gran explosión en un reactor nuclear de una central de Ucrania hizo saltar por los aires el blindaje de hormigón que contenía la pila atómica, provocando una enorme fuga de gases radiactivos que alcanzó una enorme altura, se extendió miles de kilómetros a la redonda y afectó prácticamente a toda Europa central. Más de 400 muertos en el acto, más de 300.000 a largo plazo, millares de lesionados, e incalculables daños patrimoniales y medioambientales, fue el balance arrojado por semejante tragedia, donde seis personas de entre directores, empleados técnicos y de seguridad fueron condenadas por incumplimiento de la normativa a penas de prisión, quedando probado que Chernóbil se debió a un error o fallo humano.

Se trata, pues, de un material, la energía nuclear, de indudable incidencia en el medio ambiente, aun cuando el delito relativo a la energía nuclear no es un delito propiamente contra el medio ambiente, no está tipificado en el Título XVI del Libro II del Código penal, pero su incidencia medioambiental queda fuera de toda duda, como lo demuestra el hecho de que en la regulación de sus modalidades típicas se hace referencia a los bienes como objeto que se ponen en peligro, incluido el medio ambiente, esto es, a la calidad del aire, el suelo o el agua, los animales o las plantas. Son además **delitos de peligro**, que abarcan un amplio abanico de formas de peligro en función del grado de riesgo de la acción, llegando incluso a cuantificarse, y que van desde el peligro concreto, representado por el delito de liberación descontrolada de energía nuclear del artículo 341, y de alteración del funcionamiento de la central nuclear del artículo 342, al delito de peligro hipotético o potencial, transportar o traficar sin autorización material nuclear del artículo 345, pasando por una tentativa de resultado, en el tipo consistente en la exposición de personas a dosis radiactivas por encima de los valores permitidos del artículo 343.

2. Modalidades

A) *Delito de liberación dolosa de energía nuclear (art. 341)*

«El que libere energía nuclear o elementos radiactivos que pongan en peligro la vida o la salud de las personas o sus bienes aunque no se produzca explosión, será sancionado con pena de prisión de quince a veinte años, e inhabilitación especial para empleo o cargo público, profesión u oficio por tiempo de diez a veinte años».

El delito de liberación dolosa de energía nuclear es un **delito común** de características muy graves, que tiene como víctima a un número indeterminado de personas, dadas las dimensiones de la conducta típica. La acción consiste en la liberación dolosa e indiscriminada de energía nuclear que ponga en peligro la vida, salud o bienes de las personas, produciendo explosión, como en Chernóbil, o sin producir explosión. Con ello, se cometería el delito con la emanación descontrolada al exterior de la energía atómica, en forma de radiaciones ionizantes o de ondas expansivas como consecuencia de procesos nucleares destinados a producir energía (De la Cuesta Aguado).

La norma tipifica un **delito de peligro concreto,** de la suficiente gravedad para justificar que su pena sea similar a la del asesinato consumado. El tipo subjetivo del artículo 341 viene constituido por la existencia de al menos un dolo de peligro, y además, dependiendo de las circunstancias en que se produzca la acción, de un posible dolo eventual de resultado, según la puesta en peligro se haya concretado sobre personas determinadas o se trate de un peligro hacia a toda la población, hacia grupos de personas indeterminadas. Por tanto, en caso de producirse resultados de lesiones o muertes, los delitos de homicidio o lesiones no desplazarán al delito del artículo 341, sino que será posible establecer entre ellos un concurso ideal heterogéneo, a fin precisamente de valorar la puesta en peligro de personas que no resultan afectadas o no lo sean de forma grave, y que por ello tampoco serán necesariamente aplicados en su forma dolosa, sino en su modalidad imprudente, ya que el precepto admite la modalidad de imprudencia grave (art. 344).

B) *Delito de perturbación o alteración dolosas del funcionamiento de una central nuclear (art. 342)*

> «El que sin estar comprendido en el artículo anterior, perturbe el funcionamiento de una instalación nuclear o radiactiva, o altere el desarrollo de actividades en las que intervengan materiales o equipos productores de radiaciones ionizantes, creando una situación de grave peligro para la vida o la salud de las personas, será sancionado con la pena de prisión de cuatro a diez años, e inhabilitación especial para empleo o cargo público, profesión u oficio de seis a diez años».

El delito de perturbación o alteración dolosas de una central nuclear del artículo 342 es **subsidiario** del anterior, del artículo 341, y comprende dos conductas alternativas: perturbar el funcionamiento de una instalación nuclear o radiactiva, o alterar el desarrollo de actividades en las que intervengan materiales o equipos que produzcan radiaciones ionizantes, como por ejemplo podría suceder entrando violentamente en la instalación. Además, admite también la modalidad imprudente (art. 344).

> Por **instalación nuclear** se entiende (art. 2.12 de la Ley 29/1964):
>
> «1. Las centrales nucleares y los reactores nucleares», esto es «cualquier instalación fija para la producción de energía mediante un reactor nuclear» (art. 2.11) y «cualquier estructura que contenga combustibles nucleares dispuestos de tal modo que dentro de ella pueda tener lugar un proceso automantenido de fisión nuclear sin necesidad de una fuente adicional de neutrones» (art. 2.10).
>
> «2. Las fábricas que utilicen combustibles nucleares para producir sustancias nucleares y las fábricas en que se proceda al tratamiento de estas sustancias nucleares, incluidas las instalaciones de regeneración de combustibles nucleares irradiados».
>
> «3. Las instalaciones de almacenamiento de sustancias nucleares, excepto los lugares en que dichas sustancias se almacenen incidentalmente durante su transporte».
>
> Por **instalación radiactiva** (art. 2.13) se entiende:
>
> «1. Las instalaciones de cualquier clase que contengan una fuente de radiación ionizante,
>
> 2. los aparatos productores de radiaciones ionizantes,
>
> 3. los locales, laboratorios, fábricas e instalaciones que produzcan, manipulen o almacenen materiales radiactivos».
>
> **Radiaciones ionizantes** (art. 2.1) son aquellas «radiaciones capaces de producir directa o indirectamente iones a su paso a través de la materia».

En ambas conductas típicas, perturbación y alteración, se exige que la acción **ponga en peligro grave** la vida, la salud o los bienes de las personas, constituyendo una especie de tentativa del delito anterior en la que el legislador adelanta el momento de intervención a la alteración del funcionamiento de la central sin que se llegue a producir emanación al exterior de la energía nuclear, aunque después retrasa el momento consumativo al exigir que la puesta en peligro tenga que ser grave. Una gravedad que habrá de valorarse, no tanto desde el punto de vista cuantitativo, en relación al número de personas en riesgo o de posibles daños al patrimonio, sino más bien en la mayor o menor **posibilidad de la causación** de los resultados. No deja de llamar la atención que la alteración del orden en el interior de la central pueda ya poner en peligro grave la vida, cuando el delito que tipifica la acción de liberación, mucho más peligrosa, no exige la gravedad del peligro. Es además un delito de peligro concreto, que requiere la efectiva verificación de la gravedad del peligro, y precisamente por ausencia de este elemento, absolvió la SAP de Guadalajara de 16 de abril de 2003 (Ponente: MARTÍNEZ DOMÍNGUEZ), respecto a una manifestación pacífica frente a una central nuclear para hacer patente una protesta, basándose en que no existió indicio alguno de puesta en peligro grave para la salud o vida de las personas, indicando la sentencia que el bien jurídico protegido por el precepto es la seguridad colectiva y que la conducta perturbadora debe ser idónea para crear un efectivo riesgo sobre el bien jurídico y que el riesgo debe de ser grave.

C) *Delito de exposición dolosa de una o varias personas a dosis radiactivas no permitidas (art. 343)*

La Ley Orgánica 5/2010, de modificación del Código penal, reformó el artículo 343, así como los delitos contra el medio ambiente, en una necesidad de armonizar la legislación con la normativa de la Unión Europea, dando nueva redacción al artículo 325, el delito ecológico, cuya conducta típica referente a las emisiones ionizantes pasó a formar parte del artículo 343, con la siguiente redacción:

«1. El que mediante el vertido, la emisión o la introducción en el aire, el suelo o las aguas de una cantidad de materiales o de radiaciones ionizantes, o la exposición por cualquier otro medio a dichas radiaciones ponga en peligro la vida, integridad, salud o bienes de una o varias personas, será sancionado con la pena de prisión de seis a doce años, e inhabilitación especial para empleo o cargo público, profesión u oficio por tiempo de seis a diez años. La misma pena se impondrá cuando mediante esta conducta se ponga en peligro la calidad del aire, del suelo o de las aguas o a animales o plantas.

2. Cuando con ocasión de la conducta descrita en el apartado anterior se produjere, además del riesgo prevenido, un resultado lesivo constitutivo de delito, cualquiera que sea su gravedad, los Jueces o Tribunales apreciarán tan sólo la infracción más gravemente penada, aplicando la pena en su mitad superior.

3. Cuando de acuerdo con lo establecido en el artículo 31 bis una persona jurídica sea responsable de los delitos recogidos en este artículo, se le impondrá la pena de multa de dos a cinco años.

Atendidas las reglas establecidas en el artículo 66 bis, los jueces y tribunales podrán asimismo imponer las penas recogidas en las letras *b*) a *g*) del apartado 7 del artículo 33».

Con la redacción que dio al artículo 325 de la Ley Orgánica 5/2010, en concreto con la eliminación del párrafo relativo a las emisiones ionizantes, que había introducido la Ley Orgánica 15/2003, de reforma del Código penal, éste pasó a ser parte del supuesto de hecho del artículo 343. Porque no estaban muy claras las razones por las que el legislador contempló ese supuesto en el artículo 325, configurándolo como un tipo privilegiado carente de justificación, en comparación con los tipos penales relativos a la energía nuclear, que ya castigaban dicha conducta y de forma mucho más grave. Con ello, tras la reforma de 2010, el artículo 343 conjuga distintas modalidades: *a*) el **vertido** de materiales o radiaciones ionizantes, entendido como el derramamiento de estas sustancias; *b*) la **emisión**, como emanación o liberación descontrolada al exterior o salida o contacto hacia fuera; *c*) y la **introducción**, como su sedimentación o captación al medio marino, aéreo o terrestre. Siempre que ello ponga en peligro la vida o salud de las personas, una o varias, especifica curiosamente la norma pese a la gravedad de la acción, o de sus bienes, o bien la calidad del aire, suelo o aguas, o animales y plantas, siendo curiosamente la pena la misma para todos los casos. Se concreta pues y resalta el carácter de **delito de peligro concreto** cercano a una tentativa de resultado, incluyéndose el medio ambiente, la flora y la fauna como bienes jurídicos protegidos, que pueden ser puestos en peligro o lesionados. Pero si la contaminación es radiactiva, la realización de la acción (vertido, emisión) habrá ya superado el resultado (puesta en peligro de la calidad de objetos medioambientales) y los habrá lesionado.

También se castiga con la misma pena la **exposición dolosa** por cualquier medio de una o varias personas a radiaciones ionizantes, como los rayos X, que ponga en peligro su vida, salud, integridad y bienes. Se trata de someter intencionadamente a personas a dosis de radiactividad por encima de los valores permitidos, contraviniendo lo dispuesto en el Reglamento 783/2001, sobre *Protección Sanitaria contra Radiaciones Ionizantes* (existe un Proyecto en trámite de 2018 de un Decreto sobre Protección de la salud contra los riesgos derivados de la exposición a estas radiaciones). Su estructura responde a una **tentativa de resultado**, ya que es posible apreciar en la acción del artículo 343 un **dolo al menos eventual** de resultado, de matar, lesionar o dañar en general, porque la acción tiene la suficiente gravedad para afirmar que el dolo pueda abarcar la lesión a los bienes jurídicos personales, la vida, la salud, o a los bienes patrimoniales. La gravedad de la acción y la presencia de este dolo de matar o indiferencia hacia la vida ajena es lo que hace que si se producen daños, muertes o lesiones, el concurso pueda establecerse como un concurso de normas, esto es, que cuando todo el peligro se haya materializado en lesiones o muerte, cuando la exposición a dosis radiactiva no haya sido sino el medio de causar la muerte, no haya inconveniente en acudir directamente a los delitos de homicidio o lesiones, o incluso al asesinato. Además, con la reforma del Código penal en 2010, la norma del artículo 343 contempló de forma novedosa una nueva **regla concursal**, la del párrafo segundo, similar a la prevista en el artículo 382 para la seguridad vial, aplicando el principio de **exasperación** (mitad superior de la infracción más grave) a un aparente concurso de leyes, cuando con ocasión del riesgo prevenido se produjere un resultado lesivo constitutivo de delito. Y además, la reforma de 2010 previó como novedad la responsabilidad específica de la persona jurídica a través de la cual se comete el delito, castigándola con pena de multa de dos a cinco años y con las penas previstas en el artículo 33.7.*b*) a *g*), curiosamente sólo en esta modalidad, y no así, por ejemplo, en las anteriores, que se cometen *per se* en el seno de una central nuclear.

El delito admite también la **modalidad imprudente**.

La SAP de Cádiz de 31 de mayo de 2004 (Ponente: RODRÍGUEZ ROSALES) sobreseyó el caso de la explotación de unas máquinas en el que no quedó acreditado que produjeran radiaciones superiores a las que eran propias de la función que desempeñaban ni fuesen capaces de causar daños a las personas.

D) *Delito de apoderamiento o transporte no autorizado de material nuclear (art. 345)*

Modificado por la Ley Orgánica 5/2010, y posteriormente por la Ley Orgánica 1/2015, el artículo 345 tiene actualmente la siguiente redacción:

«1. El que, contraviniendo las leyes u otras disposiciones de carácter general, adquiera, posea, trafique, facilite, trate, transforme, utilice, almacene, transporte o elimine materiales nucleares u otras sustancias radiactivas peligrosas que causen o puedan causar la muerte o lesiones graves a personas, o daños sustanciales a la calidad del aire, la calidad del suelo o la calidad de las aguas o a animales o plantas, será castigado con la pena de prisión de uno a cinco años, multa de seis a dieciocho meses, e inhabilitación especial para profesión u oficio por tiempo de uno a tres años.

2. El que sin la debida autorización produjere tales materiales o sustancias será castigado con la pena superior en grado.

3. Si los hechos a que se refieren los apartados anteriores se hubieran cometido por imprudencia grave, se impondrá la pena inferior en grado a la señalada en los mismos».

Se trata de una **modalidad multiforme de peligro y de resultado**, que incluye acciones como el transporte o el tráfico ilegales de material nuclear o elementos radiactivos. Por material radiactivo se entiende (art. 2.2 de la Ley 29/1964) «todo aquel que contenga sustancias que emitan radiaciones ionizantes», y por sustancias nucleares (art. 2.8) «los combustibles nucleares, salvo el uranio empobrecido, que por sí solos o en combinación con otras sustancias puedan producir energía mediante un proceso automantenido de fisión nuclear fuera de un reactor nuclear», y «los productos o desechos radiactivos».

La **acción típica** recae sobre sustancias o elementos que, no siendo especialmente peligrosos en estado natural, como el plutonio, ante ciertas circunstancias como el transporte, pueden producir reacciones descontroladas en cadena. El Estado se reserva el derecho a ejercer un férreo control sobre estos elementos por su especial peligrosidad, e impone la necesidad de una autorización conforme a la normativa administrativa, como el Real Decreto 97/2014, de 14 de febrero, *por el que se regulan las Operaciones de Transporte de Mercancías Peligrosas por Carretera en Territorio Español*, o el Real Decreto 1566/1999, de 8 de octubre, *sobre los Consejeros de Seguridad para el Transporte de Mercancías Peligrosas por Carretera, por Ferrocarril o por Vía Navegable.* La acción típica requiere además la **puesta en peligro potencial** («que puedan causar») o **la lesión o daño** («que causen») de la vida o salud de personas o del medio ambiente, calidad del aire, suelo, agua, animales y plantas, convirtiéndose pues en un delito de peligro hipotético o de resultado, y además cuantificado (lesiones «graves» y daños «sustanciales»), castigado extrañamente con la misma pena, y alejándose así de una redacción anterior a la reforma de 2010, en la que el hecho delictivo venía a solaparse con la infracción administrativa, puesto que la norma no añadía ningún *plus* de peligrosidad. Sobre todo teniendo en cuenta que ya la Ley 25/1964 prevé como infracción administrativa muy grave la realización de este tipo de acciones sin obtener la preceptiva autorización, así como el incumplimiento de los términos, requisitos, obligaciones, límites, condiciones o prohibiciones impuestos en las autorizaciones, cuando ello implique un grave riesgo a la vida o salud de las personas o la seguridad de las cosas, teniendo presente además el peligro resultante de la infracción, y castigando la infracción con millones de euros de multa.

Básicamente, se tipifican en el artículo 345.1 las siguientes acciones:

— La **adquisición**, como hacer propios los materiales o sustancias una vez transmitidos. Esta acción típica se introduce con la Ley Orgánica 1/2015, y viene a reproducir la conducta de «recibir» mencionada en el artículo 345 antes de la reforma de 2010.

— La **posesión**, o tenencia del material o sustancia.

— El **tráfico**, negociar, comerciar, mercadear.

— La **facilitación**, permitir el acceso a terceros no autorizados.

— El **transporte**, el traslado, incluso más allá de las fronteras españolas, aguas territoriales o espacio aéreo nacional, lo que le da al delito un carácter trasnacional, que le puede llevar a escapar de la competencia de la jurisdicción española.

— El **tratamiento y la transformación**, esto es, modificar o mutar la sustancia o material.

— La **utilización**, en el sentido ya indicado de poseer o adquirir, y usar o servirse del material o sustancia.

— El **almacenaje**, o sea, guardar o acumular.

— E incluso la **eliminación** de materiales nucleares u otras sustancias radiactivas peligrosas, término que se mantiene a pesar de la reticencia manifestada por cierto sector doctrinal, sobre todo si se entiende no tanto como suprimir o hacer desaparecer la radiactividad, sino reciclar, procesar o depositar los materiales en cementerios nucleares de forma no autorizada (De la Cuesta Aguado y González Collantes).

Con la reforma de 2010, la norma amplió el número de conductas típicas, y sustituyó la expresión «isótopos radiactivos» de una redacción anterior por la de «otras sustancias radiactivas peligrosas». Con posterioridad, la reforma de 2015 suprimió el apoderamiento de material nuclear o elementos radiactivos, especie de hurto o robo que aun sin ánimo de lucro sino de dañar, resultaba más próximo a un delito patrimonial que a un delito contra la seguridad colectiva.

La reforma de 2010 previó expresamente la modalidad agravada de la **producción** del material nuclear o sustancia radiactiva peligrosa, actualmente tipificada en el párrafo 2. Un delito de peligro abstracto, penado con la pena superior en grado, que podría por otro lado entenderse incluida en conductas del párrafo 1 (tratar, transformar), salvo que se entienda que las sustancias o materiales del artículo 345.1 son previamente radiactivos, y los del artículo 345.2 se convierten en radiactivos una vez realizada la acción de producir, lo que podría justificar la mayor penalidad de la pena de prisión, pero también de la multa y la inhabilitación, aumentadas todas en un grado (DE LA CUESTA AGUADO).

Además, la reforma de 2015 sustituyó la «falta de autorización debida» por la «***contravención de las leyes u otras disposiciones de carácter general***», en las que se regulan otros aspectos más además de las autorizaciones, y que supone una accesoriedad de la norma penal, no ya al acto, sino al Derecho. Ha de entenderse, por otro lado, como un elemento común a todas las modalidades de delitos relativos a la energía nuclear, a pesar de que sólo se menciona expresamente en el artículo 345. Porque si para cometer el delito no fuese preciso actuar sin autorización o en contra de ella, la acción podría ser administrativamente lícita (si se actúa conforme a ella), pero en cambio delictiva (si existiese peligro a los bienes jurídicos personales o ambientales), lo que contravendría a todas luces el principio de *ultima ratio* o intervención mínima y de unidad del ordenamiento jurídico. Por ello, la infracción penal se realizará cuando se actúe en contra o al margen de la autorización administrativa, y además, en los casos en los que se indique en la norma, como sucede en el artículo 345, que la conducta entrañe un peligro potencial o daño a la vida o salud de las personas, de acuerdo a una concepción predominantemente antropocéntrica de los bienes jurídicos (vida, integridad), pero también ecocéntrica (medio ambiente) de la seguridad colectiva. Al no ser ya en el artículo 345 la falta de autorización un elemento del tipo, sino la no adecuación de la conducta a las leyes reguladoras, el error sobre el contenido o sobre la existencia de la autorización, o bien la creencia errónea del autor de actuar correctamente con arreglo a la ley, o dentro de sus límites de permisividad, será un error de prohibición, sobre el contenido de la prohibición o antijuridicidad del hecho, o bien un error de tipo, si cree el autor que la acción es legal, pero en cualquier caso punible si es vencible, al estar castigada la modalidad imprudente, porque todas las modalidades de delitos cometidos con energía nuclear admiten la forma de imprudencia grave, incluido, tras la reforma de 2015, el artículo 345.

La reforma de 2015 añadió junto a la pena de prisión, la de multa (siendo así la única modalidad que la contempla para la persona física) y la inhabilitación para profesión u oficio.

3. DEFICIENCIAS DEL DELITO RELATIVO A LA ENERGÍA NUCLEAR

1. A diferencia de sus homólogos en el Derecho comparado, como el Código penal alemán o austriaco, la legislación nacional no reconocía carácter supranacional a los bienes jurídicos lesionados con los delitos relativos a la energía nuclear, a pesar de que las acciones típicas pueden trascender el entorno nacional de un país, de que son delitos a distancia (espacial e incluso temporalmente, por los resultados lesivos a largo plazo que pueden causar), y de que se trate de intereses que deben ser protegidos y asumidos por la Comunidad internacional.

En España, el delito relativo a la energía nuclear no se encontraba sujeto al **principio de justicia universal**, aunque la cooperación internacional sea en esta materia crucial tanto en la prevención como en la represión del delito. Aun así, unos pasos hacia delante en ese sentido dieron, primero, la Ley 2/2003, de 14 de marzo, *sobre Orden Europea de Entrega (Euroorden)*, cuyo artículo 9 excluyó al delito de tráfico ilícito de materiales radiactivos o sustancias nucleares del criterio de la doble incriminación, tratándolo como **delitos con protección reforzada**. Derogada por la Ley 23/2014, *de Reconocimiento Mutuo de Resoluciones Judicial en la Unión Europea*, en la actualidad es el artículo 20 (y art. 10) el que excluye de la doble tipificación el tráfico ilícito de material nuclear o radiactivo. También la Ley Orgánica del Poder Judicial, en su reforma de 2014, modificó el artículo 23.4, haciendo competente a la **jurisdicción española** [letra *h*)] para conocer de los hechos cometidos fuera del territorio nacional susceptibles de tipificarse según la ley española como delitos contenidos en el *Convenio sobre la Protección Física de Materiales Nucleares*, hecho en Viena y Nueva York el 3 de marzo de 1980, siempre que el delito fuese cometido por un ciudadano español, Convenio firmado por España, con compromiso de garantizar durante el transporte nuclear internacional la protección de los materiales nucleares dentro de su territorio o a bordo de sus buques o aeronaves.

2. La legislación penal española no tipifica expresamente la **prevaricación administrativa** en esta materia, esto es, la acción del funcionario que autorizara ilegalmente la realización de actividades de una instalación nuclear, o silenciara con motivo de una inspección irregularidades cometidas en el seno de éstas, u omitiera la inspección, como ha hecho el legislador en otros delitos, como los daños al patrimonio histórico (art. 322), el delito contra la ordenación del territorio o urbanismo (art. 320), o el delito ecológico (art. 329), tras la reforma de 2010. Por tanto, la prevaricación funcionarial sólo se podrá seguir persiguiendo en su caso si existe resolución administrativa arbitraria a través del tipo general de la prevaricación, o por la norma del artículo 11, una ausencia que podría tener su causa en la aplicación exclusivamente militar que tuvo en sus orígenes la energía atómica, que le impregnaba de un cierto halo de sigilo o reserva.

4. Concursos

Cuando a consecuencia del peligro creado mediante la comisión de un delito relativo a la energía nuclear, se causen daños personales, habrá que aplicar las reglas del concurso de normas o de delitos, esto es, unas veces el delito de menor gravedad (normalmente el de peligro) quedará absorbido o consumido en el o los delitos de resultado (normalmente más graves), y otras veces, según la naturaleza del peligro, habrá que aplicar el delito de peligro y además el o los delitos de resultado. En general, se puede afirmar que cuando se trata de una puesta en peligro determinada y concreta de bienes jurídicos y todos ellos resultaran lesionados, el concurso debe ser un **concurso de normas**, a favor de los distintos delitos contra la vida o la salud. Pero cuando alguno de estos bienes quede ileso, o cuando se trate de puestas en peligro indiferenciadas, la lesión de algunos de ellos no debe impedir la apreciación del **concurso de delitos** entre el delito de peligro (incluso la modalidad lesiva múltiple del art. 345) y los distintos delitos contra la vida, salud o patrimonio, a fin de valorar la puesta en peligro grave e indiscriminada de víctimas que salen ilesas, como sucede en las modalidades de los artículos 341, 342 o 345. Como se ha indicado antes, en el caso del artículo 343, la Ley Orgánica 5/2010 contempló un **concurso *sui generis***, porque lo resuelve en todo caso aplicando el delito más grave en su mitad superior, esto es, con uno de los principios que resuelve el concurso ideal de delitos, el de exasperación.

Además, la especial gravedad e irreversibilidad del daño causado con el uso de la energía nuclear, hará imposible que se le aplique la atenuante cualificada de reparación del daño del artículo 340, como no fuese como atenuante ordinaria de intentar disminuir o mitigar los efectos del delito.

III. DELITO DE ESTRAGOS (ARTS. 346 Y 347)

1. DELITO DOLOSO DE ESTRAGOS (ART. 346)

> «Los que provocando explosiones o utilizando cualquier otro medio de similar potencia destructiva causaren la destrucción de aeropuertos, puertos, estaciones, edificios, locales públicos, depósitos que contengan materiales inflamables o explosivos, vías de comunicación, medios de transporte colectivos, o la inmersión o varamiento de nave, inundación, explosión de una mina o instalación industrial, levantamiento de los carriles de una vía férrea, cambio malicioso de las señales empleadas en el servicio de ésta para la seguridad de los medios de transporte, voladura de puente, destrozo de calzada pública, daño a oleoductos, perturbación grave de cualquier clase o medio de comunicación, perturbación o interrupción del suministro de agua, electricidad, hidrocarburos u otro recurso natural fundamental incurrirán en la pena de prisión de diez a veinte años, cuando los estragos comportaran necesariamente un peligro para la vida o integridad de las personas.
>
> Cuando no concurriere tal peligro, se castigarán con una pena de cuatro a ocho años de prisión.
>
> Si además del peligro, se hubiere producido lesión para la vida, integridad física o salud de las personas, los hechos se castigarán separadamente con la pena correspondiente al delito cometido».

El delito de estragos consiste en causar **explosiones o utilizar otro medio de gran potencia destructiva**, causando daños de gran magnitud a bienes en su mayoría de dominio o uso público, que la norma enumera de una forma bastante exhaustiva:

a) **Destrucción** de aeropuertos, puertos, estaciones, edificios, locales públicos, depósitos con material inflamable o explosivos, vías de comunicación, medios de transporte colectivos (STS de 17 de enero de 2001, Ponente: DELGADO GARCÍA).

b) **Inmersión o varamiento de nave** (STS de 3 de octubre de 1995, Ponente: CONDE-PUMPIDO TOURÓN).

c) **Inundación, explosión** de una mina o instalación industrial.

d) **Levantamiento** de los carriles de una vía férrea, cambio malicioso de las señales empleadas para la seguridad de los medios de transporte, destrozo de calzada pública.

e) **Voladura de puente.**

f) Daño a **oleoductos**, perturbación grave de medio de comunicación, perturbación o interrupción del suministro de agua, electricidad, hidrocarburos u otro recurso natural fundamental (STS de 2 de julio de 1993, Ponente: Soto Nieto). La reforma de 2015 hizo especial alusión a los oleoductos y a los hidrocarburos (petróleo y sus conducciones).

Se trata de un delito de peligro concreto para la vida o integridad de las personas, en su párrafo 1, o abstracto y general, en su párrafo 2, con un dolo de peligro, que se compadece mal con la expresión «maliciosamente» empleada en una de las acciones típicas mencionadas en el artículo 346, el cambio de señales en las vías férreas.

El delito se configura como la más grave de las conductas consistentes en **daños por artefacto explosivo o incendiario**, quedando integrado dentro del capítulo primero del Título XVII en los delitos de riesgo catastrófico. Suele tratarse de bombona de butano, cóctel molotov, gas, empleados en explosiones de edificios, por suicidios, desalojos, o negligencias en la manipulación de cuadros eléctricos. Es además un delito común, y de peligro, pudiendo comprender las siguientes circunstancias:

1. Cuando la acción comporte necesariamente un **peligro** para la vida o integridad de las personas, se aplicará propiamente el delito de estragos, consumándose éste. La posibilidad de apreciar tentativa es descartada en la práctica por los jueces, sobre todo cuando no quede probado el dolo de puesta en peligro concreto de la vida o integridad de las personas (SAP de Cáceres de 1 de marzo de 2007, Ponente: Pérez Aparicio, pues el hecho de arrancar el regulador de presión de la línea del calentador de agua, provocando un escape de gas, en ningún caso supuso un peligro por las medidas de seguridad existentes, siendo la finalidad más bien la de boicotear una celebración).

2. Si además del peligro se hubiese producido un **resultado lesivo** a la vida, integridad física o salud de las personas, los hechos se castigarán «separadamente», a través de la regla del concurso ideal, pese a dar a entender la norma que se trata de un concurso real. Cuando se produzca un resultado de muerte o lesiones, en tanto los explosivos tiendan a asegurarlas, el concurso se planteará con el delito de asesinato de los artículos 139 o 140, o con las lesiones alevosas graves del artículo 148.2.

3. **Si no concurriese peligro** a los bienes jurídicos personales, la pena será menor, de cuatro a ocho años de prisión, dado que la Ley Orgánica 1/2015 modificó el artículo 346, de modo que éste ya no se remite al delito de daños del artículo 266, lo que no parece haber supuesto una agravación tan importante de la pena, dada la gravedad de los supuestos del artículo 266: en el Código penal se establecía una relación entre ambos tipos, mayor grado de peligro para los

estragos, menor grado para los daños, relación que llevó a hablar no de ilícitos distintos sino de dos grados de la misma conducta (SAN de 12 de noviembre de 2009, Ponente: POVEDA PEÑAS). Actualmente, se tipifican en el código penal: 1) los estragos, daños de gran magnitud a bienes patrimoniales fundamentalmente públicos: *a*) con puesta en peligro de la vida y salud de las personas, castigados con pena de prisión de hasta veinte años, *b*) o bien, si queda descartado dicho peligro, con pena de prisión de hasta ocho años. 2) Pero asimismo, los daños a bienes de propiedad ajena mediante explosión u otro medio de similar potencia destructiva, si existe además puesta en peligro de los bienes jurídicos personales, se castigan con pena de prisión que puede alcanzar los ocho años en los casos más graves (art. 266.4), pero incluso descartado dicho peligro, la pena de prisión puede llegar a los cinco años, por ejemplo, los daños del artículo 266.2, entre los que por remisión al artículo 263.2 se incluyen también los bienes de uso o dominio público o comunal, o de especial gravedad o con afectación de intereses generales, o tratarse de daños a bienes militares, como aeronaves o medios de transporte, o con alteración del orden público, según el artículo 266.3.

4. Por otro lado, en tanto se trata de delitos contra el mismo bien jurídico, la relación del delito de estragos con el delito relativo a la energía nuclear debe ser de **concurso de normas** a favor del más grave, según la regla del mayor rango punitivo del artículo 8.4, pues si existe un delito que puede ocasionar verdaderos estragos, ése es el delito cometido con energía nuclear de los artículos 341 y siguientes.

5. A su vez, cuando se cause «destrozo de calzada pública», cabe el concurso con el delito del artículo 385, relativo a la **seguridad vial**.

6. Cuando la finalidad de los estragos sea la alteración de la paz pública o del orden constitucional, entrará en concurso de normas con el delito de **estragos terroristas** (art. 573 bis.1-3.ª) (SAN de 31 de octubre de 2007, castigando por estragos terroristas los atentados del 11 de marzo de 2004, Ponente: GÓMEZ BERMÚDEZ, STS de 17 de julio de 2012), o de traición (art. 473).

2. DELITO DE ESTRAGOS POR IMPRUDENCIA (ART. 347)

La **imprudencia grave** del delito de estragos está castigada en el artículo 347 con la pena de prisión de uno a cuatro años.

La SAP de Cantabria de 17 de marzo de 2009 (Ponente: CAMPELO IGLESIAS) condenaba por esta modalidad delictiva al sujeto que con el designio de suicidarse ubicó una bombona de gas butano en el dormitorio abriendo la espita para permitir la salida del gas al exterior, procediendo a encender fuego, lo que provocó una fuerte explosión que causó múltiples desperfectos en la totalidad del inmueble. Y posteriormente, la SJP n.º 2 de Santander de 25 de marzo de 2014 (Ponente: HOYA COROMINA) condenaba por estragos imprudentes la explosión en edificio por fuga de gas propano producida en el tramo instalado por los acusados que, sin tener cualificación adecuada ni ser instaladores autorizados, colocaron una placa de cocina de gas natural cuando el servicio de gas del edificio era de propano, causando el fallecimiento de seis personas y lesiones a otras siete.

IV. OTROS DELITOS DE RIESGO

La sección tercera del capítulo I de este Título XVII recoge una serie de delitos que en su momento provenían de la reforma del Código penal de 1989, relativo a los delitos de manejo de sustancias peligrosas y de infracción de normas de seguridad en la construcción. Las posteriores reformas del Código penal, de 1995, 2005 y 2010, tuvieron por objeto tipificar nuevos delitos, dado que el proceso creciente de industrialización comenzado en el siglo XIX conllevó la manipulación de máquinas y productos peligrosos de gran potencialidad destructiva para la población, con infracción de las normas de cuidado.

El uso indebido de sustancias altamente inflamables, de material pirotécnico, el creciente aumento de accidentes laborales sobre todo en la construcción, o la utilización de explosivos estragantes por bandas terroristas, motivaron la progresiva ampliación de estas normas, aumentando el número de los delitos de peligro y con ello la intervención punitiva del Derecho penal mediante el uso de la **técnica del peligro concreto**, sobre todo a raíz de graves sucesos ocurridos décadas atrás. Así, por ejemplo, en los últimos años, más de medio centenar de personas han fallecido en accidentes pirotécnicos, en su mayoría trabajadores, al explotarles los compuestos que manipulaban.

> Uno de los sucesos más graves que se recuerdan con material inflamable fue el acaecido en el *Camping Los Alfaques* (Tarragona), cuando en julio de 1978, un camión cisterna cargado con veinticinco toneladas de propileno líquido circulaba superando su carga en algo más de cinco toneladas sobre lo permitido para ese tipo de vehículos, además de incumplir las normas de seguridad. A causa de un fallo hidráulico en la cisterna, el camión provocó el escape gaseoso del líquido, dando paso a una explosión cuyo radio de expansión llegó hasta más de doscientos metros, matando de forma instantánea a más de cien personas, además de otro centenar que murió a consecuencia del incendio. El Tribunal Supremo, en sentencia de 7 de junio de 1983 condenaba a dos personas, el conductor del camión y el Director de la refinería, como autores de un delito de imprudencia temeraria con resultado de muertes, lesiones y daños, a la pena a cada uno de un año de prisión.
>
> En Andalucía, cabe destacar el accidente pirotécnico ocurrido en Bollullos del Condado (Huelva), en 1992, donde murieron cinco personas, o el de la fábrica de Benacazón (Sevilla) en 2010, también con cinco muertos. Posteriormente, en 2015, sendos accidentes pirotécnicos en la localidad ourensana de Berán y en la de Zaragoza, acabaron con la vida de nueve personas y causaron varios heridos.

1. Delitos de riesgo provocados por explosivos, sustancias inflamables o corrosivas, tóxicas o cualesquiera otras que puedan causar estragos (art. 348)

El artículo 348, modificado por la Ley Orgánica 4/2005, y después por la Ley Orgánica 5/2010, castiga la acción de fabricar, manipular, transportar, tener o comercializar con explosivos, sustancias inflamables o corrosivas, tóxicas o asfixiantes, o cualesquiera otras materias, aparatos o artificios, que puedan provocar estragos, en contravención de las normas de seguridad, y poniendo en peligro concreto la vida, integridad, o salud de las personas, o el medio ambiente. Frente al delito del artículo 346, el delito del artículo 348 hace recaer el acento más en los **bienes personales** que en los patrimoniales. El precepto aplica una pena de prisión de seis meses a tres años, multa de doce a veinticuatro meses e inhabilitación especial para empleo o cargo público, profesión u oficio de seis a doce años. La norma vio ampliada sus modalidades de conducta, introduciendo la reforma de 2010 una cláusula relativa a la producción, exportación, importación, comercialización o utilización ilegales de sustancias destructoras del ozono. La existencia del precepto venía motivada por lo establecido en la Directiva 2008/99/CE del Parlamento Europeo y del Consejo, de 19 de noviembre de 2008, *relativa a la Protección del Medio Ambiente mediante el Derecho Penal*. Se trata de un **delito de peligro concreto**, una infracción administrativa elevada a delito, que además desde el punto de vista del bien jurídico se antojaba mejor ubicarlo en los delitos contra el medio ambiente como tipo específico, sobre todo para que no escapase, como escapó hasta la reforma de 2015, de la aplicación del artículo 339 y del principio de obligado cumplimiento «quien contamina paga», hoy previsto en el artículo 358 bis.

El delito presenta las siguientes características (según STS de 13 de julio de 2009, Ponente: PUERTA LUIS, que castigaba la acción del acusado de volcar sobre su cabeza un litro de gasolina teniendo en la mano un mechero y habiendo colocado antes en el salón de la casa dos bombonas pequeñas de camping llenas de gas y otras dos de butano con las gomas cortadas, esposando a una de ellas a sus dos hijos):

1. Es un **delito común**, puede cometerlo cualquiera.
2. Recae sobre **explosivos, sustancias inflamables o corrosivas, tóxicas o asfixiantes, o estragantes**, por ejemplo, productos como el amianto, ácido sulfúrico, ácido nítrico, ácido clorhídrico, nitrato de potasio, aluminio en polvo, alcohol etílico, propileno líquido, pólvora, butano, artificios pirotécnicos, cartuchería, gas 22 destructor de la capa de ozono (SAP de Barcelona de 24 de octubre de 2016), u otros materiales en sí inertes si no se mezclan (SAP de Córdoba de 9 de abril de 2013, STS de 9 de junio de 2010).
3. Es una **norma penal en blanco**, en cuanto precisa la infracción de las normas de seguridad establecidas en cada caso, el Real Decreto 130/2017, de 12 de febrero, *por el que se aprueba el Reglamento de Explosivos*; el Real Decreto 563/2010, de 7 de mayo, *por el que se aprueba el Reglamento de Artículos Pirotécnicos y Cartuchería*; la Directiva 2014/28/UE del Parlamento Europeo y del Consejo, de 26 de febrero de 2014, *relativa a la Armonización de las Legislaciones de los Estados Miembros en Materia de Comercialización y Control de Explosivos con Fines Civiles*, y la Directiva 2014/58/UE de la Comisión, de 16 de abril de 2014, *por la que se establece un Sistema de Trazabilidad de los Artículos Pirotécnicos.*
4. Es un **delito de peligro concreto**, para la vida, la integridad o la salud de las personas, o el medio ambiente, en cuanto supone un adelantamiento de la intervención penal a momentos anteriores a la efectiva producción de los correspondientes resultados lesivos, de dimensiones catastróficas, fabricar, manipular,

transportar, tener o comercializar (SAP de Tarragona de 24 de mayo de 2001, AAP de Cantabria de 28 de febrero de 2005, STS de 16 de julio de 1999), que es lo que puede justificar su inclusión en este Título y capítulo, aunque tenga un evidente carácter medioambiental, que ha llevado a proponer su inclusión en los artículos 325 y siguientes (MUÑOZ LORENTE).

5. El tipo penal exige una **relación de causalidad** entre la infracción de las normas citadas y el resultado de peligro concreto.

6. Sólo es penalmente punible su comisión **dolosa**, al no estar prevista en el Código su comisión por imprudencia.

7. El delito queda **consumado** desde el momento en que se causa el concreto peligro para la vida, la integridad o la salud de las personas o el medio ambiente. Si a la creación del peligro sigue la causación de lesiones efectivas se producirá un concurso de delitos (aplicando en cambio un concurso de normas la SAP de Granada de 12 de junio de 2006, Ponente: FLORES DOMÍNGUEZ, castigando al gerente de una empresa de productos químicos que vertió a la red general de evacuación hipoclorito y ácido clorhídrico provocando una nube de vapores de cloro que penetró en la nave contigua causando la intoxicación de varios trabajadores).

La reforma del Código penal por Ley 4/2005 trató de reforzar la intervención sancionadora en un ámbito susceptible de mejora, como es el de la utilización de sustancias explosivas que puedan causar estragos, con el objetivo de elevar el reproche penal del tráfico indebido y el incumplimiento de los deberes relativos a la seguridad colectiva en la tenencia de estas sustancias tan peligrosas. La reforma adoptaba como ineludible punto de partida la necesidad de tutelar la **vida y la integridad física** de las personas frente a cualquier atentado contra la seguridad colectiva, a fin de intensificar el control y la seguridad de los explosivos que puedan causar estragos y evitar que bandas armadas puedan apoderarse de ellos de forma ilícita y cometer gravísimos atentados contra la vida y la integridad física de las personas, como los sucedidos en Madrid el 11 de marzo de 2004. La potestad sancionadora administrativa se revelaba insuficiente para atajar la conducta de quienes estando obligados a ello no observaran las medidas de vigilancia y control de los explosivos, y las normas penales vigentes entonces no permitían tampoco sancionar estas conductas cuando pueden coadyuvar a que los terroristas dispongan de los explosivos con los que cometer sus actos criminales.

A este respecto se introdujeron nuevos párrafos en el artículo 348. Los párrafos segundo y tercero, este último modificado por la Ley Orgánica 5/2010, prevén una responsabilidad de los encargados de la **vigilancia, control y utilización** de los explosivos, cuando hayan facilitado su pérdida o sustracción, imponiéndoles la pena de prisión de seis meses a tres años, la multa de doce a veinticuatro meses y la inhabilitación para empleo o cargo público de seis a doce años, y en su mitad superior al director, administrador o encargado de la sociedad o empresa. Se trata de incriminar expresamente la conducta de los sujetos obligados legal o contractualmente a la vigilancia, custodia y consumo de sustancias explosivas que puedan causar estragos, cuando contravengan la normativa de explosivos.

Se requiere que dicho incumplimiento haya facilitado la efectiva pérdida o sustracción de los mismos, para diferenciar esta conducta penalmente relevante del correspondiente ilícito administrativo, que quedará restringido a los casos no comprendidos en la descripción típica, entre otros, la vulneración imprudente del deber de vigilancia de artefactos pirotécnicos y cartuchería en general.

Por otro lado, el párrafo cuarto tipifica la conducta del responsable de la fábrica, taller o medio de transporte relativo a los explosivos que: *a*) **Obstaculice** la actividad inspectora de la Administración en materia de seguridad de explosivos. *b*) **Falsee u oculte** a la Administración información relevante para el cumplimiento de las medidas de seguridad obligatorias sobre explosivos. La agravante se justifica por un mayor peligro creado con la acción, que ha de recaer sobre aspectos esenciales, como es la información relevante en relación a las medidas de seguridad que sean de obligado cumplimiento. Cabe el concurso con el delito de falsedad documental, siempre que sea determinante de la ilegalidad de la concesión de la autorización o del contenido de ésta. *c*) O **desobedezca** órdenes expresas de la Administración encaminadas a subsanar anomalías graves detectadas. Se trata de una desobediencia a órdenes expresas de la Autoridad administrativa, y de forma reiterada, que puede concursar con el delito del artículo 556.

También en este delito, la Ley Orgánica 5/2010 previó la **responsabilidad de la persona jurídica,** en el párrafo 3, castigándola con pena de multa de uno a tres años, salvo que se acredite un perjuicio mayor, en cuyo caso la multa será proporcional, del doble al cuádruplo del montante del perjuicio, pudiendo el juez imponer además las penas previstas en el artículo 33.

2. DELITOS DE RIESGO PROVOCADOS POR ORGANISMOS (ART. 349)

> «Los que en la manipulación, transporte o tenencia de organismos contravinieren las normas o medidas de seguridad establecidas, poniendo en concreto peligro la vida, la integridad física o la salud de las personas, o el medio ambiente, serán castigados con las penas de prisión de seis meses a dos años, multa de seis a doce meses, e inhabilitación especial para el empleo o cargo público, profesión u oficio por tiempo de tres a seis años».

En el delito tipificado en el artículo 349, el objeto de la acción viene determinado por los **organismos**, seres definidos en la Ley 9/2003, de 25 de abril, *de Régimen Jurídico de la Utilización Confinada, Liberación Voluntaria y Comercialización de Organismos Modificados Genéticamente*, que los define en su artículo 2 como «cualquier entidad biológica capaz de reproducirse o de transferir material genético, incluyéndose dentro de este concepto a las entidades microbiológicas, sean o no celulares». Éstos son los transgénicos, organismos microcelulares de animales y plantas, o muestras biológicas de sangre u orina capaces de transferir material genético.

La **acción típica** vendrá constituida por la contravención de normas o medidas de seguridad en la manipulación, transporte o tenencia de los organismos, y por la puesta en peligro concreto a la vida o la salud de las personas. La pena prevista es la de prisión de seis meses a dos años, multa de seis a doce meses e inhabilitación especial para empleo o cargo público, profesión u oficio de tres a seis años.

Ejemplo: La SAP de Zaragoza de 26 de marzo de 2018 condena a una técnico de laboratorio que, por venganza, manipula y contamina fuera de la zona de seguridad muestras biológicas de pacientes, originando falsos positivos en tuberculosis, y poniendo en peligro a médicos, pacientes, que allí accedían, por el alto nivel de gérmenes que dichas sustancias contenían. Se trata de organismos, y no de medicamentos, las muestras de los pacientes y los aditivos o reactivos utilizados para su análisis, así como el resultado de la mezcla, al carecer de efectos terapéuticos. Se excluye, pues, decía la sentencia, el delito del artículo 362 (delito farmacológico), y además el artículo 160 (manipulación de óvulos), en tanto aunque hubo temor de que una paciente embarazada pudiese estar infectada de tuberculosis, no lo fue por inyección dolosa al feto por parte de la autora.

3. Delitos de riesgo por infracción de normas de seguridad en el trabajo con motivo de la realización de obras públicas (Art. 350)

«Sin perjuicio de lo dispuesto en el artículo 316, incurrirán en las penas previstas en el artículo anterior los que en la apertura de pozos o excavaciones, en la construcción o demolición de edificios, presas, canalizaciones u obras análogas o, en su conservación, acondicionamiento o mantenimiento infrinjan las normas de seguridad establecidas cuya inobservancia pueda ocasionar resultados catastróficos, y pongan en concreto peligro la vida, la integridad física de las personas o el medio ambiente».

Derivado del delito contra la seguridad e higiene en el trabajo del artículo 316, referido a los derechos de los trabajadores, el precepto del artículo 350 está configurado por los siguientes elementos típicos:

1. Una infracción de las normas de seguridad establecidas en la materia, encontrándonos ante una **norma penal en blanco**, que deberá completarse con las disposiciones legales de carácter general referidas a normas de seguridad, cuya inobservancia pueda ocasionar resultados catastróficos (SAP de Zaragoza de 11 de marzo de 1998, Ponente: López Millán, absolviendo en la caída de brazo de grúa torre que giraba sobre un colegio, por no existir infracción de las normas de seguridad ya que todas las inspecciones fueron favorables).
2. Por **resultado catastrófico** ha de entenderse un daño de extraordinaria gravedad e importancia, no tanto por su cuantía patrimonial sino por su afectación a un gran número indeterminado de personas, excluyéndose por consiguiente aquellos supuestos en los que la infracción de normas de seguridad pueda generar un riesgo sobre personas individuales y concretas (SAP de Asturias de 10 de noviembre de 1998, Ponente: Abelló Casielles, absolviendo en las

obras realizadas temerariamente que no determinaron un riesgo de causar resultados catastróficos ni de poner en concreto peligro la vida o integridad de las personas, o SAP de Madrid de 16 de mayo de 2006).

3. Además, la limitación que configura la conducta típica es que la acción infractora de las normas que sea capaz de generar resultados catastróficos, ponga además en **concreto peligro** la vida, la integridad física de las personas o el medio ambiente, tratándose por consiguiente, de un delito de peligro concreto, que requerirá la demostración de que en efecto ha existido dicho riesgo (STS de 16 de mayo de 2006, Ponente: FABIÁ MIR, o STS de 30 de noviembre de 1990).

En definitiva, se castigan conductas que originen un peligro grave a bienes jurídicos personales (vida, integridad física) y también a bienes jurídicos supraindividuales (medio ambiente), y a la colectividad en su conjunto. Se trata además, a diferencia del artículo 316, de un delito comisible sólo en su modalidad dolosa, castigado con las penas del artículo anterior, al que expresamente se remite, pena de prisión de seis meses a dos años, multa de seis a doce meses e inhabilitación especial para empleo o cargo público, profesión u oficio de tres a seis años. Ambos delitos son de peligro concreto, pero el artículo 316 tipifica un delito de omisión impropia relativo a la puesta en peligro de trabajadores por parte del empleador que no facilita las medidas de seguridad para la ejecución del trabajo (delito especial), o por la persona jurídica responsable (según el art. 318, que manteniendo una redacción antigua, remite al art. 129), comisible también por imprudencia grave (art. 317), y con una pena de prisión superior a la del artículo 350, de seis meses a tres años (a pesar de tratarse de un peligro menor que en el del art. 350, que es catastrófico), más una multa de seis a doce meses (la misma que en el art. 350), pero sin la pena de inhabilitación.

La norma deja a salvo el concurso de delitos con el artículo 316, pudiéndose del mismo modo plantear un concurso ideal de delitos del artículo 350 con los correspondientes resultados lesivos contra la vida o la salud de las personas, trabajadores o no, en caso de producirse muerte o lesiones.

Cuestionario de repaso:

1. Modalidades de los delitos relativos a la energía nuclear. ¿Cuáles han sido en ellos las modificaciones de la Ley Orgánica 1/2015?
2. ¿Qué relación guarda el delito relativo a la energía nuclear con el delito de estragos?
3. ¿Qué son los delitos de riesgo?

LECCIÓN 20.ª

INCENDIOS

MIGUEL POLAINO NAVARRETE

I. SISTEMÁTICA LEGAL

La criminalidad incendiaria ha experimentado en el marco internacional una intensa proliferación en el último tercio del siglo XX, que no sólo continúa, sino que se incrementa en los primeros lustros del siglo XXI. La toma de conciencia de la presente realidad ha determinado nuevos movimientos político-criminales de reforma de las legislaciones penales.

Tres **tipologías** delictivas básicas de incendio se contienen en la sistemática legislativa de nuestro Código penal en orden a la incriminación de los delitos de incendio, provista dentro del Título XVII («De los delitos contra la seguridad colectiva»), específicamente en el Capítulo II del mismo, bajo la rúbrica legal «De los incendios»:

— Incriminación del incendio de *peligro* personal a la vida o salud humanas (art. 351, párrafo primero).

— Remisión del incendio sin peligro alguno para la vida o integridad física de las personas al ámbito típico del delito de daños (art. 351, párrafo segundo, CP).

— Delitos de incendios *forestales*, que comprenden una variada tipología en función de los objetos materiales afectados y los efectos típicos reconocidos (arts. 352 a 355), así como incendios de zonas de vegetación no forestales con grave perjuicio del medio natural (art. 356 CP).

— Delito de incendio de *bienes* propios, con características configuradoras del tipo de índole varia, como perjuicio económico, peligro patrimonial o riesgo ecológico (art. 357 CP).

— A la descripción de los singulares tipos delictivos de incendio son de añadir unas disposiciones comunes de relevante alcance y general aplicación a todos ellos (arts. 358 y 358 bis CP).

II. PRESUPUESTOS CRIMINOLÓGICOS

La conducta incendiaria responde a **motivaciones** criminales de diversa índole. Por su alto poder destructivo, los delitos de incendio han interesado como constante histórica en todas las civilizaciones, desde la antigüedad clásica a la sociedad contemporánea. En los tipos de incendio de daño patrimonial, el comportamiento incendiario resulta evaluable tanto en relación a bienes privados del particular como a bienes comunes de la sociedad.

El incendio **patrimonial** ha representado un prototipo convencional de conducta lesiva de bienes de valor económico que son sometidos al efecto de la combustión y constituidos en simbólico signo de destrucción a través del más significativo medio de depuración simbólica conocido: el fuego.

Tal modalidad de incendio comporta la destrucción o el menoscabo, por efecto de la combustión, de objetos de valor patrimonial no destinados a la acción del fuego, o de objetos que aun siendo combustibles conforme a su naturaleza no se hallan afectos al mismo en el caso concreto por la libre disposición de su titular. Encierra en su simbolismo cierto hálito expiatorio.

Los incendios **forestales** manifiestan con frecuencia una motivación económica encaminada a la explotación de recursos naturales que se muestra compatible con otras eventuales motivaciones criminales. Entre ellas, la de vindicación individual, la de autoafirmación de una personalidad insegura y la de búsqueda de complacencia de instintos sensoriales.

El sentimiento **subjetivo** de la represión de tendencias sexuales, más o menos interferidas por condicionantes socio-culturales y por convencionalismos ideológicos, ha propiciado también en ocasiones la génesis de impulsos de desahogo, manifestados en eclosiones sexuales configuradoras del orgasmo del fuego.

Otras **motivaciones** de diverso signo, como determinadas pulsiones vindicativas, justicieras, nostálgicas, primitivas y sublimadoras, propias de personalidades reprimidas y con déficits de socialización, contribuyen a propiciar el paso de potencias criminales en reposo hacia la puesta en práctica de la devastadora acción del fuego, de la que es prototípica manifestación la magnificente ejecución criminal de los incendios forestales.

III. CONCEPTOS PENALES BÁSICOS

La **acción típica** de incendio sustancialmente consiste en la práctica de la conducta de transmisión de fuego a un determinado objeto que funcionalmente no se halla destinado a arder, acción de fuego destructor de algo que no debería arder. La delimitación de la noción penal de incendio, sin embargo, no es unívoca en la doctrina científica, sino que antes bien se ha configurado la noción jurídica de la conducta incendiaria con distintos matices, sensiblemente divergentes entre sí conforme a postulados teóricos diversos.

1. Delimitación conceptual de la acción de incendio

Entre las delimitaciones conceptuales de la conducta típica de incendio, varias teóricas **configuraciones** conceptuales de la acción de incendiar se han formulado en la doctrina y en la jurisprudencia penales, entre las que cabe significar las siguientes:

— **Producir combustión con o sin llamas sobre un objeto por transmisión de fuego**. Una concepción doctrinal estima que incendiar es quemar o producir combustión de un objeto mediante la transmisión de fuego, siendo indiferente que el objeto incendiado arda o no con llamas. Esta posición identifica esencialmente la conducta de incendio con la acción de quemar o producir combustión de algo, resultando indiferente la circunstancial existencia de llamas o la ausencia de ellas. Se suscita la duda de si quemar un objeto es equivalente a someterlo a combustión, o si ambas expresiones tienen un significado propio no susceptible de unitaria identidad.

— **Provocar llama incendiaria sobre un objeto de relevante entidad**. Esta tesis sostiene que incendiar es someter un objeto a la acción del fuego, consistiendo su esencia en la quema del mismo de tal entidad que alcance relevancia penal. Incendiar es suscitar una llama a la que se somete un objeto incendiado con entidad trascendente. En sentido material requiere que se genere llama por efecto del fuego sobre el objeto incendiado, llegando a asumir determinadas proporciones, en todo caso no leves, para alcanzar relevancia típica.

— **Transmisión del fuego a un objeto**. Esta teoría centra la esencia del incendio en la acción de transmitir el fuego a un objeto determinado, que llega a alcanzar relevancia penal con independencia de los efectos producidos por el acto incendiario transmisor del fuego. Desplaza la relevancia típica al plano de la transferencia incendiaria, desconectándole del ulterior desarrollo que alcance la transmisión del fuego producida. Delimita una noción básica del comportamiento incendiario, separada de los efectos del mismo.

— **Generar en un objeto combustión susceptible de continuidad autónoma**. La acción nuclear de incendio se centra en la transmisión de fuego a un objeto, que alcanza relevancia normativa por incidir en la esfera de bienes personales o patrimoniales. No toda combustión de cualquier objeto integra la noción penal de incendio, cuya esencia no viene determinada por el mero hecho de la combustión sino por la capacidad de continuidad de la combustión del objeto incendiado y la incidencia del fuego sobre bienes susceptibles de protección.

— **Prender fuego a una cosa no destinada a arder, no conforme a su naturaleza sino a la función de destino de la misma**. Esta tesis considera que la esencia del incendio radica en la acción de prender fuego a una cosa que no está destinada a arder. Desplaza el núcleo del concepto desde la naturaleza de la cosa incendiada a la función de destino de la misma (v. gr., un tronco de leña si el titular no lo destina a la lumbre). No puede delimitarse el concepto normativo de incendio sin hacer referencia a la dimensión funcional inherente al mismo.

— **Someter al fuego con relevancia típica un objeto no destinado al fin de la combustión**. La transmisión del fuego a objetos que no están destinados a la combustión representa un requisito necesario, pero no suficiente, para la delimitación del concepto penal de incendio, pues deja sin considerar el fundamento de la relevancia normativa. La relevancia típica de la acción incendiaria requiere considerar el ámbito valorativo de los objetos de protección jurídica. El concepto penal de incendio ha de contemplar la función de destino del objeto de la transmisión del fuego, pero también la incidencia sobre los bienes jurídicos afectados por la acción incendiaria.

2. Formulación del concepto normativo de incendio

De conformidad con este planteamiento normativo-funcional, puede estimarse que la acción de incendio está constituida por la «manifestación exterior de voluntad consistente en la **transmisión** de **fuego** a algún **objeto** funcionalmente **no destinado** al fin de la combustión, alcanzando trascendencia típica en el plano del ordenamiento penal al afectar a bienes jurídicos requeridos de tutela punitiva frente a las modalidades de grave incidencia típica sobre los mismos».

> La STS (núm. 1389) de 24 de octubre de 2003 (Ponente: Andrés Ibáñez) estima que no es del todo cierta la pretensión de la equivalencia de significado de las expresiones «incendiar» y «prender fuego», en términos de uso y atendiendo al empleo de esas formas de expresión en el lenguaje corriente. Así, es habitual que se diga «prender una cerilla», pero nadie hablaría de «incendiarla»; también «se prende una cerilla» para provocar «un incendio». Primera acepción de la voz «incendiar» es la acción de «prender fuego a algo, generalmente grande, no destinado a arder».
>
> La STS 617/2016, de 24 de febrero (Ponente: Palomo del Arco), invoca la coincidencia espacio temporal del lanzamiento de una bengala y el inicio del fuego a los pocos instantes de ser lanzada en un paraje natural, provocando un incendio forestal.

3. Dinámica de acción incendiaria

La conducta de incendio requiere una dinámica de acción que, conforme a su propia naturaleza así como a su configuración normativa, ofrece singulares peculiaridades. El comportamiento delictivo de incendio no consiste en el simple poner fuego en algo, sino esencialmente en someter a la **acción del fuego** a algo, esto es, en la combustión de un determinado objeto. La acción de incendiar requiere la generación de un proceso de **combustión de un objeto** mediante la transmisión de fuego, a través de la aplicación de un factor generador de la misma por cualquier elemento productor del fuego.

4. Medios de ejecución

Son varias las posibilidades instrumentales de transmisión del fuego a un objeto que se somete a la acción incendiaria:

— **Medios directos**. Requieren la inmediata aplicación del fuego a la entidad objetiva que pretende ser quemada, por directa transmisión del fuego a través de la utilización de un factor adecuado para ello (v. gr., fósforo, tea, bomba incendiaria, explosivo, dispositivo eléctrico o electrónico generador de fuego…). No se excluye sin más la aplicabilidad de cualquier objeto que está ardiendo a cualquier otro objeto al que se transmite el fuego, siempre que el objeto ardiente transmisor no haya sido específicamente incendiado por el autor para ser utilizado como medio comisito del ulterior incendio, sino que simplemente haya sido utilizado por el sujeto en una aplicación directa y autónoma del fuego al objeto material del incendio por él realizado.

— **Medios mediatos**. Radican en la transmisión del fuego a algo, sirviéndose el autor del complejo mecanismo de la práctica de previo incendio de otro objeto, que sea a su vez susceptible de transmitir el fuego al objeto que originariamente pretendía ser incendiado (v. gr., encender una mecha como prototipo de agente transmisor de fuego para provocar el incendio del objeto que a su extremo se conecta, producir un cortocircuito eléctrico para producir el incendio de un edificio, quemar unos rastrojos para que propague el fuego a una masa forestal…). El análisis de los agentes transmisores del fuego permitirá determinar si nos hallamos ante un medio directo de provocación del incendio o ante un medio indirecto de transmisión ulterior de un fuego ya persistente.

— **Medios simultáneos**. Representan la utilización de un factor causante del fuego en virtud de una aplicación del mismo en condiciones determinantes de que el fuego generado prenda instantáneamente al objeto incendiado. Esta modalidad ejecutiva es bilateralmente compatible con el empleo de medios tanto directos como indirectos de producción del incendio. Su singularidad radica en la instantaneidad de provocación del incendio, y no en la relación de inmediatez de la generación del mismo según la índole de los factores productores utilizados.

— **Medios sobrevenidos**. El empleo de estos medios, también denominados subsiguientes, de la ejecución del incendio requiere la producción del incendio en un momento cronológico posterior a aquel en que tiene lugar la manifestación externa de la voluntad incendiaria del autor, al quedar diferida la eficacia de su comportamiento a una fase posterior. Especial significación ofrece la *actio libera in causa*, como genuino supuesto de ejecución típica de resultados posteriores sobrevenidos en un momento ulterior al de la resolución voluntaria.

5. Formas de acción típica

La conducta típica de incendiar exige ineludiblemente la utilización de un **agente generador** del incendio por vía de la transmisión de la combustión por efecto del fuego al respectivo objeto material del comportamiento incendiario.

— **Acción positiva**. Tiene lugar cuando la provocación del fuego generadora de incendio se produce por la aplicación de cualquier agente transmisor del fuego, puesto en funcionamiento a través de un hacer activo por el autor que se sirve del medio instrumental susceptible para originar el incendio en cualquier grado de ejecución, perfecta o no, del mismo.

— **Omisión impropia**. Al igual que la conducta activa, requiere la producción de incendio del objeto al que se transmite el fuego para la combustión del mismo, en virtud de un no hacer concreto (evitar la transmisión del fuego) respecto del cual el sujeto tenía un especial deber jurídico de actuar. Todos los fundamentos del deber jurídico de actuar tienen relevancia en este ámbito típico.

> Quien origina culposamente la provocación de un incendio y con posterioridad permite dolosamente la propagación del mismo a través de una actitud omisiva ¿transforma la culpa inicial en dolo o incurre en comisión dolosa por omisión del tipo de incendio?
> La primera posición fue sostenida por la STS de 18 de junio de 1958.

6. Momento de consumación

La dinámica de la conducta de incendio, generadora de fuego transmitido a un objeto no destinado a la combustión, requiere la aplicación de un agente transmisor del fuego en condiciones que excluyen la capacidad de control de éste por parte del sujeto activo. Varias posiciones doctrinales tratan de determinar el momento de la consumación de esta acción delictiva:

— **Tesis del prendimiento**. Considera que la consumación del incendio se produce en el instante en el que llega a prenderse el fuego en el objeto a que se ha transmitido. A efectos de la consumación esta teoría rehúsa relevancia a los efectos derivados de la conducta incendiaria, pues ya en el momento de la transmisión del fuego queda consumado el delito.

— **Teoría de la propagación**. Estima como criterio decisivo determinante del grado de realización delictiva el momento de la propagación del fuego en el objeto a que ha sido transmitido por aplicación del agente generador. El acto de prender fuego en condiciones de propagación del mismo determina la consumación delictiva, sin necesidad de la quema del objeto al que se transmite. Es preciso distinguir entre susceptibilidad de propagación y la efectiva propagación del fuego. En la primera hipótesis se realiza el tipo de tentativa, en la segunda se alcanza el de la consumación.

— **Doctrina de la autonomía de la combustión**. Considera que la ejecución comienza con transmisión del fuego al objeto y que la consumación se alcanza en el momento en que deja de ser imprescindible la aplicación del agente transmisor del fuego. La esencia de la acción incendiaria radica en la capacidad de combustión autónoma del objeto incendiado sin necesidad de que el mismo sea consumido por el fuego. La autonomía de la combustión ha de supeditarse a la relevancia típica de la puesta en combustión del objeto determinado en el tipo legal.

— **Criterio de la combustión mínima**. Anticipa la consumación al momento de la transmisión del fuego y del inicio de la combustión autónoma. La propagación del fuego con comienzo del proceso de combustión mediante el comienzo del ardimiento del objeto al que se aplica el agente transmisor determina el alcance del momento consumativo perfecto de la consumación del incendio.

— **Teoría de la consumación anticipada**. La formulación de esta tesis es fundamentalmente debida al arraigado criterio de la jurisprudencia criminal del TS que entiende que la consumación del incendio ha de ser apreciada desde el momento en que el fuego se ha producido, resultando indiferentes la duración y efectos de la combustión, así como el hecho de que el incendio fuese o no pronto o incluso inmediatamente sofocado por terceras personas o aun por acciones posteriores del propio autor.

— **Tesis de la capacidad de dominio de la conducta incendiaria**. Valora la capacidad de dominio de la conducta de puesta en combustión de un objeto, por parte del sujeto que lleva a cabo la transferencia del fuego mediante aplicación de un agente transmisor de éste. Requiere para la consumación la pérdida definitiva e irreversible de la capacidad subjetiva de control de la acción incendiaria de propagación del fuego en el objeto a que el mismo ha sido transmitido.

— **Tesis de la irreversibilidad ejecutiva e imposibilidad de desistimiento**. Considera que se produce la consumación cuando los actos ejecutivos son irreversibles para el sujeto que los realiza. Antes del momento de la plena irreversibilidad ejecutiva y de la definitiva pérdida de la capacidad de control del fuego no hay consumación, sino actos ejecutivos imperfectos en los que el sujeto puede desistir voluntariamente de la producción del incendio. Si el resultado no se produjera por causas ajenas a su voluntad, cabría apreciar tentativa. Es susceptible de apreciar la concurrencia de la circunstancia atenuante de arrepentimiento, aun muy cualificada, pues no se oponen a su estimación la dinámica de la acción ni la estructura típica de incendio.

IV. INCENDIO DE PELIGRO PERSONAL A LA VIDA O SALUD DE LAS PERSONAS

1. TIPO BÁSICO

El artículo 351 describe un tipo básico de incendio que, exigiendo como elemento típico de la acción incendiaria la causación de un **peligro** para la **vida** o **integridad** física de las personas, es constitutivo de una singular modalidad de delito contra la seguridad colectiva configurada como delito de peligro a bienes personales.

> **Artículo 351, párrafo primero, CP**: «Los que provocaren un incendio que comporte un *peligro* para la vida o integridad física de las personas, serán castigados con la pena de prisión de 10 a 20 años. Los jueces o tribunales podrán imponer la pena inferior en grado atendidas la menor entidad del peligro causado y las demás circunstancias del hecho».

La transmisión del fuego al objeto incendiado constituye el **núcleo esencial** de la conducta típica de incendio, que se consuma en el momento en que el fuego es susceptible de propagación autónoma, con o sin combustión, perdiendo el sujeto la posibilidad de control sobre la misma.

> La STS (núm. 384) de 13 de marzo de 2000 (Ponente: SAAVEDRA RUIZ) califica al tipo como un delito de consumación anticipada, que se produce en el momento en que se aplica el medio incendiario al objeto que se trata de incendiar con *posibilidad* de propagación, siendo por ello indiferente su mayor o menor duración y el daño efectivamente causado.

El comportamiento incendiario incriminado en este tipo implica la generación de **peligro contra un bien personal**, cuya producción se prevé no ya como posible sino idónea por virtud de la realización de la conducta incendiaria.

> La STS (núm. 969) de 29 de julio de 2004 (Ponente: SAAVEDRA RUIZ) afirma que es irrelevante la entidad real que el fuego puede alcanzar, siendo lo esencial el peligro *potencial* de la propagación que es generado por la acción de prender fuego al objeto determinado.
>
> La STS (núm. 1263) de 7 de octubre de 2003 (Ponente: CONDE-PUMPIDO TOURÓN) estima un delito de aptitud, pues el tipo configura un comportamiento *idóneo* para producir peligro para el bien jurídico.
>
> La STS 2173/2010, de 29 de abril (Ponente: GIMÉNEZ GARCÍA) afirma que el delito de incendio se comete cuando se comprueba la *idoneidad* de acción para la producción del peligro típico.

El legislador acertadamente ha dado prioridad valorativa al bien jurídico personal concretamente puesto en peligro, la vida o la integridad física personales, sobre la destrucción de cualquier objeto combustible por la acción del fuego, ubicando con propiedad este tipo entre los delitos contra la **seguridad colectiva**.

> La STS (núm. 1208) de 7 de julio de 2000 (Ponente: PREGO DE OLIVER Y TOLIVAR) considera que el peligro para la vida e integridad personal desencadenado por el fuego es *potencial* y abstracto.
>
> La STS 4538/2010, de 20 de julio (Ponente: GRANADOS PÉREZ), estima que es irrelevante la entidad real que el fuego pueda alcanzar, siendo lo esencial el peligro *potencial* generado por la acción de prender fuego, y desde el punto de vista subjetivo el dolo no comprende la voluntad de causar daños personales siendo suficiente la intención del agente de provocar el incendio y la conciencia del peligro: es necesario identificar a los sujetos pasivos de la acción, bastando por ello el riesgo de propagación y como consecuencia la existencia de peligro para la vida.
>
> La STS 8438/2012, de 12 de diciembre (Ponente: SORIANO SORIANO), señala que el bien jurídico se lesiona cuando cualquier persona que se hallare en el edificio incendiado o lugar al que puedan acceder las llamas o humos pueda resultar afectada en su vida y en su salud como consecuencia directa del fuego provocado, bastando para nacer el delito que exista un simple riesgo o *posibilidad* razonable de sufrir algún daño o deterioro en la salud (vida o integridad corporal) por efecto del fuego o humos, sin necesidad de sufrir ningún efecto lesivo concreto.

El rigor sistemático y el acierto valorativo de la ponderación prioritaria de un bien personal sobre uno inmaterial como es la seguridad colectiva, sin embargo, plantea la cuestión político-criminal de la fijación de los límites de punibilidad de una conducta extraordinaria versátil que comporta **lesión** de bien patrimonial y **peligro** de bien personal.

El incendio de cualquier **bien no forestal** con **peligro personal** a la vida o integridad física humanas se sanciona en el artículo 351 con la pena de 10 a 20 años, si bien se podrá imponer la pena inferior en grado atendidas la menor entidad del peligro causado y las demás circunstancias del hecho.

La STS (núm. 1799) de 31 de octubre de 2002 (Ponente: MAZA MARTÍN) entiende que la acción del sujeto que incendia el piso domicilio de su excónyuge pondría en *peligro* no sólo a otras partes del edificio que no le pertenecían, sino también, siendo destino de esos otros pisos la habitación por otras personas, la vida de quienes en ellos se encontraran en aquel momento.

La STS 5570/2008, de 20 de octubre (Ponente: SÁNCHEZ MELGAR), entiende que la intención del agente en este delito ha de abarcar sólo el hecho mismo de provocar el incendio, y el *peligro* resultante para las personas que debe ser conocido por el autor.

La STS 2649/2010, de 11 de octubre (Ponente: SÁNCHEZ JIMÉNEZ), estima que el delito de incendio del párrafo primero del artículo 351 CP consiste en prender fuego a cosas no destinadas a arder creando, por el *riesgo* de propagación, un peligro tanto para la vida o integridad física de las personas que en ese momento se hallaban en el interior del domicilio en cuestión, como para la del resto de moradores del edificio, asumiendo conscientemente el peligro a ello inherente.

La STS 905/2011, de 22 de febrero (Ponente: SORIANO SORIANO), estima que el hecho de prender fuego en cinco puntos distintos de la vivienda, empleando para ello una sustancia acelerante de la combustión y en una casa ubicada en un inmueble con más moradores, crea un contexto que permite deducir que el acusado tenía conocimiento y voluntad de causar el incendio consciente del alto *riesgo* que existía para la vida e integridad de las personas que viven allí.

La objeción crítica que desde la óptica del principio de **proporcionalidad** puede formularse, respecto a los términos de tipificación del delito de incendio de peligro personal a la vida o integridad humanas, estriba en la exasperación punitiva en que incurre el artículo 351 CP al establecer una pena (prisión de diez a veinte años) para un delito de **peligro** a la vida o salud personales que resulta *in genere* más elevada (prisión de diez a quince años) que la prevista en el artículo 138 para el delito de homicidio doloso consumado.

2. TIPO PRIVILEGIADO

Constituye un tipo autónomo privilegiado el supuesto de que **no concurra peligro** para la vida o integridad física de las personas. El párrafo segundo del artículo 351, incorporado por LO 7/2000, de 22 de diciembre, de reforma del Código penal, prevé la tipificación de esta hipótesis de incendio.

Artículo 351, párrafo segundo, CP: «Cuando *no* concurra tal *peligro* para la vida o integridad física de las personas, los hechos se castigarán como daños previstos en el artículo 266 de este Código».

Así pues, dispone el precepto incriminador de esta hipótesis de incendio que los hechos se castigarán como *daños* previstos en el artículo 266 de este Código, al carecer de toda incidencia en la esfera de bienes jurídicos personales.

Con esta disposición, empero, se desvirtúa la singularidad de la desvaloración propia de la conducta incendiaria, que posee una sustantividad fenomenológica en su etiología criminal y expresión social que no ha sido apreciada por el legislador.

> La STS 5465/2008, de 30 de septiembre (Ponente: MARTÍNEZ ARRIETA), señala que la diferencia esencial con el delito de daños radica en la conciencia del peligro a la vida o la integridad física de las personas que el autor busca con la acción contra el patrimonio: el artículo 351 configura un delito de *peligro* hipotético o potencial a la vida o la integridad física de las personas, no siendo necesaria la efectiva causación de un daño sino la idoneidad para producir el peligro.
>
> La STS 6883/2009, de 18 de noviembre (Ponente: J. R. BERDUGO GÓMEZ DE LA TORRE), afirma que el delito de incendio no precisa para su consumación la existencia de un peligro concreto, y se caracteriza por un elemento *objetivo* consistente en la acción de aplicar fuego a una zona espacial, que comporta la causación de un peligro para la vida e integridad física de las personas, y por un elemento subjetivo que estriba en el propósito de hacer arder dicha zona espacial. Lo que distingue el incendio del artículo 351.1.º del 2.º no es la existencia de peligro real sino la mayor o menor entidad del peligro causado.
>
> La STS 279/2010, de 23 de abril (Ponente: MARCHENA GÓMEZ), afirma que el acusado conocía la situación de *riesgo* que creaba, sabía de la existencia del depósito de gasoil y era consciente de que en el inmueble se hallaban durmiendo su propia esposa e hija, así como otros parientes de aquélla, por lo que la subsunción en el delito de incendio del artículo 351 CP es la correcta y no la de daños.
>
> La STS 675/2017, de 20 de febrero (Ponente: VARELA CASTRO) advierte que en el delito de daños también se prevé el medio incendiario y el riesgo para la vida o la integridad de las personas, lo que implica diferenciar el supuesto de daños como objetivo del autor, en cuyo caso se acude al incendio como mero medio de causación, de aquel otro en el que el *incendio* con riesgo personal alcanza la tipicidad del artículo 351 CP conforme al artículo 8.4 CP.

V. INCENDIOS FORESTALES

1. TIPO BÁSICO

El artículo 352, párrafo primero, CP configura el tipo básico del delito de incendios forestales, al conminar la conducta de «los que incendiaren montes o masas forestales».

> **Artículo 352, párrafo primero, CP**: «Los que incendiaren montes o masas forestales serán castigados con las penas de prisión de uno a cinco años y multa de doce a dieciocho meses».

El tipo describe la conducta de incendiar **montes** o **masas** forestales, que conforme a razones sistemáticas han de entenderse de ajena propiedad, privada o pública, siendo incriminados exclusivamente en el desvalor de injusto de los bienes patrimoniales sobre tales objetos sin que exista incidencia de lesión ni de peligro sobre la vida o salud de las personas.

La ubicación del tipo básico de incendio de montes o masas forestales **sin peligro personal** para la vida o la integridad física de las personas no se acomoda adecuadamente al sentido de la rúbrica de los delitos contra la seguridad colectiva. La concreción del tipo no requiere peligro sobre ningún bien jurídico personal, exclusivamente requiere la lesión sobre un bien jurídico patrimonial.

El tipo podría haber encontrado **más exacto acomodo** sistemático en el ámbito de los delitos contra el patrimonio y el orden socioeconómico, o bien en el ámbito de los delitos contra los recursos naturales y el medio ambiente si éstos resultan afectados en sus elementos constituidos por los montes o masas forestales sometidos a la acción incendiaria.

2. TIPO PRIVILEGIADO

El artículo 354 CP describe un tipo privilegiado, por razón de la **falta de propagación** del incendio a los bienes forestales a que se transmite el fuego por el autor.

Artículo 354.1 CP: «El que prendiere fuego a montes o masas forestales sin que llegue a propagarse el incendio de los mismos, será castigado con la pena de prisión de 6 meses a 1 año y multa de 6 a 12 meses».

En efecto, incrimina la acción de «prender fuego» a montes o masas forestales «sin que llegue a propagarse el incendio» de los mismos. El presente tipo cualificado sistemáticamente se halla comprendido en la rúbrica genérica de los delitos contra la seguridad colectiva. La acción típica se circunscribe al comportamiento de prender fuego a los indicados objetos de montes o masas forestales siempre que «**no llegue**» a propagarse el incendio.

La figura legal acoge una modalidad de incendio de montes o masas forestales, que se circunscribe al acto de «**prender fuego**» en cuanto momento de la acción por el que se transmite el efecto del fuego al objeto de incendio a través de cualquier agente transmisor.

La STS (núm. 1389) de 24 de octubre de 2003 (Ponente: ANDRÉS IBÁÑEZ) afirma que el artículo 354 contempla el supuesto en que se inicia la combustión de algún material, arbustivo o similar, por la aplicación a éste del fuego procedente de alguna fuente externa.

Considera la configuración legal que la esencia de la conducta incendiaria está constituida por la **transmisión del fuego** por un agente generador de la combustión al objeto a que se aplica, sea la misma producida con o sin llamas y siempre que tenga entidad suficiente para la potencial destrucción o deterioro por este medio de los objetos afectados.

Desde esta perspectiva, la expresión legal «prender fuego» a montes o masas forestales requiere la efectiva producción del incendio de tales objetos, concretándose el tipo consumado de delito cuando **no se propague** el incendio producido sobre estos objetos a otros bienes arbóreos cercanos.

El artículo 354, al describir el incendio de montes de masas forestales, incurre en la misma deficiencia sistemática de que adolecen los tipos de incendio de bienes propios (art. 357) y de incendio de zona de vegetación no forestales perjudicando gravemente el medio natural (art. 356), cual es la de la falta de afectación de la seguridad colectiva, constitutiva de la rúbrica formal en la que se ubica el tipo legal.

El **límite mínimo** de la conducta está constituido por la efectiva transmisión del fuego a los montes o masas forestales por parte del sujeto que hace uso de cualquier agente transmisor del mismo. El **límite máximo** de tipicidad está representado por la ausencia de propagación del fuego a otros montes o masas forestales ajenos al alcance de la conducta incendiaria del sujeto.

La STS (núm. 511) de 5 de julio de 1996 (Ponente: MARTÍN CANIVELL) estima que hay *propagación* cuando se han tenido que emplear medios o formas específicos para evitarla.

La STS (núm. 429) de 5 de julio de 1996 (Ponente: PUERTA LUIS) recuerda en todo caso la validez de la presunción de inocencia respecto de la acción de prendimiento de fuego.

La STS (núm. 1389) de 24 de octubre de 2003 (Ponente: ANDRÉS IBÁÑEZ) requiere para apreciar acción incendiaria la existencia inicial de un *foco* de combustión objeto de transmisión y desbordado por un ulterior desarrollo.

La **consumación** se alcanza con la pérdida de control subjetivo de la acción del fuego por parte del autor del prendimiento del mismo. La realización del tipo requiere la no propagación del incendio a terceros bienes forestales no sometidos a la directa acción del fuego prevista por el autor.

Excusa absolutoria constituye la hipótesis de prender fuego a montes o masas forestales sin que llegue a propagarse el incendio de los mismos precisamente por la acción voluntaria y positiva de su autor, por virtud de la cual se aborta la propagación incendiaria. Responde a la dinámica del desistimiento en la tentativa, pero habida cuenta de que el incendio ya se ha prendido y lo que posteriormente se evita por el autor es la propagación del mismo, más que determinar la atipicidad de la acción, se incide en la esfera de la no exigencia de pena propia de la punibilidad como característica esencial del delito.

Artículo 354.2 CP: «La conducta prevista en el apartado anterior quedará exenta de pena si el incendio no se propaga por la acción voluntaria y positiva de su autor».

Cuando la ausencia de propagación del fuego se deba a una acción voluntaria y positiva del autor, la acción típica de prendimiento del fuego será abarcada por la **excusa absolutoria** prevista en el artículo 354.2 del Código, sin perjuicio de que se valoren los daños producidos por la acción del fuego.

3. Tipo pluriofensivo

El tipo **cualificado** de incendio forestal con peligro para la vida o la integridad física de las personas, que incrimina el artículo 352, párrafo segundo, CP constituye en verdad un delito **pluriofensivo** que atenta contra la seguridad colectiva precisamente a través de la puesta en peligro de la vida o integridad física personales.

> **Artículo 352, párrafo segundo, CP**: «Si ha existido peligro para la vida o integridad física de las personas, se castigará el hecho conforme a lo dispuesto en el artículo 351, imponiéndose, en todo caso, la pena de multa de doce a veinticuatro meses».

El artículo 352, párrafo segundo, CP describe el tipo de incendio en que se ha de producir peligro para la vida o integridad física personales, conformando en rigor un tipo de delito *pluriofensivo*: de *lesión* contra bienes forestales de carácter patrimonial y de *peligro* contra los bienes jurídicos personales de la vida o la integridad física.

Por ello el propio CP, que formalmente tipifica la figura como una modalidad cualificada de incendio forestal, al establecer la pena con la que la conmina, extrae la penalidad de esta esfera de tipicidad y la **remite** a la de incendio con peligro para la vida y la integridad física de las personas, descrito en el artículo 351 del cuerpo legal.

El texto punitivo impone absurdamente una **pena** de multa de doce a veinticuatro meses, penalidad adicional a la ya sobremanera exacerbada sanción que para el delito de incendio con peligro para bienes humanos prevé el artículo 351 CP, como genuino tipo de delito contra la seguridad colectiva, al no constituir un delito de lesión a la vida ni a la salud personales.

Se debe establecer una clara delimitación entre el tipo de incendio **forestal** (art. 352, párrafo primero), que atenta sólo contra bienes forestales, respecto del tipo **pluriofensivo** de incendios forestales (art. 352, párrafo segundo), que atenta contra los bienes forestales lesionándolos y al propio tiempo contra la vida o la salud personales poniéndolos en peligro:

— El primer tipo constituye un delito contra el patrimonio y contra el orden socioeconómico o contra los recursos naturales y el medio ambiente, según el carácter prioritario de la acción incendiaria de bosques o masas forestales.

— El tipo pluriofensivo además de este desvalor impersonal exige la puesta en peligro de la vida o integridad humanas y constituye un delito atentatorio contra la seguridad colectiva.

4. Tipos cualificados

El artículo 353 CP describe diversos tipos cualificados de incendio forestal sin peligro personal, a los que impone en su mitad superior la pena prevista en el párrafo primero para el incendio forestal sin peligro personal, en función de la concurrencia de alguna característica típica de cualificación de entre las expresamente delimitadas en función de los particulares efectos producidos por el incendio forestal.

La configuración de los tipos cualificados de incendio forestal sin peligro personal se ha visto legislativamente ampliada y agravada, en un claro ejemplo de exasperación punitiva, por la LO 1/2015, de 30 de marzo, de reforma del Código penal, que modifica en este sentido el artículo 353 del Código, estableciendo seis tipos cualificados en el artículo 353.1 CP y un ulterior séptimo tipo cualificado en el artículo 353.2 CP:

> **Artículo 353 CP**: «1. Los hechos a que se refiere el artículo anterior [párrafo primero] serán castigados con una pena de prisión de tres a seis años y multa de dieciocho a veinticuatro meses cuando el incendio alcance especial *gravedad*, atendida la concurrencia de alguna de las *circunstancias* siguientes:
>
> 1.ª Que afecte a una superficie de considerable importancia.
>
> 2.ª Que se deriven grandes o graves efectos erosivos en los suelos.
>
> 3.ª Que altere significativamente las condiciones de vida animal o vegetal, o afecte a algún espacio natural protegido.
>
> 4.ª Que el incendio afecte a zonas próximas a núcleos de población o a lugares habitados.
>
> 5.ª Que el incendio sea provocado en un momento en el que las condiciones climatológicas o del terreno incrementen de forma relevante el riesgo de propagación del mismo.
>
> 6.ª En todo caso, cuando se ocasione grave deterioro o destrucción de los recursos afectados.
>
> 2. Se impondrá la misma pena cuando el autor actúe *para* obtener un beneficio económico con los efectos derivados del incendio».

La actual cualificación normativa de los delitos de incendios forestales responde a la expansión de la fenomenología criminal de la conducta incendiaria de montes o masas forestales, la cual ha proliferado y se ha recrudecido con intensidad en los últimos lustros a lo largo y lo ancho de la geografía nacional e internacional, generando elevadas cotas de alarma social.

Las **figuras cualificadas** del delito de incendio forestal sin peligro personal, por virtud de la descripción de determinados factores de índole circunstancial que pasan a convertirse en elementos esenciales de los tipos, previstas en el CP tras la reforma introducida por la LO 1/2015 son los siguientes:

1.ª **Afectación del fuego a una superficie de considerable importancia**. Constituye un tipo fundamentado en un criterio puramente cuantitativo del efecto de la combustión por la transmisión de fuego a montes o masas forestales, pues la magnitud cuantitativa alcanza directamente en esta hipótesis una relevancia cualitativa con relevancia típica. Corroborando la conocida aseveración de ANTÓN ONECA de que lo cuantitativo a veces en el Derecho penal equivale a lo cualitativo, el presente tipo establece claramente el criterio normativo de que no corresponde igual valoración, v. gr., a la quema de sólo 1 m^2 que a la combustión de 1.000 hectáreas por medio de la aplicación del fuego al mismo objeto material de monte. Este criterio jurídico es indeterminado y ha de ser concretado conforme a parámetros objetivos de apreciación de la relevancia en el concreto contexto social. Tal criterio cuantitativo de valoración es asimismo aplicado por el legislador penal en numerosos delitos contra bienes patrimoniales, esto es, bienes jurídicos no personales, y el presente tipo de incendio excluye precisamente la exigencia de producción de peligro personal.

2.ª **Causación de grandes o graves efectos erosivos en los suelos**. El fundamento de cualificación de este tipo de incendio forestal sin peligro personal es constituido por un elemento circunstancial de carácter mixto (relativo a los efectos erosivos de la acción devastadora del fuego de montes o masas forestales), en el sentido de que la presente figura legal pondera de manera alternativa tanto la mera magnitud cuantitativa como la pura gravedad cualitativa de los efectos de erosión en el suelo. El tipo de delito reconoce un valor natural, incorporado al soporte del suelo como factor ecológico del medio ambiente, frente al desgaste de la superficie terrestre producida por agentes externos. En este caso, la transmisión del fuego por la mano del hombre a montes o masas forestales constituye por su propia naturaleza una acción que posee la máxima capacidad destructora del objeto material sometido a combustión. El tipo legal pondera de modo particular el singular efecto del desgaste producido en la superficie terrestre por el agente externo del fuego transmitido a través de la conducta incendiaria.

3.ª **Alteración de las condiciones de vida animal o vegetal, o afectación de espacio natural protegido**. Esta cualificación típica directamente se fundamenta en una ponderación ecológica de los efectos de la acción de transmisión del fuego al objeto material integrado por los montes o masas forestales. La destrucción de tal objeto de acción constituye el resultado material del delito, pero sobre la base de ella se valoran específicamente los daños de índole ecológica que por la devastación de una masa forestal casi inexorablemente se derivan para las condiciones de vida animal o vegetal o para la propia base de un espacio natural protegido. La fauna y la flora se ponderarán singularmente a efectos de la concreción de este tipo en relación con las especies que realmente anidan en el singular espacio afectado por el fuego destructor de la riqueza forestal del mismo. La delimitación jurídica del espacio natural protegido trae causa de la específica protección administrativa al mismo conferida, que alcanza relevancia penal ante las más graves agresiones realizadas contra el mismo, como son aquellas en las que se altera significativamente las condiciones de vida animal o vegetal o se afecta algún espacio natural protegido. La exigencia de que el incendio altere significativamente las condiciones de vida animal o vegetal o afecte a algún espacio natural protegido incorpora al tipo legal una dimensión pluriofensiva, en cuanto implica que el incendio sobre el objeto material de los montes o masas forestales afecte además a los recursos naturales y al medio ambiente.

4.ª **Afectación a zonas próximas a núcleos de población o a lugares habitados**. La presente hipótesis de tipo cualificado de incendio de montes o masas forestales sin peligro personal se asienta en una exigencia de índole topográfica, por cuanto se limita a requerir que la acción del fuego afecte a «zonas próximas» a núcleos de población o a lugares habitados. Tal exigencia posee una connotación puramente física, tópica o situacional, pues se concreta en la dimensión física de la proximidad y no del distanciamiento entre el foco de combustión a la masa forestal y un núcleo urbano de población o lugar habitado. Pero tal exigencia en todo caso no incluye el peligro personal para la población del núcleo o para los habitantes del lugar, pues de producirse peligro personal se ha de apreciar en virtud del principio de especialidad la realización del tipo de incendio forestal con peligro personal, del artículo 352, párrafo segundo, CP. Ahora bien, la mera proximidad al núcleo de población o de habitación tiene relevancia típica propia, pues su concurrencia determina que, en lugar del tipo básico de incendio o masas forestales del artículo 352, párrafo primero, CP, se concreta el tipo cualificado descrito en el artículo 353.1.4.ª CP objeto de referencia.

5.ª **Incremento de riesgo de propagación por las condiciones climatológicas o topográficas**. Esta figura cualificada se asienta en un mero criterio sincrónico de la acción vinculado a la existencia de condiciones climatológicas o topográficas que incrementen el riesgo de propagación del fuego. Punto de partida de la previsión legal es el dato cronológico del comienzo del incendio generado por el sujeto, en tanto el texto legal exige que el incendio sea provocado en un «momento» en que las condiciones climatológicas o topográficas incrementen el riesgo de propagación. El incremento de dicho riesgo ha de ser producido de «forma relevante», esto es, no de manera insignificante, trivial o nimia: ha de apreciarse, por ejemplo, ante la real situación de que en el momento de provocar el incendio sople un viento recio y no ni una mera brisa liviana, o en el caso de que el estado del terreno sea absolutamente abrupto por acumulación de especies arbóreas que ya de por sí mismas determinan un alto riesgo de propagación, en vez de constituir un páramo o paraje semidesértico que muestre una hilera de árboles separados cada 10 metros de forma que por su propia fisonomía cuenta con una suerte de cortafuego natural.

6.ª **Destrucción o grave deterioro de los recursos afectados**. Este fundamento de cualificación del delito de incendio de montes o masas forestales constituye quizá la exigencia normativa, si no más superflua, quizá menos representativa en el ámbito descriptivo de esta manifestación criminal, pues a la propia acción típica de incendio es inherente la capacidad destructora del fuego. Se tiene de nuevo presente en este tipo legal un aspecto cuantitativo, por cuanto se pondera sobre cualesquiera efectos del fuego transmitido por la mano del hombre a montes o mases forestales, singularmente, la producción de dos resultados alternativos concretos: o la total destrucción de los recursos afectados, o al menos el grave deterioro de los mismos. Por ejemplo, si se destruye por la acción del fuego las ramas de una especie de árbol al que se ha transmitido el fuego para su combustión, y quedan incólumes todas las restantes especies del bosque, no cabría apreciar ni la destrucción ni el grave deterioro de los recursos afectados, y con ello no se alcanza a realizar el tipo cualificado, sino a lo sumo el tipo básico (art. 352, párrafo primero, CP) siquiera en el grado imperfecto ejecutivo de la tentativa. Respecto de la causación de grave deterioro o destrucción de los recursos afectados, han de estimarse como directamente afectados por el comportamiento incendiario los montes o masas forestales sometidos a la acción del fuego, y como indirectamente concernidos los recursos naturales y los bienes ambientales inherentes a la existencia de tales valores forestales.

7.ª **Ánimo de obtener un beneficio económico con los efectos del incendio**. El artículo 353.2 CP añade a la configurados de los tipos cualificados de incendio de montes o masas forestales en el artículo 353.1 CP un nuevo supuesto de cualificación, que se substancia en la concurrencia de un elemento subjetivo del injusto presente en el ánimo del autor, constituido por el elemento intencional de alcanzar un beneficio económico por parte del mismo: «cuando el autor actúe *para* obtener un beneficio económico». Tal factor expresa una espuria motivación del autor que podría tener relevancia como móvil abyecto que incrementa la culpabilidad, pero en la estructura del tipo constituye un singular elemento subjetivo del injusto de un tipo legal subjetivamente configurado, que a la conducta dolosa que abarca los elementos objetivos del tipo (montes o masas forestales, transmisión del fuego, combustión del objeto) se añade la exigencia de un elemento intencional consistente en una intención finalista que va más allá del dolo y que es de índole puramente subjetiva, por cuanto el tipo no precisa la efectiva obtención de un beneficio económico, sino la mera actuación del sujeto con esa finalidad. De este modo se configura un tipo de delito intencional de resultado cortado.

Al igual que en el tipo de incendios forestales sin peligro personal configurado en el artículo 352, los **tipos cualificados** que incrimina el artículo 353 inciden básicamente sobre bienes jurídicos **materiales** de valor patrimonial y, a través de la concurrencia de alguna de las características de cualificación especificadas, sobre los valores **naturales** y **ambientales** ponderados junto al ámbito patrimonial y socioeconómico.

VI. INCENDIO DE ZONAS DE VEGETACIÓN NO FORESTALES

El artículo 356 CP configura el tipo de incendio de zonas de vegetación no forestales con irrogación de **grave perjuicio** al medio natural. Esta figura al igual que las anteriores es asimismo impropiamente insertada entre los delitos contra la seguridad colectiva, por incidir sobre algún bien, susceptible de ser destruido por la acción del fuego, ubicado precisamente en zonas de vegetación no forestales.

> **Artículo 356 CP**: «El que incendiare zonas de vegetación no forestales perjudicando gravemente el medio natural, será castigado con las penas de prisión de seis meses a dos años y multa de seis a veinticuatro meses».

El objeto material de este tipo de delito se integra por una **zona de vegetación**, es decir, un conjunto de vegetales propios de un paraje o región o existentes en un terreno determinado, que no sea constitutivo de bienes integrantes de la riqueza forestal del territorio:

— La expresión legal es equívoca, por cuanto no resulta suficiente la ubicación del incendio en tales zonas de vegetación para la concreción del tipo, sino que es preciso que la acción propia del fuego recaiga sobre un objeto determinado, integrado por las indicadas zonas de vegetación, las cuales han de entenderse como el conjunto de «vegetales» propios de un paraje, región o terreno, lo que el Código denomina «zona».

— La descripción típica en este punto incurre en una clara metonimia, al denominar el objeto de la conducta típica de incendio, que son los vegetales existentes, por la propia zona en la que aquéllos tienen su existencia.

En cualquier caso, por muy valiosos que sean los vegetales o cualificada la zona en la que los mismos se desarrollan, este tipo de delito **no debe** encuadrarse en la **seguridad colectiva**, cuyo concepto se difumina de tal manera que en verdad se le desvirtúa y confiere un sentido de significación más propio de la estética paisajística de un medio natural que del concepto valorativo de seguridad colectiva, sobre cuya configuración acredita el legislador no tener una precisa noción conceptual:

— El Código protege un bien patrimonial y natural por el de seguridad colectiva, al que desconoce, desvirtúa y metamorfosea, al socaire de una extraña iniciativa de Política criminal (pseudo)innovadora.

— La conexión entre «zona de vegetación» y «medio natural» que se establece en este tipo de delito determina que el tipo del artículo 356 CP no se concreta con la mera acción incendiaria de vegetación no forestal, sino sólo cuando simultáneamente se produzca grave perjuicio al medio natural. De no irrogarse perjuicio alguno al medio natural, se concretaría un tipo común de daños.

— Al exigir grave perjuicio al medio natural, el incendio de la vegetación no forestal constituye un tipo delictivo que, extrayéndose del Título XVII dedicado a la incriminación de los delitos contra la seguridad colectiva, encontraría mejor acomodo en el ámbito descriptivo del Título XVI, dedicado a la incriminación de los delitos contra los recursos naturales y el medio ambiente.

VII. INCENDIO EN BIENES PROPIOS

La tipificación por el artículo 357 CP de las hipótesis de incendio en bienes propios, en cierto sentido, viene a compensar en alguna medida la desincriminación de que son objeto los tradicionales tipos de incendio en el ámbito de los delitos de destrucción o menoscabo patrimoniales, cuya esfera típica se restringe a la de delito de daños, con la única excepción del tipo de daños ejecutados mediante incendio en bienes militares.

Análoga restricción de tipicidad alcanza al incendio en el marco de los delitos de riesgo catastrófico entre los delitos contra la seguridad colectiva en que se incriminan los «estragos»: el artículo 346 conmina la destrucción de bienes públicos o de utilidad social a través de la utilización de medios explosivos o de similar «potencia destructiva»; el artículo 348 incrimina la fabricación, manipulación, transporte, tenencia o comercialización de explosivos, sustancias inflamables o corrosivas, tóxicas y asfixiantes o cualesquiera otras materias, aparatos o artificios que puedan causar «estragos».

El tipo de delito de incendios en bienes propios por formal **licencia sistemática** aparece contenido en el capítulo II («De los incendios») del Título XVII («De los delitos contra la seguridad colectiva»), a pesar de que su propia conformación sustantiva le aproxima al ámbito penal patrimonial en la misma medida en que le distancia sustancialmente de la esfera de tutela de la seguridad colectiva.

Artículo 357: «El incendiario de bienes propios será castigado con la pena de prisión de uno a cuatro años si tuviere propósito de defraudar o perjudicar a terceros, hubiere causado defraudación o perjuicio, existiere peligro de propagación a edificio, arbolado o plantío ajeno o hubiere perjudicado gravemente las condiciones de la vida silvestre, los bosques o los espacios naturales».

El artículo 357 CP sanciona con la pena de prisión de uno a cuatro años al autor de incendios en bienes propios si concurriera alguna de las siguientes características del tipo que alternativamente son exigidas en la descripción positiva:

— si tuviere *propósito* de defraudar a terceros, hubiere causado defraudación o perjuicio,
— existiera *peligro* de propagación a edificio, arbolado o plantío ajeno,
— o hubiere *perjudicado* gravemente las condiciones de la vida silvestre, los bosques o los espacios naturales.

El incendio en bienes propios incorpora características de tipicidad sumamente heterogéneas entre sí, las cuales, sin embargo, tienen en todo caso un carácter común: la de que **ninguna hace referencia** valorativa prioritaria a la seguridad colectiva, bien jurídico protegido según la rúbrica del Título en el que la presente figura delictiva se incluye, con insólita licencia sistemática.

La efectiva causación de **defraudación o perjuicio** a tercero por medio de un incendio en bienes propios, o cuando menos el **propósito subjetivo** de defraudar o perjudicar a tercero a través del incendio de bienes de que es titular el propio autor, por la dinámica de la conducta (que incide objetiva o subjetivamente sobre el patrimonio ajeno), constituyen argumentos que parecen justificar que esta figura legal debió haberse llevado al ámbito de los delitos contra el patrimonio y el orden socioeconómico.

El segundo inciso de la descripción legal, conforme al cual se concreta el tipo cuando existiere peligro de propagación del incendio a edificio, arbolado o plantío ajeno o hubiere perjudicado gravemente las condiciones de la vida silvestre, los bosques y los espacios naturales, a su vez, es merecedor de desplazamiento normativo, llevándose al ámbito de los delitos **patrimoniales** o, mejor, contra el medio **ambiente**.

La hipótesis de la creación de un peligro a la propiedad ajena constituida por edificio, arbolado o plantío ajeno acreditaría la inclusión entre los delitos contra la **propiedad** y el **orden socio-económico**.

La STS (núm. 991) de 31 de mayo de 2002 (Ponente: BACIGALUPO ZAPATER) señala que la propiedad de los bienes puede ser transferida a personas jurídicas libremente, sin eludir por razones puramente formales la responsabilidad penal. La STS (núm. 274) de 20 de mayo de 1996 (Ponente: BACIGALUPO ZAPATER) recuerda que el levantamiento del velo de sociedades para conocer la titularidad real de las rentas y bienes de su patrimonio, permitiendo considerar las relaciones económicas reales que se encuentran detrás de una formalidad jurídica, es medio legítimo de establecer los hechos probados.

La **ubicación** entre los delitos contra los recursos naturales y el medio ambiente, junto al tipo de daños descritos en el artículo 330, parecería procedente en lugar de la actual sistemática, en la medida en que el peligro de propagación del incendio hubiere perjudicado gravemente las condiciones de la vida silvestre, los bosques y los espacios naturales.

El tipo de incendio en bienes propios defraudatorio o perjudicial y el tipo incendiario de bienes propios con peligro de propagación a bienes ajenos o de grave perjuicio a las condiciones de los recursos naturales, en verdad, **carecen de conexión** objetiva alguna con la seguridad colectiva como bien jurídico protegido en el Título en que se incluyen.

La STS (núm. 568) de 3 de abril de 2003 (Ponente: MARTÍN CANIVELL) estima que a los efectos de la pena se ha de tener en cuenta el grado de la ejecución delictiva, que no pasará de la tentativa cuando no se haya producido el desplazamiento patrimonial para cuyo efecto el autor realizó la totalidad de la conducta necesaria para su producción.

La **sistemática legislativa** resulta arbitraria e incoherente, en tanto adopta un concepto legal de «seguridad colectiva» tan indeterminado, impreciso y extenso, en relación a bienes patrimoniales, que trasluce inseguridad jurídica en su delimitación político-criminal, pero hace primar sobre cualquier otro criterio la naturaleza incendiaria de las acciones descritas.

VIII. INCENDIOS CULPOSOS

El artículo 358 CP contiene una disposición común a todos los tipos de delito incluidos en el Capítulo II («De los incendios») del Título XVII, por virtud de la cual se incrimina la realización culposa de los mismos:

Artículo 358: «El que por imprudencia gravc provocare alguno de los delitos de incendio penados en las secciones anteriores, será castigado con la pena inferior en grado a las respectivamente previstas para cada supuesto».

Esta disposición común constituye una cláusula específica de incriminación de la **culpa** en este grupo de delito, de conformidad con lo previsto en el artículo 12 CP («las acciones u omisiones imprudentes sólo se castigarán cuando expresamente lo disponga la ley»).

El criterio de la determinación de los delitos culposos sancionados en el Código penal, una vez que la incriminación de la culpa típica ha sido erradicada con carácter general del sistema penal, resulta desde el punto de vista político criminal **oscilante**.

— No se alcanza a entender por qué en unos tipos legales de delito se admite la culpa y en otros no y, sobre todo, en base a qué criterios normativos (bien jurídico, gravedad delictiva, naturaleza típica) se establece esta discriminación legal.

— ¿Por qué se incrimina un delito culposo contra un bien patrimonial? ¿Por qué se equiparan a estos efectos los tipos de incendio con peligro personal y los tipos de incendio sin peligro para la vida o integridad personal? ¿Por qué no se incriminan paralelamente tipos de delitos culposos contra bienes jurídicos estrictamente personales (por ejemplo, detención ilegal)?

La imprudencia *grave* equivale a la temeraria, esto es, a la infracción del deber de cuidado cuando hubiere habido omisión de las cautelas más elementales y la previsibilidad del evento sea *notoria*, según reiterada jurisprudencia del Tribunal Supremo: así, se ha considerado que realiza el tipo del artículo 358 CP (en relación con el art. 351) quien procede a aplicar un cigarrillo encendido a los asientos de un automóvil estacionado en un parking siendo previsible que el fuego pudiera propagarse a todo el vehículo, a otros coches, al garaje y al edificio en que estaba ubicado.

La STS 428/2015, de 9 de febrero (Ponente: MAZA MARTÍN), estima que la imprudencia *grave* ha de consistir en una omisión de las cautelas más elementales, respetables para el menos diligente de los hombres, así como en una previsibilidad notoria del evento y de sus resultados.

La ejecución culposa del tipo de incendio con peligro personal se produce cuando el sujeto realiza el tipo, sin dolo, pero con infracción del **deber de cuidado** exigible en unas condiciones de grave incumplimiento del mismo. En esta modalidad alternativa de realización del tipo, la ausencia de previsión o de voluntad en la culpa se corresponde con la conciencia y voluntad de realización de los elementos objetivos del tipo en el dolo. La infracción del deber de cuidado exigible al sujeto en garantía del objeto de protección típica constituye el elemento normativo de la culpa.

La STS (núm. 753) de 26 de abril de 2002 (Ponente: MAZA MARTÍN), resalta que el incendio como delito de peligro se consuma cuando se *prende* fuego en el objeto, de forma que una vez consumada toda conducta posterior no motiva el desistimiento sino la atenuación de reparación del daño causado, considerando que el tipo puede integrarse a través de dolo directo o cuando menos eventual, máxime en los casos de peligro de gran trascendencia, o bien en la figura imprudente por una grave falta de cuidado del sujeto.

En la modalidad culposa de comisión de los tipos delictivos de incendio, la ausencia de dolo en la conducta del autor que realiza el tipo constituye elemento esencial de la culpa de índole negativa, que conjuntamente con el elemento normativo de la infracción del deber de cuidado integra la **estructura** de la imprudencia punible.

> La STS (núm. 88) de 31 de enero de 2005 (Ponente: RAMOS GANCEDO) aprecia realización culposa del delito de incendio forestal del artículo 358 (en relación con el art. 352 CP) en la conducta gravemente imprudente de encender en pleno solsticio de verano una serie de velas en un pinar, en contacto directo con el suelo cubierto de vegetación forestal en dicha época del verano, infringiendo las más *elementales* medidas de cuidado obligadas en ese escenario.

IX. DISPOSICIONES COMUNES

La LO 1/2015, de 30 de marzo, de reforma del Código penal, introduce un nuevo precepto, el artículo 358 bis CP, que incorpora al ámbito de regulación de los delitos de incendio unas disposiciones comunes de todas las figuras legales de este delito, de gran relevancia práctica, denotando una vez más la inquietud ante la trascendencia de esta forma de manifestación de criminal en la sociedad actual.

> **Artículo 358 bis CP**: «Lo dispuesto en los artículos 338 a 340 [del Título XVI: "De los delitos relativos a la ordenación del territorio y el urbanismo, la protección del patrimonio histórico y el medio ambiente"] será también aplicable a los delitos regulados en este Capítulo [Capítulo II: "De los incendios"]».

1. CUALIFICACIÓN DE LA PENA EN CASO DE AFECTACIÓN DE ESPACIO NATURAL PROTEGIDO

La primera disposición común a todos los tipos delictivos de incendio que afecten a algún espacio natural protegido es establecida en el artículo 338 CP y tiene un contenido agravatorio en cuanto establece la imposición de las penas superiores en grado a las respectivamente señaladas por cada tipo legal de incendio.

> **Artículo 338 CP**: «Cuando las conductas definidas en este Título [XVI: "De los delitos relativos a la ordenación del territorio y el urbanismo, la protección del patrimonio histórico y el medio ambiente"] afecten a algún espacio natural protegido, se impondrán las penas superiores en grado a las respectivamente previstas».

La disposición comporta la automática configuración de sendos tipos cualificados de todos y cada de los delitos incriminados en el articulado de Código, en base a un solo criterio de exasperación punitiva: la afectación de las respectivas conductas típicas incendiaras a un elemento común a todas ellas cual es «algún espacio natural protegido». La agravación establecida es de trascendente alcance punitivo, pues dispone la imposición no de la mitad superior de la pena respectiva sino de una nueva pena cual es la «pena superior en grado» a la prevista por la ley.

Tal previsión legal revela a las claras la inquietud social actualmente perceptible ante la gravedad y proliferación de las conductas incendiarias incriminadas penalmente y también la creciente sensibilidad por la estimación y respeto de los espacios naturales protegidos. Dos fenómenos que confluyen en esta disposición normativa, caracterizada por la trascendente respuesta político-criminal proveída que se traduce en la imposición de una nueva pena: la pena superior en grado a la prevista para cada comportamiento delictivo de incendios.

No obstante, la reforma legislativa introducida en el articulado del CP por la LO 1/2015, de 30 de marzo, en su afán actualizador y expansivo del ordenamiento punitivo no ha reparado en la improcedencia de alguna de sus modificaciones legales. Por ejemplo, la que se desliza en esta disposición común del artículo 338 CP, aplicada extensivamente por virtud del artículo 358 bis CP a los delitos de incendio, en relación al tipo cualificado del artículo 353.1.3.ª, inciso segundo, CP que es configurado en base al hecho de que «afecte a algún espacio natural protegido».

Siendo así que dicha circunstancia de que la conducta incendiaria [de montes o masas forestales de especial gravedad pero sin concurrencia de peligro personal] «afecte a algún espacio natural protegido» se convierte en elemento típico esencial de la hipótesis descrita en el artículo 353.1.3.ª, inciso final, CP, configurando un tipo cualificado, ya no puede ser apreciada en el ámbito típico del mismo la propia circunstancia prevista en el artículo 338 CP de que las conductas incendiarias «afecten a algún espacio natural protegido». Queda vetada esta doble cualificación típica, por exigencias no sólo del principio *non bis in idem*, sino además del principio de especialidad de la específica norma configuradora del tipo cualificado del artículo 353.1.3.ª, inciso final, CP, en relación con la cláusula general de agravación de los delitos de incendio del artículo 338 (*ex* art. 358 bis CP), sorprendentemente introducida por la misma Ley de reforma del Código penal.

2. Medida de restauración del equilibrio ecológico perturbado y otras medidas cautelares de protección

El artículo 339 CP instaura determinadas medidas restauradoras o cautelares de protección de los bienes ecológicos, de clara **orientación victimal** encaminada a la reparación integral al sujeto pasivo del delito, que se hacen extensivas a los tipos legales de los delitos de incendio que afecten a algún espacio natural protegido, en virtud del artículo 358 bis CP introducido por la LO 1/2015, de 30 de marzo, de reforma del Código.

> **Artículo 339 CP**: «Los jueces o tribunales ordenarán la adopción, a cargo del autor del hecho, de las medidas necesarias encaminadas a restaurar el equilibrio ecológico perturbado, así como de cualquier otra medida cautelar necesaria para la protección de los bienes tutelados en este Título».

La norma establece la **obligatoriedad** de los jueces y tribunales de adoptar, ante los delitos de incendio que afecten a algún espacio natural protegido (así como ante los delitos ecológicos, o contra el urbanismo y recursos naturales), las siguientes medidas de restauración o de prevención criminal:

a) En primer término, se prevé la **imposición** judicial, a cargo del autor del delito de incendios que afecten a un espacio natural protegido, de la medida resarcitoria encaminada a la «restauración del equilibrio ecológico» perturbado. Esta consecuencia jurídica es adicional a la pena y tiene una finalidad puramente resarcitoria del perjuicio irrogado en el ámbito natural, por lo que confiere un **innovador perfil victimológico** a la determinación de la responsabilidad penal, que no sólo se centra en la sanción del autor, sino que atiende a la reparación integral a la víctima del delito.

b) En segundo lugar, se establece la obligatoria imposición de cualquier otra «medida **cautelar** necesaria» para la protección de los bienes tutelados (al igual que en los delitos ecológicos y contra los recursos naturales) en los delitos de incendios que afecten a algún espacio natural protegido. El motivo legitimador de esta disposición común estriba en la prevención de agresión a los bienes naturales. El mismo no resulta incompatible, sino complementario y acumulable a la medida victimal de restauración del equilibrio ecológico perturbado.

3. Atenuación de la pena en caso de reparación del daño causado

La tercera disposición común a todos los tipos delictivos de incendio es prevista en el artículo 340 CP, que por disposición del artículo 358 bis CP introducido en el Código por la LO 1/2015, de 30 de marzo, es aplicable a los delitos de incendio, abarcando en este caso no sólo a los que afecten a un espacio natural protegido, sino a la totalidad de los tipos delictivos de incendio incriminados en el Código.

> **Artículo 340 CP**: «Si el culpable de cualquier de los hechos tipificados en este Título hubiera procedido voluntariamente a reparar el daño causado, los jueces y tribunales le impondrán la pena inferior en grado a las respectivamente previstas».

Así como la primera disposición común establecía una agravación punitiva que venía a equivaler a la configuración de tipos cualificados de incendios que afecten a algún especial natural protegido, imponiendo las penas superiores en grado, la presente disposición común tercera representa en cierto sentido la contrafigura de la primera, pues establece una atenuación exactamente del mismo alcance inverso: la imposición de la pena inferior en grado a las respectivamente establecidas, de extraordinaria relevancia teórica y práctica.

La disposición común tercera afecta a la totalidad de los delitos de incendio. Trae causa originaria de una conducta del autor resarcitoria del daño causado, que ha de constituir en todo caso una actuación voluntaria del mismo. Tiene como fundamento legitimador una actuación voluntaria de índole resarcitoria, es decir, de restauración del mal producido por el delito, acreditando de este modo la progresiva incorporación de la reparación integral a la víctima como tercera vía penal.

Cuestionario de repaso:

1. ¿Dónde reside la esencia de la noción penal de la acción de incendio?
2. ¿Existen presupuestos criminológicos propios del delito de incendio?
3. ¿Cuándo se entiende ejecutada la acción positiva de incendio?
4. ¿Cabe la omisión en el delito de incendio?
5. ¿Qué criterio resulta determinante para apreciar la consumación del incendio?
6. ¿Que tipos de incendio pueden diferenciarse por razón del objeto de protección afectado?
7. ¿Es relevante la puesta en peligro de bienes personales en el incendio?
8. ¿Qué tipo de peligro se exige para la realización del incendio de peligro personal?
9. ¿Qué criterios permiten diferenciar entre incendios, daños y estragos?
10. ¿En base a qué elementos se delimitan los diferentes tipos delictivos de incendios forestales?
11. ¿Cuál es el objeto material en el delito de incendio de zonas de vegetación no forestales?
12. ¿Es típica la conducta de incendio en bienes propios?
13. ¿Qué relevancia tiene que el incendio afecte a un espacio natural protegido?
14. ¿Tiene relevancia la restauración del daño causado por los tipos delictivos de incendio?
15. ¿Es punible la comisión culposa de incendios?

LECCIÓN 21.ª

DELITOS CONTRA LA SALUD PÚBLICA

Antonia Monge Fernández

I. CONSIDERACIONES GENERALES Y BIEN JURÍDICO PROTEGIDO

En el presente ámbito regulativo del Código penal (arts. 359 a 378 CP) se comprenden varios grupos de delitos:

a) Delitos relativos a sustancias nocivas para la salud y a productos químicos que puedan causar **estragos** (arts. 359 y 360 CP).
b) Delitos relativos a **medicamentos** (arts. 361, 362, 362 bis, ter, quáter, sexies CP).
c) El delito de **dopaje** (art. 362 quinquies).
d) Delitos relativos a **productos alimentarios** (arts. 363-366 CP).
e) Delitos relativos al **tráfico de drogas** (arts. 368-378 CP).

El Derecho penal ha asumido en las últimas tres décadas nuevos contenidos y ámbitos de intervención que parecen estar alejados de los tradicionales, esto es, de la lesión o el peligro de bienes jurídicos individuales, y la doctrina se halla fraccionada entre quienes juzgan al moderno Derecho penal como uno absolutamente incompatible con los principios tradicionales y quienes, por el contrario, no ven en aquél ni el mínimo menoscabo de los mismos.

Un primer ámbito del Derecho penal moderno vendría constituido por aquellos tipos delictivos característicos de la llamada «sociedad del riesgo» («*Risikogesellschaft*»), los cuales configurarían un correspondiente «Derecho penal del riesgo» en el que predominaría el tipo de **peligro abstracto** para bienes jurídicos individuales como instrumento técnico adecuado por excelencia, sin olvidar la proliferación de nuevos bienes jurídicos de **dimensión colectiva**, y la técnica de las **leyes penales en blanco**.

La Constitución española reconoce como competencia de los poderes públicos «organizar y tutelar la **salud pública**» (art. 43.2 CE), afirmando el derecho a la salud como digno de protección. Acatando el mandato constitucional, el legislador penal incluye en el Título XVII, dentro de los delitos contra la Seguridad Colectiva, el **Capítulo III**, rubricado «**De los delitos contra la Salud Pública**» (arts. 359-378 CP).

La rúbrica del Capítulo III del Título XVII resulta bien significativa sobre el bien jurídico protegido por los diferentes tipos penales, esto es, la **salud pública**. En líneas generales, se entiende por salud pública «el conjunto de condiciones que positiva y negativamente garantizan y fomentan la salud de los ciudadanos» (RODRÍGUEZ RAMOS).

II. DELITOS RELATIVOS A SUSTANCIAS NOCIVAS PARA LA SALUD O PRODUCTOS QUÍMICOS QUE PUEDAN CAUSAR ESTRAGOS (ARTS. 359 Y 360 CP)

1. ELABORACIÓN, DESPACHO, SUMINISTRO O COMERCIO NO AUTORIZADO (ART. 359 CP)

Bien jurídico: la salud pública. Como característica del moderno Derecho penal, el artículo 359 CP adopta la técnica de los **delitos de peligro**, anticipando las barreras de protección, antes de que se produzca ningún resultado lesivo, sin exigir la concreta puesta en peligro del bien jurídico, bastando una **peligrosidad potencial** hacia el bien jurídico protegido —peligro abstracto—.

Conducta típica. El legislador de 1995 castiga, en primer término, las conductas que consistan en **elaborar, despachar y suministrar** sustancias nocivas para la salud o productos químicos que puedan causar **estragos**, y **comerciar** con ellos, sin la respectiva autorización, con pena de prisión de seis meses a tres años y multa de seis a doce meses, e inhabilitación especial para profesión e industria por tiempo de seis meses a dos años (**art. 359**).

De una lectura del citado precepto cabe destacar como objeto del delito el **carácter nocivo** de las sustancias para la salud o los productos químicos que **puedan** causar **estragos**.

> **Ejemplo**: SAP Córdoba, Sección 1.ª, de 30 de diciembre de 2002 (elaboración y distribución, sin la autorización del Ministerio de Sanidad, de medicamento adelgazante supuestamente compuesto por plantas medicinales, pero que en realidad contenía sustancias con contraindicaciones y efectos secundarios dañosos para la salud del consumidor). SAP Madrid, de 26 de mayo de 1997 (castigó por esta tipología delictiva, al entender que el gasóleo revestía la cualidad de producto químico que causa estragos).
>
> SAP Palma de Mallorca, Sección 1.ª, de 22 de mayo de 2019 (Ponente: ROBLES MORATO): Condena por los artículos 359 y 368 CP (principio de alternatividad). El encausado tenía en su poder 116 ampollas metálicas que contenían **óxido nitroso**, con intención de venderlas a terceros. Además, llevaba encima, para la preparación de esta sustancia para su consumo, varias decenas de globos de colores y dos dispensadores para hinchar globos. El óxido nitroso, es un gas volátil, que provoca alucinaciones y estado eufórico en la persona.

La **conducta típica** consiste en elaborar, despachar, suministrar, y comerciar, **sin** la respectiva **autorización**, lo que va a presentar cierta similitud con los delitos de intrusismo (art. 403 CP).

Tipo subjetivo. El artículo 359 CP configura un **tipo doloso**, donde el dolo abarca tanto el conocimiento de que se carece de la respectiva autorización administrativa, como el carácter nocivo y peligroso de las sustancias. Los supuestos de error sobre la nocividad de la sustancia serán tratados conforme a las reglas del **error de tipo**, que de ser vencible determinaría su castigo como **imprudente** (art. 367 CP).

2. Incumplimiento de las formalidades para su despacho o suministro (art. 360 CP)

Bien jurídico protegido: técnica de protección. En la misma línea que el artículo precedente, y como característica del Moderno Derecho penal, el legislador emplea el recurso a los delitos de **peligro abstracto** como técnica de protección.

Conducta típica. Se castiga con pena de multa de seis a doce meses e inhabilitación para la profesión u oficio de seis meses a dos años, la conducta de **despachar o suministrar** las sustancias o productos referidos en el artículo anterior, **con** la respectiva **autorización**, pero infringiendo las formalidades previstas en Leyes y Reglamentos (art. 360 CP). La conducta típica recae sobre los mismos objetos del artículo 359 CP, esto es, las **sustancias nocivas** a la salud, o los **productos químicos** que puedan causar estragos.

El citado precepto se estructura como una **norma penal en blanco**, siendo necesario acudir a la normativa administrativa, a fin de conocer el correcto despacho o suministro de las mencionadas sustancias.

Tipo subjetivo. El artículo 360 CP castiga una modalidad **dolosa**, siendo necesario tanto que el sujeto actúe con conocimiento del carácter nocivo y peligroso de las sustancias, como de su potencialidad peligrosa para la salud, y que se actúa incumpliendo las formalidades.

Consumación, No se exige un peligro concreto para la salud, siendo suficiente un **peligro potencial** para el bien jurídico.

Problemática concursal:

— Cuando existe un peligro múltiple para la colectividad, que posteriormente deviene en un **resultado** lesivo individual (vida o salud de una persona), se aplicará un concurso de infracciones entre lesiones u homicidio imprudente con el correspondiente delito de peligro.

— Si como consecuencia de las conductas descritas en los artículos 359 y 360 CP se ocasionan **dolosamente** los resultados —estragos (art. 346 CP)—, resultará de preferente aplicación este último precepto (concurso de leyes) (SAP Palma de Mallorca, Sección 1.ª, de 22 de mayo de 2019).

— Por el contrario, si los resultados —estragos— fueren ocasionados por imprudencia, se aplicará el artículo 347 CP.

III. DELITOS RELATIVOS A MEDICAMENTOS (ARTS. 361, 362, 362 BIS, 362 TER, 362 QUÁTER CP)

La alarma social que ocasionó el consumo de ciertos medicamentos (*Dietilestilbestrol, Talidomida*) en países de nuestro ámbito cultural, provocando resultados irreversibles, motivó al legislador penal de 1995 a incriminar bajo la rúbrica de «**Delitos contra la salud pública**» las conductas de manipulación y expendición ilegal de medicamentos en los artículos 361 y 362 CP. Con posterioridad, el deber de trasponer el Convenio Medicrime (Convenio del Consejo de Europa sobre la falsificación de productos médicos y delitos similares, Moscú, 28 de octubre de 2011) propició que el legislador penal reformara los delitos contra la salud pública, por LO 1/2015, de 30 de marzo, prestando especial atención a los delitos relativos a los medicamentos.

1. Planteamiento. Concepto de medicamento

Compartiendo con los delitos precedentes la problemática del bien jurídico protegido de la salud pública, con referencia a la técnica de protección el llamado «delito farmacológico» adopta la estructura de un tipo de **peligro concreto** —a diferencia de la anterior regulación—, donde la exigencia del peligro se constituye en elemento del tipo, constando así expresamente en la redacción típica (Gómez Rivero y Monge Fernández).

El nuevo artículo 361 CP se refiere a un amplio catálogo de objetos, entre los que hay que incluir *medicamentos de uso humano*, veterinarios y en *fase de investigación*, así como los *productos sanitarios* [véanse art. 8, apartado *f*), de la Ley 29/2006, de 26 de julio, de garantías y uso racional de los medicamentos y productos sanitarios y art. 2 del RD 1591/2009, de 16 de octubre, por el que se regulan los productos sanitarios] (Cortés Bechiarelli).

Se entiende por **medicamento de uso humano** «toda sustancia o combinación de sustancias que se presente como poseedora de propiedades para el tratamiento o prevención de enfermedades en seres humanos o que pueda usarse en seres humanos o administrarse a seres humanos con el fin de restaurar, corregir o modificar las funciones fisiológicas ejerciendo una acción farmacológica, inmunológica o metabólica, o de establecer un diagnóstico médico» (art. 8 Ley 29/2006). Asimismo, en el concepto de medicamento debe incluirse la sangre humana (STS, Sala Segunda, de 18 de noviembre de 1991, AAP Madrid, de 12 de enero de 2009).

2. Tipo básico. Producción y distribución de medicamentos deteriorados o caducados, sustitución de unos por otros, e incumplimiento de exigencias técnicas específicas (art. 361 CP)

> La estructura de los tipos descritos en los artículos 361 y 362 CP responde a la técnica de las llamadas **leyes penales en blanco**, cuyo «supuesto de hecho viene consignado en una norma de carácter no penal» (Muñoz Conde).

A) *Producción y distribución*

El legislador castiga una diversidad de conductas que se incluyen en la cadena de producción y distribución de estas sustancias, redactando ampliamente el tipo, con la pretensión de evitar que alguna acción del proceso productivo quede en la atipicidad. Es conveniente subrayar que antes de la reforma de 2015, el artículo 361 centraba la tipicidad sobre la expendición o el despacho de los medicamentos deteriorados o caducados.

A partir de 2015, las conductas típicas pueden agruparse en las siguientes:

a) la **fabricación, importación, exportación, suministro, intermediación, comercialización, ofrecimiento**, puesta en el mercado o **almacenamiento** de medicamentos de uso humano y de investigación;

b) las conductas que consistan en **incumplir** las **exigencias técnicas** sobre la composición, estabilidad o eficacia de los medicamentos;

c) finalmente, la **sustitución** no autorizada de un medicamento por otro (art. 361 CP).

B) *Artículo 361 bis*

Suprimido por LO 1/2015, de 30 de marzo, por la que se modifica la LO 10/1995, de 23 de noviembre, del Código penal (*BOE* de 31 de marzo).

C) *Alteración de la dosis, caducidad o composición genuina de un medicamento (art. 362.1 CP)*

El legislador castiga las conductas de elaboración o producción de:

a) un medicamento, incluidos los de uso humano y veterinario, así como los medicamentos en investigación; o una sustancia activa o un excipiente de dicho medicamento;

b) un producto sanitario, así como los accesorios, elementos o materiales que sean esenciales para su integridad (art. 362.1 CP, redactado por la LO 1/2015).

En segundo lugar, se incrimina la **alteración** de un medicamento, sustancias, excipientes, productos sanitarios, accesorios, elementos o materiales mencionados en el número apartado anterior, en el momento de su fabricación o elaboración, incluso en un momento posterior, la **modificación** de su cantidad, dosis o composición genuina, privándole en todo o en parte de su eficacia terapéutica, cuando con ello se **ponga en peligro la vida o la salud** de las personas (art. 362.2 CP).

D) *Imitación o simulación de medicamentos o sustancias beneficiosas para la salud*

En tercer lugar, se castiga la **imitación o simulación** de medicamentos o sustancias productoras de efectos beneficiosos para la salud, con apariencia de verdaderos, con la intención de expenderlos o utilizarlos, cuando con ello **generen un riesgo para la vida o la salud de las personas.**

Ejemplo: STS, Sala Segunda, de 1 de abril de 2003: venta a elevado precio de supuesto remedio contra el cáncer, compuesto únicamente de urea y suero, logrando que muchos pacientes abandonaran la quimioterapia al confiar en su curación.

Denominador común a las tres modalidades es que las mencionadas conductas ocasionen la **puesta en peligro** de la **vida** o **salud de las personas**.

E) *Tráfico de medicamentos fraudulentos (art. 362 bis CP)*

El legislador castiga a quien, **con conocimiento** de su falsificación o alteración, importe, exporte, anuncie o haga publicidad, ofrezca, exhiba, venda, facilite, expenda, despache, envase, suministre, incluyendo la intermediación, trafique, distribuya o ponga en el mercado, cualquiera de los medicamentos, sustancias activas, excipientes, productos sanitarios, accesorios, elementos o materiales a que se refiere el artículo anterior, y con ello **genere un riesgo para la vida o la salud de las personas**.

En segundo lugar, también se castiga la **adquisición o tenencia en depósito** con la finalidad de destinarlos al consumo público, al uso por terceras personas o a cualquier otro uso que pueda afectar a la salud pública (**art. 362 bis CP**, introducido por la LO 1/2015).

Tipo subjetivo. Los artículos 361 y 362 CP tipifican conductas **dolosas**, donde el dolo abarca tanto el conocimiento y voluntad de realizar la conducta típica, como de la nocividad de las sustancias. Si concurriere **error** respecto a la nocividad de la sustancia, será tratado como error de tipo (art. 14.3 CP). Conforme con ello, si el sujeto actuó con desconocimiento de la nocividad de la sustancia, la conducta podría castigarse como **imprudente (art. 367 CP)**.

Problemática concursal:

— Si el peligro se actualiza en un **resultado lesivo** individual o múltiple, se aplicará la solución del concurso ideal de delitos, castigándose por separado ambos resultados.

— Peligro individual, **lesión** individual: aplicar sólo el delito de lesión (concurso de leyes).

— Concurso con **estafa** (concurso ideal de delitos).

Ejemplo: Caso «Amatrisán»: fabricación y venta de una sustancia presentada como medicamento capaz de prevenir y curar el cáncer, a sabiendas de su ineficacia (STS, Sala Segunda, de 1 de abril de 2003).

— Concurso con **delito publicitario** (concurso ideal de delitos).

3. Tipos cualificados (art. 362 quáter CP)

Las conductas descritas en los artículos anteriores serán castigadas con las **penas superiores en grado** a las señaladas en los artículos 361, 362, 362 bis o 362 ter, cuando el delito se perpetre concurriendo alguna de las circunstancias siguientes:

1.ª Que el culpable fuere **autoridad, funcionario público, facultativo, profesional sanitario, docente, educador, entrenador físico o deportivo**, y obrase en el ejercicio de su cargo, profesión u oficio.

2.ª Que los medicamentos, sustancias activas, excipientes, productos sanitarios, accesorios, elementos o materiales referidos en el artículo 362:

a) se hubieran ofrecido a través de **medios de difusión a gran escala**; o

b) se hubieran ofrecido o facilitado a **menores de edad**, personas **con discapacidad necesitadas de especial protección**, o personas **especialmente vulnerables** en relación con el producto facilitado.

3.ª Que el culpable perteneciera a una **organización o grupo criminal** que tuviera como finalidad la comisión de este tipo de delitos.

4.ª Que los hechos fuesen realizados en **establecimientos abiertos al público** por los responsables o empleados de los mismos (art. 362 quáter CP, introducido por la LO 1/2015).

Penalidad. El legislador penal prevé pena de **inhabilitación especial** para profesión u oficio para los farmacéuticos o los directores técnicos de los laboratorios autorizados de tres a seis años, y de uno a tres en el resto (arts. 362 y 362 bis CP). En segundo lugar, se establece la pena de **prisión** de seis meses a dos años, multa e inhabilitación especial para profesión u oficio de seis meses a dos años (art. 362 ter CP).

IV. EL DELITO DE DOPAJE (ART. 362 QUINQUIES CP)

La alarma social ocasionada en nuestro país en el ámbito del ciclismo («Operación Puerto», Auto del Juzgado de Instrucción núm. 31 de Madrid, de 2 de junio), ante la ausencia de regulación penal al respecto, motivó que el legislador introdujera el *artículo 361 bis* (LO 7/2006, de 21 de noviembre, de Protección de la Salud y de la Lucha contra el Dopaje en el Deporte, derogada por la **LO 3/2013**, de 20 de junio, de protección de la salud del deportista y lucha contra el dopaje en la actividad deportiva). Por otro lado, el deber de armonizar nuestra normativa con otras disposiciones [Convenio Internacional contra el dopaje en el deporte de la Unesco (París el 18 de noviembre de 2005), Real Decreto-Ley 3/2017] justifica la reforma por LO 1/2015, de 30 de marzo.

El supuesto de hecho de la *Operación Puerto* alude a una trama de dopaje deportivo, consistente en aumentar el rendimiento de los deportistas mediante la administración de sangre autóloga (es decir, siendo el deportista donante y receptor de la misma) enriquecida en glóbulos rojos. Aunque los hechos se enjuiciaron en 2013, la SJP n.º 21 de Madrid 144/2013, de 29 de abril, no pudo condenar al autor de los mismos (el doctor Eufemiano Fuentes) conforme al delito de dopaje, por ser las conductas enjuiciadas anteriores a la entrada en vigor de la LO 7/2006, de 21 de noviembre, de protección de la salud y de lucha contra el dopaje en el deporte, mediante la que se introdujo el delito de dopaje en el artículo 361 bis CP. No obstante, el facultativo fue condenado por un delito contra la salud pública del artículo 361 CP, aunque la SAP de Madrid lo absolvió en 2016, al entender que la sangre que utilizaron para las transfusiones «no es un medicamento».

En síntesis, la reforma de 2015 no adiciona nada nuevo al contenido del delito de dopaje, pues aunque se «añada» el nuevo precepto, en puridad, lo que hace con su entrada en vigor es cambiar la ubicación sistemática del anterior artículo 361 bis al actual artículo 362 quinquies CP, con el mismo contenido (artículo introducido por la LO 1/2015).

Por otro lado, un sector de la doctrina penal miraba con recelo la verdadera vigencia del artículo 361 bis CP (SUÁREZ LÓPEZ) por el que se tipifica el delito de dopaje, de modo que la promulgación de la LO 1/2015, al *añadirse* la conducta delictiva de dopaje, soslaya cualquier duda al respecto con relación a la «total vigencia» que se puede esperar de una norma penal.

Bien jurídico protegido. El bien jurídico protegido es la **salud pública** (CORTÉS BECHIARELLI), incluso otros bienes patrimoniales y económicos (ATIENZA MACÍAS), si bien algún sector de la doctrina ha entendido que aquél sea la **salud de los deportistas**, lo que explica que éstos no sean sancionados penalmente si se dopan o se dejan dopar (ROXIN). Controvertida ha sido la opinión de considerar como posible bien jurídico el *fair play* (vid. STSJ Madrid, de 29 de marzo).

Conducta típica. El artículo 361 bis castiga las conductas de proporcionar **sustancias y métodos dopantes**, que pongan en peligro la vida o la salud de las personas, sin justificación terapéutica. Un sector de la doctrina sostiene que se trata de un delito de *favorecimiento de dopaje*, al castigarse el entorno del deportista que le prescriba, proporcione, suministre, administre, ofrezca o facilite sustancias que alteren su rendimiento físico y le aporte un beneficio que en condiciones normales no se daría (MORILLAS FERNÁNDEZ).

Técnica de protección. El legislador utiliza la técnica de los delitos de **peligro concreto**, exigiéndose la puesta en peligro de la salud de los deportistas (SAP La Rioja, de 26 de mayo de 2015).

Objeto de protección. La conducta he de recaer sobre las **sustancias** o grupos farmacológicos prohibidos, así como métodos no reglamentarios y **métodos dopantes**, que constituyen el objeto material del delito (vid. Resolución de 21 de diciembre de 2006, de la Presidencia del Cuerpo Superior de Deportes, art. 4.2 LO 3/2013, de 20 de junio) (SAP Valencia, Sección 3.ª, de 14 de julio de 2011, Ponente: MARRADES GÓMEZ).

Sujeto activo puede ser cualquier persona (delito común) (MORILLAS CUEVA), si bien lo normal es que se trate de médicos o profesionales. Excluido queda el deportista (*autopuesta en peligro* impune) (MUÑOZ CONDE). **Sujeto pasivo**, los deportistas federados y no federados.

Tipo subjetivo. Delito **doloso** (también se admite el dolo eventual), exigiéndose una doble intención: tanto el aumentar la capacidad física de los deportistas, como el modificar los resultados de las competiciones. Conforme con ello, el tipo está configurado con elementos subjetivos del injusto consistentes en «aumentar sus capacidades físicas» y/o «modificar los resultados de las competiciones». Por consiguiente, se excluye la modalidad imprudente del artículo 367 CP (CORTÉS BECHIARELLI).

Casos de error. El tipo subjetivo del delito de dopaje suscita la cuestión relativa a la posible concurrencia del error (art. 14 CP), esto es, si una persona puede ser autora de un delito de dopaje sin tener la intención o el fin de «*aumentar sus capacidades físicas o modificar los resultados de las competiciones*». Vid. SAN, Sala de lo Contencioso-Administrativo (Sección 3.ª), recurso número 18/2005, de 26 de julio de 2006 (Ponente: TERRERO CHACÓN). Esta Sentencia confirma las sanciones impuestas al futbolista Carlos Gurpergui, cuyos hechos no pudieron ser enjuiciados penalmente por tener lugar en 2002, antes de que las conductas dopantes fueran delictivas.

En contra de admitir la posibilidad del error, la STSJ de Madrid (Sala de lo Contencioso-Administrativo, Sección 3.ª, de 20 de abril de 2005) niega la posibilidad de error [«la ignorancia de la autora del contenido de la sustancia del contenido de la sustancia prohibida en la ingesta de un medicamento **no es exculpatoria**, por cuanto [...] debía conocer o tomar la precaución adecuada guardando la conveniente diligencia para evitarlo»].

Tipos cualificados. El legislador sanciona con las penas previstas en el apartado anterior en su mitad superior cuando el delito se perpetre concurriendo alguna de las circunstancias siguientes:

1.ª Que la víctima sea **menor de edad** (menor de 18 años), basando esta agravación en la mayor lesividad hacia el bien jurídico.
2.ª Que se haya empleado **engaño** o **intimidación**.
3.ª Que el responsable se haya prevalido de una relación de superioridad laboral o profesional.

Si el sujeto pasivo fuera un deportista por recreo, al no tratarse de relaciones profesionales o laborales con el «entorno de deportistas», sería aplicable la agravante genérica del artículo 22.2.º CP, referente al abuso de superioridad.

Problemática concursal:

— En el caso de ocasionarse, además, un resultado de lesiones o incluso la muerte del sujeto pasivo, la doctrina ha sostenido una doble solución. En primer lugar, cabe aplicar un concurso aparente de normas penales, con absorción del resultado lesivo del riesgo creado por el sujeto activo, de tal forma que el delito de dopaje quedará absorbido por **el delito de homicidio o lesiones**, *ex* artículo 8.3 CP (CORTÉS BECHIARELLI). En segundo lugar, es posible admitir el concurso ideal de delitos, con aplicación de la pena más grave en su mitad superior, *ex* artículo 77.2 CP (MORILLAS CUEVA).

— En segundo lugar, es posible imaginar la concurrencia del delito de dopaje con el de **estafa**. Si el deportista se dopa con el objetivo de conseguir un premio económico o el logro de una apuesta deportiva, se aplica el delito de estafa (arts. 248 ss.). En segundo lugar, si se suministran sustancias dopantes a un deportista sin su conocimiento, el sujeto activo será castigado por un concurso ideal entre el delito de estafa y el de dopaje (quedando impune el deportista) (CORTÉS BECHIARELLI).

— Es frecuente el concurso entre el **delito de dopaje** y la **venta y manipulación ilegal de medicamentos**, siendo de preferente aplicación el artículo 361 bis, por ser ley especial (concurso de leyes).

— Si las sustancias utilizadas fueran **drogas ilegales**, cabe el concurso con los delitos contra la salud pública (arts. 368 ss. CP), aplicando estos últimos en virtud del principio de especialidad (concurso de leyes).

— Finalmente, cabe admitir el **delito continuado** (art. 74 CP) casos en los que se producen pluralidad de acciones y unidad de delitos, «cuando los actos de dopaje, como suele ser habitual, se reiteren en el tiempo ("reiteración de la ingesta"), o afecten a una pluralidad indeterminada de sujetos» (MUÑOZ CONDE) (en contra, SAP de Valencia 545/2011, de 14 de julio, que niega la posibilidad del delito continuado en el delito de dopaje).

Antijuridicidad. El artículo 362 quinquies CP condiciona la tipicidad de las conductas a la ausencia de «justificación terapéutica», de modo que «la justificación terapéutica conlleva materialmente la atipicidad de la conducta». No obstante, el juicio de oportunidad médica de la administración de la sustancia o el método ha de realizarse por los forenses adscritos al Juzgado en cada caso, sin que este juicio dependa de un facultativo de parte, que puede ser el propio autor del delito o formar parte de la trama delictiva (CORTÉS BECHIARELLI).

Un sector de la doctrina penal niega esta circunstancia «como causa excluyente de antijuridicidad que determine que la acción es conforme a Derecho, pese al uso del término "justificación", sino que actúa en el ámbito de la tipicidad, convirtiendo en atípicos los comportamientos terapéuticamente correctos» (SÁNCHEZ-MORALEDA VÍLCHES).

Decomiso. En los delitos previstos en los artículos anteriores de este Capítulo serán objeto de **decomiso** las sustancias y productos a que se refieren los artículos 359 y siguientes, así como los bienes, medios, instrumentos y ganancias con sujeción a lo dispuesto en los artículos 127 a 128 (**art. 362 sexies** introducido por LO 1/2015).

V. DELITOS RELATIVOS A PRODUCTOS ALIMENTARIOS (ARTS. 363-366 CP)

> Bajo la denominación de «**fraudes alimentarios**» se incluyen varios tipos penales que afectan a la **salud pública**, como bien jurídico protegido, incidiendo sobre diversos objetos, tales como bebidas, géneros corrompidos y productos alimentarios en general.
>
> El **sujeto pasivo** de las diversas modalidades reviste un carácter colectivo, integrado por los **consumidores**, como titulares de la salud pública.

1. DELITOS REALIZADOS POR PRODUCTORES, DISTRIBUIDORES O COMERCIANTES (ART. 363 CP)

Conducta típica. El legislador castiga con la pena de prisión de uno a cuatro años, multa de seis a doce meses e inhabilitación especial para profesión u oficio, industria o comercio por tiempo de tres a seis años, ciertas conductas realizadas por **productores, distribuidores o comerciantes**, incidiendo sobre diversos **objetos**:

1.º las conductas que consistan en **ofrecer** en el mercado productos alimenticios, **omitiendo o alterando los requisitos** sobre caducidad y composición, establecidos legal o reglamentariamente, siempre que **pongan en peligro** la salud de los consumidores.

Ejemplo: SAP, Albacete (Sección 2.ª), de 21 de marzo de 2005: alterar el etiquetado de botes de tomate, colocando etiquetas con caducidad posterior a la que tenían las etiquetas originales, para su posterior venta y comercialización.

La específica finalidad de ofrecer en el mercado los referidos productos excluiría los casos de venta privada de alimentos a particulares, o el regalarlos (SERRANO GÓMEZ).

Sujetos. Se trata de un **delito especial,** cuyo sujeto activo son los productores, distribuidores o comerciantes (art. 363 CP), pudiendo imputarse los posibles resultados en comisión por omisión, al ser garantes (art. 11 CP).

Técnica de protección. El artículo 363 CP presenta la estructura de una **norma penal en blanco**, siendo preciso acudir a la normativa administrativa para completar su contenido. A este respecto debe consultarse el RD 3484/2000, de 29 de diciembre, relativo a las normas de higiene para la elaboración, distribución y comercio de comidas preparadas.

Con respecto a la técnica de protección, el artículo 363 CP se configura como un **delito de peligro abstracto**, al requerir la puesta en peligro de salud de los consumidores en sentido colectivo (SAP Asturias, de 20 de enero de 2017).

Los **objetos** sobre los que inciden las conductas descritas en el tipo permiten distinguir dos modalidades típicas que versan, sobre el ámbito alimentario, y sobre otro contexto más amplio, donde cabría incluir vestidos o juguetes.

2.º En segundo lugar, el artículo 363.2 CP castiga las conductas que consistan en **fabricar o vender bebidas o comestibles** destinados **al consumo público y nocivos** para **la salud**, siempre que **pongan en peligro** la salud de los consumidores.

3.º **Traficar con géneros corrompidos**; quedando excluidas las conductas de producción o fabricación.

Ejemplo: SAP, Pontevedra (Sección 2.ª), de 13 de septiembre de 2006 (Ponente: CIMADEVILLA CEA). Captura de vieira, en lugar vedado para ello en cantidad que hace presumir su destino al comercio humano, y a sabiendas de la sustancia tóxica que contiene para la salud y que a tenor de los análisis practicados superaba con creces la reglamentariamente establecida como apta para el consumo humano. SAP de León, de 14 de abril de 2003 (considera que la conducta de «almacenamiento» de estos géneros sería subsumible en el tipo).

> **4.º** Elaborar **productos** cuyo uso **no se halle** autorizado y sea perjudicial para la salud.
> **5.º** **Ocultando** o **sustituyendo** efectos destinados a ser inutilizados o desinfectados.

2. Delitos de adulteración (art. 364.1 CP)

El legislador penal castiga con la pena de prisión de uno a cuatro años, multa de seis a doce meses e inhabilitación especial para profesión u oficio, industria o comercio por tiempo de tres a seis años, al que **adulterare** con **aditivos** u otros **agentes no autorizados** susceptibles de causar **daños** a la **salud** de las personas los **alimentos**, **sustancias** o **bebidas** destinadas al comercio alimentario.

El delito del artículo 364 CP se estructura como una norma penal en blanco, siendo necesario acudir a la normativa extrapenal para conocer las normas sobre empleo de aditivos o agentes. En concreto, listas de aditivos autorizados (RD 3177/1983, de 16 de noviembre; *BOE* de 12 de enero de 1996 para edulcorantes, *BOE* de 22 de enero de 1996 para colorantes, *BOE* de 22 de marzo de 1997 para los demás; Reglamento 2377/1990 del Consejo, sobre residuos máximos de medicamentos en alimentos de origen animal).

A diferencia del artículo anterior, nos hallamos ante un **delito común**, que puede ser cometido por cualquier persona («el que») y de sujeto pasivo colectivo. Si el **sujeto activo** fuere el propietario o el responsable de producción de una fábrica de productos alimenticios, el apartado segundo prevé, además, la pena de inhabilitación especial para profesión, oficio, industria o comercio de seis a diez años.

El tipo penal exige como elemento típico la exigencia de **puesta en peligro** de la salud de las personas.

3. Alteración de alimentos de animales destinados al consumo humano (art. 364.2 CP)

Bien jurídico protegido. Como indica la rúbrica del Capítulo III, nos hallamos ante delitos que protegen la **salud pública**, únicamente referida a la salud humana, excluyendo la salud animal.

Conductas típicas. El legislador penal de 1995 introduce unas modalidades típicas que no existían en el Código precedente, empleando la técnica de las leyes penales en blanco, siendo necesario acudir a la normativa administrativa a efectos de completar el tipo.

El apartado 2 del artículo 364 CP castiga con las penas de prisión de 1 a 4 años, multa de 6 a 12 meses e inhabilitación especial para profesión, oficio o industria o comercio, por tiempo de 3 a 6 años, las conductas que consistan en:

1.º **Administrar** a los animales cuyas carnes o productos se destinen al consumo humano **sustancias no permitidas** que **generen riesgo para la salud de las personas**, o en **dosis superiores** o para **fines distintos** a los autorizados.

Ejemplo: STS, Sala Segunda, de 12 de enero de 2004. Administrar Clembuterol a reses bovinas.

2.º Sacrificar animales de abasto o **destinar** sus productos al **consumo humano, sabiendo** que se les ha administrado las sustancias mencionadas en el número anterior.

3.º Sacrificar animales de abasto a los que se hayan aplicado **tratamientos terapéuticos** mediante sustancias de las referidas en el apartado 1.

4.º Despachar al consumo público las carnes o productos de los animales de abasto **sin respetar los períodos de espera** en su caso reglamentariamente previstos.

Con relación a este último apartado, debe destacarse el empleo de la técnica de los **delitos de peligro abstracto**, bastando para su consumación con la mera realización de la conducta, infringiendo la normativa administrativa.

Constituye un tipo de delito **doloso**.

4. Envenenamiento (art. 365 CP)

El artículo 365 CP sanciona con la pena de prisión de dos a seis años, al que **envenenare** o **adulterare** con sustancias **infecciosas,** u otras que **puedan ser gravemente nocivas** para la **salud**, las aguas potables o las sustancias alimenticias destinadas al uso público o al consumo de una colectividad de personas.

Ejemplo: SAP Lugo (Sección 1.ª), de 4 de febrero de 2004. Derramar gasóleo en una cuba de carne adobada destinada a la fabricación de chorizos como represalia por diferencias económicas y **conociendo** el carácter nocivo del líquido derramado.

5. Realización por imprudencia grave de estas conductas (art. 367 CP)

En coherencia con el sistema de *numerus clausus* instaurado por el legislador de 1995 para castigar la imprudencia, el artículo 367 castiga la comisión imprudente de las conductas previstas en los tipos precedentes, imponiendo las penas inferiores en grado a las establecidas en aquéllos (imprudencia grave).

Ejemplo: SAP Pontevedra (Sección 4.ª), de 19 de junio de 2007. Captura con destino al comercio para consumo humano de 117 vieiras con cantidades de toxina ASP superiores a las autorizadas para el consumo humano. Hechos realizados por **imprudencia grave.**

6. Responsabilidad penal de las personas jurídicas (art. 366 CP)

Cuando de acuerdo con lo establecido en el artículo 31 bis una persona jurídica sea responsable de los delitos recogidos en los artículos anteriores de este Capítulo, se le impondrá una pena de multa de uno a tres años, o del doble al quíntuplo del valor de las sustancias y productos a que se refieren los artículos 359 y siguientes, o del beneficio que se hubiera obtenido o podido obtener, aplicándose la cantidad que resulte más elevada.

Atendidas las reglas establecidas en el artículo 66 bis, los jueces y tribunales podrán asimismo imponer las penas recogidas en las letras *b*) a *g*) del apartado 7 del artículo 33 (artículo redactado por la LO 1/2015).

7. Penas complementarias (art. 372 CP)

Si los hechos previstos en este Capítulo fueren realizados por **empresario, intermediario en el sector financiero, facultativo, funcionario público, trabajador social, docente o educador**, en el **ejercicio de su cargo, profesión u oficio**, se le impondrá, además de la pena correspondiente, la de inhabilitación especial para empleo o cargo público, profesión u oficio, industria o comercio de tres a diez años. Se impondrá la pena de inhabilitación absoluta de diez a veinte años cuando los referidos hechos fueren realizados por autoridad o agente de la misma, en el ejercicio de su cargo.

A tal efecto, se entiende por **facultativos** los médicos, psicólogos, las personas en posesión de título sanitario, los veterinarios, los farmacéuticos y sus dependientes.

VI. DELITOS RELATIVOS AL TRÁFICO DE DROGAS (ARTS. 368-378 CP)

La **LO 5/2010, de 22 de junio** supuso algunas modificaciones en materia de tráfico de drogas, reflejada en algunos reajustes en materia de penas, de conformidad con las normas internacionales, en concreto la Decisión Marco 2004/757/JAI del Consejo, de 25 de octubre de 2004, relativa al establecimiento de disposiciones mínimas de los elementos constitutivos de delitos y las penas aplicables en el ámbito del **tráfico ilícito de drogas**. De acuerdo con los criterios punitivos marcados por dicha norma armonizadora, se refuerza el principio de proporcionalidad de la pena reconfigurando la relación entre el tipo básico y los tipos agravados del delito de tráfico de drogas. Las numerosas **agravaciones específicas** que contiene el Código Penal en esta materia —también de acuerdo con la pauta europea— siguen asegurando dentro de la nueva escala punitiva una respuesta efectiva frente a aquellas conductas que realmente exigen una reacción especialmente firme.

Asimismo, se acoge la previsión contenida en el Acuerdo del Pleno no Jurisdiccional de la Sala 2.ª del Tribunal Supremo, de 25 de octubre de 2005, en relación con la posibilidad de **reducir la pena** respecto de supuestos de **escasa entidad**, siempre que no concurra ninguna de las circunstancias recogidas en los artículos 369 bis, 370 y siguientes.

Del mismo modo, se precisa más adecuadamente la agravante de buque, en la que venían detectándose algunos problemas de interpretación, añadiéndose el término «embarcación» a fin de permitir la inclusión de otros tipos de embarcaciones habitualmente utilizadas en otros delitos, como, por ejemplo, las semirrígidas.

Con posterioridad, la LO 1/2015, de 30 de marzo ha modificado algunos aspectos de esta tipología delictiva. Principalmente se acomete una revisión técnica de la regulación del decomiso, que es objeto de una ambiciosa revisión que introduce importantes modificaciones que tienen como objeto facilitar instrumentos legales que sean más eficaces en la recuperación de activos procedentes del delito y en la gestión económica de los mismos.

La reforma toma en consideración la Directiva europea 2014/42/UE, de 3 de abril, sobre el embargo y el decomiso de los instrumentos y del producto del delito en la Unión Europea. Las novedades afectan, especialmente, a tres cuestiones: el decomiso sin sentencia; el decomiso ampliado; y el decomiso de bienes de terceros.

Bien jurídico protegido. La **salud pública** de la colectividad.

1. Tipo básico (art. 368 CP)

Conducta. El delito de tráfico de drogas implica la **transmisión onerosa** a terceros, incluyendo aquellos actos por virtud de los cuales se **auxilie o ayude** a esa transmisión, incluso aunque fuere gratuita, como la permuta, la mediación, la donación o el transporte de la droga.

Efectivamente, el legislador ha querido remarcar los dos momentos de todo el círculo económico que va ínsito en la comercialización de la droga. De un lado, la producción agrícola o industrial (cultivo o elaboración). De otro lado, la distribución a medio de múltiples maneras que van desde la transmisión por cualquier título o causa, como actividad ya exteriorizada *erga omnes*, hasta la mera posesión para tal fin, como proyecto ideado con intención de consumar la transmisión de la droga en general.

A) *Favorecimiento del consumo ilegal de drogas*

El legislador castiga con penas de prisión de tres a seis años y multa del tanto al triplo del valor de la droga objeto del delito, a los que «ejecuten actos de **cultivo**, **elaboración** o **tráfico**, o de cualquier modo **promuevan, favorezcan o faciliten** el **consumo ilegal** de drogas tóxicas, estupefacientes o sustancias psicotrópicas» (art. 368 CP) causan **grave daño a la salud**, y de prisión de 1 a 3 años y multa del tanto al duplo en los **demás casos**.

En aras de delimitar la **conducta típica**, se hace preciso concretar algunos conceptos técnicos:

— **Cultivo**: «El cultivo de la adormidera, del arbusto de coca o de planta de cannabis» (art. 1.º 1.1 del Convenio único de 1961).

— **Tráfico ilícito**: «Es el cultivo o cualquier tráfico de estupefacientes, contrario a las disposiciones de la presente Convención» [art. 1º.1.*i*) Convenio único de 1961].

— **Fabricación**: «Todos los procedimientos, distintos a la producción, que permitan obtener estupefacientes, incluidas la refinación y la transformación de unos estupefacientes en otros» [art. 1º.1.*n*) Convenio único de 1961].

— **Droga**: Es todo preparado o sustancia medicinal, cualquiera que sea su uso, de efecto estimulante, deprimente, narcótico o alucinógeno, que crea dependencia y tolerancia.

B) *Posesión de drogas*

La amplia redacción típica del artículo 368 CP permite subsumir en su tenor literal cualquier comportamiento, tendente a favorecer o facilitar el consumo ilegal de drogas, tales como la **posesión** o la **donación**.

En primer lugar, la **posesión** típica, ha de ser aquella que esté destinada al tráfico, de modo que la tenencia para el propio consumo (**autoconsumo**) deviene **atípica**, al faltar el dolo del sujeto ordenado a promover, favorecer o facilitar el consumo ilegal. No obstante, en la práctica resultará bastante complejo delimitar cuándo la tenencia está destinada al consumo, y cuándo al tráfico. En líneas generales, la jurisprudencia ha fijado como **criterio** para inferir la intención de traficar, la cantidad de droga aprehendida, y la manipulación operada sobre la droga.

Ejemplo: SAP Segovia, de 18 de marzo de 2010: atipicidad del autoconsumo; STS, Sala Segunda, de 28 de abril de 2010; STS, Sala Segunda, de 31 de marzo de 2010: tenencia preordenada al tráfico (cultivo de marihuana para el consumo personal); STS, Sala Segunda, de 19 de febrero de 2019 (Ponente: LLARENA CONDE).

En segundo término, también resultará típica la **donación**, como forma de promover o facilitar el consumo ilegal, incluido en la tendencia o finalidad perseguida por el tipo.

Generalmente, resultan **atípicas** las «**donaciones entre parientes**» y el llamado «**consumo compartido**».

El Tribunal Supremo ha afirmado la posesión para el consumo compartido (STS de 31 de marzo de 2010), cuando concurren los siguientes **requisitos**:

— Grupo identificado y determinado de consumidores.

— Previa aportación económica.

— Adquisición de la droga en escasa entidad para obtener un mayor precio.

— Con la finalidad de consumirlo inmediatamente y en lugar apartado y sin riesgo alguno de difusión.

Ejemplo: STS, Sala Segunda, de 29 de abril de 2010: atipicidad del consumo compartido.

Asimismo, cuando las anteriores conductas recaigan sobre sustancias o productos que causen **grave daños a la salud**, se impondrán las penas de prisión de tres a nueve años, y multa del tanto al triplo del valor de la droga objeto del delito.

> SAP Ciudad Real, de 15 de septiembre de 2016. Condena por los delitos de tráfico de drogas (arts. 368.2.º y 369.1.3 CP), al tratarse de sustancias nocivas para la salud. Asimismo, la SAP León, Sección 3.ª, de 5 de julio de 2019 (Ponente: PEÑÍN DEL PALACIO) condena por los artículos 368 y 361 CP al acusado que formaba parte de una organización criminal dedicada a la comercialización y tráfico de sustancias anabolizantes prohibidas.

Técnica de protección. Nos hallamos ante un delito de **peligro abstracto** y de **mera actividad**.

Tipo subjetivo. Estamos ante tipos dolosos, que exigen en el sujeto activo la finalidad de introducir la droga en el tráfico ilícito de sustancias.

> **Ejemplo**: SAP de Logroño, Sección 1.ª, de 1 de julio de 2019 (Ponente: SANTISTEBAN RUIZ), que castiga en concepto de autora a la persona que poseía 2,83 gramos de anfetamina con un grado de pureza del 30 por 100 y un valor en el mercado ilícito por debajo de 102,63 euros, y guardaba dichas sustancias **con la finalidad** de introducirlas en el tráfico ilícito de sustancias.

Iter criminis. Si bien teóricamente es factible la tentativa, y así lo ha admitido un sector de la doctrina y de la jurisprudencia, su configuración como delito de peligro abstracto y de mera actividad negaría tal posibilidad.

> **Ejemplo**: STS, Sala Segunda, de 12 de abril de 2010: admisión de formas imperfectas de ejecución en supuestos de acuerdos previos a la efectiva transacción —droga por dinero—. Calificación como tentativa la conducta de uno de los acusados que «esperaba» la entrega de la droga pactada con otro acusado. STS, Sala Segunda, de 11 de marzo de 2010: acusados que acudieron al aeropuerto a detener a un tercer procesado que llegó por vía aérea, portando una maleta con cocaína, y que fueron detenidos tras acercarse a él, e indicarles que les siguiera. Calificación como **tentativa**.
>
> Sin embargo, la STS, Sala Segunda, de 6 de mayo de 2010 niega la tentativa; SAP Madrid, Sección 6.ª, de 24 de febrero de 2010 (Ponente: SERRANO GASSENT), considera el tráfico de drogas como un delito de **consumación anticipada**.

Autoría y participación. La redacción omnicomprensiva del artículo 368 CP acoge un sistema de autoría unitaria del tipo que no hace distinción entre coautoría, cooperación necesaria y complicidad.

Conforme con ello, se ha calificado como **autoría** la conducta de quien actúa como «guardadora» de la droga, adopta decisiones sobre su adquisición y la pone a disposición de su marido para que la venda a terceros. Del mismo modo, se considera autor a quien realiza funciones de «vigilancia» e «intermediación».

Ejemplo: STS, Sala Segunda, de 31 de marzo de 2010; STS, Sala Segunda, de 26 de febrero de 2010: la acción de vigilancia encaja en la noción de autoría, si existe concierto y distribución de funciones; STS, Sala Segunda, de 26 de febrero de 2010: la actividad de intermediación consistente en el aprovisionamiento de la sustancia para su distribución a terceros, encaja en la noción de autoría

Ejemplo: STS, Sala Segunda, de 6 de mayo de 2010: el previo acuerdo para la recepción de la cocaína convierte en coautores a todos los concertados, por cuanto la división del trabajo no requiere la realización material y personal de todas las partes del hecho delictivo; STS, Sala Segunda, de 26 de enero de 2010 (Ponente: BACIGALUPO ZAPATER) **coautoría** del imputado que facilita las tareas del jefe de la organización y le acompaña en reuniones de otros grupos organizados.

Finalmente, cabe admitir la **complicidad**, a este respecto, la jurisprudencia ha sostenido que la complicidad criminal requiere una participación meramente accesoria, no esencial.

La Jurisprudencia ha destacado la dificultad de apreciar la complicidad en el delito de tráfico de drogas del artículo 368 del Código penal, dada la amplitud con la que se describe el tipo penal, en el que prácticamente se viene a utilizar un concepto extensivo de autor. De forma que la complicidad queda reducida a supuestos de contribución de segundo orden, no comprendidos en ninguna de las modalidades de conducta descritas en el artículo 368, y generalmente incluidas dentro de los supuestos encuadrados en lo que se ha llamado «favorecimiento del favorecedor», con lo que se hace referencia a conductas que sin promover, favorecer o facilitar directamente el consumo ilegal, auxilian a quien ejecuta los verdaderos actos típicos conforme al citado artículo 368 (SSTS, Sala Segunda, de 31 de enero de 2005; STS, Sala Segunda, de 18 de febrero de 2010; STS, Sala Segunda, de 27 de abril de 2010).

La STS, Sala Segunda, de 21 de diciembre de 2009 afirma que respecto de la **complicidad** en sentido estricto esta Sala, ante casos de auxilio mínimo en los actos relativos al tráfico de drogas, que se vienen incluyendo en la gráfica expresión de «favorecimiento del favorecedor», viene optando por permitir, cuando se trata de supuestos de colaboración de poca relevancia, como ocurre, por ejemplo, en caso de tenencia de la droga que se guarda para otro de modo ocasional y de duración instantánea o casi instantánea, o en el hecho de simplemente indicar el lugar donde se vende la droga, o en el solo acompañamiento a ese lugar).

Ad exemplum se han considerado supuestos de complicidad los siguientes:

a) el mero acompañamiento a los compradores con indicación del lugar donde se puedan hallar a los vendedores;

b) la ocultación ocasional y de poca duración de una pequeña cantidad de droga que otro poseía;

c) la simple cesión del domicilio a los autores por pura amistad para reunirse sin levantar sospechas;

d) la labor de recepción y desciframiento de los mensajes en clave sobre el curso de la operación;

e) facilitar el teléfono del suministrador y precio de la droga;

f) realizar llamadas telefónicas para convencer y acordar con tercero el transporte de la droga;

g) acompañar y trasladar en su vehículo a su hermano en sus contactos para adquisición y tráfico;

h) colaboración de un tercero en los pasos previos para la recepción de la droga enviada desde el extranjero, sin ser destinatario ni tener disponibilidad efectiva de la misma (STS de 6 de mayo de 2010, Ponente: BERDUGO GÓMEZ DE LA TORRE).

Ejemplo: STS, Sala Segunda, de 13 de abril de 2010 (Ponente: MONTERDE FERRER), complicidad; STS, Sala Segunda, de 24 de febrero de 2010: incautación de 4.000 kg de hachís a bordo de un yate deportivo. STS, Sala Segunda, de 5 de julio de 2019 (COLMENERO MENÉNDEZ DE LUARCA). Se castiga a título de cómplice a quien se ha limitado a ser un conductor que ha trasladado al autor de un lugar a otro.

2. TIPO PRIVILEGIADO

El artículo 368, modificado por **LO 5/2010, de 22 de junio**, *in fine* dispone que, «no obstante lo dispuesto en el párrafo anterior, los tribunales podrán imponer la pena inferior en grado a las señaladas en atención a la escasa entidad del hecho y a las circunstancias personales del culpable. No se podrá hacer uso de esta facultad si concurriere alguna de las circunstancias a que se hace referencia en los artículos 369 bis y 370».

3. TIPOS AGRAVADOS

A) *Cualificaciones de primer grado (art. 369 CP)*

En primer lugar, el legislador establece unas **cualificaciones de primer grado**, respecto a las conductas descritas en el artículo anterior, atendiendo a los **sujetos**, el **lugar** y la **cualidad de las sustancias**, aplicando las penas superiores en grado a las del tipo básico, y multa del tanto al cuádruplo cuando concurran alguna de las siguientes **circunstancias**:

1.ª El culpable fuere **autoridad, funcionario público, facultativo, trabajador social, docente, educador** y obrase en el **ejercicio de su cargo, profesión u oficio.**

2.ª Cualificación suprimida por LO 5/2010, de 22 de junio (el culpable perteneciere a una **organización** u **asociación**, incluso de carácter transitorio, que tuviese como **finalidad difundir tales sustancias** o productos aun de modo ocasional).

Ejemplo: Pertenencia a una organización, transporte de cocaína en un barco (STS de 19 de abril de 2010; STS de 8 de abril de 2010).

3.ª El culpable participare en **otras actividades organizadas** o cuya ejecución se vea facilitada por la comisión del delito.

4.ª Los hechos fueren realizados en **establecimientos abiertos al público** por los **responsables** o empleados de los mismos.

5.ª Las sustancias a que se refiere el artículo anterior se faciliten a **menores de 18 años**, a **disminuidos psíquicos** o a personas sometidas a **tratamiento de deshabituación o rehabilitación**.

6.ª Fuere de **notoria importancia** la cantidad de las citadas sustancias objeto de las conductas a que se refiere el artículo anterior.

Ejemplo: STS, Sala Segunda, de 11 de mayo de 2010: incautación de 996 gramos de cocaína con pureza del 75 por 100, destinada al consumo de tercero; STS, Sala Segunda, de 19 de febrero de 2019 (Ponente: LLARENA CONDE): Concepto de notoria importancia. Asociaciones cannábicas.

7.ª Las referidas sustancias se **adulteren, manipulen o mezclen entre sí** o con otras, incrementando el posible daño a la salud.
8.ª Las conductas descritas en el artículo anterior tengan lugar **en centros docentes**, **en centros, establecimientos o unidades militares**, en **establecimientos penitenciarios** o en **centros de deshabituación o rehabilitación**, o en sus **proximidades**.
9.ª El culpable empleare **violencia** o exhibiere o hiciese uso de **armas** para cometer el hecho.
10.ª Cualificación suprimida por LO 5/2010, de 22 de junio (el culpable **introdujera o sacare ilegalmente las referidas sustancias** o productos del territorio nacional, o favoreciese la realización de tales conductas).

Junto a la imposición de las correspondientes penas (**multa del tanto al triplo** del valor de la droga objeto del delito, a la asociación o persona titular del establecimiento, y **comiso** de los bienes objeto del delito, productos y beneficios obtenidos directa o indirectamente del acto delictivo), se otorga a la autoridad judicial la imposición de ciertas **medidas**:

1.ª Pérdida de la posibilidad de obtener **subvenciones o ayudas públicas** y del derecho a gozar de **beneficios o incentivos fiscales** o de la Seguridad Social, durante el tiempo que dure la mayor de las penas privativas de libertad impuesta.
2.ª La aplicación de las medidas previstas en el artículo 129 de este Código.

El **artículo 369 bis CP**, redactado por **LO 5/2010, de 22 de junio**, establece:

«Cuando los hechos descritos en el artículo 368 se hayan realizado por quienes pertenecieren a una **organización delictiva**, se impondrán las penas de prisión de nueve a doce años y multa del tanto al cuádruplo del valor de la droga si se tratara de las sustancias y productos que causen grave daño a la salud y de prisión de cuatro años y seis meses a diez años y la misma multa en los demás casos.

A los **jefes encargados o administradores** de la organización se les impondrán las penas superiores en grado a las señaladas en el párrafo primero.

Cuando de acuerdo con lo establecido en el artículo 31 bis una **persona jurídica** sea responsable de los delitos recogidos en los dos artículos anteriores, se le impondrán las siguientes penas:

a) Multa de dos a cinco años, o del triple al quíntuple del valor de la droga cuando la cantidad resultante fuese más elevada, si el delito cometido por la persona física tiene prevista una pena de prisión de más de dos años no incluida en el anterior inciso.

b) Multa de uno a tres años, o del doble al cuádruple del valor de la droga cuando la cantidad resultante fuese más elevada, si el delito cometido por la persona física tiene prevista una pena de prisión de más de dos años no incluida en el anterior inciso.

Atendidas las reglas establecidas en el artículo 66 bis, los jueces y tribunales podrán asimismo imponer las penas recogidas en las letras *b*) a *g*) del apartado 7 del artículo 33».

B) *Cualificaciones de segundo grado (art. 370 CP)*

El artículo 370, redactado conforme a la **LO 15/2003**, de 25 de noviembre, y **LO 5/2010**, de 22 de junio, que modifica el ordinal 2.º y el párrafo segundo del ordinal 3.º del artículo 370, dispone que se impondrá la **pena superior en uno o dos grados** a la señalada en el artículo 368 cuando:

1.º Se utilice a **menores de 18 años** o a **disminuidos psíquicos** para cometer estos delitos.

2.º Se trate de los **jefes, administradores o encargados de las organizaciones** a que se refiere la circunstancias 2.ª del apartado 1 del artículo 369.

3.º Las conductas fueren de **extrema gravedad**.

En este concepto de carácter valorativo, cabe incluir los siguientes supuestos:

— Cuando la cantidad de las sustancias a que se refiere el artículo 368 **excediere notablemente** de la considerada como de **notoria importancia**.

Ejemplo: Tráfico de drogas. Introducción por vía marítima de un cargamento de más de 1.700 kg de cocaína (STS de 13 de abril de 2010).

— O se hayan utilizado **buques, embarcaciones** o **aeronaves** como medio de transporte específico.

Ejemplo: Utilización de buque (SAP Barcelona, Sección 2.ª, de 4 de febrero de 2010).

— O se hayan llevado a cabo las conductas indicadas **simulando operaciones de comercio internacional** entre empresas.

— Se trate de **redes internacionales** dedicadas a este tipo de actividades.

— Concurrieren **tres o más de las circunstancias** previstas en el artículo 369.1 CP.

En los casos de los anteriores números 2.º y 3.º se impondrá a los culpables, además, una **multa del tanto al triplo del valor** de la droga objeto del delito (art. 370, *in fine* CP).

4. Tráfico de precursores (art. 371 CP)

Junto al tráfico de drogas, el legislador penal castiga el **tráfico de precursores**, como conductas que inciden sobre la salud pública en el artículo 371 CP (artículo redactado conforme a la **LO 15/2003**, de 25 de noviembre). De este modo, se sanciona con la pena de prisión de tres a seis años y multa del tanto al triplo del valor de los géneros o efectos, las conductas que consistan en:

1.º Fabricar, transportar, distribuir, comerciar o tener equipos, materiales o sustancias enumeradas en el cuadro I y cuadro II de la Convención de las Naciones Unidas, hecha en Viena el 28 de diciembre de 1988, sobre el tráfico ilícito de estupefacientes y sustancias psicotrópicas, y cualesquiera otros productos adicionados al mismo Convenio o que se incluyen en otros futuros Convenios de la misma naturaleza, ratificados por España, **a sabiendas** de que van a utilizarse en el cultivo, la producción o la fabricación ilícitas de drogas tóxicas, estupefacientes o sustancias psicotrópicas, o para estos fines.

2.º Se impondrá la pena anteriormente señalada en su mitad superior, cuando las personas que realicen los hechos descritos en el apartado anterior pertenezcan a una **organización destinada a los fines** antes referidos. Finalmente, si tales acciones fueren perpetradas por los jefes, administradores o encargados de las referidas organizaciones o asociaciones.

En este último supuesto, se prevé además de la imposición de las penas correspondientes, las de inhabilitación especial del reo para el ejercicio de su profesión, o industria por tiempo de tres a seis años, y las demás medidas previstas en el artículo 369.2 CP.

Ejemplo: SAP Palma de Mallorca, Sección 1.ª, de 22 de mayo de 2019 (Ponente: Robles Morato): condena por delitos contra la salud pública [castiga por los arts. 368 y 359 CP (concurso de leyes)] y tráfico de precursores (art. 371.1 CP).

5. Provocación, conspiración y proposición para cometer estos delitos (art. 373 CP)

El legislador penal castiga con la pena inferior en uno o dos grados los actos de participación intentada, imponiendo la pena inferior en uno o dos grados a las establecidas en los artículos 368 a 372, para los casos de conspiración, proposición y provocación.

VII. CUESTIONES COMUNES

1. Decomiso (art. 374 CP)

En los delitos previstos en el párrafo segundo del apartado 1 del artículo 301 y en los artículos 368 a 372, además de las penas que corresponda imponer por el delito cometido, serán objeto de decomiso las drogas tóxicas, estupefacientes o sustancias psicotrópicas, los equipos, materiales y sustancias a que se refiere el artículo 371, así como los bienes, medios, instrumentos y ganancias con sujeción a lo dispuesto en los artículos 127 a 128 y a las siguientes normas especiales:

1.ª Una vez firme la sentencia, se procederá a la destrucción de las muestras que se hubieran apartado, o a la destrucción de la totalidad de lo incautado, en el caso de que el órgano judicial competente hubiera ordenado su conservación.

2.ª Los bienes, medios, instrumentos y ganancias definitivamente decomisados por sentencia, que no podrán ser aplicados a la satisfacción de las responsabilidades civiles derivadas del delito ni de las costas procesales, serán adjudicados íntegramente al Estado (art. 374 CP redactado por la LO 1/2015).

STS de 8 de abril de 2010. Subtipo agravado. Pertenencia a una organización. Cantidad de notoria importancia. **Comiso** de dinero que el acusado poseía en una cuenta bancaria de su titularidad.

2. Reincidencia internacional (art. 375 CP)

Las condenas de Jueces o Tribunales extranjeros por delitos de la misma naturaleza que los previstos en los artículos 361 al 372 de este capítulo producirán efectos de *reincidencia*, salvo que el antecedente penal haya sido cancelado o pueda serlo con arreglo al Derecho español (art. 375 CP redactado por LO 1/2015, de 30 de marzo).

3. Tipo especial privilegiado común (art. 376 CP)

En los casos previstos en los artículos 361 a 372, los jueces o tribunales, razonándolo en la sentencia, podrán imponer la pena inferior en uno o dos grados a la señalada por la ley para el delito de que se trate, siempre que el sujeto haya abandonado voluntariamente sus actividades delictivas y haya colaborado activamente con las autoridades o sus agentes bien para impedir la producción del delito, bien para obtener pruebas decisivas para la identificación o captura de otros responsables o para impedir la actuación o el desarrollo de las organizaciones o asociaciones a las que haya pertenecido o con las que haya colaborado.

Igualmente, en los casos previstos en los artículos 368 a 372, los jueces o tribunales podrán imponer la pena inferior en uno o dos grados al reo que, siendo drogodependiente en el momento de comisión de los hechos, acredite suficientemente que ha finalizado con éxito un tratamiento de deshabituación, siempre que la cantidad de drogas tóxicas, estupefacientes o sustancias psicotrópicas no fuese de notoria importancia o de extrema gravedad (art. 376 CP redactado por LO 1/2015).

VIII. REGLAS PARA LA DETERMINACIÓN DE LAS MULTAS Y EL ORDEN DE PRELACIÓN DE PAGOS (ARTS. 377 Y 378 CP)

Respecto a la regla de determinación de la cuantía de las multas que se impongan en aplicación de los artículos 368 a 372, el valor de la droga objeto del delito o de los géneros o efectos intervenidos será el precio final del producto o, en su caso, la recompensa o ganancia obtenida por el reo, o que hubiera podido obtener (art. 377 CP).

Finalmente, se establece una prelación en los pagos, siguiendo el siguiente orden:

1.º A la reparación del daño causado e indemnización de perjuicios.

2.º A la indemnización del Estado por el importe de los gastos que se hayan hecho por su cuenta en la causa.

3.º A la multa.

4.º A las costas del acusador particular o privado cuando se imponga en la sentencia su pago.

5.º A las demás costas procesales, incluso las de la defensa del procesado, sin preferencia entre los interesados (art. 378 CP redactado por LO 1/2015).

Cuestionario de repaso:

1. ¿Qué técnica de tipificación utiliza el legislador en los delitos relativos a los medicamentos?
2. Defina el concepto de medicamento.
3. ¿Qué conductas resultan típicas en el delito de tráfico de drogas?
4. ¿Cuál es el objeto de protección del delito de dopaje?
5. ¿Cabe apreciar la figura del error en los fraudes alimentarios?
6. Defina el concepto de «notoria importancia» en los delitos de tráfico de drogas.

LECCIÓN 22.ª

DELITOS CONTRA LA SEGURIDAD VIAL

MIGUEL POLAINO-ORTS

I. LA NUEVA FAZ DEL DERECHO PENAL DE LA SEGURIDAD VIAL

El **Derecho penal de la seguridad vial** ha recibido una atención creciente por parte de la doctrina penalista en los últimos años (GÓMEZ PAVÓN, GÓMEZ RIVERO, LUZÓN PEÑA, MORILLAS CUEVA, DE VICENTE MARTÍNEZ, REQUEJO CONDE), debido en gran medida a las profundas y sucesivas reformas legales a que ha sido sometido. En los últimos tres lustros, hasta cuatro leyes (LO 15/2003, de 25 de noviembre; LO 15/2007, de 30 de noviembre; LO 5/2010, de 23 de junio, y —finalmente— la LO 2/2019, de 1 de marzo) han operado una amplia modificación en estos delitos, introduciendo nuevas figuras y reformando substancialmente figuras antiguas, además de agravando el sistema de penas. Tanto vaivén legislativo no es, desde luego, un aval de precisión legislativa ni, mucho menos, la garantía de una política criminal clara en materia de seguridad vial. Ya la doctrina (GONZÁLEZ CUSSAC, MIR PUIG, QUERALT, VIDALES RODRÍGUEZ, MERA REDONDO y otros) ha alarmado sobre el riesgo que corren algunos principios esenciales del Derecho penal, como el principio de ofensividad, el principio de *ultima ratio* y el de intervención penal necesaria.

Los delitos de tráfico se regulan en los artículos 379 a 385, dentro del capítulo IV del Título XVII del Libro II del Código penal, que desde la ley de 2007 lleva por rúbrica: «**De los delitos contra la seguridad vial**», frente a la anterior denominación de delitos contra la **seguridad del tráfico**, lo cual resalta más acorde a la terminología de las infracciones administrativas contenidas en la Ley de Seguridad Vial, con las que estos delitos presentan tantas similitudes (GÓMEZ RIVERO).

El capítulo incorpora, en su regulación actual, las siguientes **figuras delictivas**:

1. **Conducción a velocidad excesiva** (art. 379.1).
2. **Conducción bajo la influencia** de **drogas tóxicas**, **estupefacientes**, **sustancias psicotrópicas** o de **bebidas alcohólicas** (art. 379.2).
3. **Conducción con temeridad manifiesta** (arts. 380 y 381), que engloba a su vez tres modalidades distintas.
4. **Abandono del lugar del accidente** (art. 382 bis).
5. **Negativa a someterse al control** de alcoholemia o drogadicción (art. 383).

6. **Conducción sin carnet de conducir vigente** (art. 384).
7. **Alteración de la seguridad vial** mediante la creación de un grave riesgo para la circulación (art. 385).

La mayor parte de estos delitos sanciona una **conducción anómala** o **incorrecta**, que bien es realmente **insegura** (esto es: que genera una **inseguridad** en el tráfico vial), bien se **presume** que lo es. Junto a ellos, existen otras dos **figuras heterogéneas** relacionadas con el tráfico viario: por un lado, el delito de negativa por parte del **conductor** a someterse a un control de alcoholemia o drogadicción; por otro, la **creación** de un grave riesgo para la circulación mediante determinadas conductas. Además, se contienen en esta sede unas **disposiciones de carácter general**:

1. **Regla concursal** (art. 382).
2. **Disposiciones comunes** (arts. 385 bis y ter).

II. ELEMENTOS COMUNES A LOS TIPOS DELICTIVOS

1. Bien jurídico

El bien jurídico protegido en esta materia es la **seguridad vial**, según reza la rúbrica legal del capítulo en cuestión («Delitos contra la seguridad vial»), que se inserta dentro del Título XVII, que —a su vez— lleva por título «Delitos contra la **seguridad colectiva**». La sistemática legal nos da a entender que la **seguridad vial** es una parcela o un sector de la **seguridad colectiva**, un concepto más restringido que se engloba dentro de este último. En todo caso, se tratan de conceptos **abstractos**, no concretos sino **supraindividuales**, que hacen de esta materia un nuevo sector de **intereses colectivos** (Mir Puig).

Antes de la reforma de 2007 el legislador empleaba, para referirse a los delitos de circulación, otra noción en la rúbrica legal: «Delitos contra la **seguridad del tráfico**». ¿Significan lo mismo seguridad **vial** y seguridad del **tráfico**? El concepto anterior (seguridad del tráfico) es, a su vez, un **concepto más restringido** que el de seguridad vial: el primero alude a la seguridad existente en el seno de la circulación y la conducción, esto es: durante la actividad de la conducción; el segundo, en cambio, es un concepto **más amplio**, que no sólo abarca la seguridad en la conducción, sino también la seguridad de las vías de tránsito. Ello hace que el nuevo concepto pueda englobar no sólo los delitos cometidos por el conductor (conducción a alta velocidad, temeraria, bajo influjo de alcohol u otras substancias, conducción sin carnet válido), sino también por cualquier sujeto que origine un riesgo grave en la seguridad vial (realizar vertidos en la calzada, inutilización de señales de tráfico, etc.).

Sin embargo, el bien jurídico **seguridad vial no es**, desde luego, **un concepto óptimo**: por una parte, al ser más amplio que el anterior es también un concepto más difuminado que lo mismo se puede aplicar a ataques substanciales a bienes jurídicos que a puras infracciones formales de normas reglamentarias: no en balde, no poco de los nuevos delitos introducidos en esta materia por la reforma de 2007 son meras infracciones administrativas que el legislador ha querido elevar un tanto artificialmente a la categoría de delito; por otra parte, a pesar de la manifiesta amplitud y falta de precisión del concepto no logra abarcar todas las conductas descritas como delito en el capítulo en cuestión: por ejemplo, el delito de negativa a someterse a las pruebas de alcoholemia o drogadicción es, propiamente, un delito de resistencia o desobediencia a la autoridad administrativa, pero no un delito contra la seguridad vial (si el conductor condujere en estado de embriaguez o drogadicción cometería otro delito distinto, cuyo bien jurídico sí sería la protección de la seguridad vial; pero en el delito de desobediencia la alusión a la seguridad vial ni es clara ni es evidente ni es decisiva).

Por lo demás, no pocos de los delitos incriminados en esta sede son **delitos mixtos o pluriofensivos**, en los que junto al **bien jurídico colectivo** (esto es: la seguridad vial, en tanto bien abstracto o interés difuso, según la terminología de Filippo SGUBBI) que se tutela de manera inmediata, se protege también —de un modo mediato— un **bien jurídico individual**, como puede ser la vida, la integridad física o la salud de los ciudadanos, interés individual que da sentido al concepto general de seguridad (GÓMEZ RIVERO).

Finalmente, existen figuras concretas en el presente capítulo (como la negativa a someterse a pruebas de alcoholemia o de drogas y el nuevo delito de abandono del lugar del siniestro) cuyo bien jurídico **no es ni la seguridad vial ni el concreto bien jurídico individual**, a pesar de que el legislador los haya incorporado en esta sede. Lo veremos más detenidamente al analizar cada figura en particular.

2. CARACTERIZACIÓN *RATIONE PERSONAE*: SUJETO ACTIVO CONDUCTOR

Elemento común a no pocos de los delitos del presente capítulo es la caracterización *ratione personae*, esto es: por razón de la persona protagonista de la conducta delictiva. Desde esta óptica, el **sujeto activo** es un sujeto especial, ya que no es sujeto indiferenciado, sino, precisamente, el **conductor** de un vehículo a motor o ciclomotor.

El Código penal **no ofrece una definición penal** propia de conductor (ni tampoco de vehículo a motor o ciclomotor), como sí lo ofrece, pongamos por caso, de las nociones de funcionario público o de autoridad. Para saber cómo se define la noción normativa de conductor, habremos de acudir a la legislación especializada (que no es vinculante, pero sí orientativa): el **Real Decreto Legislativo 6/2015**, de 30 de octubre, por el que se aprueba el texto refundido de la **Ley sobre Tráfico, Circulación de Vehículos a Motor y Seguridad Vial** (*BOE* n.º 261, de 31 de octubre de 2015, en vigor desde el 31 de enero de 2016). El artículo 3 de la citada Ley se remite, a efecto de la definición de los conceptos de vehículo, vía pública y usuarios al Anexo I de la misma.

El apartado 1 del mencionado Anexo nos ofrece la definición de conductor, repitiendo substancialmente la definición contenida en la legislación anterior (apartado 1.º RDL 339/1990). La ley maneja un **concepto extensivo** de conductor, que incluye a quien «maneja el mecanismo de dirección o va al mando de un vehículo» pero también —en los vehículos que circulen en función de aprendizaje de la conducción— «la persona que está a cargo de los mandos adicionales» (apartado 1.º RDL 6/2015).

No son, en cambio, **conductores** los **acompañantes**, sin perjuicio de que pueda recaer sobre ellos responsabilidad penal en tanto partícipes: inductor, cooperador necesario o cómplice (OLMEDO), o incluso como autor mediato o autor en comisión por omisión, pero no por acompañante sino por titular de un deber institucional (por ejemplo: dueño de un vehículo que permite que otro sujeto, en estado de embriaguez, conducta temerariamente, yendo él mismo como acompañante).

Asimismo, **quedan excluidos** del concepto normativo de conductor (entrando en el concepto de peatones) quienes «empujan o arrastran un coche de niño o de una persona con discapacidad o cualquier otro vehículo sin motor de pequeñas dimensiones, los que conducen a pie un ciclo o ciclomotor de dos ruedas, y las personas con discapacidad que circulan al paso en una silla de ruedas, con o sin motor» (apartado 4.º RDL 6/2015).

3. OBJETO DEL DELITO: VEHÍCULO A MOTOR O CICLOMOTOR

Los delitos contra la seguridad vial comparten, en su mayoría, otro elemento común: el objeto material del delito, integrado por el **vehículo a motor o ciclomotor**, conceptos no definidos por el Código penal pero sí por la mencionada ley:

— **Vehículo de motor** es el «vehículo provisto de motor para su propulsión», excluyéndose «de esta definición los ciclomotores, los tranvías y los vehículos para personas de movilidad reducida (apartado 12 RDL 6/2015).

— **Ciclomotor** es el vehículo de dos, tres o cuatro ruedas que reúnan las condiciones mencionados en la ley:

«*a*) Vehículo de dos ruedas, con una velocidad máxima por construcción no superior a 45 km/h y con un motor de cilindrada inferior o igual a 50 cm^3, si es de combustión interna, o bien con una potencia continua nominal máxima inferior o igual a 4 kW si es de motor eléctrico.

b) Vehículo de tres ruedas, con una velocidad máxima por construcción no superior a 45 km/h y con un motor cuya cilindrada sea inferior o igual a 50 cm^3 para los motores de encendido por chispa (positiva), o bien cuya potencia máxima neta sea inferior o igual a 4 kW para los demás motores de combustión interna, o bien cuya potencia continua nominal máxima sea inferior o igual a 4 kW para los motores eléctricos.

c) Vehículos de cuatro ruedas, cuya masa en vacío sea inferior o igual a 350 kilogramos no incluida la masa de baterías para los vehículos eléctricos, cuya velocidad máxima por construcción sea inferior o igual a 45 km/h, y cuya cilindrada del motor sea inferior o igual a 50 cm^3 para los motores de encendido por chispa (positiva), o cuya potencia máxima neta sea inferior o igual a 4 kW para los demás motores de combustión interna, o cuya potencia continua nominal máxima sea inferior o igual a 4 kW para los motores eléctricos» (apartado 9 RDL 6/2015).

De acuerdo con la precisión legal y jurisprudencial, a los efectos de los delitos viales es **indiferente** que se trate un coche, camión o ciclomotor, quedando al margen del tipo objetos como patines, sillas de rueda, etc.

4. Ámbito espacial y cinemático del delito viario: la vía pública

Los delitos viarios presuponen un ámbito en el que se despliega cinemáticamente la conducción y, por ello, donde tiene lugar la actividad delictiva: la **vía pública**. Tienen la consideración de tales:

«Las vías y terrenos públicos aptos para la circulación, tanto urbanos como interurbanos, [...] las vías y terrenos que, sin tener tal aptitud, sean de uso común y, en defecto de otras normas, [...] las vías y terrenos privados que sean utilizados por una colectividad indeterminada de usuarios» (art. 2 RDL 6/2015).

Los preceptos de esta ley son aplicables en todo el territorio nacional y obligan a los titulares y usuarios de las vías y terrenos públicos aptos para la circulación, tanto urbanos como interurbanos, a los de las vías y terrenos que, sin tener tal aptitud, sean de uso común y, en defecto de otras normas, a los titulares de las vías y terrenos privados que sean utilizados por una colectividad indeterminada de usuarios.

La conducción únicamente adquirirá carácter delictivo cuando se circule por **vía pública**, con independencia de que sea idónea (calle, carretera, etc.) o no (aceras, calle o plaza peatonal, jardines públicos, etc.) para la circulación (en la doctrina, ORTS, CARMONA, OLMEDO), incluyendo las vías de escasa o nula circulación pero que sean, en todo caso, de dominio público (cauces secos de ríos, servidumbres, vías pecuarias para el ganado transhumante, que incluye: cañadas, cordeles, veredas, descansaderos, contaderos, etc.). Sólo en ellos, por ser espacios susceptibles de ser transitados en mayor o menor medida por el público, podrá lesionarse un bien jurídico protegido por el Derecho penal. En cambio, quedará al margen del tipo la circulación por vías privadas o no destinadas al uso público (patios, garajes, calles particulares, etc.).

Los preceptos de esta ley son aplicables en todo el territorio nacional y obligan a los titulares y usuarios de las vías y terrenos públicos aptos para la circulación, tanto urbanos como interurbanos, a los de las vías y terrenos que, sin tener tal aptitud, sean de uso común y, en defecto de otras normas, a los titulares de las vías y terrenos privados que sean utilizados por una colectividad indeterminada de usuarios.

III. DELITO DE CONDUCCIÓN A VELOCIDAD EXCESIVA (ART. 379.1)

1. Regulación legal

La **introducción *ex novo*** de este tipo de delito fue una de las más llamativas aportaciones de la LO 15/2007. Apenas dos años y medio después, la LO 5/2010 (en vigor desde diciembre de 2010) mantuvo el precepto, pero modificó su redacción a afectos de penalidad. En la nueva versión el tipo queda redactado de la siguiente manera:

Artículo 379.1: «El que condujere un vehículo de motor o un ciclomotor a velocidad superior en sesenta kilómetros por hora en vía urbana o en ochenta kilómetros por hora en vía interurbana a la permitida reglamentariamente, será castigado con la pena de prisión de tres a seis meses o con la de multa de seis a doce meses o con la de trabajos en beneficio de la comunidad de treinta y uno a noventa días, y, en cualquier caso, con la de privación del derecho a conducir vehículos a motor y ciclomotores por tiempo superior a uno y hasta cuatro años».

2. Contenido de injusto: defectos técnicos y motivos de ilegitimidad

El delito se integra cuando la conducción de un vehículo a motor o ciclomotor **supera objetivamente** en una **determinada cota** (60 km/hora en vía urbana y 80 en vía interurbana) la velocidad permitida en el Reglamento de circulación. El legislador sitúa, pues, en el centro del injusto típico una **presunción** *iuris et de iure*, según la cual —cuando el sujeto sobrepase ese límite máximo— incurre automáticamente en conducción temeraria delictiva, sin necesidad de constatación ulterior de la puesta en peligro de un bien jurídico individual o colectivo, que se da por supuesto al alcanzarse dicha velocidad. Este nuevo tipo constituye un precepto sin precedentes en nuestra legislación basado en un nuevo paradigma: el de la presunción *iuris et de iure* de lesividad de un bien jurídico colectivo (la «seguridad vial») que no se constata, como sería lógico y aun exigible, con la referencia expresa a ese bien, sino por elevación a delito de una mera infracción administrativa (sobrepasar una cota de velocidad).

La incriminación de este delito se hace mediante empleo de la técnica denominada **ley penal en blanco**, pues la alusión a la velocidad «permitida reglamentariamente» constituye una remisión expresa a la normativa reglamentaria en esta materia, en concreto: a los artículos 53 a 58 del RD Legislativo 339/1990, de 2 de marzo (texto articulado de la Ley sobre tráfico, circulación de vehículos a motor y seguridad vial) y a los artículos 151 a 172 del Reglamento General de Circulación aprobado por RD 1428/2003, de 21 de noviembre.

La técnica legislativa empleada en el precepto adolece de varios **problemas jurídico-penales**, que comprometen seriamente la legitimidad de esta norma penal, al infringir principios básicos del Derecho penal como son: 1) el principio de legalidad; 2) el principio de igualdad, 3) el principio de proporcionalidad y 4) el principio de ofensividad. Veamos más detenidamente estos reparos jurídicos:

1) El delito de delito de conducción a velocidad excesiva, al remitirse a la **normativa reglamentaria, infringe el principio de legalidad**. Conforme a este principio, la única fuente de delitos, penas y medidas de seguridad es la ley, y más concretamente: la ley orgánica (art. 81.1 CE), en tanto que los delitos, penas y medidas de seguridad desarrollan o afectan al desarrollo de derechos fundamentales y de libertades públicas (esencialmente la libertad y el patrimonio, que quedan afectados por la pena privativa de libertad y por la pena de multa). El artículo 379.1 remite, en su descripción típica, a la velocidad permitida reglamentariamente, esto es: a un texto normativo que no sólo no tiene rango de Ley Orgánica, sino que tiene un rango inferior a la de ley: un Real Decreto (el RD 1428/2003, de 21 de noviembre, que aprueba el Reglamento General de Circulación), en relación con la Ley 18/1989, de 25 de julio, de Bases sobre Tráfico, Circulación de Vehículos a Motor y Seguridad Vial y con el RDL 339/1990, de 2 de marzo, por el que se aprueba el texto articulado de la Ley sobre Tráfico, Circulación de Vehículos a Motor y Seguridad Vial. Ello significa que, al fin y al cabo, el delito se hace depender de la regulación contenida en el RD, que de esa manera es imprescindible para configurar el contenido de injusto. Así, el Reglamento de Circulación decidirá a qué velocidad debía circularse en un caso concreto (en función de si el conductor es novel o veterano y en función del vehículo que manejaba: coche, camión, ciclomotor, etc.) y sobre esa base habrá que estimar si se supera la cota permitida o no a efectos penales, esto es: si existe delito o no. En definitiva, el núcleo del delito de velocidad excesiva no lo fija el Código penal (una Ley Orgánica), sino el Reglamento General de Circulación (un Real Decreto), lo que constituye una infracción clamorosa del principio de legalidad penal, desoyéndose con ello la doctrina del TC, según la cual ha de ser la ley penal y no la ley extrapenal la que fije el núcleo de la prohibición (STC 24/2004; así, también, QUERALT).

2) El artículo 379.1 cuestiona también el **principio de igualdad**, porque las reglas específicas de permisión de velocidad en función del tipo de conductor (novel, veterano, etc.) y en función del tipo de vehículo (camión, coche, ciclomotor, etc.) contenidas en el Reglamento General de Circulación podría tener justificación para el Derecho Administrativo de la circulación vial pero no para

el Derecho penal, que se limita a sancionar puestas en peligro o lesiones a bienes jurídicos y no supuestas omisiones de prudencia, precaución o pericia sin contenido material. Por ello, la importación sin más al ámbito penal de las cotas administrativas de tolerancia (más estrictas para el conductor novel que para el veterano y más agravadas para camiones de carga que para turismo) resulta francamente intolerable y atentatorio contra el principio de igualdad, y —con él, también— contra el principio de culpabilidad, que es el único fundamento sobre el cual se puede imponer una pena.

Ejemplo: La presunción *iuris et de iure* de que un conductor joven que haya obtenido legítimamente el carnet de conducir hace 10 meses genera más peligro si sobrepasa en 60 km la velocidad permitida que uno que lo obtuvo hace 13 meses es insostenible en Derecho penal, pues no se basa en criterios de lesividad ni de culpabilidad, sino en un Derecho penal del enemigo mal aplicado en el que se presupone la lesividad sin constatación alguna de su realidad (sobre esto, vid. esta Lección *in fine*).

3) El tipo quebranta también el **principio de proporcionalidad**, porque —con la referencia rígida al exceso de velocidad (60 u 80 km/hora según la vía por la que se circule)— se omite valorar las circunstancias que realmente pueden influir en la creación de un riesgo penalmente relevante.

Ejemplo: Superar en 80 km/hora la velocidad con un potente BMW deportivo durante unos instantes, en una recta de una autopista desierta, sin vehículos ni personas en la calzada, con óptimas condiciones climáticas y en situación de perfecta visibilidad es a buen seguro mucho menos peligroso que superar 10 o 20 km la velocidad permitida en zona urbana altamente poblada, por ejemplo, en la puerta de un colegio a la hora de salida del alumnado: sin embargo, la primera conducta sería delictiva y la segunda impune (crítico, por ello, también, QUERALT).

Por ello, la referencia a la vía urbana e interurbana sin valorar el contexto social en que se desarrolla la conducta es a todas luces **insuficiente** e **incorrecta** dogmáticamente.

Ejemplo: Un motorista que circula por una zona urbana peatonal, donde la velocidad autorizada es igual a 0: ya sobrepasar en 5 km/hora la velocidad permitida puede ser altamente peligroso para los viandantes (QUERALT).

4) Finalmente, la nueva incriminación de la velocidad excesiva atenta contra el **principio de ofensividad** porque, al igual que en otros tipos introducidos por la reforma legal de 2007, supone la creación de «ilegítimos delitos formales» (QUERALT), carentes de contenido material de injusto: se trata de acciones que no sólo no son susceptibles por sí mismas de lesionar un bien jurídico, sino ni tan siquiera de ponerlo en peligro, dándose éste por supuesto sin necesidad de constatación. Ello conlleva, además, la creación de un arbitrario Derecho sancionador de oportunidad que deja en mano de la Ad-

ministración, substrayéndose al administrado de toda posibilidad de seguridad jurídica (QUERALT).

3. PENALIDAD

El delito de conducción a velocidad excesiva ha sufrido una modificación en cuanto a su penalidad: en la versión primera, configurada por la LO 15/2007, se preveía la pena de prisión (de 3 a 6 meses) o alternativamente pena de multa (de 6 a 12 meses) más la de trabajos en beneficio de la comunidad (de 31 a 90 días), a la que se sumará en todo caso la pena de privación del carnet de conducir (por tiempo de 1 a 4 años). La LO 5/2010 ha eliminado la alternativa primera (prisión o multa + trabajos comunitarios) y considera esas tres penas ahora de manera alternativa. A ellas hay que añadir, necesariamente, la pena de retirada del carnet de conducir (de 1 a 4 años).

> La Exposición de Motivos de la LO 5/2010 considera que «de este modo se concede un mayor grado de arbitrio al Juez a la hora de decidir sobre la imposición de cualquiera de las tres penas previstas, permitiendo reservar la pena de prisión, como la de mayor gravedad, para supuestos excepcionales». A ello se añade, por si fuera poco, la previsión del nuevo artículo 385 ter (introducido también por la LO 5/2010), según el cual podrá rebajarse la pena de prisión en un grado «en atención a la menor entidad del riesgo causado y a las demás circunstancias del hecho».

La previsión del legislador a efectos de penalidad no puede resultar **más desacertada**: primero, porque el abanico de penas posibles es excesivo: prisión, multa, trabajos comunitarios y retirada del carnet, de las cuales dos (una de las tres primeras y la cuarta) recaerán con seguridad en el autor, lo cual atenta contra el principio *ne bis in idem*; segundo, porque la falta de determinación de las mismas es más que evidente, lo cual pone en peligro el principio de taxatividad. Todo ello evidencia la falta de una político-criminal clara en esta materia y una imprecisión y una improvisación que resultan contraindicadas jurídicamente.

IV. DELITO DE CONDUCCIÓN HABIENDO CONSUMIDO DROGAS TÓXICAS, ESTUPEFACIENTES, SUBSTANCIAS PSICOTRÓPICAS O BEBIDAS ALCOHÓLICAS (ART. 379.2)

1. REGULACIÓN LEGAL

El apartado 2 del artículo 379, justo después del delito de conducción a velocidad excesiva y con las mismas penas que éste, incrimina como delito la **conducción habiendo consumido determinadas substancias** (bebidas alcohólicas, drogas tóxicas, estupefacientes, substancias psicotrópicas):

Artículo 379.2: «Con las mismas penas será castigado el que condujere un vehículo de motor o ciclomotor bajo la influencia de drogas tóxicas, estupefacientes, sustancias psicotrópicas o de bebidas alcohólicas. En todo caso será condenado con dichas penas el que condujere con una tasa de alcohol en aire espirado superior a 0,60 miligramos por litro o con una tasa de alcohol en sangre superior a 1,2 gramos por litro».

2. Perfiles del contenido de injusto

La regulación de este delito es **altamente deficiente**. En su inciso primero da a entender que cualquier consumo de las mencionadas substancias es delictivo. En el inciso segundo se menciona, empero, una tasa de alcohol (0,60 miligramos por litro en aire espirado o 1,2 gramos por litro en sangre), pero se omite cualquier mención al resto de substancias no alcohólicas. El artículo 379.2 menciona cuatro clases de **substancias**:

1) **Alcohol**, cuya constatación se determinará por un control de alcoholemia (aire aspirado o en sangre), y cuya negativa dará lugar a otro delito diferente (art. 383).

2) **Droga tóxica**: que alude a la substancia o preparado medicamentoso de efecto estimulante, deprimente, narcótico o alucinógeno.

3) **Estupefaciente**: que es la substancia narcótica (como la morfina o la cocaína) que hace perder la sensibilidad orgánica.

4) **Substancia psicotrópica**: que es aquella substancia psicoactiva que produce efectos por lo general intensos, hasta el punto de causar cambios profundos de personalidad, afectando al sistema nervioso mediante la alteración de las funciones psíquicas.

El TS ha precisado la regulación legal exigiendo que es preciso que se conduzca «**bajo la influencia**» de alcohol o de las otras substancias mencionadas en la ley, de manera que se exige la «indudable alteración de sus facultades psíquicas y físicas, en relación con sus niveles de percepción y de reacción», de manera que el consumo de dichas substancias ha de alterar perceptiblemente la capacidad de conducción: «el solo dato del nivel de alcoholemia, sin otras connotaciones, solamente es suficiente, en principio, para motivar una sanción administrativa», con lo que se introduce el criterio ponderativo de la mayor o menor receptividad del sujeto a la substancia ingerida. En este sentido, el TC tiene señalado que «se requiere no sólo la presencia de determinada concentración alcohólica, sino además que esta circunstancia influya en la conducción» (SSTC de 28 y 30 de octubre de 1985, 25 de noviembre de 1991, etc.). La precisión no es baladí: no es infrecuente el caso de consumo de dichas substancias sin que el conductor presente evidentes síntomas de alcoholismo o drogadicción que impidan la normal percepción y reacción.

En este sentido, la Jurisprudencia del TS y del TC ha exigido la valoración de **signos externos** (maniobras antirreglamentarias o zigzaguantes, existencia de accidente, actitud agresiva del conductor, signos somáticos externos como halitosis alcohólica, ojos brillantes, enrojecidos o lacrimosos, dilatación de pupilas, habla titubeante, repetitiva, pastosa o embrollada, memoria confusa, rostro congestionado y sudoroso, lenta coordinación de movimientos, desorientación, problemas de equilibrio o deambular vacilante y padecimiento de vómitos, etc.; caso omiso a las señales luminosas o acústicas de los agentes para la detención del vehículo, intento de dar la vuelta al divisar el control policial, etc.; al respecto, OLMEDO), que denoten afectación del **normal desempeño** de la **labor de conducción**. En este sentido, la STC 319/2006, de 15 de noviembre, alude al derecho a la **presunción de inocencia** que se vería vulnerado por la mera acreditación objetiva mediante el resultado positivo en la analítica correspondiente, que —según esta jurisprudencia— no es suficiente para concretar el tipo. En definitiva, según el TC no basta el grado de impregnación alcohólica en el conductor, sino que se debe comprobar el influjo perturbador que dicha substancia causa en el conductor, lo que será ponderado por el juez o tribunal juzgador en una valoración de conjunto atendiendo a las circunstancias del caso y del grado de tolerancia del sujeto en relación a dichas substancias.

Por su parte, el artículo 21 del Reglamento de Circulación dispone que los agentes de tráfico podrán someter a dichas pruebas a: 1) cualquier implicado como posible responsable en un accidente; 2) a quien conduzca con síntomas evidentes de hacerlo bajo la influencia de bebidas alcohólicas; 3) a los conductores denunciados por alguna infracción, y 4) los que sean requeridos en controles de alcoholemia.

De la doctrina jurisprudencial se infiere que la conducción con tasas inferiores de alcohol a las mencionadas en el tipo será constitutiva de **infracción administrativa**. Habrá de valorarse, en todo caso, la clase de vehículo que se conduce: si se trata de vehículos destinados al transporte de viajeros de más de nueve plazas, servicio público, transporte escolar o mercancías peligrosas y transporte de urgencia el límite se halla en 0,15 miligramos por litro en aire espirado.

La jurisprudencia y la doctrina consideran que el tipo de conducción bajo el influjo de estas substancias constituye, habida cuenta de su configuración legal, un delito de **peligro abstracto** (por todos, CARMONA, OLMEDO; STS 1133/2001, de 11 de junio), que —salvo la conducción de un vehículo a motor bajo los efectos de las substancias citadas— no exigiría ningún requisito adicional para la perfección del comportamiento descrito por la norma (OLMEDO). Sin embargo, es complejo congeniar la constatación de la lesión a un bien jurídico colectivo o abstracto con la exigencia de que el consumo de las substancias mencionadas realmente altere el desempeño normal de la conducción. En concreto, puede plantearse el interrogante de cuándo la conducción habiendo consumido dichas substancias traspasa el límite de la infracción administrativa convirtiéndose en un injusto penal. La STS 3/1999, de 9 de diciembre (Ponente: PUERTA LUIS), exige que «para que exista el delito de conducción de vehículo de motor bajo influencia de bebidas alcohólicas es menester que la conducta enjuiciada haya significado un indudable riesgo para los bienes jurídicos protegidos (la vida, la integridad de las personas, la seguridad del tráfico, etc.)». Ello significa que el TS, procurando salvar la insoportable imprecisión legal, ha concretado el grado de abstracción de la ley penal, exigiendo acertadamente un mínimo nivel de lesividad, tanto para bienes individuales (vida, integridad personal) como para el bien colectivo (seguridad vial).

Sujeto activo del delito puede ser cualquiera, con independencia de que tenga carnet de conducir o no (si no tiene, además, incurre en otro delito diferente: el del art. 384). Algunos autores consideran que el delito del artículo 379.2 constituye uno de **propia mano**, que exige el tracto sucesivo de la conducción personal por parte del sujeto activo. Esta postura es errónea. La adopción de esa postura impediría que pudiera cometerse por omisión el delito de conducción bajo el influjo de las mencionadas substancias. Sin embargo, es perfectamente imaginable la responsabilidad del garante que no omite, pudiendo y debiendo hacerlo, que el conductor maneje en tales circunstancias (comisión por omisión *ex* art. 11). En ese supuesto, respondería el garante, sin ser él mismo fácticamente conductor, por el delito del artículo 379.2.

Mayores problemas prácticos presenta la ingestión de drogas, substancias psicotrópicas o alucinógenos. En relación con las bebidas alcohólicas, el legislador fijó un parámetro mínimo, que se omite en lo referente a esas otras substancias prohibidas. La jurisprudencia ha considerado suficiente para la concreción del tipo del artículo 379.2 la circulación después del consumo de una dosis de pastillas, rayas de cocaína, heroína inyectada, metadona mezclada con heroína, incluso de alcohol mezclada con pastillas speed, cuya ingestión resulta constatada con la prueba analítica correspondiente que desvirtúan la presunción de inocencia del sujeto en cuestión. Sin embargo, se insiste en la necesaria afectación del correcto desempeño de la conducción como elemento habilitante para la sanción penal.

V. DELITOS DE CONDUCCIÓN CON TEMERIDAD MANIFIESTA (ARTS. 380 Y 381)

Los artículos 380 y 381 incriminan el tipo de **conducción con temeridad manifiesta**, del que se prevén tres figuras delictivas diferentes:

1) **Tipo básico** (art. 380.1), consistente en la conducción temeraria poniendo en **concreto peligro** la vida o integridad física de los demás.
2) **Tipo agravado** (art. 381.1), que sanciona la conducción temeraria con **manifiesto desprecio por la vida** de los demás, y un
3) **Tipo atenuado** (art. 381.2), que incrimina la conducción temeraria **sin poner en concreto peligro** la vida o la integridad de las personas.

1. Tipo básico (art. 380.1)

El nuevo artículo 380 (heredero del anterior art. 381) incrimina, en dos apartados, el **tipo básico** de conducción con **temeridad manifiesta**:

Artículo 380: «1. El que condujere un vehículo a motor o un ciclomotor con temeridad manifiesta y pusiere en concreto peligro la vida o la integridad de las personas será castigado con las penas de prisión de seis meses a dos años y privación del derecho a conducir vehículos a motor y ciclomotores por tiempo superior a uno y hasta seis años.

2. A los efectos del presente precepto se reputará manifiestamente temeraria la conducción en la que concurrieren las circunstancias previstas en el apartado primero y en el inciso segundo del apartado segundo del artículo anterior».

En el **apartado primero** se describe el núcleo del injusto, que gira en torno a dos elementos: 1) la conducción de un vehículo a motor o ciclomotor con temeridad manifiesta, de tal modo que: 2) se ponga en concreto peligro la vida o integridad física de las personas. Por su parte, el **apartado segundo** contiene una **presunción *iuris et de iure*** de temeridad. Veamos estos elementos brevemente.

— El término normativo de **temeridad** constituye un **concepto jurídico indeterminado** cuya determinación de su contenido ha de ser llevada por el juez o tribunal. La ley sólo menciona, en el artículo 380.2, una pauta para esa interpretación, al mencionar un supuesto en el que, en todo caso, existe temeridad manifiesta. Pero fuera de ese supuesto, el juez habrá de valorar si la conducción en cuestión reúne la condición de manifiesta temeridad (MORILLAS y SUÁREZ LÓPEZ). La jurisprudencia ha identificado en ocasiones la conducción temeraria con la infracción grave de las normas administrativas de cuidado contenidas en el Reglamento de Circulación y en la Ley de tráfico. El concepto normativo de temeridad manifiesta no es un concepto administrativo, sino un concepto penal: con él se alude al modo de conducción prescindiendo de las más básicas y elementales reglas de conducción, pero necesariamente se ha de vincular con la exigencia de creación de un concreto peligro para la vida o integridad física de las demás conductores o viandantes. Temeridad manifiesta significa, pues, incremento notorio del riesgo que conlleva una elevación evidente de la probabilidad de que se acontezca un riesgo lesivo inminente jurídico-penalmente desaprobado. Para ello, el juez habrá de valorar las circunstancias o factores presentes en el caso, tales como condiciones climatológicas (tormenta, lluvia, niebla, etc.), estado de visibilidad, mantenimiento de la calzada, existencia de otros elementos (objetos o personas), etc. (TAMARIT).

Ejemplo: Adelantar en un cambio de rasante o invadir la calzada contraria en una curva con escasa visibilidad cuando circulan vehículos en sentido contrario, etc.

— El apartado 2 vuelve a hacer uso de la técnica de la **presunción *iuris et de iure***: conforme a ella, se presume que existe temeridad manifiesta (y, por tanto, peligro concreto para la vida o la integridad física de los demás) si en la conducción concurren las dos circunstancias mencionadas en el artículo 379, a saber: el exceso desproporcionado de velocidad y la presencia de una alta tasa de alcohol (superior a 0,60 miligramos por litro en aire espirado o a 1,2 gramos por litro en sangre). La redacción del precepto da a entender que, para que pueda aplicarse el tipo de conducción con temeridad manifiesta, se exige la presencia de los dos elementos mencionados (velocidad excesiva y conducción etílica), de manera que si sólo se da uno, se aplicaría el artículo 379 y si se dieran los dos, el artículo 380. Esta conclusión es, empero, errónea. Las relaciones concursales entre los dos delitos no son tan claras (como veremos en el apartado siguiente) y, en todo caso, la presunción *iuris et de iure* de temeridad no agota el contenido de la conducción con temeridad manifiesta. Si se dan los elementos a que se refiere la presunción (exceso de velocidad y alcoholemia) se aplica —no hay duda— el artículo 380. Pero también puede existir temeridad manifiesta sin que concurra ninguno de los dos elementos: es decir, no hace falta el exceso de velocidad y el estado de embriaguez para poder conducir de manera manifiestamente temeraria.

> **Ejemplo**: Sobrepasar a un vehículo por la derecha en una maniobra arriesgada que pone en peligro la vida de un motorista constituye temeridad manifiesta, a pesar de que el conductor no supere el límite de velocidad ni dé positivo en el control de alcoholemia.

Además, cabe plantear el interrogante siguiente: ¿por qué si se conduce con exceso de velocidad y bajo influjo del alcohol se aplica el delito **más grave** (del art. 380) y si se conduce con exceso de velocidad y —por ejemplo— bajo el influjo de drogas corresponde aplicarse el delito **más leve** del artículo 379? Esta limitación del tipo al exceso de velocidad y a la tasa de alcohol, dejando fuera el resto de substancias mencionadas en el artículo 379.2 («drogas tóxicas, estupefacientes, sustancias psicotrópicas») resulta injustificable desde el punto de vista dogmático.

La pena del presente tipo básico se eleva considerablemente en relación al delito del artículo 379: en todo caso se impondrá la pena de prisión (de 6 meses a 2 años) y, además, la de privación del derecho a conducir vehículos a motor y ciclomotores (por un lapso de tiempo de un año mínimo, hasta un máximo de 6).

2. Tipo agravado (art. 381.1)

El artículo 381 (que proviene de una refundición de los anteriores artículos 384 y 385) incrimina un **tipo agravado** de conducción manifiestamente temeraria:

> **Artículo 381.1**: «Será castigado con las penas de prisión de dos a cinco años, multa de doce a veinticuatro meses y privación del derecho a conducir vehículos a motor y ciclomotores durante un período de seis a diez años el que, con **manifiesto desprecio por la vida** de los demás, realizare la conducta descrita en el artículo anterior».

Este tipo agravado comparte con el tipo básico el elemento de la temeridad manifiesta, pero a diferencia de él exige la presencia de **manifiesto desprecio por la vida** de los demás. La cuestión principal estriba, pues, en la delimitación entre concreto peligro y manifiesto desprecio por la vida de los demás. Ambas conductas suponen la concreción dolosa de un peligro para el bien individual, pero el manifiesto desprecio supone un **plus de peligrosidad** en relación al concreto peligro, de manera que la conducción supone un extraordinario peligro para el bien individual, esto es: constituye una conducta altamente temeraria (MONTANER). Por ello, el tipo agravado del artículo 381.1 se asimila a una tentativa de homicidio (con dolo eventual), razón por la cual la doctrina denomina a este tipo como conducción suicida o conducción homicida (ORTS BERENGUER y GONZÁLEZ CUSSAC).

Este tipo, introducido en los años ochenta del pasado siglo ante la proliferación de conductores suicidas en carreteras españolas, ha tenido **escasa aplicación** en la práctica, debido —sin duda— a las enormes dificultades de delimitación, de un lado, entre los elementos típicos concreto peligro y manifiesto desprecio por la vida, y —de otro—entre el manifiesto desprecio por la vida de los demás y la tentativa de homicidio con dolo eventual.

Aun así, en algunos supuestos de conductores suicidas se ha aplicado el tipo del artículo 381.1. Por ejemplo, la STS de 11 de abril de 2001 (Ponente: ANDRÉS IBÁÑEZ) apreció **manifiesto desprecio** por la vida de los demás en el supuesto de un conductor que circuló, en sentido contrario, por una autovía transitada por vehículos durante un trayecto aproximado de 2 km, haciendo caso omiso a las advertencias de los vehículos que encontraba en su camino, incluso aumentando la velocidad ante las mismas. Asimismo, la STS de 25 de octubre de 1999 (Ponente: PUERTA LUIS) constató la presencia de manifiesto desprecio por el bien individual en la conducta del motorista que circuló a elevada velocidad, con su esposa como acompañante, por una zona campestre plagada de montículos y gravilla en la calzada, de manera que incrementó notoriamente el riesgo para la vida de su esposa y aun de un guardaespaldas que le seguía.

La diferencia entre el concreto peligro y el manifiesto desprecio por la vida ha de establecerse, pues, en un **parámetro objetivo** de creación de un riesgo mayor para el bien individual.

Sin embargo, una parte de la jurisprudencia ha pretendido hallar una diferencia en el **aspecto subjetivo**. Así, la STS de 1 de abril de 2002 (Ponente: JIMÉNEZ VILLAREJO) consideró que la diferencia estribaba en el **dolo eventual** del sujeto en relación al resultado lesivo de probable e inminente producción. De esa forma se configura el tipo como una especie de tentativa de homicidio doloso-eventual.

Este intento de explicación del tipo basado en criterios **subjetivos** es infructuoso, pues si el tipo constituyera, como defiende la STS citada, una incriminación específica de la tentativa de homicidio doloso-eventual entonces no puede explicarse por qué razón al supuesto general de tentativa de homicidio del artículo 138 se aplicaría una pena considerablemente mayor (prisión de 5 a 10 años) que la que se prevé para este delito del artículo 381.1 (prisión de 2 a 5 años, multa de 12 a 24 meses y privación del carnet de conducción por tiempo de 6 a 10 años) siendo así que no sólo se pone en peligro el **bien individual** (la vida), sino además otro **bien jurídico colectivo** (la seguridad vial).

3. Tipo atenuado (art. 381.2)

Por su parte, el artículo 381.2 incrimina un **tipo atenuado** de conducción con manifiesto desprecio por la vida de los demás cuando **no concurriere peligro concreto** para la vida o integridad de los demás:

> **Artículo 381.2**: «Cuando no se hubiere puesto en concreto peligro la vida o la integridad de las personas, las penas serán de prisión de uno a dos años, multa de seis a doce meses y privación del derecho a conducir vehículos a motor y ciclomotores por el tiempo previsto en el párrafo anterior».

Este tipo supone, si se permite la expresión, rizar aún más el rizo en esta enmarañada configuración legislativa. Pareciera que el tipo del artículo 381.2 sería un tipo atenuado (conducción temeraria sin poner en peligro concreto el bien jurídico individual) en relación al tipo del artículo 380.1 (temeridad manifiesta con peligro concreto para el bien individual). Sin embargo, esa interpretación no es posible porque la pena del primero (prisión de 1 a 2 años, multa de 6 a 12 meses y privación del carnet de conducir de tiempo de 6 a 10 años) es mayor que la del segundo (prisión de 6 meses a 2 años y privación del carnet de 1 a 6 años), a pesar de que en aquél no concurre peligro concreto para el bien jurídico individual y en éste sí. La única **interpretación plausible** pasa, pues, por concebir el tipo del artículo 381.2 como un tipo atenuado del artículo 381.1, esto es: como un delito de conducción con **manifiesto desprecio** por la vida de los demás **aunque no se llega a poner en peligro concreto** dicho bien jurídico individual.

De esta manera, la configuración típica del artículo 381.2 es criticable en tanto hace depender el injusto no de una constatación objetiva de un peligro concreto (que no existe), sino de un elemento subjetivo como es el manifiesto desprecio por la vida de los demás. Lo relevante sería, desde esa perspectiva, la **actitud interna o personal de rebeldía o enemistad** que muestre el conductor en relación a la vida de los demás, pero sin realizar una conducta que llegue a poner en peligro dicho bien. De esta forma, se configura un tipo penal de autor, cercano a un Derecho penal de la voluntad o del ánimo, cuya legitimidad es francamente cuestionable a la luz del principio del hecho.

VI. PROBLEMAS CONCURSALES

1. Las difíciles relaciones concursales entre los artículos 379, 380 y 381 CP

Además de las dificultades intrínsecas a la interpretación individual de cada figura típica, los delitos descritos en los artículos 379, 380 y 381 CP plantean **graves problemas concursales**, por mor de la invasión y del solapamiento material de su correspondiente contenido. *A priori*, el tipo del artículo 379 parece describir un tipo básico, mientras los demás serían tipos agravados dependientes de él. Pero en una lectura más detenida esa supuesta diferencia se torna menos nítida y más confusa. Un intento de delimitar el ámbito propio de los delitos contenidos en los tres preceptos citados podría esquematizarse de la siguiente manera:

1) **Artículo 379**: Describe un tipo de peligro abstracto de conducción temeraria, fundamentado bien en la velocidad excesiva o bien en la presencia de un determinada cota de alcohol (superar en 60 u 80 km/hora el máximo de velocidad), la tasa de alcohol (0,60 o 1,2 en aire o en sangre) u otra substancia tóxica.

2) **Artículo 380**: Tipo de peligro concreto basado en la temeridad manifiesta, la cual se da bien cuando concurren las dos circunstancias del artículo 379 (velocidad excesiva y tasa etílica) o bien sin ninguna de esas dos circunstancias cuando se constate una especial peligrosidad.

3) **Artículo 381.1**: Tipo de peligro concreto que exige un manifiesto desprecio por la vida con peligro para la vida, pero que —a su vez— no llega a constituir propiamente tentativa de homicidio. Si llegara a ser tentativa de homicidio se sancionaría como tal, conforme a la regla concursal del **artículo 382** (vid. a continuación).

4) **Artículo 381.2**: Tipo de peligro mixto abstracto-concreto o —mejor aún— abstracto hipotético: es peligro abstracto en cuanto al elemento manifiesto desprecio por la vida pero es peligro hipotético en tanto que ese desprecio, siendo idóneo para poner en peligro un bien individual (sin peligro concreto), no llega a ponerlo, aunque el legislador valora dicha idoneidad y castiga hipotéticamente su producción.

2. Regla concursal y de penalidad (art. 382)

El artículo 382 contiene una doble **regla concursal y de penalidad**: la primera, correspondiente al primer párrafo del artículo 382, resulta aplicable a los artículos 379 a 381 en caso de **resultado lesivo sobrevenido**; y la segunda, contenida en el párrafo segundo del precepto, fue introducida por la LO 2/2019, de 1 de marzo (*BOE* de 2 de marzo y vigente desde el 3 de marzo), y se refiere a la agravación de la pena cuando el resultado lesivo coincida con un delito agravado de conducción temeraria con **manifiesto desprecio por la vida** del artículo 381:

Artículo 382: «Cuando con los actos sancionados en los artículos 379, 380 y 381 se ocasionare, además del riesgo prevenido, un resultado lesivo constitutivo de delito, cualquiera que sea su gravedad, los Jueces o Tribunales apreciarán tan sólo la infracción más gravemente penada, aplicando la pena en su mitad superior y condenando, en todo caso, al resarcimiento de la responsabilidad civil que se hubiera originado.

Cuando el resultado lesivo concurra con un delito del artículo 381, se impondrá en todo caso la pena de privación del derecho a conducir vehículos a motor y ciclomotores prevista en este precepto en su mitad superior».

En los supuestos a los que se refiere el párrafo primero, el legislador opta por un **concurso de delitos** de manera que, a efectos de determinación de la pena, se estará únicamente a la infracción más grave, cuya pena se impondrá en su mitad superior, además del resarcimiento civil a que hubiera lugar. Esta regla concursal puede resultar contraproducente, toda vez que algunos de los tipos penales descritos en esta sede ya incorporan en su contenido de injusto, junto a la lesión del bien colectivo seguridad vial, la referencia al peligro concreto de un bien individual.

> **Ejemplo**: Un sujeto supera en 60 km/hora la velocidad permitida en zona urbana (art. 379.1). Si añadimos un peligro a un bien individual, nos seguimos encontrando dentro del ámbito de los delitos contra la seguridad vial, ahora en sede del delito de conducción temeraria del artículo 380.1 o del tipo agravado del artículo 381.1 (temeridad manifiesta).

Para ello no nos hace falta ninguna regla concursal, porque esos tipos penales ya incorporan una **referencia** a un bien individual. Pareciera, pues, que la regla concursal del artículo 382 tendría cabal sentido si todos los tipos penales contra la seguridad vial fueran tipos **abstractos** o **difusos**, en los que se afectara únicamente un **interés colectivo** (la «seguridad vial»). En esos casos, podría argumentarse, si —como consecuencia de la conducción temeraria— sobreviniera además un ulterior resultado lesivo (lesiones o muerte) que afectara un bien individual se apreciaría únicamente la infracción más grave (en principio, la afección del bien individual: el delito de lesiones u homicidio imprudente). Pero mientras se mantengan los tipos mixtos (lesión de bien colectivo y afección del bien individual) la regla concursal perderá parte de su capacidad de rendimiento, en tanto que *de facto* se imposibilita que a un tipo penal que ya incorpora una puesta en peligro de un bien individual se le añada una (ulterior) lesión de otro bien jurídico.

Por lo demás, con la distribución de la penalidad en los tipos delictivos el tipo de bien jurídico colectivo es, muchas veces, el **más grave**, quedando por tanto impune la sobrevenida lesión de un bien individual.

> **Ejemplo**: Un sujeto conduce su vehículo a motor temerariamente con «manifiesto desprecio por la vida de los demás», incurriendo en el delito del artículo 381.1 y siendo sancionado a una pena de prisión de 2 a 5 años, multa de 12 a 24 meses y privación del derecho a conducir por un tiempo de 6 a 10 años. Imagínese que con motivo de dicha conducción atropella temerariamente a un viandante causándole incluso la muerte. Este resultado lesivo sobrevenido podría ser sancionable como delito doloso de homicidio (lo cual exigiría la prueba de un —muchas veces difícilmente demostrable— dolo concreto de matar en el agente, aunque sea como dolo eventual) o, si no se llegara a demostrar tal dolo, como homicidio por imprudencia grave, incriminado en el artículo 142.1 y 2, y que sigue siendo el título de imputación mayoritario en la práctica judicial en materia de tráfico vial. Conforme a este tipo penal, «(e)l que por imprudencia grave causare la muerte de otro, será castigado, como reo de homicidio imprudente, con la pena de prisión de uno a cuatro años» (art. 142.1) y además a «la pena de privación del derecho a conducir vehículos a motor y ciclomotores» por tiempo de uno a 6 años (art. 142.2). De ahí se deriva que el resultado delictivo causado (la muerte del viandante) que, en principio, debiera integrar un delito más grave, es paradójicamente menos grave que el delito de conducción temeraria del artículo 381.1. Eso significa que cuando sobreviene la muerte de un viandante al conductor se le impone, en su mitad superior, las penas del primer delito contra la seguridad vial (que ya incorpora la afección al bien jurídico colectivo y también al bien individual). O lo que es lo mismo: que al conductor que maneja temerariamente su vehículo con manifiesto desprecio por la vida de los demás el hecho de atropellar y matar de manera imprudente a un viandante **le sale gratis**, porque en todo caso únicamente le van a imponer (en su mitad superior)

las penas que ya le hubieran impuesto o le hubieran podido imponer si no hubiera producido dicho atropello y dicha muerte.

De estas consideraciones se derivan como conclusión: primero, que la regla concursal del artículo 382 **sirve para poco**, y además origina más problemas que los que puede resolver. Y segundo: que los nuevos delitos contra la seguridad vial desconocen en absoluto la mínima proporción que debiera existir entre la penalidad de los tipos penales. El legislador ha agravado los delitos contra la seguridad vial, configurando delitos que atentan contra bienes de diversa entidad e imponiéndoles penas tan graves que incluso, sin producir muerte alguna, superan la penalidad del mismo delito de homicidio imprudente.

VII. EL NUEVO DELITO DE ABANDONO DEL LUGAR DEL ACCIDENTE (ART. 382 BIS)

1. (RE)INTRODUCCIÓN DE LA FIGURA EN LA LEGISLACIÓN ESPAÑOLA

La reciente **LO 2/2019**, de 1 de marzo (*BOE* de 2 de marzo y en vigor desde el 3 de marzo) introdujo *ex novo* en el Código penal el artículo 382 bis que incrimina en los siguientes términos el delito de **abandono del lugar del accidente**, también llamado **delito de fuga**:

Artículo 382 bis: «1. El conductor de un vehículo a motor o de un ciclomotor que, fuera de los casos contemplados en el artículo 195, voluntariamente y sin que concurra riesgo propio o de terceros, abandone el lugar de los hechos tras causar un accidente en el que fallecieran una o varias personas o en el que se le causare lesión constitutiva de un delito del artículo 152.2, será castigado como autor de un delito de abandono del lugar del accidente.

2. Los hechos contemplados en este artículo que tuvieran su origen en una acción imprudente del conductor, serán castigados con la pena de prisión de seis meses a cuatro años y privación del derecho a conducir vehículos a motor y ciclomotores de uno a cuatro años.

3. Si el origen de los hechos que dan lugar al abandono fuera fortuito le corresponderá una pena de tres a seis meses de prisión y privación del derecho a conducir vehículos a motor y ciclomotores de seis meses a dos años.

La nueva figura plantea diversas **cuestiones esenciales y problemáticas**, que enunciaremos aquí de manera esquemática y desarrollaremos a continuación:

1. ***Ratio* de su introducción, antecedentes y Derecho comparado**: ¿por qué se introduce en nuestra legislación?, ¿se hace por primera vez?, ¿regulan otros Códigos penales figuras simulares?
2. **Bien jurídico**: ¿se protege aquí la misma «seguridad vial» que anuncia la rúbrica?
3. **Contenido de injusto**: ¿cuál es el contenido material de injusto y en qué elementos se fundamenta el mismo?
4. **Pertinencia político-criminal**: ¿qué valoración merece la introducción de esta figura?

2. *Ratio essendi* de la figura, antecedentes y Derecho comparado

1. El reformador penal de 2019 señala, en el **Preámbulo** de la LO 2/2019, la razón de ser y los caracteres esenciales de la figura:

— **Autonomía respeto de la conducta precedente**: el legislador configura el delito de fuga como un tipo doloso, diferente, autónomo e independiente de la conducta imprudente o fortuita anterior, originadora del accidente.

— **Maldad intrínseca del abandono, solidaridad con las víctimas y expectativa de recibir atención**: según el legislador, triple es la razón de ser que justifica la inclusión de esta figura, pues:

> «(L)o que se quiere sancionar en este caso es la **maldad intrínseca** en el abandono de quien sabe que deja atrás a alguien que pudiera estar lesionado o incluso fallecido, la **falta de solidaridad** con las víctimas, penalmente relevante por la implicación directa en el accidente previo al abandono, y las **legítimas expectativas** de los peatones, ciclistas o conductores de cualquier vehículo a motor o ciclomotor, de ser atendidos en caso de accidente de tráfico».

— **Subsidiariedad respecto de la omisión de socorro**: finalmente, el Preámbulo de la ley de reforma pretende delimitar el tipo de abandono del lugar del siniestro y la omisión del deber de socorro para evitar el concurso de normas, de manera que configura el tipo de fuga de manera **subsidiaria y atenuada** en relación a la omisión de socorro, pues en el tipo de fuga engloba «los casos de personas que sufran lesiones graves pero en las que no concurran los requisitos del peligro manifiesto y grave que exige la omisión del deber de socorro».

2. Frente a lo que insinúa el legislador, que presenta la figura como una **novedad plena** de su reciente reforma, la doctrina (Lanzarote Martínez y Vargas Cabrera) ha señalado algunos **antecedentes** del delito de fuga en nuestra legislación.

> Así, se mencionan el artículo 537 CP de 1928 (Código de Primo de Rivera) o el artículo 5 de la Ley del Automóvil de 1950 («el conductor [...] que no presta a su víctima el socorro debido y, dejándola abandonada, huye para eludir las consecuencias de su hecho...»), aunque algún autor ha considerado que —más que precedentes del delito de fuga— esas dos figuras son antecedentes del delito de omisión del deber de socorro (así, Díaz y García-Conlledo, Benítez Ortúzar, Trapero Barreales).
>
> Por su parte, De Vicente Martínez menciona otro significativo precedente, que no conformaba entonces un delito, sino una infracción administrativa: artículo 49.*a*) del Código de Circulación de 26 de septiembre de 1934, según el cual «todo conductor de un vehículo cualquiera que, sabiendo que ha causado u ocasionado un accidente, no se pare, escape o intente escapar para eludir la responsabilidad penal o civil en que pueda haber incurrido...».

3. El delito de fuga encuentra figuras equivalentes en el **Derecho comparado**, en países como Alemania, Francia o Italia (al respecto, Benítez Ortúzar, Castro Moreno, De Vicente Martínez, Lanzarote Martínez), en los que no

se castiga tanto la falta de solidaridad ni la desatención de deberes de socorro cuanto el acto de eludir hacer frente a las obligaciones de resarcimiento de las víctimas.

En Alemania, por ejemplo, dentro de los «delitos contra el orden público» (§§ 123 a 145d StGB) se incrimina el «alejamiento no permitido del lugar del hecho» (§ 142.1), que castiga con pena de prisión de hasta tres años de duración o con multa al «sujeto que, habiendo tomado parte en un accidente de tráfico, se aleje del lugar del hecho antes de que: 1. haya facilitado a los restantes intervinientes y damnificados la identificación de su persona, de su vehículo y la clase de intervención en el accidente, mediante su presencia y la declaración de haber intervenido en el accidente; o 2. haya aguardado, según las circunstancias, un tiempo adecuado sin que nadie haya estado dispuesto a efectuar las identificaciones mencionadas». Asimismo, se castiga también a quien «se haya alejado del lugar del sinestro y no facilite con posterioridad de inmediato las identificaciones: 1. una vez que haya transcurrido el tiempo prudencial; o 2. lo haga excusándose o justificándose» (§ 142.2), aunque queda exonerado de delito si facilita, incluso con posterioridad, al beneficiario o a la policía tales datos, poniéndose a disposición (§ 142.3), así como podrá atenuarse o incluso eximirse de pena si facilita, dentro de las 24 horas posteriores al accidente, la identificación de manera voluntaria y se trate de un accidente que únicamente genera un daño material insignificante (§ 142.4).

3. BIEN JURÍDICO: ¿UN ATAQUE A LA SEGURIDAD VIAL?

El nuevo delito se incorpora dentro de los «**delitos contra la seguridad vial**» (capítulo IV del Título XVII). Ello plantea la cuestión del bien jurídico protegido en esta figura.

— Parece claro que la seguridad vial **no es el bien jurídico** protegido en esta figura, como tampoco lo es la vida ni la integridad personal de las personas a quienes se abandona, en la medida en que el tipo admite que tales personas hayan fallecido, de suerte que no habría bien alguno que proteger.

— El legislador, en el Preámbulo de la LO 2/2019, al mencionar la esencia del delito (la «maldad intrínseca» que entraña abandonar a un lesionado o un fallecido) parece indicar, otros posibles bienes jurídicos: la **solidaridad con las víctimas** y las **legítimas expectativas de ser atendido** después de un accidente de tráfico:

• Empezando por estas últimas, las «**legítimas expectativas** de los peatones, ciclistas o conductores de cualquier vehículo a motor o ciclomotor, **de ser atendidos en caso de accidente de tráfico**», habría que decir que serían inexistentes en el supuesto, contemplado por el legislador, de que los accidentados estuvieran muertos, de manera que no puede ser un criterio decisivo y, en todo caso, si estuvieran heridos y se les dejara desamparados, no se distinguiría la presente figura del tipo de omisión del deber de socorro tras accidente fortuito o imprudente (art. 195.3).

• La «**falta de solidaridad con las víctimas**», en el sentido de atención altruista al prójimo, tampoco puede ser un criterio idóneo ni decisivo en esta materia, primero porque eso es lo que se combate en el tipo de omisión de socorro y, segundo, porque no tendría sentido que un delito contra la seguridad vial protegiera la solidaridad humana.

— Algún autor ha señalado que el tipo sanciona la obstaculización al correcto funcionamiento de la Administración Pública a través de la labor de identificación e investigación de la Fuerza Pública, de manera que, en puridad, el tipo se configuraría como un **delito contra la Administración de Justicia** (así, CASTRO MORENO). Ello supondría, en todo caso, el castigo del **autoencubrimiento** (BUSTOS RUBIO), algo inaceptable en un Estado de Derecho respetuoso con el derecho a la presunción de inocencia, a no declarar contra sí mismo y con el derecho de defensa. En todo caso, se compromete la constitucionalidad de la figura (por todos, CASTRO MORENO).

— En realidad, no es extraña la dificultad de hallar un bien jurídico idóneo. El motivo de la dificultad estriba en que no nos encontramos ante una conducta inequívocamente penal, sino, todo lo más, ante una conducta de **relevancia administrativa o civil** (lo que se pretende es que el sujeto no eluda el pago de las eventuales obligaciones resarcitorias que eventualmente se originen por su interacción en el accidente de tráfico), pero incluso también ante una conducta que no debiera merecer reproche penal alguno, pues el sujeto que se ausenta del lugar del siniestro producido fortuitamente ni siquiera tiene responsabilidad alguna resarcitoria o civil respecto de los lesionados. Se trata, más bien, de un **delito sin ofensa**, de un tipo penal **sin contenido de injusto**, cuya tipificación es superflua porque si la víctima del accidente se halla en peligro, se aplicará el artículo 195.3 (cuando no, claro está, un delito de lesiones o aun de homicidio imprudente o doloso), y si está muerta, no se lesiona solidaridad ni integridad física ni vida alguna con la huida del sujeto.

4. ANÁLISIS DOGMÁTICO: INCONVENIENTES

El núcleo del tipo se substancia con la conducta **abandonar el lugar de los hechos tras causar un accidente**. Varias consideraciones deben realizarse al respecto:

— El tipo exige, pues, una **conexión causal** entre la producción del accidente y el acto subsiguiente del abandono.

— La expresión «**tras causar**» exige que el sujeto activo sea el **conductor** de un vehículo a motor o ciclomotor implicado en un accidente (delito especial), no bastando con que sea un mero peatón que observa la situación ni un usuario en silla de ruedas que cruza indebidamente y causa el accidente: no es conductor a efectos típicos, ni existe vehículo a motor o ciclomotor a efectos penales.

— La locución «**tras causar**» pareciera exigir que el conductor que luego se marcha del lugar del accidente sea responsable del mismo. Pero no se exige ello, al menos en la modalidad de accidente fortuito (art. 382 bis.3): si el accidente es fortuito no es imputable a nadie.

— **Dos son los tipos penales** incriminados por el legislador:

a) Que el abandono fuera subsiguiente a una **conducta imprudente** del propio fugado (art. 382 bis.2). En este primer supuesto la penalidad es desproporcionadamente elevada: pena de prisión de seis meses a cuatro años y privación del derecho a conducir vehículos a motor y ciclomotores de uno a cuatro años: en concreto, la misma pena de prisión que la omisión del deber de socorro tras un siniestro imprudente, más además la privación del carnet de conductor, que no existe en la omisión de socorro. De esta manera, resulta paradójicamente que el delito de fuga, que el legislador intenta distinguir de los casos de omisión de socorro («fuera de los casos contemplados en el artículo 195» dice el tipo), y que, en todo caso, debiera **ser menos grave** que aquél (en la medida en que la fuga se produce «sin que concurra riesgo propio o de terceros» y la omisión de socorro consiste en no socorrer a una persona que se halle desamparada y exige «peligro manifiesto y grave»), resulta que es castigado absurdamente con una **pena mayor** aunque el **contenido de injusto es menor**.

b) Que el abandono siga a un **accidente fortuito** (art. 382 bis.3). También la pena aquí (de tres a seis meses de prisión y privación del derecho a conducir vehículos a motor y ciclomotores de seis meses a dos años) es superior a la de la omisión de socorro tras un accidente fortuito (prisión de 6 meses a 18 meses), con lo que el delito de menor gravedad es sancionado con una pena mayor que el delito de mayor gravedad.

— Por lo demás, en el accidente se exige que haya **fallecidos** (uno o varios) o al menos **accidentados** (con lesiones, dice el legislador, que constituye «un delito del artículo 152.2», cuando en realidad quería decir lesiones subsumibles en los artículos 147.1, 149 y 150 CP; así, TRAPERO BARREALES), con lo cual el conductor, antes de fugarse, ha de cerciorarse de que realmente existe algún fallecido o algún herido por un delito de ese precepto. Pero sucede que si el accidente fue causado fortuitamente, no existe delito de lesiones, de manera que se haría, paradójicamente, impracticable el tipo penal.

— Finalmente, la huida ha de realizarse **«voluntariamente»** (¿se excluyen los casos en los que el conductor, al ver la sangre, huye asustado despavoridamente?) y no debe concurrir **«riesgo propio o de terceros»**, exigencia ésta absurda porque: para el conductor, si se va, incurre en el presente delito (con lo cual sí existe siempre riesgo propio) y el accidentado, si ha sobrevivido, también estaría en peligro, con lo cual, una vez más, no podrían darse las condiciones del tipo penal.

5. PERTINENCIA POLÍTICO-CRIMINAL

Con lo dicho, quedan claras varias cosas:

— El delito de fuga **no constituye una novedad** en nuestra legislación ni llena laguna alguna.

— Existen **dudas** (rayanas en la certeza) **de inconstitucionalidad**: carece de contenido de injusto, lesiona derechos fundamentales (como el de defensa, el derecho a no declarar contra sí mismo y la presunción de inocencia) cuando no la libertad de movimiento de quien, habiéndose visto implicado contra su voluntad en un accidente fortuito, se ausenta del lugar de los hechos para acudir, por ejemplo, a su propia boda, a un partido de fútbol o a su lugar de trabajo.

— Su introducción es **plenamente contraindicada**, porque configurándose como un tipo de menor gravedad que la omisión de socorro que sigue a un accidente (fortuito o imprudente) es castigado absurdamente con mayor pena que él.

VIII. DELITO DE NEGATIVA A SOMETERSE AL CONTROL DE ALCOHOLEMIA O DROGADICCIÓN (ART. 383)

1. Previsión legal

El artículo 383 incrimina un **delito autónomo** consistente en la **negativa a someterse a las pruebas** de alcoholemia o de presencia de drogas tóxicas, estupefacientes y substancias psicotrópicas en el conductor:

> **Artículo 383**: «El conductor que, requerido por un agente de la autoridad, se negare a someterse a las pruebas legalmente establecidas para la comprobación de las tasas de alcoholemia y la presencia de las drogas tóxicas, estupefacientes y sustancias psicotrópicas a que se refieren los artículos anteriores, será castigado con las penas de prisión de seis meses a un año y privación del derecho a conducir vehículos a motor y ciclomotores por tiempo superior a uno y hasta cuatro años».

Antes de la reforma de 2007, este delito se configuraba (en el antiguo art. 380) como un delito de **desobediencia grave** (art. 556), al cual se remitía a efectos de determinación del injusto y de la penalidad. La **LO 15/2007** concedió **autonomía** a este delito, dándole **carta propia de naturaleza** como delito contra la seguridad vial, con una particular descripción típica y con una penalidad propia, si bien la descripción típica permanece inalterada.

2. Concreción del injusto típico y legitimidad punitiva

No obstante el cambio locativo del tipo y la autonomía del injusto, la esencia de este delito sigue siendo una **desobediencia** o **desacato a la autoridad**. Se trata, pues, de un delito **eminentemente administrativo** donde se afecta el bien jurídico tutelado de la **incoercibilidad de la función pública**, y no un bien jurídico colectivo (como podría ser la **seguridad vial**) ni tampoco un bien jurídico individual.

Las penas, en este caso, son también **cumulativas**: prisión de 6 meses a un año y privación de la licencia de conducir de uno a 4 años. Aunque la pena de prisión permanece idéntica a la prevista en la regulación anterior, llama la atención que el legislador haya incorporado también de manera **conjunta** la pena de privación del **permiso de conducir**. Esa privación de un derecho perteneciente a la esfera de personalidad del ciudadano (conductor) únicamente puede entenderse (lo cual no equivale a su justificación) en el marco político-criminal de **agravación pertinaz** de las sanciones contra conductores, a quienes se observa más como un foco de peligro capaz de originar riesgos socialmente desestabilizadores que como un ciudadano responsable, gestor eficaz de riesgos y titular de derechos y obligaciones (persona en Derecho). En una palabra: esa privación adicional y obligatoria del carnet de conducir únicamente puede explicarse dentro de la idea de combate del conductor como enemigo que ha inspirado la reforma penal de 2007 en esta materia. En el último apartado veremos que la indiscriminada tipificación realizada por el legislador no es, desde luego, la más acertada de todas las posibles.

El TC ha desechado la idea de que el presente delito pueda considerarse contrario al **derecho a no declarar contra sí mismo** y a **no confesarse culpable**, pues únicamente se exige al sujeto someterse a una **prueba** con su colaboración no equiparable en el ámbito de los derechos de los artículos 17.3 y 24.2 CE (SSTC 103/1985 y 161/1997). Por su parte, el TS ha rechazado la presencia de delito en las situaciones en que, incluso negándose el conductor a someterse al control en cuestión, **no presente síntomas** de hallarse «bajo la **influencia** del alcohol» u otras substancias, situación ésta que —en todo caso— podría acarrear una **sanción administrativa**. Con ello, se reduce sensiblemente el ámbito de eficacia y aplicación del presente delito, que —para algunos autores— representaría un ejemplo de **Derecho penal simbólico**, sin mayor trascendencia práctica ni real que el mero **efecto intimidatorio** de la conminación penal.

> El TS ha establecido **criterios orientativos** a efectos de fijar los límites entre la **sanción penal** y la **administrativa**. Negarse al control de alcoholemia o drogadicción será **delito** cuando: 1) el conductor esté implicado en un accidente o 2) presente **síntomas evidentes** de hallarse bajo efectos del alcohol. Sin embargo, en casos de conductores denunciados por alguna **infracción** o que sean requeridos en un **control preventivo**, sólo serán delito cuando los agentes advierten **síntomas evidentes** de que el conductor se encuentra bajo efectos del alcohol o drogas, haciéndoselo saber al requerido. Sin embargo, cuando **no se adviertan** tales síntomas, la negativa al control dará lugar únicamente a una **sanción administrativa**.

IX. DELITO DE CONDUCCIÓN SIN CARNET DE CONDUCIR VIGENTE (ART. 384)

1. Regulación de la figura delictiva

La LO 15/2007 introdujo en el artículo 384 el tipo delictivo de **conducción sin licencia válida**:

Artículo 384: «El que condujere un vehículo de motor o ciclomotor en los casos de pérdida de vigencia del permiso o licencia por pérdida total de los puntos asignados legalmente, será castigado con la pena de prisión de tres a seis meses o con la de multa de doce a veinticuatro meses o con la de trabajos en beneficio de la comunidad de treinta y uno a noventa días.

La misma pena se impondrá al que realizare la conducción tras haber sido privado cautelar o definitivamente del permiso o licencia por decisión judicial y al que condujere un vehículo de motor o ciclomotor sin haber obtenido nunca permiso o licencia de conducción».

El presente delito constituye una figura hasta ahora **inédita** en el **moderno panorama** legislativo español. Previsto como delito en el Código penal de 1928 y en otros textos posteriores (por ejemplo, en la Ley 3/1967), fue destipificado definitivamente por obra de la LO 8/1983, que reputa esta conducta como un simple **ilícito administrativo**, sin contenido de injusto material relevante para el Derecho penal. El reformado de 2007, sin embargo, rescató un cuarto de siglo después esta figura, y lo hizo de tal manera que sus **perfiles normativos** resultan **francamente criticables**.

2. Modalidades típicas y dificultades de legitimación

El núcleo de la acción típica consiste en **conducir** careciendo el conductor de **carnet** o **licencia válida** y **vigente habilitante** para ello. En concreto, según la descripción típica, ello puede suceder en **tres situaciones**, que son las tres **modalidades de conducta** previstas en este delito:

1) **Pérdida de todos los puntos del carnet**: a esta primera modalidad la podríamos llamar **suspensión administrativa** de la licencia o permiso de conducir y se rige por el sistema de **puntos** previsto por la Ley 17/2005, de 19 de julio.

2) **Privación cautelar** o **definitiva** del carnet por decisión de un **juez** o **tribunal**: que constituye una **suspensión judicial** en forma de **medida cautelar** o de **condena penal**, y finalmente:

3) Conducir **sin haber obtenido** en absoluto licencia para manejar.

Estas formas de conducta son **modalidades fenotípicas**: entre ellas no existe diferencia material alguna, esto es, el **tipo de injusto** es **idéntico** en los tres casos. Por ello, para que se integre el tipo penal es indiferente que se realice cualquiera de las tres modalidades, pues todas ellas de manera autónoma integran el injusto típico y todas ellas reciben la misma conminación penal.

Pues bien, este delito, de tan reciente partida de nacimiento en nuestro ordenamiento, constituye también un ejemplo de **elevación** de una **infracción administrativa** a categoría de **delito**. Anteriormente, la conducción sin carnet de conducir vigente constituía un **ilícito administrativo**. Ahora se le ha creado a esa conducta carta de naturaleza entre las conductas delictivas y se halla tipificada como tal en el Código penal. La creación de este nuevo tipo penal no puede, sin embargo, merecer aplauso, debido principalmente a dos argumentos: 1) la lesión o puesta en peligro para el bien jurídico «seguridad vial» se presupone mediante una presunción *iuris et de iure*, pero no es propiamente real o —al menos— constatada; 2) la equiparación legal de las tres formas de conductas es más que cuestionable: se trata de conductas que en sí, hilando fino, son de muy diferente significación jurídica. Veamos un poco más detenidamente estos argumentos.

La incriminación como delito de la ausencia de carnet de conducir se fundamenta en la **presunción de un peligro**. Por ello, este tipo constituye un **delito de peligro** —no concreto ni abstracto sino— **hipotético**, según la terminología acuñada por TORÍO LÓPEZ. El legislador **presupone**, con una presunción que no admite prueba en contrario (presunción *iuris et de iure*) que siempre que el conductor conduzca sin carnet vigente atenta contra la seguridad vial. Pero este atentado no se somete a prueba, sino que se da por supuesto, lo cual quebranta gravemente el principio de ofensividad penal, y da lugar a que conductas que no crean inseguridad vial se sancionen como si realmente la crearan.

Ejemplo: Un conductor experimentado, que carece de carnet de conducir (esto es: que ha omitido el trámite administrativo de la realización de las pruebas y expedición del carnet correspondiente) pero que se caracteriza por su especial pericia al volante y por una conducción exquisitamente respetuosa y prudente, incurre automáticamente en este delito pudiendo ser condenado a una pena de hasta ¡6 meses de prisión! Su injusto consiste en la omisión de un **deber administrativo** (obtener el carnet) que es elevado **artificialmente** a delito y que se sanciona como si creara inseguridad vial, cuando consta fehacientemente que no sólo no la crea, sino todo lo contrario.

Por ello, el delito del artículo 384 carece de un **contenido material** de suficiente entidad como para ser castigado como delito, y ello porque el tipo penal es un delito de mera desobediencia administrativa para el que no se tiene en cuenta la verdadera peligrosidad penal del sujeto ni la creación real de inseguridad vial. Pero, además, el nuevo tipo infringe también otros principios esenciales del Derecho penal, como son el principio de proporcionalidad y el principio de culpabilidad por el hecho. Pues el legislador concede la misma relevancia normativa a conductas que, en sí, tienen un significado jurídico-penal radicalmente diverso.

No es lo mismo, aunque para el legislador penal sí lo sea, conducir cuando ya se han perdido los puntos del carnet por conducción incorrecta o cuando judicialmente se ha privado a un conductor de su licencia igualmente por infracciones anteriores que en el caso de un conductor experimentado y especialmente cuidadoso que conduce sin carnet de conducir. En los dos primeros casos el conductor ya ha demostrado su incompetencia en el tráfico vial, esto es, ya ha manifestado **inidoneidad** como **gestor de riesgos** en la conducción; en el último supuesto el sujeto ha **olvidado** obtener o actualizar el carnet, pero **no ha demostrado peligro alguno** para la seguridad vial. En otras palabras: la presunción legal de que conducir sin carnet válido genera inseguridad en el tráfico, o sea, violencia vial, tiene en los dos primeros supuestos una constatación fáctica (el conductor ya demostró impericia al volante); en el segundo, es una mera suposición del legislador sin asidero de ninguna clase, con lo que —frente a la garantía usual del principio de culpabilidad— se termina por imputar no una lesión ni una puesta en peligro, sino algo mucho más etéreo: una sospecha de peligro. Con ello, no se respeta el principio del hecho, sino que finalmente al sujeto se le sanciona no por su conducta lesionada de bienes jurídicos, sino por una supuesta actitud de enemistad frente a ellos, actitud que ni siquiera es constatada por el legislador, sino supuesta por él sin la más mínima comprobación de lesión o puesta en peligro de bienes jurídico-penalmente relevantes. A pesar de ello, defienden la regulación legal, francamente indefendible, algunos autores como CARBONELL o PRIETO GONZÁLEZ.

Los evidentes defectos del tipo **no se salvan**, lógicamente, por el hecho de que la reforma de 2010 haya previsto las penas como **alternativas** (prisión de 3 a 6 meses, o multa de 12 a 24 meses, o trabajos en beneficio de la comunidad de 31 a 90 días): tal como está configurado el tipo bordea y, en mi opinión, se inmiscuye ampliamente en el ámbito de la **ilegitimidad**.

X. DELITO DE CREACIÓN DE GRAVE RIESGO PARA LA SEGURIDAD VIAL (ART. 385)

1. PREVISIÓN LEGAL

Finalmente, el artículo 385 (heredero del anterior art. 382) incrimina el delito consistente en **originar un grave riesgo** para la circulación mediante alguna conducta perturbadora de la seguridad vial:

Artículo 385: «Será castigado con la pena de prisión de seis meses a dos años o a las de multa de doce a veinticuatro meses y trabajos en beneficio de la comunidad de diez a cuarenta días, el que originare un grave riesgo para la circulación de alguna de las siguientes formas:

1. Colocando en la vía obstáculos imprevisibles, derramando sustancias deslizantes o inflamables o mutando, sustrayendo o anulando la señalización o por cualquier otro medio.
2. No restableciendo la seguridad de la vía, cuando haya obligación de hacerlo».

2. MODALIDADES TÍPICAS Y CONTENIDO DE INJUSTO

El tipo menciona, en dos apartados, diferentes **modalidades** posibles de conducta:

1) Colocar en la vía obstáculos imprevisibles.
2) Derramar sustancias deslizantes o inflamables.
3) Mutar, sustraer o anular la señalización.
4) No restablecer la seguridad de la vía existiendo obligación de hacerlo.
5) Además, el artículo 385.1, *in fine* añade: «**por cualquier otro medio**».

Las modalidades mencionadas son formas **fenomenológicas** de la conducta genérica consistente en **originar un grave riesgo** para la circulación. El legislador enumera esas conductas ***ad exemplum*** para añadir finalmente la fórmula jurídica indeterminada que da cabida teórica a cualquier otra modalidad posible: «por cualquier otro medio». La alteración del curso normal del tránsito puede consistir, pues, en una acción (v. gr., verter un bote de aceite deslizante en la carretera) o en una omisión (p. ej., no retirar un vehículo averiado o mal aparcado a la salida de una curva), e —incluso— pueden consistir en el bloqueo de la vía con personas, vehículos inmóviles o en marcha, etc. Lo importante no es, pues, cómo se haga (todas las modalidades mencionadas son posibilidades fenomenológicas de las conductas), sino que se cree un grave riesgo para la circulación. Ahí reside la clave de injusto del delito.

No basta, por ello, causar un simple **retardo** o **molestia** en la circulación, sino que es preciso originar un **peligro elevado** alterando la normal seguridad vial.

> **Ejemplo**: Conducir a reducida velocidad, de manera que se origina una larga fila de vehículos, no es *per se* una conducta subsumible en este tipo de delito.

En la modalidad de **inutilización de señales de tráfico** (que materialmente consiste en un delito **de daños**), no es suficiente cualquier mutación, sustracción o anulación de la señalización, sino que igualmente ha de generarse un grave peligro para la circulación.

> **Ejemplo**: No entra dentro del ámbito del tipo desdibujar una «d» a la palabra Madrid en una señal de tráfico; sí es delictiva, en cambio, derribar una señal de «stop» en un cruce, de manera que se propician accidentes de tráfico.

La **penalidad** para este delito es la de prisión de 6 meses a 2 años o, alternativamente, la de multa de 12 a 24 meses a la que además se añade (y aquí reside la novedad de 2007) la de **trabajos en beneficio de la comunidad** de 10 a 40 días.

Las modalidades de conductas incluibles en el delito del artículo 385 pueden generar **conflictos concursales** con otras figuras de delito.

> **Ejemplos**: Vaciar una lata de aceite sobre la calzada cuando nos sigue un motorista a escasos metros o tirar un objeto contundente (v. gr., una piedra) desde un puente en un momento en que pasa un vehículo por la carretera son acciones perfectamente subsumibles en el tipo de homicidio o de asesinato; o —como se ha dicho— la destrucción de una señal podría ser considerada un delito de daño en propiedad ajena consistente en un bien de dominio o uso público o comunal (art. 264.4).

No deja de ser llamativo, sin embargo, que algunas de las conductas subsumibles en otras figuras de delito (v. gr., el mencionado delito de daños) sean sancionadas con **mayor pena** que la prevista en el presente delito, donde además del daño se crea un grave riesgo para la circulación. Ello es indicativo de la **muy deficiente configuración** de esta figura de delito.

> **Ejemplo**: El delito de daño en un bien de dominio o uso público o comunal (art. 264.4) lleva aparejada una doble pena de prisión de uno a 3 años más multa de 12 a 24 meses, sensiblemente mayor que la que se prevé en el artículo 385 (prisión de 6 meses a 2 años o, alternativamente,

la de multa de 12 a 24 meses, además de la de trabajos en beneficio de la comunidad de 10 a 40 días). Ello es **completamente disparatado** y da lugar a un tratamiento injusto: si se borra la «a» final de la palabra «Sevilla» en una señal de tráfico el autor será condenado a cárcel y a multa por un delito de daños; en cambio, si derriba la señal de stop, creando con ello un grave riesgo para la circulación es posible que sólo sea sancionado a multa y trabajos en beneficio de la comunidad.

XI. DISPOSICIONES COMUNES (ART. 385 BIS Y TER)

El artículo 385 bis y ter, refundidos y reformulados por la **LO 5/2010**, contiene dos **disposiciones comunes**:

— Conforme a la primera, «el vehículo a motor o ciclomotor utilizado en los hechos previstos en este Capítulo se considerará **instrumento del delito** a los efectos de los artículos 127 y 128» (art. 385 bis).

— De acuerdo con la segunda, «en los delitos previstos en los artículos 379, 383, 384 y 385, el Juez o Tribunal, razonándolo en sentencia, **podrá rebajar** en **un grado** la pena de prisión en atención a la **menor entidad** del **riesgo causado** y a las demás circunstancias del hecho» (art. 385 ter). Esta segunda disposición evidencia que el mismo legislador es consciente que las penas impuestas en cada figura de delito pueden resultan **excesivas** o **desproporcionadas** al no crear un **riesgo de suficiente entidad**, pues de lo contrario no tendría sentido esta disposición disminuidora de la pena. La solución no es, empero, **satisfactoria**. Si, con carácter general, se prevén para ciertos delitos unas penas que, en función de su injusto, pueden resultar **excesivas** la solución no pasa por arbitrar un sistema, como el presente, de **rebaja y saldo final**, sino en **derogar de raíz** los preceptos que puedan ocasionar dicha injusticia.

XII. EL MODERNO DERECHO PENAL DE LA SEGURIDAD VIAL: VALORACIÓN POLÍTICO-CRIMINAL DE CONJUNTO

Al exponer cada figura de delito hemos podido comprobar que la nueva regulación de los delitos contra la **seguridad vial** es **altamente deficitaria**, y se halla plagada de errores y de incoherencias. En una valoración de conjunto podemos concluir que: 1) la nueva regulación responde al patrón del llamado **Derecho penal del enemigo**; 2) se trata, en todo caso, de un Derecho penal del enemigo **incorrectamente aplicado**.

1. UN NUEVO CAPÍTULO DE DERECHO PENAL DEL ENEMIGO: EL CONDUCTOR COMO ENEMIGO Y EL VEHÍCULO COMO ARMA

El **Derecho penal del enemigo** es un Derecho de especial peligrosidad que combate a sujetos más asegurativamente en tanto constituyen focos de especial peligro. Al sujeto no se le trata, respetando toda su personalidad (todos sus derechos) como **persona en Derecho**, sino como **enemigo**: heteroadministrando parte de sus derechos ante su incapacidad para gestionarlos correctamente. El nuevo Derecho penal de la seguridad vial responde a ese patrón. Conforme a ello, el conductor no es visto como alguien que origina confianza de respeto a los derechos de los demás (ante todo: de respeto a la seguridad vial, así como de respeto a la vida e integridad física de los demás), sino lo contrario: como alguien que inspira desconfianza o recelo. La **interacción** entre **conductor** y **vehículo a motor o ciclomotor** (esto es: entre **gestor del riesgo** y **objeto peligroso**) es vista por el legislador como un foco de peligro que hay que combatir normativamente con especiales medidas de aseguramiento: ello hace que el conductor sea visto como enemigo y el vehículo como arma que desestabiliza las bases de la sociedad e impide que los demás ciudadanos puedan confiar normalmente en esa **interacción sujeto-objeto peligroso**.

En circunstancias normales el ciudadano es considerado un gestor privado de riesgos colectivos: una vez que demuestra habilidad o aptitud para gestionar un riesgo (v. gr., al obtener el carnet de conducir), el ordenamiento jurídico le permite que gestione personalmente el riesgo público en cuestión. Pero en el ámbito de la conducción, si el conductor defrauda sus expectativas sociales (esto es: traiciona la confianza que la Sociedad depositó en él al considerarle apto para gestionar el riesgo de la conducción), entonces se desencadena un mecanismo que es de especial aseguramiento (Derecho penal del enemigo), mediante el cual se le **heteroadministra** ese derecho (se le retira el carnet de conducir) y se le combate de manera proporcional al riesgo que ha creado en la conducción. En definitiva, el conductor, o mejor: **binomio conductor/vehículo** no es visto como un alguien que cumple naturalmente un **mínimo deber de civilidad**, sino como un foco de peligro («es un peligro al volante»: enemigo) para la seguridad vial que hay que tratar con especial escrupulosidad jurídica: concretamente, mediante la heteroadministración de (algunos de) los bienes o derechos del sujeto, entre ellos:

a) **Libertad**, en tanto se prevén contundentes penas de prisión (¡en algún tipo penal **más elevadas** incluso que la pena del **homicidio imprudente**!).

b) **Salud o integridad física**, en tanto se prevén penas de trabajos en beneficio de la comunidad.

c) Otras manifestaciones de la **libertad**: privación del carnet o licencia de conducir, que puede durar largos años o incluso llegar a ser definitiva.

d) **Patrimonio**, mediante la imposición de substanciosas penas de multa o incluso mediante el comiso del vehículo a motor que es tratado como arma peligrosa o como instrumento del delito.

En resumen: se produce una invasión contundente en la personalidad del sujeto, que determina una **heteroadministración coactiva** de determinados bienes de la personalidad del conductor, afectándose algunos de sus bienes más preciados. La clave de esta heteroadministración reside —según el propio reformador de 2007— en la creación de «violencia vial» e «inseguridad normativa» por parte del conductor: en el Preámbulo de la LO 15/2007 se afirma que el «contenido básico» de la ley persigue «incrementar el control sobre el riesgo tolerable», estimándose la conducción a velocidad excesiva, la conducción temeraria o la ingesta de alcohol como «fuentes de peligro», a efectos de evitar que: «determinadas conductas calificadas como de violencia vial puedan quedar impunes».

De esa manera, el conocido lema publicitario «si bebes, no conduzcas» (o «si te drogas, no conduzcas») es elevado aquí a categoría de norma cuya infracción da lugar a la responsabilidad más contundente que existente en el Estado: la responsabilidad por delito. Y el motivo de dicha punición (contundente, por demás) es claro: si se mantuvieran impunes estas conductas de violencia vial se perturbaría de tal modo el normal desarrollo de la vida por parte de los demás ciudadanos (resto de conductores, viandantes) que prácticamente se les imposibilitaría ejercer con un mínimo de normalidad su vida social, paralizándose el desarrollo del mundo. Precisamente para evitar esa paralización, se combate a los causantes de esa violencia vial de manera especialmente contundente (como enemigos), para asegurar la mínima seguridad que requieren los ciudadanos para poder desarrollar su vida social.

Todo ello se hace mediante la técnica de la elevación de la desobediencia de normas administrativas a rango de delito, como se ve muy claramente en el delito de conducción sin licencia válida (art. 384) o en el delito de conducción a velocidad excesiva (art. 379). Con ello, tiene lugar una **invasión del Derecho penal por el Derecho administrativo**, rellenando los tipos penales de conductas sin entidad suficiente, donde no se valora la peligrosidad originada y constatada, sino la ausencia de una licencia administrativa habilitadora para la conducción.

2. Crítica: un Derecho penal del enemigo indiscriminado y mal aplicado

El Derecho penal del enemigo se ha de aplicar de manera **muy excepcional**, frente a aquellos sujetos (terroristas, agresor familiar, delincuente sexual) que realmente representen un **alarmante foco de peligro**. En esos (pocos) casos, la única posibilidad para mantener el Estado de Derecho y proteger los derechos fundamentales de los ciudadanos es aplicar mensuradamente el Derecho penal del enemigo a los focos de peligro (enemigo) que se enfrentan al Estado de Derecho. Sin embargo, el legislador penal ha configurado, en esta materia, un Derecho penal del enemigo **indiscriminado** y **mal aplicado**, que trata el conductor como enemigo sólo por el hecho de ir al volante pero sin comprobar muchas veces la realidad del peligro supuestamente creado por él.

Ejemplos: Ello se ve muy claramente en el artículo 384, donde se trata del **mismo modo** al sujeto que conduce después de demostrar incompetencia, temeridad y peligro al volante (razón por la cual le quitaron todos los puntos del carnet o le imposibilitaron judicialmente ejercer el derecho de conducción del vehículo a motor) que al que lo hace de manera impecablemente respetuosa de las reglas del tráfico, sólo que omitió el deber administrativo de obtener la licencia que le habilita para conducir. La inobservancia del deber administrativo no sólo se eleva a delito, sino que se recorta contundentemente al sujeto de algunos de sus derechos fundamentales, anticipando una actuación penal y suponiendo un peligro **no real**, sino **meramente hipotético** (supuesto), que se imputa contra el sujeto.

Otro **ejemplo** es el delito de negativa a someterse al control de alcoholemia o drogadicción: quien conduce en perfectas condiciones, sin haber ingerido alcohol ni substancia prohibida, y —por las razones que sea— se niega a someterse al control correspondiente, desde nuevo su negativa **no crea** un peligro real para la seguridad vial, sino que ese peligro es **ficticio e inexistente**, aunque el legislador lo da por supuesto, castigando al conductor como si lo hubiera realmente creado (esto es: como foco de peligro: enemigo).

Con ello, se trata como enemigos a sujetos que **no lo merecen** (esto es: se crean legislativamente más enemigos de los que realmente hay): y se hace pasar por **violencia vial** una conducta que, en verdad, no genera **ninguna violencia real** (¿qué peligro real origina, para la seguridad vial, quien conduce prudentemente aunque carezca de carnet de conducir?, ¿por qué razón se le retira el carnet de conducir y el vehículo (comiso) como si fueran un enemigo en la conducción y un arma de una agresión vial si el sujeto cumplió, durante la conducción, todas las normas del tráfico?, ¿por qué al conductor prudente que se niega a someterse a pruebas de alcoholemia ha de privársele del carnet de conducir, como si fuera un peligro al volante?). Si se aplicara correctamente el Derecho penal del enemigo en sentido funcionalista (JAKOBS; al respecto, con referencias: POLAINO-ORTS) se evitaría esa regulación indiscriminada y antigarantista, pues —como requisito habilitante para poder aplicar una medida contundente de Derecho penal del enemigo— se exigiría necesariamente la comprobación previa de la realidad del peligro, con lo que se impediría definitivamente la aplicación de estas normas a sujetos que no crean violencia vial. En otras palabras: el correcto Derecho penal del enemigo exige que se pruebe el grave peligro y no, como hace el legislador, que se dé por supuesto, haciendo pasar peligro ficticio por peligro real.

Cuestionario de repaso:

1. ¿Qué leyes de reforma han tratado esta materia y qué figuras delictivas se han contemplado?
2. ¿Qué tienen en común todas ellas?
3. ¿Cuál es el bien jurídico protegido en esos delitos y qué naturaleza jurídica tiene?
4. ¿Cuándo el exceso de velocidad es un delito?
5. ¿Es legítimo el tipo que incrimina la velocidad excesiva? ¿Por qué?
6. ¿Cuándo es delito conducir bebido o drogado: siempre o en determinas cotas?
7. ¿Qué significa conducción temeraria?
8. ¿Qué relación guardan los delitos de los artículos 379 a 381?
9. ¿Qué efecto tiene para la pena la regla concursal del artículo 382?
10. ¿Cuándo y en qué circunstancia es delito abandonar el lugar en que se ha producido un accidente de tráfico?
11. ¿Puede negarse el conductor al control de alcoholemia o drogadicción sin incurrir en delito?
12. ¿Cuándo la conducción sin carnet es delictiva?
13. ¿Qué significa crear un grave riesgo para la seguridad vial?
14. ¿Por qué el nuevo Derecho penal de la seguridad vial constituye una ilegítima aplicación del Derecho penal del enemigo?

NOTAS

NOTAS

NOTAS

NOTAS

NOTAS

NOTAS

NOTAS

NOTAS

NOTAS